数学

课程与教学论新编

学术顾问　袁振国　　钟启泉
丛书主编　张奠宙　　陆志平
本册主编　涂荣豹　　季素月

凤凰出版传媒集团
江蘇教育出版社
JIANGSU EDUCATION PUBLISHING HOUSE

图书在版编目(CIP)数据

数学课程与教学论新编 / 涂荣豹,季素月编著. —南京:江苏教育出版社,2007.2(2019.1 重印)
ISBN 978-7-5343-8034-1

Ⅰ.①数… Ⅱ.①涂… ②季… Ⅲ.数学课-教学研究-中小学 Ⅳ.①G633.602

中国版本图书馆 CIP 数据核字(2007)第 023816 号

书　　名	数学课程与教学论新编
主　　编	涂荣豹　季素月
责任编辑	王建军
出版发行	凤凰出版传媒集团 凤凰出版传媒股份有限公司 江苏教育出版社(南京市湖南路1号A楼　邮编 210009)
苏教网址	http://www.1088.com.cn
集团网址	http://www.ppm.cn
照　　排	江苏凤凰制版有限公司
印　　刷	常熟市兴达印刷有限公司
厂　　址	常熟市梅李镇通港工业园旋力路56号(邮编 215518)
电　　话	0512-52381162
开　　本	787×1092 毫米　1/16
印　　张	29.25
版　　次	2007年2月第1版　2019年1月第6次印刷
书　　号	ISBN 978-7-5343-8034-1
定　　价	49.00 元
邮购电话	025-85406265,85400774 短信 025-85420909
E-mail	jsep@vip.163.com
盗版举报	025-83658837

目　录

第二篇 数学教学理论

附 录

前 言

数学课程论、数学教学论和数学学习论是数学教育理论的三大主体理论，对于从事和即将从事数学教育工作的人来说是必备的知识理论。

数学课程与教学论属于学科课程与教学论，来源于一般的课程论与教学论，并受指导于一般的课程论与教学论，但是必须反映数学学科的特点，并根据数学的特点来研究数学课程与教学的一般规律。可以说，数学课程与教学论正是建立在“教与学对应”和“教与数学对应”的两个重要的基本原理之上的。

教学论的研究对象和内容

“教学”一词可以有多种解释，但也许解释为“教”、“学”、“教学”三种理解的综合最为合适。所谓“教”，是指教师的活动，是传授知识，训练技能，发展能力；所谓“学”，是指学生的活动，是掌握知识，训练技能，发展能力；“教学”是指“教学生学”的师生的交互活动，就是学生在教师的引导下探索“学什么”、“怎么学”，从而使得“教”和“学”在知识、技能、能力三个方面的培养目标真正得以实现。

在这个意义上，教学论研究的对象就是如何“教”、“学”和“教学”，授受怎样的教学内容，以及如何达成知识、技能和能力的目标。因为“教学生学”既有教师的教，又有学生的学，因此，如果概括为一句话，那么教学论研究的就是教学过程中教和学的规律性关系。

教学论的这种研究对象为教学论研究提出了丰富的课题。

第一，教学论要根据教育的总目标把教学目标的研究放在首位。就教学而言，必须把学生的可持续发展作为教学的大目标。首先是使学生“爱学”，激发学生的好奇心，保持学生对学习的兴趣，并产生强烈的求知欲。其次是使学生“会学”，即教会学生学习，“教学生学”的真正含义在于此；最终是使学生的“认识力”得到相应的发展，即让学生的想象力、洞察力、辨析力、判断力、预见力、鉴赏力获得不同程度的发展。

第二，教学论要选择教学的内容、确定教学的要求、设计教材的结构。教学的内容、要求和结构必须根据教学的大目标制定，并以促进学生“爱学”、“会学”和“发展认识力”为出发点。

第三，教学论的重要任务是阐释教学过程的本质，揭示教学过程要素及其关系，探讨教学过程的规律，提出教学的基本原则。这些教学过程的基本原理，包括自主学习原则、主动建构原则、启发教学原则、活动探究原则、合作学习原则等教学原则，也都是围绕教学的大目标建立起来的。

第四，教学论要解决有关教学计划、教学阶段、教学方式、教学方法、教学技术等一系列相对具体的问题，这些涉及教学方法论问题的解决原理，也是以教学大目标为准则，体现教学大目标的精神。

除此而外，教学论研究的课题还要包括教学的评价、教学的管理、教学中非认知因素的发展等很多问题。

现代数学教学论的特点

现代数学教学论从动态的教学整体出发，综合研究教学活动和教学关系，探索教学最一般的规律。其研究的对象是教学的普遍的、一般的规律，是通过分析、综合、抽象、概括等一系列思维活动，对数学教学活动和教学关系逐步形成概念、范畴，进而建立起理论体系，为解决具体的数学教学问题提供一般规律性知识，即最一般的图景、发展线索和原理原则。

现代数学教学论是关于教学的理论，因此其理论意义毋庸置疑，而最为重要的是有利于防止教学中的经验主义倾向。经验虽是熟知，但熟知未必是真知。熟知的可能只是一些可以描绘、模拟的外部形态，而不是本质的规律性联系。因此教学论的研究对象既有熟知的经验，又不能停留在经验的层次，而应建立在高度的理论思维层面上。

现代数学教学论的重要特点是把数学教学视为一个整体系统。因为数学教学是由各个部分或要素的有机联系所构成的统一体，又是以其有机的整体来发挥作用的，所以数学教学论要科学地阐释和有效地指导数学教学，就必须全面地把握数学教学的这种整体系统的有机性。但是整体与部分毕竟是不可分割的一个辩证的统一体，因此数学教学论从整体的角度研究某个部分的同时，不仅需要研究这个部分本身的特点和规律，还要研究这一部分在教学整体中的地位和作用，以及这一部分与其他部分的关系，从而达到认识教学整体、寻求教学最一般规律的目的。

数学教学是一种动态的过程，整个教学及其各个方面都不是静止不变的，而是运动、变化、发展的，因而现代数学教学论把教学放在运动和变化中进行研究，就是从这种变化的客观情况出发，运用不断深入发展的相关学科和科学方法论去考察教学的运动特征，从中揭示其运动、变化、发展的规律。

数学教学又是一种典型的实践活动，这决定了数学教学论同时是一门实践性很强的学科。数学教学论的主要作用是为教学实践提供科学根据，但是教学论的实践性并不是为教学实践提供医药处方，药到病除，立竿见影。数学教学论与所有的理论一样，是为实践提供最一般的图景、发展线路、原理原则，为实践中的问题提供一般性的规律知识和理论指导。实践中具体问题的解决是实践者进行教学理论联系实际的应用，这与把数学理论知识用以解决实际问题没有什么两样。

我国数学教学论的形成与发展

数学教学论是研究学校教育中数学课程与教学的一门学科，我国的“数学教学论”还是一个比较年轻的学科。

在我国，早期最为接近“数学教学论”的论著，可能要数1980年代初由十三所院校协编组编写的《中学数学教材教法(总论)》。“总论”与“数学教学论”所涉及的内容基本相似，但是“总论”多是局限于经验总结的层面，缺少理论的提升。

1980年代末，前苏联数学教育家斯托利亚尔的《数学教育学》引进我国。这本实为“数学教学论”的论著对我国数学教育研究产生较大影响，继而一些命名“数学教育学”的论著陆续出版，这些“数学教育学”实际是在理论上有一定提升的“教材教法”。从严格的意义上讲，它们既不是真正的“数学教育学”，也不是真正的“数学教学论”。

到1990年代中期，北京师大曹才翰先生等的《数学教育学概论》问世，也许这是我国第一本最接近真正意义上“数学教学论”的著作。到21世纪初，南京师大涂荣豹先生出版了专著《数学教学认识论》，对我国的数学教学论研究发展提供了新的思路。

应该说，我国的“数学教学论”才见雏形，要形成完善的“数学教学论”体系，可谓任重而道远。

这本《数学课程与教学论新编》是为高等师范院校数学专业的学生撰写的教材，对数学教学论研究的基本问题、基础理论和基本方法进行了深入浅出的阐述，其内容涉及数学教学论研究的广泛问题，诸如学校数学教育的课程目标和教学目标、国内外数学课程改革、一般教学理论、数学教学原则、数学教学模式、数学教学设计以及数学教学语言等。由于是即将走上数学教学讲坛的教师读本，本书特别就数学教学的分类设计、数学教学的基本技能进行了比较详细的论述和介绍。为了便于教学，书中各章均附有适量练习题和思考题。

参加本书编写的有涂荣豹、季素月、鲍建生、宁连华、黄晓学、宋晓平、汤炳兴、吉海兵、周友士、段志贵、章飞、傅岳新。

江苏教育出版社王建军先生为本书的编写和出版给予了很多指导和帮助，在此谨表示衷心感谢。由于时间仓促，水平有限，难免疏漏，敬请读者指正。

涂荣豹

2007 年元月 30 日

第一篇　数学课程

第 1 章

数学的特点、方法与意义

数学与数学教育是紧密相关,但又属于不同领域的两门科学. 它们同样都是随着人类社会实践活动而萌芽,也随着人类社会进步而发展.

数学是什么？它有哪些特点和思想方法？人们研究和学习数学有什么意义？这些问题对于从事数学教育事业的数学教师来说都十分重要. 也许我们并未对此类问题有意识地进行过认真的思考,甚至不一定都能作出明确的回答,但在我们的实际工作中,却自觉或不自觉地以某种观念(数学观和数学教育观)指导着具体的教学行动,从而也影响了数学教学的实践与效果. 为此,数学教师必须熟悉数学的对象、特点和思想方法,明确数学的作用和意义.

§1.1 数学的对象和特点

1.1.1 数学的对象

数学是什么？古往今来,许多数学家、哲学家对此留下许多深刻的见解. 随着人类的进步、科学的发展以及人们对数学的不断研究,认识也逐渐深入. 例如,古代中国认为数学是"术",是用来解决生产与生活问题的计算方法. 历史上著名的《周髀算经》、《九章算术》等"算经十书",充分反映了中国古代数学追求实用、注重算法、寓理于算的特点. 而古希腊却认为数学是理念,是关于世界本质的学问,数学对象是一种不依赖于人类思维的客观存在,但可以通过亲身体验,借助实验、观察和抽象获得有关的知识. 16 世纪天文学家伽利略说得更明白:"大自然乃至整个宇宙这本书都是用数学语言写出的."依他们看来,科学的本质就是数学,世界是数学的描述形式,数学成了科学的"皇后". 18 世纪,由于数学被广泛应用于自然科学,数学家达朗贝尔又把数学划归为自然科学之类,确认它是自然科学的一个门类,这时数学又被视为科学的"仆人",是自然科学的工具.

恩格斯在《反杜林论》中明确地指出："纯数学的对象是现实世界的空间形式和数量关系."在《自然辩证法》中，他又说："数学是数量的科学"，"我们的几何学是从空间关系出发，我们的算术和代数是从数量出发". 恩格斯的这些论述准确地概括了19世纪以前数学研究的主要内容，并且这一概括至今仍然有重要的意义. 由于近、现代数学的发展，数学研究的对象已远远超出了传统的"空间形式"和"数量关系"的范围. 因此，我们需要对"空间形式"和"数量关系"作更广义的理解. 如"空间"并非只有二维和三维欧氏空间，还有 n 维欧氏空间、函数空间、拓扑空间、具有某种结构的抽象空间等；"数量"也扩展到向量、张量、命题及代数结构的抽象集合中的元等.

值得重视的是，恩格斯在《自然辩证法》中还指出：数学是"一种研究思想事物(虽然它们是现实的摹写)的抽象的科学". 事实上，数学研究的对象不只限于我们直接经验到的数量关系与空间形式，必然包括越来越多的"人类悟性的自由创造物". 数学的对象已是经过人的思维加工的形式化思想材料. 正如数学家丁石孙所说："数学的研究对象是客观世界的逻辑可能的数量关系和结构关系."如各种序结构、代数结构、拓扑结构以及同态、同调等各种关系，甚至转换、映照等. 因此有的数学家把数学作为"序的科学"、"模式的科学"、"结构的科学". 所以，从现代数学角度来讲，数学不外是研究量和量的变化及其关系，其中纯数学是研究纯粹的量的科学，它是数学的基础部分.

随着时代的发展与研究的深入，对"数学是什么"的回答又有过很多经典的说法. 比如："数学是科学，数学更是一门创造性的艺术"，"数学是一种语言，是一些科学的公共语言"，"数学是一种文化体系"，"数学是科学，数学也是一门技术"，等等. 然而用几句话给"数学是什么"的问题一个恰当的回答决非一件易事，因为这里涉及到看问题的角度. 比如，从数学学科本身来讲，数学是一门科学，这门科学有它相对的独立性，既不属于自然科学，也不属于人文、社会或艺术类科学；从它的学科结构看，数学是模型；从它的过程看，数学是推理与计算；从它的表现形式看，数学是符号，是语言；从对人的指导看，数学是方法论；从它的社会价值看，数学是文化，数学是工具. 因此，对数学来说，过分强调某一方面，都可能忽视另一方面，因此很难给出一个比较确切的定义.

本书从数学的研究对象的角度，将数学概括为：研究现实世界的数和形之间各种量、量变及其关系的一门科学.

1.1.2　数学的特点

由于量存在于一切事物之中、贯穿于一切科学领域之内，凡要研究量、量的关系、量的变化、量的关系的变化、量的变化的关系时，就少不了数学. 所以，数学作为研究量、量变及其关系的科学，它的研究对象较其他科学具有普遍性的特征. 数学对象的这一基本特征决定了数学的一些主要特点和其他特征.

关于数学的特点,数理哲学家们早就有过概括.其中最具代表性的当属前苏联数学家 A. D. 亚历山大洛夫等在其《数学——它的内容,方法和意义》一书中的观点:"甚至对数学只有很肤浅的知识就能容易地察觉到数学的这些特征:第一,是它的抽象性,第二是精确性,或者更好地说是逻辑的严格性以及它的确定性,最后是它的应用的极端广泛."在我国,直至今日,人们在谈到数学的特点时,一般仍归结为"三性":抽象性,严谨性,广泛应用性.

1. 抽象性

数学具有高度的抽象性,这是人们所共知的.但这并不是说只有数学科学才是高度抽象的,而是指数学在抽象性方面,具有区别于其他科学的特点.

(1) 数学抽象的彻底性

任何科学都具有抽象性,但数学的抽象最彻底.数学的抽象撇开对象的具体内容,仅仅保留空间形式或数量关系.这些形式的关系,只是一种抽象的思想材料,或者说是一种抽象结构.例如,世界上本来并没有"二次方程",它是人们从现实世界数量关系中抽象出的思想材料.没有人,就不会有自然数、方程式、函数和勾股定理,也就没有数学的研究对象.数学以外的科学研究的对象是客观世界的具体物的形式或具体运动形态,它们的对象或是具体的实物,或者是实际的具体形式.没有人固然没有原子物理学,但原子还是客观地存在于人脑之外的现实中,用一定的仪器设备可以观测得到.

数学对象不仅是抽象的思想材料,而且还是形式化的思想材料.即这些抽象的思想材料是用自己特有的符号语言组织起来的,脱离了具体内容的表示形式.一个字母可以代表完全不同的意义,例如 $A+B=C$ 直观上仅仅是一组符号,一种形式,它的真实含义可以是普通加法,也可以是矩阵加法,完全体现为思想材料,$A+B=C$ 只不过是它们的表现形式而已.

(2) 数学抽象的层次性

数学的抽象常常表现出多层次的过程,而且是从抽象到更加抽象的情况,即逐级抽象.例如,数、式、方程、函数、映射、关系等概念就是逐级抽象的.数学抽象发展过程可划分为三大阶段,即从对象的具体性质进行抽象、从具体的数量进行抽象、从数学对象之间相互关系的意义进行抽象.例如,从运算角度来看,最初是数的运算,后来发展为代数式的运算,再进一步抽象为代数系统的运算,如"向量"、"矩阵"的运算.又比如,直角三角形三边之间的勾股定理,最初是起源于勾股数组的关系 $3^2+4^2=5^2$,进而抽象为一般的直角三角形中 $a^2+b^2=c^2$,在 n 维欧氏空间中则表现为向量的内积之间的关系:"如果 f, g 正交,那么 $(f+g, f+g)=(f, f)+(g, g)$."这是更为一般化的形式.

(3) 数学方法的抽象性

数学的极度抽象还表现在它的研究方法也是抽象的、思辨的. 由于数学对象是抽象的形式化的思想材料,这就决定了数学研究必然是思辨的方式,也就是数学活动是人类抽象的思想活动. 数学的思想活动实际上是一种"思想实验". 与其他实验科学相比,数学"思想实验"不是在实验室里进行的,而是在人的大脑里进行的. 人们利用各种思维方式(如逻辑推理和计算等)在大脑这个"思想实验室"里对抽象的形式化的思想材料(抽象的概念和它们的相互关系等)进行加工,创造出各种数学成果.

2. 严谨性

数学的严谨性是指逻辑上要无懈可击,结论要十分确定. 一般又称为逻辑严密性或严格性,结论确定性或可靠性.

以数学确认真理的方式看,数学中使用逻辑的方法(至少基本情形是如此)是由数学研究的对象、数学这一门科学的本质属性所决定的. 数学的抽象性质预先规定了数学只能用从概念本身出发的推理来证明. 数学的对象是抽象的形式化的思想材料,它的结论是否正确,一般不能如物理等其他科学那样借助于重复的实验来检验,而主要依靠严格的逻辑推理来证明,而且一旦由推理证明了结论,那么这个结论也就是正确的.

从数学发展的历史来看,数学的严谨性是相对的. 例如,微积分刚刚创立时,逻辑上很不严密,但其获得了惊人的有效应用;直到后来经过数学家很长时间的努力,才使微积分建立了比较严格的理论基础. 类似微积分这样的事例在数学中还有很多. 所以数学的严谨性也是相对的,与数学发展的水平密切相关,随着数学的发展严谨的程度也在不断提高.

人们要求绝对严格的精神,推进了数学的研究,已经使数学(特别是在它的基础方面)在实质上以及面貌上发生了很大的变化. 由于数学用严格的逻辑建立体系,用逻辑方法来确认真理,使数学成为具有严谨逻辑性的科学. 正如日本数学教育家米山国藏所说的:"在这种意义上,可以认为现今以一组不证明的命题、一组不定义的术语为基础的公理数学,才是最严格最广泛最抽象的科学体系.""无论是在科学的严密性的意义上或者在教育的严密性的意义上,对数学而言,逻辑严密、主体严格是整个数学的生命,并且在使今天的数学大厦变得庄严壮观的同时,为使它坚固而不可动摇,严谨也是最有力的一个因素."①

3. 广泛的应用性

A. D. 亚力山大洛夫等在《数学——它的内容,方法和意义》中指出:"数学生命力的源泉在于它的概念和结论尽管极为抽象,但却如我们所坚信的那样,它们是从现

① [日]米山国藏. 数学的精神、思想和方法[M]. 成都:四川教育出版社,1986:55.

实中来的，并且在其他科学中、在技术中、在全部生活实践中都有广泛的应用；这一点对于了解数学是最重要的.”数学的抽象性，保证了它的应用的广泛性. 数学的对象——量与量的变化及其关系不仅仅存在于某种个别的物质结构层次和物质运动状态之中，而是普遍地存在于各种物质结构层次和物质运动状态之中. 高度抽象的数学概念，反映着各种不同类型的具体对象中量的共同规律. 这决定了数学可以广泛地应用于各种不同的对象和各种物质运动形态的研究之中. 从这个意义上讲，它是一切科学的工具.

首先，我们经常地几乎每时每刻地在生产中、日常生活中以及社会生活中运用着最普遍的数学概念、方法和结论；其次对于力学、物理学、天文学、化学等自然科学，数学已成为无可争辩的有效工具，并且数学的应用范围在日益扩大，正如培根所说的，“数学是通向科学大门的钥匙”.

在科技高度发达的今天，数学的应用呈现了更加广阔的前景，许多抽象的数学理论得到了应用，数学向其他科学渗透又形成了许多新的交叉学科. 一些过去与数学“无缘”的人文科学也与数学产生了联系，各门科学向着“数学化”发展，已成为当今科学技术发展的一个重要趋势. 数学与社会及人们生活的关联也从来没有像今天这样紧密. 比如：把数学方法引入史学研究产生了一门新学科——史衡学，开拓了史学研究的新领域. 甚至，傅立叶级数在医学领域里发挥了意想不到的作用. 近年来发展的一门新学科——计量诊断学，可以对各种疾病作出极其正确的诊断，心电图、脑电波都是随时间变化的周期函数，其分析推理都要用到傅立叶变换. 数学与语言学的结合，产生了新兴的科学——数理语言学、计算语言学. 把演绎方法引入到语言学，则建立了代数语言学，特别是借助计算机，对语言进行整理、编撰辞书已经比较普遍.

近50年来数学在经济学中的位置越来越重要，它不仅帮助人们在经营中获利，而且给予人们以能力，包括直观思维、逻辑思维、精确计算等，以至于今天，不懂数学就无法研究经济. 当今世界，运用数学方法建立经济模型、寻求经济管理中的最佳方案，组织、调度、控制生产过程、从数据处理中获取经济信息等，使得代数学、分析学、运筹学、概率论和统计数学等数学思想方法进入到经济科学中，并反过来促进了数学科学的发展. 今天，一位不懂数学的经济学家是决不会成为一位杰出经济学家的.

数学与高科技的相互渗透，在今天已经非常广泛、深刻. 美国科学院院士 J. G. Glimm 曾幽默地说过，40 年前中国有句名言“枪杆子里面出政权”，而从 1990 年代起，在全球应是“科学技术里面出政权”，高新技术本质上是一种数学技术. [①]例如 20 世纪的中东战争、海湾战争、科索沃战争以及 21 世纪初的伊拉克战争就是数学战争.

---

① 严士健. 面向二十一世纪的中国数学教育[M]. 南京：江苏教育出版社，1994：4.

以美国数学科学委员会主席 Phillip Griffiths 为首的许多专家撰写的一份关于数学科学、技术和经济竞争力的报告中，特别强调："数学科学对经济竞争力生死攸关，数学科学是关键的、普适的、培养能力的技术."他们认为："生产周期的每一环节，整个技术基础都离不开数学科学的应用.""数学科学的各个不同领域都有广阔的用武之地，数学科学的研究的活力是这些应用赖以生存的基础.""数学科学是经济过程的一个十分重要的技术基础."在这份报告中，还附录了美国商业部提出的 12 项新兴技术，这 12 项新兴技术中的一大半直接与数学模型有关.[①]

华罗庚先生在他的著作《数学的用场与发展》一书中曾经说过："宇宙之大，粒子之微，火箭之速，化工之巧，地球之变，生物之谜，日用之繁，无处不用数学."用他的话来描述数学的广泛应用是一点也不为过，也正如马克思指出的："任何科学只有当它能够成功地运用数学时，它才能达到完善的程度，才算是真正发展了."

1.1.3 作为教育学科的数学特征

抽象性、严谨性和广泛应用性是作为科学的数学的主要特点，作为教育科学的数学，日本数学教育家米山国藏指出具有下述两大特征[②].

1. 数学是一门渐进性的科学

数学是一门历史悠久、分支繁多、层次鲜明的基础科学，初等数学与高等数学、传统数学与近现代数学以及各分支数学都有不同的特点，因而也就形成了不同层次的对象和内容(前面已有阐述)，它们的共同特点抽象性和严谨性也使其具有层次性和阶段性，这表明了数学知识具有继承性的特点. 如前所述，数学是由简单明了的事项和逻辑推理结合而一步一步构成的. 所以只要注意一步一步地去理解，并同时记住其要点，就一定能理解其全部内容. 即若理解了第一步，就必然能理解第二步，理解第一步、第二步，就必然能理解第三步. 就如登梯子一级一级地往上登，无论多小的人，只要他的腿长足以跨过一级阶梯，就一定能从第一级登上第二级，从第二级而登上第三级、第四级……这时，只不过是反复地做同一件事，故不管谁都应该会做. 只要长年累月地不停地攀登，最终一定可以达到"摩天"的高度，一定可以连自己也会发出"我竟然也能来到这么高的地方"的惊叹的境界. 以此类推，如果是一步步地循序渐进地学习数学，那么谁都会达到极高的水准. 数学这一大特征在于若依其道而行，则无论什么人都能理解它；若反其道而行，则无论多么聪明的人都无法理解它.

---

① [美]詹姆斯·格林姆. 数学科学·技术·经济竞争力[M]. 天津：南开大学出版社，1992.

② [日]米山国藏. 数学的精神、思想和方法[M]. 成都：四川教育出版社，1986.

2. 数学具有独特的语言、符号系统

人类文化知识依赖于语言而传播、保存."为了有助于'人类思想表达的经济化',数学使用了比其他任何科学都要丰富的数学语言."①数学语言如同数学的对象一样来源于人类实践,它源于人类的语言,随着数学抽象性和严谨性发展,逐步演变成独特的语言符号系统.数学语言主要由文字语言(术语)、符号语言(记号)和图象语言组成,因此数学处处离不开术语和符号.正是这些术语和符号,才使数学王国充满了神奇.由于数学语言具有精确、简洁、形式化、符号化的特点,数学才得以广泛应用,成为一种工具和通用的技术.数学是一切科学的公共语言.

用数学语言表述的对象或现象是精确的,毫无歧义而且非常简洁形式化,不会引起人们理解的混乱.数学就是研究用这种术语或符号(记号)所表示的"事物"间存在的关系以及这些事物所具有的性质,并把它们应用于各种对象.

训练人们能自如地运用数学语言进行复杂高难的精神活动,这对人类的发展前进是非常重要的.这样才有可能促进人类文化的传播、科学技术的研究发现,才能够理解和运用更为复杂高深的科学理论.所以,不能只把数学中的符号、术语看作是一种为使用方便而简化的工具,而要能够运用它们进行思维训练.这在数学教学中尤其重要.

§1.2 数学的思想方法

如上所述,数学具有广泛的应用性.然而,数学提供给人类的不仅仅是现成的知识和工具,更重要的是,它提供给人类以崭新的思想和方法.在数学思想方法中,影响和作用最大的就是公理化思想方法和数学模型方法,以及具有广泛应用性的随机思想方法等.

1.2.1 数学思想和数学方法

1. 数学思想

数学思想是现实世界的空间形式和数量关系反映到人的意识之中并经过思维活动而产生的结果,是对数学事实与数学理论(概念、定理、公式、法则、方法等)的本质认识,是从某些具体的数学内容和对数学的认识过程中提练上升的数学观念.它在认识活动中被反复运用,带有普遍的指导意义,是建立数学和用数学解决问题的指导思想.

每门科学都逐渐形成了它自己的思想,而科学思想则是各门科学共同遵循和运

① [日]米山国藏.数学的精神、思想和方法[M].成都:四川教育出版社,1986:57.

用的思想的概括，数学思想是一类科学思想.但科学思想未必就单单是数学思想.例如，分类思想是各门科学都要运用的思想（比如语文分为文学、语言和写作等，外语分为听、说、读、写和译等，物理学分为力学、热学、声学、电学、光学和原子核物理等，化学分为无机化学和有机化学等，生物学分为植物学和动物学等），它不是单由数学给予的.只有将科学思想应用于空间形式和数量关系时才能成为数学思想.如果用一个词语“逻辑划分”作为标准，那么当该逻辑划分与数理有关时（称为“数理逻辑划分”），可以说是数学思想；当该逻辑划分与数理无直接关系时（比如把社会中的各行各业分为工、农、兵、学、商等），不应该说是运用数学思想.同样地，当且仅当哲学思想（比如一分为二思想、质量互变思想和肯定否定思想）在数学中予以大量运用并且被“数学化”了时，它们也可称之为数学思想.因此，作为一般科学方法的逻辑所包含的思想，例如“演绎思想”、“归纳思想”、“类比思想”、“分析思想”、“综合思想”等在数学中的运用已经被“数学化”了，它们均被称之为数学思想.

2. 数学方法

人们通过长期的实践，发现了许多运用数学思想的手段、方式和途径.同一手段、方式和途径在认识活动中被重复运用了多次，并且达到了预期的目的，便成为数学方法.数学方法是以数学为工具进行科学研究和解决问题的方法，即用数学语言表达事物的状态、关系和过程，经过推理、运算和分析，以形成解释、判断和预言的方法.

数学的方法同样具有数学科学的三个基本特点：一是高度的抽象性和概括性；二是精确性，即逻辑的严密性及结论的确定性；三是应用的普遍性和可操作性.数学方法也体现着它作为一般方法的性质和特征，是物质世界质与量的统一、内容与形式的统一的最有效表现方式.这些表现方式主要有：提供简洁精确的形式化语言，提供数量分析和计算方法，提供推理工具，建立数学模型.

任何一种数学方法的具体运用，首先必须将研究对象数量化，建立一个数学模型进行数量分析、测量和计算，并以其特有的语言符号对科学真理进行精确和简洁的表述.例如，海王星的发现就是由亚当斯和勒维烈运用万有引力定律，通过复杂的数量分析和计算在尚未观察到海王星的情况下推理并预见其存在的.又如，麦克斯韦建立的电磁规律——麦克斯韦方程组，预见了电磁波的存在，通过计算推断出其速度等于光速，并断言就是一种电磁波.于是，他把电、光、磁统一起来创立了系统的电磁理论.

数学方法在实际运用时往往具有过程性和层次性的特点，这是因为每一种数学方法总包含若干个环节，每个环节具有独特意义，环节之间又有一定关系.例如，伽罗瓦群论的产生和建立与代数方程的可解性（即五次以上代数方程没有根式解的问题）直接相关.在此问题的研究中，过程性尤为明显.从代数方程根与系数的关系开始，到提出预解式和预解方程的概念，从二次、三次、四次代数方程根的层次结构形式，到一般高次代数方程若存在根式解，则公式中必将包含由开方根运算构成的一些层次，应把解的公式中层次结构的形式同域的扩张概念联系起来，把每一层次的对应域的形成要素归结为预解式和预解方程的寻求，以及把预解式的寻求归结为置换群的各阶子群的结构分析等. 伽罗瓦的成功之处和重要功绩就是在"预解式和预解方程的寻求"这一环节上，他看到了预解式的构成并不存在明确的方法或法则，即使是特殊的方程，构造其预解式也需要很大的技巧. 经过变换问题的数学形式的深入研究，他设法绕过预解式，对置换群提出了一系列重要概念(如正规子群、单群、复群以及群之间的同构等观念)，并证明了一些基本定理，建立了方程可解理论.

数学方法的层次性是由数学特点决定的，在全部数学内容中均包含着从客观现实到逐级抽象结果的不同层次；数学内容是数学方法的基础和载体，因此数学方法也有不同层次. 当然，在不同层次间又有着交错的关系. 例如，最简单的二元一次方程组的解法也有着三个层次：消元法是第一个层次；为消元可考虑用加减消元或代入消元，这是第二个层次；为此需要进行具体的恒等变形，这是第三个层次. 一般来说，层次越低，可操作性越强；层次越高，包含的内涵越丰富.

3. *数学思想与数学方法的关系*

数学思想、数学观念与数学方法三者密不可分. 如果人们站在某个位置，从某个角度并运用数学去观察和思考问题，那么这种思想产物就是数学观点；对于数学方法来说，思想是相应的方法的精神实质和理论基础，方法则是实施有关思想的技术手段；数学教育中出现的数学观念(例如方程观念、函数观念、统计观念、几何变换观念、向量观念等)和各种数学方法，都体现着一定的数学思想.

具体来说，数学方法是处理、探索、解决问题，实现数学思想的技术手段和工具. "方法"是指向"实践"的，是理论用于实践的中介. 数学方法的运用、实施与数学思想的概括、提练是并行不悖的，它们相互为用，互为表里. 数学思想又是数学中处理问题的基本观念，是对数学知识和方法本质的概括，是其精神实质和理论根据，是创造性地发展数学的指导方针. 数学思想来源于数学知识与方法，又高于知识与方法，居于更高层次的地位，它指导知识与方法的运用，它能使知识向更深、更高层次发展. 有人说，一个方法就像一把钥匙，一把钥匙只能开一把锁，例如待定系数法仅能解决知道结果形式的问题，数学归纳法只能解决与正整数有关的问题，而数学思想就相当于制造钥匙的原理. 如果把技巧比作交通工具，方法比作交通方式，那么思想就是指示方向的路标和灯塔. 这也是有一定道理的.

一般来说，数学的方法都是体现着一定的数学思想，故有人也称为数学思想方法，只是在强调指导思想时称数学思想，强调操作过程时称数学方法. 例如，化归思想方法是数学方法研究问题的一种基本思想方法，人们在处理和解决数学问题时，总的指导思想是把问题转化为能够解决的问题，这就是化归思想. 而实现这种化归，就是将问题逐渐地变换形式，通过不同的途径实现化归. 例如，可通过一般化到特殊化的途径，通过合情推理(归纳、类比)的途径或通过恒等变形等途径来实现化归，这时就可以称为是化归方法. 又如，在微积分中，极限思想是用运动变化的观点，使无限向有限转化即是“从有限中找到无限，从暂时中找到永久，并且使之确定下来”的一种运动辩证思想. 在这种思想指导下，人们用“极限”来求导数、求积分、解方程组，就说是极限方法.

其实，数学思想和数学方法往往不加区别. M. 克莱因的巨著《古今数学思想》，实际上说的都是“古今数学方法”. 只不过从数学史角度看，人们更多注意那些数学大家们的思想贡献、文化价值，较少从“方法”的有用去考虑，因而才称之为数学思想.

1.2.2 宏观的数学方法

数学方法具有层次性，这里仅从宏观层面上介绍具有典型数学特征的数学方法，从中进一步感受数学的特点.

1. 公理化方法

数学被尊崇为严谨科学的典范，是由于它首先成功地贯彻公理化思想并运用公理化方法. 公理化思想方法始于古希腊欧几里得的《原本》. 它从五个公设和五条公理出发，运用演绎方法将当时所知道的几何学知识全部推导出来，并使之条理化、系统化，形成了一个合乎逻辑的体系，这是一个十分伟大的成就. 它的意义已不仅限于数学，成为展示人类智慧和认识能力的一个光辉典范. 由于公理化思想方法在数学中获得了成功的应用，因此，应公理化方法来建立理论就成了现代自然科学研究的又一个重要传统，并逐步渗透到社会科学等其他科学. 正如笛卡儿指出的：只有采用数学的方法，即公理化的方法，我们才能获得真正可靠的知识. ①

公理方法的作用和意义可以从如下三方面来看.

首先，有利于概括整理数学知识并提高认知水平. 由于公理化方法可以揭示一个数学系统或分支的内在规律性，从而使它系统化、逻辑化，有利于人们学习和掌握；又由于公理系统是一个逻辑系统，所以对培养学生的逻辑思维能力和演绎推理能力都有其重要意义；公理化思想的贯彻，可以使学习者了解数学各科的各个系统中的原始概念与公理在同“系列知识”中的逻辑顺序，从而理清有关数学知识在知识系统中的地位，防止“循环论证”等逻辑错误，同时使他们能借助公理化思想去求得新知并提高认知水平.

其次，促进新理论创立. 由于对公理化思想逻辑特征的研究，发现了很多新的数

① 张维忠. 数学文化与数学课程[M]. 上海教育出版社，1999：87.

学分支和新的数学成果. 例如，对欧氏几何公理系统第五公设"审查"发现了非欧几何；对公理系统协调性的研究，希尔伯特等数学家和逻辑学家创立了元数学或证明论；对形式系统与其相适应的模型之间关系的研究，使抽象代数与数理逻辑相结合产生了一个新的边缘学科——模型论；对非标准模型的研究产生了非标准分析；等. 又如，20世纪初公理集合论的出现，不仅避开了康托朴素集合论中的悖论，而且使一些长期以来尚未解决的"老大难"问题有效地得到了解决，有的虽未彻底解决，但已取得了很大的进展，最突出的例子就是1960年代柯恩对连续统假设及选择公理所获得的重要结果. 由于现代公理化思想与现代数理逻辑结成"伴侣"，从而对数学向综合化、机械化方向的发展起到了推动的作用.

再次，由于数学公理化思想表述数学理论的简捷性、条件性和结构的和谐性，从而为其他科学理论的表述起到了示范作用，其他科学纷纷效法建立自己的公理化系统. 例如，17世纪牛顿从少数几条公理(牛顿三大定律)出发，用逻辑推理把力学定律逐个推演出来，写出了《自然哲学的数学原理》，被认为是经典力学的奠基著作，在科学史上可与欧几里得的《原本》媲美的有18世纪拉格朗日的《解析力学》、19世纪克劳修斯的《热的机械运动理论》，这些著作以及相对论、伦理学都使用了公理化思想. 特别是1940年代理论力学运用公理化思想是最突出的例子.

最后，我们顺便指出，我们既要肯定公理化思想对基础数学教育的指导作用，用其基本思想把握中学数学的结构体系，也要辩证地看到公理系统的严格性不是绝对的，要从教育对象出发全面考虑公理化思想的恰当运用. 只有这样，才能在研究和使用中学数学教材的过程中，发挥公理化思想的积极作用.

2. *数学模型方法*

一般认为模型是指所研究对象或事物的有关性质的一种模拟物. 数学模型则是那些利用数学语言来模拟现实的模型. 广义地说，一切数学都是数学模型. 实数系是时间的模型，微积分是物体运动的模型，概率论是偶然与必然现象的模型，欧氏几何是现实空间的模型，非欧几何是宇宙空间无限的模型. 一切数学概念和知识都来源于现实，当然都是数学模型.

数学模型方法是指对某种事物或现象中所包含的数量关系和空间形式进行的数学概括、描述和抽象的基本方法. 建立数学模型的过程，是一个科学抽象的过程，即善于把问题中的次要因素、次要关系、次要过程先撇在一边，抽出主要因素、主要关系、主要过程，经过一个合理的简化步骤，找出所要研究的问题与某种数学结构的对应关系，使这个实际问题转化为数学问题；在一个较好的数学模型上展开数学的推导和计算，以形成对问题的认识、判断和预测. 这就是运用抽象思维来把握现实的力量所在. 这样，模型这一概念在数学上已变得如此重要，以至于许多数学家都把数学看成是"关于模型的科学". 怀特海指出："数学对于理解模式和分析模式之间的关系,是最强有力的技术."[①]物理学家博尔茨曼认为:"模型,无论是物理的还是数学的,无论是几何的还是统计的,已经成为科学以思维能力理解客体和用语言描述客体的工具."[②]这一观点目前不仅流行于自然科学界,还遍布于社会科学界.自然界和人类社会的各种现象或事物建立模型,是把握并预测自然界和人类社会变化与发展规律的必然趋势.在欧洲,在人文科学和社会科学中称为结构主义的运动,雄辩地论证了所有各种范围的人类行为与意识都有形式的数学结构为基础.在美国,社会科学自夸有更坚实、定量的东西,这通常也是用数学模型来表示的.从模型的观点看,数学已经突破了量的确定性这一较狭义的范畴而获得了更广泛的意义.

通常,人们要掌握的数学模型方法是研究特定问题、构建特定模型的一种数学方法.然而,建立数学模型则需要人们的想象力和技巧.正如瞎子摸象一样,人们从一个侧面只能察觉问题的局部特征,虽然是真实的反映,却是片面的.只有把各个部分的认识综合起来,构成一个假想模型,然后经受实践检验来判定模型的可信程度.

在数学教育和教学中,往往强调逻辑推理多于强调建立数学模型,只在纯数学推理圈内活动;将数学问题的源头(模型)和去向(应用)都弃而不顾,恐怕很不足取.我们必须下大力气去教给学生作为未来公民人人都要懂、将来要会用的数学模型.

3. 随机思想方法

20世纪数学的一个重大进展是随机数学的兴起与迅猛发展.我们知道,人类社会和自然界存在着三类现象:确定性现象,模糊现象,随机现象.相应地,就有确定性数学、模糊数学和随机数学之分.

什么是随机现象呢?我们常听人们谈论的事物间的联系有必然性和偶然性.例如,1986年1月28日,美国"挑战者号"航天飞机在发射升空12秒之后突然爆炸,7名宇航员全部罹难.这一事件的发生虽然有技术上原因的必然性,但不能不说它带有一定的偶然性.世界万物中,随机现象普遍存在,各种风险投资、不确定估计、意料之外的成功与失败、各种不确定因素的存在都使人们面对许多随机变量,迫使人们运用随机数学工具作出正确的决策.

随机数学的核心内容是概率论与数理统计.所谓随机方法又称概率统计方法,就是指人们以概率统计为工具,通过有效的收集、整理受随机因素影响的数据,从中寻找确定的本质的数量规律,并对这些随机影响以数量的刻画和分析,从而对所观察的现象和问题作出推断、预测,直至为未来的决策与行动提供依据和建议的一种方法.随机方法被认为是人类在20世纪内获得的重要思想方法之一,目前已广泛应用于工业、农业、国防、天文、气象、地质及经济管理、医疗卫生、文化教育、社会人文、

---

① 林夏水.数学哲学译文集[M].北京:知识出版社,1986:350.

② 转引自数学译林 1995, 14(1),43.

保险业、证券等领域，并获得了巨大的成功.当今，随机数学与计算机相结合，极大地促进了随机数学的发展，成为处理信息、判断决策的重要理论和方法.

概率统计方法具有其自身的许多特点，主要体现在以下几方面：

① 概率统计方法的归纳性.概率统计方法的归纳性质，源于它在作出结论时，是根据所观察到的大量个别情况"归纳"所得，而不是从一些假设、命题、已知的事实出发，按一定的逻辑推理得出来的.例如，人们通过大量的观察资料，发现吸烟者中患肺癌的比例远远高于不吸烟者，从而得出吸烟与患肺癌有关的结论.

② 处理的数据受随机因素影响.随机因素是指人们不能控制的偶然性因素.如果没有随机因素的干扰，也就不需要概率统计方法处理.例如，想了解全国中学教师的月平均工资，若把每个中学教师的月工资都调查清楚，再将结果加以平均，就得确切的答案.这是一个普通的算术问题，无概率统计方法可言.如果人们只随机抽出一部分中学的一部分教师来调查，就会有误差，它的产生是由于所抽取的教师是随机的，因而误差带有随机性.概率统计方法就是由所抽取的"部分"带有随机误差的结果来推断"整体"的性质，并研究这种推断的可靠性的.

③ 处理的问题一般是机理不甚清楚的复杂问题.概率统计方法所处理的问题一般都是机理不甚清楚或基本不了解的复杂问题.例如：通过考古挖掘出的古人头盖骨的容量、周长等判断此人的性别；分析气候条件、土壤条件、肥料种类对农作物产量影响的显著性；考察人们的工资对工作满意程度是否有显著影响；根据某种产品的一些非破坏性指标将产品划分为不同的等级类型，等等.

④ 概率数据中隐藏着概率特性.人们通过大量重复观测得出的数据，经过科学整理和统计分析，会呈现出一定的概率规律.例如，1662 年英国的格劳特在很长一段时间内统计出在教堂接受洗礼的男孩有 139 782 名，女孩有 130 866 名，即男女比例几乎一样；18 世纪英国政府统计的死亡公报中，关于各种年龄的死亡率为人寿保险公司提供了依据；1865 年奥地利遗传学家孟德尔发表报告，通过对黄豌豆和绿豌豆杂交得到的统计数据用概率统计的方法对遗传基因作出新的判断，为数量遗传学揭开了序幕.

当今是信息时代，数据是信息最常见的一种形式.大到科学技术的发展和人类社会的进步，小至每个人的日常生活，随机思想方法都发挥着重要的作用.或许在将来，正如美国小说家 H. G. Wells 所预言的那样，"统计的思维终将如同阅读和书写一样，成为优秀公民的必备条件".

§1.3 数学的作用

通过前面的分析，我们可以看出，数学对推动人类进步与社会进步、形成人类理性思维和促进个人智力发展等多方面具有重要的作用.

1. 对于人类进步和社会发展的重要影响

数学的知识、思想、方法对于人类进步与社会发展产生重要影响，这在前几节论述中已有所体现.比如，从古希腊时代欧几里得的公理体系雏形，到希尔伯特形式化的公理系统；从牛顿不太严密的微积分，在欧拉等一大批伟大的数学家发现分析数学丰富的结论和方法的基础上，到19世纪、20世纪之交，形成了一个严密的、逻辑的数学分析体系.这种思维模式不仅对于数学的发展，而且对于科学的发展和人类思想的进步都起到了重要的作用.西方的科学家和思想家常常以这种思维模式来思考和研究科学、社会、经济以至政治问题.从柏拉图、培根、伽利略、笛卡儿、牛顿、莱布尼茨一直到近代的很多思想家常常遵循这种思维模式.例如，牛顿从他著名的三大定律出发，演绎出经典力学系统；美国的《独立宣言》是又一个例子，它的作者试图借助公理化的模式使人们对其确实性深信不疑："我们认为这些真理是不证自明的……"不仅所有的直角相等，而且"所有的人生而平等"；马克思从商品出发，一步步演绎出资本主义经济发展的过程和重要结论，这个过程也受到了公理化思想的影响.

实际上，欧几里得公理化的思想受到了某种哲学思想的影响.古希腊时代，占主流的知识分子大都认为自然界是按照数学的规律运行的，所以非常重视数学，才由此形成对数学的整理并使之系统化，出现了欧几里得几何；后来文艺复兴时期笛卡儿的思想、希尔伯特统一的思想、罗素主义等，都受着某种哲学思想的指导.因此，他们不仅仅是在研究纯粹数学，而且也描述了自然界.而我国古代社会和文化传统对于数学乃至科学技术并不重视，只是作为编纂历书、工程、运输、管理等方面的计算方法.在这种背景下，我国古代可以提出一些很好的算法或朴素的概念和思想，如位值制、负数、无理数、极限的思想，但没有上升到理论体系，在文化传统中不占主流地位，甚至明朝有的皇帝认为机器是奇技淫巧.因此，我们讲数学不只是讲数学本身及其应用，更重要的是要让人们知道：如果不从数学在思维方面所起的作用来了解它，不学习运用数学思维方法，我们就不可能完全理解人文科学、自然科学、人的所有创造和人类世界，从而就很难为人类作出更大的贡献.我们应该特别重视数学思想在人类进步和社会发展中的重要作用.

2. 探索自然现象、社会现象的语言与工具

数学的发展经常与探索自然现象、社会现象的基本规律联系在一起，这一点是不能忽略的.数学从它萌芽之日起，就成为了解决因人类实际需要而提出的各种问题的语言与工具.

西方数学非常重视数学与自然、社会、科学技术的密切联系.古希腊人不仅在数学上作出了巨大贡献，他们对自然界的看法也是对后人同样重要的一种贡献与启

发.他们把数学等同于物质世界,并在数学里看到关于宇宙结构和设计的最终真理;他们建立了数学和研究自然真理之间的联系,这在以后便成为现代科学的基础本身.其次,他们把对自然的合理化认识推进到足够深远的程度,使他们能够牢固树立一种信念,感到宇宙确实是按数学规律设计的,是有条理、有规律并且能被人所认识的.例如,欧几里得除了那本著名的《原本》外,还写过不少天文、光学和音乐方面的著作,现存的有《数据》、《论剖分》、《现象》、《光学》和《镜面反射》;另外一位伟大的数学家阿基米德,他的著作极为丰富,涉及数学、力学及天文学等;亚历山大后期的托勒玫在《天文学大成》中不但总结了直至当时的天文学知识,还总结了以前的古代三角学知识,而三角术正是为天文学上的应用而产生的.

到了近代,数学的发展与科学的革命紧密结合在一起,数学在认识自然和探索真理方面的意义被高度强调,成为诸如物理、力学、天文学、化学、生物等科学的基础.数学为它们提供了描述自然的语言与探索大自然奥秘的工具.回顾科学发展的历史,许多天文学、物理学的重大发展无不与数学的进步有关.牛顿万有引力定律的发现依赖于微积分,而爱因斯坦的广义相对论的建立则与黎曼几何及其他数学的发展有关,这些都是人所共知的历史事实.

今天,我们正处在高科技时代,自然科学的各研究领域都进入了更深的层次和更广的范畴,这就更加需要数学.许多十分抽象的数学概念与理论出人意料地在其他领域中找到了它们的原型与应用,数学与自然科学和技术科学的关系从来没有像今天这样的密切,许多数学的高深理论与方法正在广泛地渗透到自然科学和技术科学研究的各个领域.比如,分子生物学中关于 DNA 的分类研究就与拓扑学中的纽结理论有关.数学运用于生命科学的研究前景广阔,方兴未艾,自然科学的研究正在呈现一种数学化的趋势.

数学不仅是自然科学的基础,而且也是一切重大技术革命的基础.20 世纪最伟大的技术成就之一是电子计算机的发明与应用,它使人类进入了信息时代.然而,无论是计算机的发明,还是它的广泛使用,数学都起着基础作用;而在当今的计算机的重大应用中,都包含着数学的理论与技术.数学和计算机技术的结合形成了数学技术,数学技术成了许多高科技的核心.甚至像数论这样过去认为没有实际应用的学科,在信息安全中也有了突破性的应用,如公开密钥体制的建立等.这一系列的事实说明数学正从幕后走向前台,直接为社会创造价值,甚至有人说:"高科技本质上就是数学技术."

生活、生产、科学、技术等各个领域都要求人们学会并使用数学语言.数学语言(符号系统)现在已成为通用的语言.在现代社会中,许多事物均用数学来表征.从基本的度量如长度、面积、重量到门牌号码、电话号码、邮政编码,以及体格检查如体温、血压、肝功能、血脂、白血球等,无一不用数学来表示.各个民族都有自己的语言,有些语言为多个民族所共用，但仅有数学的“语言”为世界各民族所共用. 一切数学的应用，都是以数学语言为其表征的. 数学语言已成为人类社会中交流和贮存信息的重要手段，因此，数学语言是每个人都必须学习使用的语言. 使用数学语言可以使人在表达思想时做到清晰、准确、简洁，在处理问题时能够将问题中各种因素之间的复杂关系表述得条理清楚、结构分明.

可见，没有数学这样一种科学的语言，就不可能有自然科学与社会科学的现代发展.

3. 提高文化素质与发展科学思维

我国著名数学家王梓坤院士在其《今日数学与应用》一文中通过一系列的分析和案例实证之后指出：“数学的贡献在于对整个科学技术（尤其是高新科技）水平的推进和提高，对科技人才的培养和滋润，对经济建设的繁荣，对全体人民的科学思维与文化素质的哺育. 这四个方面的作用是极为巨大的，也是其他学科所不能全面比拟的.”可见，数学不仅推动了人类文明的发展，不仅提供了研究自然现象与社会现象的语言，而且在培养人的思维能力、发展智力因素与情感因素方面具有不可或缺的突出作用.

加里宁曾说：“数学是锻炼思维的体操.”数学思维不仅有生动活泼的探究过程，其中包括想象、类比、联想、直觉、顿悟等方面，而且有严谨理性的证明过程，通过数学培养学生的逻辑思维能力是最好、最经济的方法. 在学习数学知识及运用数学知识、思维和方法解决问题的过程中，能培养辩证唯物主义世界观，能培养实事求是、严谨认真和勇于创新等良好的个性品质. 这对于人的身心发展，无疑将起重大作用.

许多受过数学教育离开学校的人们都有这样的体会：在工作中真正需要用到的具体数学分支学科和具体的数学定理、公式和结论其实并不很多，学校里学过的一大堆数学知识很多都似乎没有派上什么用处，但所受的数学训练、所领会的数学思想和精神，却无时无刻不在发挥着积极作用，成为取得成功的最重要的因素. 因此，如果仅仅将数学作为知识来学习，而忽略了数学思想对学生的熏陶以及学生数学素质的提高，就失去了数学教育的意义.

实际上，通过严格的数学训练，可以使学生具备一些特有的文化素质，这些素质包括：

① 通过数学的训练，可以使学生树立明确的数量观念，“胸中有数”，认真地注意事物的数量方面及其变化规律；

② 提高学生逻辑思维能力，使他们思路清晰，条理分明，有条不紊地处理头绪纷繁的各项工作；

③ 数学上的推导要求每一个正负号、每一个小数点都不能含糊敷衍，有助于培养学生认真细致、一丝不苟的作风；

④ 数学上追求的是最有用(广泛)的结论、最低的条件(代价)以及最简明的证明,可以使学生形成精益求精的风格;

⑤ 通过数学的训练,使学生知道数学概念、方法和理论的产生与发展的渊源及过程,了解和领会由实际需要出发到建立数学模型、再到解决实际问题的全过程,提高他们运用数学知识处理现实世界中各种复杂问题的意识、信念和能力;

⑥ 通过数学的训练,可以使学生增强拼搏精神和应变能力,能通过不断分析矛盾,从表面上一团乱麻的困难局面中理出头绪,最终解决问题;

⑦ 可以调动学生的探索精神和创造力,使他们更加灵活和主动,在改善所学的数学结论、改进证明的思路和方法、发现不同的数学领域或结论之间的内在联系、拓展数学知识的应用范围以及解决现实问题等方面,逐步显露出自己的聪明才智;

⑧ 使学生具有某种数学上的直觉和想象力(包括几何直观能力),能够根据所面对的问题的本质或特点,八九不离十地估计到可能的结论,为实际的需要提供借鉴;

⑨ 数学中处处展示着数学符号简练抽象美、数学图形和谐对称美、数学结构协调完备美、数学方法多样奇妙美等,这些美既可诱发学生的非智力因素,又可以诱发学生的无限创造力,使他们的情操受到陶冶,树立起正确的世界观和人生观.

数学是人类文明、人类文化的一个重要组成部分,对人类文明的发展有着举足轻重的作用,是人类文化发展的关键力量. 它关系到一个民族的文化兴衰,也关系到一个民族的兴盛和衰落. 齐民友先生说:“一种没有相当发达的数学文化是注定要衰落的,一个不掌握数学作为一种文化的民族也是注定要衰落. ”[①]这是一条极富哲理的真理. 人们必须认识到数学素养是一种文化素质,清楚地看到“数学作为一种看不见的文化”[②]对于人类的特殊重要性. 所以,数学教育不单纯是数学科学的教育,从某种意义上讲,它更是数学文化的教育,“对提高一个民族的科学与文化素质起着非常重要作用”. [③]

习　　题

1. 名词解释

数学语言,数学方法,公理化方法,数学模型,随机思想方法.

2. 简答题

(1) 数学抽象性有哪些特点?

---

① 齐民友,等. 数学与文化[M]. 长沙:湖南教育出版社,1991.

② [美]斯蒂恩. 今日数学[M]. 上海科技出版社,1982:16.

③ 严士健. 面向二十一世纪的中国数学教育[M]. 南京:江苏教育出版社,1994:4.

(2) 公理化方法有什么特点?

(3) 什么是数学模型方法?

(4) 随机思想方法有哪些特点?

3. 论述题

(1) 通过你研究或学习数学的体会,谈谈你对数学严谨性的认识.

(2) 举例说明数学对人类文明、科学文化的作用.

主要参考文献

钱珮玲. 数学思想方法与中学数学[M]. 北京师范大学出版社,2000.

第 2 章

数学课程概述

数学课程的设置关系到数学教学目标、教学内容、教学方式与教学评价等要素，因此，数学课程是数学教育领域内的核心内容之一. 本章主要介绍数学课程的含义及类型、影响数学课程发展的因素、数学课程的现代发展，以及数学课程体系编排等有关内容.

§2.1 数学课程的含义与类型

2.1.1 数学课程的含义

数学课程的含义，基于对“课程”含义的理解. 在教育领域内的诸多专业概念之中，课程(curriculum)是涵义最复杂、歧义最多的概念之一. 迄今为止，学者们所下的定义繁杂不一. 据统计，西方有关课程概念的定义甚至多达100多种，真可谓众说纷纭. 仔细梳理这些定义，可以归结为以下几种看法.

1. 课程作为学科

这种定义将课程看做是所传授的学科，着重考虑课程的教学内容的组织和知识的积累. 比如，美国著名的教育哲学家、课程论专家费尼克斯认为：“一切的课程内容应当从学术(学问)中引申出来，或者换言之，唯有学术(学问)中所包含的知识才是课程的适当内容.”①根据这种观点，中学数学课程就是按照一定社会要求、教学目的和培养目标，根据中学生身心发展规律，从前人已经获得的数学知识中间，有选择地组织起来的、适合社会需要的、适合教师教学的、经过教学法加工的数学学科体系.

课程即学科是使用最为普遍的一种课程定义.

---

① 张华. 课程与教学论[M]. 上海教育出版社，2000：67.

2. 课程作为目标或计划

这种定义将课程看做是教学过程要达到的目标、教学的预设计划或预期结果.换言之,课程是学校为了达到教育目标而对学生所有活动的计划和安排.这种定义突出强调教学的计划和控制,强调教育目标序列化、具体化的技术性处理.按照这种观点,中学数学课程就是按照数学教学目标而制定的数学教学计划与方案.

3. 课程作为学生的经验或体验

这种定义把课程界定为学生在学校学习过程中所获得的经验或体验,以及学生自发获得的经验和体验,它把受教育者在学校范围内知识与技能的获得、能力的发展、思想素质的提高等都包括在课程概念之中.这种定义的特点是把学生的直接经验置于课程的中心位置,从课程的学科、目标、计划层面转移到学习者的经验或体验层面上来.按照这种观点,中学数学课程就是学生在老师的帮助下主动建构数学经验与体验的过程.

上述三种看法从不同的角度诠释了课程的含义.

对中学教师而言,所接触到的课程有三种呈现形式,即计划的课程、实施的课程与学会的课程.①

✧ 计划的课程——包括由教育行政部门组织课程专家们制订的课程计划、教学大纲或课程标准、编制的教材以及相关文件

✧ 实施的课程——中学教师在课堂上实际所传授的课程,这样的课程受到计划课程、教师个人所拥有的知识经验以及教学技能的影响与制约

✧ 学会的课程——学生通过学习实际获得的课程.学会的课程受到计划课程、实施的课程以及学生自身的知识经验、认知水平与兴趣志向水平的影响与制约

上述对一般课程含义的讨论,可以帮助我们深刻而全面地把握与理解数学课程的含义.

2.1.2 数学课程的类型

课程的价值在于促使学生的发展,不同的课程对于学生的发展具有不同的价值与功能.按照不同的标准可以将数学课程分为以下几对范畴.

1. 学科课程与经验课程

按照课程的内容不同可分为学科课程与经验课程.所谓学科课程是以知识为基础,按照一定的价值标准,从不同的知识领域中选择一定的内容,再根据知识的逻辑体系,将所选出的知识组织为学科.比如,学校里的语文学科、数学学科、英语学科等.学科课程的价值在于传承人类文明,使学生掌握、传递、发展千百年来人类积累

① 綦春霞.数学课程论与数学课程教材改革[M].北京师范大学出版社,2001:2.

起来的文化知识遗产.学科课程的设置有助于学习者获得系统的文化知识,但由于学科课程主要是以知识的逻辑体系为核心组织起来的,因此,容易忽视学生的需要、经验和生活.

经验课程亦称活动课程、生活课程.经验课程旨在培养具有丰富个性的学生,它是从学生的兴趣和需要出发,以儿童的主体性活动的经验为中心组织的课程.由于儿童总是生活在特定的社会和文化之中,所以,为了提升儿童的经验与价值,经验课程把儿童感兴趣的当代社会生活问题以及学科知识转化为儿童经验作为课程的内容.经验课程的价值在于使学生获得关于现实世界的直接经验和真切体验,但是,在教学实践中,要能够真正体现经验课程的价值是有一定困难的.首先,经验课程容易导致忽略系统的学科知识的学习;其次,经验课程容易导致活动主义,忽略学生的思维能力与其他能力的发展;再次,经验课程的组织要求老师具有相当高的教育艺术.

经验课程与学科课程的基点不同,两者分别反映了人的直接经验与间接经验、个体知识与学科知识、心理经验与逻辑经验.但经验课程与学科课程两者又具有内在的统一性:经验课程并不排斥学科知识,所反对的是学科知识脱离儿童的心理经验的现象,从而阻碍儿童的发展;学科课程也不排斥儿童的心理经验,所反对的是盲目沉醉于儿童的活动与心理经验.

2. 传授性课程与研究性课程

按照课程实施的方式,可分为传授性课程与研究性课程.传授性课程是以老师讲授为主的课程,使学生在教师的指导下获得规范的发展是传授性课程的主导价值.学生通过传授性课程的学习,掌握学科知识,包括概念、原理、方法,并进行实践活动,形成相应的技能技巧.研究性课程是为"研究性学习方式"的充分展开而提供的相对独立的、有计划的学习机会.即在课程计划内规定一定的课时数,从而有利于学生从事"在教师指导下,从学习生活与社会生活中选择与确定研究专题,主动地获取知识、应用知识、解决问题的学习活动"[①].我们今天倡导的研究性课程不仅是转变学习方式的平台,而是通过转变学习方式以促进每一个学生的独立发展,以培养具有健全个性的学生为目标;研究问题来自于学生自身生活与社会生活,而不把学科知识强化为学习核心内容.正因为如此,研究性课程洋溢着浓郁的人文精神,体现着鲜明的时代特色.

作为传授性课程的价值的互补,研究性课程的价值在于使学生能够通过自主研究和发现获得自由的发展,具体表现为:产生学生兴趣、丰富学习研究体验、形成合作与共享的个性品质,建立合理的知识结构,养成尊重事实的科学态度.

---

① 钟启泉,等.为了中华民族的复兴,为了每位学生的发展[M].上海:华东师范大学出版社,2001:123.

3. 显性课程与隐性课程

按照课程的预期性，可分为显性课程与隐性课程. 显性课程是学校中有计划、有组织地实施的正式课程（或称为官方课程），能对学生产生预期的影响. 隐性课程是学生在学习环境（物质环境、社会环境、文化体系）中所学习到的非预期的或非计划性的知识、价值观念、规范和态度. 这当然是非官方的、非正式的，具有某种潜在性. 隐性课程具有下列特性：其一，其影响具有普遍性. 隐性课程的影响可以说是无处不在，只要存在教育，就必然存在其影响. 比如，在数学学习过程中，学生产生的对数学的认识、对数学学习的喜好程度等. 其二，其影响具有持久性. 许多隐性课程都是通过心理的无意识层面对人产生影响. 比如，对数学学习的情感态度、数学的作用的认识等，都是潜移默化的. 这些影响一旦形成，便会持久地影响人的心理与行为. 其三，其影响可能是积极的，也可能是消极的.

显性课程的价值在于对学生的发展产生直接的影响，而隐性课程的价值在于对学生的发展产生潜移默化的影响，但两者也是有联系的. 显性课程，它的学习总是伴随着隐性课程，而它的实施具有非预期性，因此必然存在非计划性、非预期性的教育影响；另一方面，隐性课程也在不断转化为显性课程.

4. 国家课程、地方课程、校本课程

根据课程的开发与管理，可分为国家课程、地方课程与校本课程. 国家课程是根据所有公民基本素质发展的一般要求设计的，它反映国家教育的基本标准，体现了国家对各个地方的中小学数学教育的共同要求，所有学校都应认真贯彻实施国家课程，以保证国家教育目标的实现. 国家课程的价值在于通过课程体现国家的教育意志，它对教育方针的落实、培养目标的实现起到决定性的作用. 地方课程是各省、市教育主管部门以国家课程为基准，在一定的教育思想与课程观念的指导下，根据地方经济特点与文化发展等实际情况而设计的课程，它是不同地方对国家课程的补充，反映了地方经济发展对学生素质发展的基本要求，其价值在于通过课程满足地方社会发展的现实需要. 校本课程是以学校为基地开发的课程. 各个学校可以在实施国家课程、地方课程的基础上，根据学校的社会环境、文化环境、学生优势与需要确定必修课程的实际课程目标，确定选修课程的内容、教学目标，编写选修课程教材，开展社会实践活动等，其价值在于通过课程展示学校的办学宗旨和特色.

2.1.3 课程的现代发展

进入 1970 年代之后，课程的内涵有了较深刻的发展. 概括而言，有以下一些变化趋势：①

① 张华. 课程与教学论[M]. 上海教育出版社，2000：69－70.

1. 从强调学科发展到强调学习者的经验

以学科为中心的课程关注的是学科体系、学科内容，这样的课程就把学生的直接经验排斥在外. 关注学习者的经验与体验的宗旨是以学生的全面发展作为课程的核心，这样的课程并不排挤学科知识内容，而是在学生现实经验的基础上整合学科知识，使学科知识成为学生发展的资源，而不是控制的工具.

2. 从强调目标、计划发展到强调学习过程的价值

强调目标、计划的课程忽略了教学过程中许多非预期因素，而当教师与学生的主体性得到充分发挥时，教学过程必然“生成”许多事先无法预料的创造性的因素，正是这种非预料的创造性因素能够较大程度地保证学生在获得知识的同时获得身心的全面发展. 因此，强调过程性的课程才能使老师、学生的主动性得到充分发挥，才能使学科教学中潜在的教育价值得到充分体现. 值得注意的是，强调课程的过程性并不是不要目标、计划，而是将目标、计划整合到教学过程中，使“预设”与“生成”实现统一，“预设”是为了更好的“生成”.

3. 从强调教材到强调教师、学生、教材、环境的整合

片面强调课程即学科、目标、计划，必然出现把教材等同于课程、教材控制课程的认识与现象，而强调学生的经验、体验，强调教学过程本身的教育价值，必然会把课程作为教师、学生、教材、环境的四个因素间交互作用的、动态的、具有生长力的课程生态系统.

4. 从只强调显性课程发展到强调显性课程与隐性课程并重

传统的课程观是只看重根据教育行政部门颁布的教育计划、教学大纲、课程标准，学校里有计划、有组织实施的是显性课程，而忽视了学生在学习过程中能形成情感、态度、价值观等的隐性课程. 而隐性课程对人的发展有着计划课程不可替代的作用，因此，在实施显性课程的过程中应该注意发挥隐性课程的积极作用，使两者成为学校课程的有机整体.

5. 从只强调学科课程到强调学校课程与校外课程的整合

随着信息社会的到来和教育技术的广泛应用，学生在成长过程中获得的知识已不仅仅来自于学校、老师. 如果把学生在校外社会环境或自然环境所获得的经验与体验称之为校外课程的话，那么，课程改革就不能仅看到学校这个狭小的领域，而应赋予课程的开放性，以实现学校课程与校外课程的整合、互补.

上述变化趋势说明，未来的学校课程更加注重学习者自身的经验与体验，更加注重教学的过程性，更加注重课程的开放性，更加注重多种形态的整合. 这些观念必然会影响到数学课程的设计与发展.

这些特点在我国进入新世纪之后的数学课程中得到了具体的体现，详见第 4 章有关内容.

§2.2 影响数学课程发展的因素

在不同的时期有着不同的数学课程,制约与影响数学课程发展的因素是多方面的. 其中,社会发展的需求、数学学科体系、学生心理基础是三个最基本的因素.

2.2.1 社会因素

社会因素包括社会政治、经济、科学技术的发展、传统习惯、价值观念等,这些因素对数学课程标准与评价标准的制定、课程内容与教学方式的选择起着决定性的作用.

1. 对数学课程目标的影响

由于教育的作用是把自然的人培养成社会的人、社会的生产力,所以,任何教育都必须适应社会发展的需求. 而数学教育是教育的组成部分,因此,社会的政治经济、科学技术的需求决定着数学人才培养的规格,也就是数学课程的目标.

对于培养什么人的问题,在教育史上有所谓的"人本主义"与"实用主义"之争. 具体地说,所谓"人本主义"的教育目标突出地强调个人的心智训练和发展. 由于数学教育对于促进人的理性思维与创造性才能具有特殊意义,因此,数学在"人本主义"的教育思想中占有特别重要的地位. 这种现象在古希腊的数学教育中得到较鲜明的体现.

与之相反,"实用主义"的教育目标则强调对于实用技能的掌握. 对数学教育而言,就是惟一地注重数学知识的实用价值,这种教育思想在中国古代教育史上有典型的表现.

两种教育目标的对立便有了所谓的"形式教育"与"实质教育"两个学派的争论. "形式教育"学派认为,教育的任务并非主要在于教给学生多少知识,重点应放在学生的能力的培养上. 而"实质教育"学派主张教给学生对生产、生活有实用价值的知识与技能. 为了调和两者的对立与争论,便有了"基础教育的双重目标"的提法.

然而,社会是不断进步、不断发展的,它的进步与发展成为促进教育发展的极为重要的动力. 就现代社会而言,由于正经历着由工业社会向信息社会发展这一历史性的变革,从而就向传统的教育(包括传统的教育目标)提出了直接的挑战.

在人类社会由工业社会向信息社会、工业经济向知识经济发展的过渡时期,由于数学在日常生活中的广泛运用,以及在其他学科中的渗透,人们对数学的认识产生了极大的变化,这种变化必然要对数学教育提出新的要求. 现在每天的报纸和大众传媒广泛使用图表、统计数据;由于计算机的介入,大多数职业要求从业人员具有分析能力,而不单纯是机械操作技能;1980 年前后,一批具有科学与技术融合特性的新技术的出现,使科学与技术之间不再界限分明,这种被称为"高科技"的新技术的发明、掌握与应用,对人的素质提出更高要求. 所有这些都说明了这样一个结论,即人们必须具有较高的数学修养和更强的数学能力,才能适应这种现代化社会的生活与工作. 美国国家研究委员会(NRC)1989 年发表的关于数学教育未来的报告"Everybody Counts(人人有份)"对此作了精辟的论述:"21 世纪的劳动力将是较少体力的而较多智力型的,较少机械的而较多电子的,较少稳定的而较多变化的."①这表明信息社会的公民必须普遍地具有较高的智力水平.

社会发展对数学课程的育人标准提出了更高要求,这些要求不仅体现于宏观的素质教育培养目标上,更要体现于数学课程的设计与实施等各个具体层面上的微观目标.

2. 对数学课程内容及教学方式的影响

社会经济与科学技术的发展决定了数学教育培养人才的标准,同样社会因素也影响与制约了课程内容与教学方式的选择.

当代社会正处于一场信息革命之中,这场革命的传播速度与影响范围远远超过工业革命,世界的各行各业无一不受到它的影响. 数学课程设计必须考虑信息社会对人们所具有的数学素养的需要,而数学课程的设置必须适应这种需要,这是不言而喻的.

(1) 适应现代化社会生活的需要

随着新技术的发展和某些历史悠久但已陈旧的技术的淘汰,人们日常生活中用到的数学技能也随之改变. 为了更有效地适应现代化社会的生活,普通公民必须具有更高标准的数量意识. 随着承包制、股份制、租赁制的进一步推行,市场经济的逐步完善,无论是城市还是广大农村,生产者也将成为经营者,因而,成本、利润、投入、产出、贷款、效益、股份、市场预测、风险评估等一系列经济词汇将会频繁使用,买与卖、存款与保险、股票与债券等几乎每天都会碰到. 于是,与这些经济活动相关的数学,如比和比例、利息与利率、统计与概率、运筹与优化、系统分析与决策等,应该成为中学生要学的数学知识. 也就是说,现代社会生产和生活中广泛应用的数学知识、数学思想和方法应该精选为数学课程的内容.

(2) 适应科学技术迅猛发展的需要

科学技术的发展在两方面影响着数学课程的设置. 一方面,科学技术越是发展,应用数学的程度越高,人们越是要通过数学才能掌握其他的科学和技术,数学课程应当反映这一点. 另一方面,科学技术的发展直接或间接地影响着数学课程内容的改变,课程的内容只能吸收最有价值的科学成果,而随着科学技术的发展,最有价值

① 美国国家委员会. 人人关心数学教育的未来[M]. 方企勤,等,译. 北京:世界图书出版公司,1993:12.

的标准也随之改变了，这是对数学课程内容的直接影响. 科学技术的发展，教学手段也将随之改变，而教学手段的改变也会引起课程内容的改变，这是对数学课程内容的间接影响.

我们知道，计算器和计算机已经深刻地改变了数学世界. 它们不仅影响到数学教学内容的选择，而且也影响到学数学和教数学的方法. 计算器和计算机给数学教学带来的深刻变化必将影响到数学课程的内容与学习方式. 例如，对常规计算技能的要求应当降低，使学生有更多的时间来发展数学的基本能力；应当加强近似计算和估算的要求，用发展眼光看，能够准确做多位数的乘法和能够估计出结果相比，显然后者更重要. 有时，一个近似的答案不仅已经满足需要，而且还比精确答案需要更多的洞察力. 另一方面，现代信息技术与数学课程的整合也为学生进行数学探究活动提供了更广阔的空间与有效的工具.

(3) 适应为全体学生进行数学教育的需要

传统的数学课程是在西欧工业革命后这一特定的历史文化背景下发展起来的，当时，只有少部分人才能接受学校教育，所以学校课程是为培养精英设计的. 在我国，同样存在着类似的现象，所有学生都学习为部分有望继续深造的学生而设计的同一门数学课程. 多年来，数学学科成为中小学教育的"筛子"，淘汰了许多数学不合格的学生. 而信息社会对大量具有基本数学素养劳动力的需求必然迫使学校前所未有地向更多的学生实行更多的数学教学. "学校数学的中心必须由二元的任务——为多数学生的最低限度的数学，为少数学生的高级的数学——向单一的任务转变，即选取为所有的学生所需要的数学中的核心部分". [①]数学教学内容的选取面向全体学生，但又要考虑到学生水平的差异性，兼顾到尖子学生的培养. 因此，数学课程设置必须遵循统一性与灵活性相结合的原则. 在统一要求下，又要有一定的弹性，使教学内容适应不同地区的教育发展水平，使不同程度的学生都能在自己原有水平基础上得到最大可能的提高.

综上所述，信息社会对每一个公民的生活与劳动的量与质提出了新的高标准要求，因此，每一个公民的知识、技能、能力、态度也应发生相应的变化. 数学课程应当充分适应这一变革，教学内容与进行的学习方式必须保证学生在学校里学到最有用的知识，以确保他们的技能、能力和各种非智力因素都得到充分的发展，从而能够适应未来社会的需求.

2.2.2 数学学科因素

作为学校主要课程之一的数学，是在数学科学的基础上，经过教学法的"加工"

① 美国国家委员会. 人人关心数学教育的未来[M]. 方企勤，等，译. 北京：世界图书出版公司. 1993：80.

而形成的.因此,数学课程的设置,必然受到数学科学发展现状和学科自身体系的制约和影响.数学学科对基础教育数学课程的影响主要体现于以下两个方面.

1. 现代数学观的建立

数学观是对数学本质的一种认识,有什么样的数学观就有什么样的数学教学观,而数学观应该“与时俱进”地随着数学科学的发展而发生变化.

2000 年 8 月在日本东京举行的国际数学教育大会上,大会主席藤田宏教授提及数学发展史上的四个高峰:

✧ 以《原本》为代表的古希腊的公理化数学

✧ 以牛顿发明的微积分为代表的无穷小算法数学

✧ 以希尔伯特为代表的现代公理化数学

✧ 以现代计算机技术为代表的信息时代数学

张奠宙先生用大量实例说明了从第三个高峰到第四个高峰半个多世纪内,数学,特别是应用数学的发展与变化,从而总结出在信息时代我们应该具备的数学观①:

✧ 公理化方法、形式演绎仍然是数学的特征之一,但是数学不等于形式,数学正在走出形式主义的光环

✧ 在计算机技术的支持下,数学注重应用

✧ 数学不等于逻辑,要做“好”的数学

我们应该以现代数学观为指导,确立相应的数学课程观与教学观.

2. 对数学课程内容的影响

如果说数学的发展对现代数学观的建立是间接影响的话,那么对数学课程的影响应该是最直接的.例如,17 世纪对数、解析几何和微积分先后创立,基于这些知识的应用价值,相应的基础知识均先后纳入中学数学教材之中.后来概率统计、集合论等初步知识也相继充实到中学数学课程中来,使中学数学教学的内容发生很大变化.

进入 20 世纪后,以数学结构研究为核心的数学已发展成为强大的、多分支的数学科学.特别是近几十年来,数学有了惊人的发展,不仅发现了许多新的数学领域,而且应用数学的类型与范围以空前的速度增加,数学科学已进入一个对我们的生活、行为、思维有更大潜在影响的时期.数学科学的这种发展,必须在基础教育数学课程中得到反映,以改变数学教学内容过于陈旧的状况,实现数学教学内容现代化.

数学教学内容现代化的内涵可以归纳为以下两点:

其一,适当增加适应学生认知水平的近现代数学知识.传统的中学课程以初等代数、初等几何的基础知识为主,时至今日,在中学课堂上完全讲授 17 世纪之前的

---

① 张奠宙,等.数学教育概论[M].高等教育出版社.2005:138－141.

数、式、方程、函数等传统内容，显然已不符合时代的需要. 精选传统数学内容，适当增加近现代的数学知识已成为世界各国基础教育数学课程的共性. 目前世界各国大都降低了数的四则运算、多项式和根式运算与变形的难度与要求，仅保留了对培养运算技能、对后继学习以及对生活有用的相关内容. 比如，降低解方程精确解的要求，但提高了用图象解方程、不等式的要求. 对于方程的应用，更多的是从建模的角度提出要求. 适当增加对学生有用且与认知水平相符的近现代数学的基础知识，如数据处理、概率统计、微积分、向量、算法与框图、简易逻辑等内容. 对于高中来说，还包括一些能够充分体现现代数学发展和数学科学威力的内容，如雪花曲线的研究、海岸线的测量等. 在我国高中新课程选修内容中还增添了矩阵与变换、信息安全与密码、开关电路与布尔代数等反映现代数学发展的有关内容.

其二，突出数学思想与方法. 数学科学发展对基础教育课程的影响，不仅体现在增加内容方面. 前苏联数学教育家斯托利亚尔认为："数学教学落后于现代数学科学与其说在于内容（中学课程的传统内容能删去的不多，而且可以增加的现代数学内容也很少），倒不如说在于思想基础和内容的逻辑结构. 要克服这种现象，不是采取在中学大纲中增加新课题的方法，而是把教育建立在现代数学的思想基础上，使中学课程的风格和语言接近于现代数学的风格与语言，使学生的思维向现代数学思维发展."①也就是说，对于必须保留的传统数学内容，应该用现代数学的语言、观点去处理，必须突出数学思想与数学方法，以实现语言、思想、风格的现代化.

2.2.3 学生的因素

促进学生全面的、积极的、富有个性的发展是数学课程的首要目标. 从这个基本观点出发，数学课程的发展必然受到学生这个因素的制约与影响. 这种影响主要体现于两方面.

1. 数学课程的设置必须适应学生的身心发展

数学教学的对象是学生，而学生的认识能力（尤其是思维能力）的发展是有规律的，但也是有限度的. 中学阶段青少年的智力正处于成长发展时期，知识经验和认识能力尚未成熟，因此，数学课程目标的制定、课程内容的选择、课程体系的编排都必须适应学生的年龄特征与发展水平. 只有这样学生才能在教师的指导下，凭借自身的知识经验与能力，找到接受新知识的切入点，才能积极主动地、有意识地、创造性地投入到学习活动之中. 也就是说，只有当数学课程设置适应学生的内部条件，使学生以全部精力倾注于学习的思维活动时，教学才会有效，教学目标才能实现. 因此，随意加入超出学生思维发展水平的知识内容的做法是不可取的. "拔苗助长"势必

---

① A. A. 斯托利亚尔. 数学教育学[M]. 丁尔升，等，译. 北京：人民教育出版社. 1985：2.

产生事与愿违的结果.

2. 数学课程的设置必须促进学生的身心发展

我们必须认识到,中学阶段正是学生获取知识、发展能力的关键时期,而教学过程是一个特殊的认识过程,最有利于学生的知识经验的积累与能力的发展,因此,数学课程对学生的适应性必须是积极的、能动的,也就是说,要在适应的基础上促进学生的身心发展.任何过低估计学生的认识能力或者降低要求的做法都会给人才培养带来损失.

教学论专家认为,促使儿童学习并构成学生学习原动力的,是学生目前已达到的内部水平同新的学习任务和期望达到或必须达到的水准之间的矛盾.也就是说,应当掌握的新知识同学生的内部条件产生矛盾(包括一些学习障碍或知识难点)时,才能促使学生产生强烈的问题意识、目标意识,才能够积极开展思维活动,以求达到新的水准.因此,我们要求学生学习的知识内容不能仅仅着眼于学生现有的心智发展水平,而必须有所“超越”,即课程目标与课程内容应对学生的智力水平构成适度的挑战,使学生在老师的指导下,凭借自己的意志努力,了解问题的实质,并能解决问题,同时提高自己的心智发展水平.

前苏联教育家维果茨基(L. S. Vygotsky)把这种能最有效地施加教育影响的、有可能发展但尚未实现的心智功能发展状态,叫做“最近发展区”.数学课程的设置应当着眼于学生的这种“最近发展区”,在学生内在条件的基础上,实现新的发展,创造出一个又一个更高水平的发展区.

由此可见,学生因素决定着数学课程的“量”与“度”,其基本准则是在适应的基础上促进其发展.

§2.3 数学课程的现代发展

从1980年代到21世纪初,由于数学课程理念、数学课程目标及价值观的变化,数学课程的设置出现了多元化的趋势.以下简要介绍几类颇具代表性的数学课程.

2.3.1 注重问题解决的数学课程

1. 问题解决

1980年4月,美国数学教师协会公布了一份名曰《关于行动的议程》(An Agenda for Action-Recommendation for Mathematics of the 1980's)的文件.该文件提出:“必须把问题解决作为80年代中学数学教学的核心.”1982年,英国数学教育的权威性文件《柯克克罗夫特报告》(Cockcroft Report)响应了这一口号,明确提出数学教育的核心是培养解决数学问题的能力,强调数学只有被应用于各种情况才是有意义的，应将“问题解决”作为课程论的重要组成部分. 随后各国纷纷响应，如1989年3月日本《学习指导要领》新的修订本中，正式将“课题学习”的内容纳入其中，使“问题解决”的思想以法律的形式固定下来. “课题学习”就是以“问题解决”为特征的数学课，特别强调创造能力、探索能力、解决非常规问题的能力的培养.

在1988年召开的第六届国际数学教育会议上，“问题解决、模型化和应用”成为七个主要研究课题之一，其课题报告明确指出：“问题解决、模型化和应用必须成为从中学到大学所有所学数学课程的一部分. ”现在，问题解决已成为世界性的数学教育口号，可以说，在数学教育历史上，还从来没有一个口号像“问题解决”那样得到如此众多的支持.

我国数学问题解决有较长的历史，从九章算术问题的研究，到目前解题技能技巧的训练，都离不开数学题. 传统的观念总把数学题与技能训练紧密联系在一起，把解数学题与应付考试紧密相连. 然而，在世纪之交提出的“问题解决”，承担着中学数学教学核心的重担，其内涵已有了质的变化.

一般认为，“问题解决”的内涵可以从三方面加以解释.

其一，“问题解决”是数学教学的一个目的. 重视问题解决的培养，发展学生的解决问题的能力，最根本目的是通过解决问题的训练，让学生掌握在未来竞争激烈、发展迅速的信息社会中生活、生存的能力与本领. 当问题解决被认为是一个目的时，它就独立于特殊的数学问题和具体的解题方法，而是整个数学教学追求的目标. 当然，这必然会影响到数学课程的设计，并对教学实践有重要的指导作用.

其二，“问题解决”是个数学活动过程. 也就是说，通过问题解决，让学生亲自参与发现的过程、探索的过程、创新的过程. 在这个过程中，一个人必须综合使用他所有的知识、经验、技能技巧，以及对新问题的理解，并把它运用到新的、不熟悉的、困难的情境中去. 这一种解释的出发点是，我们不能只教给学生现成的数学知识，而应让学生体验把现实中的数量关系进行数学化的解决问题过程，通过这一过程掌握解决问题的策略与方法，掌握学习的方法，培养与发展收集、使用信息的能力，并伴随着良好的情感因素的生成.

其三，“问题解决”是技能. 这种解释与我们对问题解决的传统理解相统一，但它并非是单一的解题技能，而是一个综合技能. 它包括对问题的理解、求解的数学模型的设计、求解策略的寻求，以及对整个解题过程的反思与总结.

2. 体现问题解决的数学课程

数学课程的设置如何体现以问题解决为中心呢？美国1989年数学课程标准提出六个目标，阐明了实施的途径与方向[①]：

✧ 通过问题解决认识和理解数学

---

① 全美数学教师理事会. 美国学校数学课程与评价标准[M]. 北京：人民教育出版社. 1994：60.

✧ 把数学和非数学的问题情景表述成数学问题
✧ 学会和应用各种策略解决问题
✧ 根据问题的原始情境来检验和解释答案
✧ 概括解决新问题的方法和策略
✧ 在有意义地运用数学的过程中获得自信心

我国的九年制义务教育数学课程也提出相类似的"问题解决"的课程目标：提出问题、理解问题、解决问题，发展应用意识；形成解决问题的策略，发展实践能力与创新精神；学会与他人合作，并能与他人交流思维的过程与结果；初步形成评价的与反思的意识. ①

由此可见，在关注问题解决的数学课程之中，问题解决不仅是课程目标，而且是过程、方法、策略，数学知识的呈现不再具有"公理-定义-定理-例题"这种纯形式化的叙述体系，而渗入了更多的非形式化的、以解决问题为目标的学习活动. 比如，江苏教育版的高中数学教材的叙述体系就以"问题情境-探索活动-理论建构-实际应用"的方式展开数学知识内容.

2.3.2 面向大众的课程

1. 数学为大众

崇尚结构主义的数学课程是为少数精英设计的，致使多数学生学不好数学. 人们逐渐认识到，数学应成为未来社会每一个公民应当具备的文化素养，学校应该为所有人提供学习数学的机会. 在此背景下，"Mathematics for All"（译为"数学为大众"或"大众数学"）的口号逐渐流行开来. 1984 年，第五届国际数学教育会议上正式形成"大众数学"的提法. 1991 年初，美国总统签署了一份《美国 2000 年教育规划》的报告，提倡让所有人都有效地学习数学的大众数学思想. 在我国，随着九年制义务教育的全面实施，数学教育界一批年轻学者自 1990 年代初对大众数学意义下的数学课程的设计进行了探索与研究，并取得了丰硕的成果.

大众数学意义下的数学课程必须面向所有的学生，促使所有的学生学好数学，其基本含义包括以下三个方面. ②

(1) 人人学有用的数学

没有用的数学，即使人人能够接受也不应进入课堂. 在我国数学教学中，存在着和"八股文"相类似的"坏数学"，这类"坏数学"，除了应付考试外，对学生的发展没有其他任何积极作用，训练多了反而妨碍学生的智力发展，扼杀孩子们的求知欲望. 因

① 中华人民共和国教育部. 全日制义务教育数学课程标准（实验稿）[M]. 北京师范大学出版社. 2001：7.
② 刘兼. 21 世纪数学教育展望（Ⅱ）[M]. 北京师范大学出版社，1995：74－76.

此，作为大众数学意义的数学教育，首要的是使学生学习那些既是未来社会所需要的、又是个体发展所必需的，既对学生走向社会适应未来生活有帮助、又对学生的智力训练有价值的数学. 我们不可能让学生在校期间仅仅学习从属于哪一种价值（或需要）的知识，而必须设计出具有双重价值乃至多重价值的数学课程.

(2) 人人掌握数学

实现人人掌握数学有多种措施，而"大众数学"意义下实现人人掌握数学的首要策略就是让学生在现实生活中学习数学、发展数学. 因此，必须删除那些与社会需要相脱节、与数学发展相背离、与实现有效的智力活动相冲突的，并恰恰是导致大批数学差生的内容，如枯燥的四则混合运算、繁难的算术应用题、复杂的多项式恒等变形以及纯公理体系的欧氏几何. 同时，在突出思想方法、紧密联系生活的原则下增加估算、统计、抽样、数据分析、线性规划、图论、运筹以及空间与图形等知识，使学生在全面认识数学的同时，获得学好数学的自信.

(3) 不同的学生学习不同的数学

大众数学要求每一位学生通过数学学习都得到发展，而学生之间的认知水平、兴趣爱好、思维方式都存在差异性，因此，大众意义下的数学课程必须使所有的学生掌握共同的数学知识的同时，为更多的学生学习自己感兴趣的数学提供平台，这样才能为对数学有特殊才能与爱好的学生提供更广阔的发展空间.

2. 体现大众数学的数学课程

体现大众数学的数学课程的设置特点，概括起来有以下几点：

✧ 注重课程内容的普适性，即精选未来社会所需要的、学生所喜爱并能够接受的数学基础知识作为课程内容

✧ 以未来社会公民所必须的数学思想方法为主线选择和安排教学内容

✧ 以与学生年龄特征相适应的大众化、生活化的方式呈现数学内容

✧ 使学生在活动中、在现实生活中，学习数学、发展数学

✧ 淡化形式，重在实质①

前四点容易理解，这里对第五点作些解释.

数学的一个重要特征就是借助于数学符号将研究对象形式化. 数学形式化是数学高度抽象的结果，是符号运用的高级阶段，数学形式化使得数学研究对象成为舍去了具体内容的结构严谨的逻辑体系. 多年来，我国数学课程十分重视数学概念和理论，追求逻辑性、严密性、系统性，这对我国的数学"双基"教学起了积极的指导作用. 然而，在基础教育中，对形式化、严密化的过分强调，也产生了一些消极影响. 特别表现为对某些细枝末节的过分追求，致使学生把精力放在细节问题的处理上，冲

---

① 陈重穆，宋乃庆. 淡化形式，注重实质[J]. 数学教育学报，19932(2).

淡了对问题的实质理解. 大众数学意义下的数学课程要面向全体学生,就必须考虑到全体学生的知识基础与接受能力,不可能也没有必要过分追求理论的完善、逻辑的严谨、语言叙述的滴水不漏,对某些内容的处理可以采用更具体和非形式化的方式. 比如,用生活中的实例引入抽象的数学概念,用战舰游戏介绍坐标,用购物单介绍矩阵,等;采用观察、实验、操作等方式获取数学原理,如用折纸的方法发现勾股定理. 这说明,对以形式化著称的数学进行教学法加工形成基础教育数学课程时,针对学生的年龄特征,对某些内容采用具体、直观的非形式化方法,是大众数学意义下数学课程的又一特点.

2.3.3 注重应用的数学课程

从总体看,我国现行中学数学教材是从前苏联 1950 年代的教材演化而来的,属于"以学科为中心"的课程模式. 这种课程模式比较强调知识结构的完善性、逻辑推理的严密性、数学概念的抽象性,却忽视了数学的实际应用. 然而,随着科学技术的高速发展,特别是以计算机为标志的信息时代的到来,要求人们具有更高的数学修养. 数学的作用,除了传统的思维训练外,更多的着眼于为社会服务,强调数学在各行各业中的作用. 因此,不管中学生将来就业还是升学,数学教育应让他们掌握更多的实用知识,培养他们具有较强烈的应用意识和应用数学知识解决各类问题的能力. 因此,基础教育数学课程改变传统的纯而又纯、玄而又玄的面孔,增强与现实生活的联系,突出数学知识的应用,是课程改革的又一发展趋势.

注重数学应用的数学课程的设置,不仅仅表现为增加一些应用题,而是将数学应用意识贯穿于课程的始终. 具体表现为以下几方面.

1. *增加具有广泛应用前景的数学知识*

在数学课程中增加学生能够接受的、具有广泛应用前景的数学知识,是注重数学应用的一个途径,如数据分析、线性规划、决策方法、估算、概率统计等. 在美国的《数学课程与评价标准》中,除了上述内容外,还把离散数学纳入高中课程,要求学生能够做到:① 会用诸如有限图、矩阵、数列和递推关系去表示问题的情境;② 会设计算法程式,并对它进行分析;③ 会解枚举的和有限的概率问题;④ 会用线性规划和差分方程去解决问题;⑤ 研究与计算机算法相关的课程. 我国香港地区也十分重视在课程中进行概率统计知识的教学. 从中学一年级开始,各年级对概率统计的学习都有明确的目的、内容以及确定的课时. 教材中常安排一定的生活实例来加深对数学概念的理解,如学了"集中趋势"的三种量数之后,教材还专设"统计误用"一节,指出一些广告商、厂商及政客等,为了不可告人的目的玩弄统计数字和统计图表,故意遗漏某些重要数据,或偷换统计概念,以混淆视听达到误导的目的,所以要学生对这些统计数据特别小心.

2. 加强传统数学内容与实际的联系

现实世界是数学的丰富源泉，也是数学应用的归宿，许多数学概念都可以在现实中找到它的原型. 因此，将传统的数学内容与日常生活或生产实际相结合，与其他学科相结合，可使学生惊奇地发现，数学的概念、运算都不是毫无意义的术语、符号的堆砌，它们有着广泛的现实意义，从而使学生深切感受到学习数学对作为现代社会的公民的重要意义. 比如，指数函数、对数函数、幂函数对现实生活中增长速度的刻画，以及数列知识在投资中的应用等.

3. 进行实践课题的研究

应用数学知识解决问题不能局限于对书本上现成的问题作出书面解答，还应包括提出问题、设计方案、收集信息、选用数学模型、运用解题策略、检验和解释结果等数学活动. 因此，数学课程内容可以适当地增加一些实践课题的研究，比如：利用汽车、火车时刻表设计一次旅行——要求学生以口头、书面或图表方法交流信息；调查分析城市中心的交通情况，设计一个交通灯设置和单行线方案——要求学生收集数据、分析数据、设计方案、评价方案；购买小汽车的经济安排——要求学生了解小汽车的价格趋势，家庭的固定年收入、支出，贷款的利息，建立还款计划. 这类实践课题的研究在欧美一些国家比较提倡，它完全摆脱了考试的束缚，对培养学生探索、交流以及研究问题能力的培养大有帮助.

§2.4　中学数学课程体系的编排

在技术层面上考虑数学课程的设置，必须按照学科特点与学生心理特点对课程体系进行科学、合理的编排，以方便学生的学习. 张奠宙先生认为，数学课程体系的编排实际上就是一个“把数学的学术形态转化为教育形态”①的过程. 它具体指的就是数学课程内容展现的知识顺序，包括概念体系、命题网络的确定、各知识间的相互联系、各分科之间的相互渗透与转换以及数学知识呈现的方式等.

2.4.1　编排数学课程体系的基本原则

1. 符合学生的认知规律与心理发展规律

由于数学教学以学生的心理发展水平为前提，以促进学生心理的进一步发展为结果，因此，课程结构体系必须符合学生的认知规律与心理发展规律. 具体说来，课程体系的编排应符合下列要求：

① 张奠宙，等. 关于数学的学术形态和教育形态[J]. 数学教育学报，2002(2).

(1) 可接受性

可接受性是指教学内容应按照由浅入深、由直观到抽象的顺序呈现，要返璞归真，循序渐进，以符合学生的认知规律和接受能力. 对于下放到中学的近现代数学知识，如集合、逻辑、微积分、概率等内容，应从感性到理性，尽量避免过度的抽象化、形式化.

(2) 直观性

按照直观性组织知识内容，一般是由生活实例、直观模型、历史故事或典型例题引入新课题，通过对事物的比较、分析、抽象、概括去掌握概念、原理. 学习了新知识之后，又通过典型问题的解决，把知识应用于实际. 也就是说，课程的编排应揭示数学知识发展、理解、掌握、应用的过程，尽量避免从理论到理论、从抽象到抽象的纯理论形式.

(3) 趣味性

学生学习的最大动力是学生自身的学习兴趣，因此，在编排数学课程时，应兼顾到教学内容以及内容呈现形式的趣味性. 例如，在可能的情况下，可穿插一些图示、趣题、悖论、实验以及生活中的数学等内容，以激发学生的学习兴趣.

(4) 阶段性

心理学研究结果表明，从十二三岁到十六七岁学生的思维发展过程一般是从具体形象思维到经验性抽象思维，再到理论性抽象思维，最后逐步产生辩证思维. 因此，每一学习阶段知识内容的编排，应当与学生的认知结构、思维特点与年龄特征相适应. 在中学阶段，学生的数学学习一般要经历下列五次转折与飞跃：

① 从算术到代数. 从算术到代数的过渡，其关键是以字母表示数，这是在中学阶段的第一次抽象，也是学生的难点所在. 如果这一障碍没有排除，那么以后的数学学习就不可能是坦途.

② 从代数演算到几何推理论证. 这属于思维方式的转变. 代数演算主要采用"模式识别"的思维方式，先辨别问题的类型，然后在记忆系统中寻找与此有关的算法；而几何推理论证要求在条件与结论之间建立一条逻辑通道，这条逻辑通道由一系列命题组成，这些命题之所以成立则依赖于大前提，这里有个重新组织已有知识经验的过程.

③ 从演绎几何到解析几何，这是几何研究方法的改变.

④ 从常量数学到变量数学，这是从逻辑思维到辩证思维的转变.

⑤ 从确定性数学到随机性数学，这也是数学思维方式转变.

数学课程的编排必须注意这些重大转折，并采取学生易于接受的编排方式引导学生顺利地实现转折，以帮助学生越过一个又一个的学习障碍.

2. 符合数学科学的基本特性

数学课程的内容来自于数学科学，因此，数学课程体系必须具有数学科学的最基本的特性.

首先要尽可能地保持数学知识的系统性，由易到难、由浅入深、由古到今、纲目清晰地展开知识内容. 其次要突出数学学科的知识结构. 所谓知识结构，就是知识各部分的相互联系，对于数学学科来说，就是概念、公式、法则、定理之间的联系与转化，几何、代数之间的相互渗透与转化. 强调知识结构的学习，有利于学生掌握系统化的知识，有利于掌握具有较大迁移价值的一般原理，并提供进一步学习的意义与方法. 根据这一原则，数学课程要尽可能保持数学知识之间的逻辑体系，尽可能突出几何、代数、微积分、概率统计各分支之间的相互联系，突出数学与其他学科的联系，突出各分支的应用，使前面知识的学习为后续知识学习提供必要的理论基础或相对具体的背景.

综上所述，课程体系的编排既要符合学生的心理发展规律与认知规律，也不能违背学科内容的逻辑顺序. 只有这样，才能使学生的知识学习和认识水平，从一个高度发展到另一个新的高度.

2.4.2 课程体系的具体呈现形式

归纳起来，数学课程体系的呈现形式有以下几种.

1. 直线式与螺旋式

所谓直线式，是将一门学科的知识内容按照逻辑体系组织起来，前后的内容不重复. 通俗地说，就是一个知识点学习完之后，不再作为新知识出现. 所谓螺旋式，就是在不同的学习阶段重复呈现特定的知识内容. 也就是说，某个知识点学完之后，还有可能再次作为新知识出现. 不过，这并不是简单的重复，再次出现时，其知识点的内涵、难度均有所上升. 这种处理方式利用学生日益增长的心理的成熟性，使学科内容不断拓展与加深，即螺旋式上升. 例如，小学学习直线形，如三角形、四边形等，是从直观、经验的角度进行的，偏重于实验、观察、计算. 初中再次学习直线形，则借助于逻辑推理导出三角形、四边形的有关性质. 直线式处理的优点在于保持了学科的系统性、完整性，能较好地反映一门学科的逻辑体系. 而螺旋式的处理，能较好地将学科逻辑体系与学生的心理规律结合起来，符合学生的认知规律. 这是因为学生的学习是一个连续而有层次的螺旋式上升过程，对于某些知识的学习，不可能“毕其功于一役”，一下子就能掌握，往往有个反复领会、加深理解的过程.

在具体编排教学内容时，是采用直线式还是螺旋式，主要根据教学内容的难度与学生的接受能力而确定. 对一些抽象程度较高、利用学生现有知识不容易接受的知识，常采用螺旋式处理方式，通过逐级渗透、逐步提高的方法，以加深对该知识的本质认识. 例如，在我国数学教材中，对绝对值概念的处理就经过了以下三次循环：初一会求具体数的绝对值；初二学过二次根式后，把$|a|$与二次根式$\sqrt{a}$建立联系；高

中学习复数时,把绝对值的概念扩充为复数的模,完成了对数的实质性理解. 中学函数概念的处理也有相似之处. 进入新世纪之后的高中数学课程对立体几何内容也采用了螺旋式处理方式.

2. 结论式与过程式

所谓结论式的处理方式,就是教材内容反映的是编者经过研究、整理得到的结论性知识,没有给出得到这些结论的思考、分析、探索过程. 所谓过程式的处理方式,一般是从问题出发,通过提出问题、解决问题,给出学习新知识的背景与必要性,提供观察、尝试、操作、猜想、归纳、验证等方面的学习材料,暴露思维活动过程,总结数学活动的经验,使学生在数学化的过程中学习概念、公式、法则、性质.

结论式的与过程式的处理方式,体现了不同的数学教学观. 如果把数学教学看成是数学结论的教学,那么数学课程的编排便采用结论式的处理方式;如果认为数学教学不仅是数学结论的教学,而且是数学活动过程的教学,那么数学课程便采用过程式的呈现形式.

我国传统的中学数学课程基本上采用结论式的处理方法;但从发展趋势来看,更多反映思考过程,更具探索性. 让学生参与发现问题、解决问题的过程的处理形式,将逐渐成为主流.

3. 综合式与分科式

分科式的课程体系,其特征是各科内容单独编排,自成体系,教学时同时并进. 比如,我国传统数学课程就采用分科式的体系,一般在初中分设代数、几何学科,在高中分设代数、立体几何、平面解析几何等学科. 综合式的课程体系将各科内容混合编排,组成统一的数学课程. 这种处理基本上打破了算术、代数、几何各自独立、互不联系的情况,并使得螺旋式处理部分数学知识成为可能. 时至今日,综合性的数学课程体系已成为主流. 例如,英国著名的 SMP(The School Mathematics Project)教材把数学看作是一个有机的学科整体,突出各部分之间的内在联系,用近现代数学观点来处理初等数学内容,几何中渗透了实验的、代数的、变换的思想方法,平面几何、立体几何、解析几何泾渭分明的界限不复存在了. 我国进入新世纪之后的中小学数学教材基本上采用了综合式,以加强数学各科知识内容的联系,使学生能够运用整体、联系的观点理解、掌握数学知识.

习　　题

1. 名词解释

经验课程,隐性课程,研究性课程,直线式,螺旋式,过程式,结论式,人本主义的教学目标,实用主义的教学目标.

2. 简答题

(1) 大众数学的内涵是什么?

(2) 大众数学意义下的数学课程有什么特点?

(3) 注重数学应用的数学课程具体体现为哪些方面?

(4) 数学课程体系的编排应遵循哪些原则?为什么?

3. 论述题

(1) 请阐述你对“问题解决”的内涵的理解.注重问题解决的数学课程有哪些特点?

(1) 影响数学课程发展的因素有哪些?请用实例加以说明.

主要参考文献

[1] 张华.课程与教学论[M].上海教育出版社,2000.

[2] 綦春霞.数学课程论与数学课程教材改革[M].北京师范大学出版社,2001.

[3] 刘兼.数学课程设计[M].北京:高等教育出版社.2004.

第 3 章

国外的数学课程改革

从 1990 年代以来，世界各国的中小学数学课程都相继进行了较大幅度的调整，并制定了新的课程标准. 经过十年的讨论与争论（如美国加州的“数学战”），目前各国的数学课程已趋于稳定，而我国的中小学数学课程改革由于起步较晚，有关新课程的许多认识仍不够成熟. 因此，对其他国家的数学课程的分析与比较，将有利于我国数学课程的进一步完善.

本章的论述主要分三个部分：第一部分是对 20 世纪数学教育改革运动的回顾与反思，其中既有成功的经验，也有失败的教训；第二部分简要介绍几次重大的数学教育国际比较研究，其中包括 IAEP 、TIMSS 和 PISA，这些比较研究的成果对各国的教育决策和数学课程改革都起到了至关重要的影响；在第三部分中，主要介绍一些有代表性的国家的数学课程，具体包括美国的课程标准、英国的国家课程、新加坡的教学大纲和日本的中小学数学学习指导要领. 其中，位于亚洲地区的新加坡和日本已经在 TIMSS 和 PISA 研究中令世界刮目相看，而他们又多少受到了中国传统文化的影响.

§3.1　20 世纪的数学教育改革运动

20 世纪的数学教育经历了几次大规模的数学教育改革运动：从世纪之初的“贝利-克莱茵运动”到五六十年代的“新数学运动”，从 70 年代的“回到基础”到 80 年代的“问题解决”，乃至 90 年代的“建构数学”，100 多年的历史进程中，虽然其间充满着争论和疑惑，但人类对数学教育的认识在不断更新和提高.

3.1.1　贝利-克莱因运动

1901 年，英国数学家贝利发表了《论数学教学》的著名演讲，提出了“数学教育应该面向大众”、“数学教育必须重视应用”的思想，以及改革数学教育的鲜明主张. 其中多数是针对几何课程的，比如，要从欧几里得《原本》的束缚中解放出来，要充分重视实验几何，重视各种实际测量和近似计算，要充分利用坐标纸，应多教些立体几何（含画法几何），较过去更多地利用几何学知识，等等.

与此同时，著名数学家、慕尼黑工业大学教授克莱因(F. Klein)也在各种场合发表自己对数学教育的看法，并提出了所谓的“米兰大纲”：

- ✧ 教材的选择、排列，应适应学生心理的自然发展
- ✧ 融合数学的各分科，密切与其他学科的联系
- ✧ 不过分强调形式的训练
- ✧ 强调实用的方面
- ✧ 将养成函数思想与空间观察能力作为数学教学的基础

这些观点给当时的数学教育界以强烈的冲击. 作为对贝利和克莱因的观点的响应，法国的波利尔、美国的穆尔也纷纷提出了数学教育改革（现代化）的主张. 于是，就形成了后来被称为“贝利-克莱因运动”的 20 世纪第一个数学教育现代化运动.

在“贝利-克莱因运动”初期，改革的一个中心是注重发展学生的函数思维能力，其主要特点如下：从运动和变化中提出数学对象；运用因果关系对数学内容作实际有效的解释；重视说明数学对象的丰富内容，即强调数学的实用观点. 发展函数思维的手段之一是借助一组相同的问题，这些问题的目的是对某些明显有“函数内容”的具体现象给予数学的表达和分析.

“克莱因-贝利运动”由于两次世界大战的爆发被迫中断了许多有价值的实验与研究，但它对几何课程的影响是深刻的. 例如，解析几何成为中学的核心课程，几何变换知识在中学几何中得以充实，它也为后来的“新数学运动”起了先导的作用. 而更主要的，它的许多观点在今天看来仍具有参考价值.

3.1.2 “新数学运动”

“新数学运动”是 20 世纪最为轰轰烈烈的一场数学教育改革运动. 关于这场运动的是非功过，在其后的 30 年间，始终是人们研究的一个重要课题. 虽然，从整体上看，“新数学运动”以失败而告终，但它对中学数学课程的影响至今仍在延续.

许多人以为，“新数学运动”的起因是前苏联的第一颗人造地球卫星上天，其实并不尽然. 早在 1950 年代初期，“新数学运动”就已经作为美国战后数学教育计划之一悄悄地开始了. 其最初的想法主要基于下面两个方面的变革：

首先是数学本身的变革. 第二次世界大战后，布尔巴基学派的兴起使数学抽象化、公理化、结构化的程度越来越高，并使得古典几何被排除在现代数学之外. 在这种情况下，许多数学家都竭力主张彻底改革中学数学课程，用现代数学的思想方法和语言来重建传统的初等数学，并引进新的现代数学内容.

其次是课程观念上的转变. 现代心理学领域中，以皮亚杰为首的结构主义学派，发现数学思维的结构与数学结构十分相似，这一研究对数学教育的改革产生了很大的影响. 数学教育的专家们开始重视对数学的理解，研究的重点是“如何教”. 他们感到，传统的数学课程存在着明显的不足：一是过分强调运算技巧，学习数学退化成为死记公式、模仿例题的工作，缺乏必要的数学理解；二是忽视数学的逻辑结构和系统性，人为地把数学课程分割成一些互不相通的部分. 正是在这种课程思想指导下，人们开始考虑制定新的数学课程.

继美国、欧洲推进数学教育现代化之后，非洲、拉丁美洲、东南亚地区也都相继成立了地区性的机构并召开会议来推进“新数学运动”. 于是，“新数学运动”开始波及全球，并于 1960 年代形成高潮.

“新数学运动”虽然给数学教育带来了许多新景象，如：

✧ 数学被作为一个开放体系而呈现
✧ 学生更多地采用发现和基于问题的方式学习数学
✧ 教学中更多地强调概念的理解，以及归纳法和演绎法的相辅相成
✧ 把兴趣作为激励学生学习数学的主要动机
✧ 从被动地接受解释性的教学逐步变成主动地卷入到以问答式来学习数学
✧ 课堂教学组织更为灵活
✧ 数学概念通过螺旋式的方式加以呈现
✧ 图象和各种直观传播物大量运用，推动了“数学教学心理”的相关研究.

但在实施过程中也很快暴露出一些缺点，其中包括：

✧ 增加现代数学内容份量过重，内容十分抽象、庞杂，致使教学时间不足，学生负担过重
✧ 强调理解，忽视基本技能训练；强调抽象理论，忽视实际应用
✧ 只面向优等生，忽视了不同程度学生的需要，特别是学习困难的学生
✧ 对教师的培训工作没有跟上，使得不少教师不能胜任新课程的教学

正是由于这些致命的弱点，导致了数学教育质量的普遍降低. 再加上不少教师和学生家长对“新数学”感到陌生和迷惑，这就使得“新数学运动”渐渐丧失社会的支持. 自 1970 年代起，以美国数学家克莱因(M. Kline)、法国数学家托姆(R. Tome)等人为代表，对“新数学运动”进行了猛烈批评，这种批评愈演愈烈，至 1970 年代后期，“新数学运动”已呈现一派衰退之势，并被“回到基础”的口号所取代.

3.1.3 回到基础运动

与“新数学运动”的轰轰烈烈成鲜明对比的是，“回到基础”几乎是悄无声息地进行的，既没有响亮的口号，也没有统一的纲领. 其出发点是希望重新引起对基本技能

的重视，但是，令人遗憾的是，“回到基础”不但没有提高教学水平，反而使数学教学回落到历史的最低谷.

“新数学运动”与“回到基础”运动虽然走的是两个极端，但从最终失败的结局看，可以说是殊途同归. 这两个运动带给我们的共同的教训包括：①

- ✧ 教育不是一门纯粹独立的科学
- ✧ 用口号来代替行动纲领，将毫无益处
- ✧ 数学课程的改革不是一个突变的过程
- ✧ 教材的编写应照顾到不同层次的学生

令人担忧的是，上述教训在目前一些国家的课程改革中似乎并没有引起足够的重视.

3.1.4 问题解决

1977 年，美国全国数学督导委员会（NCSM，1977）宣布：“学习数学的根本目的是学会问题解决.”1980 年，全国数学教师协会在《行动的议程》中提出：“问题解决应该成为 80 年代学校数学教育的核心.”这一口号很快得到了世界各国数学教育界的普遍响应，并由此掀起了一股问题解决研究的热潮，这股热潮一直延续到 1990 年代.

对于“什么是问题解决”，主要有三种说法：

一是作为背景的问题解决. 这种观点，将问题解决作为一种学习课程内容和实现其他课程目标的工具. 由于课程中的许多问题都与实际生活经历相联系，因此，通过问题解决可以使教师和学生相信数学的价值，激发和提高学习数学和人类天生的探索非常规情境的兴趣，并强化所习得的技能和概念.

二是作为技能的问题解决. 这一观点认为数学问题解决之所以重要，并不是因为它能使一个人成为好的问题解决者，而是因为解决数学问题本身具有重要价值. 因此问题解决教学的目的就是要让学生能够解答提出的各种数学问题，并掌握各种解决问题的技能，进而将从数学领域中学到的推理技能应用到其他领域中. 这种观点比较注重对问题和技能的区分，高层次的问题解决技能只有在学会解决常规问题的技能，并通过非常规问题的训练才能得到，而且也只有少数有特殊能力的学生才能学会.

三是作为艺术的问题解决. 这一观点应主要归功于波利亚的著作. 波利亚认为数学是一种创造活动，不要把数学理解为一种常规的、形式主义的演绎学科，而应类似于自然科学，取决于猜测、顿悟和发现. 因此，对他来说，问题解决是一种“实践的艺术”. 波利亚认为单纯的没有指导的问题解决未必能够改进一个人的表现，也认为

---

① 鲍建生. 对“新数运动”和“回到基础”运动的回顾与反思[J]. 数学教学，1990(6).

学习数学未必能够自然地提高一个人的一般能力. 他认为问题解决技术应该由教师来阐明,并和学生一起讨论,再进行有意义的非机械的练习. 他通过观察得出结论:只有通过非常规问题的恰当使用,才能改进学生的问题解决能力.

随着研究的深入,在实际的问题解决教学中也出现了许多问题:

首先,目前关于问题解决的认识仍相当肤浅,"一些问题解决课程仅仅是在原课程中增加了一些叙述琐碎的文字题";"另一些则仅仅是孤立地研究了一些简单的解题技巧","孤立地教给学生一些技巧,并不能使他们掌握数学思维,也不能去应用数学,以及利用数学模型和思想去理解事物"(施恩菲尔德). 因此,为了真正反映问题解决和数学式地思维,还有许多工作要做.

其次,片面地强调问题解决也造成了学生基础知识和基本技能方面的不足,这成了在美国加州展开的所谓的"数学战"的焦点. 一些研究组织声称:强调合作学习、问题解决和数学应用削弱了个人责任和掌握基本计算技能的重要性.

此外,在1980年代,有关问题解决的研究几乎都集中在问题解决能力和表现的分析上,而很少涉及问题解决的教学与评估.

正如施恩菲尔德所说:"我们今天所谓的问题解决,大部分是肤浅的,如果我们不采取严肃的态度,可能就不会有多少东西来证明十年改革的成绩,而相反,学生在各种测验和国际比较中的不好的表现则可以成为反对问题解决的证据,一旦发生这种情况,天平又会向另一个方向倾斜,而且将会在很长时间内不再有机会进行有利于数学思维的大规模的课程改革."①

3.1.5 1990年代的数学教育研究动态

在经历了半个多世纪的动荡之后,1990年代的国际数学教育界开始着手制订面向21世纪的中小学数学课程. 在这段时间里,各国都相继出版了一些对课程改革有重要影响的文件,例如:

法国《卡斯泰勒委员会建议纲要》(1989)中指出:要为"大众数学"划定确切的目标,使得它们在义务教育的10年学习中能够达到. 这些目标也就是一个"平均的成年人"(特别是80%"中学毕业"学位获得者)应具有的数学能力的标准.

美国国家研究委员会在1989年发表的"Everybody Counts(人人有份)"中写道:"为了迎接时代的挑战,数学教育正要处理若干困难的转变,这些转变将支配本世纪剩下这段时间的改革过程."数学是一门生动活泼的科目,它寻求蕴藏于周围世界和我们头脑中的模式. 这个转变要求课程内容和教学方式有所变革:寻求解法,不仅是记住步骤;探索模式,不仅是学习公式;形成猜想,不仅是做练习. 当教学开始反映这

① AlanH. Schoefeld. Mathematical Thinking and Problem Solving. Hove, UK, LEA. 1994.

些重点的时候，学生将有机会像这样去学习数学：作为探索性的、动态的、进展的科目，而不是作为僵死的、绝对的、封闭的一组被记住的定律去学习，学生将被鼓励去把数学看做一门科学，而不是看做教规，并且认识到数学是关于模式的科学，而不仅是关于数的科学.①

在诸如上述这些文件的影响下，世界各国在1990年前后都相继推出了新的课程标准，如美国的全国数学教师协会(NCTM)在1989年出版了《中小学数学课程与评估标准》，2000年又进行了重新修订；英国于1989年公布了国家数学课程，并于1991、1995和1999年进行了三次修订，在2000～2001年开始在全国范围内实施；澳大利亚各州也先后推出了数学课程标准，等等. 当然，这些新的数学课程在推出之后并不都是一帆风顺的，一些课程标准本身就受到了质疑，如美国的数学大战，有些则在实施过程中遇到了困难.

§3.2 大规模的数学教育国际比较研究②

如果有人问哪些研究对各国的数学课程产生了重大的影响，那么在答案中一定包含IAEP、TIMSS和PISA. 这些大规模的国际性数学教育比较研究不仅横跨了整个中小学数学课程，涉及了十几个甚至几十个国家的学生和教师，收集了大量的有关课程和教学的研究数据，而且带动了大量的后继研究及研究方法的更新. 特别是目前仍在进行的TIMSS和PISA，其影响之深远，有目共睹.

3.2.1 从FIMS到TIMSS

在TIMSS(第三次国际数学与科学研究)之前，IEA(国际教育成就评估协会)已经进行过两次大规模的国际数学比较研究，这就是第一次国际数学研究(简称为FIMS)和第二次国际数学研究(简称为SIMS).

第一次国际数学研究(FIMS)在1960年代中期进行，最初的目的是确定导致学生成就差异的相关因素. FIMS考察了两个年龄段的学生：12个国家的13岁年龄段(美国是8年级)和中学的最后一年(美国是12年级). 参加的对象，学生超过了133 000人，教师18 500人，学校5 450所. 包含的研究项目有数学成就测试、学生观念调查和教学背景问卷. 数学成就测试共有10份1小时的试卷，包含174个多项选择题，每个题目都标有难度系数. 其中13岁年龄段数学成就测试的内容包括数学基础、高等算术、初等代数、中级代数、欧氏几何、分析几何、集合和仿射几何. 中学毕业班有

① 美国国家研究委员会. 人人关心数学教育的未来[M]. 北京：世界图书出版公司，1993.
② 鲍建生. 追求卓越——从TIMSS看影响学生数学成就的主要因素[M]. 上海教育出版社. 2003.

两个测试:一是针对那些选修数学的学生的,另一个则是针对其他不选修数学的学生的.两个测试的内容都包括了数学基础、高等数学、初等代数、中级代数、欧氏几何、分析几何、三角和周期函数、分析、概率和逻辑.选修数学的学生还包括了微积分.除了学生数学成就测试外,FIMS还进行了学生观念和教学背景问卷调查,从中得到了许多有意思的数据,并对学生的成绩差异作出了部分的解释.但总的来看,FIMS只是IEA研究的一次试验,它在背景信息方面的收集是远远不够的,特别是它忽略了课程方面的因素.此外,其出版的研究报告虽然在有关组织完成研究过程及发展和分析研究模式上作了较大的努力,但缺乏取样过程和实施结果的详细材料,既没有样本设计方法,也没有反应率.正因为如此,FIMS受到了许多批评,如弗莱登塔尔(1975)就认为,国际比较研究的有效性离不开课程因素.

和FIMS相比,在1981～1982年间进行的SIMS更为复杂和雄心勃勃.其主要目标是:在国际背景下,对比和比较各种课程、教学实践和学生在态度与认知两方面的成就,从而使每个国家或地区的教育系统更好地理解其优势和缺点(Robitaille and Garden, 1989).和FIMS一样,SIMS也涉及了两个年龄段:20个国家或地区的13岁年龄段和15个国家或地区的中学毕业班.13岁年龄段的测试内容包括算术、代数、几何、测量和统计.中学毕业班的内容则包括了集合与关系、数系、代数、几何、函数和微积分,以及概率与统计.所有13岁年龄段的学生都参加了有40道题目组成的核心测试,及另四份由34(或35)道试题组成的测试之一,总共涉及的试题是176道.中学毕业班的学生则参加分别由17道试题组成的8份测试中的两份.除了成就测试外,SIMS还进行了下面三类问卷调查:学生背景问卷,目的是了解学生家长的情况(教育背景、职业等)和学生对数学的态度;教师问卷,目的是收集教师经历、培训、质量和态度(一项长期的研究还包括教学技术)等方面的信息;学校问卷,由学校管理人员完成,目的是了解学生的统计数据、教职工的背景、数学课程及数学教学的特点.

在吸取了FIMS和SIMS的经验教训后,IEA从1994～1995年开始实施TIMSS项目.可以说,TIMSS是有史以来最大的、最全面的,也是最严格的对学校和学生成就的国际性研究.有41个国家的50万名学生参加了五个年级的数学与科学成就测试.与以前的国际比较研究相比,TIMSS也超越了传统的"赛马式(horse-race)"数据,而进一步分析了参加国家的教材、课程等背景材料,并对学生和教师进行了大规模的问卷调查,特别值得一提的是,在八年级还进行了针对日本、德国和美国的创新性的录相带研究,以便更好地理解这三个国家中教学实践的差异.TIMSS数据为我们界定什么是"世界级"的教育提供了参考,也为我们提供了一个衡量学生表现和教学效果的工具.而更重要的,它可以使我们从其他国家的教学中取长补短,从而更好地改进我们的教育.这笔宝贵的数据财富已陆续由美国国家教育统计中心

(NCES)和世界各国的一些相关的研究单位进行分析和出版,出版的形式包括 CD-ROM、录相带和国际性的网站(如http:nce.ed.gov/timss). 这些报告将成为改进中小学教育的重要工具.

3.2.2 IAEP

IAEP 是教育进步国际评价(International Assessment of Educational Progress)的简称,由美国教育考试局(The Educational Testing Services,简称 ETS)组织实施. IAEP 的研究目的是收集和报告下面几个方面的数据:学生知道什么和能做什么,与学生成就有联系的教育和文化因素,学生的态度. IAEP 与另一项研究——(美国)全国教育进步评价(National Assessment of Educational Progress,简称 NAEP)——有着密切的联系. NAEP 是美国一项全国范围内的周期性研究项目,开始于 1969 年, IAEP 所采用的研究框架与 NAEP 基本类似.

第一次 IAEP 研究是在 1988 年,其目的主要有二:一是考察减少国际比较研究所需的时间和资金的可能性,二是允许有兴趣使用 NAEP 评价技术的国家在本国进行实验.

有 6 个国家的 12 个教育系统参加了 IAEP 的第一次研究. 目标年龄段的学生以 1974 年出生为准,也就是说,样本的年龄在 13 岁 1 个月到 14 岁之间. 数学测试的内容包括数与运算、关系与函数、几何、测量、数据组织以及逻辑和问题解决.

测试题来自 1986 年的 NAEP 试题库,从总共 281 道试题中选出了 63 道,其中有 14 道是开放性(open-ended)问题,其余的是多项选择题,测试时间是 45 min,以 500 分为标准分,标准差是 100.

NAEP 的取样方法是:选择 50 对共 100 所学校,每所学校选择 20 名学生,这样总计每个国家 2 000 名学生左右(较小的学校可以与邻近的学校组合作为一个样本学校).

第一次 IAEP 研究中成绩最好的是韩国,平均为 568 分;其次是加拿大.

第二次 IAEP 研究是在 1991 年完成,测试形式与取样方法和第一次 IAEP 研究相同.

中国(包括台湾省)和韩国参加了 1991 年进行的 IAEP-Ⅱ的 13 岁年龄组的数学测试. 先后有 19 个国家(包括美、加、英、法、前苏联等国)的 21 个总体参加了这项研究. 测试结果表明,我国大陆学生数学测试的平均正确率为 80%,居 21 个总体之首;韩国和我国台湾均为 73%,英格兰和美国分别是 61%和 55%,国际平均是 58%. 研究结果还显示:在所测试的五类数学知识里,我国大陆学生在“数和运算”上的成绩最好,在“数据分析、统计和概率”和“测量”上较差. 此外,为了对参加研究的各国学生的数学能力进行评价,课题组将测试题分为概念理解、运算技能和问题解决三个水平.研究结果表明,我国学生这三项试题的平均正确率分别是81.6、83.0和75.6(21个总体对应的总平均数值分别为60.6、58.4和55.9),均居21个总体之首.由于IAEP的数学测试框架基本上是参照NAEP的数学测试框架,因此,相对来说,美国学生还处于较为有利的位置.

3.2.3 PISA

PISA(The Programme for International Student Assessment)是一项新的面向15岁学生的国际性评价.2000年进行了第一轮的测试,参加的有32个国家(其中有28个是OECD的成员国),每个国家有4 500到10 000个学生,另外13个国家(包括中国)的测试在2002年完成.评价的目的是了解学生在阅读、数学和科学素养方面为成人生活所作的准备情况.因此,考察的重点是学生在实际生活中运用知识和技能的能力,而不是所掌握的特殊的学校课程.除此之外,PISA也对有关学生和学校特点的背景性指标、各项指标的发展趋势、政策分析和研究的知识基础进行了问卷调查.

PISA测试的方法采用的是总计2小时的纸笔测试,测试题主要是多项选择题和自由回答题,大都涉及实际生活情境,试题库总计需要7个小时的时间,不同的学生完成不同的试题组合;此外,学生还需用20～30 min完成一份背景问卷;校长的问卷大约需要30 min.第一次测试在2000年进行,2001年公布结果;以后三年一个循环,每个循环重点考察三门学科中的一个(包含三分之二的试题),2000年重点是阅读,2003年是数学,2006年是科学.

PISA考查的重点是学生的阅读、数学和科学素养.其中,对数学素养(Mathematical literacy)的界定是:"确定、理解和运用数学的能力,以及对数学在每个人现在和未来的个人生活、职业生活和社会生活中的作用和需求的良好的判断能力."

PISA认为,数学素养有赖于对数学知识和技能的综合体的熟悉程度.其中包括基本的数字事实和运算、货币换算、关于空间和图形的基本思想以及测量、不确定性、增长率和变化率的概念.除此之外,数学素养还包括现代社会所必需的进行数学式的思维和工作的能力,其中包括建模和问题解决.这些能力包括:知道数学概念的适用范围和局限性,理解和评价数学论证,提出数学问题,选择表示数学情境的方式,用自己的语言表达数学内容.数学素养有赖于在个体、社会和工作背景中对这些知识、理解和技能的应用能力.

在PISA的测试框架中,数学素养的三个维度是:

✧ 过程.核心是学生通过提出、形成和解决数学问题而进行分析、推理和交流的能力.过程可以分为三个层次:复制、定义和运算,问题解决过程中的联结与整合,数学化、数学思维和一般化

✧ 内容. PISA 强调广泛的数学课题,包括变化和增长率、空间与图形、机会、定量推理、不确定性和独立关系等

✧ 背景. 数学素养的一个重要特征就是在各种情境中运用和应用数学,其中包括个人的生活、学校生活、工作和体育运动、地方社团等

除了基本素养的测试外,PISA 还通过学生和学校的背景问卷对以下问题进行了调查:学生的学习动机、投入程度和学习策略,计算机作为学习工具的使用,家庭的结构和经济状况,父母的受教育程度和职业,学校学习的资源、环境与组织,教师的素质与培训等.

§3.3 面向新世纪的各国数学课程改革

从 1990 年代开始,世界各国都相继开始制订面向新世纪的数学课程标准. 由于篇幅的限制,这里我们只是有代表性地介绍美国、英国、新加坡和日本的一些基本情况. 其中,美国的数学课程在理念和研究上引领着国际潮流;英国则相对坚持自己的风格;新加坡和日本的教育虽然分别受到了英国和美国的影响,但它们的学生在历次国际数学成就测试中均名列前茅,远远好于英国和美国的学生,而它们的文化传统又源自中国. 当然,除了这四个国家以外,还有许多国家的数学课程改革令人瞩目,如荷兰的现实的数学、韩国的数学资优教育、法国的高水平高中数学课程等. 有兴趣的读者可查看相关的著作及各国教育部的相关网站.

3.3.1 美国的数学课程标准

由于美国的教育是各州独立立法,因此每个州都有自己的课程体系与标准. 自美国数学教师协会(NCTM)在 1989 年首次出版《中小学数学课程与评估标准》以后,大多数州的数学课程标准开始向 NCTM 的标准靠拢,并陆续推出了许多基于标准的数学课程框架、教材及其他教学辅助材料. 但由于在 1994～1995 年进行的第三次国际数学与科学研究(TIMSS)中,美国学生的数学成就不尽人意,远远低于东亚的学生,因此,许多人开始质疑新的课程标准,并引发了加州所谓的“数学战(Math Wars)”.

NCTM 的第一个标准是《学校数学课程与评估标准》,出台于 1989 年,主要为改进和提高数学大纲及评价学生的成就提出建设性的意见. NCTM 的第二个标准是 1991 年的《数学教学的职业标准》,它为每个数学教师在怎样创造成功的学习环境及提高个人的专业水平提供了很好的建议. NCTM 的第三个标准是 1995 年的《学校数学的考核标准》,它阐述了综合数学考核项目的方法,提供了判断数学考核质量的标准. 这个 22 本书的系列包括多种课堂活动,如评价学生的技能以及科技在课堂中的

应用. NCTM 拥有四种专业杂志，还定期出版 NCTM 信息导报、学生数学笔记、数学教育对话以及 200 多本数学教育书籍、录相带等其他材料.

为了提高数学教育的意识和价值，NCTM 每年都举行一些大的活动，这些活动有“数学教育月”、“世界上最大的数学竞赛(WLME)”，每年举行于 4 月份. 全国中小学围绕着一个中心主题举行各种活动、竞赛，例如 1999 年的主题是“自然的力量”，它鼓舞着学生去探索影响人类的自然力量以及数学在其中的含义和作用.

尽管 NCTM 标准为改进数学的教和学发挥了很大作用，特别是学生对数学的兴趣有所提高，越来越多的学生愿意上高水平的数学课，更多学生掌握了数学的思维方法和技能，以适应 21 世纪的需要，然而贯彻 NCTM 标准的过程并不是一帆风顺.

通过近十年的摸索与讨论，到 1990 年代末，NCTM 决定修订 1989 年的标准. 其修订的基本原则是：

第一，课堂教师是促进数学教育的关键. 教师是第一线主力军，不论学校的教学大纲及评价如何规定，教师有权力根据需要调整教学材料、进度等. 通过教师的努力，学生们有机会学到数学知识. 数学教学成功与否取决于教师的专业竞争能力及关心学生的程度——是否教所有的学生懂得数学及应用它.

第二，数学教育应当促进所有的学生学习数学. “平等机会”在 NCTM 原标准中也强调过. 也就是每个学生都有平等机会去学数学，这在美国这个多民族的社会是非常重要的，而且也有历史根源. 一个学生的数学能力很容易让人产生偏见，常常和在学校成功与否或工作机会相联系，更常常和分班紧密相连，这种分班往往产生不平等的教育机会及前途. 为缩小和消除这种不平等、消除数盲，数学教育应当向所有的学生提供平等的学习数学的机会. 在这方面最新的思想是，在课堂应用科学技术时，最重要的不是科技的本身，而是要保证所有的学生都有机会在数学课上用到计算机等科技. 一般说富裕的地区学校科技应用多，而且学生家里也有计算机、图像计算器等，但贫困地区却相反，并不是每个教室里都有计算机，学生家里也不一定有能力买计算机，所以这就造成了在科技教学上的不平等. 应用科技在数学课堂是很好的，但不应当成为和数学联系的一种社会不平等.

第三，新的教学大纲的目标的制定要让真正关心它的教师运用方便、容易取得，要让教师知道怎样从他们目前的课堂教学达到大纲的目标. 这种变化应当是明了、简单，而不很困难的.

第四，在新的大纲中应清楚地阐述发展基本技能的观点. 因为在这方面，NCTM 的标准被大量地误解过. NCTM 标准试图通过平衡概念的发展，解决问题以及技能发展之间的关系来让人们正确理解. 而事实却相反，许多人错误地理解为学生可以不要学这些基础. NCTM 的真正含义是基础是重要的，但是这些基础的意义在于为学生进一步学习数学技能、概念、过程、思维方法、解决实际问题作准备.

第五,社会的支持对于大纲的修改是非常重要的.父母亲是最关心教育的,而且总希望他们的孩子得到最好的教育.教师应当常和家长联系,帮助他们懂得新的教学大纲的目标.

第六,在大纲的基础上进行专业进修是帮助教师提高教学能力的重要一环.

第七,在数学教育方面,必须发展领导技能来帮助和支持教师的教学.

第八,只有在教学大纲、教学评价相结合的教育系统中,学生学习才能取得成功,这三者是紧密相连的.

第九,改进教和学是需要长时间的.应当从教训中学习,而且明白从改革大纲、教学、考核中学到了什么,为什么我们继续努力改进数学教育是重要的,为什么国家级的数学标准能起指导性的作用.这些提倡改写标准的,应当确保他们的理由及论点是充足的,并且基于最好的实践经验及研究成果.另外也应继续给社会机会,去提供不同看法,以寻求共同的基础.

在修改 NCTM 标准中,NTCM 的所有成员以及所属组织起了很大作用.从 1996 年起,未来标准委员会开始收集不同的看法.NTCM 举行了 9 个地区的讨论会,并且请 12 个全国性的数学教学大组织提供反馈意见.NCTM 还在网上展开讨论,收集新观点,在各地的四种主要杂志也不断地刊登讨论性的文章,草案出来后不仅送给每个成员去阅读审核,而且还登在网上,使社会每个关心它的人都有机会读到,提供自己的意见.草案于 1998 年秋出来,正式的"2000 标准"于 2000 春季出版①.

与 1989 年的标准相比,数学"2000 标准"作了以下几个方面的改动:首先"2000 标准"不再是三本,而是集中于一个文件,叫《学校数学的原理与标准》;其次,标准的开始用一套原理作为基础,以建立高质量的数学教学,这些原理包括平等机会、教学大纲、科技等向教师们提供了怎样为所有学生提供教和学;第三,年级分段有所不同,现在是从幼儿园到 2 年级、3 年级到 5 年级、6 年级到 8 年级、9 年级到 12 年级,增加的第四部分增添了检查数学教育在各个年级的机会;第四,写作小组作了总结性的论述,这将帮助教师、家长、管理人员看清新的论点怎样运用到不同的年级.例如,什么是学校数学的重要观点,怎样把这些重要思想反映到早期年级中去,这些思想怎样发展到初中,从而成为高中代数的基础.这是"2000 标准"的重点,是以前标准所没有的.最后的不同点是"2000 标准"用了有力的科学技术来增加所有人接触它的机会.电子版中的数学例子非常形象化,使得教师不仅看到而且能懂得怎样去运用它在教学实践中,这是十年前所做不到的.

---

① 此书已由蔡金法、吴放、李建华(芝加哥)、孙伟、郑庭曜、李建华(北京)翻译成中文,并由人民教育出版社出版.

除了上述变动外，总的来看，“2000 标准”仍然坚持了 1989 年标准的基本立场，即认为学校数学教育应使所有的学生、而不只是少数人在数学上达到高标准. 特别是，新的课程标准仍然坚持了如下的五个目标，即应使学生：

✧ 学会认识数学的价值
✧ 对自己的数学能力具有信心
✧ 具有数学地解决问题的能力
✧ 学会数学地交流
✧ 学会数学地推理

此外，在陈述课程标准时，2000 年标准也仍然保留了两类标准的做法，即“内容的标准”和“活动的标准”. 前者具体指明了什么是学生应当知道的，后者则指明了实现上述目标的具体途径，特别是，如何才能达到或加强数学的理解. 限于篇幅，这些标准的具体内容请参考相应的中译本.

3.3.2 英国的国家课程

与动荡不安的美国数学教育相比，英国的课程与教材相对比较稳定，在“新数学运动”期间产生的 SMP 教材至今仍在英国流行(当然，已经经过了多次修订)就是一个很好的例证.

对近 20 年来的英国数学课程改革影响最为深刻的文献当数《柯克克罗夫特报告》(以下简称《报告》)①. 1982 年，由柯克克罗夫特 (W. H. Cockcroft)博士为首的英国国家教学委员会发表了题为《数学算数》的报告.《报告》的核心是：数学教育的根本目的是为了满足学生今后——成人生活、就业和进一步学习的需要.《报告》对上述三种数学需要进行了具体的讨论，阐述了为满足这三种需要学校数学应有什么样的课程内容和教学方法，论述了进行良好的教学所需的多种条件和支持.

《报告》认为，数学教学的基本原因是“数学可用来作为一种传递信息——表示、解释和预测信息的强有力的手段”，第二个重要原因是“数学在其他领域的重要意义”，此外还有一个原因是“数学内在的趣味性和吸引力”.

《报告》对数学课程内容、教学方法等都提出建议.《报告》认为：不同能力水平的学生所学的数学课程既要有相同之处，也要有所区别. 相同之处体现在，所有学生都会接触到的数学共同的核心内容.《报告》还具体列出了数学课程内容的“基础表”，认为它应成为面向所有学生的数学大纲的一部分. 差别之处体现在对于不同的学生，额外增加的内容在深度、评价方法和教学目的方面有所侧重.

关于数学教学方法，《报告》强调数学教学要与学生日常生活经验联系起来，强

① 具体内容请参看范良火翻译的中译本《数学算数》，人民教育出版社，1994.

调让学生成功地发展他们学习数学的自信心，强调更好地发展个别化教学方法以适应不同能力学生的学习需要.《报告》关注数学"应用"，强调数学教学要与实际应用紧密联系起来，认为教师需要帮助学生理解如何应用所学的概念与技能，如何利用它们去解决问题.《报告》还指出：有足够的证据表明，计算器的使用对基本的计算能力没有产生任何负面的影响，儿童从早期起学习使用简单的计算器是明智的.

以《报告》为背景，1989 年经议会通过，由英国教育科学大臣等签署命令，全国实行统一的国家课程.

国家数学课程基本理念包括：

① 数学对于大众具有重要意义，人们利用数学交流信息和思想，完成一系列的实际任务及解决现实生活中的问题；

② 数学是探索新世界的工具，数学的应用过程是生动的、具有创造性活动的过程；

③ 数学的技巧，诸如两位数加法、解方程等是重要的，然而它们仅仅是达到目的的一种手段，在数学教学的过程中，应该让学生了解数学在现实生活中的应用价值，从而让学生体会到学习数学的重要，具有良好的数学观；

④ 数学具有欣赏的价值，应该使儿童有机会探索与欣赏数学本身的结构，数学欣赏能给学生带来智力活动体验和探索经验的兴奋；

⑤ 数学内容应该具有统一性和多样性，学校应根据国家标准作出计划，针对个别学生的需要作出适当的伸缩，应该体现数学教学多样性和数学学习的个别性的特点.

国家数学课程由学习大纲和教学目标两部分组成，学习大纲和教学目标是国家数学课程的两条主线. 其中教学目标按照五个知识块展开，学习大纲则按照学生在知识和能力方面的发展被划分为八个水平. 国家数学课程明确规定每个水平的学习要求，体现了既统一要求又具有弹性的结构特点，方便教师因材施教.

自 1989 年以来，英国的国家数学课程分别于 1991、1995 和 1999 年进行了三次修订，到 2000 年才正式出版，并分别于 2000～2001 开始在全国范围内实施.

纵观英国的国家课程，其主要的缺点是：过分注重数学概念和问题的背景，忽视了数学本身的知识结构和体系；每一学期涉及的课题太多(被称为跳来跳去的课程)，学习过程不够集中与连续；教学内容比较宽泛，深度不够(被称为一英里宽、一英寸厚的课程)，知识之间缺乏逻辑联系，等等. 目前，英国数学教育界已经注意到了这些弊病，也希望我国的数学课程改革能够吸取他们的教训.

3.3.3 新加坡的教学大纲

自 1990 年代中期以来，由于新加坡中小学生在第三次国际数学和科学研究(TIMSS)中的杰出表现，新加坡的数学教育引起了世界关注. 美国中西部的许多中小学校纷纷引进新加坡的数学教材，以期利用新加坡的教学模式来提高美国学生的数学成绩.这从一个侧面反映了新加坡数学课程的独特之处.这里试图从新加坡数学课程的历史演变、最新的数学教学大纲和现行的数学教材等方面对新加坡的中小学数学课程做一个较为全面的介绍，并提出一些相关的认识.

近年来，新加坡教育部酝酿新的课程改革，试图建立更具灵活性和多样性的教育制度，能为学生提供更多选择，能适应不同学生的兴趣、潜力和发展需要.同时强调全方位的教育，让学生从小掌握重要的生活技能，养成学习及发问并重的习惯，培养独立学习和创造性思维的能力.①中学教育之后的大学先修班教育②从 2006 年起已开始实行新课程，提供不同层次的科目供学生自主选择③.中小学的数学教学大纲④也相应进行了修订.最新的中学数学教学大纲④已于 2006 年 9 月在新加坡教育部网站上公布，该大纲将于 2007 年起开始实施.

网上公布的 2006 年中学数学教学大纲包含两个部分.第一部分描述中学数学课程的基本理念、数学教育的基本目标和数学课程框架，第二部分介绍四种源流课程的数学教学内容.

大纲从两个方面对数学进行了刻画.一方面，数学被看成是发展和提高学生逻辑推理、空间想象、严密分析和抽象思维能力的极好工具，而且学生只有在学习和应用数学的过程中才能发展计算能力、推理能力、思考技能和问题解决能力.大纲进一步说明重视数学教育是培养能应对 21 世纪挑战的竞争人才的重要保证.另一方面，数学被看成是一门充满趣味的学科，让学生有机会进行创造性的活动，带给学生启迪和愉悦.可见，大纲从适应社会需要、发展自身竞争能力和获得精神满足这两方面对数学进行了诠释，充分体现了“育人为本”的理念，这与我国现阶段数学课程改革的出发点不谋而合.

2006 年大纲中数学课程的框架沿用并发展了 2000 年大纲中的五边形框架(如图 2-3-1 所示).2006 年大纲明确指出该框架适用于从小学到大学先修班的所有年级，并首次提出它对数学的教、学和评价都具有导向作用.

数学问题解决仍处于该框架的中心，寓意数学学习的核心是数学问题解决.数学问题解决指在包括非常规的、开放的和现实的等各种问题情境下获得和运用数学

① Ministry of Ecducation, Singapore. (2006). A flexble and diverse system. Retrieved Sep 15,2006,from http://www.more gov. sg/corporate/yearbook/2006/pdf/flexibility-and-choice. pdf.

② 指两年的初级学院 Junior College 和三年的中央学院 Centralised Institution.

③ Ministry of Education, Singapore. (2006). *Breadth and flexibity: The new 'A' level curriculum*2006. Retrieved Sep15,2006,from http://www. more. gov. sg/cpdd/alevel2006/images/brochure. pdf

④ Ministry of Education, Singapore. (2006). *Secondary mathematics syllabus. Retrieved Sep 15,2006,from* http://www. moe. gov. sg/cpdd/doc/2007%20Sec%20Math%20Syllabuses. pdf.

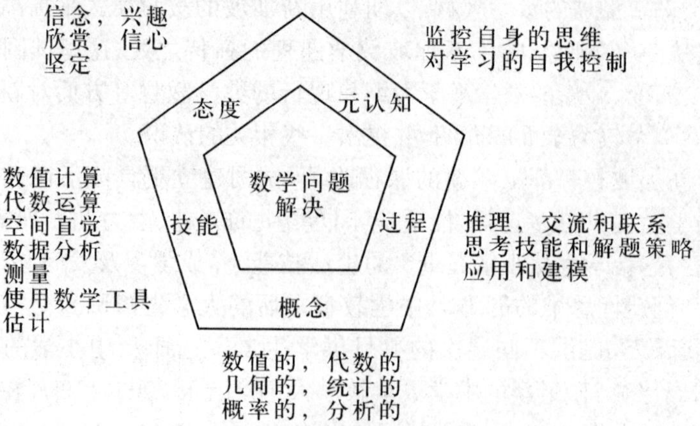

图 2-3-1　新加坡的数学课程框架

概念和技能.数学问题解决能力的发展需要五个相对独立要素的支持：概念、技能、过程、态度和元认知.对这五个要素的说明和分析可查阅相关资料.

新加坡的数学课程可以有以下启示.

第一，新加坡的分流制度有利于所有学生在数学上都得到发展.就中学数学课程而言，特别和快捷课程的学生学习更多和更深的数学，而普通学术和普通工艺的学生则学习更基础、更实用的数学.这既能提高教师的教学效率，也能维持更多学生学习数学的兴趣和信心.

第二，新加坡的数学课程尤其强调数学应用能力，这在 2006 年中学数学教学大纲的基本理念、基本目标、课程框架和教学内容上均有体现.对于普通工艺课程的学生，大纲还特别补充了“综合背景”的板块，以培养他们运用数学解决现实问题的能力.

第三，新加坡的数学课程一贯重视对学生思考技能和解题策略的培养.1990 年以来的教学大纲不仅明确指出思考技能和解题策略的具体内涵，还给出实例加以说明.新加坡现行的许多中小学数学教材还专门对这些思考技能和解题策略进行解说，并设计相应的习题让学生实践，这对如何提高我国学生的数学思考能力有操作层面上的指导意义.

3.3.4　日本的学习指导要领

日本的学校教育制度是在具有儒教及佛教的社会背景下所产生的，而日本的近代教育制度则始于明治维新(1868)之后.1872 年日本进行了第一次的教育改革，参考西方国家颁布“学制”制度，而第二次世界大战(1945)后的教育改革是正式确立了现代的教育制度.

1946年以前日本的教科书是全国统一的，之后则废除此项规定，改由文部科学省颁布学习指导要领，即相当于我国的教学大纲，作为指导全国中小学教科书的纲领性文件.

日本课程改革的最高指导机构为“中央教育审议会”，执行的单位则为文部科学省.文部科学省分别在1998年12月14日公布《中小学学习指导要领》，2002年3月正式实施；1999年3月公布《高等学校学习指导要领》（普通、专门及综合学科均适用于此），2003年3月正式实施.这期间的移转阶段，小学、初中在2000与2001年，高中则是从2000年至开始正式实施的时间.

在1998年版的《中小学学习指导要领》关于新的课程纲要中，主要的改革方向有三个：一是实施周休二日制；二是授课时数及课程内容的弹性化、课程内容的简单化，大幅度缩减了国语、算术、理科及社会等文化课的比例，把多出的时间分配给生活课及道德课，课程内容难度较高的部分则删除或放到更高年级中；三是导入综合学习时间，其教学内容由各校及教师发挥想象力及创造力，自行安排活动的内容与名称.值得注意的是，纲要中有特别强调此时间是不可以由团体活动和学校例行活动来取代.如此的处理，主要是加强学生对于国际理解、信息科技、外语会话、环境保护、社会福祉及地方特色做横的联系.

至于综合学习时间的评价方式，不以考试为原则，而是以学生的学习过程中所做的各项活动决定的，如报告、作品、讨论等.授课时间是自小学三年级以上开始至高中结束，小学及初中都有规定学年总授课时数，即自第三学年起平均一周三节，而初中各学年则是一周两节，但高中并没有详细规定总授课时数，却有说明到毕业为止若授课105～210节，可给予3～6个学分.

长期以来，日本的数学课程内容繁杂，教学方法大多是教师集体传授，很少注意到学生的学习历程及个别发展.此次数学课程改革主要的特点有[①]：提倡个性教育，贯彻弹性原则；提倡具有愉快感、充实感的数学学习活动；进一步精简传统的数学学习内容，将课程内容难度较高的部分删除或放到更高年级中；提倡选择性学习，要能够提供多样化的数学活动课程供学生选择，学习的要求也应更具弹性化；在数学课程中新增设课题学习，主要是让学生透过综合所学过的数学知识，或者是综合数学与其他科的知识来解决所要研究的课题；重视个别差异，尤其是针对特殊学生.

无论是小学还是初中或高中的数学课程，日本均没有将整个学习时间分段，而是逐年撰写各年级的学习纲要，也就是说是依据每学年来做课程的规划.在数学教育上，日本希望让学生达成以下的目标：培养基础的知识和技能，养成对周遭环境具有条理的观察能力；透过数学的活动，培养学生对数学的兴趣并能应用数学原理及法则处理事

① 孔企平.近年来国际数学课程改革的若干趋势[J].外国教育资料，2000(6).

情，进而应用在生活上；让学生理解数学的基本概念、原理及法则，提高学生的创造力；让学生了解数学的看法与想法的益处，进而能运用数学的思考模式处理事情.除了上述总的目标外，“指导要领”也对各学年的教学目标进行了详细的描述.

在1995年的TIMSS中，日本学生的数学成就虽然名列前茅，但相关的背景调查却表明[①]，过去的填鸭式教学使得日本大部分的学生只知道怎么计算、怎么拿高分，却不懂得如何应用，对数学的自信心不足，数学学习的兴趣更是低落.因此，1998年《中小学数学指导要领》的出台在一定程度上是希望改变这种现象，于是，新课程的设置变得比较宽松，教学要求也有所下降，其导致的直接后果就是日本学生的数学水平也随之下降.

在2000年进行的第一次PISA测试中，日本的排名第一，而到了2003年的第二次测试，日本15岁青少年在数学领域平均成绩的排名已经下降为第六.其他方面的研究数据也显示了日本目前进行的教育改革使学生的数学能力有了下降的趋势.除了数据的显示，日本多数的民众也如此认为，他们开始对学校教育感到忧心.而且由于不少的私立学校没有跟进这波教改，所以大学的入学考试并没有因为公立学校简化课程内容而降低难度，这令不少家长担心自己的孩子在升学考试下处于不利的状态，而宁愿花大笔钱送孩子进昂贵的私立学校与课外辅导上(据了解，目前日本全国的课外培训机构已多达50 000家，2005年的学生人数也比前一年多了12%).

为了抑制教育质量的下滑，日本相关的政府官员已经开始着手进行补救办法，日本中央教育委员会在2004年时提出几项建议：(1) 重新调整课时安排或缩减假期等方式，提供学生充分的学习时间；(2) 学校应该被告知纲要只是一个基准，教师可针对学生的需求做适度的调整.而文部大臣河村建夫也接收此项建议，希望能在2005年4月开始修订.据报导，日本在2005年初已经在重新检讨其各科课程纲要(包括数学科在内)，各科教科书的页数将会大幅增加，且内容也会变得更深更难.就数学科而言，其页数约增加23%.

习　　题

1. 名词解释

“贝利-克莱因运动”，“新数学运动”，“回到基础”，问题解决，IEA，FIMS，SIMS，TIMSS，PISA，IAEP，NCTM，柯克克罗夫特报告.

2. 简答题

(1) 贝利-克莱因运动的基本思想是什么？

---

① 鲍建生.追求卓越——从TIMSS看影响学生数学成就的主要因素[M].上海教育出版社，2003.

(2) 从"新数学运动"中可以吸取哪些经验教训?

(3) 1990 年 NCTM 修订《学校数学课程原则与标准》有哪些基本原则?

3. 论述题

(1) 国外的数学新课程对我国的数学课程改革有哪些借鉴作用?

(2) 国际比较研究的主要目的是什么?

主要参考文献

[1] Morris, R.. 几何教学. 载于联合国教科文组织数学教育研究丛书第 5 卷. 北京:人民教育出版社,1987

[2] Mammana, C. and Villani, V. Perspectives on the Teaching of Geometry for the 21st Century: an ICMI study. Dordrecht, Kluwer. 1998

[3] [英]豪森等. 数学课程发展[M]. 上海教育出版社,1992

[4] 鲍建生. 追求卓越——从 TIMSS 看影响学生数学成就的主要因素[M]. 上海教育出版社,2003

[5] 陈昌平. 数学教育比较研究[M]. 上海:华东师范大学出版社,2000

[6] 丁尔升,等. 现代数学课程论[M]. 南京:江苏教育出版社,1997

[7] 王林全. 当代中小学数学课程发展[M]. 广州:广东教育出版社,2006

[8] 张奠宙,等. 近代数学史话[M]. 北京:人民教育出版社,1990

第 4 章

国内数学课程改革

变革是绝对的，静止是相对的. 数学教育也是在不断的变革与发展中. 本章介绍我国中学数学教学改革的情况，重点介绍进入新世纪之后的数学课程改革.

§4.1 我国数学教学改革的历史轨迹

新中国成立以来，我国数学教育教学经历了多次较大规模的变革.

新中国成立之初，根据“学习苏联先进经验，先搬过来，然后中国化”的方针，1952 年 7 月，以苏联十年制学校数学教学大纲为蓝本，编订了《中学数学教学大纲(草案)》，并分别于 1954 和 1956 年适度调整. 这一时期，全面学习苏联，建立了中央集中领导的教学大纲与教材全国统一的数学课程体制，这个课程体系奠定了我国中学数学教育、教学的基础. 当然，也存在一些缺点，比如，机械地模仿苏联的一些做法.

1958 年中共中央提出了“教育为无产阶级政治服务，教育与生产劳动相结合”的教育方针和“教育必须改革”的口号，破除迷信、解放思想，在全国掀起了群众性的教育革命的热潮. 数学教育也不例外. 不少数学家、数学教育工作者和广大一线教师参与到数学教育改革的热烈讨论中，提出了各种改革方案，进行了各种数学教学改革实验. 如对课程内容进行了更新，强调了函数思想在中学数学教学中的地位，增补了解析几何、微积分初步等内容，但删减欧氏几何、否定几何体系的做法引起了较大的争议，同时，部分内容对学生要求较高，超出了学生的认知水平.

为了纠正 1958～1960 年出现的“左”的错误，在“调整、巩固、充实、提高”八字方针的指导下，我国于 1961 和 1963 年先后两次修订教学大纲，并首次提出全面培养学生的三大能力——运算能力、逻辑推理能力和空间想象能力.

1966～1976 年是十年动乱时期，在这特殊年代，全国各行各业受到严重摧残，而教育是重灾区. 极左口号“学校停课闹革命”、“开门办学”满天飞，中学数学教学的秩序受到严重破坏，造成了我国中学数学教育的大倒退. 学生的数学基础削弱了，水平下降了，一代人的数学教育受到影响.

粉碎“四人帮”后，教育全面复苏. 1978年，在“精简、增加、渗透”六字方针的指导下，精选了一些必需的数学基础知识，删减了一些用处不大的传统内容；增加了微积分、概率统计、逻辑代数等初步知识；集合、对应等思想适当渗透到了教材中，颁布了《全日制十年制学校中学数学教学大纲(试行草案)》.“精简、增加、渗透”成为后来处理数学教学内容的基本原则.

1983年，邓小平同志为北京景山学校题词“教育要面向现代化、面向世界、面向未来”. 相应的，教育部提出了关于进一步提高中学数学教学质量的意见. 此后，全国数学教育领域，特别是初中数学教学掀起了大面积提高教学质量的高潮. 许多数学教育研究者、中学数学教师就如何提高数学教学质量、如何培养学生的数学能力，进行了改革数学教学方法的探索与实验，取得了丰硕成果. 其中较有影响的是上海市青浦县的数学教学改革实验. ①这些成果为此后的数学教学与数学教学改革打下坚实的基础。

1986年4月，全国人大通过了九年制义务教育法，正式提出基础教育要从应试教育转变为素质教育. 1988年《九年制义务教育全日制初级中学数学教学大纲》正式颁布，强调初中阶段数学教学不仅教给学生数学知识，还要揭示思维过程；强调数学思想方法的渗透；强调培养学生运算能力、逻辑推理能力、空间想象能力，以及分析问题、解决实际问题的能力.

为了衔接好初、高中，1996年教育部制定了与《九年制义务教育全日制初级中学数学教学大纲》配套的《全日制高级中学数学教学大纲》，编写了相应的教材，并于1997年在山西、江西、天津三个地区进行了一个教学周期的试验. 2000年在对高中教学大纲、教材进行了修改之后，逐步推向全国，2002年秋季扩大到除上海以外的所有省、自治区、直辖市.

在即将进入新世纪之际，世界各国掀起了以课程改革为核心的基础教育改革. 课程是学校培养未来人才的蓝图，是教育理念、教育思想的集中体现，是影响教师教学方式与学生的学习方式的重要因素，因此成为教育改革的核心. 基础教育课程改革成为世界各国增强国力、积蓄未来国际竞争力的战略措施. 在这样的背景下，我国基础教育在世纪之交又迎来了一次变革的浪潮.

应该说，新一轮数学课程改革发端于1990年代初. 当时，国内一些数学教育工作者开始对我国数学教育的现状和未来进行了比较全面的反思和研讨，并形成了《21世纪数学教育展望》、《数学素质教育设计》等研究成果；上海市于1990年代制定了上海市中小学数学课程标准，并先期进行了课程改革实验. 当然，本次全国范围内的课

---

① 青浦县数学教改实验小组. 学会教学[M]. 北京：人民教育出版社，1993.

程改革的正式启动,还是开始于成立国家数学课程标准研制小组.下面的时间表,可以让我们全面感受本次课程改革的进程:

义务教育阶段:

1999 年 3 月,成立义务教育国家数学课程标准研制组;

1999 年 10 月,开始数学课程标准的起草工作;

2000 年 3 月,形成"数学课程标准征求意见稿";

2001 年 7 月,颁布《全日制义务教育数学课程标准(实验稿)》;

2001 年上半年,各出版机构开始课程标准实验教材的编写工作;

2001 年 9 月,38 个国家级实验区开始进入新课程实验区;

2002 年,全国约 18%的小学、初中起始年级进入新课程实验;

2005 年,全国所有小学、初中起始年级进入新课程实验.

高中阶段:

2001 年,成立普通高中国家数学课程标准研制组;

2003 年 4 月,颁布《普通高中数学课程标准(实验)》;

2004 年,宁夏、山东、广东、海南四省整体进入高中课改实验;

2005 年,新增江苏省进入高中课程改革实验;

2006 年,新增安徽、浙江、福建、辽宁、天津等 5 省(市)进入课程改革实验. 截至 2006 年,计有 10 省(市)高一年级整体进入新课程实验;

根据教育部规划,预计到 2008 年所有省(市)高中起始年级进入新课程实验.

§ 4.2 新一轮数学课程改革的背景

4.2.1 课程改革的社会背景

任何变革,都有其历史的背景,这是触动变革的社会因素,也是变革的动力所在. 那么,本次课程变革的历史背景如何呢?

20 世纪后半叶,随着计算机的普及与广泛运用,科学技术得到迅猛发展,社会经济的组织、运作发生了巨大的变化,现代社会已逐步实现工业时代向信息时代的转变,"知识经济已见端倪".

在这个高度信息化的时代背景下,地球正逐步演变成一个村落,国际竞争已跨越区域的地理界限,愈演愈烈.

而竞争的核心是占有资源. 信息社会里,信息、知识作为社会发展极为重要的资源,自然成为世界各国争夺的焦点. 因而,未来的国力竞争将越来越依赖于对知识、信息、人才的占有程度. 当然,这里的知识不是一成不变的固有的旧知识的堆积,而应是不断更新的新知识. 而这些新的知识，需要具有创新意识和实践能力的人才去创造，因此，世界范围内的国力竞争越来越依赖于对具有创新意识和实践能力的人才的占有程度. 也就是说，新的时代背景对学生的创新意识和实践能力提出了更高的要求，教育变革势在必行.

时代的发展对未来公民的学习能力也提出了更高的要求. 由于社会发展的迅猛，产品的更新换代更为迅速，市场循环周期越来越短. 为了适应如此迅速的变化，普通工人也好，技术人员也罢，都必须具备一定的学习能力和学习心向，且已成为一个未来公民必备的素养. 为此，1972 年联合国教科文组织在《学会生存》中提出了终身教育的理念，主张建立学习化社会.

随着社会化程度的逐步提高，完全凭借个人的力量已难以适应未来社会的各项工作，此外，全球经济一体化进程急剧加快，国际间的合作交流日益加强. 这些对未来公民的合作意识与交流的能力都提出了更高的要求. 1996 年联合国教科文组织在《教育——财富蕴藏其中》中提出终身教育的四个支柱——学会认知，学会做事，学会共同生活，学会生存. 由此可见，合作意识与合作能力的重要性.

也就是说，时代的发展对未来公民在创新意识、实践能力、合作交流的意识与能力、终身学习的心向和能力等方面提出了新的要求，教育应关注、适应这些新的变化. 止是在这样的时代背景下，1990 年代以来，世界各国都调整了人才培养的目标，加快了教育改革的步伐，掀起了又一轮教育改革的浪潮.

教育改革是一项系统工程，它涉及到教育目标、体现教育目标的课程、课程的实施即教与学、对教与学的评价这样 5 个子系统（如图 4-2-1）. 显然，教育目标系统是整个教育系统的起点和归属，但教育目标又往往比较空泛，只有通过具体的课程和教学得以体现. 对于教学改革，我国教育工作者进行过多年的实践与探索，已经取得了许多成功的经验. 但由于教学现场很大程度上依赖于教师的学科功底、教学艺术等自身素质，因而一些杰出教师的优秀教学经验，并未能在各地的教学实践中遍地开花. 同时，教学改革还明显地受到课程的制约，教学内容的选择直接受制于课程标准（大纲）. 因此，本次教育改革力图以课程为突破口，最终实现教学改革.

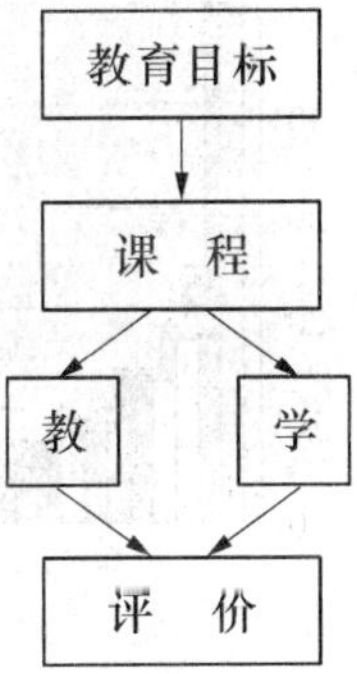

图 4-2-1

正是在这样的社会背景下，我国在 20 世纪末开始了新一轮课程改革，于 1999 年全国教育工作会议上明确了课程改革的方向，相继成立了义务教育和普通高中课程标准研制小组，并在课程标准研制之初就确立了总体思路：不仅关注课程内容的变化，同时促进课程实施与评价的协同改革，以课程为突破口系统地实施教育改革. 课程标准不仅包括课程理念、总体目标、课程框架、内容标准，还提出一些课程实施建议，如教学建议、评价建议、教科书编写建议等.

4.2.2 课程改革的现实背景

国内数学教育及课程的现状研究表明，我国数学教育有很多优势. 比如，我国学生学习勤奋刻苦，双基扎实. 与国际上同年龄的学生相比，我国学生对数学学习内容的基础知识掌握得扎实，数学的基本技能(特别是计算技能)熟练，中国学生的总体平均水平比国际上同龄人要高得多. 历届国际奥林匹克数学竞赛取得的优异成绩说明我国数学特长生具备较强的数学竞技水平，1989 年我国 13 岁的学生首次接受“国际数学教育调查”(IAEP)即获第一名，说明我国普通学生的双基水平较高.

但是，与信息时代对未来社会人才的需求相比，与国家素质教育的要求相比，目前中学数学教育还存在一些亟须解决的问题.

1. 教学目标方面存在的问题

课程目标单一，过分重视知识的传授，忽视学生学习兴趣和态度的培养，这是教学目标方面存在的主要问题. 1996～1998 年，有关人员对全国 9 个省市城镇和农村的 16 000 名学生，2 000 名校长、教师和全国政协、教科文卫委大部分委员，就九年义务教育课程实施状况进行了问卷、访谈调查. 从调查中可以看出(图 4－2－2)，学校、教师较多关注的是学科知识的学习、双基的落实，而较少关注对学生未来发展同样重要的道德品质、身心健康、兴趣爱好、情感态度等方面的培养，课程目标单一.

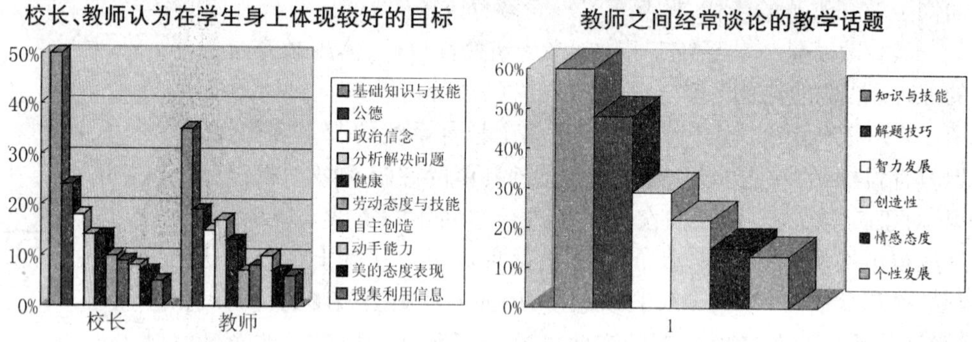

图 4－2－2

2. 课程内容方面存在的问题

部分课程内容存在繁、难、偏、旧的现象. 比如，实数运算、代数式的恒等变形、平面几何中的证明要求偏、难、繁；义务教育阶段缺乏在现实生活中具有广泛运用的概率统计知识；在现代信息技术高度发达的今天，数学课程中很难看到现代信息技术的应用.

课程内容的选择、整体编排过于重视学科体系，过分重视逻辑严谨性与形式化，而忽视全体学生的认知状况和现实需要. 比如，义务教育阶段的数学学习内容是针对全体学生的,因而应与全体学生的认知水平和未来社会需要相匹配.

忽视课程内容与学生生活以及现代社会发展的联系,对现代数学进展以及现代数学的运用关注不够,缺乏时代感.

3. 教学方式方面的问题

教学中过分强调接受学习、模仿训练,忽视学生的主动探索和合作交流,忽视学生创新意识的培养.

教学方式相对单一,讲授式教学主宰着课堂教学,学生缺乏自主探索、合作交流的机会.教学中,很大一部分教师存在下列现象:鼓励记忆,忽视理解;强调模仿性练习,忽视创新运用;关注解具有程式化的数学难题,忽视解具有真实情景的问题;关注解题的技巧,忽视蕴含其中的思想方法;关注技巧和熟练程度,忽视知识发生、发展过程和问题解决的过程.在这种情况下,学生的学习方式仍处于笔加纸的时代,依靠记忆、模仿学习数学知识,依靠重复操练习题训练技能,学生自我探索的空间较小.

4. 教学评价方面的问题

过分强调评价的甄别和选拔作用,忽视对学生纵向发展的关注.

简单地以考试成绩作为对学生的惟一评价,而且考试形式单一,多是书面考试;日常考试过频、过难、分量过重;过分强调评价的甄别和选拔作用,日常教学中公布学生名次成为"正常"现象,优质教育资源相对缺乏、失衡,升学考试具有极高的利害性,加剧了升学考试的竞争和教学竞争.由于过度注重"成绩""升学率"等短期效益,从而产生师生严重超负、学生过早地消耗"成长成本"的现象.

5. 课程设置方面的问题

课程设置显得过于单一,所有学生几乎学习相同的数学知识,不同学习需求的学生学习同样的内容,造成"学非所需,部分学生吃不饱,部分学生跟着陪读"的现象,这实际上是一种人力资源、教育资源的巨大浪费.

4.2.3 数学课程改革的基础研究

有了变革的社会需要、变革的动力,同时还需要思考变革的基础,从而使得变革的方向更为具体,使变革的措施更为可行.

教育变革的基础不外乎这样几个方面:

学科基础.只有基于对学科结构与本质的正确认识,才能构建相对科学的学科课程.

学生基础.只有认真分析各个年龄段学生的不同特点、分析学生的认知发展规律,才能使得科学的课程成为学生可接受的课程,这是教育研究的基本准则.

教师基础.课程实施需要教师的实质参与,因此,课程设计者还需要分析教师的基础,如教师的学科知识基础、对课程的理解水平、教学理念、教学技能等状况,从而使理想的可接受的课程能为教师所理解、执行（有人说，课程改革成在教师，绝非戏言）.

对这些基础的分析，是确定课程变革的理念或设计思路的依据.

正是基于这些考虑，本次课程改革实施之初，课程标准研制人员作了一些细致的研究工作，如义务教育数学课程标准研制组进行了下面5个专题研究工作：

✧ 社会发展与数学需要分析

✧ 数学进展对数学课程的影响

✧ 心理发展与数学课程研究

✧ 国内数学教育及课程的现状研究

✧ 国际数学课程改革的趋势研究

比如，"社会发展与数学需要分析"专题研究发现：数学已经渗透到自然科学、社会科学、人文艺术等各个领域，运用于社会生产、生活的方方面面，已经成为一个未来公民不可或缺的素养. 这就要求数学课程内容的设置要体现未来公民的数学需求，课程内容的呈现要使学生感受到数学与现实的密切联系和广泛应用，发展学生良好的数学观和数学运用意识.

"数学进展对数学课程的影响"专题研究发现：20世纪以来，经典数学得到进一步繁荣和统一，同时又产生了许多新的应用数学方法和数学分支，特别是计算机的出现及其与数学的结合，使得数学与社会的联系更加直接，对社会的发展起着空前巨大的作用，"数学，已不甘于站在后台，而是大步地从科学技术的幕后直接走到了前台，具有了技术的品质"；同时，计算机科学为数学家提供了探索、检验、猜测的强有力工具，使数学家的研究方式发生变化，"做数学"的过程更加凸显. 这些都启示我们：

✧ 数学教学必须重视培养学生的应用意识

✧ 数学科学提供了独特的思考方式，要求数学教学重视培养学生数学地思考问题

✧ 数学科学的发展为基础教育数学课程内容的选择提供了依据，要求我们根据数学科学的现代发展结合学生的认知状况重新审视课程内容，如需要重视数据处理、算法、优化、离散数学等内容的学习，注重对数和符号的理解、应用和表达，恰当地对运算能力要求进行定位

✧ 数学科学走出"形式主义"的光圈，要求数学教学做到"返璞归真"，适度的"非形式化"

"国际数学课程发展的趋势研究"发现：尽管不同国家和地区的数学课程各有特点，但有下面几个共同特征：

✧ 强调为所有人的数学，而不是为少数人的数学

✧ 强调培养学生作为未来公民所需要的一般数学素养，如解决问题能力、数学交流能力、数学推理能力、了解数学与现实的联系等

✧ 强调学习最有价值的数学，用发展的眼光衡量数学的教育价值

✧ 关注数学学习过程，强调让学生“做”数学

数学进展、社会需要、国际比较、国内状况等研究都启示我们：数学课程的功能不只是向学生传授作为科学的数学内容和方法，而且要把数学作为人的发展的一般动力来对待，要从学生今后的成长和发展的角度来考虑数学教育问题，从提高学生的全面素质来认识数学课程的目标，这些为课程变革指明了方向，同时也奠定了新一轮数学课程改革的理论基础与事实依据.

下面分别介绍全日制义务教育数学课程与普通高中数学课程.

§4.3 九年制义务教育数学课程简介

4.3.1 基本理念

《全日制义务教育数学课程标准(实验稿)》(本节内简称《标准》)提出了以下的基本理念.

1. 明确义务教育阶段数学课程的性质

义务教育阶段的数学课程应突出体现基础性、普及性和发展性，体现大众数学的精神，即

✧ 人人学有价值的数学

✧ 人人都能获得必需的数学

✧ 不同的人在数学上得到不同的发展

人人都能获得必需的数学，是指数学内容应该为每一个学生所掌握. 它意味着《标准》中所规定的内容及教学要求是最基本的，是每一个普及义务教育的地区，每一个智力正常的儿童在教师的引导和学生自身的努力下，人人都能够获得成功体验的. 这就要求，义务教育阶段的数学课程不能以培养数学家、培养少数精英为目的，而是要面向全体学生，使每一个学生都能得到一般性的发展. 人人都能获得必需的数学，是学生数学学习的下面的“底”. 当然，如果教育满足于“保底”，无疑是不成功的. 因此，数学课程要面对每一个有差异的个体，适应每一个学生不同的发展需要，力争使得不同的人在数学上得到不同的发展，为有特殊才能和爱好的学生提供更广阔的活动领域和更多的发展机会.

2. 通过数学教学使学生了解数学的作用

数学的作用体现为以下几方面：其一，数学是人们生活、劳动和学习必不可少的

工具,能够帮助人们处理数据、进行计算、推理和证明;其二,数学模型可以有效地描述自然现象和社会现象;其三,数学为其他科学提供了语言、思想和方法,是一切重大技术发展的基础;其四,数学在提高人的推理能力、抽象能力、想象力和创造力等方面有着独特的作用.

3. 改变学生消极被动的学习方式

要改变学生消极被动的学习方式,必须做到:① 数学学习内容应当是现实的、有意义的、富有挑战性的,要有利于学生主动地进行观察、实验、猜测、验证、推理与交流等数学活动;② 内容的呈现应采用不同的表达方式,以满足多样化的学习需求;③ 有效的数学学习活动不能单纯地依赖模仿与记忆,动手实践、自主探索与合作交流是学生学习数学的重要方式;④ 由于学生所处的文化环境、家庭背景和自身思维方式的不同,学生的数学学习活动应当是一个生动活泼的、主动的和富有个性的过程.

4. 正确发挥教师的作用

数学教学活动必须建立在学生的认知发展水平和已有的知识经验基础之上;教师应激发学生的学习积极性,向学生提供充分从事数学活动的机会,帮助他们在自主探索和合作交流的过程中真正理解和掌握基本的数学知识与技能、数学思想和方法,获得广泛的数学活动经验;学生是数学学习的主人,教师是数学学习的组织者、引导者与合作者.

5. 关于数学教学评价

评价的主要目的是为了全面了解学生的数学学习历程,激励学生的学习和改进教师的教学;应建立评价目标多元、评价方法多样的评价体系.对数学学习的评价,要关注学生学习的结果,更要关注他们学习的过程;要关注学生数学学习的水平,更要关注他们在数学活动中所表现出来的情感与态度,帮助学生认识自我,建立信心.

6. 正确发挥现代信息技术的作用

数学课程的设计与实施应重视运用现代信息技术,特别要充分考虑计算器、计算机对数学学习内容和方式的影响,大力开发并向学生提供更为丰富的学习资源,把现代信息技术作为学生学习数学和解决问题的强有力工具,致力于改变学生的学习方式,使学生乐意并有更多的精力投入到现实的、探索性的数学活动中去.

4.3.2 课程目标

为了体现义务教育阶段数学课程的整体性,《标准》通盘考虑了九年的数学学习目标,同时根据儿童发展的生理与心理特征,将九年的学习时间分为三个学段,即第一学段(小学 1～3 年级)、第二学段(小学 4～6 年级)、第三学段(初中).

《标准》指出,通过义务教育数学课程的学习,要求学生能够达到下列总体目标:

✧ 获得适应未来社会生活和进一步发展所必需的重要数学知识(包括数学事实、数学活动经验)以及基本的数学思想方法和必要的应用技能

✧ 初步学会运用数学的思维方式去观察、分析现实社会，去解决日常生活中和其他学科学习中的问题，增强应用数学的意识

✧ 体会数学与自然及人类社会的密切联系，了解数学的价值，增进对数学的理解和学好数学的信心

✧ 具有初步的创新精神和实践能力，在情感态度和一般能力方面都能得到充分发展

为了实现上述目标，《标准》又从知识与技能、数学思考、解决问题、情感与态度等四个方面具体阐述了目标要求.①这四个方面的目标是一个有机的整体，后三个目标是在知识与技能学习的丰富多彩的过程中实现的，而知识与技能的学习必须以有利于其他目标的实现为前提.

现将第三学段的四个方面的目标剖析如下.

1. 知识与技能

基础知识与基本技能的学习是我国基础教育的优势所在，《标准》分不同学段对数与代数、空间与图形、统计与概率的基础知识与基本技能以及“实践与综合运用”提出了具体要求，表明基础知识和基本技能仍是数学课程的重要目标.

“数与代数”学习目标. 通过数、式、方程、函数等传统代数内容的学习，学会探索、发现数、形及实际问题中蕴涵的关系与规律；初步掌握一些表示、处理和交流数量关系以及变化规律的工具，发展符号感；体会数学知识与学生日常生活的联系、与其他学科的联系，数学知识内容的相互联系.

“空间与图形”学习目标. 通过探索图形的性质，认识基本图形的性质以及对空间图形的认识与感受；学习平移、对称的基本性质，欣赏、体验变换在生活中的广泛应用；学习运用坐标确定物体位置的方法，发展空间观念；在推理论证学习中，发展合情推理，学习有条理地思考与表达，会证明一些简单命题，初步体会公理化的思想.

“概率与统计”学习目标. 体会抽样的必要性、用样本估计总体的思想，进一步学习描述数据的方法、体会概率的意义，能计算简单事件发生的概率.

“实践与综合运用”学习目标. 通过研究性课题的学习，发展应用意识与能力，进一步加深对相关数学知识的理解，进一步认识数学知识之间的联系.

2. 数学思考

在信息爆炸的当今社会，学生学习数学绝不仅仅是获取知识和技能，非常重要的一方面，是希望通过数学学习，成为运用数学进行思考和解决问题的适应未来生

---

① 中华人民共和国教育部. 全日制义务教育数学课程标准(实验稿)[M]. 北京师范大学出版社，2001:6.

活的人.运用数学进行思考包括两方面的含义:思考数学或数学地思考.前者指思考数学内部的问题,后者指运用数学的思维方式思考生活、工作、学习、研究等遇到的问题.

对应于知识与技能领域中四部分内容,《标准》提出了相应的数学思考的具体要求.

① 经历运用数学符号和图形描述现实世界的过程,建立初步的数感和符号感,发展抽象思维.所谓数感,就是能理解数的意义,能用多种方法来表示数;能在具体的情境中把握数的相对大小关系;能用数来表达和交流信息;能为解决问题选择适当的算法;能估计运算的结果,并对结果的合理性作出解释.

所谓符号感,就是能从具体情境中抽象出数量关系和变化规律,并用符号来表示;能理解符号所代表的数量关系和变化规律,会进行符号间的转换;能选择恰当的程序和方法解决用符号所表达的问题.

形成数感和符号感,是《标准》对"数与代数"学习过程中在数学思考方面提出的要求.

② 丰富对现实空间及图形的认识,建立初步的空间观念,发展形象思维.所谓空间观念就是能由实物的形状想象出几何图形,由几何图形想象出实物的形状,能进行几何体与其三视图、展开图之间的转化,能根据条件做出立体模型或画出图形;能从较复杂的图形中分解出基本图形,并能分析其中的基本元素及其关系;能描述实物或几何图形的运动和变化;能采用适当的方式描述物体间的位置关系;能运用图形形象地描述问题,利用直观来进行思考.

这是《标准》对"空间与图形"基础知识学习之后在数学思考方面提出的要求.

③ 经历运用数据描述信息,做出推断的过程,发展统计观念、随机观念.统计观念主要表现在:能从统计的角度思考与数据信息有关的问题,通过收集数据、描述数据、分析数据的过程作出合理的决策,能够认识到统计与决策的作用;能对数据的来源、处理数据的方法,以及由此得到的结果进行合理的质疑.随机观念表现为两个层面:对随机现象本体的认识和应用随机观念解释自然、社会现象、解决实际问题的一种行为主动性或者说一种主动的应用意识.显然,后者是数学应用意识的一个组成部分.

这是《标准》在"概率统计"学完之后在数学思考方面提出的要求.

④ 经历观察、实验、猜想、证明等数学活动过程,发展合情推理能力和初步的演绎推理能力,能合理、清晰地阐述自己的观点.这里的推理能力,指的是通过观察、实验、归纳、类比等获得数学猜想,并进一步寻求证据、给出证明或举出反例;能清晰、有条理地表达自己的思考过程,做到言之有理、落笔有据;在与他人交流的过程中,能运用数学语言合乎逻辑地进行讨论与质疑.

3. 解决问题

从国际数学课程发展的趋势来看，许多国家都将培养学生的应用意识、发展他们解决实际问题的能力作为重要的课程目标.《标准》为了使培养学生解决问题的能力落到实处，在课程目标中设立了解决问题领域，揭示了运用数学提出问题、分析问题和解决问题的全过程，以及在此过程中学生获得的发展.具体地有：

① 学会从数学的角度提出问题、理解问题，并能综合运用所学的知识和技能解决问题，发展应用意识.《标准》首先将提出问题作为解决问题目标的重要组成部分.事实上，问题的提出与问题的正确表述和解决同等重要，而提出问题更是我国学生的薄弱环节.

② 形成解决问题的一些基本策略，体验解决问题策略的多样性，发展实践能力与创新精神.解决问题活动的价值不只是获得具体问题的解，更重要的是学生在解决问题过程中获得的发展.其中重要的一点是使学生学习、形成一些解决问题的基本策略，体验解决问题策略的多样性.

③ 学会与人合作，并能与他人交流思维的过程和结果.解决问题领域的另一个重要目标是使学生具有良好的与别人沟通的能力，这一点在我国传统课程中既没有明确指出，也不够重视.而不可否认的是，数学在当今社会中的用途急剧增加的一个重要原因是它能简明地表达和交流思想，因此，国际上许多国家都将培养学生数学交流能力作为课程的重要目标.

④ 逐步形成评价与反思的意识.好的解决问题者常常监控并调整他们解决问题的过程，他们常常做计划，并定期对正在做的事作检查，以了解他是否在正确的轨道上前进；如果感到遇到了重大挫折，他们就尝试换一个解决问题的角度；而当解决了一个问题之后，他们能回顾整个解题过程，反思结果和解决问题的策略是否合理、是否有不同的解决问题的途径，以及与其他问题是否有联系等等.总之，学生的评价和反思意识及水平在解决问题的过程中起着很大的作用.

4. 情感与态度

《标准》明确提出情感、态度、价值观等方面的发展也是数学教育的重要目标.在数学教学过程中，学生的情感、态度、价值观等方面的发展并不是在学到一些具体的概念、法则、公式以后就能自然形成的，它贯穿于整个数学教学活动过程之中，它的实现需要日积月累.然而一旦形成，将对学生终身有益.该领域的具体要求如下.

① 能积极参与数学学习活动，对数学有好奇心与求知欲.好奇心、求知欲是学生学习数学的内驱力.如果一个学生丧失了学习数学的好奇心和求知欲，他就可能放弃了对数学的学习，也就不能很好地适应这个飞速发展的信息时代，所以数学课程必须爱护和进一步启发学生学习数学的积极性.

② 在数学学习活动中获得成功的体验，锻炼克服困难的意志，建立自信心.情感

与态度领域的另一个重要目标，是使学生成为具有自信心的能够面向未来的成功者，他们应能认识到自己能够利用日益增长的数学能力去面对周围的世界. 数学课程不应成为淘汰的“筛子”，而应成为促进每个学生前进的“泵”.

③ 初步认识数学与人类生活的密切联系及对人类历史发展的作用，体验数学活动充满着探索与创造，感受数学的严谨性以及数学结论的确定性.《标准》将帮助学生形成正确的数学观放在了重要的地位上，指出学生学习数学的一个重要目标是获得对数学比较全面、客观的认识，这是以往数学教学大纲所没有的.

④ 形成实事求是的态度与质疑、独立思考的习惯. 除了数学思维能力，科学态度、理性精神也是未来公民生存和发展的基本素质，数学教育也应发挥这方面的功能. 例如，独立思考的习惯、实事求是的态度、唯真唯美的审美情趣等.

4.3.3 教学内容及教学要求

新课程对每个学段的知识与技能的四个领域“数与代数”、“空间与图形”、“统计与概率”、“实践与综合应用”提出了具体的要求. 下面仅对第三学段（即初中数学）的前三个领域的教学内容、教学要求进行剖析.

1. 数与代数

第三学段的数与代数包括下列内容：

① 数与式. 包括有理数、实数、整式与分式. 这部分内容的教学要求是：

对于新数和相关运算法则、运算规律的学习，强调学生的自主探索；重视在现实背景中对运算的意义理解和运算的应用；鼓励使用计算器进行有关繁难的计算和近似计算；对于运算的方法，鼓励使用多种方法，即鼓励算法多样化；对于运算的结果，《标准》在重视原有的精确计算的基础上，又加强了估算. 比如，“能用有理数估计一个无理数的大致范围”、“了解近似数与有效数字的概念；在解决实际问题中，能用计算器进行近似计算，并按问题的要求对结果取近似值”等.

对于笔算的难度和速度的要求有所降低，如对于有理数的加减乘除混合运算，课程标准仅要求以三步为主，多项式相乘仅指一次式相乘，一元二次方程只要求解简单数字系数的一元二次方程，分式方程仅研究可以化为一元一次方程的分式方程，二次根式不要求分母有理化等，仅要求“会用提公因式法、公式法进行因式分解，而且直接用公式不超过两次，指数是正数”.

② 函数、方程、不等式. 包括一元一次方程、一元二次方程、一元一次不等式（组）、一次函数、二次函数等. 这部分内容的教学要求是：

关注从具体情境中建立函数、方程、不等式的过程，体会它们的模型思想，如“能够根据具体问题中的数量关系，列出方程，体会方程是刻画现实世界的一个有效的数学模型”.

关注联系，特别是“数”与“形”的联系，以及函数、方程、不等式三者之间的联系，如“能结合图象对简单实际问题中的函数关系进行分析”、“经历用画图的手段估计方程近似解的过程”、“能根据一次函数的图象求二元一次方程组的近似解”、“会用二次函数的图象求一元二次方程的近似解”等.

例1　小明的父母出去散步，从家中走 20 min 到一个离家 900 m 的报亭，小明的母亲随即返回家，20 min 到家. 小明的父亲看了 10 min 报纸之后，用 15 min 返回家里. 图 4-3-1 中，哪一个表示小明的父亲离家的时间与距离之间的关系？哪一个表示小明的母亲离家的时间与距离之间的关系？

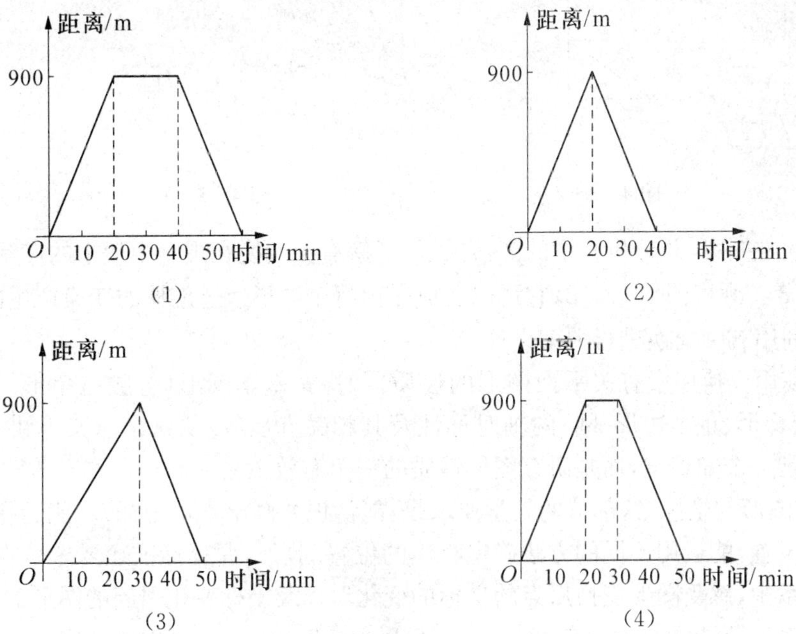

图 4-3-1

2. 空间与图形

包括图形的认识、图形与变换、图形与坐标、图形与证明等四部分内容.

① 图形的认识. 包括探索、研究平面基本图形（点、线、面、角、相交线、平行线、三角形、四边形、圆）性质、认识空间简单几何体. 这部分的教学要求是：

通过丰富的实例，在背景中理解、探索平面或空间图形的概念和性质，经历从实物到图形的数学化过程.

运用实验、操作等动手操作的学习方式认识、探索平面基本图形的性质，经历数学发现的过程.

通过对空间图形的观察，能识别一些简单的空间形体（正方体、长方体、棱柱、圆柱、圆锥、球），并能对它们进行简单的分解与组合，感知它们的展开与折叠、切与截、从不同方向看的结果以及投影与视图等.

② 图形与变换. 包括图形的轴对称、图形的平移、图形的旋转、图形的相似. 这部分的教学要求是：通过大量的具体实例认识这些变换，探索并理解这些变换的基本性质，并能应用有关性质解决问题. 具体的应用包括以下几个方面：

1°能够按照要求利用变换的定义或者性质作出变换后的图象.

例 2 如图 4－3－2，以“树干”为对称轴，画出树的另一半.

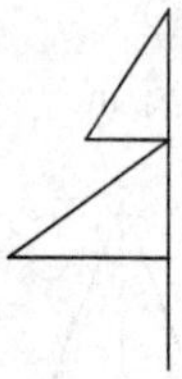

图 4－3－2

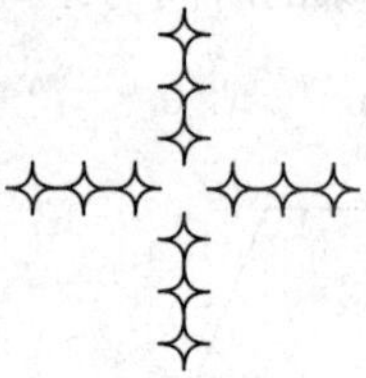

图 4－3－3

2°欣赏图案，并分析其中的变换关系，了解有关变换在现实生活中的广泛应用.

例 3 观察图 4－3－3，它可以看成是由哪个图形经过怎样的变换产生的.

3°利用有关变换进行图案设计.

4°利用变换探索有关平面图形的性质. 如探索基本图形（等腰三角形、矩形、菱形、等腰梯形、正多边形、圆）的轴对称性及其相关性质等. 从这个意义上讲，变换就不仅仅是一个知识点，而是研究图形性质的一个有效工具.

③ 图形与坐标. 这部分的教学要求是：能认识并画出直角坐标系；能运用坐标确定点的位置，能运用不同的方法确定物体的位置. 此外，课程标准还要求，“在同一直角坐标系中，感受图形变换后点的坐标的变化”，以及坐标变化引起的图形的变化.

例 4 在直角坐标系下，图 4－3－4(1)中的图案“A”经过变换分别变成图(2)～(6)中的相应图案（虚线对应于原图案），试写出(2)～(6)中各顶点的坐标，探索每次变换前后图案发生了什么变化、对应点的坐标之间有什么关系.

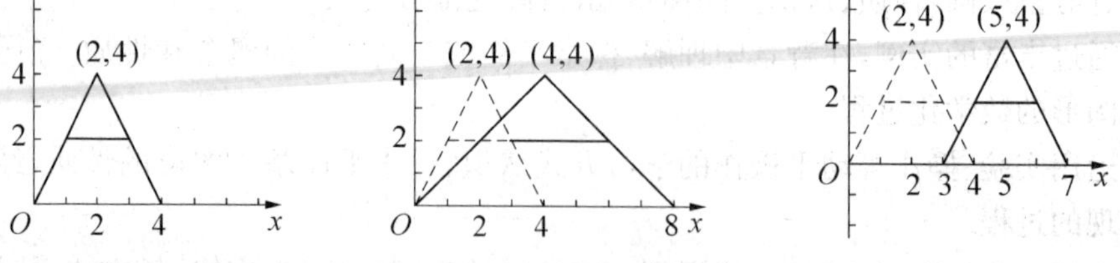

(1)　　(2)　　(3)

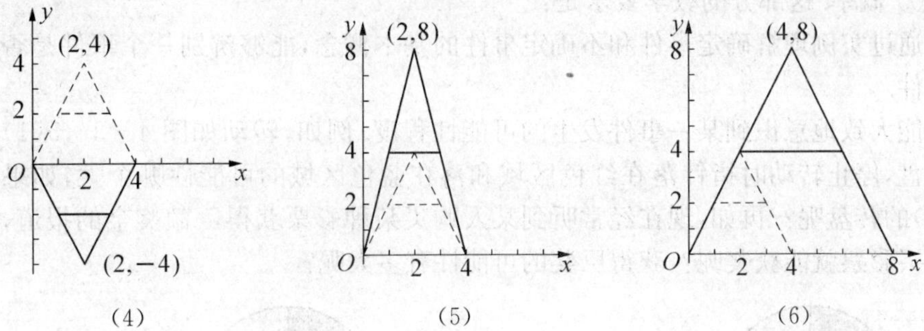

图 4-3-4

④ 图形与证明. 包括了解证明的含义，掌握一些基本命题，会证明一些简单的命题. 这部分的教学要求是：关注对证明本身的理解，如要求学生感受证明的必要性，感受公理化过程；降低了对几何证明难度的要求，所要求的证明主要以 3～4 步证明为主；要求证明的定理数量有所减少，要求利用四条公理证明三十多条定理.

3. 统计与概率

① 统计. 包括抽样、扇形统计图、平均数、方差等统计量，频数、频率等有关概念. 这部分内容的教学要求是：

通过现实生活中大量的实例理解统计的有关概念.

让学生经历统计活动过程. 能从统计的角度思考与数据信息有关的问题；能通过收集数据、描述数据、分析数据的过程，作出合理的决策，认识到统计对决策的作用；能对数据的来源、处理数据的方法以及由此得到的结论进行合理的质疑.

使学生掌握统计的技能，包括在数据的收集过程中，能够根据具体问题设计合适的方案，其中包括数据来源的选择、数据表格的设计等；在数据整理时，熟悉各种统计图表的制作方法和各自的特点，从而在具体问题中有选择地应用；而在分析数据的过程中，要求学生具备直观地分析数据特征的观察能力和计算(包括利用各种工具)反映数据平均水平和离散程度的各种定量指标的运算能力以及对各种指标的选择能力等.

例 5　电视台需要在本市调查某节目的收视率，每个看电视的人都要被问到吗？对一所大学学生的调查结果能否作为该节目的收视率？你认为对不同社区、年龄层次、文化背景的人所做的调查结果会一样吗？

在最终的统计抉择过程中，学生应该具备对数据的来源、处理数据的方法以及由此得到的结论进行合理的质疑的能力. 它包括两个方面，一是对他人所提供的数据或结果的评判能力，二是对自己的数据和结果的评判能力.

② 概率.这部分的教学要求是：

通过实例理解确定事件和不确定事件的基本概念，能够辨别一个事件是否是确定事件.

能大致地意识到某一事件发生的可能性程度.例如，转动如图 4－3－5(1)所示的转盘，停止转动时指针落在红色区域和落在蓝色区域的可能性哪个大，如果换用图(2)的转盘呢？再如，现在经常听到某人购买某种彩票获得巨额奖金的报道，那是否购买彩票就能获奖呢？获得巨奖的可能性有多大呢？

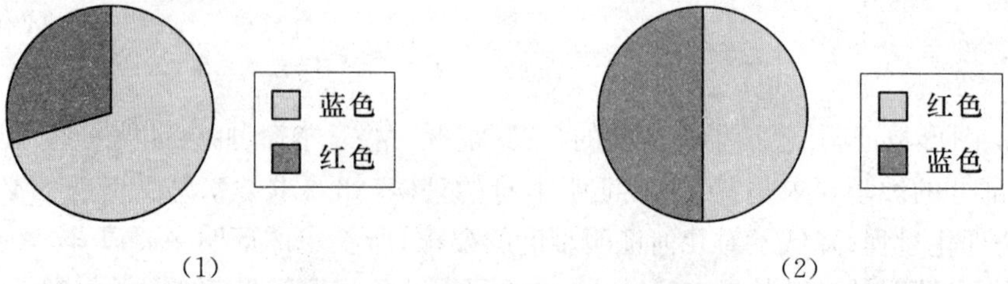

图 4－3－5

在具体情境中了解概率的意义，能运用列举法计算简单事件发生的概率.

例 6 一个游戏的中奖率是 1%，买 100 张奖券，一定会中奖吗？

能通过实验，获得事件发生的频率；知道大量重复实验时频率可作为事件发生概率的估计值.《标准》要求学生掌握下面几种概率模型的计算方法：① 等可能样本空间中基本事件发生的概率，如掷一枚均匀的骰子，骰子朝上一面的点数是 6 的概率；② 等可能样本空间中复杂事件发生的概率，如掷一枚均匀的骰子，点数为奇数的概率；③ 涉及两步或两步以上实验的事件发生的概率，如连续掷两次骰子，两次骰子的点数和为 6 的概率(会列表或画树状图求解).

4. 实践与综合运用

《基础教育课程改革纲要(试行)》在规划新课程体系时，规定“从小学到高中设置综合实践活动并作为必修课程”，强调通过学生实践，增强探究和创新意识，学习科学研究的方法，发展综合运用知识的能力，增进学校与社会的密切联系，培养学生的社会责任感.同时又指出，综合实践活动与各学科领域应形成一个有机整体，各学科课程中亦应注重培养学生的实践和综合应用能力.为此，《课标》调整了数学学科的结构，在“数与代数”、“空间与图形”、“统计与概率”这些知识性的领域之外，设置了“实践与综合应用”这一数学学习领域.

由于“实践和综合应用”的设置是帮助学生综合运用已有的知识和经验，经过自主探索和合作交流，解决与生活经验密切联系的、具有一定挑战性和综合性的问题，以发展解决问题的能力，加深对“数与代数”、“空间与图形”、“统计与概率”内容的理解，体会各部分内容之间的联系，所以应该在知识与技能学习的过程之中，采用课题研究的形式进行.

例7 用一张正方形的纸,制作一个容积尽可能大的无盖长方体形纸盒.

面对这个课题,学生势必逐步研究下列问题:如何折叠方可制作一个无盖的长方体?长方体的体积如何表示?什么情况下该长方体的体积较大?如何逐步调整使得该盒子的容积变大?这些问题的解决涉及到综合性知识,比如,在如何折叠方可制成一个无盖的长方体的过程中,学生势必应用到许多“空间与图形”的知识,而在长方体体积的表示过程中,又要综合运用“数与代数”和“空间与图形”的知识;此外,学生还难以数学地回答“什么情况下,长方体的体积较大”这一问题,只能通过一些具体情形的比较从而获得问题的解决.在这一过程中,又会运用到一定的统计知识.而且,这一过程实际上就是一个简单的数学研究过程,通过该问题的解决,学生必可获得一定的研究经验.

§4.4 普通高中数学课程简介

继2001年颁布了《全日制义务教育数学课程标准(实验稿)》之后,教育部于2003年制定并颁布了《普通高中数学课程标准(实验)》(本节内简称《高中标准》).

4.4.1 课程理念

高中数学课程标准研制组通过国际比较,剖析我国数学教育发展的历史与现状,从时代需求、国民素质、个性发展、全球意识等各个方面综合思考,形成了《高中标准》的基本理念:

1. 高中课程的基础性

基础性是高中数学课程的性质之一,其实质含义为两方面:一是为适应现代生活与未来发展提供数学基础,获得数学素养;二是为进一步学习提供必要的数学准备.

2. 高中课程的选择性与多样性

高中课程的选择性是最具实质性的突破,它要求通过课程的多样性与选择性,使学习水平、学习兴趣不同的学生得到不同的发展.其中必修课程为所有的高中生提供必要的数学基础,选修课程满足学生的不同数学需求.对学生而言,选择性可促使自己对规划未来人生的思考,针对自己的兴趣与特长选择恰当的数学进行学习;对教师而言,课程的选择性为学校与教师留有一定的选择空间,可以根据学生自身条件与需求,丰富与完善选修课程.对高中阶段教育的性质作了相对准确的定位,突出了课程的选择性,使得有着不同的职业取向的学生可以根据自身的需要选择不同的课程组合,更好地为自身未来发展服务,从而使得整个课程具有更好的针对性,提高教学效益，这应该是本次高中数学课程改革最为显著的特点.

3. 提供积极主动、勇于探索的学习方式

这一理念与义务教育阶段的要求相同.《高中标准》指出，学生的学习不应只限于接受、记忆、模仿、练习，应提倡高中生自主探索、动手实践、合作交流、阅读自学的学习方式，使学生在老师的引导下经历“再创造”的过程，发展创新意识.

4. 提高学生的数学思维能力

提高数学思维能力应该是高中生数学教育的基本目标之一. 数学思维能力不能仅仅体现于解题结果，而应体现于数学思维过程之中，包括进行直觉猜想、观察发现、归纳类比、空间想象、抽象概括、符号表示、运算求解、演绎证明、反思建构等思维活动的能力.

5. 发展学生的应用意识及联系的观念

高中课程要提供基础内容的实际背景，反映数学的应用价值，同时要突出与重视数学与实际生活、数学与其他学科的联系以及数学知识之间的联系，使学生在学习与实践过程中形成与发展数学应用意识与整体观念.

6. 正确处理好“双基”教学中的“继承”与“发展”

重视基础知识与基本技能的教学是我国数学教学的优良传统，必须发扬这种传统. 但随着时代的发展，必须“与时俱进”地认识“双基”的内涵. 比如，在基础知识方面，增加算法、数据处理、统计知识等作为新的基础知识；在基本技能方面，要求删减繁琐的计算、人为技巧化的难题，以及过分强调细枝末节的内容.

7. 强调理解数学的本质，注意适度的形式化

形式化是数学学科的基本特征之一，数学形式化的表达是数学学习的基本要求之一，但同时要强调对数学本质的理解，不要将生动活泼的思维活动淹没在形式化的海洋之中. 因此，高中数学课程要“返璞归真”，努力揭示数学知识的发展过程与本质，把数学的学术状态转化为学生易于接受的教育状态.

8. 体现数学的人文价值

数学是一种看不见的文化，因此，高中数学课程要适当反映数学的历史、应用与发展趋势，反映数学科学的思想体系、数学在人类文明发展中的作用、数学家的创新精神、数学的美学价值，以体现这种文化价值.

9. 信息技术与课程的有机整合

现代信息技术的广泛应用对数学课程的内容、教学、学习产生深刻影响，高中数学课程应实现信息技术与课程的有机整合. 比如，算法知识成为必修内容，算法思想融入课程的各个相关部分，计算机、科学型计算器以及各种教育平台的引入，使得课程内容的处理发生变化，鼓励学生运用计算机、计算器进行探索、发现活动等.

10. 建立合理、科学的评价体系

现代社会对人的发展的要求引起评价体系的深刻变化，高中数学课程应建立合理、科学的评价体系，包括评价理念、评价内容、评价形式和评价体制等方面. 评价既要关注学生数学学习的结果，也要关注他们数学学习的过程；既要关注学生数学学习的水平，也要关注他们在数学活动中所表现出来的情感态度的变化. 在数学教育中，评价应建立多元化的目标，关注学生个性与潜能的发展.

4.4.2 课程目标

《高中标准》确定的数学课程总目标，即"进一步提高作为未来公民所必要的数学素养，以满足个人发展与社会进步的需要"，并提出了六条具体目标.

① 获得必要的数学基础知识和基本技能，理解基本的数学概念、数学结论的本质，了解概念、结论等产生的背景、应用，体会其中所蕴涵的数学思想和方法，以及它们在后续学习中的作用；通过不同形式的自主学习、探究活动，体验数学发现和创造的历程.

② 提高空间想象、抽象概括、推理论证、运算求解、数据处理等基本能力.

③ 提高数学地提出、分析和解决问题(包括简单的实际问题)的能力，数学表达和交流的能力，发展独立获取数学知识的能力.

④ 发展数学应用意识和创新意识，力求对现实世界中蕴涵的一些数学模式进行思考和作出判断.

⑤ 提高学习数学的兴趣，树立学好数学的信心，形成锲而不舍的钻研精神和科学态度.

⑥ 具有一定的数学视野，逐步认识数学的科学价值、应用价值和文化价值，形成批判性的思维习惯，崇尚数学的理性精神，体会数学的美学意义，从而进一步树立辩证唯物主义和历史唯物主义世界观.

这六条目标基本上可以与《全日制义务教育数学课程标准(实验稿)》所提出的教学目标的三个维度相统一：第一个维度是知识与技能要求(见目标(1))；第二个维度是过程与方法，要求在知识与技能的教学过程中，把握方法、形成能力、发展意识(见目标(2)、(3)、(4))；第三个维度是情感、态度、价值观，这是一种对于人的全面和谐发展和社会发展的更高层次的要求(见目标(5)、(6)). 这六个目标是不可分割、互相联系的有机整体. 方法的把握、能力的形成必须有知识作为载体，以技能作为基础，而知识的学习和技能的形成又依赖于方法的把握和具备的各种能力；在发展能力的过程中，逐渐形成意识，在参与数学活动的过程中，提高学习兴趣，提高学习数学的信心，形成积极的学习态度，认识数学的科学价值、应用价值，崇尚理性精神，培养良好的个性品质，进一步树立辩证唯物主义和历史唯物主义的世界观.

4.4.3 课程结构

为了适应社会需求的多样化和学生全面而有个性的发展,《高中标准》力求构建重基础、多样化、选择性的课程结构.高中数学课程结构由模块构成,这些模块又划分成必修和选修两部分.其中,必修课程由5个模块构成,选修课程分成4个系列,各个系列由模块或专题构成.高中课程采用学分制管理方式,每个模块2个学分,每个专题1个学分.

1. 必修课程

确定必修课程的原则是:满足未来公民的基本数学需求,为学生进一步的学习提供必要的数学准备.因此,必修课程是每个高中学生必须学习的内容,由5个模块组成.每个模块的内容如下:

数学1:集合,基本初等函数Ⅰ(包括函数概念、指数函数、对数函数、幂函数);

数学2:立体几何初步,平面解析几何初步;

数学3:算法初步、统计、概率;

数学4:基本初等函数Ⅱ(三角函数)、平面上的向量,三角恒等变换;

数学5:解三角形,数列、不等式.

在必修课程中,除了算法是新增加的,向量、统计和概率是近些年来不断加强的内容之外,其他内容基本上都是高中数学课程的传统基础内容,当然有些内容在目标、重点、处理方式上发生了变化.这些内容对于所有的高中学生来说,无论是毕业后直接进入社会,还是进一步学习有关的职业技术,或是继续升大学深造,都是非常必要的基础.

《高中标准》在安排这些必修内容时,更加强调了使学生了解这些知识产生和发展的背景,以及它们在现实世界中的应用.在这些基础知识和基本技能的教学过程中,应注重提高学生在数学方面的各种能力,发展学生的理性思维,提高学生对数学价值的认识,培养他们的应用意识和创新意识.

2. 选修课程

确定选修课程的原则是:满足学生的兴趣和对未来发展的需求,为学生进一步学习获得较高数学素养奠定基础.因此,在学完必修课程之后,学生可以从选修课程系列中,选择感兴趣的模块,或者对未来发展所需要的模块.4个系列的选修课程的具体内容如下:

系列1由两个模块组成:

选修1-1:常用逻辑用语,圆锥曲线与方程,导数及其应用;

选修1-2:统计案例,推理与证明,数系的扩充与复数的引入,框图;

系列2由三个模块组成:

选修 2－1：常用逻辑用语，圆锥曲线，空间中的向量与立体几何；

选修 2－2：导数及应用，推理与证明，数系的扩充与复数的引入；

选修 2－3：计数原理，统计案例，概率.

系列 3 由 6 个专题组成：

专题 1：数学史选讲；

专题 2：信息安全与密码；

专题 3：球面上的几何；

专题 4：对称与群；

专题 5：欧拉公式与闭曲面分类；

专题 6：三等分角与数域扩充.

系列 4 由 10 个专题组成：

专题 1：几何证明选讲；

专题 2：矩阵与变换；

专题 3：数列与差分；

专题 4：坐标系与参数方程；

专题 5：不等式选讲；

专题 6：初等数论初步；

专题 7：优选法与实验设计初步；

专题 8：统筹法与图论初步；

专题 9：风险与决策；

专题 10：开关电路与布尔代数.

选修课程分为 4 个系列，是为了给将来发展方向不同的学生提供更宽泛、更进一步的基础. 其中，系列 1 是为准备在人文、社科方面发展的学生设置的，系列 2 是为准备在理工、经济方面发展的学生设置的，系列 3 和 4 则是为所有学生进一步拓宽或提高数学素养而设置的. 这些内容仍然是为学生的进一步发展奠定基础.

系列 1 和 2 中有些内容是相同的，如常用逻辑用语、数系的扩充与复数的引入；有些内容从标题来看是相同的，但是在内容的要求上有所区别，如圆锥曲线与方程、导数及其应用、统计案例、推理与证明；还有一些内容分别安排在不同的系列中，如框图只在系列 1 中才有，空间中的向量与立体几何、计数原理、概率只在系列 2 中才有.

为了使对数学感兴趣的学生具有更加开阔的视野，具有更高的数学素养，《高中标准》设置了系列 3 和 4 的学习内容. 通过选修这些内容，学生可以对于数学的科学价值、应用价值和文化价值有更多的认识，以满足他们今后在工作和生活中对有关数学知识方面的需要.

系列3和4中的专题可以分为三类：一类是老师们比较熟悉的传统数学知识的延伸，例如几何证明选讲、数列与差分、坐标系与参数方程、不等式选讲、初等数论初步等，设计这些内容是希望学生在已学过的数学内容基础上，进一步加深对这些知识和相关知识的了解和认识. 一类是大学数学中的内容，例如球面上的几何、对称与群、矩阵与变换、欧拉公式与闭曲面分类、三等分角与数域扩充等. 虽然这些内容比较生疏，但它们体现的数学思想在数学中都是基础. 把它们引入高中数学课程，并不是要把大学相关的学科分支内容简单下放，而是用深入浅出的方法，直观地、形象地把它们的基本思想介绍给高中学生. 另外还有一类内容，反映了数学与现实世界的紧密联系与广泛应用，例如信息安全与密码、优选法与实验设计初步、统筹法与图论初步、风险与决策、开关电路与布尔代数等，通过介绍这些数学知识，可以加深学生对数学应用价值的认识.

4.4.4 课程核心内容剖析

1. 函数

函数是中学数学的主线之一，一直是中学数学教学的核心内容，新课程将函数的学习划分成几个阶段，循序渐进地展开.

(1) 函数概念与基本初等函数Ⅰ(必修1)

在学生已经感受到变量之间依存关系的基础上，进一步用集合与对应的语言刻画函数，较为系统地研究函数的有关性质(单调性、奇偶性)，并学会运用函数图象理解和研究函数的性质. 接着以指数函数、对数函数、幂函数等具体的基本初等函数为例，结合实际问题，感受运用函数概念建立模型的过程和方法，体会函数在数学和其他学科中的重要性，初步运用函数思想理解和处理现实生活和社会中的简单问题. 学生还将学习利用函数的性质求方程的近似解，体会函数与方程的有机联系，如结合二次函数的图象，判断一元二次方程根的存在性及根的个数，从而了解函数的零点与方程根的联系；根据具体函数的图象，能够借助计算器用二分法求相应方程的近似解，了解这种方法是求方程近似解的常用方法.

这部分的教学要求：

应强调对函数概念本质的理解，避免在求函数定义域、值域及讨论函数性质时出现过于繁琐的技巧训练，避免人为地编制一些求定义域和值域的偏题.

反函数的处理，只要求以具体函数为例进行解释，例如，可通过比较同底的指数函数和对数函数，说明指数函数 $y=a^x$ 和对数函数 $y=\log_a x\ (a>0, a\neq 1)$ 互为反函数. 淡化对反函数的形式化定义，不要求一般地讨论反函数的定义，也不要求求已知函数的反函数.

应注意鼓励学生运用现代教育技术学习、探索和解决问题. 例如，利用计算器、计算机画出指数函数、对数函数等的图象，探索、比较它们的变化规律，研究函数的性质，求方程的近似解等.

(2) 三角函数和三角恒等变换(必修 4)

三角函数是一个重要的基本初等函数，也是描述周期现象的重要数学模型. 具体内容包括：任意角，弧度，三角函数的概念，诱导公式($\frac{\pi}{2}\pm\alpha$，$\pi\pm\alpha$ 的正弦、余弦、正切)，同角三角函数的基本关系式($\sin^2 x+\cos^2 x=1$，$\frac{\sin x}{\cos x}=\tan x$)，$y=\sin x$，$y=\cos x$，$y=\tan x$ 的图象，周期性，借助图象理解三角函数的性质(如单调性、最大值和最小值、图象与 x 轴的交点等)，能借助计算器或计算机画出 $y=A\sin(\omega x+\varphi)$ 的图象，观察参数 A、ω、φ 对函数图象变化的影响，会用三角函数解决一些简单的实际问题，体会三角函数是描述周期变化现象的重要函数模型；能推导两角和与差的正弦、余弦、正切公式，以及二倍角的正弦、余弦、正切公式，了解它们的内在联系，能运用上述公式进行简单的恒等变换(包括尝试导出积化和差、和差化积、半角公式，但不要求记忆).

该部分内容的教学要求：强调三角函数的运用，使学生感受到三角函数是描述周期现象的重要数学模型. 在教学中根据学生的生活经验，创设丰富的情境，使学生体会三角函数模型的意义. 例如，通过单摆、弹簧振子、圆上一点的运动，以及音乐、波浪、潮汐、四季变化等实例，使学生感受周期现象的广泛存在，认识周期现象的变化规律，明确三角函数是刻画周期现象的重要模型，发展运用三角函数描述周期现象的能力.

例 8 海水受日月的引力，在一定的时候发生涨落的现象叫潮. 一般地，早潮叫潮，晚潮叫汐. 在通常情况下，船在涨潮时驶进航道，靠近船坞；卸货后落潮时返回海洋. 下面是某港口在某季节每天的时间与水深关系表：

时　刻	水深/m	时　刻	水深/m	时　刻	水深/m
0：00	5.0	9：00	2.5	18：00	5.0
3：00	7.5	12：00	5.0	21：00	2.5
6：00	5.0	15：00	7.5	24：00	5.0

① 选用一个三角函数来近似描述这个港口的水深与时间的函数关系，给出整点时的水深的近似数值；

② 已知一条货船的吃水深度(船底与水面的距离)为 4 m，若安全条例规定至少要有1.5 m 的安全间隙(船底与洋底的距离)，则该船何时能进入港口？在港口能呆多久？

③ 若某船的吃水深度为 4 m，安全间隙为 1.5 m，该船在 2：00 开始卸货，吃水深度以每小时 0.3 m 的速度减少，那么该船在什么时间必须停止卸货，将船驶向较深的水域？

(3) 导数及其应用(选修 1－2，2－2)

微积分是研究函数的重要的方法和手段，而导数是微积分的核心概念之一，它有极其丰富的实际背景和广泛的应用. 因此，选修 1－2 和 2－2 将分别用 16 课时、24 课时学习导数及其应用. 下面仅介绍选修 2－2 的具体要求：

通过大量实例，经历由平均变化率到瞬时变化率刻画现实问题的过程，理解导数概念；会进行简单的导数运算；能利用导数研究函数的单调性，会求不超过三次的多项式函数的单调区间；会用导数求不超过三次的多项式函数的极大值、极小值，以及闭区间上不超过三次的多项式函数最大值、最小值；体会导数方法在研究函数性质中的一般性和有效性；能利用导数解决一些简单的优化问题，体会导数在解决实际问题中的作用；通过实例(如求曲边梯形的面积、变力做功等)，从问题情境中了解定积分的实际背景；借助几何直观体会定积分的基本思想，初步了解定积分的概念；通过实例(如变速运动物体在某段时间内的速度与路程的关系)，直观了解微积分基本定理的含义.

该部分的教学要求：防止将导数仅仅作为一些规则和步骤来学习，而忽视它的思想和价值. 实际上，从平均走向瞬时，是一种极限的观点，对学生而言尚是一个新鲜事物，先前缺少相关经验，因此，务必通过大量实例抽象出导数、积分的有关概念.

(4) 数列(必修 5)

数列作为一种特殊的函数——数值函数，其内容与研究方法和函数有着千丝万缕的联系. 必修 5 中数列的学习，要求通过对日常生活中大量实际问题的分析，建立等差数列和等比数列这两种数列模型，探索并掌握它们的一些基本数量关系(通项公式、前 n 项和公式等)，利用它们解决一些实际问题，体会等差数列、等比数列与一次函数、指数函数的关系. 最后一点，明确点明了数列与函数的联系，教学中应注意实施类比教学. 数列的进一步的学习，是选修 4 中的专题 3“数列与差分”，有兴趣的学生可以自主选择.

2. 立体几何

(1) 立体几何初步(必修 2)

立体几何初步的教学重点是帮助学生逐步形成空间想象能力. 内容包括认识空间图形(识别，视图，直观图等)；借助长方体模型，在直观认识和理解空间点、线、面的位置关系的基础上，抽象出空间线、面位置关系的定义；了解可以作为推理依据的 4 个公理和一个定理，通过直观感知、操作确认，归纳出线面平行、线面垂直的判定和性质定理，并对空间点、线、面位置关系的性质定理进行证明；能运用已获得的结论证明一些空间位置关系的简单命题.

(2) 空间向量与立体几何(选修2)

这是为向理工、经济方向发展的学生提供的.空间向量的引入,为解决三维空间中图形的位置关系与度量问题提供了一个十分有效的工具.具体要求是:了解空间向量的概念、基本定理及其意义,能将空间向量表示为坐标轴上单位向量的线性组合,掌握空间向量的坐标表示、线性运算、数量积及其坐标表示,能运用向量的数量积判断向量的共线与垂直,理解直线的方向向量与平面的法向量,能用向量语言表述线线、线面、面面的垂直、平行关系;能用向量方法证明有关线、面位置关系的一些定理(包括有关判定定理和三垂线定理),能用向量方法解决线线、线面、面面的夹角的计算问题.

3. 解析几何

(1) 平面解析几何初步(必修2)

解析几何的本质是用代数方法研究图形的几何性质,体现了数形结合的重要数学思想.内容包括:探索并掌握直线方程的几种形式(点斜式、两点式及一般式),会求两直线的交点坐标,探索并掌握两点间的距离公式、点到直线的距离公式,会求两条平行直线间的距离;探索并掌握圆的标准方程与一般方程,能判断直线与圆、圆与圆的位置关系;能用直线和圆的方程解决一些简单的问题;体会用代数方法处理几何问题的思想;通过具体情境,感受建立空间直角坐标系的必要性,了解空间直角坐标系,会用空间直角坐标系刻画点的位置,探索并得出空间两点间的距离公式.

(2) 圆锥曲线与方程(选修1-1、2-1)

这部分内容是平面解析几何初步的自然延伸,内容包括:了解圆锥曲线的实际背景,感受圆锥曲线在刻画现实世界和解决实际问题中的作用;掌握椭圆、双曲线、抛物线的定义、几何图形、标准方程及简单性质,能用坐标法解决一些与圆锥曲线有关的简单几何问题(直线与圆锥曲线的位置关系)和实际问题;结合已学过的曲线及其方程的实例,了解曲线与方程的对应关系,进一步感受数形结合的基本思想;关注圆锥曲线的背景与在实际中的应用,如行星运行轨道、抛物运动轨迹、探照灯的镜面等.

例9 如图4-4-1,用一个平面去截圆锥,这个平面与圆锥的交线是一个椭圆.在圆锥内做大小两个球分别与圆锥和截面相切.那么,截面与两个球的切点恰是椭圆的两个焦点.

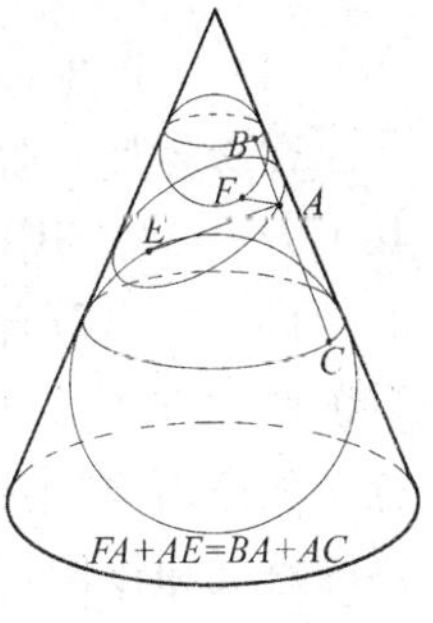

图4-4-1

4. 概率

(1) 必修3中的概率

在初中学习的基础上,进一步通过具体情境,了解随机事件发生的不确定性和频率的稳定性,进一步了解概率的意义以及频率与概率的区别;理解古典概型及其概率计算公式,会用列举法计算一些随机事件所含的基本事件数及事件发生的概率；了解随机数的意义，能运用模拟方法（包括计算器产生随机数来进行模拟）估计概率，初步体会几何概型的意义；通过实例，了解两个互斥事件的概率加法公式.

例 10　在图 4－4－2 中随机撒一大把豆子（可以利用计算器、计算机模拟这一过程），计算落在圆中的豆子数与落在正方形中的豆子数之比. 由此估计圆周率的值，并初步体会几何概型的意义.

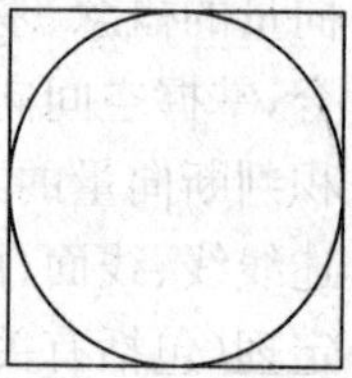

图 4－4－2

（2）选修 2－3 中的概率

在必修课程学习概率的基础上，学习某些离散型随机变量分布列及其均值、方差等内容，初步学会描述和分析某些随机现象的方法，并能用所学知识解决一些简单的实际问题，进一步体会概率模型的作用及运用概率思考问题的特点，初步形成用随机观念观察、分析问题的意识. 而这些都有赖于基于计数的古典概率的计算，为此需要学习有关计数方法. 具体内容包括：理解分步计数原理、分类计数原理、排列、组合，能证明二项式定理，并利用它们解决简单的实际问题；理解取有限值的离散型随机变量及其分布列、均值、方差，两个事件相互独立等概念，认识分布列对于刻画随机现象的重要性；理解超几何分布、n 次独立重复试验的模型及二项分布，并能进行简单的应用；通过实际问题，借助直观认识正态分布曲线的特点及曲线所表示的意义.

例 11　据气象预报，某地区下个月有小洪水的概率为0.25，有大洪水的概率为0.01. 设工地上有一台大型设备，为保护设备有以下三种方案.

方案 1：运走设备，此时需花费 3 800 元.

方案 2：建一保护围墙，需花费 2 000 元. 但围墙无法防止大洪水，当大洪水来临，设备受损，损失费为 60 000 元.

方案 3：不采取措施，希望不发生洪水. 此时大洪水来临损失 60 000 元，小洪水来临损失 10 000 元.

试比较哪一种方案好.

5. 统计

（1）必修 3 的统计

在义务教育阶段统计学习的基础上，学习随机抽样、样本估计总体、线性回归的基本方法，体会用样本估计总体及其特征的思想. 具体内容包括：能从现实世界或其他学科中提出具有一定价值的统计问题，学会简单随机抽样方法，了解分层抽样和系统抽样方法；能通过试验、查阅资料、设计调查问卷等方法收集数据；体会分布的意义和作用，学会列频率分布表、画频率分布直方图、频率折线图、茎叶图；理解标准差的意义和作用，会计算数据标准差；会用样本的频率分布估计总体分布，会用样本的基本数字特征估计总体的基本数字特征；能通过对数据的分析为合理的决策提供一些依据，并进行一些简单的应用；通过收集现实问题中两个有关联变量的数据作出散点图，并利用散点图直观认识变量间的相关关系；知道最小二乘法的思想，能根据给出的线性回归方程的系数公式建立线性回归方程.

例 12 下表是某小卖部 6 天卖出热茶的杯数与当天气温的对比表：

气　温/℃	26	18	13	10	4	−1
杯　数	20	24	34	38	50	64

(1) 将上表中的数据制成散点图.

(2) 你能从散点图中发现温度与饮料杯数近似成什么关系吗？

(3) 如果近似成线性关系的话，请画出一条直线来近似地表示这种线性关系.

(4) 如果某天的气温是−5 ℃时，预测这天小卖部卖出热茶的杯数.

当运用直线近似表示温度与杯数的关系时，学生可能选择能反映直线变化的两个点，例如(4, 50)，(18, 24)确定一条直线；也可以取一条直线，使得直线一侧和另一侧点的个数基本相同；还可能多取几组点，确定几条直线方程，再分别算出各条直线斜率、截距的算术平均值，作为所求直线的斜率、截距.

(2) 选修 1-2 和 2-3 中的统计

在必修课程学习统计的基础上，通过对典型案例的讨论，了解和使用一些常用的统计方法，进一步体会运用统计方法解决实际问题的基本思想，认识统计方法在决策中的作用. 具体将通过对典型案例(如“肺癌与吸烟有关吗”、“新药是否有效”、“昆虫分类”、“学习成绩与学习时间的关系”)的探究，了解独立性检验(只要求 2×2 列联表)、实际推断原理和假设检验、聚类分析和回归的基本思想、方法及初步应用.

例 13 某地区羊患某种病的概率是 0.4，且每只羊患病与否是彼此独立的. 今研制一种新的预防药，任选 5 只羊做实验，结果这 5 只羊服用此药后均未患病. 问此药是否有效.

初看起来，会认为这药一定有效，因为服药的羊均未患病. 但细想一下，会有问题，因为大部分羊不服药也不会患病. 这 5 只羊都未患病，未必是药的作用. 分析这问题的一个自然想法是：若药无效，随机抽取 5 只羊都不患病的可能性大不大. 若这件事发生的概率很小，几乎不会发生，那么现在这几只羊都未患病，应该是药的效果，即药有效.

现假设药无效，5 只羊都不生病的概率是

$$(1-0.4)^5 \approx 0.078.$$

这个概率很小，该事件几乎不会发生，但现在它确实发生了，说明我们的假设不对，药是有效的.

这里的分析思想有些像反证法，但并不相同. 给定假设后，我们发现，一个概率很小几乎不会发生的事件却发生了，从而否定我们的“假设”.

应该指出的是，当我们作出判断“药是有效的”时，是可能犯错误的. 犯错误的概率是 0.078. 也就是说，我们有近 92%的把握认为药是有效的.

从课程标准的要求和统计学习的实际情况看，统计教学必须通过案例来进行. 教学中应通过对一些典型案例的处理，使学生经历较为系统的数据处理全过程，在此过程中学习一些数据处理的方法，并运用所学知识、方法去解决实际问题. 对于选修中统计案例的内容，只要求学生了解几种统计方法的基本思想及其初步应用，对于其理论基础不作要求，避免学生单纯记忆和机械套用公式进行计算.

6. 算法

(1) 算法初步(必修 3)

算法已经成为计算科学的重要基础，它在科学技术和社会发展中起着越来越重要的作用. 因此，必修课程中将学习算法的基本思想和初步知识，并力图将算法思想贯穿高中数学课程的相关部分. 算法思想实际上就是将一个问题解决过程程式化，如运用消元法解二元一次方程组、求最大公因数等的过程就是一种算法. 本模块中的算法内容是将数学中的算法与计算机技术建立联系，形式化地表示算法，使其能在计算机上实现. 为了有条理地、清晰地表达算法，往往需要将解决问题的过程整理成程序框图；为了能在计算机上实现，还需要将自然语言或程序框图翻译成计算机语言. 因此，学习内容包括：结合对具体数学实例的分析，体验程序框图在解决问题中的作用；通过模仿、操作、探索，学习设计程序框图表达解决问题的过程；体会算法的基本思想以及算法的重要性和有效性，发展有条理的思考与表达的能力，提高逻辑思维能力. 具体内容有：通过对解决具体问题过程与步骤的分析(如二元一次方程组求解等问题)，体会算法的思想，经历程序框图的设计过程，理解程序框图的三种基本逻辑结构(顺序、条件分支、循环)和相应的基本算法语句(输入语句、输出语句、赋值语句、条件语句、循环语句)；通过阅读中国古代数学中的算法案例，体会中国古代数学对世界数学发展的贡献，增强民族自豪感.

算法学习，最重要的是让学生感受算法思想，同时在算法设计过程中提高学生的逻辑思维能力，而不要将此部分内容简单处理成程序语言的学习和程序设计.

(2) 框图(选修 1－2)

框图是表示一个系统各部分和各环节之间关系的图示，它的作用在于能够清晰地表达比较复杂的系统各部分之间的关系. 在本模块中，学生将学习用“流程图”、“结构图”刻画数学问题以及其他问题的解决过程，并在学习过程中，体验用框图表示数学问题解决过程以及事物发生、发展过程的优越性，提高抽象概括能力和逻辑思维能力，从而能清晰地表达和交流思想.

例 14 零件加工过程的流程图.

工厂加工某种零件有三道工序:粗加工、返修加工和精加工. 每道工序完成时,都要对产品进行检验. 粗加工的合格品进入精加工,不合格品进入返修加工;返修加工合格品进入精加工,不合格品作为废品处理;精加工合格品为成品,不合格品为废品. 请用流程图表示这个零件的加工过程.

流程图如图 4-4-3 所示.

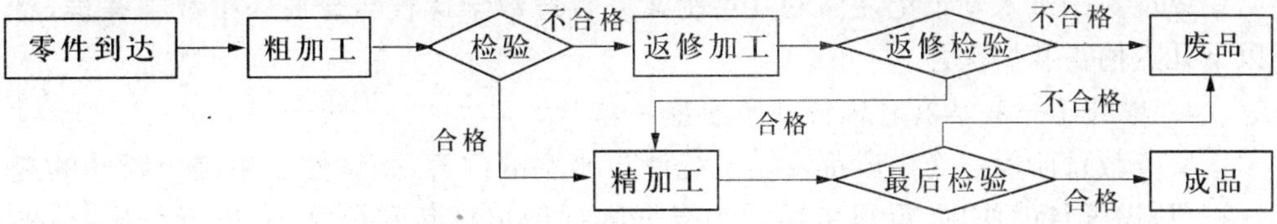

图 4-4-3

此外,《高中标准》力图将算法思想在其他有关内容中加以渗透,鼓励学生尽可能地运用算法解决相关问题. 如在二分法估计方程的根、求解一元二次不等式等处,都可以让学生体会算法的思想.

7. 不等式

(1) 必修 5 中的不等式

基于初中一元一次不等式(组)学习的基础,本部分进一步学习一元二次不等式、二元一次不等式组,了解不等式与相应函数、方程的联系,并能利用它们解决简单的现实问题,如简单的二元线性规划问题;探索并了解基本不等式 $\sqrt{ab} \leqslant \frac{a+b}{2}$ $(a \geqslant 0, b \geqslant 0)$,会用基本不等式解决简单的最大(小)问题.

(2) 选修 4 中专题 5"不等式选讲"

本专题将介绍一些重要的不等式和它们的证明、数学归纳法和它的简单应用. 本专题特别强调不等式及其证明的几何意义与背景,以加深学生对这些不等式的数学本质的理解,提高学生的逻辑思维能力和分析问题、解决问题的能力. 具体内容包括:绝对值不等式,柯西不等式,排序不等式,贝努利不等式,能够利用平均值不等式、柯西不等式求一些特定函数的极值,通过一些简单问题了解证明不等式的基本方法——比较法、综合法、分析法、反证法、放缩法.

8. 向量(必修 4)

向量是近代数学中重要和基本的数学概念之一,它是沟通代数、几何与三角函数的一种工具,有着极其丰富的实际背景. 对于向量的定位是:掌握这个工具,利用这个工具帮助解决问题,如用向量表示平面或空间的量、位置关系,证明两个要素之间的位置关系,推导三角恒等式等. 因此,必修 4 用 12 课时学习平面向量有关概念、表示、运算(线性运算、数量积)之后，要求学生利用向量的方法证明平面几何有关定理，经历用向量的数量积推导出两角差的余弦公式的过程，进一步体会向量方法的作用. 在选修 2－1 学习了空间向量后，要求利用向量的方法证明有关立体几何定理.

§4.5 新课程特点剖析

纵观我国进入新世纪之后的九年制义务教育数学课程与普通高中数学课程，有以下几点值得我们关注.

1. 增补了一些具有时代特征的学习内容

义务教育阶段三个学段都安排了统计与概率的内容，强调使学生经历统计的全过程，认识统计的作用，重视引导学生根据数据做出推断和预测，并进行交流. 另外还增补了估算、近似计算、计算机(计算器)的运用等.

在高中阶段增补了导数、向量、算法初步等学习内容，如在必修内容的模块 3 中设置了“算法初步”的内容，作为对全体学生的要求.

在高中选修 3 和 4 中的许多专题更是具有时代特征的数学学习内容，例如，信息安全与密码，统筹法与图论初步等.

2. 关注实践与综合运用，发展学生的综合能力

义务教育阶段将“实践与综合运用”与“数与代数”、“空间与图形”、“概率与统计”并列为数学学习的几个领域，希望借助该领域内容的学习，让学生在解决与生活经验密切联系的、具有一定挑战性和综合性的问题的过程中，综合运用已有的知识和经验，发展他们解决问题的能力，加深对“数与代数”、“空间与图形”、“统计与概率”内容的理解，体会各部分内容之间的联系.

高中数学课程标准设置了“数学建模”的栏目，并指出：数学建模是贯穿于整个高中数学课程的重要内容，它渗透在每个模块或者专题中，高中阶段至少应安排一次较为完整的数学建模活动.

3. 关注数学的文化价值，培养学生的人文素养

高中课程标准指出：数学是人类文化的重要组成部分，是人类社会进步的产物，也是推动社会发展的动力. 在教学中，应引导学生初步了解数学科学与人类社会发展之间的相互作用，体会数学的科学价值、应用价值、人文价值，开阔视野，探寻数学进步的历史轨迹，受到优秀文化的熏陶，提高文化素养，养成求实、说理、批判、质疑等追求真理的精神. 在教学中，应尽可能结合高中数学课程的内容，介绍一些对数学发展起重大作用的历史事件和人物，反映数学在人类社会进步、人类文化建设中的作用，同时也反映社会发展对数学发展的促进作用. 比如，欧几里得建立公理体系的思想方法对人类理性思维、数学发展、科学发展、社会进步的重大影响；笛卡儿创立

的解析几何，牛顿、莱布尼兹创立的微积分对科学、社会、人类思想进步的推动作用；数系的发展和扩充过程，反映了数学内部动力、外部动力以及人类理性思维对数学产生和发展的作用.

义务教育阶段同样关注了学生人文素养的培养，如“通过建筑、艺术上的实例了解黄金分割”、“欣赏反射、平移、旋转在现实生活中的应用”等.

4. 关注知识的联系，提高对数学整体的认识

虽然义务教育阶段课程标准将数学学习分成4个不同的领域，但在具体知识的学习要求时，十分关注不同领域之间、同领域内部知识之间的联系. 比如，加强了代数与几何的联系，教科书(江苏科技版)将勾股定理与实数两者合并到一章学习；注重了数形结合，对于函数、方程、不等式等代数模型，关注其图形表示，并要求学生能借助图形求解；关注了函数、方程、不等式三者之间的联系，教科书(北师大版)将一次函数和二元一次方程组两章并列设计，在学习了一次函数的基础上，研究二元一次方程组的图象解法，并反过来借助二元一次方程组确定一次函数的表达式，使得两章形成一个紧密联系的整体.

高中数学课程看似由一个个独立的模块组成，但在具体内容部分和有关教学建议中也明确要求：注意沟通各部分内容之间的联系，如注重函数、方程、不等式的联系，向量与三角恒等变形、向量与几何的联系，数与形的联系，算法思想在有关内容中的渗透、在不同内容中的应用，导数与现实世界中存在的变化率的联系等.

5. 关注知识的获得过程，形成对知识的完整感受

新课程十分强调学生经历知识的获得过程，让学生参与或了解有关知识的发生、发展与运用的全过程，从而形成对数学知识的整体感受，形成良好的数学观.

比如，义务教育阶段对几何定理基本都明确作出“探究并掌握”或“探究并证明”的要求，如“探索并掌握矩形、菱形、正方形的有关性质和四边形是矩形、菱形、正方形的条件”.

关注学生对具体知识的亲身体验，如“感受大数”，要求学生形成对大数的亲身感受，并与身边的具体数量形成联系.

6. 加强与学生生活的联系，发展学生的应用意识与能力

对绝大多数学生而言，数学并非终生职业，学习数学主要是获得一定的数学素养(如数学思维方式等)和解决未来工作或生活中具体问题的有效数学工具，数学学习内容应注意与学生生活的联系，让学生充分感受到数学学习的有用性，并在具体数学知识的实践运用中发展学生的应用意识和应用能力. 为此，新课程十分关注数学与学生生活的联系，强调从现实的原型中抽象出数学模型，强调利用数学知识解决现实问题.

7. 对基础知识、基本技能作了重新定位

高中数学课程标准明确提出"用发展的眼光认识'双基'",将算法的内容、最基本的数据处理、统计知识作为新的数学基础知识和基本技能,同时删减了一些繁琐的计算、人为技巧化的难题和细枝末节的内容.在义务教育阶段,也在增补了一些几何变换、估算、近似计算、利用计算器运算、统计技能等基础知识技能的同时,删减或降低了一些运算技能要求,如有理数运算技能、代数式的变形技能、几何的推理技能等.

习　　题

1. 简答题

(1) 我国新一轮课程改革的社会背景是什么?

(2) 与国际比较,我国数学教育有哪些优势与不足?

(3) 全日制义务教育数学课程的现代教学理念有哪些?

(4) 普通高中数学课程的现代教学理念有哪些?

2. 论述题

(1) 谈谈你对数学课程改革的认识.

(2) 你如何理解教学中过程与结果之间的关系的?教学中如何较好地实现两者的平衡?

主要参考文献

[1] 中华人民共和国教育部制订.全日制义务教育教育数学课程标准(实验稿)[M].北京师范大学出版社,2001

[2] 刘兼,孙晓天.全日制义务教育数学课程标准(实验稿)解读[M].北京师范大学出版社,2002

[3] 中华人民共和国教育部.普通高中数学课程标准(实验)[M].北京:人民教育出版社,2003

[4] 严士健,张奠宙,王尚志.普通高中数学课程标准(实验)解读[M],南京:江苏教育出版社,2004

[5] 教育部基础教育司、师范教育司.数学课程标准研修[M].北京:高等教育出版社,2004

[6] 张奠宙.数学教育研究导引[M].南京:江苏教育出版社,1998

[7] 马复,章飞.初中数学新课程教学法[M].长春:东北师范大学出版社,2004

[8] 顾继玲,章飞.初中数学新课程教学法[M],北京:开明出版社,2003

第二篇　数学教学理论

第 5 章

一般教学理论概述

本章首先分析教学的基本内涵、教学发生的必要条件与对教学理论的基本探索，然后探讨教学理论的形成与发展的思想脉络，最后简要介绍当代不同取向教学论流派的教学主张.

§5.1 教学与教学理论

教学理论是关于教学的理论，因此在回答"教学理论是什么"之前，必须回答"教学是什么". 只有明确了教学概念，才能确定关于教学的理论.

5.1.1 教学的基本涵义

教学可以作为日常概念，也可以作为科学概念. 作为日常概念，它有多种含义；作为科学概念，它尚未得到多数人认可的定义. 然而，概念的清晰对于一门学科来说，是必不可少的前提条件. 因此，首先要对这一问题进行梳理，为教学的规定性定义做些铺垫.

教学的语义分析，可以按不同语种进行，这里的分析仅限于汉语和英语.

将汉语中对教学的涵义的讨论进行整理，教学的语义可以归为如下四类：

① 教学即学习. 这一观点主要是受《学记》中的"教学相长"思想的影响.

② 教学即教授. 这一观点主要是受赫尔巴特学派思想的影响. 赫尔巴特抨击卢梭的观点，强调教师的权威，强调传授系统的科学文化知识.

③ 教学即教学生学. 这一观点主要是受杜威"在做中学"思想的影响.

④ 教学即教师的教与学生的学. 这一观点主要是受凯洛夫学派思想的影响. 凯洛夫学派从哲学认识论的高度分析认为，教学是一个特殊的认识过程，它由教师的教与学生的学两个方面组成.

美国教育学家史密斯(Smith)把英语国家对教学(teaching)的涵义的讨论作了

整理,并把它归为如下五类：

① 描述式定义. 教学是传授知识或技能.

② 成功式定义. 教学意味着不仅要发生某种关系,它还要求学习者掌握所教的内容.

③ 意向式定义. 教学是一种有意向的行为,其目的在于诱导学生学习.

④ 规范式定义. 教学作为一种规范性行为,教学活动必须符合特定的道德条件.

⑤ 科学式定义. $a=df(b,c,\cdots)$,其中"a"表示"教学是有效的","$(b,c,\cdots)$"表示"教师作出反馈"、"教师说明定义规则并举出正反两方面的实例"等等命题的组合,"$=df$"表示随着命题之间的微小变化,a 将发生变化.

我们知道,概念化是日常语言上升为科学语言的渐进的过程. 汉语"教学"一词的发展,主要是语义本身发生了变化,这种变化的原因是由于教学的前提条件不同或外部某种思想的传播与介入,使得部分有识之士抛弃原有的语义,去寻找一种新的语义. 从语义本身来看,都可归结为描述性定义,词义不是十分清晰,概念的外延没有明确的界定,比较接近日常语言,抽象度不高. 英语"teach"一词的演变主要是人们界定的方式不同. 从语义来看,后面四种定义都可归结为规定性定义,概念的内涵和外延都比较明确,并尝试用公式来描述,比较接近科学语言.

5.1.2 教学发生的必要条件

基于对教学的语义分析,接下来要思考的一个重要问题,就是教学在什么条件下才算发生. 我们认为,教学的发生有两个必要条件,其一是引起学生的学习意向,其二是用易于学生觉知的方式暗示或明释学习的内容. 它们又可以被分解为如下三个方面:(1) 它们必须与引起学习的意图相联系;(2) 它们必须说明或展示学习的内容;(3) 它们必须用易于学习者理解并适于学习者能力的方式来进行. ①具体来说,即:第一,引起学生学习的意向. 所有教学活动的背后,都有一个引起学生学习意向的问题. 教学不再是指人们必须学习某种东西,相反,教学意味着教师有目的地引起学生的学习. 第二,明释学生所学的内容. 这里的明释是指教师的说明与解释. 教学的意向需要有相应的、以目标为定向的内容与方法来实现,否则意向就成了空想. 因此,为了实现教学的意向性,教师必须向学生说明、演示、描述、解释学习内容,如果不是公开这样做,至少也要有一定的暗示. 对于教学来说,最重要的是以目标或内容为定向的行为,即教师在课堂中呈示学生学习的内容、采用问答的方法、设计教学卡片、组织安排发现的情景、指导学生的活动等多种形式. 第三,采用易于学生觉知的方式. 即使上述两个条件都符合,人们所做的努力还有可能不是教学. 因为这些努力

① 彼得斯. 教学[A],见:瞿葆奎. 教育学文集-教学(上)[C]. 北京:人民教育出版社,1988:71.

不能证明学生事实上能够学会所学的内容.正如特定的教学活动必须说明特定的内容一样,教学活动还必须用易于学生觉知的方式,也就是适合学生发展水平的方式明释学生所要学的内容.采用不易于学生觉知的方式呈示学习内容就不是教学.这也是比较进步的教学方法的倡导者的功劳,他们极力主张教师的工作必须以学生已有的知识状况和认知发展水平为根据.因此,真正的教学活动必须符合逻辑上是必要的两个条件:引起学生学习的意向,采用易于学生觉知的方式暗示或明释学生所学的内容.

5.1.3 教学理论的探索

教学理论与关于学习的学习理论不同.教育心理学家布鲁纳认为,教学理论是一种处方性和规范性的理论,而学习理论是描述性的.教学理论所关心的是怎样最好地教会学生想学的东西,它所关心的是促进学习而不是描述学习.教育心理学家奥苏伯尔发展了这种思想.他认为,从约定俗成的意义上说,有效的学习理论并不能告诉我们如何教学,但是它确实给我们提供了最可靠的起点,从中可以发现按师生的心理过程和因果关系两方面来阐明教学的一般原理.

教学理论的研究对象是教学,学习理论的研究对象是学习.前者主要研究"怎样教"的问题,后者主要研究"怎样学"的问题.当然,"怎样教"问题的解决必须根据"怎样学".这种以学论教的思想在中国古代的《学记》中有充分的反映.《学记》是世界教育史上最早论述教学的专著,是中国儒家教学思想之集大成者,至今对教学理论的探索仍具有启迪意义.教学作为一门科学的系统的理论,其基础是由捷克教育家夸美纽斯奠定的.夸美纽斯的《大教学论》(1632)是第一本最系统地总结了欧洲文艺复兴以来的教学经验的著作,它奠定了教学作为一门学科的基础.真正使教学成为一门独立的学科,那是德国教育家赫尔巴特的功劳.直到1806年赫尔巴特的《普通教育学》确立了以实践哲学和心理学为理论基础的教学理论,才使教学论成为一门独立的学科.之后,教学理论朝着哲学和心理学两个方向发展:其一是欧洲(尤其是德国和前苏联)与日本、中国以伦理学和认识论为理论基础来构建教学理论的体系,其二是英语国家(尤其是北美)以心理学为理论基础来构建教学理论的体系.

对教学理论的探索,势必要涉及教学(理论)与课程(理论)的关系,这里无意将二者对立起来,认为它们二者是"和而不同"的关系.第一,课程与教学虽然有关联,但又是各不相同的两个研究领域.课程强调每一个学生及其学习的范围(知识或活动或经验),教学强调教师的行为(教授或对话或导游).第二,课程与教学存在着相互依存的交叉关系,而且这种交叉不仅仅是平面的、单向的.第三,课程与教学虽是可以进行分开研究与分析的领域,但是不可能在相互独立的情况下各自运作.第四,课程作为一门独立的研究领域,晚于教学作为一门独立的研究领域.一般认为,美国课程专家博比特的《课程》(1918)标志着课程作为专门研究领域的诞生,泰勒的《课程与教学的基本原理》(1949)被认为是现代课程理论的基石,是现代课程研究领域最有影响的理论框架.第五,教学理论主要研究教学的目的和任务、教学过程(规律与原则)、教学内容、教学组织形式、教学手段与方法以及教学效果的检查与评定等,课程理论主要研究课程的设计、编制和课程改革.

教学理论主要是一种规范性、实践性的理论,它主要关心两大问题:一是教师的教如何影响学生学的;二是怎样教才是有效的,如何对教学行为进行一定的规范,并给教师提供一系列使教学有效的建议或处方.前者的描述为后者的规范提供科学基础,因此,从这个意义上说,后者比前者更重要,它是教学理论的核心问题.教学理论不排除对学生学习的关注与研究,然而它会把关于学生学习的研究让位给学习理论,并作为学习理论的核心问题.

§5.2 教学理论的形成与发展

教学理论的形成与发展经历了一个漫长的历史阶段——从教学经验总结,到教学思想成熟,再到教学理论形成与发展.这一进程就是人们对教学实践活动的研究不断深化、不断丰富的过程.理论如果没有思想的引领是灰色、苍白和缺乏生命力的,只有把握理论背后的思想,理论才是鲜活的.所以,本节首先沿着历史的长河回溯一下教学思想发展的大概脉络,然后再分析教学理论的形成与发展.

5.2.1 西方教学思想的历史沿革

教学发展的轨迹在很大程度上就是教育发展的轨迹.正如同在先秦诸子典籍里几乎能见到中国传统文化渊源的全部内涵一样,古希腊先哲们在狭小孤岛的文化界域里探索研究所得出的结论也以不可估量的巨大张力,深刻地影响着西方文化.古希腊时期的教学思想的确是西方以至世界宝库里的一份遗产.在20世纪初教学思想的觉醒、新教学论崛起并流变的过程中,这些思想依然负载着新质再度“复兴”.

1. 西方古代教学思想

(1) 古希腊教学思想

古希腊教学思想强调人文主义和自由主义的文化.苏格拉底开创了西方最早的启发式教学(产婆术).德谟克利特主张不应该把教学的目标放在“多知”上,而应放在“多想”上,主张教会人们去思想.柏拉图师从苏格拉底,主张调和斯巴达和雅典的教育,使儿童的身体和精神获得完美的发展,认为“思想力是各项智力的源泉”.柏拉图可以说是“形式教育论”的先导.亚里士多德师从柏拉图,最早注意儿童发展的阶段性,第一次提出了儿童年龄分期,也是首次提出教育要与人的自然发展相适应,认为第一阶段(0～7岁)主要进行体育,第二阶段(7～14岁)主要进行德育,第三阶段(14～21岁)主要进行智育.其中第三阶段以智育为主,以便发展青年的理性灵魂.上述三阶段提出的心理学依据主要是认为灵魂有三种:植物的灵魂,表现为营养与繁殖;动物的灵魂,表现为感觉与欲望;理性的灵魂,表现为理智和沉思.与之相适应的就是上述三方面的教育,即体育、德育、智育.教育的基本目的在于使这三方面灵魂都得到全面、和谐的发展.

古希腊原始丰富的教育思想,在经历两次否定之否定后渊源般流进当代教育教学思想中.其间的两次"否定之否定"分别是文艺复兴以后教育的人文主义再生和浪漫主义启蒙(古希腊教育——中世纪教育——文艺复兴教育)以及20世纪导源于心理分析、无意识和潜意识研究而终至尊重人格内在力量的人本主义教育思潮(文艺复兴教育——工业化时期的功利主义教育思想——人本主义教育).在经历上述两次否定之否定后依然保留下来的主题,也是在教育史中纵横贯穿的主题,同时也是在有贡献的教育理论家著作中流传着的思想主题,那就是:相信成长的内在力量,走向光明是人的本性,发展是人本身潜在力量的展开,而教育者要相信这种力量.

(2) 古罗马的教学思想

古罗马教学思想集中反映在昆体良《雄辩术原理》(1世纪)中,它被誉为西方最早的教学法论著.昆体良的教学法思想博大精深,具体来说,包括如下五个方面:① 在教育史上首次明确提出了班级教学制,这一形式后经夸美纽斯的进一步设计发展,一直延续保留至今.② 最早提出教学中的量力性原则.他认为,教学必须适度,教师所传授的知识的分量要适应儿童的天性,符合学生的接受能力,过与不及都是不正确的.③ 继承和发扬了苏格拉底启发式教学的思想,提出"教是为了不教"的深刻见解,并认为启发式教学的主要方法是善问、善答和善待问者.④ 为了防止学生疲劳过度,他提出了学习与休息相间和变换课业的教学思想.⑤ 最早提出反对体罚.

正如任何由于艺术而日臻完善的事物都是从原始状态中产生出来的一样,西方教学理论也是从它的雏形产生出来的.古罗马昆体良的《雄辩术原理》在某种意义上可以认为是西方教学理论的原始雏形或胚胎,可以和中国古代的《学记》相媲美.

2. 西方近代教学思想

文艺复兴以后,针对中世纪神学思想的束缚,培根喊出了"知识就是力量"的口号.以近代教学思想为支撑的教学理论,一般称为传统教学论,它的理论基础就是传统知识论,属于以教为本的研究.由于其主流思想方式是偏重记忆,囿于现成知识接受这一要素主义的思想方式,所以近代西方教学论又可以称为记忆教学论(区别于现代的思维教学论).

17世纪以来,教育文献中哲学洞察力与实践智慧的结合是教学思想发生重大理论进步的内在力量.沿着这一线索进行文献疏理和探究,就有理由认为西方近代教学理论(教学思想)的形成开始于拉特克,完善于赫尔巴特.

(1) 拉特克的“didactica”

在西方教育史上,第一个倡导教学理论的是德国教育学家拉特克.他在《改革学校和社会的建议》(1612)中,自称是教学论者,称自己的新的教学技术为“didactica”.他致力于探求教授之术,开拓教学理论的领域.他认为“如何教授”这一教学方法问题应当是教学理论的中心问题.他指出,教师不仅要精通所教的内容,还要懂得怎样教,才能使学生最容易、最牢固地掌握.更为重要的是,他认为必须从各学科的性质出发引申出教学方法的依据和原则,孕育了“教与学科对应”的思想.

(2) 夸美纽斯的“didactica”

17世纪捷克教育家夸美纽斯进一步发展了拉特克的观点.他把培根的知识论和方法论直接应用于教育,提出人的生长像自然界的动植物一样,是有一定秩序的,儿童是人生的春天,教育应当适应这种自然:自然适应性原则是教学的方法论原则,这一方法论原则孕育了“教与学对应”的思想.在这一原则指导下建立学年制和班级授课制是一种适宜的做法,教学要遵循直观原理、活动原理、兴趣与自发原理.夸美纽斯的“didactica”集中反映在其《大教学论》中.《大教学论》开宗明义:教学的艺术就是“把一切事物教给一切人的艺术”,“寻找一种教学的方法,使得教师可以少教,学生可以多学”.该书第20～25章分述的各科教学法,类似现代的学科教学论.《大教学论》问世的意义在于,它使学科教学论从哲学中分离出来.

(3) 卢梭的发现教学论

教学论是研究教学规律及其应用的科学,文艺复兴以后的教学论,由夸美纽斯起步、卢梭发展、福禄贝尔等人继承.卢梭发展了夸美纽斯的教学思想,他在自然教育论和儿童中心论的观念指导下提出了体现上述理念的教学论,这就是发现教学论.基于规律是从现象中发现的这一事实,卢梭认为:① 发现是人的基本冲动;② 问题不在于告诉他一个真理,而是教他怎样去发现真理;③ 活动教学与实物教学是发现教学的基本形式;④ 发现教学指向培养自主的理性的人格.卢梭在《爱弥尔》中表达了其教育理念和教学思想,同时播下了浪漫主义教学思想的种子.关于这棵种子后来的生长情况,布鲁巴克作了一个绝妙的概括:卢梭播下的浪漫主义种子绽出的花朵在福禄贝尔的教育方法的园地里比裴斯泰洛齐、赫尔巴特的园地里开得更加艳丽.福禄贝尔是卢梭浪漫自然主义和理想人本主义的继承者,他的思想承前启后,跨越过赫尔巴特的某些藩篱,渊源般地流进20世纪的以儿童为基调的杜威的思想.

(4) 赫尔巴特的“pedgogy”

拉特克和夸美纽斯使用的“didactica”主要是指教学艺术,赫尔巴特用“pedgogy”(儿童教育指导学)来代替它.从赫尔巴特的“pedgogy”来看,它涉及的主要问题集中在教学方法和学生管理两个方面.赫然巴特的“pedgogy”标志着独立教学理论的形成.作为对教学理论的总结,可以概括出赫尔巴特学派的主要贡献:① 建立统觉(原有经验的基础上形成新观念的过程)论为基础的教学理论;② 正确阐明了多方面兴趣是传授新知识、形成新观念的基本条件;③ 创立了教学过程四阶段(明了—联想—系统—方法),后演变为五段教学法(分析—综合—联合—系统—方法);④ 明确提出了教育性教学的概念.

3. 西方现代教学思想

现代教学思想的本原是杜威提出的"思维教学论".现代教学论又称为思维教学论,其主流思想方式着眼于学习方法的掌握与创新精神的发挥,其理论基础是主体教育论,属于以学为本的研究.

现代教学论是对赫尔巴特传统教学论的扬弃.现代教学理论在世界各地的传播与继续发展是沿着哲学和心理学这样两条主线来实现的.① 哲学取向教学理论的发展,其特征是关注教学的目的(伦理学)或内容(认识论)上的问题,并坚持哲学的思辨与理论化建设,如凯洛夫的教学理论;② 心理学取向教学理论的发展,其特征是关注教学的程序、方法与心理的问题,并坚持采用心理实验或实证的方法,如新行为主义心理学家斯金纳的程序教学理论、布鲁纳的结构主义教学论、罗杰斯的非指导性教学理论等.

(1) 杜威的思维教学论是现代教学论的生长点

深受达尔文进化论影响的杜威,把教育视为经验的改造,并以改造的经验适应变动不居的环境,他提出了著名的"在做中学"的教学思想(19世纪末到20世纪初),并认为儿童与社会是教育历程中的两极.当然,文化演进中的每一代界域里的有重大影响的思想、理论,它总会以某种方式、某种程度涵盖以往的文化积累.杜威的做中学思想将问题教学法、重视素质和创造性、重视兴趣等都无声地保留下来.他在经历了传统教学论("记忆教学论")的"歧路花园"之后作出的抉择——"思维教学论"(以思维五步法为核心)——在社会文化适应和儿童心理适应方面都显示进步的特征.杜威以后的教学论能超过杜威论述水平的并不多见,而且后来的许多教学思想都是从杜威教学思想生长出来的.

在欧洲,教学论发展思路倾向于批判赫尔巴特的传统教育,所以支持着杜威的进步教育.在美国,教学论发展思路倾向于批判进步教育,反而关照着欧洲的传统教育.这是面对共同的困惑主题所发生的因基础不同而造成的抉择差异,当这种差异创造交叉效果的时候,共同局限和某些共同的抉择思路也就突现出来.共同的抉择所关照的是现代科技内容、创造力培养、自然科学领域;共同的局限性可以举出两个方面:方法论范畴由技术追求目标冲击了传统教学赖以提高质量的"艺术",反而使得教学艺术陷入微不足道的境地.内容范畴由科学教育目标冲击了传统教学比较专注的人文教育,忽视非理性目标,全面发展教育遭受冷落.

(2) 前苏联教学理论的发展

在前苏联，它的教学论的显著特点，就是尊崇从夸美纽斯到乌申斯基的传统，批判实用主义教学论最力，强调教师起主导作用和系统地传授书本知识. 前苏联教学理论的伦理学基础是马克思主义关于人的全面发展学说，认识论基础是马克思主义的辩证认识论，心理学基础是在巴甫洛夫关于高级神经活动的生理学说的基础上的唯物主义心理学. 在前苏联的教学论著作中，凯洛夫主编的《教育学》标志着"目的-手段"范式的教学论体系已初步形成，以后的教学理论的发展大致也是循这一思路而实现. 在前苏联教学理论的发展之中，除凯洛夫的教育学外，赞科夫的"实验教学论"具有重要意义，其中心思想就是以尽可能的教学效果来促进学生的一般发展. 围绕这一思想，赞科夫提出了五条教学原则，即高难度原则、高速度原则、理论知识起主导作用、使学生理解学习过程、使所有学生包括差生都得到一般发展的原则.

(3) "三大新教学论流派"教学思想产生背景及流变

为了使教学成为一门真正的科学，教育学家、心理学家、教育家和教学实践家自1950年代末以来开始做大量的实验研究和理论探索工作. 在1960年代初，可冠以"新"字的教学论思想已经汇潮成流. 而在这股潮流中，由思想体系的独具特色、代表人物的成绩斐然、影响范围的广远普泛，推出了"三大新教学论"等流派.

"三大新教学论流派"(1950年代末到1960年代)分别是：以前苏联赞科夫为代表的教学与发展实验派、以美国布鲁纳为代表的结构主义或结构课程派、以德国瓦根舍因和克拉夫斯基为代表的范例教学派. 尽管"三大新教学论流派"崛起于不同的国家、不同的文化基础，但是却又显示出了惊人的相似之处：关于目的与任务强调培养智力与发展能力；关于能力发展强调不迁就学生的智力发展水平而应能动地促进发展；关于教学内容强调以新科技基础来代替"原始"教材；关于教学方法都重视学生主动学习、发现学习，重视领悟、过程理解，重视迁移学习.

除了"三大新教学论流派"之外，相近或相类的新教学论流派还可以举出很多，如施瓦布的探究学习理论、奥苏伯尔的有意义学习理论、布鲁姆的掌握学习理论、洛扎诺夫的暗示教学理论、艾利康宁的智力加速理论等.

如果从现代教学论的背景文化所铺垫的底色(关照现代科技内容、创造力培养、自然科学领域，轻视教学艺术和非理性目标)来全面分析所孕育着的教学理论，还可以考虑更宽泛些：斯金纳的程序教学和加涅的累积学习理论.

从现代教学理论的拓展与流变来看，新教学论朝着综合化研究和人本化思路两个方向积极流变. 综合化研究的教学论流派，可以举出巴班斯基的教学过程最优化理论和韦尔的教学模式理论；人本化思路的教学论流派，可以举出马斯洛与罗杰斯的人本主义教学论、前苏联的合作教育学和美国的再概念化教学理论.

(4) 对教学论的发展展望

教学理论的研究应关注如下几个方面的整合:教学目的论的整合(社会价值与个人价值),教学课程论的整合(科学与人文),教学方法论的整合(教学技术与个性),东西方文化传统的整合(科技理性与天人合一).

5.2.2 中国教学理论的发展

在中国教学论发展的早期,关于教学论研究的对象和任务是清楚的.比如,《学记》实际上给教学论规定了明确具体的研究对象和任务,它就是要"既知教之所由兴,又知教之所由废",亦即要探明教学成功和失败的因果联系,用今天的话来说就是探索教学规律.

着眼于教学论的研究对象和研究方法,我们可以将中国教学论的发展划分为古代、近代、现代教学论(教学思想)三个阶段.古代中国教学论主要指从春秋战国时期起《论语》和《学记》中的教学思想及其演进,近代中国教学论主要指从20世纪初到1949年中华人民共和国成立这段时期的教学思想,现代中国教学论主要指1949年建国以后的教学思想.

1.《学记》中的教学思想及其演进

《学记》大约写于公元前的战国末年,是《礼记》一书49篇中的一篇,作者不详,郭沫若认为像是孟子的学生乐正克所作.它是中国教育史上最早也是最完善的极为重要的文献,值得认真研究.它对教育目的、教育原则、教学原则、教学方法、教师和学生、学校制度、学校管理等诸多方面作了系统论述.虽然时隔2000多年,但是对今天的教育仍富有现实意义.由于《学记》是中国儒家教学思想之集大成者,孔子是儒家教学思想的创始者,所以从孔子的教学思想谈起是必要的.

(1) 孔子的教学思想要点

孔子的教学思想主要表现在如下几个方面:在教学目的上,主张"学而优则仕";在教学内容上,主张学习六种教材(《诗》、《书》、《礼》、《乐》、《易》、《春秋》);在教学方法上,主张因材施教、启发诱导、学思结合、学行结合、温故知新等;在教师修养上,主张"学而不厌,诲人不倦".

(2)《学记》中的教学思想

《学记》的教学思想主要包括如下几个方面内容:关于教学目的主张"化民成俗";在教学关系上主张教学相长,并对教师和学生提出不同的责任和要求,为师要"既知教之所由兴,又知教之所由废",作为学生首先要立志("士先志"),然后要学会学习("善学");在课内与课外的关系上提出了课内与课外相结合的道理("藏息相辅");在教学方法上主张启发诱导、长善救失、豫时孙摩.《学记》既继承了孔子的教学思想,又有所发展.比如,在启发式教学方面,《论语》指出了启发的时机("愤"、

“悱”)和目的(“举一反三”),却没有指出启发的原则或把握启发诱导的尺度. 对此,《学记》弥补了孔子启发式教学思想的不足,认为启发的原则是“道而弗牵,强而弗抑,开而弗达. 道而弗牵则和,强而弗抑则易,开而弗达则思,和、易,以思,可谓善喻矣”. 这里的“和”和“易”就是启发学生独立思考的前提条件. 此外,《学记》还给出了启发的方法:善问、善答和善待问者.

(3) 古代儒家教学思想的演进

古代儒家教学思想在孔子的教学思想与《学记》的基础上有哪些发展呢? 现举例说明如下:汉代董仲舒提出了独尊儒术和教学优化的思想;唐代韩愈在《师说》中发展了《学记》中的教学相长思想,认为:“师者,所以传道授业解惑也”、“弟子不必不如师,师不必贤于弟子. 闻道有先后,术业有专攻”;宋代朱熹等首创了直观教学法、重视疑问并提出了较系统的读书法,进一步丰富了启发式教学思想,如北宋胡瑗已用实物和图形进行直观教学,朱熹对直观教法进行了论证,并继承了张载“学贵有疑”的思想而提出了从有疑到无疑的思想,他的学生还概括了老师的读书法,这些教学思想都继承和发展了孔子学思关系和《学记》“和易以思”的思想;明代王守仁提出“常存童子之心”的蒙养教育思想,继承和发展了《学记》中的循序渐进思想. 总起来说,《学记》以后的教学思想,超过《学记》论述水平的确实不多.

对古代儒家教学思想进行鸟瞰,挂一漏万是难免的. 从以上简要归纳中,我们可以看出儒家教学思想及其演进具有如下特点:古代儒家教学思想是卓越的具有中国特色的封建主义教学思想;尚未形成独立的体系,主要是偏于经验形态的,是经验性的概括;进展缓慢,甚至停滞不前. [①]古代中国教学理论既没有以心理学为依据,也没有理论思维水平的教学规律的论述. 因此,尽管古代儒家教学思想的成就令人注目,但却不能不受时代的限制. 这是可以理解的.

2. 近代中国教学论特点

20 世纪初,赫尔巴特学说传入我国. 当时正值清末废科举、兴学校之际,由于采用班级授课制,对课堂教学的规范化要求非常迫切,一批力图从西方寻找真理、学习西方经验的有识之士“取法日本”. 那时,日本的教育著作都在宣扬赫尔巴特学派的教育思想和教学方法,他们通过文章、书刊把赫尔巴特学派的理论介绍到中国. 比如,1901 年,我国最早的教育专业刊物《教育世界》在上海创刊,从日文转译介绍了教育家夸美纽斯、裴斯泰洛齐、第斯多惠、赫尔巴特等的教育思想,突出赫尔巴特的统觉、兴味、五段教学法(也叫启发法)等内容. 1919 年,五四运动输入了科学和民主的口号,卢梭的“适应自然”、福禄倍尔的“人的教育”的思潮得到了一定的传播;随着杜威来华讲学,杜威的教学理论开始传入中国,并对我国近代乃至现代教学理论的发

① 董远骞. 中国教学论史[M],北京:人民教育出版社,2000:26.

展产生了巨大推动作用.概括地说,这一阶段的教学论思想具有如下一些共同特点:

(1) 洋为中用

就近代教学论的思想来源来说,它的主要思想来源不是来自自己的历史传统范围内,而是来自西方教学论体系的直接影响,同时,也吸收我国古代和近代的教学经验.这是与古代儒家教学思想的土生土长的特点明显的不同.事实上,如前文所述,近代西方教学论传入我国可分成两大阶段:1901～1919年,中国学者主要从日本引进赫尔巴特为代表的传统教育派教学论,或者说日本化了的教学论;1919年到中华人民共和国成立以前,主要从美国直接引进以杜威为代表的进步教育派教学论及与之相联系的桑代克的学习律.我国学者接受这些理论并结合我国教学实际,编写教学论教材,开始建设教学论学科的独立体系.比如1919年以前,朱孔文教授编撰的《教授法通论》(1903)和姜维乔编的《教授法讲义》都是受赫尔巴特教学思想的影响产生的,前者属于普通教授法,后者属于普通和分科教授法;1919年以后,罗廷光编的《普通教学法》和俞子夷、朱晸旸编的《新小学教材和教学法》,都受到了杜威、桑代克、克伯屈、赫尔巴特和陶行知的影响,并以心理学为依据.

(2) 反传统倾向

近代中国教学论具有反封建反传统教学观的进步倾向.例如,陶行知以开辟和创造的态度,反洋化教育、反传统教育,从"教授"写到"教学",从"教学"写到"教学做合一",创立了不断发展着的生活教育,到后期形成了较为完整的新民主主义教育理论,其中包含着创建中的教学论.

(3) 从经验走向理论

近代中国教学论从原来偏于经验形态走向理论阐述与探讨,从此,中国学者开始自觉地建设教学论学科(教授法、教学法)的独立体系.这里仅以陶行知的"教学做合一"思想为例."教学做合一"思想的主要观点是"教的法子根据学的法子,学的法子根据做的法子",这一教学论思想体现了以下的进步思想:理论与实践的统一;因材施教,发展个性特长;师生合作,教学相长;真善美合一;知情意合一;教会学生学会学习与创造,等.

(4) 心理学化

把心理学知识引进教学论,并开始运用教学实验的方法研究教学问题,取代了述而不作,专引孔子言论和《学记》的情况.将心理学知识引进教学论教材,强调了教学方法要以教育心理学为依据.这突出表现在教材中反映统觉心理和学习律上.这一时期的教学理论主张教学方法应以学生的需要、兴趣为出发点,并考虑个性差异,教学方法所依据的教育理论是教育即生活和儿童本位教育.这与古代教育思想缺乏理论依据是不同的.

上述四点是古代儒家教学思想与近代教学论不同点.这些特点并不结束于1919

年,而是延续到1949年.

3. 现代中国教学论特点

现代中国教学论是指建国以后建立中国特色的教学论这一发展时期.这一过程有4个阶段,第一阶段是1949～1966年(强调双基),第二阶段是1966～1976年(研究停滞),第三阶段是1976～1984年(强调能力),第四阶段是1985年至今(强调素质).从教学论教材建设角度,这一时期具体包括教学论中国化的三个阶段过程.

(1) 教学论中国化第一阶段

建国初期的中国教学论主要是学习苏联凯洛夫的《教育学》(1950)中的教学理论(教学法)篇.凯洛夫的教学论思想在我国流传最广,影响最大,其积极作用和消极影响并存.1960年代,中国学者提出教育学的"中国化"问题,认为教育学的中国化就是"马克思列宁主义教育学与中国教育实践相结合",这是教学论"中国化"的第一阶段.这一阶段的教学论代表作就是刘佛年教授主持编著的《教育学(讨论稿)》(完成于1963年,出版于1979年)(教学论部分共分三章:课程与教材、教学过程与教学原则、教学方法与教学形式).此外,1956年出版的瞿葆奎主编的《顾巧英的生物教学》,从第一手资料入手进行教学经验总结的方法,为探索教学论中国化的研究方法作了一个良好的开端.

(2) 教学论中国化第二阶段

1980年代初,教学论中国化探索进入第二阶段.这一阶段的标志就是对研究方法的关注,代表作是董远骞等著的《教学论》(1984).该书用马克思主义观点系统地阐述了教学过程的基本规律,批判地总结了我国古代优秀的教学历史经验,注意吸收现代外国先进的教学理论,更能反映我国当时广大优秀教师的丰富的教学经验.该书着重探讨教学过程中各种矛盾的本质联系,分专章论述教学相长、循序渐进、知识技能与认识能力、教学的教育性、教学与学生生理、因材施教等,以及认识教学过程的规律.可见,这种探索超越了以前重视教学实践经验的总结,而是重视研究方法的转换,尤其是对古今中外法的推崇.

(3) 教学论中国化第三阶段

教学论中国化的第三阶段阶段表现在综合或概括以及理论体系的改造方面.这一阶段的代表作是王策三著的《教学论稿》(1985).该著作是受国家教育委员会委托编写的教材,系"教学论专题讨论稿"的简称.该著作具有讨论的性质和理论清理的性质.在理论清理方面,作者占有丰富资料,并做了较细致深入的经典分析.为了反映改革开放以来中国教学理论研究的成果,了解其全貌,西北师范大学教学论博士点在李定仁教授的带领下集体研究,完成了巨著《教学论研究二十年(1979～1999)》(2001),该著作就教学论的一些基本课题,以实事求是的态度,对中国学者的研究成果进行了梳理、评述、反思和展望.

概括地说，现代中国教学论具有与古代和近代不同的特点：其一，以马克思主义哲学作为方法论；其二，运用古今中外法，把古今中外的教学论融为一炉，为教学实践服务；其三，总结教学经验，并上升为理论，以探索特殊规律为主，同时利用共同规律；其四，逐步走向创建具有中国特色的教学论目标.

4. 中国教学论学科建设与发展

党的十一届三中全会召开以后20多年是我国教育大改革的光辉时代. 教学论，作为研究和揭示教学活动本质规律及其应用的一门理论学科，教育科学体系中的一门基础学科，随着教育改革的深入开展，发生了深刻变革. 面对新变革，不仅需要对过去专题性研究成果进行梳理、评述、反思和展望，还需要从研究主题和研究方向进行把握，以体现中国教学论学科发展的现代特征. 从研究方向上看，基于对教学论发展历程的反思，裴娣娜教授认为中国教学论从传统走向现代的研究方向的转换，具体体现在以下三个方面：一是理论基础由传统知识论向主体教育论转换，二是研究方向理论格局从对教学过程各种规定性内容的考察向教学论元理论、元方法层次的转换，三是研究方法从机械唯物论向唯物辩证法转换. 具体表现为教学论学科群的出现、众多学科的参与、方法论的移植、通过对现代教学观念的思考把握教学论研究的主题、理论研究与实践研究相结合的研究方法. ①从研究主题上看，基于对现代教学理念的思考，裴娣娜教授认为当代教学论的研究主题是：以学生主体性发展作为教学的起点和依据，对原有传统教育中不合理的行为方式和思维方式进行变革，真正实现教育观念上的转变，实现人的发展的社会化与个性化的统一. ②这里，所谓教学观念的变革，实际上是教学理论的发展问题，而教学理论发展的基础和源泉主要在于教学实践的变革和发展. 事实上，改革开放以来，我国广大教育工作者在教学实践中逐步形成了如下的现代教学观：系统整体的观点、发展的观点、结构的观点、主体性观点、活动与实践的观点、非理性因素问题等.

5.2.3 对教学实践与理论发展机制的反思

经验的困惑与科学的抉择，是教学实践与理论发展的必然线索.

其一，教学与心理、教学论与心理学建立起联系是个内在机制问题. 中国孔子比苏格拉底早一个世纪提出启发式教学主张的时候，已经不限于考虑为什么启发，而是考虑在什么样的心理激活程度情况下运用启发. 他提出“不愤不启，不悱不发”的卓越的“启发式”判断抉择的观点，是有文字记载的最早的教学心理学命题. 夸美纽斯、卢梭等人主张教学顺应儿童自然天性，在他们那些现象生动的描述里，出现过许

① 裴娣娜. 从传统走向现代——论我国教学论学科发展的世纪转换[J]，教育研究，1996(4)：17－20.

② 裴娣娜. 论我国教学论学科建设与发展[J]，中国教育学刊，1998(6)：35－38.

多的儿童心理展开与教学适应性的探索. 只是更多些经验色彩，不能称为心理科学. 裴斯泰洛齐则已经明确提出了“心理学”，赫尔巴特被许多欧美学者誉为第一个在心理学上剖析教学过程、构建教育学理论体系的教育家，他的思辨性极重的著作更像是心理哲学，所以有人称他是教育哲学家.

其二，经验的教学理论到科学体系的教学论这是教学论自身建设问题. 在没有雄辩的研究论证中国2000年前《学记》的体系是否够得上是最早的教学论的前提下，我们只能从拉特克的语言和艺术的教学艺术说起，而后是夸美纽斯. 赫尔巴特的《普通教育学纲要》其实是从自己的心理哲学、教育哲学观点出发建构起来的教育学体系，只是其中以教学论体系为支柱，或者说是作为教育学体系中的分支的教学论体系，并没有完全独立. 又过了76年之后，德国的威尔曼才以《作为教养学的教学论》(1882)完成了教学论逐步科学化的第二步，教学论终于从教育学中独立出来成为可以与之相提并论的一门科学了.

其三，教学与社会进步、教学与文化适应这是教学科学抉择的外部机制问题. 文艺复兴以后的人文教育，由夸美纽斯起步、卢梭发展、福禄贝尔等人继承的自然主义重视教育的内在因素和本能本性，赫尔巴特学派则倾向于重视外部因素或教养，双方论证持续到20世纪. 但显然，第斯多惠的双向并重则把问题引向缓和. 19世纪中期，达尔文的进化论和马克思主义基本理论问世，教学论开始走向真正科学化，因为这两个理论为教学论奠定了根本的思想基础和文化基础.

§5.3 当代教学理论流派

教学理论的发展主要是沿着哲学和心理学两种取向来实现的，本节主要选取心理学取向的教学论流派来介绍. 由于心理学取向的教学论流派非常多，这里仅从贴合数学教育特点的角度，选择布鲁纳、奥苏伯尔、布卢姆、加涅等的教学论思想进行介绍，按照这些流派教学论思想的背景、内容、实质和应用条件几个部分进行阐述，不只提供一些教学论知识，更为重要的是提供一种消化理解各种流派思想的思维方式.

5.3.1 布鲁纳的教学论思想

1. 背景

在“知识激增”的背景下，前苏联卫星先于美国上天，引起美国朝野的震惊. 追根溯源，最后将其原因归结为美国的基础教育落后于前苏联. 于是，在1960年代初，美国掀起了一场旨在培养精英的课程改革运动，相应地，代表性的教学论思想就是布鲁纳的结构主义教学论，这种理论集中反映在布鲁纳所著的《教育过程》一书中.

2. 内容

布鲁纳的教学论思想主要内容包括:"我们将教些什么?什么时候教?怎样教法?"[①]其中"教些什么"又是最主要的,所以布鲁纳的教学论思想主要在于课程论.他还依据这些思想提出了他的教学原则.

(1) 学习学科的基本结构

布鲁纳说:"不论我们选教什么学科,务必使学生理解学科的基本结构."什么是结构?简单地说,就是事物之间的相互联系.什么是基本结构?就是更普遍的强有力的适用性结构.其具体表现,就是每门学科的基本概念、基本公式、基本原则、基本法则等.相对而言,非结构性的知识,就是单纯的事实、技巧,即时收效的课题.[②]为什么要学习学科的基本结构?布鲁纳认为这是一个巧妙的"策略".学习者无需与每一事物打交道,而且可以独立前进.其好处主要有:使学生容易理解,便于记忆,能更好地迁移,缩小高级知识和低级知识之间的间隙,对成绩差的学生更有利.布鲁纳关于学习学科结构的教学论思想,其哲学和心理学基础是"过程 结构"论和皮亚杰的"发生认识论".人们先有一个图式,与外界接触时,把客观事物纳入主观图式,这叫同化;同化不了就调节原有图式,使之与外界取得平衡,这叫顺应;图式本身得到改造、丰富,形成一种新的图式,然后又去同化、顺应别的事物.这就是布鲁纳提出的重视学习学科结构,并认为它能帮助学习者更好地学习新知识的道理.布鲁纳因此发展了学习中的迁移理论.传统上讲的迁移,主要是技能的迁移,他则强调理论的迁移.布鲁纳的新意在于将原理和概念解释为结构,并把它作为教学过程的中心.

(2) 早期教学

布鲁纳在主张学习学科结构的同时,提出了一个大胆的假设,即所谓三个"任何":"任何学科的基础都可以用某种形式教给任何年龄的任何人."他想着重声明,学习科学可以提早,提倡早期教学.他论证了这种早学的必要性和可能性.关于必要性,他说:学习起来比较容易;对以后学习有好处;科学概念学习不能一次理解,需要反反复复回到原处.关于早学的可能性,他花了很大功夫,从他的过程-结构理论作了论证.如果用儿童观察事物的方式(由"动作"向"意象"再向"符号"转化的螺旋上升方式)去表现那门学科的结构,那么上述假设就能成立和实现.比如,数学的一些概念和原理,在小学阶段以直观形式学习,在中学开始论证,到大学则用公理体系的形式学习.

(3) 发现学习

布鲁纳对"怎样教法"的回答就是凭发现学习.什么是发现学习?他说并无高深

---

① 布鲁纳.教育过程[M],邵瑞珍,译.北京:文化教育出版社,1982:2.

② 王策三.教学论稿[M],北京:人民教育出版社,1985:26.

莫测之意."发现并不限于寻求人类尚未知晓的事物,确切地说,他包括用自己的头脑亲自获得事物的一切方式."[①]与这种方法相对照的就是"由教师先概括讲述后要学生通过证明来进行的'断言和证明法'",也就是通常所说的传授和接受法,或讲解-演示法.发现法的具体做法,就是提出课题和提供一定的材料,引导学生自己分析、综合、抽象、概括,得出原理.它的特点是关心学习过程甚于关心学习结果,要求学生主动参加到知识形成的过程中去.学科结构是不能简单传授的,因为它不是一个静物,必须教学生去不断构造(即必须去发现).这就是说,学科结构必须通过发现学习的方式才能学到.关于发现法的好处,布鲁纳提到四点:提高智慧力,使外来动机向内在动机转移,学会发现的试探法,有助于记忆.布鲁纳在提到原理迁移时,也把学习态度和方法列入其中.

(4) 教学原则

布鲁纳根据他对教学过程的理解,提出四条教学原则:① 动机原则.学习与解决问题,取决于个人作出选择的探索活动,教学必须对学生的学习与解决问题起促进和调节作用.如何促进和调节呢?布鲁纳提出三个方面:活动的激发、活动的维持和活动的方向.关于激发,主要条件是使课题具有最适度的不确定性;关于维持,主要条件是使取得的好处胜过招致的危险;关于方向,必须以某种近似的式样使人明了该项工作,并且提供一定的知识.② 结构原则.任何知识领域的结构都可以用三种方式表示其特点,每种方式又都影响着学习者对知识结构的掌握能力.这三种方式是:其一,知识结构的再现形式(动作、意向、符号);其二,结构的经济原则,如按经济原则把知识作出摘要或列出一览表;其三,结构的有效力量,要使结构具有力量或有效力量莫过于对该知识领域有迫切需要.③ 程序原则.他提出,最理想的程序要与他那个智力或认识发展顺序同一方向进行(从动作到意象到符号).此外,程序必须经济和关注教学效果.④ 反馈原则.掌握时机最重要,在解决问题的过程中,矫正性信息要在学习者将其实验结果与他谋求获得的结果进行比较的时刻提出.矫正性信息的提出形式也要按照与学习者解决问题的再现表象形式(动作、意象、符号)属于同一种的形式.此外教师要采取使学习者最后能自行矫正机能接过去的那种模式.

以上就是布鲁纳教学论思想的主要内容.概括地说就是:学习学科基本原理;从小学开始,螺旋上升;凭发现学习;遵循动机、结构、程序、反馈几项原则.

3. 实质

布鲁纳教学论思想的主要观点是以螺旋上升的方式,通过发现法学习学科的基本结构,其实质是把使学生学会学习作为教育的目标,把教学看做是一个归纳的过程.其积极意义主要有:适应了教育现代化的要求(精选教材、发展智力、提高效率);

---

① 邵瑞珍.布鲁纳的课程论[A],见:中小学教学改革的理论和实际[M],北京:人民教育出版社,1979:27.

把结构引进教学论,改造了传统的迁移说;理论含有较多的辩证因素.

4. 应用条件

美国1960年代的课程改革运动失败了,原因很复杂.一方面,暴露了其指导理论脱离实际的缺陷;另一方面,缺乏对理论应用条件的研究.脱离实际主要是指脱离社会实践,脱离学生生活经验、知识基础和教师水平,以及教育基础和教育传统.①缺乏对应用条件的研究主要是指缺乏对学生的条件和对课题难度的研究,也就是奥苏伯尔指出的有意义学习的两个先决条件:学生必须具备有意义学习的心向;学习的新知识对学习者必须具有潜在意义,即新知识在学习者的认知结构中有适当的知识可与之建立非人为和实质性的联系.否则,发现学习就是机械的发现学习,而不是有意义的发现学习.布鲁纳的发现法适合教基础概念的原理和问题解决,有助于远迁移能力的培养,但其缺点是太费时,课堂难以掌握.

应用发现法应注意的问题:中小学对发现法的使用不能成为常规方法,但偶尔使用对学生是有益处的;选题要考虑学生的接受程度,难度要适中,具有逻辑性;教学中教师要指导学生学会归纳.

5.2.2 奥苏伯尔的教学论思想

1. 背景

在当代,教育理论家点名批判的教学形式中,首当其冲的是言语讲授教学法.他们声称这样的教学只是教师惯于填鸭式灌输,使学生流于鹦鹉式学习,机械而被动;斥之为一种丧失了信誉无须多事考虑的旧教育的传统残余.而近几十年来的许多改革,特别是布鲁纳倡导发现学习以来,人们对这种言语讲授教学法更是表现出强烈的不满.可是,学校教学实践又表明,教师用言语讲解、学生以接受方式学习的这种教学形式,仍为传授科学文化知识的一个主要手段.这就向人们提出了值得深思的问题:言语讲授教学法和接受式学习方式有没有合理的内核?依据何在?如何正确评定这一教学形式的作用?正是在这种背景下,奥苏伯尔以一个教育家的深远卓识,着眼于对学习类型的不同分类准则,创造性地解决了这一难题.

2. 内容

在大多数学术性学科中,学生主要是通过对呈现的概念、原理及事实信息的意义接受学习来获得教材知识的.

(1) 意义接受学习

根据学习的材料与学生认知结构的关系,学习可以分为有意义学习和机械学习;根据学生学习的方式,学习可以分为接受学习与发现学习.无论是接受学习还是

---

① 王策三.教学论稿[M],北京:人民教育出版社,1985:31.

发现学习都可能是意义学习，也都可能是机械学习. 奥苏伯尔支持有意义的发现学习，抨击机械的接受学习，指出了机械的发现学习的弊端，推出了有意义接受的学习模式.

① 接受学习与发现学习. 所谓接受学习是指学习的主要内容多少是以定论的形式呈现给学习者的. 学习只要求学习者把学习的内容内化到自己的认知结构中，以便在将来某个时候能够再现或派作他用. 所谓发现学习是指学习的主要内容不是以定论的形式呈现给学习者的，须由他们自己去发现.

② 意义学习与机械学习. 意义学习得以发生有以下两个先决条件：其一，学习者表现出一种意义学习的心向，即表现出一种把新学的内容同他已有的知识建立非人为的、实质性联系的意向；其二，学习任务对学习者具有潜在意义，即学习任务能够在非人为的和非逐字逐句的基础上同学习者知识结构联系起来. 任何学习，只要符合上述两个条件，都是意义学习；否则，就是机械学习. 这里要特别注意的是这两个联系. 第一联系是非人为(或非任意性)的联系，意思是指新内容与认知结构中已有的观念之间的联系具有似乎合理或合理的基础，如在指数概念的基础上学习对数概念. 第二个联系是实质性(或非逐字逐句性)联系，意思是指新内容的潜在意义完全不依赖只能使用一些特定的词，而不能使用其他的词. 这就是说，用同义语表达同一概念或命题，实质上可以引起相同的意义，如有一个角是直角的菱形与邻边相等的矩形实质上都是正方形. 此外，关于“心向”问题也值得关注，防止学生产生机械学习的心向是教师的职责之一. 学习者对有潜在意义的教学内容为什么会表现出机械学习的心向呢？奥苏伯尔认为，大致有如下三个原因：一是他们不幸的学习经历(实质性回答得不到老师的称赞)；二是对某学科总具有高度的焦虑水平或长期的失败体验；三是如果学生处于极度的压力之下，对一开始就没有真正理解这一事实无所谓或加以隐瞒，而不是承认并逐渐加以改正的话，这也会使学生表现出机械学习的心向. ①

③ 认知结构在意义学习和讲授教学中的作用. 奥苏伯尔认为，由于学习任务的潜在意义取决于学习者的已有知识状况，所以，认知结构是影响意义接受学习的最重要的因素. 所谓认知结构，就是指学生头脑里的知识结构与认识结构有机结合而成的心理结构，它是由学生眼下能回想出的事实、概念、命题、理论、常识等构成的. 因此，要促进新知识的学习，首先要增强学生认知结构中与新知识有关的观念. 从安排学习内容这个角度来讲，要注意两个方面：第一，要尽可能先传授学科中具有最大包容性、概括性和最有说服力的概念和原理，以便学生能对新学习内容加以吸附或

① 奥苏伯尔. 促进课堂的意义言语学习[A]，见：瞿葆奎. 教育学文集·教学(下)[C]，北京：人民教育出版社，1988：608－635.

固着.第二,要注意渐进性,即要使用最有效的安排教材次序的方法、构成教材的内在逻辑和组织、安排练习活动.从教学的角度看,研究认知结构,目的在于识别和控制影响意义接受学习的变量.奥苏伯尔认为,下列三个变量是必须关注的:第一个变量是已有观念的可利用性.当学习者面对新的学习任务时,他的认知结构中是否有吸收并固定新观念的原有上位观念(固着点).第二个变量是新旧观念的可辨别性.当学习者面对新的任务时,原有起固定作用的观念与要学习的新观念之间的可区别性的程度,以便使新观念能够作为可识别的独立实体接受并保持下来.分辨越是清晰,越有助于新的学习与保持.第三个变量是固着点的稳定性和清晰性.当学习者面对新的学习任务时,他认知结构中原有起固定作用的观念是否巩固,原有起固定作用的观念越是巩固,越有助于新的学习和保持.可见,学生是否具有起固定作用的观念对学习是否有意义起主要作用.如果学生认知结构中没有适当的固着点或虽然有固着点但其不够清晰、稳定或对其认识比较肤浅和模糊或和新观念不可辨别,这时就需要使用先行组织者策略来弥补.

(2) 教学原则与策略

根据意义接受学习理论,奥苏伯尔提出在教学中应遵循逐渐分化原则和整合协调原则.前者是指学生首先应该学习最一般的、包摄性最广的观念,然后根据具体细节对它们逐渐加以分化.后者是指如何对学生认知结构中现有要素重新加以组合,其主要表现在上位学习和并列学习中,其实质也是认知结构的分化形式.当教材内容无法按纵向序列的形式而只得用横向序列的形式组织教材时,整合协调的原则也是适用的.如何贯彻这两条原则,奥苏伯尔提出先行组织者策略.先行组织者是促进学习和防止干扰的最有效的策略.组织者就是指与新学内容相关的和包摄性较广的、最清晰和最稳定的引导性材料.由于这些组织者通常是在呈现教学内容之前介绍的,目的在于用它们来帮助确立意义学习的心向,又被称为先行组织者.采用先行组织者策略旨在操纵学生的认知结构变量,以便为学生即将学习的更分化、更详细、更具体的材料提供固着点.此外,组织者的另一功能是在学习者能够成功地学习手头的任务之前,在他已知的知识与需要去了解的知识之间架设一座桥梁,能觉察到它们之间的联系.

(3) 成就动机理论

奥苏伯尔认为影响课堂中学生学习的因素,除了认知因素外,还有情感因素和社会因素.他对赫尔驱力还原和斯金纳的反馈动机效应持否定态度,主要关注的是成就动机,即学生试图取得好成绩的倾向.与众不同的是,在奥苏伯尔看来,成就动机主要由认知内驱力、自我提高的内驱力和附属的内驱力三方面的驱力构成.认知内驱力就是指学生渴望认知、理解和掌握知识,以及陈述和解决问题的倾向.简言之,即一种求知的需要,这是意义学习中最重要的一种动机.自我提高的内驱力反映一个人要求凭自己的才能和成就获得相应社会地位的愿望.学生的自我提高既指向获得眼前的学业成绩和名次,也指向未来的学术生涯或职业生涯.附属的内驱力是指学生为得到家长和教师的赞扬而学习的需要.随着学生年龄的增长,这种动机的重要性日趋降低.第一个内驱力是内部动机,后面两个内驱力都是外部动机.可见,学生的认知学习是受内部和外部动机影响的,而动机本身既受认知学习结果的影响,又受身心发展和社会诸因素的影响.教师的艺术,在于如何认识、控制、调节这些因素,使学生始终充满学习的动机.

3. 实质

奥苏伯尔教学论思想的主要观点是运用先行组织者策略,通过有意义的接受学习方式讲解言语知识,其实质是应根据学生已有知识状况进行教学.

4. 应用条件

奥苏伯尔的有意义接受学习与讲解式教学法适合于陈述性知识的学习与教学,其好处是省时、有助于近迁移,但在远迁移能力的培养方面不及发现教学法.所以,一般的看法是课堂教学应以奥苏伯尔所提供的讲解式教学法为主,以布鲁纳倡导的发现法为辅.

运用接受学习应注意的问题:倡导有意义的接受学习要把握好两个标准——考察学生能否将学到的知识运用和具体化,同时又能否将学到的知识进行归类和系统化;补充必要的一般概念;教师要为学生的学习做好各种必要的准备.

5.3.3 布卢姆的教学论思想

1. 背景

1957 年前苏联第一颗人造卫星上天,美国掀起课程改革运动,强调英才教育.针对以上现象,布卢姆提出了自己的教育观.他认为,问题不再是发现极少数能够成功的学生,基本的问题是要确定,怎样使年龄组的绝大部分人能够有效地学习被认为是他们在一个复杂社会里为自己的发展必须具备的那些技能和教材.他认为,学校学习应为学生终身学习确保一个可持续发展的基础,学校要给 90%以上的学生提供成功的、令人满意的学习经验,提高学生的远迁移能力.他指出,用成绩的正态分布来制定评分政策是教育的失败.

掌握学习的策略起源于卡罗尔 1963 年提出的模式:如果学生对一些学科的能力倾向是正态分布的话,那么只要给所有这些学生完全同样的教学,并且在适当的成绩测量上,最终结果将是正态分布的,而且能力倾向与成绩之间的相关性极高.反之,如果学生的能力倾向是正态分布的话,而教学的种类和质量、用于学习的时间量是适合于每一个学生的特征和需要的话,那么可以预料大多数学生都达到掌握这门学科.其中,花在学习上的时间是掌握的关键.关于花在学习上的时间受到如下三个因素制约:允许学习的时间,学习者愿意花在学习上的时间量,学习者在理想条件下达到掌握学习任务所需要的时间量.

2. 内容

布卢姆建立的理论业绩,在以下四个领域中尤为突出:成为布卢姆研究的基础理论的教育目标分类学,为使所有学生都能达到教育目标的掌握学习理论,确定是否达到教育目标的教育评价理论,建立新的课程体系的课程开发论.

(1) 目标分类

布卢姆的教育目标分类学具有两个主要特征. 其一,用学生外显的行为来陈述目标. 他认为,制定目标是为了便于客观地评价,而不是表述理想的愿望. 事实上,只有具体的、外显的行为目标,才是可以测量的. 比如,"培养学生的能力"就是一个太一般化的目标,不便于测量,如果改为"培养学生领会公式中各个量之间的联系的能力"这类目标才是可测量的. 其二,目标是有层次结构的. 目标分类不是简单地并列分类,要按层次从简单到复杂的顺序进行目标分类,并且要使分类具有系统性和结构性. 从系统性的角度看,教育目标分类主要涉及认知、情感和动作技能这三个领域. 从层次角度看,目标又可以细分如下:认知领域的目标可以细分为知识、领会、运用、分析、综合、评价六个层次,这是教育目标中占最大比例的目标领域. 情感领域目标可以细分为接受或注意、反应、价值评估、组织、性格化或价值的复合五个层次. 动作技能领域,这是后来学者完成的工作. 以上三个领域的目标是互有联系的,尤其是认知领域和情感领域是紧密交织在一起的. 当然,每一层次目标还可以进一步分化,如认知领域的分析又可分化为要素分析、关系分析和组织原理分析. 此外,目标分类也是为评价掌握学习的掌握程度服务的,是超越学科界限的一种目标分类法.

(2) 掌握学习

布卢姆探究的掌握学习,是反映他基本教育观的重要教学理论,也是他对教学理论的一个重大贡献. 掌握学习理论以"人人都能学习"这一观点为基础,着眼于现实,以现有条件来改变现状,即以存在着个别差异的学生组成的班级为前提,以传统的班级教学方式来实施,使绝大多数(90%以上)学生都能掌握教师教给他们的东西. 教学的任务就是要找到能使学生掌握该学科的手段.

首先,关于衡量掌握学习的"掌握"的标准,他认为是掌握观点意义上的绝对标准,不是竞争意义上的相对标准. 他指出,必须使学生感觉到根据实际水平,而不是根据常态曲线或其他一些任意的、相对的标准来评定学生.

其次,他提出并分析了影响学校学习结果的三个变量,认为学生对新的学习任务的认知准备状态、情感准备状态和教学质量(即教学适合学生的程度)将决定学校学习的结果,这三个量对学习结果影响的比重分别为50%、25%、25%. 教师只要对上述三个变量予以适当注意,就有可能使绝大多数学生的学习达到掌握学习水平.

在这里,因为教师要在短期内改变学生的一般认知水平和对整个学习的态度是不可能的,而教师通过各种手段使学生为某一具体学习任务作好认知和情感准备,相对来说比较容易.同样,对教学质量的分析,布卢姆认为,重在形成教学的环境(即教学方法),而不是教师、班级和学校的特征(这些因素是一些一时无法改变的因素).布卢姆进一步揭示出有经验的教师的教学方法是能根据学生的需要提供指导线索、给予参与或练习的机会,并适时予以强化,他并认为这种反馈-矫正过程是以微妙的、非正式的方式进行的.可见,布卢姆为教师提高教学质量提供了一条捷径.

再次,他分析了掌握学习的结果.学生通过掌握学习,一般包括如下几个方面的结果:第一,从认识结果看,掌握必须既是学生对他的胜任能力的主观认识,又是学校或社会的公众认识;第二,从情感结果看,掌握就是对一门学科的学习有兴趣;第三,从自我概念的发展看,掌握可以形成学生积极的自我概念,掌握学习是心理健康的源泉之一;第四,从终身学习看,掌握学习能够给予在校学习的热忱,并能够使他们养成终身对学习感兴趣.①

(3) 教学评价

关于教学评价,布卢姆借用了斯克里文 1967 年提出的形成性评价和终结性评价的概念.他侧重学习过程的评价,并把评价作为学习过程的一部分.终结性评价的结果主要被用来对学生分类,很少给学生纠正错误或重新测验的机会.在布卢姆看来,评价或测验的目的,在于如何处理所测到的学生水平和教学效用的证据.因此,测验不仅仅是要了解学生掌握了多少学习内容,而是作为一种矫正性反馈系统,及时了解教学过程中的每一阶段是否有效并采取相应措施.他据此主张在教学中应更多地使用另一种评价方法——形成性评价或形成性测验.形成性评价的基本操作是把一门课程或学科分成较小的单元,每个单元倾向于包括一两周学习活动,每当适当的学习单元学完时,都要安排一次形成性测验.对于已经掌握单元的学生来说,形成性测验具有强化学习的作用,使学生确信目前的学习方式和钻研方法是适宜的;对于还没有掌握单元的学生,形成性测验能揭示出具体难点,使学生明确需要进一步学习的观念等;对于教师的教学来说,形成性测验为教师提供教学反馈,使教师能识别出教学中需要改进的地方.

(4) 课程开发

布卢姆的教育目标分类学、掌握学习理论、教育评价理论为课程改革提供了一种基本结构.基于这种结构,他又提出了一些课程改革建议、观点和做法,这就是布卢姆的课程开发论.关于谁来开发、开发什么、如何开发等问题,他认为,应建立课程中心来进行课程开发,转变过去的课程观,将过去认为课程只有少数人能学好的观

① 布卢姆.掌握学习[A],见:瞿葆奎.教育学文集·教学(下)[C],北京:人民教育出版社,1988:677—701.

点转变为几乎所有的学生都有可能学好的观点，将最值得学生学习的东西开发出来编入课程；在课程开发中，强调发展学生的高级心理过程，培养学生对人文主义艺术的浓厚兴趣，注重社会相互作用这类隐性课程的作用，还应培养学生学会学习的基本技能，让大多数学生都能体验到令人激动的高峰学习经验.①

3. 实质

课堂教学主要通过形成性评价促进绝大多数学生都能掌握所教内容的教学，为学生终身学习做好准备.

4. 应用条件

以存在着个别差异的学生组成的班级为前提，以传统的班级教学方式来实施，消除学生的差异；以教师为主导，发挥学生的主动性；以掌握学习为基础，发展学生能力. 根据布卢姆对1到8年级实施掌握学习教学效果的比较研究，发现这种教学对高年级的学生作用大，而在小学低年级中应用和实施的意义不大. 在学科适用范围上，布卢姆认为并非所有的学校科目都需要达到掌握学习. 此外，掌握学习对班级人数、教学条件，特别是教师素质有较高要求，应该从实际出发，努力创造条件，在推广时不能机械照搬、搞模式化.

在实施目标教学的过程中要走出如下四个误区：目标标签化，目标随意化，目标考试化，目标机械化.

5.3.4 加涅的教学论思想

1. 背景

如何把学习理论研究的结果运用于教学实践，这既是加涅教学论思想产生的背景，也是其教学论思想的最大特点. 加涅博采各家各派之长，提出了累积学习教学理论. 他吸收了行为主义、格式塔心理学、人本主义以及控制论等观点，并把它们融合进自己的理论中去. 在他的论著中，广泛引证了从桑代克、巴甫洛夫、华生到斯金纳，从韦特墨、勒温到皮亚杰、布鲁纳和奥苏伯尔，从布卢姆到班杜拉等人的观点，其代表作是《学习的条件》(1965年出版后多次修订)，他关注的重点是把学习理论的研究成果运用于教学设计.

2. 内容

加涅的教学论思想的主要内容是教学要根据学习发生的条件引起、维持和促进学习的发生. 他提出的累积学习模式及关于学习的结果与过程的分析是其教学设计的理论基础. 关于学习观，加涅认为，学习是指人的心理倾向和能力的变化，这种变

---

① 布卢姆. 对学习者的新看法[A]，见：瞿葆奎. 教育学文集・教学(下)[C]，北京：人民教育出版社，1988：647—668.

化要持续一段时间，而且不能把这种变化简单归结为生长过程．关于引起学习的条件，加涅认为有两类：一类是内部条件，即指学生在开始学习某任务时已有的知识和能力；另一类是外部条件，即学习的环境，教学是由教师安排和控制这些外部条件构成的．

(1) 累积学习的模式

加涅意识到，人类学习的复杂程度是不一样的，是由简单到复杂的．据此，他按学习的复杂程度，提出了累积学习的模式，一般称之为学习的层级理论．他的基本观点是，学习任何一种新的知识技能，都是以已经习得的、从属于它们的知识技能为基础的．比如，学习较复杂的、抽象的知识，是以较简单的、具体的知识为基础的．学生心理的发展，除基本的生长外，主要是各类能力的获得过程和累积过程．加涅通过描述八个学习层级来研究学生理智技能的累积方式，这八类学习分别是信号学习、刺激-反应学习、动作链索、言语联想、辨别学习、概念学习、规则学习、问题解决或高级规则学习．其中前四类学习是基础性的，相对说来比较简单，而且有相当一部分是在学龄前就已习得的．因而，学校教育更关注的是后面四类学习．为了更好地指导教学，有效设计教学策略，加涅对每一种学习发生的(内部的和外部的)前提条件又给出了细致分析，并区分了纵向迁移和横向迁移．比如，具体概念学习的内部条件是学生已具备了辨别能力，外部条件是教师需同时呈现概念的正例和反例要求学生辨别，并提供必要的强化和练习．

(2) 学习的结果

所谓学习结果，就是学生通过学习学到了什么．加涅认为，设计教学的最佳途径，是根据所期望的目标来安排的，因为教学是为了达到特定的目标．对教学目标的分类，也就是对学习结果的分类，即根据学生学习后所获得的各种能力分类．加涅提出五类学习结果：言语信息，心智技能，认知策略，态度，动作技能[①]．

(3) 学习的过程与教学的阶段

所谓学习的过程，就是学习行为是如何展开的．从加涅的信息处理模式的观点看，每个学习行为牵涉到许多内在过程的作用，当教师营造的刺激情境与学习者的记忆内容以某种方式影响学习者的操作反应时，学习才能发生．教师的主要任务是安排学习者的环境里的各个条件，使得学习过程可以得到激活、支持、增进和保持．这样，为了教学取得成功，教师需要明了学习过程是如何展开的，以便他能对这些过程施加影响．加涅认为，一个学习行为含有几个阶段，从根据预期而引起动机的状

① 加涅．教学方法的学习基础[A]，见：瞿葆奎．教育学文集·教学(下)[C]，北京：人民教育出版社，1988：537—555．

态，一直到得到反馈以证实这个预期为止①. 根据这个见解，学习过程有八个阶段：动机，选择性知觉，预习，编码，寻找和恢复，迁移，反应的生成，反馈. 每个阶段在不同程度上，又以不同的方式受到教学事件的影响. 相应地，和学习过程有关的教学有以下几个阶段：动机阶段，了解阶段，获得阶段，保持阶段，回忆阶段，概括阶段，作业阶段，反馈阶段.

3. 实质

教学主要不是传递有待贮存下来的信息，相反，它却是激发利用学习者早已具有的能力，并确保学习者具备有利于完成目前学习任务以及今后更多的学习任务所需要的能力，其教学论取向于把学习理论的研究结果运用于教学设计. 加涅提出的教学设计策略基于他的累积学习理论.

4. 应用条件

加涅的教学论思想局限在理智内容或教材内容的范围内，对引发学习动机、说服学生，以及形成态度和价值观等心理倾向缺乏应有的讨论. 它能说明形成基本能力的必要条件，但对最高级、做复杂的行为表现（如科学发明与艺术创造）所需具备的必要条件很难详细说明.

习　　题

1. 名词解释

教学，教学理论，传统教学论，现代教学论，现代教学论三大流派，教学论中国化.

2. 简答题

(1) 简述教学发生的必要条件；

(2) 简述《学记》中的教学思想；

(3) 简述夸美纽斯的教学思想；

(4) 简述杜威的教学思想.

3. 论述题

(1) 奥苏伯尔教学论思想及其对当代教学改革的启示；

(2) 布鲁纳教学论思想及其对当代教学改革的启示；

(3) 儒家教学思想及其演进.

主要参考文献

[1] 崔允漷，施良方. 教学理论[M]. 上海：华东师范大学出版社，1999.

[2] 杨启亮. 困惑与抉择——20世纪的新教学论[M]. 济南：山东教育出版社，1996.

① 加涅. 教学方法的学习基础[A]，见：瞿葆奎. 教育学文集・教学（下）[C]，北京：人民教育出版社，1988：537—555.

第 6 章

数学教学模式

教学模式是教学理论与教学实践相结合的产物，是教学理论运用于教学实践的中间环节和桥梁. 一个合格教师要能根据已有的教学条件对教学模式做出适当的选择，并加以变通与组合，以提高教学效率. 研究和学习教学模式，不是为了“套用模式”，而是为了“运用模式”，最终实现教师从“有模式”向“无模式”的教学转化.

§6.1 教学模式概述

6.1.1 教学模式的含义

美国哥伦比亚大学的乔伊斯(B. Joyce)和威尔(M. Weil)在 1972 年出版的《教学模式论》一书，被认为是教学模式理论研究的开始. 在我国，1980 年代以后才有人着手这方面的介绍和研究.

“模式”一词在现代社会中运用较为普遍. 汉语中，模式指“标准的形式或样式”. 西方学术界通常把模式理解为经验与理论之间的一种知识系统. “教学模式”的定义各种各样，乔伊斯和威尔认为，教学是创造由教育内容、教学方法、教学作用、社会关系、活动类型、设施组成的环境，所谓教学模式就是创造这种环境的方法. 教学模式是构成课程和课业，选择教材，提示教师活动的一种程序或计划. 在国内，主要有以下几种观点：

结构说. 教学模式是在一定教学思想或理论指导下建立起来的各种类型教学活动的基本结构或框架；

程序说. 教学模式是在一定教学思想指导下建立起来的完成所提出教学任务的、比较稳固的教学程序及其实施方法策略体系；

方法说. 常规的教学方法俗称小方法，教学模式称大方法. 教学模式不仅是一种教学手段，而且是从教学原理、教学内容、教学目标和任务、教学过程直至组织形式的整体、系统的操作样式，这种样式是加以理论化的. 方法说的另一种观点认为，教学模式属于教学方法范畴，它是教学方法或是多种教学方法的综合；

过程说. 教学过程的模式，简称教学模式. 它是作为教学理论的一个特定的科学概念，指的是根据客观的教学规律和一定的教学指导思想而形成的、师生在教学过程中必须遵循的比较稳定的教学程序及其实施方法的策略体系；

样式说. 教学模式是指具有独特风格的教学样式，是就教学过程的结构、阶段、程序而言，长期的、多样化的教学实践，形成了相对稳定的、固定的教学模式.

综合上述观点，教学模式是指在一定的教学思想、教学理论、学习理论指导下，在大量的教学实验的基础上，为完成特定教学目标和内容而围绕某个主题形成的稳定、简明的教学结构理论框架及其具体可操作的实践活动方式. 它是教学思想、教学理论、学习理论的集中体现.

6.1.2 教学模式的结构

教学模式的结构是指发生在教学过程中构成教学的诸要素以及相互关系. 这些要素在构成教学模式中具有不可或缺、不可替代性. 一个教学模式应包括教学思想或教学理论、教学目标、教学的操作程序、教学的条件和教学评价等几个方面.

1. 教学思想或教学理论

正如乔伊斯和威尔指出，“每一个教学模式都有一个内在的理论基础. 也就是说，它们的创造者向我们提供了一个说明我们为什么期望它们实现预期目标的原则”. 任何教学模式都有一定的教学理论或教学思想依据，它决定着教学模式的方向和独特性，并渗透在教学模式中的其他因素中，制约着它们之间的关系，是其他诸因素赖以建立的依据和基础. 影响和制约教学模式的理论基础主要有：

(1) 认识论

不同的教学模式基于不同的哲学认识论基础. 赫尔巴特四阶段教学模式基本上是他的认识的反映，杜威教学模式基本上是他的经验主义认识论的反映，皮亚杰的发生认识论、西方分析哲学、存在主义哲学都因此而派生出不同的教学模式.

(2) 教育心理理论

现代教育心理学的最新成果推动了教学理论的发展，并指导教学改革实践. 因此，每一种教学模式都有相应的教育心理理论作为其基础. 比如，程序教学模式的理论基础是行为主义心理学，目标导控教学模式的理论基础是布鲁纳的掌握学习理论，非指导性教学模式的理论依据是人本主义教育心理学，信息加工教学模式的理论依据是信息加工理论. 布卢姆的概念获得教学模式、加涅的累计性教学模式、奥苏伯尔的先行组织者教学模式，其理论基础都是现代认知心理学理论.

教学思想成为贯穿于整个教学模式的一条主线，体现于教学模式的每个过程以及各个方面. 一种教学模式是否成熟,可以从其理论基础中窥见一斑.

2. 教学目标

课堂教学目标是对课堂教学中学生所发生变化的一种预设,是完成课堂教学任务的指南,是构成教学模式的核心要素,是进行课堂教学系统设计的一个重要组成部分. 每一种教学模式都是为了完成特定教学任务而设计、创立的. 教学目标是教师对教学活动在学生身上所能产生效果的一种预期估计,是进行课堂教学设计、进行课堂教学活动的出发点和归宿. 教学目标的确立在于能使活动具有明确的方向,克服教学活动中的盲目性和随意性,它制约了教学程序、实施条件等因素的作用,也是教学评价尺度和标准.

一种先进的教学模式,其目标的制定应是科学合理的、具体的、可测量的,便于操作的,而不是笼统的、抽象的,教学目标应包括基础知识与基本技能、过程与方法、能力与情感发展等方面. 教学目标应具有层次性和渐进性. 具有从识记、理解、应用到综合,从低级水平到高级水平的渐进过程,反映由知识、技能转化为能力,并内化为素质的要求及过程. 教学目标的确立与实施不能从"应试"的目的出发,只顾解题技巧以及知识点的"熟练"掌握,而忽视"长远"目标:学生的数学观念、数学思想、数学意识、数学能力等素质的培养. 教学目标既要考虑智力因素的培养,又要兼顾学生非智力因素的培养,为形成良好的思维品质和个性品质打下坚实的基础.

3. 教学的操作程序

教学的操作程序是教学活动展开的时间序列或逻辑步骤. 不论哪种教学模式都有一套独特的操作程序,它是教学模式得以存在的必要条件. 成熟的教学模式都有一套相对稳定的操作程序,这是形成教学模式的本质特征之一. 操作程序详细说明了教学活动的每一个步骤,以及完成该步骤所要完成的任务. 一般情况下,教学模式明确指出教师应先做什么,后做什么,学生分别干什么. 由于教学过程中教学内容的展开顺序,既要考虑到知识体系的完整性,又要兼顾到学生的年龄特征,还有基本教学方法交替运用顺序,因此,操作程序虽然基本上是相对稳定的,但也不是一成不变的.

操作程序的设置应遵循学生的认知规律和学生的认知基础. 首先要遵循从具体到抽象、从感性到理性的认知规律. 教学设计中必须为学生提供丰富的感性材料,利用鲜明生动的事例、图片、图形,有条件的可以借助于多媒体进行辅助教学,在感性材料的基础上引导学生进行比较、分析、综合、归纳、演绎、抽象、概括. 其次,要遵循从理解到运用的认知规律,将有序的训练引入课堂教学. 设计由易到难、由简到繁、由基础到综合的训练程序,既可以适合不同水平的学生,又能激发学生的思维,发展学生的思维能力.

4. 教学的条件

教学的条件是指完成一定教学目标使教学模式发挥效用的各种条件. 任何一种教学模式都不是万能的,有的只能适合某一课的类型,有的适用于几种不同的课型. 概念课、命题的教学、习题课、复习等不同的课型所选用的教学模式不尽相同. 还有适用于某一年龄阶段的学生,小学低年级与高年级、初中、高中所选用的教学模式也有所不同. 即使是同一种教学模式在具体实施过程中,在教学策略上也必然存在较大差异. 任何教学模式都有局限条件,只有在有限的条件下才能有效.

教学是教师教和学生学的统一,在这种活动中,教师和学生分别占据一定的地位,扮演不同的角色,发生相互作用. 不同的教学模式有不同的师生组合,如在以培养学生自学能力为主的教学模式中,教师是"指导者",所扮演的角色是对学生自学能力进行全面的指导;学生的角色则是在教师指导下的自学. 在罗杰斯的非指导性教学模式中,教师是"促进者",他(她)要和学生自由交谈,进行广泛的情感交流,创立一种良好的、和谐的学习环境,日的是促进学生的学习,使学生成为学习的主人;学生则在教师促进作用下形成、体验和发现有助于自我发展的知识经验.

5. 教学评价

评价是教学模式的一个重要因素,它包括评价的方法和标准. 教学模式的目标、程序和条件不同,评价的方法和标准也就不同. 一个教学模式一般都有自己的评价方法和标准. 比如,罗杰斯的非指导性教学模式主要实行学生的自我评价;布卢姆的掌握教学模式采用诊断性测验、形成性测验和终结性测验和实验考评,并规定期末考试占总成绩的25%,单元测验成绩和实验成绩占总成绩的75%.

综上所述,教学思想或教学理论是教学模式得以建立的基础和依据,它对其他要素起着导向作用;教学目标是教学模式的核心,它制约着操作程序、师生组合、教学条件,也是教学评价的标准和尺度;操作程序是教学模式实施的环节和步骤;师生组合是教学模式对教师和学生在教学活动中的安排方式;教学条件保证着教学模式功能的有效发挥;评价能使人们了解教学目标的达成度,从而调整或重组操作程序、师生活动方式等,以使使教学模式进一步得以改造和完善. 一般地说,任何一个教学模式都包含这些要素,至于各要素的具体内容,则因教学模式的不同而存在差异.

6.1.3 教学模式的分类

教学模式的分类是将众多的教学模式按照某些共同特点把它们归属到一起,或者按照某些不同特点,把它们区别开来,便于更好地分析、掌握和运用. 通过对分类的学习,可以剖析教学模式的特点,更好地将它运用于教学实践. 在教学模式的形成和发展过程中,由于依据的教学思想或教学理论不同,从而在教学实践中形成了各种不同的形式,构建起不同的教学模式.

1. 认知发展意义下的教学模式

强调学生认知发展的教学模式主要有奥苏伯尔的有意义接受教学模式和布卢姆的掌握教学模式两种.

(1) 奥苏伯尔的有意义接受教学模式

美国教育心理学家奥苏伯尔不赞成把言语讲授和接受学习贬为空洞的说教和机械的模仿的说法,他用有意义学习理论加以分析,认为接受式学习并不都是机械式学习,它完全可以是有意义的. 如果教师能将有潜在意义的学习材料同学生已有的认知结构联系起来,学生也能采取相应的有意义的学习心向(即主动地将所要学习的知识与学生原有知识发生联系的倾向性)进行学习,那么接受学习将是有意义的. 在这种思想指导下的有意义接受教学模式的主要内容如下:

教学目标:奥苏伯尔认为意义学习的目标是掌握知识和发展智力,主张教师通过有意义的言语讲授,学生通过有意义的学习来掌握知识,有意义的言语接受学习是学生获得知识的有效途径.

教学程序:学生在有意义的接受学习中,并不是把现成知识简单地"登记"在原有的认知结构中,而要通过一系列积极的思维活动. 因此,有意义接受学习是一个主动的学习过程(见图 6-1-1).

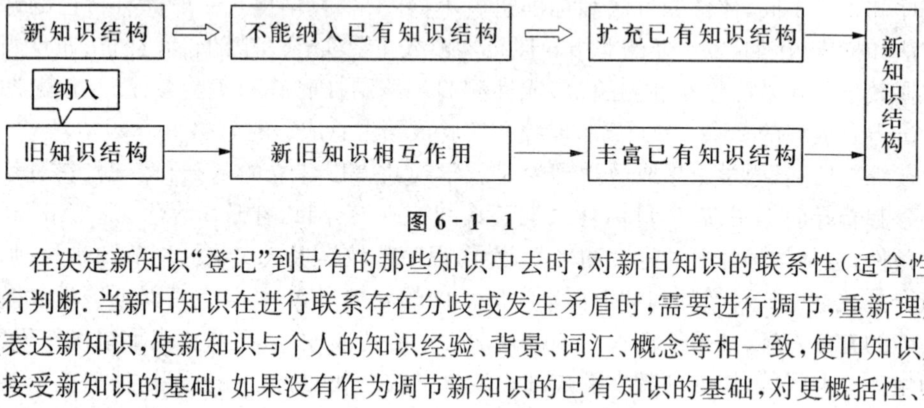

图 6-1-1

在决定新知识"登记"到已有的那些知识中去时,对新旧知识的联系性(适合性)进行判断. 当新旧知识在进行联系存在分歧或发生矛盾时,需要进行调节,重新理解或表达新知识,使新知识与个人的知识经验、背景、词汇、概念等相一致,使旧知识成为接受新知识的基础. 如果没有作为调节新知识的已有知识的基础,对更概括性、容纳性的概念进行再组织,就不可能在更高的层次进行新旧联系,或扩充旧知识结构.

(2) 布卢姆的掌握教学模式

美国著名教育家布卢姆认为,教师必须为掌握而教,即按照教学要求将教材分成单元,在每个单元完成之后进行"诊断测验",发现学习中存在的问题,由另一位教师有计划地做与第一次不同的讲解,直到学生掌握有关教学内容为止,从而,形成以"为掌握而教"、"为掌握而学"为特征的掌握教学模式.

教学目标:为了帮助教师确定教学内容,并能对之进行评价,布卢姆对教育目标进行了系统的分类,将教育目标分为知识、理解、应用、分析、综合、评价六类. 他认为,在教学中知识和能力对学生的发展都是必要的，系统的科学知识对能力的发展具有重要的意义.但是，单纯的以知识为目标的教学是低水平的教学，以理解、应用、分析、综合、评价能力等为目标的教学，则可以使学生知识和能力两方面得到更大的发展.

教学程序：教师在展开教学内容之前，先要确定学生学习什么，希望他们怎样学习，达到什么程度，即"定向".而后，把整个教学内容分成一系列单元，每一个单元的时间要足够的长，使学生有充分的时间学习相互联系的事实、概念、原则、技能、评价等.教师在讲授完每个单元之后，对全班学生进行单元形成性测验，教师出示标准答案，由学生自己评分，若达到80～85分，就算已经掌握了，未达到这一成绩者则进行矫正.矫正方式有三种，即集体矫正、小组矫正和个别矫正.在终结性测验中，分数达到或超过掌握标准的所有学生得"A"，而对低于标准的学生，则进行两种评定等级的方法：一种是给学生"没有完成学习任务"的评定，教师可以有一个公开的成绩单，以便随时记载这些学生成绩的提高情况；另一种方法是用传统等级中其余等级(即B、C、D、E)评定掌握标准以下的各种等级.(具体教学程序如图6-1-2)

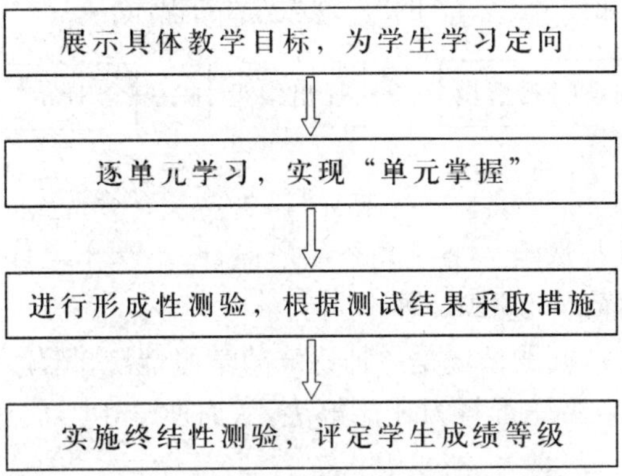

图6-1-2

2. 探究发现意义下的教学模式

强调探究发现的教学模式主要有布鲁纳的发现教学模式、萨齐曼的探究训练教学模式和兰本达的"探究-研讨"教学模式.

(1) 布鲁纳的发现教学模式

发现教学模式是美国著名教育家布鲁纳针对传统教学的"仓库理论"提出的学科基本结构的理论.他指出，"不论我们教什么学科，务必使学生理解该学科的基本结构"①；学生的认识过程与人类的认识过程有共同之处，教学过程就是教师引导学生发

① ［美］布鲁纳.教育过程［M］.上海人民出版社，1973：8.

现的过程,“学习就是依靠发现”①. 从而,发现教学模式要求学生利用教师或教材提供的材料,像数学家那样思考数学,像历史学家那样思考历史,亲自去发现问题的结论、规律,成为一个“发现者”.

教学目标:布鲁纳认为,学习的直接目标在于掌握学科的基本知识,同时还要重视发展学生的智力. 他说:“我们也许可把培养成绩优异的人作为教育的最一般目标,但是应该异常清楚上面这句话是什么意思. 它在这里指的不仅要教育成绩优良的学生,而且要帮助每个学生获得最好的智力发展. ”②

教学程序:布鲁纳并不把发现限制在找出以前人类还不知道的某种东西的行动上. 相反,发现包括“运用一个人自己的思想,去自己获得知识的一切形式在内”;发现“无论是由学生凭自己力量去干,还是由科学家开拓自己研究领域的逐步扩大的边缘,它在本质上是这样一个问题,即用这样的方法重新整理或转换证据,以使一个能够超越这样重新组织起来的证据而达到另外一些新的顿悟”③. 也就是学生用自己的方式去获取知识,理解知识的意义. 因此,教学过程实际上就是学生的“发现过程”. 为此,他设计了如图 6－1－3 的“发现教学”的程序:

图 6－1－3

提出问题——教师选定一个或几个一般原理,给学生一些感性材料,使学生带着问题学习,提出不懂的问题或疑难.

创设问题情境——问题情境是一种特殊的学习情境,情境中的问题既适合学生已有的知识能力,又需要一番努力才能解决,从而使学生形成对未来事物进行探究的心向.

提出假设——利用所给定的材料,提出各种可能性.

评价、验证和得出结论——对各种可能性进行反复的求证、讨论、寻求答案,根据学生的“自我发现”,提取出一般的原理或概念,把一般原理或概念付诸行动.

(2) 萨齐曼的探究训练教学模式

美国探究教学专家萨齐曼认为,学生本能地对一切新奇的事物感兴趣,他们会想方设法弄清楚新奇事物背后究竟发生了什么,这是一种进行科学研究的可贵的心理资源. 教师可以利用这个机会指导学生如何进行提问和收集资料,教给他们发现

① [美]布鲁纳. 教育过程[M]. 上海人民出版社,1973:6.
② [美]布鲁纳. 教育过程[M]. 上海人民出版社,1973:6.
③ [美]莫里斯·L. 比格. 学习的基本理论与教学实践[M]. 张敷荣,等,译. 北京:文化教育出版社,1983:320.

事物变化规律的一般思维方式，教给他们探究的方法，养成听取各种不同的建议，以及随时发现新事物的习惯．萨齐曼认为，帮助学生进行探究的最好的方法是训练，即促使学生对"为什么事情是如此这般地发生"产生强烈的疑问，并能合乎逻辑地获得资料和加工资料，进行创造性的思考，找到"为什么事物就像现在这种样子"的答案．

教学目标：探究训练教学模式旨在教会学生调查、尝试、说明、解释某种现象，以帮助学生有效地获得新知识，增强各项认知能力．

教学程序：萨齐曼坚信，当一个人遇到使他困惑、矛盾的情况时，他就会激起解决问题的欲望，就会思考如何将有关的资料收集与组织起来，提出假设，从而增强收集资料的能力与分析资料的能力；当他尝试对问题做出解释时，就会获得新的概念，从而有效地获得知识．在探究的过程中，需要对假设进行各种思考、推断，提出与众不同的观点，表达自己得出的结论，进而增强探究性思维能力和树立所有的知识都是试验性的、积极的、主动的态度．探究教学训练程序如图 6－1－4[①]：

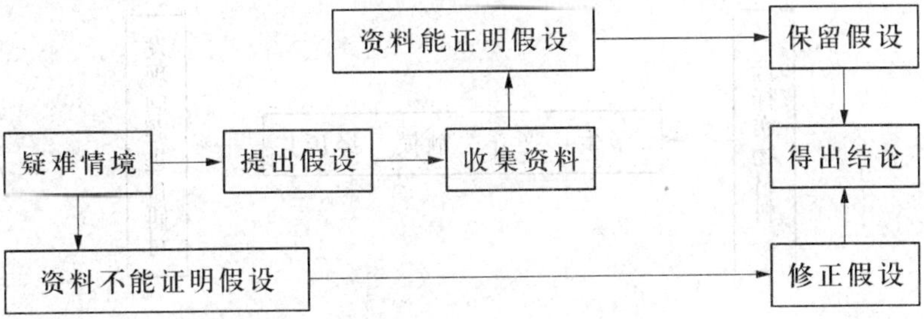

图 6－1－4

(3) 兰本达的"探究-研讨"教学模式

美国学者兰本达(Lansdown Brenda)认为，科学是一种"探究意义的经历"，发现意义、领会意义是经历、卷入、参与的结果，没有这些先决条件，就不可能真正理解事物的意义．"探究-研讨"教学模式以前苏联心理学家维果茨基将儿童思维发展分为四个阶段(或水平)为埋论基础．这四个阶段包括：混合思维(通过同时性的感觉把偶然的事件联系起来)、复合思维(把事物基于感觉的、基于感受到的、处于相似之处的事物联系起来)、前概念思维(发现内在相似之处)、概念思维(把一些抽象概念和另一些抽象概念联系起来)．兰本达等人根据这一埋论，提出学生学习过程中通过周密安排学生的各种亲身体验和经历，会使他们的思维从混合思维达到前概念思维，从而为达到真正的概念思维水平作好准备．

教学目标：通过自己动手动脑来促进每一个学生从具体思维到抽象思维的发

① 吴立岗．教学的原理和活动[M]．南宁：广西教育出版社，2001：325．

展，将学生置于有结构的材料中，让学生描述出他所看到或所做的事物，形成语言思维. 在集体讨论中，要求学生善于表达所观察到的结果，对一些有争议的问题，可以表达不同的意见，对有疑问的地方可以提出问题，发展提出问题和解决问题的能力；通过研讨，可以把每个学生所看到的、所想到的集中起来，集思广益，使每个学生对事物有一个全面的认识，从而促进思维的发展；在研讨的过程中，学生可以自由表达观点，或赞同或反驳他人的观点（发展创造性思维），表达出事物之间的关系（知识），使在探究中获得的表象转为概念，从感性认识提高到理性认识. “探究-研讨”教学不仅要学生获得较为扎实的知识，而且还以发展以思维能力为核心的一系列能力为教学目标.

教学程序：“探究-研讨”教学的目的是为了促进学生思维的发展，为此提出了一个新的概念——“概念箭头”，即通向概念的通道，来适应一种从复杂的信息中理出头绪的需要. 其教学程序如图 6-1-5.

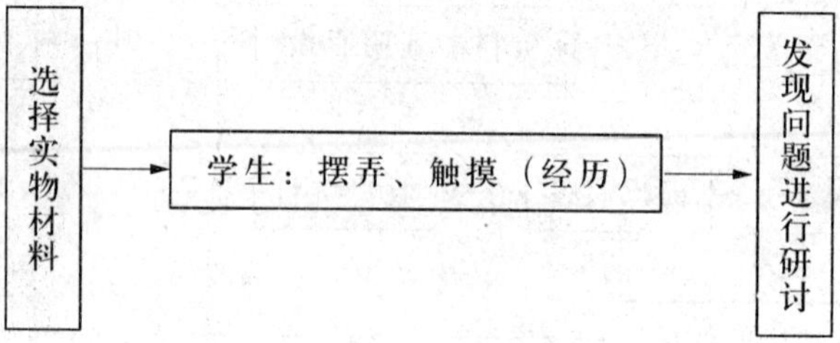

图 6-1-5

材料是学生感知的基础，是探究问题必不可少的条件，将学生置于有结构的材料中，由学生亲自摆弄、触摸（经历），能使探究内容具体化，造成学生主动地去观察、思考、探究的环境氛围. 利用学生探究中产生的新奇、好问、困惑、矛盾的心理特点，激发学生大胆思考，并用自己的语言把想法和认识表达出来，通过学生间的相互启发、交流补充，各抒己见，达到异中求同，使每个学生所获得的形象更加完整，将探究中所观察到的内化为概念，进而认识事物的本质.

3. 综合视角意义下的教学模式①

从综合的角度对教学模式进行分类，共有五种.

(1) 讲解-传授模式

讲解-传授模式以教师的系统讲解为主，教师进行适当的启发提问. 这一教学模式对我国的数学教育影响最大，目前在许多学校的数学课堂中仍然占据主要地位. 具体操作程序表现为以下几个步骤：

① 曹一鸣. 数学教学模式[M]. 北京：中国文联出版社，2002：92.

教师:复习提问——讲解新课——巩固练习——课堂小结
学生:回答问题——听课记录——听讲例题——听　讲
(学生:做 练 习——回答提问——模仿联系——听　讲)

(2) 自学-辅导模式

自学-辅导模式要求学生通过自学进行探索、研究,教师则给出自学提纲,提供一定的阅读材料和思考问题的线索,启发学生独立思考.基本操作程序是:提出自学目标——开展自学——讨论启发——练习运用——及时评价——系统总结.

(3) 引导-发现模式

在教学活动中,教师不是将知识灌输给学生,而是通过精心设置的一个个问题链,激发学生的求知欲,最终在教师的指导下发现问题、解决问题.这一模式的一般操作程序是:问题——假设——推理——验证.

(4) 活动-参与模式

活动-参与模式的特点是,通过教师的引导,学生自主参与数学实践活动,密切数学与生活实际联系,掌握数学知识的发生、形成过程和数学建模方法,形成用数学的意识.在这一过程中,学生参与的主要形式有数学调查、数学实验、测量活动、模型制作、数学游戏、问题解决.

(5) 整体-结构模式

整体-结构模式旨在根据学生的认识能力,按照知识的逻辑体系进行分类,以整个章节或典型问题、思想方法为主线,进行类比迁移,从而迅速获得知识,提高能力.

§6.2　数学教学模式简介

数学教学模式作为教学模式在学科教学中的具体存在形式,是在一定的数学观、数学教育思想指导下,以实践为基础形成的.数学教学模式揭示了教学结构与教学过程中各阶段、环节、步骤之间纵向关系以及构成现实数学教学内容、教学目标、教学手段、教学方法等因素之间的横向关系,表现为影响教学目标达成的诸要素在一定时空结构内某一环节中的组合方式.

现代数学教学理论研究在多层次、多方位取得了重大进展.数学教学理论有宏观的理论建构和微观的实践总结,还有中层的教学理论.数学课堂教学模式理论是教育理论与实践的中介,是教育理论工作者与实践工作者共同协作,通过长期教学实践中不断的总结、改良教学而逐步形成的一种中层理论.它源于数学教学实践,又反过来指导指导教学实践.对于每个数学教师来说,其教学活动都是自觉或不自觉地在某种理论或经验的教学模式框架内展开其教学活动的.

数学课堂教学模式是从大量实验基础上总结出来的结构相对稳定的理论框架,从动态和静态两个方面揭示了教学模式的中介性.从静态看,教学模式是教学结构的稳定而简明的理论框架，是立体网络的、多侧面分层次的，直观地向人们显示了教学诸因素的组合状态. 从动态来看，教学模式不同于一般的教学理论，具有明显的可操作性. 它设计了序列运行的“轨迹”和因果关联的教学程序，为教师在具体课堂教学中运用操作教学模式提供指导.

教学模式的构建是指明确了教学目标以后，在可能的情况下，通过简明扼要的解释或象征性的符号反映教学理论（教学思想）的基本特征，在人们头脑中形成一些较为具体的框架，同时，为某种教学理论适用于教学实践提供较为完备的可操作的实施程序，便于外化为现实. [①]数学教学模式的构建是在基本数学教学模式的基础上，结合数学教学内容和学生的特点，在实践的基础上对基本数学教学模式进行组合后逐步形成起来的，因此，学习数学教学模式应当首先学习基本的数学教学模式，在掌握基本数学教学模式的条件下，学习我国数学教育研究工作者在数学教学改革实践中是如何探索总结出的具有我国特色的数学教学模式. 下面介绍一些基本的数学教学模式.

6.2.1 讲授教学模式

在我国中小学数学课堂教学中，讲授教学模式一直占主要位置. 这种模式也被称为“讲解-接受”模式. 讲授模式是通过教师讲解，向学生传授知识，培养其能力，学生则通过听讲理解新知识，发展自己的能力的一种教学模式. 尽管这一模式以教师讲解为主，但并不排斥教师向学生提出或进行课堂练习，也不排斥借助多媒体等的演示，只是这些活动是为教师的讲授服务，没有改变讲授的基本形式. 讲授模式的基本操作过程有五个环节：

组织教学——引入新课——讲授新课——巩固练习——小结、布置作业

这种教学模式的特点是，教师在教学过程中占据主导地位，控制着教学的进程. 只要教师精心备课，将教学内容划分为由浅入深、由具体到抽象，逐步展开有层次的教学，估计学生可能产生哪些疑惑，设计相应的释疑方法，上课时能引导好学生，并把备课的内容用准确语言生动地表达出来，就能达到较好的教学效果.

讲授模式适用概念性强、综合性强，或者比较陌生的课题，能在较短的时间内讲解较多的知识. 这种模式也适用于某些科目或某些章的第一节课，便于学生整体把握即将学习的内容.

常有人认为教师讲授是一种机械学习，而不是有意义学习，这样来看待讲授模式是片面的. 无论是接受学习还是发现学习都可能是机械的，也可能是有意义的，这取决于学习发生的条件. 奥苏伯尔认为，有意义学习的发生有两个前提条件：其一，学习者表现出一种意义学习的心向，即愿意把新知识与他（她）已了解的知识建立非

① 李定仁，徐继存. 教学论研究二十年[M]. 北京：人民教育出版社，2001：279.

人为的、实质性联系；其二，学习任务对学习者具有潜在意义，即学习任务能够在非任意的和非逐字逐句的基础上同学习者知识结构建立联系. 因此，教师在使用教授模式时，若能将潜在意义的学习材料同学生已有的认知结构联系起来，而学生也已具备有意义的学习心向，此种情况下的讲授就是有意义的讲授，学生的学习也是有意义的学习.

与其他几个基本的模式相比，讲授模式最为经济，但它的使用受到一些因素的限制. 缺乏教学经验的新教师，不知学生何处有疑、为何生疑，讲授的针对性比较差. 另外，教师的讲授是否有意义的也受制于学生的学习心向和学生的认知发展水平. 处于具体运算阶段的学生，虽然能通过定义掌握概念，有意义的理解用言语及其符号表达的命题，但由于他们的认知结构中缺乏很抽象的概念和处理概念之间相互关系的术语，因此，教师讲授时仍需借助教具和学具，以弥补感性认识的不足. 在学生进入了认知发展的形式运算阶段之后，大多数学生能通过直接掌握抽象概念间的关系理解新概念、获得新命题，此时，教师的讲授模式就更为可行了.

奥苏伯尔认为，在绝大多数学术性的学科中，学生主要是通过对呈现的概念、原理及事实信息的有意义接受学习获得教材知识. 因此，讲授模式是一种最基本的教学模式，在采用讲授模式时要与其他的教学模式合理的搭配，以求最佳教学效果.

6.2.2 启发讨论教学模式

1. *启发讨论教学模式产生的背景*

启发讨论模式自古就有，中国古代大教育家孔子与学生之间的讨论，古希腊苏格拉底与学生的对话，都是讨论，但他们的讨论方式是不同的. 讨论的主线虽然都是围绕"问题"进行，有的问题却是老师给出的，有的是学生提出的，有的是在讨论中生成的.

《论语》是孔子教学的实录，其中记载了孔子关于启发教学的至理名言："不愤不启，不悱不发，举一隅不以三隅反，则不复也."宋代名儒朱熹注曰："愤者，心求通而未得之意. 悱者，口欲言而未能之貌. 启，谓开其意. 发，谓达其辞."[1]其意思是，当学生对某个问题正在进行积极地思考一时还找不到解决方法的时候予以启发；当学生对某个问题已经思有所得但还不十分明确且表达不出的时候给予开导. 从《论语》中我们可以发现，孔子在实际教学中很善于运用问答法，以启发和促进学生的独立思考. 有时学生问一个问题，孔子只简单回答，以引起学生的追问和思考，学生一步步追问，孔子的回答一次比一次深刻. 这种问答方式，既有针对性，又有启发性，也反映了孔子的"善待问". 有时孔子对学生的提问不是直接回答，而是从学生的问题中提出问题，或反问一句，让学生思考表述自己的意见，最后孔子才对学生的意见加以肯定或否定.

---

① 匡亚明. 孔子评传[M]. 济南：齐鲁书社，1985.

苏格拉底认为，哲学家和教师的任务不在于从外部向人们灌输真理，而自于引导、启发人们表达自己已有的知识及对新知识的理解. 他在教学中往往是从日常所见、尽人知的简单事物或浅显的道理开始，向学生提出问题，并佯装自己一无所知，让学生充分发表意见，然后用反诘的方式，使学生陷入自相矛盾的窘境，从而促进其积极思索，然后再辅之以各种有关事例进行启发诱导，使学生一步步接近正确的结论. 苏氏比喻说这就好比助产婆把胎儿从母亲的肚子里催生出来一样，所以他把这种方法命名为"产婆术".

在数学教学中，启发讨论模式适用于教师诱导全班学生发现预定目标的情形. 比如，给概念下一个定义、归纳出一个结论、解决一个实际问题等. 在这个模式中，教师不再是提供知识和正确答案的惟一来源，而是围绕某一主题进行启发学生思维促进学生讨论的组织者. 学生不再是教师讲什么记什么，而是在平等的讨论中主动建构对意义的理解. 启发讨论模式对养成学生思考的习惯、了解科学发现的思维过程以及感受发现带来的乐趣是很有益的.

启发讨论教学模式的操作步骤如下：

第一，提出要讨论的问题；

第二，如果这个问题尚未数学化，则先数学化，并在必要的时候对问题进行解释；

第三，教师组织讨论要有启发性，鼓励学生形成讨论和争辩的气氛，对于超出预想的结果要及时认可，并进一步学习；

第四，全面了解学生对谈话中问题的认可程度，圆满解决问题后，请学生总结经验和教训，并对提出的建议做评价，以积累经验.

启发讨论模式的应用过程中，会出现有的学生把握不住主题、离题太远，这样就不可能达到预期的效果，甚至会陷入僵局. 教师在这种情况下要及时干预，采取改变问题的提出形式，以便学生进一步的理解主题，或进行提示，以更接近主题.

【课例 1】 教学片段：科学记数法[①]

师：同学们，请看这样一篇报道（多媒体投影出）：

"新长城——特困大学生资助项目"是中国扶贫基金会发起并组织实施的一项以特困大学生为帮助对象的社会公益事业. 从即日起至 8 月 29 日，主办方将通过开展一系列相关活动，筹集社会捐款 20 002 000 元用以资助 10 001 名在今年高考中被录取的贫困家庭的大学新生.

① 本教学片段选自江苏大学附校杨建华老师 2003 年在镇江市数学课程改革校领导研讨会上所开设的"科学记数法"的公开课.

师:从这篇报道中你想到了什么?

生1:说明现在社会上很关注大学生,人们很有爱心.

生2:这些大学生应该不负众望,好好学习,将来回报社会和人民.

生3:我算了算,用20 002 000除以10 001得2 000,说明每个大学生能得到2 000元的资助.

师:同学们说得都非常好,特别是同学3从数学的角度出发看问题,发现这篇报道中有两个大数,你们能不能写一些类似于这样与生活有关的大数,并说说大数的现实意义? 试试看.

生1:全世界地下水的储存量现在只有24 000亿吨,且正在逐渐减少,这个数据告诉我们缺水400亿吨,要节约用水.

生2:全国戴眼镜的人数大约有88 000 000人,这可以提醒我们每个人一定要爱护眼睛.

生3:我市京口区2002年国民经济产值56 190 000 000万元,2003年经济产值643.6亿万元,这些数据说明我市经济在逐步发展,取得了可喜的成绩.

……

【评注】 在这个教学片段中,教师首先设计一个学生普遍关心的,也是学生比较熟悉的话题——贫困大学生上学难①,这是进行启发讨论的基本条件.然后要求学生例举出生活中的"大数",从中体会到大数在读、写、算方面的"不方便",这样,由生活信息逐步导向数学问题:如何表示"大数"? 在这个问题的驱动下,设法从数学的角度寻找能够比较简单地进行记数的方法.

启发讨论模式能培养学生与他人合作的能力,特别是在讨论中能够出现不同思维形式的碰撞,这对培养学生从多角度考虑问题具有积极的意义.但是启发讨论模式对教师备课的质量、提问质量、学生预备知识的掌握程度、如何启发学生、鼓励学生参加讨论,都需要教师具备一定的教学艺术手段.要注意的是,无论在问题的提出和帮助学生解决问题,教师的参与都要寻找适当的时机,采用适当的方式.

6.2.3 问题解决教学模式

1."问题解决"教学模式产生的背景

自1980年代开始,问题解决成为国际数学教育的核心和研究热点.全美数学教师协会的(NCTM)《关于行动的议程》指出:"80年代的数学教育大纲,应当在各年级都介绍数学的应用,把学生引进问题解决中去","数学课程应当围绕问题解决来组织",总之,"必须把问题解决作为80年代中学数学教学的核心".英国的

① 选取这个例子为背景的原因是在当时中央电视台制作了一系列的节目,发动社会力量献爱心,筹集资金资助贫困大学生.

《柯克克罗夫特报告》1982 年明确提出："数学教学的核心是培养解决数学问题的能力、强调数学教学只有在能运用于各种情况时才有意义的"，"那种把数学用于各种情形的能力，我们叫'问题解决'"，"应将'问题解决'作为课程论的重要组成部分". 日本的《学习指导要领》于 1989 年 3 月正式将"课题学习"的内容纳入其中，使"问题解决"的思想以法律的形式固定下来. 在我国，"问题解决"在义务教育阶段和普通高中的数学课程标准中都有所体现.

2. 问题解决教学模式

波利亚提出的"怎样解题"表，可以认为是早期的问题解决教学模式. 它包括四个步骤：弄清问题，拟定计划，实现计划，回顾. 进入 21 世纪之后，我国贵州师范大学吕传汉教授等从跨文化数学教育研究的结果出发，为改变由教师灌输书本知识、学生被动接受学习的传统教学模式，提出了旨在培养学生提出问题与解决问题的能力的数学教学模式. 这种教学模式的操作程序如下①：

设置数学情境（引导观察分析）→ 提出数学问题（猜想、探究）→ 解决数学问题（正面求解或举反例）→ 注重数学应用（学做、学用）

数学教学是数学思维过程的教学. 学生学习数学的过程是其头脑中建构数学认知结构的过程. 针对数学教学中存在"掐头去尾烧中段"现象，削弱知识的发生过程和应用的倾向，必须加强概念、定理、法则、公式等基础知识形成过程的教学. 课本中的基础知识对于学生来说是未知的，按照"问题解决"的教学模式设计的话，把"问题"作为教学的出发点，不直接展示结论，而是设置问题情境，提出带有启发性和挑战性的问题，为学生提供动手、动脑的机会，引导他们运用观察、分析、综合、归纳、抽象、概括、类比、猜想等方法去研究、去探索，那么学生就能够在学到具体知识的同时，学会怎样发现问题、分析问题、解决问题，进而形成理性知识. 问题解决的程序以及教师和学生在各个环节中的地位和作用如图 6-2-1②：

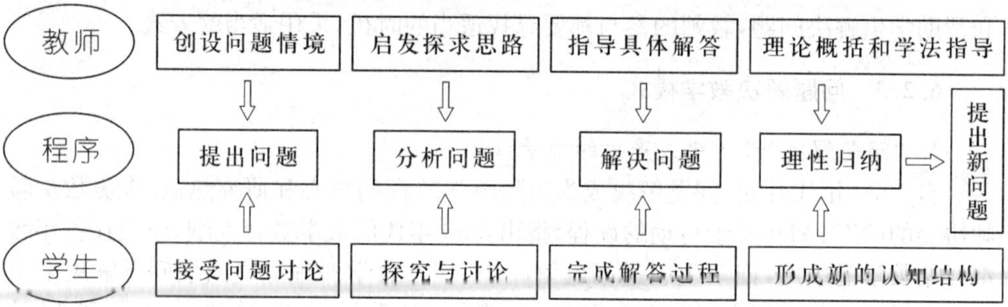

图 6-2-1

① 吕传汉，等. 数学情景与数学问题[M]. 重庆大学出版社，2001：2.

② 郭立昌."问题解决"在中学数学课堂教学中的实施[J]. 中小学管理，1998(12).

在“提出问题”阶段，问题的设计是关键，它应符合可接受性、障碍性、探索性的原则，学生自主活动较多，围绕问题解决组织学习. 在“分析问题”阶段，教师从观念和方法的高度启发学生的思路，并针对学生的实际进行分层指导，对于学习困难的学生，可以把问题化小，做好铺垫，教师要组织学生进行必要的讨论和交流，鼓励学生进行独立的探究，并在此过程中培养学生的毅力和坚忍不拔的精神，在此阶段通过尝试错误的学习，提出假设. 在“解决问题”阶段，教师要适时帮助学生落实解答过程，把能力培养与基础知识、基本技能的教学结合起来. 在“理性归纳”阶段，教师要结合“问题解决”的过程进行学法指导，并引导学生对问题的解答过程进行检验、评价、反馈、论证，进而上升为理论，形成新的认知结构.

【课例2】“等腰三角形”教学片段

1. 创设情境

某地质专家为估测一条东西流向河流的宽度，选择河流北岸上一棵树（B 点）为目标，然后在这棵树的正南方（南岸 A 点）插一小旗作标志，沿南偏东 60°方向走一段距离到点 C 时，测得$\angle ACB$ 为 30°，这时，地质专家测得 AC 的长度就可知河流宽度. 问：地质学家是如何知道河流宽度的？

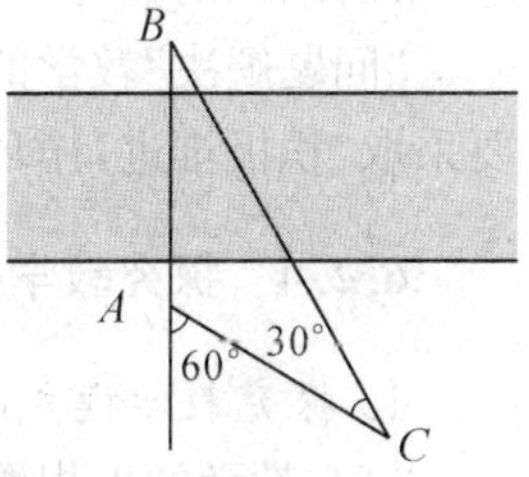

图 6-2-2

【评注】 问题提出来后，打破了学生原有的定式思维，引起学生认知结构上的“不平衡”，造成学生心理上的悬念，激发了学生的认识兴趣和求知欲，学生们很想知道这样估测河流宽度的根据是什么.

2. 分析情境，提出问题

带着产生的疑问，不失时机地引导学生学习“等腰三角形的判定”.

【评注】 提出的问题必须与讲解的内容相关，值得学生思考，并且经过分析思考后能够基本解答出来. 这犹如摘桃子，“跳一跳，够得着”，既能让学生得到，又不能轻取. 这样才能起到启发学生动脑、锻炼思维能力的作用.

3. 分析问题，提出假设

在$\triangle ABC$ 中，如果$\angle B=\angle C$，那么 AB 与 AC 相等吗？师生共同操作：作一两个角相等的三角形，然后观察两等角所对的边有什么关系. 学生思考、讨论、得出相应的结论：在三角形中，有两个角相等，则其对边也相等.

3. 运用问题解决教学模式注意的问题

“淡化形式，注重本质”. 教师要围绕主题，结合开放性的“教学问题”进行教学，重视解决问题过程中非形式化内容的教学，淡化过分形式化的内容的教学；要在学生对数学概念、符号的理解及应用的基础上，认识数学概念产生的实际背景、理解数学本质.

教师的问题情境的创设要紧紧围绕主题，围绕本学科的与即将学习的内容紧密联系.设计的情境和提出的问题要能够引导学生进入学习情境，并能产生学习的心理倾向，使学生主动地获取知识，培养技能和发展能力.

问题的解决要有层次性，以适合学生的个别差异性.数学问题的解决策略和方法是多种多样的，解决的层次可以各不相同，教师应根据数学问题解决的层次和学生的实际情况，设计出分层次的教学目标，供不同层次学生去实现，有效地对学生进行分类指导.

"问题解决"教学模式的运用是关于经验材料的数学组织化、数学知识的逻辑化和数学的实际应用等主要过程的教学.这三个过程的有机的结合，有利于培养学生的形式逻辑思维，发展学生的直觉思维和辨证思维，特别是有效地提高学生分析问题、解决问题的能力.

"问题解决"教学的特点是传授知识密度大、科学思想方法渗透多，因此教学中要采取"积极推进，循环上升"的方式，逐步地展开教学活动，不能急于求成.

6.2.4 探究教学模式

1. 探究教学模式的背景

探究教学的思想渊源可以追溯到20世纪初.当时，针对脱离儿童生活经验、纯知识灌输的美国传统教育，著名实用主义教育家杜威提出以儿童为中心、从做中学的主张.杜威认为，科学教育不仅仅是让学生记忆百科全书式的知识，也是一种过程和方法.他主张教学应当遵循以下步骤：设置疑难情境、确定问题、提出假设、制订解决问题的方案并实施等.仔细分析便可以发现，这种教学模式与我们今天所说的科学探究有着密切联系.这种蕴涵探究思想的教学模式不仅对美国科学教育产生了深远影响，也为探究教学的提出奠定了基础.

20世纪中叶，在美国教育的学科结构运动中，对于应当采用什么样的方法来教授和学习学科结构，著名生物学家、教育家施瓦布在多年研究的基础上，提出了探究式的教学方法.探究教学的提出建立于施瓦布的学科结构观.在施瓦布看来，科学知识不是固定不变的，随着探究方式的更新，它们会被不断地修正.这就是说，学科的结构处于不断的变化之中.在科学技术迅猛发展的今天，这一点表现得更为突出.因此，施瓦布主张不能把科学知识当做绝对的真理教给学生，而应作为有证据的结论；教学内容应当呈现学科特有的探究方法，如解决问题、探究叙事等；教师应当用探究的方式来教授知识，学生也应通过探究活动展开学习，即在学习科学的概念原理之前，先进行探究活动，再根据自己的探究提出科学的解释.

2. 探究教学模式的操作程序

从探究教学的纵向展开过程来看,大体要经过以下六个步骤.

① 产生问题.数学界一直存在这样一个共识,即“问题是数学的心脏”.数学实质就是围绕发现问题和解决问题展开的,因此产生问题对于数学探究教学有特别重要的意义,它是数学探究教学的第一步,也是最关键的一步.在特定的情境中,进行观察、实验、案例分析、研究图片等实践活动,引导学生提出科学性的问题.

② 根据已有的知识和经验,提出假说或猜想.

③ 收集证据.首先,要制订出较详细的探究计划,计划中应明确所要收集的证据以及收集证据的方法.然后,通过多种途径,比如观测、实验、调查、查阅文献、观看影视录相、个案追踪分析和上网等,收集有价值的证据.

④ 解释.对所收集的证据进行筛选、归类、统计和列表分析等综合处理,并运用已有知识得出符合证据的结论,对问题做出科学的解释.

⑤ 评估.检查和思考探究计划的严密性、证据收集的周密性,以及解释的科学性,并对结论的可靠性作出评价.如果结论与假设不吻合,应重新确定探究方向、制订方案进行探究.

⑥ 交流和推广.通过制作模型、角色扮演、写论文或调查报告、举办辩论会或展览等,交流自己的探究结果.交流过程中,要能够解释探究计划以及自己在探究过程中形成的见解,并认真听取他人的意见,对不同的意见进行讨论,最终将结论运用到不同的情境中.

从探究教学的横向展开过程来看,它的每一个步骤可以是多种形式的活动.对于收集证据来说,可以通过观测、实验和调查来收集,也可以通过查阅文献和上网来收集.具体情况不同,所采用的方式也不同.

3. 运用探究教学模式注意的问题

第一,要营造一个有利于探究教学的环境.这个环境包括“硬”环境和“软”环境.前者是指探究教学所需要的物质条件,如仪器设备、教学工具、实验经费、以探究为理念编制的教材和一定的活动空间等.在探究教学中,无论是观察、测量、调查和实验,还是交流、提出假设、建立模型等,都需要借助一定的物质媒介,如果没有一定的物质条件支持,探究教学将难以进行下去.后者是指学校各级管理人员、学生家长和社会各界的支持.从某种意义上讲,这一方面显得更为重要.因为各级管理人员一旦认识到探究教学的内涵及优势,不仅会予以人、财、物等的支持,还会在政策上予以优待.

第二,探究的难度有一定的梯度.首先,在具体活动的安排上,应遵循由易到难的原则,逐步加大探究力度.以培养学生的科学探究能力为例,探究活动可以考虑如下安排:在初中低年级,主要安排一些观察、测量、绘制图表、制作、通过报刊、网络等收集和处理数据等简单的探究活动，以及一些科学史上的探究范例，以训练学生进行探究所需要的基本技能，并了解探究的基本过程；在低年级后期及中年级的开始，可以安排一些部分探究和指导性探究，以重点训练学生提出问题、通过简单的实验等收集数据、解释数据、提出假设、做出结论等综合性的探究技能，使学生认识探究的内涵；在学生对探究有了一定的认识之后，就可以安排有关控制变量、建立模型、设计实验等难度较大的活动，包括完全的和开放型的探究，以发展学生的探究能力. 其次，活动的数量也应考虑由少到多，使教师和学生都有一个逐步适应过程，切忌搞"一刀切".

第三，在强调探究的同时，注意多种教学方法的运用. 事实上，灵活多样的教学方法有助于提高学习效率，如在学生对某一现象有大量感性经验时，讲述法可能会是一种更恰当的选择. 从另外一个角度来看，探究教学需要花费很多时间，如果所有的内容都用探究的方法，不仅教学时间不允许，也不一定符合教育的经济性原则.

虽然本章只介绍了这几种基本的教学模式，但不能视其为一个封闭的系统，随着对教学模式研究的不断深入，每种基本模式的内涵可以继续扩大. 另外，每种基本的模式都有其适用范围，没有哪一种可以称为是"完善"的，只有恰当地加以组合，方能发挥各种基本教学模式所具有的长处.

§6.3　我国教学实验中形成的数学教学模式

我国广大教育工作者在教学改革的实践中提出了各种各样的教学模式，并取得了一些显著的成果. 本章重点介绍顾泠沅先生的"尝试回授-反馈调节"教学模式和卢仲衡先生的"自学辅导"教学模式.

6.3.1　"尝试指导-效果回授"教学模式①

1977 年，上海市青浦县(现为青浦区)中学高年级的 4 373 名学生接受数学统考，考试题目为初中一、二年级的常见题目，统考结果总平均成绩为 11.1 分. 如何大面积地提高学生成绩，使大多数学生达到规定的合格水平是青浦县教育工作者所面临的最棘手的问题. 全县 300 多位数学教师在顾泠沅先生的带领下提出了一个全程为十年的教学改革计划. 首先通过 3 年教学调查(1977 年 10 月～1980 年 3 月)，他们发现，一是初中阶段是教学的关键时期，于是将 70%的时间和精力投向初中阶段. 二是教师教学方法陈旧，习惯于"教师讲习题学生做习题"、"教师教公式学生套公式"的机械式的教学，搞死记硬背，于是将教学方法的改革作为提高教学质量的突破口. 接

① 顾泠沅. 教学改革的行动研究[M]. 北京：人民教育出版社，2003.

着又经过1年经验筛选(1980年4月~1981年8月),探索出一套经验筛选的方法(包括分析和总结优秀的教学经验).经过多次重复,他们筛选出了有效的教学措施.这些教学措施是:

✧让学生在迫切要求之下进行学习

✧组织好课堂教学层次(序列)

✧采用讲授法的同时辅之以"尝试指导"的方法

✧及时提供教学效果的信息,及时调节教学

后来,他们开展了三年实验研究(1982年9月~1984年8月).整个实验在初中阶段进行以自然实验法为主,实验班与对照班教师的平均水平相当."尝试指导-效果回授"教学模式就是教师将教材组织成一定层次,学生在教师指导下,通过尝试来进行学习,同时,教师十分注意回授学习效果,以强化所获得的知识和技能的教学策略.它的目标是要达到在传授知识和基本技能的同时,培养学生参加学习活动和运用知识的能力.使用这一模式的步骤是:

(1) 创设问题情境,启发诱导

教师根据教材的重点与难点,选择尝试点编成问题.教学过程中先与学生一起对问题观察和磋商,逐渐造成学生急于解决,但仅利用已有的知识和技能却又无法立即解决的情况,形成"认知冲突",激发起求知欲.在这里,教师应积极创设问题情境,使学生在注意最集中、思维最积极的状态中进行尝试学习.同时,教师还应当适时地对学生的这种心理倾向予以调节和促进,使之保持明确指向并维持一定水平.

(2) 探究知识的尝试

这种尝试最重要的是充分发挥学生的学习主动性,改变以往那种被动的、单纯听讲的学习方式.在尝试过程中,学生一般可进行这样几项活动:阅读教材或其他有关书籍;重温某些概念和技能;做一些简单的数学实验,对数学问题进行类比、联想或归纳、演绎;通过逐步试探和试验,在讨论和研究中发现新的知识和方法,解决提出的问题.教师则应当拟订适合学生水平的尝试层次,确定"高而可攀"的步子,防止难易失度.

(3) 概括结论,纳入知识系统

教师引导学生根据尝试所得,概括出有关知识和技能方面的一般结论,然后通过必要的讲解,揭示这些结论在整体中的相互关系和结构上的统一性,从而将其纳入学生的知识系统.

(4) 变式练习尝试

在此阶段,教师精心编制一系列由简单到复杂的变式训练题,让学生进行变式练习方面的尝试.编制练习必须注意:应使练习的思维的过程具有合适的梯度,逐步增加创造性因素;有时可将一道题目进行适当的引申和变化,并使之与尝试学习过程有机结合起来；题的组合应利于学生概括各种解题技能和从不同的角度更换解题技能和方法.

(5) 回授效果尝试，组织答疑和讲解

教师搜集与评定学生尝试学习效果的途径是多种多样的，如观察交谈、提问分析、课堂巡视、课内练习、作业考查等. 教师通过及时回授评定结果，有针对性地组织答疑和讲解. 质疑要质在疑处，使研究的问题进一步展开；讲解则是在学生尝试的基础上进行，使研究的问题进一步明确，并通过帮助学生克服思维障碍，对那些不易被学生发现的问题予以适当指点.

(6) 阶段教学结果的回授调节

在一个单元或一章一册教材完毕之后，要进行关于教学结果的回授调节，其中以"阶段过关"最为重要. 教师应当给掌握阶段内容有困难的学生以第二次学习机会，针对存在问题帮助"过关". 将教学细节的调节与阶段结果的调节两者结合起来，可以大大改善教学系统的控制性能.

在实施这种教学模式时，必须注意：① 不要把六个步骤当成固定不变的模式生搬硬套；② 六个步骤中，探究知识的尝试和变式练习是中心环节；③ 兼顾课外活动，除了在课堂教学中注意因材施教外，必要时还要加强对个别学生的辅导与帮助.

6.3.2 "自学辅导"教学模式

"自学辅导"教学实验，是中国科学院心理研究所卢仲衡教授在批判地吸收"程序教学"的基础上提出的. 他从 1965 年开始根据人教社课本，在贯穿九条有效的学习心理学原则和吸取了我国优秀教师的教学经验的基础上，编写出了一套"自学辅导"教学实验教材. 利用这种教材进行学习的形式，由著名心理学家潘菽定名为"自学辅导"教学，即这种教学形式是在教师指导、辅导下以学生自学为主来进行的. 这种教学既能充分发挥教师的作用，又能充分调动学生在学习上的主动性，发展他们的智力. 快者可以快学、慢者可以慢学，不同类型的学生的天赋与才能都得到应有的发展. 下面介绍七条自学辅导教学实验的教学原则①.

1. 寓有效学习心理学原理于教材之中的原则

自学辅导教学中学生的学习主要是通过阅读教材进行的. 在《教育研究》1982 年第 11 期"怎样进行自学辅导教学实验"一文中，作者介绍了编写教材的八条原则，即适当步子原则、当时知道结果原则、铺垫原则、直接揭露本质特征原则、从展开到压缩原则、变式复习原则、按步思维原则、可逆性联想原则. 后来增加了第九条原则，即步步有根据原则(每证明或计算一步都要有根据，并加以注明)，这样可以清晰的表

① 卢仲衡，金祥凤. 自学辅导教学实验的教学原则[J]. 教育研究，1985(2).

达思维过程.自学辅导教材就是在贯彻这九条学习心理学原则的条件下进行编写的.

2. 教师指导下学生自学为主的原则

教师指导、辅导下学生以自学为主的教学方式,是把“教”与“学”统一起来的可行途径.在教学中,学是主体,教是为了学.要克服传统教学中学生处于被动的弊病,进一步调动学生的学习主动性、积极性,就要强调自学.在学校中迅速培养良好的自学能力和自学习惯,以及自学所必需的优良品质.自学辅导教学必须要有教师积极正确的指导和辅导,绝不是无师自通,或者是名师出高徒,这也是自学辅导教学区别于程序教学、个别化教学、成人自学的主要特点.

3. 强动机原则

学习动机是直接推动学生学习活动的内部动力,任何学习活动不可缺少,特别是对于自学更为重要.学习动机中有两个最现实最重要的成分:学习的目的性和认识性兴趣.在自学开始时,教师要对学生说明培养自学能力的重要性和目的性,让学生懂得现在的学习是为了进一步的学习、为了将来的工作,将来在工作中也同样要会自学,因此,在学生时代具有自学能力是非常重要的.学生只有在明确了自学目的性的条件下,才能调动自学积极性和主动性,激发他们的求知欲望和刻苦钻研的精神.认识兴趣往往是在好奇心的基础上不断掌握知识和技能而形成的.学生在小学里从来没有自学过数学,从初一开始要求自学,会引起他们的好奇心(也会引起恐惧心理).好奇心是学习动机的萌芽.强动机原则之所以重要,是因为没有强的动机,学生可以坐着既不看也不学,这可能比传统的教学效果还要差.所以,自学中,教师要先激发学生的学习动机,培养他们的学习兴趣.

4. 班集体与个别化相结合的原则

人的知识的增长、才能和人格的形成具有社会性,是在复杂的人际关系中形成和发展的.对儿童来说,几个世纪的教育历史证明,班级教育制度是促进集体生活和行为的良好组织形式,是进行人格、道德教育的有效形式.学生的自学能力、自学习惯、自学品格也只能在班集体中得到教师的指导、同学间的相互帮助、相互影响,从而有效地形成.自学辅导教学保存了班集体,刚上课时和快下课前由教师集体指导,课时中间让学生进行自学、教师进行个别指导,即可做到班定步调(根据班级实际情况制定学习计划)和自定步调相结合.在强调统一进度、统一要求、统一措施来保证学生的共性发展、体现人格上的平等的同时,也要充分注意优、中、差各类学生和不同思维类型的学生在学习能力上的个别差异.用不同的要求和不同的措施做到快者快学,慢者慢学,不同类型的学生都得到相应的发展.在强调自学中的独立阅读、独立思考、独立钻研、独立解决问题的同时,也不要忽视在此基础上的善于求师,互帮互学.

5. 启、读、练、知结合的原则①

“启”就是启发诱导. 学生在教师的启发指导下进行自学，教师可以根据不同的教材设计出不同的启发形式.

课题式启发. 教师通过直接揭示课题，提出明确的学习要求，引起学生学习的注意力. 比如，在讲平面直角坐标系时，先通过向学生讲解“实数可以用数轴上的点来表示，也就是说数轴上的点表示的是实数，那么平面上的点是否也能用实数来表示呢？这就是我们今天要学习的内容……”这种启发开门见山，直截了当，可以起到出奇制胜的作用.

复习式启发. 在复习与新知识有关的旧知识的同时，巧妙而自然地引入所要学习的新内容. 比如，在讲解因式分解的平方差公式时，先复习整式乘法的平方差公式 $(a+b)(a-b)=a^2-b^2$，然后利用等式的对称性左右交换位置，得到 $a^2-b^2=(a+b)(a-b)$，把差变成积，这就是今天所学的公式……这种启发能够使学生温故而知新，自然而然地完成从旧知识向新知识的过渡.

设问式启发. 在讲授新课前，先提出与所要学习的教材有关的疑问，引起学生的好奇心与疑惑，激发出学生求解的兴趣和欲望. 比如，学习一次函数图象时，可以设问：已知一次函数 $y=mx+2-n$ (m, n 为常数)，什么时候为正比例函数？什么时候函数图象经过原点？什么时候函数图象与直线 $y=\frac{1}{2}x$ 平行？什么时候函数图象经过第二、三、四象限？什么时候 y 随 x 增大而增大？这种启发层层递进，使学生一步步地接近问题的核心，最后自己解开谜底，消除疑问.

发现式启发. 通过某种形式或多种形式的暗示和启迪，使学生从中发现问题的症结所在，并得出正确的答案，回答教师提出的问题. 比如，在讲多项式乘以多项式运算时，可先让学生做几个练习：

$(x+1)(x+2)=$ ________；

$(a+5)(a-3)=$ ________；

$(x-7)(x-2)=$ ________.

启发学生观察以上各式中，运算结果的各项系数与原式中的各项因式有什么关系，从而使学生自己发现规律，总结出形如 $(x+a)(x+b)=x^2+(a+b)x+ab$ 的运算公式.

类比式启发. 类比是一种从特殊到一般的推理，学生一般比较容易接受. 在教学中可以运用旧知识、旧方法与新知识、新方法进行比较、对照，从而引入新课. 比如，在讲二次根式的加减时，让学生回忆整式加减法的实质是合并同类项，然后通过类

① 龚成军. 数学自学辅导教学模式尝试[J]. 甘肃教育，2000(3).

比向学生捅破这层“窗户纸”，认清二次根式加减的实质，其实就是合并同类二次根式……这种启发可以把复杂的问题简单化，消除学生对学习新课的畏难情绪，从而收到事半功倍的效果.

结合实际问题启发. 通过展示教材对社会生产、生活的直接实用价值，引起学生的注意，增强学生的学习责任感. 比如，在讲函数概念时，可以这样引入：同学们都知道，我们的身高、体重在变化，气候在变化，地球在运动，社会在发展……总之一切事物都处在变化过程中，静止、不变是相对的，运动、变化是绝对的. 因此，在我们学习数学的过程中，也应应用运动变化的观点，研究数量关系. 今天我们学习数学中反映变量之间的关系的重要概念——函数 ……这种启发能够将比较抽象的数学概念具体化，把理论与实际结合起来，做到有的放矢.

启发的方法是多种多样的，启发的关键要含而不露，引而不发，诱导学生一步一个台阶地向上走；启发的目的则是要抓住学生对新知识的兴趣，使学生产生强烈的求知欲望. 而自学辅导法教学一开始就可以抓住学生的注意力，给学生创造一个良好的学习气氛，调动起学生的学习积极性，培养学生良好的心理素质.

“读”就是阅读课文，就是感知、辨认对象. 阅读的目的，是要让学生知道课文中重点内容和知识点所在的位置，并了解其意义，使学生对所要学习的知识有一个比较完整、准确的认识. 但教材里所提供的信息有时是比较复杂的，学生在阅读的过程中，要通过自己的感知、辨认，筛选出对自己有用的、关键性的信息. 阅读的第一阶段是领读. 通过领读，教给学生阅读的方法，并在粗读的过程中对课文中的重点内容和关键的字、词、句作重点理解. 从领读过渡到学生自己阅读是第二阶段，是要让学生逐步适应新的课堂教学模式，形成自学习惯的阶段. 在这个阶段中，要注意给学生提出阅读提纲，指导学生的阅读方法，引导学生归纳总结. 阅读理解是在细读和精读的过程中完成的，这是阅读的第三阶段. 学生通过粗读，把教材中的信息输入自己的大脑之后，经过细读和精读的程序，进行整理、加工、分析、理解，使其从无序状态转变为有序状态，使分散的、零碎的感性认识上升为统一的、完整的理性认识.

“练”就是做练习. 让学生通过做练习题，加深对知识的理解和巩固，增强分析问题和解决问题的能力. 在做练习题时要求学生根据阅读时已经掌握的知识，在实际应用中做到一题多解、一题多变，达到举一反三的教学效果. 同时，还可以组织学生写小结、写小论文，以培养学生的自学习惯和文字表达能力.

“知”就是及时让学生知道学习的结果，即及时反馈，及时强化.

6. 自检与他检相结合的原则

主要是学生之间互检和自检. 学生的群体互检是相互交流、相互启发、相互学习的一种学习方法. 学生在互检中处于主动地位，有利于调动学生的学习积极性，也有利于发挥学生的独立思考和创造精神. 学生互检也是一种信息交流活动，学生可以从中获得反馈信息，调节自己的观点，并在对各种不同解题方法进行比较中相互取长补短、共同提高，加深对知识的理解和掌握，增强记忆，促进学生灵活地运用知识，提高分析问题和解决问题的能力．学生的个体自检不只是简单地判断对错，而是要通过自检，培养学生发现问题的能力以及严格要求自己、精益求精的良好学习态度和习惯．

7．变式复习原则

学生学到的知识、技能和技巧是会遗忘的，必须设法巩固它．巩固的主要方法是重复．复习可以分为机械重复和变式重复．自学辅导教学强调变式复习，尽量多用它，并把变式作为检验、加深理解和巩固知识、技能、技巧的原则．运用变式复习不仅是教材编写的原则，也是进行教学的原则．学生做练习、自检，教师的提问、答疑等各个环节上都要贯穿这一原则．

习　题

1．名词解释

数学教学模式，认知发展，探究发现，问题解决，启发式．

2．简答题

(1) 简要说明讲解教学模式的思想、步骤及运用注意点；

(2) 简要说明启发讨论数学教学模式的思想及运用注意点；

(3) 简要说明问题解决教学模式的思想、步骤及运用注意点．

3．论述题

选择一个数学概念、定理或法则，运用所学的数学教学基本模式进行微格教学设计？

主要参考文献

[1] 李定仁，徐继存．教学论研究二十年[M]．北京：人民教育出版社，2001．

[2] 曹一鸣．数学教学模式论[M]．北京：中国文联出版社，2002．

[3] B. Joyce，M. Weil，E. Calhoun．教学模式[M]．荆建华，等，译．北京：中国轻工业出版社，2002．

[4] 吴立岗．教学的原理、模式和活动[M]．南宁：广西教育出版社，1998．

[5] 李定仁．教学思想发展史略[M]．兰州：甘肃教育出版社，2004．

第 7 章

数学教学评价

数学教学评价涉及到数学教学的各个方面，如教学目标、教学内容、教学方法、教学效果、教师的教学水平和学生的学习水平等. 本章首先从总体上对数学教学评价的内涵、功能、类型等方面进行概要的介绍；然后结合数学新课程标准所倡导的评价理念对数学教学评价的发展趋向进行探讨；最后，对数学教学评价的两个主要方面——数学课堂教学评价和数学学习评价的具体操作程式详加分析.

§7.1 数学教学评价概述

7.1.1 数学教学评价的内涵

数学教学评价的概念建立在教育评价概念的基础之上，而教育评价有着历史悠久、内涵丰富的发展历程.

对教育评价最早的理解应是“考试”. 中国的隋朝(606)开创了考试选拔人才的先河，最早建立了较完整而严格的评价体系. 这种以考试为特征的评价方式，以其有效、公正、易于操作而又避免偏见的优势，受到世人青睐. 但是，进入 20 世纪以后，人们对考试成绩的可靠性和客观性提出了质疑，认为考试给人以沉重的压力，缺少人性化，应当予以改革. 于是教育测量科学应运而生，学历测验、智力测验、人格测验等各种测量立足于“凡是存在的东西都有数量，凡是有数量的东西都可量化”(桑代克，1908)而被广泛地使用. 直到 1931 年，美国教育家 R. 泰勒才首先提出“评价”(evaluation)这个词，并被纳入教学过程，强调评价对教学的反馈作用. 泰勒认为：要判定教育目标的“达到程度”，不仅要评价知识的掌握程度，还要评价人的行为以及对知识的应用、分析、综合等高层次职能，同时也要评价兴趣、态度、价值观等情意特征. 随后，关于教育教学过程的评价受到广泛的重视，特别是，美国教育家布卢姆继承并发展了 R. 泰勒的教育评价理论，把教学论、心理学中的研究成果进行综合整理，为认知领域、情感领域、动作技能领域的教育目标的实施提供了科学的框架，提出了风靡一时的“教育目标分类学”理论，并通过设置知识、领会、应用、分析、综合、评价等循序渐进的目标分类，建立了一套行之有效的教育教学评价体系.

数学教学评价当然要比一般教育评价的外延窄小一些，它是指通过对数学教学过程及结果的考察，对教学效果、学生的学习质量及个性发展水平做出科学的判断，诊断教学双边活动中存在的问题，进而调整、优化教学过程的数学教学实践活动. 可以说，数学教学评价是依据数学教学总目标和数学教学任务的具体目标，对数学教与学的过程与结果所作的一种价值判断. 它的实际意义应体现在以下几个主要的方面.

第一，评价标准的确定. 根据国家数学课程标准（或教学大纲）对数学教学提出的总目标，制定与具体教学内容相关的教学目标和学习目标，作为数学教学评价的参照标准. 为了充分体现学生在评价中的主体地位，可引导学生参与评价标准的制定. 同时，考虑到数学教学过程的动态性，评价的标准并不是一成不变的，可根据具体教学的操作情况作适当的调整和优化.

第二，评价标准的执行. 有了衡量数学教学成效的标准，教师就要精心设计教学，创设良好的数学学习情境，引导学生共同实现预先设定的教学目标，并结合实际情况检查达标的情况. 虽然数学教学过程是一个自我生成的动态过程，并不总像镜子一样反射预设的轨道，但预设教学目标的实施情况的评判能够大致反映教学的整体效果，并能引导着数学教学不至于偏离正确的轨道太远.

第三，评价过程的实施. 围绕数学教学的各环节收集相关信息，包括学生对基本知识和基本技能的掌握情况，对数学思想方法的理解和应用程度，以及合作能力、探究能力、创新能力等各种能力的发展情况，甚至在数学学习中表现出来的情感、态度、价值观等方面的资料. 同时，使用定量或定性的教育测量、统计的方法对收集到的各类信息进行科学的处理和分析，并据此做出相应的判断和评价，其参照标准就是每一个教学环节的执行情况对所制定的各类目标达到的程度.

第四，评价结果的应用. 依据收集到的各类信息做出的评价结论，要及时反馈给教师和学生，使师生都能客观地进行自我评价、自我调整和自我控制，以便矫正和调控教学的进程. 反馈和调控是数学教学评价的关键环节，涉及到诸多静态因素和动态因素. 例如，知识、技能、能力、学生的认知心理、教师的素质与态度等，这些因素对于激励学生的学习和改进教师的教学起着十分重要的作用. 经过反馈和调控后的数学教学，应当能以更优化的教学结构实现预定的教学目标.

7.1.2 数学教学评价的功能

数学教学评价的功能是多方面的，既有甄别、选拔、导向功能，又有反馈、诊断、调控、激励功能.教学中要防止出现只重视甄别、选拔的消极评价观,而要更多地关注以诊断、调控、激励为特征的发展性评价观.这里仅对数学教学评价的导向、诊断、调控和激励等功能作些介绍.

1. 导向功能

数学教学评价的导向功能是指评价对数学教学工作的指导意向作用,可称为教学向导.数学教学评价的指标和标准就像“指挥棒”一样,为被评价者指明了努力的方向.

数学教学评价的导向功能集中体现在评价标准的建立上.如果不了解我国数学教学的现状,不了解数学教师和学生的现状,不去展望数学教学发展的方向,那么将无法建立科学可行的评价标准,也就不能有效发挥评价的导向功能.

导向功能有积极和消极之分.如果评价标准制定得科学、得当,不仅能够促进教师反思和改进教学过程,进一步提高教学质量和效率,同时,能够激励学生的学习热情,促进学生的全面发展,引导数学教学向着健康、高效的方向发展;相反,如果评价标准确立不当,就会导致不良的后果.例如,如果把“升学率”作为评价的惟一标准,就会把数学教学导向“应试教学”,导向“题海战术”,导向“分数追求”,必然会使数学教学往片面追求升学率的歧路上发展,教出来的学生不可避免地会出现一些“高分低能”者.

为了充分发挥数学教学评价的积极导向功能,抑制消极导向功能,应当确立科学的发展评价观,这是《全日制义务教育数学课程标准(实验稿)》和《普通高中数学课程标准(实验)》共同提出的评价理念:数学教学评价,既要重视学生知识、技能的掌握和能力的提高,又要重视其情感、态度和价值观的变化;既要重视学生学习水平的甄别,又要重视学习过程中主观能动性的发挥;既要重视定量的认识,又要重视定性的分析;既要重视教育者对学生的评价,又要重视学生的自评、互评.这样,才能建立起科学可行的评价标准,也才能有效发挥数学教学评价的导向功能.

2. 诊断功能

数学教学评价的目的不仅仅是对教和学过程及结果的优劣作出鉴定,更重要的是要总结教学活动成功的经验和失败的教训,进行归因分析并找出改进的办法.实际上就是对数学教学过程及其结果进行诊断,发挥教学评价的诊断功能的过程.

诊断本是指医生对患者的病情进行检查,经过分析做出结论的过程.数学教学评价借用“诊断”来说明评价的基本功能,能够恰如其分地体现评价的本质属性.当然,诊断纳入到教学评价系统中来,其内涵也已变得更加丰富.诊断并不只是对数学教学的过程和结果做出价值判断,得出科学的结论,更重要的是对诊断后的结论做出对症下药的“治疗”,这才是数学教学评价的真正目的.

概括地说,数学教学评价的诊断功能是为了补救与改善,诊断的结论并不是评价的归宿，它应该被视为数学教学过程的一部分，是完成后续教学任务的起点. 对诊断来说，一方面，要对教师的教学过程作全面审视，考察诸如教学目标制定得是否恰当、教学内容的呈现是否合理、教学方法的选择是否优化、教学过程的设计是否有效等方面的问题；另一方面，要对学生的学习过程和结果做出评判，考察诸如学生学习的效率是否理想，学习的方法是否有效，知识、能力、情感态度、价值观等是否得到了和谐发展等方面的问题. 通过这些方面的诊断，总结分析数学教学过程中的得失，并找出存在问题的症结和弊端，以便针对性地改进教与学的策略和方法，使数学教学沿着正确的方向富有成效地发展下去.

3. 调控功能

所谓调控功能是指调节和控制数学教学的功能，是指在数学教学过程中依照预先设定的评价目标和反馈的信息，及时调节、控制教学，使之尽快地达到目标要求，获得理想的教学效果.

调控功能与诊断功能一样，都需要对数学教学的过程和结果做出价值判断，得出科学的结论，据此采取相应的“治疗”措施. 但调控功能一般可作微观和宏观两个层面的理解. 从微观层面来看，调控功能强调即时性，即强调教学过程中随时将反馈的信息经过分析、比较、选择、加工，形成有效的调节措施，使教学获得理想的效果. 具体包括对教学内容、教学速度、教学节奏、教学密度、教学难度等方面的监控和调整. 从宏观层面来看，调控功能也涉及对数学教学的整体目标进行调控. 例如，对省、市、区、县各层次数学教学目标实施的调控，对某个学段学生数学学习的总方向进行调控，等等.

调控功能对数学教师的素质提高和教学能力的发展也是不可缺少的. 例如，某个教研部门或某所学校对教师的数学教学工作和所任教班级学生的数学学习情况进行定性和定量的考察后，根据教师的教学能力和教学效果区分出各层次水平的教师的基本状况，可以据此有针对性地制定各类评价教师素质、能力、水平的标准，并用它调控数学教师努力的方向，使数学教师的教学水平和基本素质整体上得到提高和发展.

调控功能是数学教学评价价值的重要体现，评价最主要的功能并不是诊断和证实，而是基于此而进行的调节、控制和改进. 良好的评价效果对数学教学的调控提供了基本保障，反之，卓有成效的调控措施又能对数学教学的评价产生积极的推进作用.

4. 激励功能

数学教学评价的魅力在于能够激发被评价者的成就动机，使他们产生强烈的自我效能感、积极进取、努力追求理想，这就是数学教学评价的激励功能. 具体来讲，对教师的激励作用，主要是通过教学评价使教师看到经过努力后自己所取得的教学成效以及教学素养的发展，体验到成功教学的快乐，进一步调动教师奋发向上的进取精神；对学生的激励作用，主要是通过对学生的学习成绩和表现中的“闪光点”予以肯定和褒扬，使学生享受到成功的喜悦，激发起努力学习数学的积极性和主动性.

发挥数学教学评价的激励功能，需要把握好一个关键，即内在激励. 对学生来说，即是通过反馈信息的调节与控制，使学生明确学习动机，激发起强烈的求知欲望、积极的学习态度、主动探索新知的学习方式，而不是片面追求外在的表扬与奖赏，考试分数的优胜和升学的期望值，尽管这也是数学教学评价的一种表达方式. 而对于教师来说，则是通过评价信息的激励作用，产生强烈的事业心和责任心，把做好数学教学工作作为自己可以奉献终生的理想追求，而不是着眼于所谓评优、晋职、提干等外在的名利刺激.

7.1.3 数学教学评价的类型

从不同的角度着眼，可以将数学教学评价分为不同的类型. 例如，根据评价手段的特点可分为定性评价和定量评价；根据评价标准的不同，可分为绝对评价和相对评价；而根据评价功能的不同，则又可分为诊断性评价、形成性评价和终结性评价. 鉴于定性评价和定量评价是教育评价的基本手段，它们内在地融合于各种评价模式中，且又容易从各种相关资料中得到了解，此处不再给予介绍.

1. 按参照标准分类

按照评价的不同参照标准可以将数学教学评价分为相对评价与绝对评价.

(1) 相对评价

所谓相对评价是指在被评价对象的集合内确定一个恰当的评价标准(通常以他们的平均状态，或选取其中一个对象为标准)，将每一个被评价对象与之作比较，从而确定每个对象在这个集合内的相对位置和状态的一种价值判断.

例如，某学生一次数学考试得了90分，成绩是不是很好呢? 如果不联系其他同学的得分情况是不能妄下结论的，可能这次考试的总体平均分是95分，那么这位同学90分的成绩只能属于下游；同样地，某学生一次数学考试得了50分，也不能说这位同学的成绩很差，说不定这次考试的平均分只有40分.

相对评价的显著特点在于：根据被评价对象的群体状态决定每一个对象的位置情况，具有较强的可操作性. 如果某个学生在某一阶段处于群体内部的相对位置发生了改变，说明这个学生的学业成绩发生了变化，教师或学生本人就可以据此分析进步或退步的原因，从而采取相应的措施；反之，如果某个学生在某一阶段处于群体内部的相对位置没有发生改变，即使该生的考试分数提高了，也不能主观上认定其取得了多么大的进步. 可见，相对评价对价值的判断具有相对性. 因此，它难以起到诊断作用，主要用于选拔与甄别人才. 通常进行的中考、高考就是典型的用于相对评价的考试.例如,我国每年的普通高等学校统一招生入学考试,在各省(或直辖市)录取时,都要根据录取比例及试题难易程度的变化,对大学"一类本科"、"二类本科"、"三类本科"等划定相对的"录取分数线",达到了这个相对标准才有可能进入相应批次的大学,而每年的分数线随着考生的整体水平而变化.这种考试属于相对评价的范畴.

比较常见的相对评价是以全体被评价对象或一个标准化样本的测验成绩的平均水平作为参照标准来进行评价的.这个用来作为参照标准的平均水平叫做常模,一般是可以进行比较、平衡的数据,如平均数、众数、标准差等.

(2) 绝对评价

所谓绝对评价是指在被评价对象的集合之外确定一个恰当的评价标准(通常称为客观标准,例如课程标准、教学目标、教学要求等),评价时将被评价对象与客观的评价标准进行比较,而不考虑被评价对象彼此之间的关系.绝对评价以是否达到客观标准作为评价的主要依据,从而确定被评价对象所处的状态.比如,数学教师的职称评定和晋升就是一种绝对评价.一般都是事先规定一个晋升职称的客观标准,这个标准不会轻易改变,具有稳定性.如果教师达到了相应级别的标准,就可以申报评定相应的职称.

绝对评价的关键在于评价标准的确立.①如果评价标准偏高,可能会使大多数人(包括许多优秀者)都不能被评判为优秀;如果评价标准偏低,那么几乎所有人都可能被评为优秀.因此,客观评价标准的制定千万草率不得,需要经过反复斟酌、科学论证.

在数学教学中,确定绝对评价的标准主要是《全日制义务教育数学课程标准(实验稿)》和《普通高中数学课程标准(实验)》所提出的数学课程和教学目标.例如,《全日制义务教育阶段数学课程标准(实验稿)》提出的总体目标与"数与代数"、"空间与图形"、"概率与统计"各部分的具体目标,是判断学生是否达到学习目标的客观评价标准.就数学学习成效的评定来说,高中毕业数学会考就是一种绝对评价.会考试卷根据课程标准或教学大纲提出的教学目标进行命题,考前规定好会考的合格水平(比如,满分为150分的试卷,得90分以上者为合格).如果一个学校有90%以上的学生达到合格水平,就说明该校基本完成了教学任务.类似地,通常进行的学业水平测试也属于绝对评价.可见,绝对评价不考虑被评价者之间的差异,也不用来分等级、排名次.相对于常模参照测验,以数学课程标准中制定的学习目标作为参照标准进行的测验,亦称为目标参照测验.

2. 按评价功能分类

① 魏超群.数学教育评价[M].南宁:广西教育出版社,1999:150.

美国教育家布卢姆基于其“教学目标分类学”原理，将教学目标评价按其功能分为诊断性评价、形成性评价和终结性评价.①

(1) 诊断性评价

诊断性评价也称准备性评价，一般在学习某一部分新知识之前进行，常用来了解学生是否具有学习新知识的必备的知识基础、认知水平，了解学习困难之所在以及学生之间的差异性，以便有针对性地进行数学教学. 数学教师使用诊断性评价，可以充分把握学生对新学习任务的准备情况，确定学生当前的已有知识基础和起点能力. 例如，在认知方面，可以了解学生对新知识的掌握情况和能力的发展情况；在情感方面，可以了解学生的性格特征、学习风格、能力倾向以及对数学学习的兴趣、态度和动机等情绪反应.

诊断性评价通常借助于诊断性测试、学习调查表、学籍档案来进行，以便对数学教学背景和学生各方面的状况作出评价. 但这种评价的目的不是为了给学生分等级，而是为了使数学教师更深入地了解学生的生活背景和现有发展水平，以便选择合适的教学方法，设计一种切实可行的教学方案，有效地提高教学质量.

此外，诊断性评价除了可以从总体上掌握大多数学生的学习水平之外，还可以对一部分数学学习有困难的学生或者学有余力的学生更深入地加以了解，从而采取针对性的补偿措施，促进这部分学生的最佳发展.

(2) 形成性评价

形成性评价，是在数学教学实施过程中为了查明学生在某一阶段的数学学习活动达到学习目标的程度(包括所取得的进步和存在的问题)而使用的一种评价. 可以说，形成性评价是一种过程性评价. 这种评价的功能主要体现在两个方面：一是提供教的反馈信息，使数学教师能够利用这些反馈信息来了解学生的学习情况，及时发现教与学中存在的问题，以便有效地改进数学教学过程. 比如，学生对某些数学基本知识、基本技能以及数学思想方法掌握的总体状况如何，哪些地方需要进一步深化或弥补，哪些学生需要专门指导，等等. 二是提供学的反馈信息，使学生及时掌握自己在某阶段学习任务完成的情况，从而明确努力学习的方向，以便有效地改进自己的学习行为.

数学教育心理学的研究和数学教学实践的经验表明：经常向教师和学生提供数学教学进程的相关信息，可以使教师和学生及时了解数学学习中易犯的错误和遇到的困难，进一步使教师和学生充分利用反馈的信息，根据学习的需要采取有效的修正措施，这样，数学教学就可以成为一个高效率的自我矫正、自我发展的系统.

形成性评价在数学教学中有着重要的地位和作用. 教学中通常采用的作业、小

---

① B. S. 布卢姆. 教育评价[M]. 邱渊，等，译. 上海：华东师范大学出版社，1987.

测验、单元测验，基本上都属于形成性评价. 其目的就是为了获取数学教学的反馈信息，以便随时采取恰当的补救或强化措施，为后续的教学与学习任务做好充分准备.

数学教学过程中实施形成性评价要防止两种倾向：一是将形成性评价作为对学生排名次、分等级的工具，以显示他们在数学学习上的差异性，这样容易使学生经常处于一种紧张、高压的被动状态，久而久之产生对数学的厌烦甚至恐惧心理；二是不能有效地利用形成性评价所反馈的信息，只关注评价测试中所获得的分数，而不注重分析分数背后所蕴含的更重要的信息资源(比如，全班学生整体达标的程度、学习中普遍存在的问题、个别学生存在的学习障碍等)，致使形成性评价最终流于形式.

(3) 终结性评价

终结性评价，是在某个相对完整的学段或一门课程的学习结束之后对整个数学教学活动进行的全面评价，目的是考核学生是否达到了数学教育教学目标，并以相应的数学学习成绩对学生该阶段(或课程)的学习状况做出价值判断. 可以说，终结性评价是一种结果性评价. 用来进行终结性评价的测试成绩，可以作为确定某学生在班集体中所处的位置的依据，作为评价他进步状况的依据；而对于教师来说，通过终结性评价，可以评定其教学方案的有效性，评定其教学水平的高低. 比如，在学期、学年或学段(如小学、初中、高中阶段)结束时进行的期中、期末、升学考试一般都是终结性评价.

在运用终结性评价时，要注意通过评价得出的结果不是一个单一的分数或一个单一的描述性术语，更不能仅凭一次或几次具有偶然性的终结性评价，就对学生的数学学习能力或教师的数学教学能力给出“一成不变”的所谓客观结论. 因此，终结性评价的结论并非最终的确定性结论，需要以变化、相对的眼光来看待它. 正如 R. 泰勒所言：“较为客观的评价结论的得来，需要把一定时期的、前后进行的几种评价手段所得出的结果加以比较，以便估计正在发生的变化量. ”①

诊断性评价、形成性评价、终结性评价三类评价的划分是相对的，三者之间既有区别，又有联系. 诊断性评价最为频繁，必要时在每次数学教学活动开始前都可以进行，以便较好地设计教学；形成性评价次之，通常当一种数学新观念或新技能的教学初步完成时，就应进行相应的形成性评价；终结性评价次数较少，着眼于评价在较大范围内数学教学内容的掌握情况，一般在诊断性评价和形成性评价的基础上进行.

§7.2 数学教学评价的发展趋向

随着数学新课程改革的逐步推进，数学教学评价体系在评价理念、评价内容、评

---

① R. 泰勒著. 课程与教学的基本原理[M]. 施良方，译. 北京：人民教育出版社，1994：97.

价形式等方面都将会发生较大的变化，必须与时俱进地加以认识，才能真正把握数学教学评价的基本精神.

7.2.1 数学课程标准的评价理念

数学教学评价体系的改革是当前新一轮课程改革的重要组成部分.《基础教育课程改革纲要(试行)》对当前的课程与教学评价改革提出了带有方向性的指导意见和建议，并强调指出：要建立促进学生素质全面发展的评价体系，建立促进教师不断提高的评价体系，建立促进课程不断发展的评价体系，从而建构素质教育课程评价体系等基本理念.为此，评价实施时积极倡导五个"实现"：重视发展，淡化甄别与选拔，实现评价功能的转化；重视综合评价，关注个体差异，实现评价指标的多元化；强调质性评价，将定性评价与定量评价相结合，实现评价方法的多样化；强调参与互动，采取自评与他评相结合，实现评价主体多元化；立足过程，终结性评价与形成性评价相结合，实现评价重点的转移.

《全日制义务教育数学课程标准(实验稿)》也相应提出了数学教学评价的具体指导意见，主张"评价的主要目的是为了全面了解学生的数学学习历程，激励学生的学习和改进教师的教学；应建立评价目标多元、评价方法多样的评价体系；对数学学习的评价要关注学生学习的结果，更要关注他们学习的过程；要关注学生数学学习的水平，更要关注他们在数学活动中所表现出来的情感与态度".

《普通高中数学课程标准(实验)》①指出：现代社会对人的发展的要求引起评价体系的深刻变化，高中数学课程应建立合理、科学的评价体系，包括评价理念、评价内容、评价形式和评价体制等方面.评价既要关注学生数学学习的结果，也要关注他们数学学习的过程；既要关注学生数学学习的水平，也要关注他们在数学活动中所表现出来的情感、态度的变化.在数学教育中，评价应建立多元化的目标，关注学生个性与潜能的发展.《普通高中数学课程标准(实验)》的"实施建议"强调指出：数学学习评价，既要重视学生知识、技能的掌握和能力的提高，又要重视其情感、态度和价值观的变化；既要重视学生学习水平的甄别，又要重视其学习过程中主观能动性的发挥；既要重视定量的认识，又要重视定性的分析；既要重视教育者对学生的评价，又要重视学生的自评、互评.总之，应将评价贯穿于数学学习的全过程，既要发挥评价的甄别与选拔功能，更要突出评价的激励与发展功能.数学教学评价应有利于营造良好的育人环境，有利于数学教与学活动过程的调控，有利于学生和教师的共同成长.

---

① 数学课程标准研制组.《普通高中数学课程标准(实验稿)》解读.南京：江苏教育出版社，2004：328.

可以看出，数学新课程标准所持的评价理念首先突出了发展性.数学学习评价是为了促进每一个学生作为整体的人的全面的、能动的发展，而不仅仅是为了甄别学生的数学学习水平或智力发展水平；其次，评价体现了多元化，评价的目标、内容、方式等方面呈现出多元化的趋势；再次，注重了评价的过程性，评价将贯穿于数学教与学的整个过程，将学生在数学学习活动过程中的全部情况都纳入评价的范围，而不只是评价学生数学学习的结果.这些理念与《基础教育课程改革纲要(试行)》要“建立促进学生素质全面发展的评价体系”、“建立促进教师不断提高的评价体系”、“建立促进课程不断发展的评价体系”，从而建构素质教育课程评价体系的要求是一致的.

7.2.2　注重对学生数学学习过程的评价①

相对于结果，过程更能反映每个学生的发展变化，体现出成长的历程.因此，数学学习的评价既要重视结果，也要重视过程.对学生数学学习过程的评价，包括对学生参与数学活动的兴趣和态度、数学学习的自信、独立思考的习惯、合作交流的意识以及数学认知的发展水平等方面的评价.

1. 注重学生对数学价值认识的提升过程

认识数学的价值对于培养学生的数学思维、促进学生的全面发展是重要的，因而评价应注重学生对数学价值认识的提升过程.随着社会的迅猛发展，数学不仅在自然科学，而且在技术、社会科学以及人们的日常生活中都发挥着越来越重要的作用.数学内容的抽象性、数学推理的严谨性等学科特点，对于培养学生的科学精神以及学生的理性思维起着十分重要的作用.此外，数学美具有科学美的一切特征，对数学美的认识是对数学价值认识的重要组成部分.数学美不仅能够陶冶人的情操，而且引导人积极向上，献身科学.

通过对学生数学学习过程的评价，应努力引导学生正确认识数学的价值，产生积极的数学学习态度、动机和兴趣.

2. 注重学生思考方法和思维习惯的形成过程

数学教学评价中存在着这样一种现象：评价者过多的关注学生数学学习的结果，如是否记住了某个公式、定理，是否得出了某个数学问题的解，而对学生思考、理解问题的过程关注不够.这就容易把学生引导到过于追求“结论”的功利化学习目标上来.长此下去，会削弱学生刨根问底、独立思考的积极性，阻碍学生思维的发展.

独立思考是数学学习的基本特点之一，评价中应着意关注学生是否肯于思考、善于思考、坚持思考，并不断地引导学生改进思考的方法与过程.教师要借助教学评价帮助学生养成追求真理而不唯书、不唯上，以及审慎思考而不盲从的批判性思维

① 数学课程标准研制组.数学课程标准(实验)解读[M].南京：江苏教育出版社，2004，329.

习惯，指导学生学习和掌握判断事物、解决问题的思考方法.

3. 注重学生参与数学活动，以及和同伴交流、合作的过程

学生通过"做数学"、参与数学活动丰富自己的经验和体验，并用自己的思考方式建构的数学知识，才是真正理解、掌握了的知识. 数学教学评价应重视学生是否真正置身于数学学习活动之中，是否能动地参与了数学学习活动. 学生参与学习活动的形式是多种多样的，对于数学学习来说，思维参与是重要的，也是主要的. 调动学生的思维，使学生能动地思考问题，更多地以智力参与到数学学习活动中去，并在参与中领会数学知识，获得思维的发展，是数学教学评价中需要重点关注的问题.

此外，数学教学评价还应关注学生是否愿意和能够在数学学习活动中与同伴交流心得体会，是否愿意与同伴合作探究数学问题. 因为，学生在与同伴交流、合作的学习过程中，不仅要学习倾听与理解他人，还要学习正确地表达自己的思想. 表达与交流的过程，有利于学生澄清和梳理自己的思维，进而发展其独立获取数学知识和思考问题的能力.

4. 注重学生在数学学习中不断反思和改进的过程

反思是学习主体自觉地对自身活动和认知过程的自我监控、自我调节和自我评价的过程. 这一过程可主要从三个方面来理解：一是学生对自己数学学习活动的定向和计划，二是学生在数学学习活动中进行有意识地检验和反馈，三是学生对自己的数学学习活动进行有意识地调节、矫正和管理.

反思的对象和内容多种多样，例如对数学概念理解的再审视、对数学公式应用的质疑、对数学解题过程的回顾、对数学学习方法的再思考等等，都是值得反复进行的. 数学学习过程中的反思，能够有效地提高学生学习的效率，加深学生对数学知识的理解和掌握，有利于培养学生的批判性思维、创造性思维等高层次思维能力.

教师要注重在数学教学过程中培养学生反思的意识，将学生反思自己学习过程的效果作为数学教学评价的一项基本指标. 具体来说，教师可通过让学生写数学学习心得体会、数学日记，组织学生有针对性地研讨某些典型问题、进行经验交流等形式，指导学生对学习过程中的数学思维活动有意识地进行检查和调节：经常以"正在做什么"(能否明确地讲出来)、"为什么要这样做"(这样做能否达到目的)、"这样做有什么好处(如果得出结果，接下来会做些什么?)"等问题，追问自己是怎样发现和解决问题的，运用了哪些基本的思考方法、技能和技巧，遇到过哪些挫折，走过哪些弯路，哪些地方容易出错，原因何在，以前曾犯过类似的错误吗，以及应该吸取哪些经验教训等. 这种反思、自省的活动过程可以将自己的体验和感悟升华为高效率的过程知识，再进一步发展为一种自觉、敏锐的监控能力.

7.2.3 注重对学生数学能力的评价

数学能力是学生基本数学素养的重要组成部分,也是学生实现自主学习、可持续发展的关键所在.由于学生的数学能力水平是通过数学知识的掌握和运用水平体现出来的,所以对学生数学能力的评价将贯穿学生数学知识建构和解决数学问题的全过程.

1. 对发现问题、提出问题能力的评价

善于从相关材料中发现问题,并通过抽象、概括而提出问题的能力是衡量学生数学素养高低的重要指标.发现、提出一个问题比解决一个问题更重要,更能体现学生探索能力、实践能力和创造性思维能力的水平.数学教学评价要改变过去那种过分关注对学生知识的记忆、掌握和解题技能的测查,而更多关注对学生发现、提出问题能力的引导和评价.新课程对数学探究和数学建模活动的重视,一定程度上体现了这一评价理念.

要在教学中有效地实践这一评价理念,需要教师转变教学观念,尝试探索一些积极的做法:鼓励学生主动思考并大胆猜想,"再创造"出对自己来说尚属新鲜的数学问题;启发学生注意从数学实验、生活实践中提练出数学问题和数学模型,发现"生活中的数学",使学生切身领会"处处留心皆学问"的道理;引导学生学会欣赏别人"发现"的成果,并逐渐形成"追问"和"质疑"的意识.当然,发现和提出问题的能力属于较高层次的要求,不是短期内就能形成的.因此,对学生发现和提出问题能力的评价,应首先关注他们发现与提出问题的积极性和自信心,关注他们的问题意识,而不应一味追求问题的质量.

2. 对主动收集信息和解决问题能力的评价

数学教育必须关注学生收集信息的能力和分析问题、解决问题能力的培养,这样才能适应瞬息万变的信息社会发展的要求.对学生数学学习的评价要关注学生能否针对问题有效地选择方法和手段收集信息、整理信息,能否联系相关知识,分析相关因素,提出解决问题的思路和方案,建立恰当的数学模型并独立或与他人合作去解决问题.

对学生解决数学问题能力的评价,要始终关注学生分析数据、处理数据、建立数学模型的合理性,关注学生运用数学知识分析问题、解决问题的全过程,而不只是其中的某一阶段或某一结果,并注重对学生态度、方法的评价.同时,要在评价过程中关注学生能否对收集的信息和解决问题的方案进行自觉的质疑、调整和完善.

3. 对数学表达和交流能力的评价

数学语言具有精确、简约、形式化等特点,能否恰当地运用数学语言和自然语言进行表达和交流是学生数学能力的一个重要方面,尤其在当今的信息社会,封闭自塞是不利于个人数学能力发展的.对学生数学表达和交流能力的评价,要关注学生是否能够准确地表达数学问题,是否能够用文字、符号、图形和动作等多种语言以及书面、口头等多种形式恰当地表达思想和观点.当然,数学表达和交流的能力并非简单的叙说能力,还包括判断能力、质疑能力和释疑能力等.

数学教学评价中关注学生的数学表达和交流能力,能够有效地引导学生大胆地展示自己,主动地与他人交流与合作.这样,学生能够对自己以及他人在解决问题过程中的作用认识得更加清晰和准确,从而对自身的价值、他人的价值、合作的价值、讨论的价值以及数学的价值认识得更加深刻.作为教师,则要对学生哪怕不成熟的观点或蹩脚的表达表现出足够的耐心和理解,要善于鼓励、倾听学生的表达和独立见解,以欣赏的姿态参与学生的交流活动,并及时地对学生的思想、观点、表达的准确程度及表达方式予以观察和指导.

7.2.4　数学教学评价的多元化趋势

传统数学教学评价的相对统一性和一元化特点发挥了重要的作用,但其弱点也是明显的,不利于对学生各方面能力的综合评价.为了促进学生的全面发展,数学教学评价应逐步走向多元化,根据评价的目的和内容确定选择评价主体的多元化、方式的多元化、内容的多元化和标准的多元化等.

1. 评价主体的多元化

评价主体的多元化,是将教师评价、学生自我评价、学生互评、家长和社会有关人员评价等结合起来.多元的评价主体参与数学教学过程之中,充分体现出全面、客观评价学生的主导思想.

一直以来,对学生数学学习的评价主要来自教师,评价的过程主要是自上而下的教育者评价受教育者的单向过程.这样的评价难免出现片面、偏颇的结论,不利于对学生的全面认识和评判.多元的评价主体参与到学校的数学教育活动中,平等合作、相互沟通,在互相尊重和理解的基础上达成共识,能够增进评价结论的客观性,更好地发挥数学教学评价的激励和反馈功能,在促进学生全面发展的同时,带动教师甚至学校的多方面发展.

2. 评价方式的多元化

评价方式的多元化,是指定性与定量相结合,书面与口头相结合,课内与课外相结合,结果与过程相结合.对数学教学效果的评价,不能仅仅依靠其中的某一种方式,而要综合使用各种评价方式才能得到更为客观、科学的结论.

长期以来,以一张试卷、一个分数作为评价学生数学学习的惟一标准,使得数学教学偏离了正确的方向,出现了有悖于教育目标的现象,"考、考、考,教师的法宝;分、分、分,学生的命根"戏谑地讽刺了这一现象.的确,教育现象纷繁复杂,学生也是千差万别.学生对数学学习的态度、合作交流的能力、对问题的敏锐程度、思考的习惯与深度等问题,是很难用一张试卷、一个量化的分数就能衡量清楚的.因此,定性与定量相结合、书面与口头相结合、课内与课外相结合、结果与过程相结合的评价是十分必要的,更能全面反映学生的真实情况.

定性的评价学生的数学学习,可以通过观察、记录、交流、座谈等形式,采用记录档案袋、写评语、点评、欣赏学生的课题研究成果等多种方法进行.尤其是利用档案袋记录学生的数学学习情况,是近年来被广为推崇的定性评价手段,也是记录学生成长过程的行之有效的方法.采用定性评价要多看到学生的进步,多用肯定、赞扬、欣赏等鼓励性语言,以便更好地发挥评价的激励功能.

当然,提倡评价方式的多元化,并不是忽视考试、测验等定量评价手段的重要作用.实际上,考试、测验始终应是评价的基本方式.只不过,要对定量评价的手段加以革新和调整,使之变得更科学、合理,适应新课程形式的需要.例如,可以对考试题的内容和形式做些变化,创设好的问题情境,拓宽知识间联系的背景,力求使考试的问题与学生的生活实际经验有机地结合起来,突出考查学生对数学本质的理解.

3. 评价内容的多元化

评价内容的多元化,是指评价不仅包括对知识、技能和能力的评价,还包括对过程与方法以及情感、态度、价值观等多方面内容的评价.以往的数学学习评价偏重于对学生数学知识、技能水平的评价,而忽视对过程与方法,以及情感、态度、价值观等相关内容的评价.这样的评价体系是导致"题海战术"、"高分低能"、"强于记忆,弱于创造"等现象的直接原因.数学新课程标准提倡评价内容的多元化,正是旨在改变这种状况,以便使学生的数学素养和身心素质得到全面的发展.

数学教学评价中,应注重采用定性与定量相结合、书面与口头相结合、课内与课外相结合、结果与过程相结合等多元化的评价方式,对学生的知识与技能、过程与方法、情感态度价值观等进行全方位的评价.由于对学生数学学习的过程与方法、情感态度价值观的评价是当前数学教学评价的薄弱环节,因此,要在评价中有意识地加强这方面内容的考查.建议渗透过程性评价的思想,即更多地关注对学生理解数学概念、数学思想等过程的评价,关注对学生数学地提出、分析、解决问题等过程的评价,以及在过程中表现出来的情感态度的变化、表达与交流的意识和探索的精神等.

4. 评价标准的多元化

评价标准的多元化,是指对不同的学生有不同的评价标准,或对需要评价的内容从不同的角度来衡量.一方面,评价要尊重学生的个体差异,尊重学生对数学的不同选择,不是以一个整齐、划一的标准衡量所有学生的状况;另一方面,对某一数学内容学习的评价,不应仅以是否达到某个规定的结果作为目标评价的惟一标准,还要关注学习过程中的经历与体验等标准.

通过考试对学生的数学学习进行评价,其评价标准往往注重解题的结果,对于解题过程则严格按步骤给分,这样的评价模式导致教师在数学教学中过度强调数学解题方法、步骤的规范和答案的准确.在过于追求规范、同一的过程中,学生逐渐失去了自己的思想、个性,淡漠了创新的欲望.要改变这种状况,就需要合理改革评价的标准,实现评价标准的多元化和开放性,不但要关注学生解决问题的结果,也要关注学生解决问题过程中的经历和体验,关注学生对数学的理解和思考,关注学生解决问题的方案和能力,关注学生不同方面的智能发展与个性.

实现评价标准的多元化,还要注意评价结果呈现方式的多样化.不是仅以单一的考试分数的公布作为评价结果,而要本着尊重每一个学生、为每一个学生的全面发展负责的态度,选择评价结果的多种呈现方式.例如,让学生总结自己考试中的得失,教师发现并肯定其中的"闪光点";让学生介绍自己学习数学的心得体会,教师通过点评给了相应等级的认可;展示学生的小论文、探究成果报告,教师给出总体的表现性评价,等等.

总之,通过多元化的评价,可以更好地实现对学生多角度、全方位的了解与激励,努力使每一个学生都能得到成功的体验,有效地促进学生的发展.

§7.3 数学课堂教学评价

数学课堂教学评价是指专门针对数学课堂教学环节所进行的评价活动.具体涉及:教学的目的、要求是否明确具体,教学内容是否正确无误,教学方法是否合理,学生参与的程度如何,教师的语言表达是否形象、生动、准确、精练,是否突出了重点,是否实现了教学目的,等等.客观公正而科学的课堂教学评价,能充分发挥评价的诊断、反馈、导向、激励和调控等功能,对探索数学教学规律、发展数学教学理论、提高教师的教学水平和学生的学习水平具有重要的作用.

7.3.1 数学课堂教学评价的要素

数学课堂教学是一个动态系统,要保证评价的客观性和公正性,需要考察的因素很多,本节仅对数学教学目标、教学内容、教学过程、教学方法、教学效果等最主要的因素加以分析.

1. 数学教学目标

数学教学目标既是教学的出发点又是教学的归宿,它对整个数学教学过程具有重要的导向作用,直接决定着数学教学过程的发展方向和价值取向.因此,数学教学目标是数学课堂教学评价中不可缺少的主要因素之一.评价数学课堂教学目标,主要从以下几个方面考察：

第一，教学目标是否明确、具体. 明确具体的教学目标是数学课堂教学展开的"航向灯". 在一节具体的数学课堂教学中，学生要切实掌握那些数学知识和技能，发展哪些能力、情感、态度，分别要达到何种水平层次，都需要明确的加以规定.

第二，教学目标是否合理. 首先要看教学目标能不能为学生所理解和接受，是否有利于他们的数学学习，有没有超出学生的"最近发展区"；其次要看所定的教学目标能否顺利地实现. 合理的教学目标既要使学生能够通过一定的努力而实现，还要能够促进学生的最佳发展.

第三，教学目标的落脚点是否科学. 教学目标既要重视结果知识的获取，又要重视数学活动过程知识的获取，要明确表述让学生经历哪些数学知识的形成过程，参与探究哪些活动，获得哪些体验与感悟，等等.

2. 数学教学内容

数学教学内容既是教师教学的重要资源，也是学生学习的主要对象和线索. 教学中，教师应当深入地挖掘数学教材内容，灵活的呈现数学学习素材，以利于学生主动参与、自主建构的学习. 评价数学教学内容的质量和效力时，可从以下几个方面进行：

第一，教师呈现和讲解的数学教学内容是否准确无误，学生的理解是否正确. 数学教学内容的科学性、准确性是有效数学学习的基本保障，要求教师务必深谙数学教学内容及相关知识的内涵. 所谓"要给学生一杯水，教师要有一桶水"，并不在于教师的知识数量要比学生多，更重要的是指教师对数学教学内容理解的程度要比学生深刻得多，这样才能有效地避免学生对知识形成错误的理解.

第二，有没有充分挖掘数学知识的背景材料，是否体现了"数学学习内容应当是现实的、有意义的、富有挑战性的"新课程教学理念. 数学知识的呈现是否有利于学生主动地进行观察、实验、猜想、推理与交流等数学活动. 教学中对数学知识背景材料的适当挖掘，不仅有利于增进学生对知识理解的深广度，还能使数学课堂教学变得丰富多彩.

第三，教学内容的安排是否恰当. 教学内容的组织设计是否突出了重点，分散了难点；容量和难度是否符合学生的现有发展水平，有没有超出学生的最近发展区；呈现形式是否有利于学生对数学知识的"再发现"学习；是否为学生的主动建构学习提供了必要的"脚手架"，等等. 评价中对这些指标的考察能够全面地把握数学教学内容的贯彻程度.

3. 数学教学过程

数学教学过程是师生教与学多边互动和共同发展的活动过程，是学生获取数学知识、发展数学能力、塑造人格品性的主渠道. 因此，数学教学过程理所当然地成为数学课堂教学评价的主要考察对象. 评价数学教学过程，主要从以下几个方面加以考察：

第一，教学过程的各环节安排是否得当，各要素之间的关系处理得是否合理. 例如，教师与学生在课堂教学中的角色地位及其关系是否理顺，教学目标、教学内容、教学方法的功能是否得到充分发挥，教学各环节的时间分配是否科学、合理. 考察时，不仅要注意每一个教学环节在课堂教学中所产生的部分功能，还要关注各环节之间的配合与过渡，看它们有机组合起来所产生的整体功能.

第二，教学过程的组织是否有利于学生对数学知识的自主建构，有没有为学生的建构学习提供环境条件及时间和空间上的保障，学生的参与水平如何，是否在教师的指导下积极主动地投入到学习中去，有没有为学生创造自主探究与发现的空间. 这是考察数学教学过程是重在"预设"还是重在"生成"的主要指标.

第三，教师与学生、学生与学生多边互动的关系是否有效，信息交流是否流畅，信息反馈是否及时，有没有根据反馈的信息灵活、有效的调控，教师对教学过程中的整体驾驭能力如何. 这些指标能够反映出数学课堂教学过程发展的整体效果，是对教学效率的动态认识和判断.

4. 数学教学方法

数学教学方法是数学课堂教学的重要构成要素，是促成数学教学过程各环节顺利发展的基本工具. 对数学课堂教学方法的评价，主要涉及以下几个方面：

第一，所选用的教学方法应当具有良好的实效性. 任何一种教学方法都是为教学内容、教学目标服务的，教学方法的选择不仅要与具体的数学教学内容相适应，而且要能够推动数学教学目标的顺利实现. 特别是，教学方法的使用要有利于学生学习方式的转变，有利于引导学生开展自主学习、合作学习和探究学习.

第二，教学方法是否与学生的年龄特征和现有发展水平相适应. 有效的教学方法要服从于学生认知发展的心理需要，具有较强的针对性，能很好地促进学生数学素质的发展，这就是教学方法使用的针对性问题.

第三，教学方法是否具有良好的启发性. 教学方法要能启发学生积极主动的思考问题，激发学生的求知欲，使学生带有明确的学习目标和强烈的学习动机，在良好内驱力的支配下主动参与、积极探究.

第四，教学方法的使用中，是否与现代化的教学手段有机整合，是否注意到了各种教学方法的优化组合，这是实现数学课堂教学方法有效性的关键. 评价中，要注重从总体上衡量各种数学教学方法遴选和使用的质量，避免对单一数学教学方法的效果评价.

5. 数学教学效果

教学效果本身不仅是数学课堂教学的评价的一项基本要素，而且其他要素的评价最终也要通过它反映出来. 评价一堂数学课的教学效果，要从以下几个方面加以考察：

第一，检查是否完成了本节课的教学任务，是否实现了课堂教学目标. 检查教学目标达到的程度要从知识的掌握、能力的培养、数学思考的层次、个性心理品质及情感的发展等方面整体考虑.

第二，看学生除了获得显在的结果知识以外，还获得了哪些过程知识[①]，学生是否积极主动地参与到数学学习的过程.比如，思考问题是否积极主动，对教师提出的问题能回答到什么程度，学生自己是否主动地提出问题和解决问题，后进生的思维活动情况如何，他们在教学过程中处于什么位置，能否较为顺利地完成课堂的基本任务，等等.

第三，注意考察学生的学习负担情况.看学生是否愉快地投入到学习中，是否感到轻松、自如，教师和学生应以最少的时间和精力耗费去获得尽可能优的教学效果，向课堂要效益.同时，还要注意考察是否所有的学生都得到了发展，而不能以少数学生的学习效果来代替全班学生的学习效果.

以上仅对数学课堂教学评价的五个主要因素进行了定性分析.但数学课堂教学是一个多因素组成的完整系统，需要考虑的评价因素还有许多.比如，教师的教学技能，实际上就是通常说的教师的教学基本功，这是教师的组织调控能力、语言表达能力、板书能力、交流沟通能力、解题应变能力等多方面能力的反映，可以作为一个独立的评价指标加以考察.此外，由于数学课堂教学是一个动态过程，各因素的考察没有一个固定的程式可以套用，评价时关注的焦点因素应当根据具体情况灵活掌握和变化，并注意使用定性和定量相结合的方法，尽量提高评价的科学性和准确性.

7.3.2 数学课堂教学评价体系

在评价一节具体的数学课堂教学时，首先要确定评价的一级指标体系，即要考察的主要因素(不妨称为主因素).然后对各个主因素中的内容作全面分析和权衡，确定具体的二级指标评价体系(不妨称为子因素)，并给各项二级指标赋予相应的权重，制定出"数学课堂教学评价表".

二级指标评价体系反映了具体课堂教学发生过程的实际情况，需要在现场课堂观察中逐项考察并记录，给出相应的评价等级，最后计算出每一个主因素中各个二级评价指标的得分之和.

下面是以一个具体的数学课堂教学评价表说明课堂教学评价体系的设置.

① 涂荣豹，宁连华.论数学活动的过程知识[J].数学教育学报，2002，11(3).

数学课堂教学评价表

日期：

任课教师		课　题		学　校		年　级			
评价因素				评价等级				得分	
主因素	一级权重	子因素	二级权重	A	B	C	D		
教学目标 (A_1)	0.15 (B_1)	1. 目标体现数学学科内容的育人功能，关注学生的全面发展	0.20						
		2. 突出过程性目标，关注学生的学习过程	0.30						
		3. 目标定在学生的“最近发展区”，并且具有可操作性	0.35						
		4. 充分发挥目标的导向、激励、调控等功能	0.15						
教学内容 (A_2)	0.15 (B_2)	1. 保证教学内容的科学性，并充分挖掘其育人功能	0.35						
		2. 内容紧密联系学生的生活实际，重视学生的已有知识和经验	0.35						
		3. 教学内容生动有趣，呈现形式有利于学生的学习	0.30						
教学过程 (A_3)	0.25 (B_3)	1. 教学过程各构成因素之间的关系和谐，能充分发挥各自的功能	0.20						
		2. 课堂教学结构安排恰当，时间分配合理	0.20						
		3. 教学过程体现学生对数学知识的主动建构和能力的发展	0.35						
		4. 课内信息流畅，教师根据学生的反馈信息及时有效地调控教学过程	0.25						

（续　表）

教学方法（A_4）	0.25（B_4）	1. 根据教学目标、教学内容与学生的年龄特征选用教学方法	0.15					
		2. 创设合适的教学情景，激发学生的学习兴趣	0.25					
		3. 注重学习方式的转变，促进学生自主学习、合作学习、探究学习	0.25					
		4. 注重启发与点拨，给学生留有探索的余地	0.20					
		5. 搞好多种教学方法、教学手段的优化组合，现代教育技术使用得当	0.15					
教学效果（A_5）	0.20（B_5）	1. 全面实现预定的教学目标	0.30					
		2. 学生学习积极性高，思维活跃	0.25					
		3. 课堂教学效率高，师生负担合理	0.25					
		4. 教学能促进师生的共同发展与提高	0.20					
评价人		总　分		等级				

该评价表是一个以定量评价为主、定性评价为辅的数学课堂教学评价指标体系. 使用时，先要求出 A、B、C、D 各等第的赋值分与相应的二级权重乘积的总和，即是此栏中主因素的得分，再求各主因素一级权重与相应栏中主因素得分的乘积之和，即得总分. 一般地，得 86～99 分，为 A 等，评为优；得 71～85 分，为 B 等，评为良；得 60～70 分，为 C 等，评为一般；低于 60 分，为 D 等，评为较差.

利用该评价表进行数学课堂教学评价时，要注意处理好以下几个方面的问题：

① 评价要着眼于数学课堂教学过程的整体，避免出现以偏概全的现象. 既要重视教学效果的评价，更要重视教学过程的评价.

② 数学课堂教学评价的重点是教师怎样引导学生积极主动地参与数学活动. 例如，数学问题情境创设的质量，数学活动程序的设计效力，启发、暗示的操作情况，反思、质疑意识的培养，等等. 要特别关注学生参与数学学习过程的经历和体验，而不应将评价仅落脚在教师怎样传授数学知识、怎样训练基本技能.

③ 强调数学学科潜在的育人功能. 评价时应注重结合课堂教学目标的要求和具体数学教学内容所具有的强大育人功能，全面考察学生素质的综合发展，并据此评估数学课堂教学的整体效果.

④ 评价要坚持创造性地实施数学课程标准所提倡的评价理念，要以有利于推动数学课程的改革为宗旨，促使教师不断地反思和改进自己的教学工作，激励学生积极主动地参与数学活动，以便有效地提高数学课堂教学的效果.

§7.4 数学学习评价

数学学习评价就是对学生的数学学习过程及其结果做出价值判断，涉及到对学生的数学基本知识和基本技能的掌握、能力发展的考察与考试，以及对学生的学习行为、态度、情感等因素的分析与评价. 数学学习评价的主要目的是：全面了解学生的学习历程，促进学生在数学上获得更大的发展；提供反馈信息，帮助学生发现解题策略、思维习惯上的不足，有效地改善教师的教和学生的学；改善学生对数学的态度、情感和价值观，等等. 下面重点介绍数学学习评价的方法.

7.4.1 课堂观察

课堂是学生学习的重要场所，课堂观察是教师掌握学生学习情况的最主要途径. 有目的、有计划地在课堂里考察学生数学活动中所发生的一切外在现象及其心理反应，可以获得有关学生最直接、最真实的信息，这是对学生的数学学习进行客观评价的第一手资料. 例如，评价学生参与数学学习的程度，需要观察学生是否积极主动地参与数学活动（如积极发言、提出并回答问题等）；评价学生的合作交流意识，需要观察学生是否积极主动地与同伴讨论、沟通；评价学生的情感与态度，需要观察学生对数学学习的自信心和学习兴趣，等等. 以下是课堂观察中需要重点考核的几个参考指标.

课堂观察考核表

<table>
<tr><th>项　目</th><th>因　素</th><th>A</th><th>B</th><th>C</th><th>备　注</th></tr>
<tr><td rowspan="4">观察学生知识、技能掌握情况</td><td>数与计算</td><td></td><td></td><td></td><td rowspan="4">A=真正理解并掌握
B=初步理解
C=参与有关活动</td></tr>
<tr><td>空间与图形</td><td></td><td></td><td></td></tr>
<tr><td>统计与概率</td><td></td><td></td><td></td></tr>
<tr><td>解决问题</td><td></td><td></td><td></td></tr>
<tr><td rowspan="2">是否认真</td><td>听　　讲</td><td></td><td></td><td></td><td rowspan="2">A=认真
B=一般
C=不认真</td></tr>
<tr><td>练　　习</td><td></td><td></td><td></td></tr>
<tr><td rowspan="3">是否积极</td><td>主动发言</td><td></td><td></td><td></td><td rowspan="3">A=积极
B=一般
C=不积极</td></tr>
<tr><td>提出问题并质询</td><td></td><td></td><td></td></tr>
<tr><td>讨论与交流</td><td></td><td></td><td></td></tr>
</table>

（续表）

是否自信	提出独到见解				A＝经常 B＝一般 C＝很少
	大胆尝试敢于质疑				
是否善于与人合作	倾听别人的意见				A＝能 B＝一般 C＝很少
	表达自己的意见				
思维的条理性	有条理表达见解				A＝强 B＝一般 C＝不足
	解决问题的过程清楚				
思维的创造性	另辟解题蹊径				A＝能 B＝一般 C＝很少
	出现非标准思路				

7.4.2 表现性评价

表现性评价是通过实际任务来表现知识和技能成就的评价方式，是一种教师评价与学生自我评价相结合、评价的内容和过程融为一体的定性评价方式，它能够反映出学生发展与进步的历程，增加他们学好数学的信心.

表现性评价有助于收集学生多方面的学习信息，保证评价的全面性和科学性，一定程度上弥补纸笔测试中存在的问题与不足. 有些学生在纸笔测试中因焦虑而不能正常发挥出其数学能力；有些学生的思维趋向于深思型，在规定的时间内不能顺利答好试题；有些学生更擅长动手实验操作，等等. 这些情况，仅凭纸笔测试不能全面反映学生的数学能力，就需要通过调查实验、数学日记、档案袋等形式记录下学生的表现，以便从总体上考察学生的发展水平. 表现性评价的途径一般有调查实验、数学日记、成长记录袋.

1. 调查实验

调查实验提供了用于表现性评价的各种动手操作活动的形式. 通过学生的调查实验可以加强学生对数学内部的整体把握以及促进学生加强数学与外部世界的联系. 例如，借助几何画板软件研究动点轨迹的实验活动；“描述某商品一段时间内销售情况的函数关系”的研究性学习活动等. 这样的调查和实验的评价任务，为我们提供了考察学生提出假设、分析处理数据以及推断的能力.

2. 数学日记

数学日记提供了学生对自己所学的数学知识和方法进行总结、反思的一种自我评价方式.通过引导学生毫无顾忌的把自己学习的感受、困难之处、感兴趣之处等实际情况写出来,既发展了学生反省认知的能力,又提供了评价学生真实学习情况的第一手资料.

3. 档案袋

档案袋又称成长记录袋,是指将反映学生学习进步的重要资料记录保存下来,归建成档,可为学生的发展成长过程提供一个很好的形成性评价.记录的资料可以不拘一格,如最满意的作业、最有意义的探究活动成果、印象最深刻的问题、解决问题的反思记录、阅读数学读物的体会以及数学小论文等.

总之,表现性评价是一种定性的过程性评价,其主要目的是激励学生的学习自信心与学习兴趣.上述三种评价方式是在课程改革实施过程中进行评价改革的尝试,当然每位教师都可以根据自己数学教学的实际情况设计出科学、合理的表现性评价的方法.

7.4.3 数学测验

数学测验是根据评价的内容和目的,拟定一些题目、作业或操作性练习,让学生做出书面、口头回答或实际操作,旨在了解学生在知识、技能、能力等方面所达到的水平.数学测验一直是评价学生数学学习水平的重要手段,也是一种相对较为客观、准确地反映学生的知识掌握水平、能力发展情况的有效方法.

数学测验有多种不同的类型.比如,按照测验参照标准可分为常模参照测验和目标参照测验,按照测验的作用可分为诊断性测验、形成性测验和终结性测验,按试题的主客观类型又可分为主观型测验和客观型测验.

对学生的数学学习的评价要做到客观、公正、合理,使之发挥其应有的功能,必须把握好测验过程中的每一个环节.为此,应该做到以下几点:一是要编制出高水平的试题,尽量在知识的交汇点上做文章,保持各部分之间的适当比例,使试题具有代表性、层次性,有较广泛的覆盖面,并注意突出考察的重点;二是要能对测验结果进行科学的分析和总结,根据测验的结论及时改进教学工作.这就是说,数学测验结果的可靠性、有效性、目的性对于评价数学学习的质量至关重要.因此,下面重点对评价数学测验质量的一些指标作些介绍,这些指标主要包括难度、区分度、信度和效度.

1. 评价数学测验质量的数量指标

(1) 难度

难度是反映测验试题难易程度的指标.对于非对即错的客观型试题(选择题、是非判断题等)的难度计算公式为

$$P=\frac{R}{N},$$

其中 P 是难度，N 是参加考试的所有人数，R 是答对该题的人数. 这样，难度实际上是试题的通过率. 例如，在 54 人参加的一次数学测验中，某道题共有 27 人答对，则该题的难度为 0.5.

对于主观型试题（计算题、证明题、叙述题等），其难度计算公式是

$$P=\frac{\overline{X}}{X},$$

其中 P 是难度，X 是该试题的满分，$\overline{X}$ 是参加考试的学生解答该试题的平均分. 例如，某道试题满分 15 分，学生解答该题所得的平均分为 9 分，则该题的难度就是 0.6.

由于以上计算公式得出的难度 P 的数值越大，题目越容易；数值越小，题目越难，这恰恰与通常所说的难度意义相反，因此，习惯上也用公式

$$Q=1-P$$

表示难度. 这样，Q 越大，难度也越大；Q 越小，难度也越小，与通常"难度"的意义就一致起来了.

整份试卷的难度就是将每一道试题的难度组合起来的结果，通常用各题的平均难度来近似表示. 在常模参照测验中，一份难度适当的试卷，学生的成绩分布应当近似呈现正态分布. 也就是说，取得中等分数的人数应是大多数，而取得高分和低分的人数则较少.

(2) 区分度

区分度是反映试题对于学生实际学习水平的区别程度的指标. 区分度高的试题，能把分数拉开；而区分度低的试题，分数都很接近，不能准确反映学生的学习水平.

计算区分度的方法比较多，常用的主要有以下两种.

① 相关系数法. 相关系数法就是将学生在某道试题上的得分与他们的测验总分两者之间的相关系数 r 作为该题的区分度 D. 计算公式是

$$D=r=\frac{\sum_{i=1}^{n}(x_i-\overline{x})(y_i-\overline{y})}{n\cdot S_x\cdot S_y}.$$

其中，x_i 为第 i 个学生在该题的得分，y_i 为第 i 个学生的测验总分，$\overline{x}$、$\overline{y}$ 分别是所有考生该题得分的平均数和测验总分的平均数，n 是考生总数，S_x、S_y 分别表示变量

x、y 的标准差，即

$$S_x=\sqrt{\frac{\sum_{i=1}^{n}(x_i-\overline{x})^2}{n}},S_y=\sqrt{\frac{\sum_{i=1}^{n}(y_i-\overline{y})^2}{n}}.$$

例如，一次数学测验的总成绩和第 8 题的得分如下表所示，试计算第 8 题的区分度(第 8 题满分为 20 分).

学生编号	1	2	3	4	5	6	7	8	9	10	11	12
测验总分	97	53	67	84	88	47	78	75	66	83	92	61
第 8 题得分	19	4	8	14	17	12	16	13	18	15	20	6

计算如下：

$$\overline{x}=\frac{1}{12}\times(19+4+8+14+17+12+16+13+18+15+20+6)=13.5,$$

$$\overline{y}=\frac{1}{12}\times(97+53+67+84+88+47+78+75+66+83+92+61)\approx 74.3,$$

$$S_x=\sqrt{\frac{\sum_{i=1}^{12}(x_i-\overline{x})^2}{12}}=\sqrt{\frac{293.5}{12}}\approx 4.95,$$

$$S_y=\sqrt{\frac{\sum_{i=1}^{12}(y_i-\overline{y})^2}{12}}=\sqrt{\frac{2\,780.68}{12}}\approx 15.22,$$

$$D=\frac{\sum_{i=1}^{12}(x_i-\overline{x})(y_i-\overline{y})}{12\times 4.95\times 15.22}=\frac{634}{904}\approx 0.70.$$

所以，第 8 题的区分度约为 0.70.

② 高、低分组得分率相减法. 将学生按成绩从高分到低分排序，然后按 27%的百分数，分别计算高分组、低分组的平均得分 P_H、P_L，则区分度 D 的计算公式为

$$D=P_H-P_L.$$

例如，某班 57 名学生参加考试，将学生按某道题(满分 15 分)的成绩从高到低排序，取高分组与低分组各 15 人(各占 57 的 27%)，高分组、低分组均分分别为 12 和 3，则区分度为

$$\frac{12}{15}-\frac{3}{15}=0.6.$$

高、低分组得分率相减法应用比较普遍，计算也较方便.

区分度一般用于常模参照测验.在常模测验中，区分度在 0.4～1.0 之间的试题为优，在 0.3～0.4 之间的试题为良，在 0.2～0.3 之间的试题为合格，在 0.0～0.2 之间的试题为差.区分度低于 0.3 的试题都应当淘汰或改进.

实践证明，难度与区分度有着密切的关系.当试题难度太大或太小时，区分度相应较低；当试题难度集中分布在 0.5 左右时，学生所得分数成离散的正态分布，这样的测试结果便于比较每一个学生在全体学生中的相对位置.

另外，区分度具有相对性，用不同的计算公式会得到不同的区分度.因此，在比较多个试题的区分度时，必须选用同一种计算公式进行计算.

(3) 信度

信度是描述测试结果稳定性和可靠性的数量指标，也就是测试对象所得分数与其真实水平的接近程度.显然，测试中偶然因素越大，稳定性和可靠性越差，信度也就降低，测试就不可靠.反之，如果测试受偶然因素影响较小，则信度较大.像中考、高考这样正规的大型考试，信度一般都要求达到 0.9 以上.

计算信度的方法很多，常用的有重测法、等值法、分半法等.重测法是用同一份测试卷先后两次对同一组学生测试，然后求得两次测试所得分数的相关系数，称为该试卷的信度系数.等值法使用的是两份测试内容与要求基本一致、试题形式与数量基本相同、相应试题的难度与区分度基本相等的试卷，这两次测试的相关系数就作为等值信度系数.分半法则是将一次测试的题目按由易到难的顺序排好，然后按奇偶分成两半，再计算学生在两半试题所得分数的相关系数，称为分半信度系数.

克伦马赫(J. Cronbach)于 1951 年提出了试卷信度系数的一个基本计算公式：

$$r=\frac{n}{n-1}\cdot\frac{S^2-\sum\limits_{i=1}^{n}S_i^2}{S^2}.$$

其中，n 为试题总数，S^2 为所有被测试学生总分的方差，S_i^2 为所有被测试学生第 i 题得分的方差.

例如，一份测试卷共 5 道大题，第一题是选择题(共 60 分)，其余四道是解答题每题 10 分，共 100 分.测试后统计结果如下：试卷标准差 $S=12.7$，各题得分的标准差为 $S_1=6.2$，$S_2=3.8$，$S_3=3.1$，$S_4=3.3$，$S_5=4.2$，可求得这次测试的信度为

$$r=\frac{n}{n-1}\cdot\frac{S^2-\sum\limits_{i=1}^{n}S_i^2}{S^2}$$

$$=\frac{5}{5-1}\cdot\frac{12.7^2-(6.2^2+3.8^2+3.1^2+3.3^2+4.2^2)}{12.7^2}\approx 0.54.$$

要提高测试的信度一般可采用以下办法：① 增加题量，扩大试题的覆盖面，以便缩小学生偶然得分的可能性；② 尽量采用难度适中区分度大的试题；③ 试题的呈现顺序注意由易到难，以稳定学生的情绪，以便在测试中能发挥出正常的水平.

(4) 效度

效度是测试的有效性、准确性的指标，反映的是一次测试达到既定目标的成功程度. 效度体现了考试的准确程度，包含两层意思：一是效度具有特殊性，即任何一种测试只对某种特殊目的有效，例如，不能以几何知识的测验来反映学生的代数知识的水平；二是效度具有相对性，即任何一种测试仅是对所要测试的特性作间接的推断，只能达到某种程度的准确性.

通常应用较为广泛的测试效度，主要有内容效度和效标关联效度.

数学测试的内容效度即是指测试内容在多大程度上可以反映测试目的所规定的学生的某些能力水平，它是一个定性分析的指标. 通常用测试试题与教学内容相比较，两者吻合的部分越多，且试题充分概括了教材的重要内容，那么这次测试就具有较高的内容效度. 编制试卷时，先编排教材内容和教学目标的双向细目标，有助于提高效度.

效标关联效度是指一次测试的成绩与作为参照标准的另一测试(称为效标，有时也把学生平时学习中掌握数学知识和能力的水平与有经验的教师的评定等作为效标)成绩之间的相关程度. 一般地，我们把考试的得分与效标分数之间的相关系数作为测试的效度值.

如果 n 个学生的测试分数为 x_i，效标分数为 y_i，那么效度指标

$$r=\frac{\sum_{i=1}^{n}(x_i-\overline{x})(y_i-\overline{y})}{\sqrt{\sum_{i=1}^{n}(x_i-\overline{x})^2\cdot\sum_{i=1}^{n}(y_i-\overline{y})^2}}\ (i=1,\ 2,\ 3,\ \cdots,\ n),$$

其中，$\overline{x}$，$\overline{y}$ 为相应分数的平均值. 一般认为，效度值 r 在 0.4～0.7 之间比较合理.

提高测试效度可采取下列措施：① 把握课程标准或教学大纲提出的教学要求，了解学生的实际水平；② 试题不以偏题、怪题的面孔出现；③ 提高试题的信度，如增加题量、控制难度等；④ 拟定编题计划，以避免命题的盲目性.

2. 测验成绩的解释与评定

根据测验的评分标准，从试卷直接得到的分数叫做原始分数. 一般情况下，我们不能直接用原始分数来评价学生的学习效果. 比如，在满分为 100 分的试验中，某学

生得 70 分，家长见了很生气，认为该生的成绩在班上处于中下游. 事实上，这种看法不一定正确. 因为如果这次测验的均分为 65 分，那么该生的成绩应该是中上游. 可见，仅用一个原始分数不能评价学习效果的好坏. 同样，用原始分数也不能对两次测验得到的成绩进行比较. 比如，某生期末考试语文 80 分，数学 95 分，我们很难判断该生哪门课程学得更好.

由此可见，为了科学、客观、公正地评价学生的学习，常需要对原始分数进行处理. 根据测验的目的不同，处理的方法也不同.

在目标参照测验中，我们要通过测验了解学生达到教学目标的程度，因此，可利用原始分数来划分等级. 如果用优秀、良好、及格、不及格四个等级对测验成绩进行分析，那么对于满分为 100 的测验来说，等级划分标准通常是：优秀：100 分～90 分；良好：89 分～80 分；及格：79 分～60 分；不及格：60 分以下.

根据这样的等级划分，有了原始分数，就知道实现教学目标所达到的程度.

在常模参照测验中，为了客观地确定考生的位置，科学地进行不同测验结果的比较，常常运用某些量化数据. 常用的量化数据如下：

① 集中量数. 如果一个数据反映了某个被测群体的整体水平或集中趋势，则称它为集中量数. 常见的集中量数有平均数、加权平均数、中位数等. 其中，平均数 $\overline{x}=\frac{\sum x_i}{N}$（$x_i$ 为原始分数，N 为考生人数），加权平均数 $\overline{x}=\frac{\sum x_i a_i}{N}$（$x_i$ 为原始分数，$\sum a_i=1$，a_i 为加权系数）.

② 差异量数. 描述一组数据离散程度的量叫做差异量数，如标准差 $s=\sqrt{\frac{\sum(\overline{x}-x_i)^2}{N}}$，它表示一个被测群体的测验成绩的变异程度. s 越大，说明平均数的代表性越小；s 越小，说明被测群体成绩与平均数越相近，平均分的代表性就越大.

③ 标准分数. 标准分数是由原始分数换算得来的可以进行比较的量数，它的一种计算公式是

$$Z=\frac{x-\overline{x}}{s}$$（x 是原始分数，$\overline{x}$ 是平均分）.

这样计算得来的分数又称为 Z 分数. 可以看出，Z 分数以平均分为零点，以标准差为单位. 当原始分数大于 $\overline{x}$ 时，Z 分数为正；当原始分数小于 $\overline{x}$ 时，Z 分数为负. 将原始分数化为标准分数之后，我们可以对它们进行比较，并由此对学生的学习作出评价.

例如，某班期中、期末考试中，两名学生甲、乙的原始分数以及考试的均分、标准差如下表所示，试对这两位学生的学业水平进行评价.

	$\bar{x}$	s	x_A	x_B
期中考试	80	8	70	75
期末考试	50	5	60	55

如果计算原始分数，这两位学生的成绩处于同等水平. 如果换算成标准分数，则期中考试 $Z_甲=-1.25$，$Z_乙=-0.625$，期末考试 $Z_甲=2$，$Z_乙=1$. 甲的标准分数总分为 0.75，乙的标准分数总分为 0.375. 所以，甲的学习成绩优于乙.

Z 分数亦可以用于同一个人不同测验分数的比较. 例如，某生参加 5 门课程考试，各科得分、各科均分、标准差及标准分数如下表所示.

	语 文	英 语	数 学	物 理	化 学
x	76	50	63	110	80
$\bar{x}$	65	44	52	100	74
s	13	8	10	14	12
Z	0.85	0.75	1.10	0.71	0.50

在表中，仅根据原始分数判断，物理优绩最优，英语成绩最差. 但如果将原始分数与平均分比较，语文、数学高出均分最多. 然而数学的标准差较小，说明数学考试成绩与均分的差异程度较小，因此数学成绩优于语文成绩. 通过 Z 分数的计算与比较便可得到直截了当地得出如下结论：该生五门成绩全为正，说明总体学习成绩优良，其中数学最优，语文次之，再其次为英语与物理，最差的为化学.

习　　题

1. 名词解释

相对评价，绝对评价；诊断性评价，形成性评价，终结性评价，表现性评价；难度，区分度，效度，信度，集中量数，差异量数，标准分.

2. 简答题

(1) 何谓数学教学评价？它有哪几个方面的功能？

(2) 数学教学评价主要有哪几种类型？它们有哪些区别和联系？

(3) 如何评价一堂数学课？

(4) 评价学生的数学学习有哪些主要的方法？

(5) 衡量一份数学测试卷质量的指标有哪些？请作简要说明.

3. 论述题

(1) 过程性评价的基本思想是什么？你认为可以从哪几个方面对学生的数学学习展开过程性

评价？

(2) 数学教学评价的多元化趋势体现在哪几个方面？你对此有哪些认识？

主要参考文献

[1] [美] B. S. 布卢姆. 教育评价[M]. 邱渊，等，译. 上海：华东师范大学出版社，1987.

[2] [美]R. 泰勒. 课程与教学的基本原理[M]. 施良方，译. 北京：人民教育出版社，1994.

[3] 施良方，崔允漷. 教学理论：课堂教学的原理、策略与研究[M]. 上海：华东师范大学出版社，1999.

[4] 涂荣豹，王光明，宁连华. 新编数学教学论[M]. 上海：华东师范大学出版社，2006.

[5] 魏超群. 数学教育评价[M]. 南宁：广西教育出版社，1999.

[6] 唐瑞芬，李士锜. 国际展望：数学教育评价研究[M]. 上海：上海教育出版社，1996.

[7] 张奠宙. 数学教育研究导引[M]. 南京：江苏教育出版社，1998.

[8] 叶佩华. 教育统计学[M]. 北京：人民教育出版社，1991.

[9] 普通高中数学课程标准研制组. 数学课程标准(实验)解读[M]. 南京：江苏教育出版社，2004.

[10] 义务教育数学课程标准研制组. 全日制义务教育数学课程标准(实验稿)[M]. 北京师范大学出版社，2001.

第三篇　数学教学设计

第 8 章

数学教学原则

教学是一项有目的、有计划的育人活动，它既是一门科学，也是一门艺术，无论是从它的目的性与计划性看，还是从它的科学性与艺术性看，都具有一些不以人的意志为转移的客观规律. 因此，教学活动的展开和进行，必须符合教学规律，遵守一定的教学原则，惟有如此，才能达到教育教学的目的. 数学教学作为一种特殊的学科教学活动，应当依据和遵守教学的一般原理和原则，同时，还必须遵循数学教学自身的一些特殊要求——数学教学原则. 本章首先对教学原则做一简要概述，再对数学教学原则进行详细讨论.

§8.1 教学原则概述

教学原则是根据教学目的和任务，反映教学规律而制定的对教学工作的基本要求，用以指导教学活动. 教师要顺利地进行教学工作，除了明确教学过程的特点和认清教学规律之外，还必须研究和掌握教学活动中应遵循的一系列教学原则.

8.1.1 教学原则的特性

教学原则是由教育工作者根据教学规律、教学实践经验制定的，因此，它具有以下一些特性.

1. 教学原则与教学规律的相关性

教学原则虽然是人们主观制定的，但是它必须反映教学过程的客观规律. 许多教育家之所以能从教学实践中总结出正确的教学原则，用于有效地指导教学实践，就是因为这些原则是合乎教学规律的. 教学原则是教学规律的反映，但又不等同于规律. 古今中外的学校活动，尽管形形色色，差异很大，但是教学过程作为一个特殊的认识过程，存在一些共同的、不以人的主观意志为转移的客观规律，规律说明了教学活动过程中“必然存在”的现象与关系. 比如，社会对数学教育的需求、数学学习的特点、学生心理特征与认知规律、数学教学中理论和实践的辩证关系、教学内容必须符合学生身心发展规律等.人们就是依据客观存在的教学规律来制定教学原则、指导教学工作的.而教学原则是人们为反映教学规律而作的一种规定,说明了教学过程中"必须遵循"的规定与要求,因此教学原则具有一定的主观性和明确的目的性.

2. 教学原则与教学经验的相关性

实践是检验真理的惟一标准,也是产生真理的土壤所在.规律正是蕴涵在实践活动和事物的相互联系之中的.离开了教学实践活动,也就不可能产生和认识教学规律,从而也就无法得出指导教学活动的教学原则.人们在长期教学实践的活动中,不断探索出一些成功的经验或失败的教训.对这些经验或教训反复认识,不断深化,由感性认识上升为理性认识,经过概括抽象,对教学规律有所认识,从而制定了教学原则.例如,我国古代教育家孔子在长期教学实践活动中,概括出"学思结合"、"学而时习之"、"因材施教"等教学原则.这些教学原则,都是前人长期从事教学活动的经验总结和概括.它来自于教学实践,反过来又指导教学实践.可见,教学原则是教学经验的提练与概括,但又不同于教学经验,它比教学经验更具一般性,具有普遍的指导意义.

3. 教学原则的发展性

由于教学原则是根据人们对教学规律的认识而制定出来的,因此,它就受到人们认识的制约.人们对教学规律的认识有全面与不全面、深刻与不深刻的差别.认识得全面、深刻,就有可能制定某些教学原则,认识得不全面、不深刻,就没有达到制定教学原则的阶段.所以,教学原则既有它的客观规律性,又具有时代的特点.可见,随着科学技术的发展和人们对教学规律的认识不断深入和全面,教学原则亦将会不断发展完善.

4. 教学原则是一个体系

教学原则是教学规律的反映,规律决定教学原则.但是,这并不等于说一条规律对应一条原则.人们依据教学规律制定教学原则有几种不同的情形:有的原则主要是以某个教学规律为依据,有的原则是以几个教学规律为依据,也有几个教学原则以某几个共同的规律为依据.所以,我们常常看到一条原则反映了多条规律的要求,或一条规律体现在多条原则上.因此,在运用教学原则于课堂教学时,不能仅仅注意其中的一两条,而应将一套教学原则应用于教学过程各个环节之中,才能提高教学的有效性.

8.1.2 一般教学原则

历史上第一个系统地论述教学原则的是捷克教育家夸美纽斯,他在《大教学论》中提出了教学的直观性、自觉性、系统性、循序性、巩固性等原则.夸美纽斯认为,教学应该先示实物,后教文字;先举例证,后讲规则;先求理解,然后记忆;从具体到抽象;从特殊到一般,从简单到复杂;要适合学生的年龄特征,超过他们理解能力的东西,就不要学习,等等.这些教学原则对后来教学原则体系的探讨产生了重要影响.

俄国教育家乌申斯基认为"教育的主要活动是在心理和生理——生理现象的领域内进行的",因此,教学原则和规则必须符合心理学、生理学的要求.据此,他提出了量力性、连贯性、直观性、自觉性、彻底性、巩固性和教育性等教学原则.

前苏联教育家凯洛夫在他主编的《教育学》中提出了七条教学原则:

✧ 直观性原则
✧ 自觉性和积极性原则
✧ 巩固性原则
✧ 系统性和一贯性原则
✧ 可接受性原则
✧ 理论和实际相结合的原则
✧ 在集体教学的条件下,对学生进行个别指导的原则

凯洛夫的教学原则,在很大程度上继承了夸美纽斯的教学原则,强调以传授知识为主和教师在向学生传授知识过程中的作用,而对如何积极地培养学生的能力和发挥学生的主观能动作用方面有所忽视.

赞可夫根据他的"以最好的教学效果来达到学生最理想的发展水平"的教学与发展的教学思想,于1970年代提出了五条"新教学原则":

✧ 以高难度进行教学的原则
✧ 以高速度进行教学的原则
✧ 理论知识起指导作用的原则
✧ 使学生理解学习过程的原则
✧ 使全班学生(包括后进生)都得到发展的原则

巴班斯基在他所研究的"教学过程最优化"的理论和实践经验基础上,提出了一个较为完整的新的教学原则体系:

✧ 教学与生活、共产主义建设实践相联系的原则
✧ 教学的方向性原则
✧ 教学的科学性原则
✧ 教学的系统性、连贯性原则
✧ 可接受性原则
✧ 为教学创造最优条件的原则
✧ 各种教学方法最优结合的原则
✧ 各种教学形式最优结合的原则

✧ 学生的自觉性和积极性原则

✧ 教养、教育和发展成果的巩固性和效用性原则

巴班斯基还指出，不能把上述这些原则中的这个或那个绝对化，而应该总体地实施这些原则，才能保证工作有成效.

美国教育家布鲁纳从他的结构课程理论出发，强调和提倡学习学科的基本结构、早期学习和发现学习等主张，由此引出了他的四条教学原则：

✧ 动机原则

✧ 结构原则

✧ 程序原则

✧ 反馈原则

在我国教育史上，关于教学原则的论述早就有之. 早在先秦时期，孔子就提出"学而时习之"、"温故而知新"、"不愤不启，不悱不发"等教学要求. "愤"是学生发愤学习，积极思考，想搞明白而没有搞明白的心理状态，这时正需要教师去引导他们解除疑团，把问题搞明白，这叫作"启"；"悱"是经过思考，想要表达而又表达不出来的窘境，这时正需要教师去指导学生把事情表达出来，这就叫作"发". "愤"和"悱"是启发的前提，"不愤不启，不悱不发"说的是，如果不具备这个前提，即使"启"、"发"也难有好的效果.

《学记》中则提出："教学相长，乐学善教，循序渐进，循循善诱，启发问难，触类旁通，反复练习，长善救失"、"道而弗牵，强而弗抑，开而弗达"等教学要求，南宋教育家朱熹吸取了我国历史上有关教学的主张，并结合他自己的教学实践，提出了"循序渐进，熟读精思，虚心涵咏，切己体察，著紧用力，居敬持志"的教学要求(即教学原则). 我国古代历史上的教育家关于教学原则的论述，概括起来大致有以下几条：

✧ 循序渐进原则

✧ 启发引导原则

✧ 复习巩固原则

✧ 学以致用原则

✧ 因材施教原则

✧ 教学相长原则

解放后，随着我国学校教学改革的发展，教学实验的不断深入，教学理论研究的日益繁荣，教学原则的理论研究趋向全面化、具体化、科学化，其内容不断丰富，很多教育学和教学论著作均有论述，这里不再一一阐述. 概括起来大致有如下十条：.

✧ 科学性与思想性统一的原则

✧ 理论联系实际的原则

✧ 传授知识与发展能力相统一的原则

✧ 教师的主导作用和学生的自觉性、积极性相结合的原则
✧ 及时反馈调节的原则
✧ 系统性与循序渐进相结合的原则
✧ 理解性与巩固性相结合的原则
✧ 量力性与尽力性相结合的原则
✧ 统一要求与因材施教相结合的原则
✧ 启发性原则

这里，我们想强调一下启发性原则. 可以说，孔子是历史上最早提出启发式教学思想的教育家，他主张"不愤不启，不悱不发"，"启发"一词由此而来. 启发性原则实质是教学的指导思想，就是教师从实际出发，不把结论直接告诉给学生，而是进行循循善诱，学生孜孜以求，开动脑筋，积极思考，主动寻求解答，自己消化理解，使学生感觉到"其意皆若出于吾之心，其言皆若出于吾之口". 贯彻启发性原则最基本的要求，就是教师要站在学生的角度，从学生的知识水平、思维水平、经验水平出发，提出适当的问题，设置问题情境，激发、引导学生思考，使学生的思维向着新知识或问题的目标靠拢，最后达到目标. 今天，在以学生为本的新课程改革之中，这一古老的教学原则(或思想)越发弥新.

§8.2 数学教学原则

数学教学原则是根据数学教学目标，为反映数学教学规律而制定的指导数学教学工作的基本要求. 作为一种教学活动，毫无疑问，数学教学过程必须遵循教学论对数学教学工作提出的一系列的基本要求；但作为一种特殊的学科教学，必然有其自身的特点及规律性，它也得遵循自身的一些特殊要求.

近 20 多年来，随着数学教育学研究的蓬勃发展和数学教学理论研究的不断深入，许多数学教育理论工作者在总结数学教育教学实践经验的基础上，结合自身的理论研究和反思，从不同的角度，各自提出了一系列的数学教学原则.

全国十三所院校协作编写的《中学数学教材教法(总论)》、钟善基等编著的《中学数学教材教法》、喻平的《数学教育学导论》等提出了数学教学的四条基本原则：理论与实践相结合的原则，具体与抽象相结合的原则，严谨性与量力性相结合的原则，巩固与发展相结合的原则.

张奠宙等著的《数学教育学》一书从数学特点出发，提出了如下三条数学教学原则：现实背景与形式模型互相统一原则，解题技巧与程式训练相结合的原则，学生年龄特点与数学语言表达相适应的原则.

曹才翰、蔡金法在其合著的《数学教育学概论》中，把数学教学原则分为目的性

原则、准备性原则、技术性原则三个层次.其中,目的性原则包含三条子原则:思想性原则、科学性原则、教学与发展相结合的原则;准备性原则包含八条子原则:自觉性和积极性原则、可接受性原则、提供丰富直观背景材料原则、整体性原则、以广度求深度原则、理论联系实际原则、教师主导作用和学生主动性统一的原则、因材施教原则.

王鸿钧教授等编著的《数学教育学(总论)》中提出了数学教学的六条原则:逻辑的严谨性与认识的能动性相结合的原则,具体与抽象相结合的原则,理论与应用相结合的原则,数量与质量相结合的原则,数与形相结合的原则,继承与发展结合的原则.

田万海教授在《数学教育学》中阐述了数学教学必须遵循如下一些特殊原则:抽象与具体相结合的原则,归纳与演绎相结合的原则,形数结合的原则.

喻平教授等在《数学教育学导引》中提出具体与抽象相结合、严谨性与量力性相结合、积极性与过程性相结合、培养双基与实际应用相结合等四条原则.

涂荣豹教授在《数学教学认识论》中指出,数学教学原则包括两类.理论联系实际、发展性、启发性等是数学教学的一般原则,而"把握数学抽象性的淡化"的原则、"摆脱数学严谨性的束缚"的原则、"突出策略创造精神"的原则和"加强数学语言训练"的原则等则是数学教学必须遵守的特殊原则.

应当说,这些理论探索和构建是积极的、有益的,成果也是喜人的,反映了我国数学教育研究目前所达到的水平和状态.这些研究为我国数学教学实践提供了积极的指导,为我国数学教学原则构建乃至数学教育理论研究做出了重要贡献.

然而,随着我国新一轮基础教育改革实践的不断深入,数学课程随着新的课程教学理念的确立,以及数学课程教育目标素质化、数学教学人本化、数学评价多元化、数学教学原则的提出在遵循数学学科自身特点的基础上,也将随着数学教育理念的更新、数学教育目标的变化、人们对数学与数学教育认识的改变、数学教学实践经验的日益丰富而有所变化,有所发展,有所创新.下面我们从数学学科的特点、中学生身心发展实际出发,结合我国当前数学新课程理念和数学新课程改革的教学实践,探讨数学教学必须遵循的一些特殊的基本要求,即数学教学原则.

8.2.1　抽象性与具体性相结合的原则

1. 数学的抽象性

抽象,就是从事物中把某一方面的特性抽取出来而舍弃所有其他方面的特性的思维过程,它是形成数学概念、得到数学原理的必要手段.任何科学都有抽象的一面,但是,数学的抽象性有其自身的特殊性.

数学抽象是对事物的空间形式和数量关系的抽象,它舍弃了构成事物的质的规定性. 这是有别于其他科学抽象的一个明显特征. 例如,函数概念描述了两个数集之间的对应关系,而舍弃了集合中元素所实际代表的具体事物.

数学的抽象性是逐级进行的,具有不同的层次,下一次的抽象是以前一次的抽象材料为其具体背景的. 比如,从自由落体运动中时间与位移之间的关系等客观现象,抽象出二次函数 $y=ax^2+bx+c$;研究一次函数、二次函数、正比例函数、反比例函数,在此基础上抽象出一般函数的概念,然后从实数集上的函数发展为任意集合上的映射. 这就是一个逐级抽象的过程.

数学的抽象性还表现为它使用了大量的数学符号. 数学符号的使用,数学表述的形式化加深了数学的抽象层次.

数学的抽象性还表现为它的高度概括性. 概括就是把若干对象的共同属性归结起来进行考察的思维方法. 数学中抽象与概括相互联系,相辅相成,在数学活动中互为条件,协同发挥作用. 一般来说,抽象侧重于分析、提练,概括侧重于归纳、综合. 越是抽象的理论,其概括性也越强.

2. 数学抽象的相对性

首先,数学的抽象性是以具体性作为基础的. 数学内容的抽象性,往往掩盖了与具体内容的关系,比如定积分的概念,对学生来说,名词生疏,形式抽象. 但在定积分概念的形成过程中,是以大量的具体问题,如求曲边梯形面积、旋转体体积、水的流量、液体中物体所受压力等作基础的,只是在定积分概念最终抽象形成以后才给学生以如此抽象的印象的,其形成过程是以具体的内容为基础的. 可见,数学的抽象性并不排斥具体性. 恰恰相反,现实的具体素材,是认识空间形式和数量关系的基础,是过渡到抽象的概念和命题必不可少的初始环节.

其次,数学的抽象性是逐步深入,不是"一次到位"的,有一个循序渐进的深化过程. 数学内容逐次抽象的特点,一方面表明数学内容抽象程度高,另一方面,则说明数学内容的高度抽象性不是一下子达到的,它需要有一个从具体到抽象,又从相对来说比较具体再上升到日益抽象的过程. 由此可见,再抽象也以"具体"内容作基础. 不过,这时所利用的"具体"素材,其实已经是比较抽象,甚至是十分抽象的数学结论.

第三,高度的抽象性与广泛的具体性. 正如前面所述,抽象程度越高,概括性越强. 所谓概括性强,就是说抽象出来的结论,是最广泛的具体内容共有的属性. 比如,锐角三角函数,它是相对具体的抽象概念,其概括性也较弱,它所能联系的具体内容也少. 而上升到任意角的三角函数时,它表现为"圆函数",所涉及的内容一下子扩展到一般的"圆运动";再进一步扩展为数值函数,即以任意实数为自变量的三角函数时,其涉及的内容又包括了相应的周期运动.

3. 中学生抽象思维的阶段性

根据皮亚杰的儿童思维发展理论，处在中学阶段的中学生的思维发展正处于具体运演与形式运演过渡阶段①，思维由具体思维向抽象思维发展，其思维运演还需要直观的支撑，他们的抽象能力仍处于初级水平. 美国有研究表明，美国人口中仅仅有40%～60%的人达到最后的形式运演阶段. ②我国数学教学实践也表明，中学生的抽象思维的水平在不同的年龄阶段有着差异性. 在初中阶段，特别是低年级的学生，表现为对具体素材的过分依赖性，这些学生对十分相近的数学内容或类型，不会进行简单的推广，对比较抽象的数学结论难以理解与掌握. 因此，教学中不分学生的年龄特征，一味地追求概念化、形式化是不可取的.

4. 抽象性与具体性相结合原则的贯彻要求

在数学教学中贯彻抽象性与具体性相结合的原则，就是要坚持循序渐进，逐步深入，对抽象的数学概念、形式化的数学结论的教学要求不能一步到位，要克服急于求成、急功近利的思想；要注重从特殊到一般，从具体到抽象，淡化形式，注重实质.

传统的数学教学过分追求概念化、形式化，以致于许多学生对数学学习失去兴趣，失去信心. 可喜的是，新的数学课程标准已充分注意到这些倾向，并努力纠正过去数学课程教材教学过度形式化、抽象化做法，同时对数学教材编写、教学建议都做出了明确的规定和要求.

普通高中课程标准在教学建议中指出："重视图形在数学学习中的作用，鼓励学生借助直观进行思考."“学习形式化表达是一项基本要求，但不能只限于形式化的表达……有些概念(如函数)的教学是从已有知识和实例出发，再抽象为严格化的定义的；有些内容(如统计)的教学是通过案例来学习它的思想和方法，理解其意义和作用的. 又如，对导数概念的理解，是通过实例让学生经历从平均变化率过渡到瞬时变化率的过程，进而了解导数概念的实际背景以及瞬时变化率就是导数，体会导数的思想及其内涵的."这里的“图形”、“已有的知识和实例”、“平均变化率”等就是“具体”的，而所要学习和掌握的“定义”或“导数”就是抽象的内容.

同样，义务教育课程标准也强调："抽象数学概念的教学，要关注概念的实际背景与形成过程，帮助学生克服机械记忆概念的学习方式. 比如函数概念，不应只关注对其表达式、定义域和值域的讨论，而应选取具体实例，使学生体会函数能够反映实际事物的变化规律."这里，同样强调了抽象的数学概念的学习必须以具体性作为基础.

具体地说，在贯彻抽象性与具体性相结合的原则时，必须注意以下几点.

---

① 朱智贤，等. 思维发展心理学[M]. 北京师范大学出版社，1986：62.

② 涂荣豹. 数学教学认识论[M]. 南京师范大学出版社，2003：189.

第一,直观教学.重视直观教学,要求提供学生感兴趣的、熟悉的,以及与生活实际、已有的学习经验和知识背景密切相关的素材,要让学生有比较充分的时间、空间经历观察、实验、猜测、推理、交流、反思等活动过程,促进学生对数学概念和结论本质的真正理解.这样通过实物直观、模型直观、图形直观、言语直观,以形成学生鲜明的表象,为他们掌握抽象的数学概念提供必要的感性材料.这些感性知识越完善、越丰富,学生形成抽象的理性知识也就越顺利、越牢固.心理学的研究表明,视觉表象、心智图象对于抽象内容的学习是有显著作用的.当然,我们强调直观教学,并不是取代严格的、抽象的、系统的论证.所以进行直观教学时,要关注教学目标的达成情况.

比如,在进行实物直观、模型直观、图形直观教学(包括计算机多媒体的演示)时,要注意数学知识的原发性、数学思想的实质性,突出数学概念、结论的本质.直观具体的材料要蕴涵着数学抽象概括的内容,以便把直观得到的感性认识提高到抽象的理论水平;直观教具演示的时机也要适当,直观演示过程中要引导学生观察、分析、综合、概括、抽象,不要在细节上分散了学生的注意力,要引导他们抓住本质的数学特征.

又比如,在运用言语直观教学时,要为透彻地讲授知识服务.为了让学生能准确地理解数学教材的文字,教师要注意言语表达的直观性、具体性.言语直观要照顾学生的年龄特征和知识水平,以他们已有的记忆表象为基础,使其再现并重新组合,形成新的高层次的表象.要防止脱离学生经验,单纯追求言语的形象性.言语直观要求教师语言通俗、有趣、易懂,并配以节奏感和鼓动性,富于启发性和感染力,让学生展开想象.

第二,数形结合.数形结合既是数学教学的重要策略,也是数学中的重要思想方法.我们在贯彻抽象性与具体性相结合的原则时,可以根据数学内容本身的特点,采用数形结合的方法.许多数量关系方面的抽象概念和解析式,若赋之以几何意义,往往变得非常直观、形象,并使一些关系明朗化、简单化;同样,一些图形的性质,又可以赋予数量意义,寻找恰当表达问题的数量关系式,将几何问题代数化,以数助形,用代数的方法去解决几何问题.数形结合,其实质是将抽象的数学语言与直观图形结合起来,使抽象思维与形象思维结合起来,发挥数与形两种信息的转换及其优势互补与整合功能.关于数形结合,华罗庚教授评价说:“数无形时少直觉,形少数时难入微;数形结合百般好,隔离分家万事休.”

第三,从抽象到具体.如果说运用直观教学、数形结合是为了从具体认识抽象,那么,这只是认识过程的一个阶段,即从感性认识上升到理性认识阶段,但整个认识过程并没有完结.学生要真正掌握抽象的数学知识,更重要的阶段还在于运用数学理论去解决问题(包括实际问题),即从抽象再到具体.

从抽象到具体,并不是回到原来抽象时赖以为基础的具体.这两个“具体”在认识意义上有质的区别. 认识第一阶段的"具体"是感性材料,其作用是为上升到理性认识提供基础;第二阶段的"具体"则不能看做是感性材料,而是理性材料的具体化,其作用是理性认识的进一步深化. 从抽象再到具体,更确切地说,应该是从抽象再上升到具体. 因为在这一认识阶段,可以形成技能和进一步培养提出问题、分析问题、解决问题的能力.

在中学数学教学中,当学生掌握了抽象的数学概念的定义、定理和公式以及法则的意义之后,教师应及时提出新的任务,要求学生运用这些数学理论于新的问题情境,或是去辨认同类的有关事物,或者去说明、解决同类事物的有关现象,或是去完成相应的智力操作等.

解数学题就是从抽象再到具体的一种重要途径. 一般的数学题的解答过程,主要是抽象的数学概念、定理、公式、公理等的运用过程,是形成相关的数学技能的过程. 当然,同时也具有进一步培养学生的观察能力和分析、综合等数学思维能力的作用. 解较难的数学题,则除了抽象理论的运用外,还可能学到一些新的数学思想与方法,对于培养学生的创造性思维能力有一定的作用.

8.2.2　严谨性与量力性相结合的原则

1. 数学的严谨性

严谨性是数学学科的基本特点之一,表现在数学概念的定义、数学结论的阐述、推理论证的进行、运算的要求、体系的建构等各个方面. 具体来说,表现为以下几个方面:

① 数学概念. 数学概念可分为两类,即原始概念和被定义的概念. 原始概念就是从大量的数学名词中挑选出来的那些最基本、最常用的不加定义的概念,并作为定义其他概念的出发点,其本质属性用公理来揭示. 被定义的概念都必须有确切的符合逻辑要求的定义、符合定义的规则,即概念和概念体系是严谨的.

② 真命题. 数学中所包含的真命题也分为两类,即公理和定理. 公理是这个学科中挑选出来作为证明其他真命题的真实性的原始依据,它们本身的真实性不加逻辑证明而被承认,但是,它们作为一个体系,必须满足相容性、独立性和完备性;而定理都是经过逻辑证明为真的命题. 任何未得到逻辑证明为真的命题都不能作为正确的结论而被承认和使用,至多只是一种猜想.

③ 公理化的体系. 每个数学分支都是从原始概念和公理出发,按照一定的逻辑演绎构成的一个公理体系. 在该体系中,每个被定义的概念必须用前面已知的概念来定义,每个定理必须由前面已知其真实性的命题推导出来. 绝对不容前后颠倒、逻辑混乱.

④ 数学语言的表述. 概念和命题的陈述以及命题的论证过程日益符号化、形式

化.数学的符号语言表述简练、正确、科学,不会产生歧义.

⑤ 数学运算.数学运算要求必须按运算的法则、算理进行,而不是只看最终运算的结果.

当然,数学严谨性并不是在发展的初期就具有的,只是到了最后的完善阶段才能达到.例如,作为数学基础的实数理论,只是到了19世纪末叶才达到当前的严谨程度,在此之前的几千年内,它一直处于不严谨的状况;又如微积分,在它的发展初期并不严谨、严密,贝克莱悖论曾使当时的数学家们惶惶不可终日,由此引发了所谓的"第二次数学危机".直到19世纪极限理论的建立,才使得微积分的基础得到完善.

2. 中学生的可接受性

根据皮亚杰的儿童智力发展理论,处于中学阶段的中学生的思维正经历着由具体运演阶段向形式运演阶段的过渡发展时期,他们思维发展的抽象概括水平、形式运演能力、严谨周密程度等方面都还处于发展的初级阶段,从小学到中学要有一个过渡和适应时期,教学中考虑到数学学科的严谨性的同时,也必须注意中学生身心发展的实际情况.

首先,对中学生数学严谨性的要求,需要逐步适应.要理解和掌握数学的严谨性,必须具备很强的逻辑思维能力和相当的数学基础知识.根据中学生的年龄特征和认识的发展水平,上述能力和知识只能在他们由低年级到高年级的学习过程中逐步获得,不可能马上达到.

比如,一些学生对数学语言的理解和运用存在困难.中学数学中出现了很多小学数学里没有的新术语和新概念,如"互为相反数"、"互为余角"、"任意非零整数"、"当且仅当"、"充要条件"、"否命题"与"命题的否定"等,学生对这些术语和概念的含义往往缺乏足够的理解.数学中的定义、定理、法则的叙述十分精练,学生往往只限于背诵条文,弄不清它们的适用范围,在应用时机械地模仿范例,稍有变化,就往往顾此失彼,以偏概全;学生用自己的语言叙述概念、定理、公式、法则时,常常不准确,甚至出现错误.

又比如,一些学生推理不严谨.小学阶段,没有受过严格的逻辑论证推理训练,一些数学结论主要靠观察、实验的方法获得.因此,进入中学后,他们对推理论证的严谨性要求不能很快适应,既认识不到论证的必要性,又经常"创造出"似是而非的所谓论据,得出一些想当然的结论.例如,他们会根据加法对乘法的分配律 $a(b+c)=ab+ac$,错误地类比推出 $\lg(a+b)=\lg a+\lg b$,$\sin(\alpha+\beta)=\sin\alpha+\sin\beta$.即使经过了相当长时间的推理论证训练以后,学生在解题时,仍然容易出现类似的不严谨现象.

根据中学生的上述实际情况,要想使他们在刚进入中学阶段就完全接受数学的严谨性,这是不现实的.教学必须顺应学生的认识发展规律,螺旋式地安排抽象内容的学习，有计划、有步骤地逐步要求，循序提高，这样，他们才能达到逐步理解和掌握数学严谨性的要求.

其次，数学的严谨性具有相对性. 人类认识数学的严谨性经历了一段漫长的过程. 中学数学是人类已经获得的认识成果，虽然不必重复这个过程，但是，学生个体数学理解的发展仍需遵循数学思想的历史发展顺序. 因为个体学习本身是一种认识活动，符合“历史发生原理”，即“个体知识的发生遵循人类知识发生的过程”. 因此，要求学生从学习的一开始就接受、理解和掌握课本中形式化呈现来的严谨的数学知识，是违背个体认知的“历史发生原理”的，学生的数学认知应当遵循由低级到高级、由简单到复杂、由浅入深、逐步深化的一般认识规律. 加上中学的学时有限以及学生原有的知识和能力等因素，因此，中学阶段学生只需要学习数学的基础知识，掌握基本技能，相应地，对数学严谨性的认识也只能是基本的、初步的. 正因为如此，20 世纪 90 年代陈重穆先生发出倡议：数学学习要“淡化形式，注重实质”. 高中课程标准也提出，数学教学要“强调本质，注意适度的形式化”. ①

再次，在尊重学生可接受性的同时，也应当充分估计学生认识上的潜力. 处于一定年龄阶段的学生，接受知识的能力是有局限的，这是中学生可接受性的主要一面. 但是，我们也应该看到，中学阶段是青少年智力迅速发展时期，他们具有很大的可塑性. 数学教学不应该只是消极地、被动地适应他们的原有知识和思维水平，而应该促进他们的思维发展. 赞可夫的发展教学理论提出的教学高难度、高速度原则，其着眼点正在于以教学促进发展的这一目的. 因此，在考虑中学生的可接受性时，不能忽视教学促进发展.

3. 严谨性与量力性相结合原则的贯彻要求

数学科学是严谨的. 中学生学习数学科学的严谨性，由于受其思维发展水平的制约，因此，在数学教学中，既要体现数学科学的特色，又要符合学生的实际. 这就是严谨性与量力性相结合原则对数学教学的总要求.

在我国，由于长期受前苏联关于数学的特点是抽象性、严谨性和应用性的狭隘思想影响，在教学内容上往往追求抽象化、形式化的严密的逻辑演绎结构，在教学思想上偏重和强调学生的逻辑推理能力的培养，因而在数学课本里、课堂教学中，呈现给学生的是用逻辑链条连接起来的一串形式化定义、定理、法则、公式和奇特的符号. 这根逻辑的链条的确使数学变得十分严格、无懈可击，但数学在这根逻辑链中也变成了僵化的教条，学生从中体会不到学习数学的乐趣，也看不见数学中出神入化般的创造性思想活动，因而也正是这根逻辑链条锁住了学生的“手脚”，束缚了学生的思想. 有人把“严谨性”描绘成一把双刃剑，它既能砍去那些不合逻辑的错误东西，

---

① 中华人民共和国教育部. 普通高中数学课程标准(实验)[M]. 北京：人民教育出版社，2003：4.

保持数学的纯洁性，同时它也会砍去数学中生动活泼的思想，冰冷的美丽掩盖了火热的思考，窒息数学的生命. 这种描述是十分形象和有道理的. 我们在这里提出严谨性与量力性相结合原则的贯彻要求，在一定程度上是要克服过去那种强调数学严谨性的极端的倾向，要"摆脱数学严谨性的束缚"，在两者之间"寻找中间地带".

首先，认真了解学生的学业基础水平与认知水平，这是贯彻量力性原则的基础. 美国心理学家奥苏伯尔曾经这样说过："假如让我把全部教育心理学仅仅归结为一条原理的话，那么，我将一言以蔽之，影响学习的惟一最重要的因素，就是学习者已经知道了什么，要探明这一点，并应据此进行教学. "[①]在教学过程中，要对学生的知识基础、年龄心理特征、认知水平、兴趣爱好等情况做到心中有数；对教学内容与学生的接受能力有较大差距的内容，即教学难点，要设法分散，将之转化为学生容易接受的知识，及时解决疑难，扫清障碍.

第二，根据数学课程标准制定恰当、合理的课堂教学目标. 这就要妥善处理好数学知识体系、学生的年龄特征、课程目标三者之间的关系，根据严谨性与量力性相结合的原则，制定符合本班学生认知水平的教学目标. 一节课的教学内容的选择要恰当，例、习题的难度与数量要符合学生的最近发展区，既适应学生的现有水平，又要有一定的智力挑战性. 学生的课内作业与课后作业也要量力而行，不能对学生构成太重的生理与心理负担.

第三，螺旋式地处理教材内容. 数学知识的发生不是按逻辑方法建立的，而是实验归纳、类比联想、直觉猜测得到的，严格的逻辑证明和演绎体系常常是后来补上的，这也是人类的认识规律. 为了符合学生的认识规律，适应学生原有的知识基础和认识水平，某些数学课题学习也是分做几个阶段逐步深化的. 对于这样的课题，第一次讲授可以是不完整的知识，但决不应该是在今后的进一步学习中遭到否定的知识. 初步讲授某些数学知识时，可以用经验的验证来暂时使学生信服(但不能代替逻辑证明). 比如，关于"三角形内角和为 180°"，在小学只要求通过实验获得结论，到初中就必须达到通过逻辑证明结论. 在高中，立体几何的内容也分为几个层次：认识空间几何体，认识点、线、面的位置关系，会证明位置关系的性质定理，把判定定理的证明作为理科选修内容. 高中导数内容的安排，不要求学生必须先学习极限再学习导数，而是通过对大量实例的分析，经历由平均变化率过渡到瞬时变化率的过程，了解导数概念的实际背景，知道瞬时变化率就是导数，体会导数的思想及其内涵，从而学习导数的运算，掌握导数的简单应用. 从逻辑体系来看，这样的安排是不严谨的，但它符合导数产生的实际过程，符合学生的认知特点和水平，能使学生较早地掌握和利用导数来研究、解决有关函数问题，适应学习需要，适应当今社会生活发展的需要.

---

① 施良方. 学习论[M]. 北京：人民教育出版社，1994：232.

第四，注重数学语言的教学.数学中的每一个名词、术语、公式、法则都有精确的含义，学生能否确切地理解它们的含义是能否保证数学教学的严谨性的重要标志之一.而学生理解的程度如何，又常常反映在他们的语言表达之中.因此，应该要求学生逐步掌握精确的数学语言.

数学语言是严谨的、抽象的、精确的.而上述提及的中学生的可接受性表明，刚入中学的学生常常不能用自己的语言准确地表达数学概念和结论，一方面是由于他们在小学阶段所受到的数学语言的表达训练不够，另一方面还因为学生没有真正认识到语言精确化的重要性.在中学数学教学中，教师首先应该使学生了解他们自己在语言精确化方面存在哪些问题、有什么危害，从而使他们认识到语言精确化的必要性.在这个基础上，再要求学生细心地理解数学课本中一些概念、定理的精确叙述，并逐步学会准确地用数学语言叙述课本中的结论和解题过程.

要求学生语言精确，教师应对下述情况做到心中有数：新教材中有哪些新概念和新术语？学生比较生疏的术语、概念与已学教材中哪些术语、概念有着密切的关系？如何通俗易懂地解释？同时，教师还必须结合教材对数学语言的精确化作典型的分析.例如，为了让学生弄清“-2^2”与“$(-2)^2$”的差异，先要求会把“-2^2”念成“2的平方的相反数，”“$(-2)^2$”念成“负 2 的平方”，再问学生二者的运算结果有什么区别.用这样的对比方法，使学生灵活运用数学语言，准确地反映二者的差异.

为了培养学生语言准确，首先要求教师应有较高的数学语言修养.新教师在语言上要防止两种偏向：一是滥用学生还接受不了的数学语言与符号，二是把日常流行但不太准确的习惯语言带到教学中去.数学教师的课堂教学语言应力求规范化，既简练、精确，又适应学生的水平.

需要注意的是，我们这里要求概念讲解准确，并非是指一味追求概念表达的形式化、严谨化，而是指要在抓住概念本质的基础上要求学生能够正确地叙述和表达数学概念、结论，不出科学性错误.

第五，周密思考，推理有据.推理有据是思维严谨性的核心要求.在一般解题过程中，除证明题要有论证的根据外，就是计算题、作图题等，也都包含推理过程，都要强调每一步骤的根据.

在计算过程中，算理是算法的依据.在算理指导下解题，学生才能真正理解算法，灵活地运用算理，算法才能熟练自如.

画图也要有根据.教学中要正确处理画法与画理之间的关系.画图时还要注意处理好一般与特殊的关系，不能把任意三角形画成等腰三角形，把一般的平行四边形画成矩形或菱形.

在要求学生做到推理有据时，有时可以借助于直观或猜想去探寻所需的根据.例如，要证两个角或者两条线段相等，从观察图形出发，利用直观可以先猜测它们相关的两个三角形全等.当然,这种直观性只是入门的向导,只能起到一种启示作用,而不能作为根据.利用猜想去找解题的根据也是如此,猜想也只能起到一种启示作用,必须使猜想得到证明以后才能作为根据.归纳、猜测用于发现,逻辑用于证明.因此,推理有据并不排斥直观与猜想.强调思维的严谨性时,必须辩证地处理好推理有据与善于利用直观、归纳、猜想的关系.

8.2.3 培养"双基"与策略创新相结合的原则

1. 数学"双基"

数学"双基"就是指数学基础知识和基本技能.数学基础知识,即数学知识网络中的"结点",包括中学数学中的概念、定理、公式、法则、方法等.基本技能是指与数学基础知识相关的按照一定的程序与步骤进行的操作方式,包括运算、推理、数据处理、画图、绘制表格等心智活动.正确理解数学概念是掌握数学知识的前提,而牢固掌握定义、性质、公理、定理、公式、法则等数学规律和解题、证题的方法,则是学好数学的必要条件.须知,掌握基础知识是掌握基本技能的前提,在掌握基本技能的过程中,又能加深对基础知识的理解.

数学"双基"教学是中国数学教学的传统和特长,受到包括美国在内的许多发达国家数学教育同行的关注、学习和研究.张奠宙教授认为:"中国大陆实行'双基'教学原则,一个后果是在许多国际数学评估和竞赛中取得领先地位.""双基"教学的基本理念是,"万丈高楼平地起";中小学教育是基础教育,而基础教育的主要任务就是打好基础;尤其是,必须从小建立正确的基础,否则就会贻误一生.没有一个牢固的基础,"创造力"、"不同的学生得到不同的发展"就只能是奢谈.张奠宙在第10届国际数学教育大会(ICME-10,2004)报告中指出,数学"双基"教学原则的含义包括四个方面,即计算速度——速度带来效率;记忆程序——记忆与理解相辅相成;精确地表达——建立在逻辑分析的基础上;做练习——通过变式改进重复.[①]我们认为这样的概括是深刻的,也是符合中国数学"双基"教学的实践的.

2. 策略创新

策略创新是根据数学的探索性特征提出来的,其内涵就是波利亚推崇的"合情推理",包括观察与实验、想象与直觉、猜想与验证等数学的探索性特征和创造性思维方式.它们体现了数学的策略创新精神.[②]对大多数学生来说,培养策略创新精神比起数学基础知识的学习更为重要,因为这种数学的策略创新精神一旦转化成学生的素质,就会大大提高学生的创造力,成为他们受用终身的取之不竭的力量源泉.

---

① 张奠宙.中国数学双基教学理论框架[J].数学教育学报,2006(3).

② 涂荣豹.数学教学认识论[M].南京师范大学出版社,2003:266.

我国传统的数学教育从来都是把数学“双基”的学习和训练放在第一位的，由于过分强调数学“双基”的地位和作用，加上高考的推波助澜，使得数学学习嬗变为大量练习，过度重复，走进了“题海战术”、“应试教育”的死胡同.殊不知学过数学的绝大多数中学生毕业后并不直接从事与数学有关的工作，要不了几年他们便会把那些具体的数学知识遗忘，而惟有学习数学时留在他们心灵深处的数学精神、思想、方法刻骨铭心，永不磨灭.因此，数学教学应该把数学精神、思想、方法，也就是数学中的策略创新精神、思想、方法的培养放在首位，以适当的数学“双基”学习和训练促进这方面的发展.数学“双基”在数学教育中是载体、桥梁，是“泵”，通过它把学生送往善于思考、善于创造的理性精神的彼岸.

3. 培养“双基”与策略创新相结合原则的贯彻要求

(1) 转变观念，与时俱进地认识数学双基

数学“双基”是一个动态的概念，随着时代的发展也在发生变化.数学的基础知识是在变化着的.比如，随着计算器、计算机的使用，珠算必须退出数学课本，心算、笔算的计算能力可以降低要求；在初中数学新课程中，一些难、繁、偏、旧的课题（如平面几何的公理化体系与证题术）已退出必修课程内容；与此同时，概率统计、算法、与日常生活相联系的数学内容，则成为数学课程的“基础”；运用现代技术学习数学，也将是“双基”的一部分.过去的基本技能强调形式化的逻辑演绎能力，这也是不完整的.学习数学知识的背景及其应用，培养数学建模的能力同样是数学基本技能的组成部分，等等.因此，数学“双基”也需要与时俱进，我们要在继承传统的数学“双基”的合理成分的同时，扬弃不必要的烦琐记忆要求，增加新兴的数学知识和技能要求.

当今社会对人才提出了新的要求，不仅要具有渊博的知识，更要具有创新的能力.经济竞争，就是科技竞争，科技竞争归根结底是人才的竞争，而人才竞争的核心是创造力的竞争.创新已成为当今人才的基本要求和基本素养.在我国全面实施素质教育的形势下，培养和提高学生的实践能力、创新意识是素质教育的根本宗旨.因此，作为素质教育中的数学教育理所当然的应当把创新精神、创新意识的培养作为基本任务来抓，并被纳入数学“双基”之中.

(2) 重视“双基”数学，加强合情推理培养

数学“双基”教学是中国数学教学的传统和特长，现在世界上许多国家的数学教育在向我们学习，这是中国数学教育界长期实践经验的总结和理论研究的成果，对世界数学教育是一个重要贡献，我们不能丢，也不应该丢.特别是在当前数学课程改革实践过程中，我们要以新的、发展的数学“双基”观重新关照数学“双基”，继承和发扬“双基”教学的优点，避免和克服“双基”教学中的不足和缺点，比如只重视逻辑推理忽视合情推理的培养、强调记忆忽视理解、注重解题训练忽视思维过程等.

合情推理是数学发现、创新的重要方法，加强合情推理能力的培养，有利于培养学生的创新精神和创新意识，这也可能就是波利亚之所以在他的《怎样解题》、《数学与猜想》、《数学的发现》三本著作中贯彻始终的思想原因所在. 合情推理能力是在数学"双基"教学过程中培养的，不能离开数学"双基"的教学去空谈合情推理、策略创新，这一点我们只要去看看波利亚的三本书即可发现. 在重视数学"双基"教学的过程中，加强合情推理能力培养，这是一种打基础抓创新"两手硬"的做法，也是一个可行的"中间地带". 在当前数学课程改革实践过程中，我们要警惕两种错误的倾向：一是把中国学生的创新能力低下归罪于"双基"教学，认为牢固的数学"双基"束缚了学生的创新思维，从而偏废了数学"双基"教学，扛着培养创新能力的旗帜跟着外国人屁股后面跑，而丢了我们自己的颇得西方国家羡慕的"国粹"；二是不恰当地把数学"双基"泛化，实质是把数学"双基"虚化、弱化，失去了数学教学的"抓手"，迷失了数学教学继承和发展的方向.

(3) 把握数学"双基"和数学创新的关系

在我国传统的数学教育中，由于过分强调统一的数学基础，忽视了学生的个性和创造能力的培养，致使学生产生"基础过剩"现象，而导致创新意识失落，创造能力低下. 因此，我们不能仅仅把"重视基础"作为中国数学教育的关键课题来处理. 一个完整的数学教育模式、教学原则，一个科学的数学教育理论，必须把"基础"和"创新"这两个方面同时加以研究. 没有基础的创新是空想，没有创新指导的"打基础"是傻练. 基础要为发展服务，盲目地打基础，过量的练习是无效劳动. 在花岗岩基础上搭一个茅草房，不是我们要看到的. 强调数学"双基"需要把握适当的"度". "以学生的发展为本"，把数学"双基"和数学创新放在一起进行研究，找出适度的平衡，必将成为数学"双基"教学原则研究的指导思想.

8.2.4 精讲多练与自主建构相结合的原则

1. 精讲多练

我国数学教学目标经历了由掌握知识、发展能力，再到素质培养的不断前进提升的过程，数学课堂教学也从多讲多练、高密度、大容量，逐步走向精讲多练、变式练习、关注过程的教学模式. 精讲多练是当前数学课堂教学的主要做法. 精讲，是对教师的讲解提出的，要求教师要精选典型问题做出讲解，对数学概念、定理中的关键点做出精辟讲解. 讲解要少而精，要有针对性、代表性、普遍性，不搞一言堂，个别问题作个别教学. 多练，是要求学生练习解题必须达到一定的数量. 但做多少题就算达到一定数量呢？这是无法界定的. 于是，在升学率的刺激下，学生没早没晚、没完没了地依然进行大运动量的练习.

作为理解、巩固所学知识，做练习题是必需的；要想提高技能，通过解题可以到达自动化水平，是技能掌握的必要途径，在一定程度上学数学也是"做数学".但是，数学解题学习主要是一种有意义的发现学习，如果学生迫于时间、任务等的压力，完全可能进行机械模仿练习，因此，过量的练习谁又能保证"油多不坏菜"呢？熟能生巧，但熟也能生厌、生笨，过度练习不仅使学生身心疲劳，产生恐惧，从而厌恶学习，而且，就是对知识理解、技能掌握也未必有利，容易形成功能固着、思维僵化，不利于创造性思维的培养和发展.有实验表明，单纯的训练甚至比停止训练更容易让人的脑神经出现萎缩.对数学技能训练来说，单纯、机械、过度的数学运算的训练会阻碍学生智力的发展.[①]

2. 自主建构

建构性是数学学科的又一基本特性.对于数学知识的建构性，社会建构主义哲学家欧内斯特给出了阐述：(1) 数学知识的基础是语言知识、约定和规则，而语言知识是一种社会建构；(2) 个人的主观数学知识经发表后转化成让人接受的客观数学知识，这需要人际交流和交往的社会性过程；(3) 客观性本身应该理解为社会性的认同.郑毓信教授也认为："即使就最简单的数学对象而言，它们都是抽象思维的产物，从而，数学就其本质而言就是一种建构的活动：数学的研究对象正是通过这样的活动得到建构的."[②]其实，不仅数学的研究对象是建构的，即数学知识是人建构的产物，而且，数学的研究方法、研究工具、研究模式、理论体系等一系列内在成分都是建构的产物.建构性是数学的根本属性.

数学的建构性特征，决定了数学学习的建构性.所谓建构就是"建立"和"构造"关于新知识认知结构的过程."建立"，一般是指从无到有的兴建；"构造"，则是指对已有材料、结构、框架加以调整、整合或者重组.对建构主义来说，更是认为学习是学生依据自己已有知识经验主动建构的过程；知识不能被动接受、不能被传递，需要学生主动地自我建构其意义；就数学学习来说，有意义的接受学习和有意义的发现学习是数学建构性学习的两个基本过程.对数学知识意义的理解、数学能力的提高、数学素质的养成，需要学生智力参与、自主活动和个人体验，别人是无法替代和包办的.可以说，建构性学习也是数学学习的根本途径.

3. 精讲多练与自主建构相结合原则贯彻的要求

首先，确立学生学习的主体地位.学生是学习的主体，但在实际教学中，"主体性"常常受到教师的"主导性"的排斥、羁押而被架空、阉废.是否真正确立和发挥了学生学习的主体性，可以从以下几个方面去衡量：学生学习的积极性、自主性、探索性、深刻性.

---

① 綦春霞.数学课程论与数学课程教材改革[M].北京师范大学出版社，2001：107.

② 郑毓信，梁贯成.认知科学—建构主义与数学教育[M].上海教育出版社，1998：200.

其次,教师要为学生自主建构而精讲.在数学教学中,教师的地位和作用我们是绝对不容忽视的,教师也绝对不能自我放弃.教师的讲解应当为学生学习服务,为学生的发展服务,在“精”字上下功夫,使精讲具有针对性、有效性.为此,教师需要深入了解学生真实的思维活动,努力帮助学生获得必要的经验和预备知识,使学生自主建构获得必要的基础;高度重视对学生错误的诊断与纠正,克服自我建构的偏差;充分注意学生在认识上的特殊性.因此,教师要善于创设数学问题情景,引导学生经历观察、实验、归纳、猜想、验证、应用等建构活动,不搞一言堂,进行民主教学,给学生自主建构留有充分的空间和时间.

再次,注重数学过程教学.学生的认知活动遵循数学知识的历史发生过程,教师的讲解为了促进学生的自主建构,应当创设数学问题的情境,让学生提出问题、分析问题、解决问题,在问题情境——解决过程中学习数学知识、建构意义.在这个活动中,不是让学生简单地重复人类漫长的认识过程,而是通过教师的“精讲”,减缩其中的曲折,让学生经历“再发现”“再创造”的自我建构活动.

习　题

1. 解释下列名词

数学教学原则,抽象性,严谨性,数学“双基”,合情推理,自主建构.

2. 简答题

(1) 如何理解抽象性与具体性相结合的原则?

(2) 如何理解严谨性与量力性相结合的原则?

(3) 如何理解数学“双基”与策略创新相结合的原则?

(4) 如何理解精讲多练与自主建构相结合的原则?

3. 论述题

(1) 如何贯彻抽象性与具体性相结合的原则?

(2) 如何贯彻严谨性与量力性相结合的原则?

(3) 如何贯彻培养数学“双基”与策略创造相结合的原则?

(4) 如何贯彻精讲多练与自主建构相结合的原则?

主要参考文献

[1] 十三院校协编组.中学数学教材教法(总论)[M].北京:人民教育出版社,1980.

[2] 李求来,等.中学数学教学论[M].长沙:湖南师范大学出版社,1992.

[3] 吴宪芳,等.数学教育学[M].武汉:华中师范大学出版社,1997.

[4] 涂荣豹.数学教学认识论[M].南京师范大学出版社,2003.

[5] 王策三.教学论稿.人民教育出版社,1985.

[6] 李秉德.教学论[M].北京:人民教育出版社,1991.

第 9 章

数学教学设计

教学设计(instructional design)是指教师以现代教学理论为基础,根据教学对象的特点和教师自己的教学观念、经验、风格,运用系统的观点与方法,分析教学中的问题和需要,确定教学目标,建立解决问题的步骤,合理组合和安排各种教学要素,为优化教学效果而制订实施方案的系统的计划过程.简单地说,教学设计就是指教师为达成一定的教学目标,对教学活动进行的系统规划、安排与决策.它包括学生分析、学习内容分析、教学目标确立、教学过程设计、教学评价设计等.教学设计在教学理论、学习理论和教学实践之间起着中介作用.

在教学设计理论中,学生分析、学习内容分析、教学目标确立、教学过程设计是教学设计的核心内容和基本环节,因此,本章主要就这几个方面加以阐述.

§9.1 学生的特征分析

分析学生的目的是了解学生的学习准备状态、学习风格等方面的情况,为教学内容的选择和组织、教学目标的确定、教学过程的安排、教学模式的采用等提供科学依据,以便加强和提高教学设计的针对性、实效性.因此,对学生的特征分析,是教学设计前期分析中的重要环节.

9.1.1 分析学生的理论依据

儿童在每一个阶段的认知发展具有一般的特点和规律,进行数学教学设计必须首先了解、遵守和符合这些特点和规律.有关儿童认知发展的理论研究中,当属瑞士心理学家皮亚杰的儿童认知发展阶段理论最为著名.该理论主要是根据儿童学习数学的实验而提出来的,对认识儿童在数学学习活动中思维发展的特点,有针对性地进行教学设计,具有十分积极的指导意义和作用.

皮亚杰将儿童认知发展划分为四个阶段:感觉一运动阶段(0～2 岁)、前运演阶段(2～7岁)、具体运演阶段(7～11、12岁)和形式运演阶段(12～17岁). 这里所指的“运演”,通俗地讲,就是思维操作. 由于我国的中学生基本上处于从具体运演阶段向形式运演阶段发展,下面对这两个阶段的思维特征进行分析.

具体运演阶段的儿童由表象性思维的概念化活动过渡至概念性思维的过程,即由外部的行为活动逐步转化为内部的心理运演. 其思维具有这样一些特点:① 运演的可逆,即儿童开始能够用两种以上的关系而不是以一种关系排除另一种关系的方式来处理序列化活动,或者能够以尝试错误的灵活方式而不是只能朝着单一的方向进行运演. 比如能够同时运用“<”和“>”两种关系进行运演. 这说明学生的思维可以进行逆运演了,于是就能够进行逆运算和理解可逆关系. ② 运演系统的守恒,即思维形成了可闭合系统或结构,具备了形成正转换和逆转换的运演组合. 这表明思维可以沿着相反的方向进行和转换. ③ 运演的传递,即可以进行传递性运演. 例如,如果 $A=B$ 且 $B=C$,那么就能知道 $A=C$. 这种因守恒而致的传递性同时产生了一系列的新的运演,诸如能够进行不完全归纳,能进行不甚严密的初步演绎推理,开始能够处理假设. ④ 注意的扩大,即能够同时把握事物的不同侧面或者活动的多个方面,在同一时刻获取的信息量增加. ⑤ 思维的概念化从实物性表象概念过渡到内部心理表象概念,即概念化可以脱离实物,开始能够在概念学习的水平上理解概念,但在很大的程度上离不开具体事物的直观支撑. 处于这个发展阶段的学生能在不脱离具体的前提下进行思维活动,思维的形式与内容还不能完全分离.

进入形式运演阶段的儿童,他们的思维逐步脱离具体对象,向抽象思维活动的方向发展. 因此,形式运演的本质是有可能通过假设进行推理,并把形式的联系和内容的真实区分开来. 这个阶段学生的思维活动具有以下特点:① 由具体思维向抽象思维发展. 在这个发展阶段的学生能直接掌握抽象概念本质属性来获取概念,能够给抽象概念下定义. 例如,能够通过定义学习实数、对数、向量、极限、导数等等概念. ② 由学习概念向学习命题发展. 在形式运演阶段,学生能够进行命题的学习,命题所提出的不是具体的客体而是形式化的假设,这表明此时学生能够把形式的联系与内容的真实区分开来,也就是有能力处理假设,而不是单纯地处理客观存在. 命题的学习实际上是在命题间进行运演,是对运演的运演,这是智力发展的实质性飞跃. ③ 逻辑思维向形式化推理发展. 在形式发展阶段的学生,能运用抽象逻辑思维,进行形式化推理,不但能进行几何证明,而且也能进行代数的形式化推理. 代数证明表明思维完全在抽象的符号之间周旋,仅仅对抽象的符号进行运演,彻底超越了现实和具体. ④ 思维量和思维度向复杂方向发展. 具体表现为由单变量思维向复合变量思维、单维度思维向多维度思维方向的发展。⑤ 思维活动朝着自我反省的方向发展,这表明学生的思维监控水平有了新的发展与提高.

根据皮亚杰的认知发展阶段理论,我国中学生的数学学习具有如下一些共同特征.

其一,中学生的数学思维成分中形式化思维逐步占据优势,而且,发展到第四阶段,学生的自我意识与思维监控能力有了发展与提高.这表明,具有一般智力水平的学生能够达到数学课程标准提出的学习目标.

其二,中学生的思维发展具有阶段性.在初中阶段,学生的逻辑思维逐步形成,但仍需要直观感性经验的支撑;到了高中阶段,学生的抽象思维有了发展,他们能够摆脱直观、形象的具体内容进行各种思维活动.这表明,在不同的年龄阶段,学生的认知水平存在着不一致性.

皮亚杰的儿童认知发展阶段理论为在不同阶段的儿童应该教什么和怎样教,即给教学设计提供了可靠的心理学依据,成为西方乃至全世界在教育上把握儿童认知发展的路标;据此而促进儿童从认识发展的一个阶段过渡到下一个阶段的信念,成为教学设计的基本准则和行动目标.

皮亚杰的理论从认识论和心理学的角度提出了衡量学生在各个年龄段上智力发展水平的"客观性"标准,并提醒我们在进行数学教学设计时必须注意学生是否具备掌握有关课题的相应的能力结构.须知,合理的、有效的教学应当适应学生可能达到的认知水平.

数学教学设计必须适应学生的年龄特征,适应他们的认知发展水平,这是教学设计的一条基本原则,否则就会违反学生智力正常发展的规律.例如,在20世纪50年代末60年代初的"新数学运动",欧美一些国家就将抽象代数中的群、环的概念下放到初中年级去教,虽然这类概念已经处理得比较通俗、浅显,但是后来的数学教学实践证明,艰深的概念是很难被这个阶段学生领会、掌握的.在我国,类似现象在数学教学中也时有发生.例如,老师随意地将高年级的内容下放到低年级去教,随意地布置要用到艰深概念的题目让学生去解,这种超越一般学生认知水平的做法,盲目地加快教学进度、拔高内容深度、增加题目难度,不仅没有取得预期的教学效果,还会增加学生的生理与心理负担.

义务教育阶段的数学课程与高中新课程的设计已充分体现了学生的年龄特征,比如,对于初中阶段的"数与代数"的学习,课程标准要求淡化繁琐的计算与变形,强调发展学生通过特例发现一般规律的能力.在高中阶段,对于某些难点内容,比如立体几何的处理,就采用了螺旋上升、分层次递进的方式.

9.1.2 学习起点水平的分析

对学生学习起点水平的分析直接关系到数学学习内容的确定.对学生学习起点水平分析不足、不全面,学习内容的确定就会脱离学生的实际.如将学生的起点定得太高,脱离学生的实际水平,反而会降低教学效果,使学生在高难度的学习内容面前望而却步；如将学生的起点定得太低，也脱离学生的实际水平，会造成时间和精力的浪费，使学生在低水平的内容上做无效的练习. 长此以往，就会降低学生的学习兴趣. 因此，全面、客观地厘定学生的学习准备，是十分重要的，具有重大的实践意义.

学习起点水平是指学生在学习新知识时，他们的原有知识水平和原有心理发展的适应性. 如果说教学目标是教育的目的地，那么，学生的起点水平则是教学的出发点. 学生的起点水平的分析就是要确定教学的出发点. 对数学学习而言，学习起点水平包括学生学习新知识时已具备的知识基础、技能基础，以及对数学内容的认识、态度，即数学学习的心向.

1. 学生知识基础的分析

奥苏伯尔认为，当学生把教学内容与自己的认知结构联系起来时，意义学习便会发生了. 所以，影响课堂教学中意义接受学习的最重要的因素是学生的认知结构. 认知结构是指学生现有知识的数量、清晰度和组织方式，它是由学生眼下能回想出的事实、概念、命题、理论等构成的. 因此，要促进新知识的学习，就要增强学生认知结构与新知识的有关联系. 其前提是要先了解学生的原有认知结构的状态，在此基础上，通过教学加强新旧知识的联系，这样才能把新知识纳入学生原有认知结构中. 因此，分析学生起点水平的一个方面，就是了解、判断学生原有知识结构的状态.

怎样判断学生原有认知结构呢？美国著名学者约瑟夫·D. 诺瓦克提供了判断学生认知结构的技术，这种技术叫做绘制“概念图”. “概念图”是一种知识结构的表现方式，知识被视为各种概念和这些概念所形成的关系（一般称之为命题和原理），其形式是一种网状的等级结构. 由于学习上的差异，每个学生绘制的概念图也会各不相同，教学就是不断地完善这个概念图的过程. 为了准确地把握学生现在具备了哪些知识，可让学生编制某一内容的概念图，然后据此判断学生掌握知识的水平，即原有认知结构的状态. 例如，图 9－1－1 是有关数系的一张概念图.

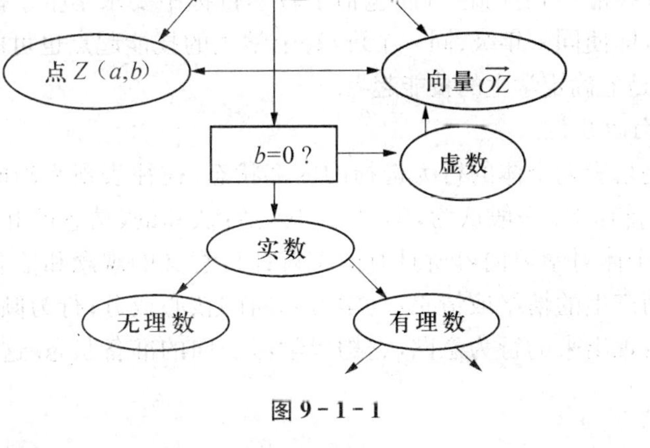

图 9－1－1

绘制概念图的基本步骤是：

① 确定已学内容中的概念.让学生根据已学过的知识内容，利用关键概念，列出概念一览表；

② 将概念排序.从最一般的、最广泛的概念开始排列，一直排列到最具体、最狭窄的概念.通常按金字塔结构排列，一般性的概念置于顶端，具体的概念按顺序放在较低的层次上；

③ 确定各概念之间的关系.在每一对概念间画一条线，并选定符号表示两个概念的关系.随着认识的深化，学生对概念之间的关系可能会有新的认识，所以，线条可改动；

④ 找出图中不同概念之间的关系，在图上标出各种交叉联结线.

根据学生编制的概念图，教师就可以判断学生原有认知结构的状态，从而确定教学的起点应该在哪里.

2. 学生技能基础的分析

加涅和布里格斯等人提出的“技能先决条件”的分析方法，是对学生技能基础进行分析的常用方法.这种方法是从终点技能着手，逐步分析达到终点技能所需要的从属知识和技能，一层一层分析下去，直到能够判断从属技能确实已被学生所掌握.从而，教学设计者通过学生能否完成这些最简单的技能来判断他们技能起点水平.

另外，也可通过测试，了解学生的技能水平程度，据此确定学生的技能起点水平.

例如，要学生学习解决：“如果 $\dfrac{\cos B\cos C}{\sin B\sin C}+\cot A\cot C+\dfrac{1}{\tan A\tan B}=1$ 成立，那么，A、B、C 应满足什么条件?”学生首先必须具有弦化切、再作恒等变形为 $\tan A\tan B+\tan B\tan C+\tan C\tan A=\tan A\tan B\tan C$ 的技能，最后学生要能够利用两角和的正切公式推导出 $\tan A\tan B+\tan B\tan C+\tan C\tan A=\tan A\tan B\tan C$ 成立的充要条件是 $A+B+C=k\pi(k\in\mathbf{Z})$.

需要注意的是，“技能起点”具有动态性.一般地，它主要包括学习新知识所必须具备的旧知识和技能；但有时也可能包括了教学目标中要求学生掌握的“新知识”.此外，还要注意，即使同一年级、同一个班，每个学生的技能起点也可能是有差异的.因此，要实事求是地确定学生的技能起点.

3. 学习心向的分析

学习心向是指影响个体的行为选择的内部状态，往往表现为趋向与回避、喜爱与厌恶、接受与排斥等.一般认为，学习心向包括：认知的、情感的和行为的三种成分.认知成分指个体对学习内容所具有的带有评价意义的观念和信念；情感成分指伴随认知成分而产生的情绪或情感，是学习心向的核心成分；行为倾向是指个体对学习内容企图表现出来的行为意图，它构成学习心向的准备状态.这三种成分在一般情况下是协调一致的，可以分别考察，也可以同时考察.

判断学生的学习心向，最常用的方法是“态度量表”. 表 9－1－1 是一份有关数学学习的态度量表. 此外，还可以通过观察、谈话等方式来了解学生的学习心向.

表 9－1－1 态度量表实例

下面每一种陈述表达了一种对数学的学习心向，请评估每一种陈述并指出哪一项是你所同意的. 你对这些陈述的态度是：非常同意、同意、无法确定、反对或极其反对.					
	A	B	C	D	E
	非常同意	同意	无法确定	反对	极其反对
	1. 我对数学非常有兴趣 2. 我不喜欢数学，因为我害怕接触它 3. 在数学课上我总是非常紧张 4. 数学是令人惊奇有趣的 5. 学习数学使我感到安全，但它非常刺激 6. 数学使我感到不舒服、不安、愤怒和不耐烦 7. 一般情况下，我对数学有好感 8. 当我听到“数学”这个词时，我感到讨厌 9. 我带着犹豫的感情接近数学 10. 我非常喜欢数学 11. 即使想到数学也使我紧张 12. 我在数学课上感到平静，我非常喜欢它 13. 我对数学有一定的积极反应，它很可爱					

9.1.3 学习风格的分析

1. 学习风格

什么是学习风格？有人把它定义为“个人喜好的掌握信息和加工信息的方式”，是“心智加工个性化的一般行为倾向，它是智力的个性特征”. 克内克（A. G. Knirk）认为，学习风格是“学生学习的最优方式”. 我国教育心理学家邵瑞珍认为：“学习风格是学生持续一贯的带有个性特征的学习方式，是学习策略和学习倾向的综合.”尽管各种定义不同，但都包含三方面的含义：其一，学习风格是学习者喜欢的或经常使用的学习策略、学习方式或学习倾向；其二，学习风格具有一定的稳定性，很少因学习内容、学习情境的变化而变化；其三，学习风格具有个性差异.

分析学习风格的目的是为了使教学设计符合学生个性化学习特点的需要，以贯彻因材施教的原则. 每个学生都是按照自己的一套方式来接收、处理信息和做出反馈的，对于同样的学习内容，不同的学生接收和处理这些信息的速度不同，做出反馈的方式也不会相同. 例如，对于同一个知识点，有的学生可能需要 10 min 就能掌握，有的可能需要更多的时间才能掌握，从而他们做出的反应也就会各不相同. 再如，有的喜欢在早晨进行记忆，有的喜欢在晚上进行记忆，有的可能喜欢在上午记忆. 因此，要想实现个别化教学，则需要给每一个学生设计一个适合自己特点的学习规划，这正是我们追求的目标之一. 随着计算机广泛应用于教学，将会给每一个学生提供个别化的、处方化的和模块化的课程结构，真正做到因材施教. 为使教学符合学生的特点，需要对学生进行学习特征测验，而学习风格则是学生所具有的特征的重要组成部分.

2. 学习风格的类型

学习风格类型较多，一般分为三个层面，即心理层面、生理层面与社会层面. 其中，生理层面指的是生理喜好的一种倾向，比如对学习环境中声音、光线、温度、学习时间以及不同感觉通道的偏爱；社会层面指的是与他人交往的一种倾向，比如喜欢独立学习或结伴学习、竞争和合作等；心理层面一般包括认知、情感、意动三部分. 其中，学习风格的情感部分指的是学习兴趣、态度、焦虑、价值观等，意动部分指的是坚持性、是否善于言语表达、是否善于动手操作等，认知部分指的是感知、接受、加工信息的风格. 在学习风格研究中，以认知方式（风格）研究最为焦点. 对此，不同的心理学家有着不同的分类. 如场依存性和场独立性、沉思型和冲动型、概括型和列举型、内部控制型和外部控制型等.

比如，场依存性和场独立性在感知、接受过程中表现得较为突出. 场依存性的学生学习时更多地依赖外在反馈，受外在动机支配，学习欠主动. 在感知时，能够考虑背景因素，注意数学概念的整体性、层次性，但对细节分析得不太清楚，偏爱直观、形象的数学. 而场独立性的学生以内在动机为主，能独立地学习，在感知时，倾向于用自己的标准来判断、学习数学概念，偏爱抽象程度较高的数学概念.

从对数学知识信息加工的角度看，学生的数学认知方式可分为图形思维占优者、符号思维占优者和二者兼有者.

图形思维占优的学生对几何图形特别敏感，常常能够发现常人难以发现的隐藏在图形中的数学关系，对几何图形、几何学习有兴趣，并表现出一定的优势. 如在几何学习中，他们对需要添加辅助线才能解决的问题能够较迅速地做出反应，并不认为是件难事. 他们即使在解决其他数学学习中的问题时，也习惯或喜好画个图形，试图从图形方面找到解决问题的途径、方法. 他们对数学解析式中蕴涵的图象关系能够迅速地在头脑中做出构思，借助图形思考、推理，做出判断.

符号思维占优的学生不怕繁杂的数学符号，喜好借助数学符号进行抽象的运算、推理、思考，他们善于从符号中寻找规律、发现问题、解决问题. 他们常常能够运用符号化简问题，从一些看似具体的、繁杂的，表面不相干的和不同类型的事物中抽象概括出它们所具有的共同的数量特征、数量关系，找出它们的共有属性. 他们也能够从一个解析式联想到许多不同的具体问题，能够读懂、理解形式化的符号背后的问题、涵义.

当然，学生的学习风格具有多种类型，我们在进行教学设计时应当从多方面、多角度进行分析.从而，根据教学的实际需要和特定的学习内容的要求，判断学生的哪些方面必须加以分析，并采用恰当的分析方法.

总之，根据学生学习风格特点，可以恰当地处理学习内容设计，准确地采用教学方法，科学地选用教学媒体，创造适宜的学习环境，提高学生的学习效果.

§9.2 学习内容的分析

新一轮数学课程改革明确提出，教师不仅仅是新课程的实施者，同时也是新课程的开发者、编制者、评价者.教师有权根据教育目的、课程标准、学生实际，选择和安排教学内容、教学顺序等.因为教材仅仅是供教学使用的材料，是“通向知识森林的一条小径”而已.

学习内容的分析可以为科学、准确地确定教学目标奠定坚实的基础.如果对学习内容的分析有误，将影响教学目标的确定；只有进行学习内容的分析，才能确定学习内容的范围(学生必须达到的知识和技能的广度)、深度(学生必须达到的知识深浅程度和能力的质量水平)；只有进行学习内容的分析，才能明确教师应该“教什么”，学生应该“学什么”的问题；只有进行学习内容的分析，才能揭示学习内容各组成部分之间的关系，为教学活动安排奠定基础；只有进行学习内容的分析，才能给教师提供“如何教”、学生“如何学”的指导的内容依据，从而促使学生达到教学目标所确定的标准.

9.2.1 学习内容的背景分析

早在1990年代，严士健教授就指出，在数学教学中要向学生讲清楚数学知识的来龙去脉.数学课程标准也提出，要让学生在数学学习过程中明确数学的作用，要体现数学教育的人文价值，要加强数学与生活、其他学科以及数学知识之间的联系.因此，在对学习内容进行分析时，必须首先分析学习内容的背景.一般地，学习内容的背景分析包括以下几方面：

其一，分析数学知识的发生与发展过程.比如，学习有理数、实数、复数有关内容时，介绍数的概念的产生、发展过程，说明数的概念的扩充与生活、生产的现实需要，以及数学本身发展的需要密切相关.对数学知识发生、发展过程的分析，可以体现数学教育的人文价值，让学生在数学知识的学习过程中同时了解到数学发展的历史脉络，从中体验数学家的刻苦钻研、追求完美的精神.

其二，分析数学知识之间或者与其他学科的联系. 比如，代数与几何的联系、向量与物理的联系、解析几何与平面几何的联系等. 分析数学知识之间的相互联系，以及与其他学科的联系，可以使学生拓广视野，整体地把握数学知识，为理解数学的本质提供丰富的资源.

其三，分析数学知识在日常生活中的运用. 发生在我们身边的数学是随处可见的，在进行分析时，必须结合学生的生活背景，紧扣学习内容，分析学生所熟悉的生活实例. 比如，具有不同生活背景的学生，对于“对称”概念就有不同的感性认识，必须因地制宜地挖掘教学资源.

其四，分析数学知识在后续学习中的地位与作用. 比如，分式基本性质的作用是用于分式的通分与约分，离开了它，分式的变形与化简便寸步难行；椭圆是学习后面两种圆锥曲线的基础，双曲线、抛物线的研究内容、研究方法可以类比、对比椭圆相应的研究内容、研究方法.

其五，分析数学知识中蕴含的数学思想方法. 比如，乘法公式中的数形结合思想方法，函数概念中的映射对应思想方法，概率初步中的随机思想方法，等等. 数学思想方法的分析有助于提升数学观念，形成正确的数学意识.

9.2.2 学习内容的结构分析

学习内容的结构分析，就是对学习内容的层次进行分析和划分. 对数学学习内容来说，层次结构主要有平行层次、递进层次以及二者的综合.

例如，对一个单元来说，我们可以用下列两个图说明它们之间的关系.

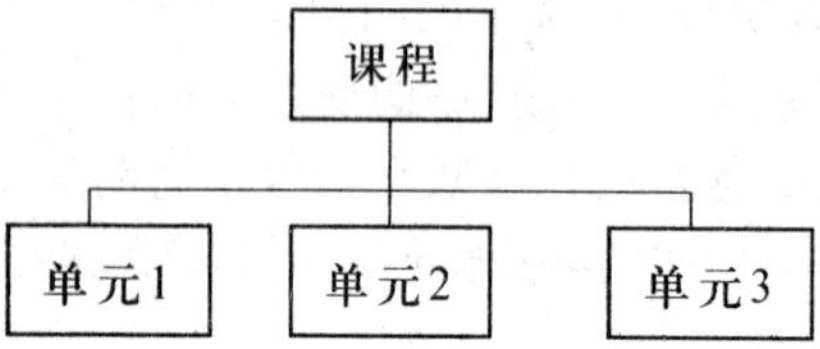

图 9-2-1　平行层次

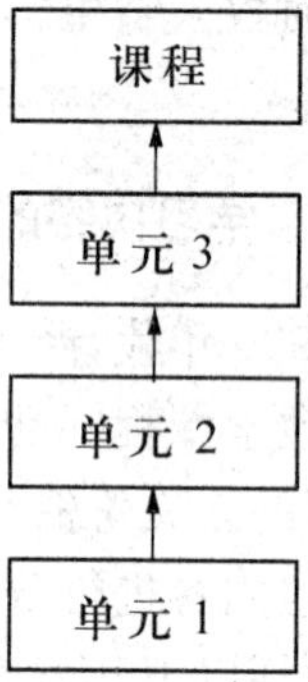

图 9-2-2　递进层次

对于一个学习课题中的内容，也存在着这样的层次关系，这平行于奥苏伯尔的下位学习、上位学习和并列学习. 类似地，课题中的知识点之间也有上、下位关系和并列关系. 例如，对于圆锥曲线这一章来说，圆、椭圆、双曲线、抛物线是一种并列的层次结构，而如果就椭圆这一课题来看，它是圆锥曲线的下位概念，随着对椭圆的学习，圆又是椭圆的特例：两个焦点重合的椭圆，即椭圆是圆的上位概念．这样，学生在初中学习的基础上又一次获得了圆的概念，这是在椭圆的运动变化中获得的．通过这样的结构分析，学生不仅加深了对与圆有关概念、知识的认识和理解，而且在圆类属于椭圆的过程中对椭圆的本质属性的认识也得到了扩展与加深．

再如，对于三角形和梯形，大家多会强调它们的不同之处．其实，当梯形的一条底边退化为一点时就是三角形．这样，三角形的面积公式、中位线性质等就是梯形的特殊情形．这也是内容之间的一种内在结构，掌握这种内在结构，进行类属学习，有利于减轻记忆负担，有利于发现．

另外，学习内容的结构分析，不仅包括传统备课中对课题内容在教材中地位、作用的认识，更主要是对学习内容纵横结构、内外联系以及知识结构和学生认知结构深入、细致地剖析，从而客观、全面地把握学习内容．

对于数学内容结构的分析，一方面取决于数学知识间内在的逻辑结构关系（数学内容之间的内在的逻辑层次关系比起其他学科来说尤为突出），另一方面，也取决于数学教师的知识水平、认识能力以及把握与分析数学教材的能力．

9.2.3 学习内容范围的分析

学习内容范围是指学习课题范围或知识领域，其范围越大，知识点越多，学生的行为也就会越复杂．学习内容范围的分析主要包括以下两个方面：一是学习内容的广度，即学生在现有水平上必须和可能达到的知识、技能的广度；二是学习内容的深度，即学生在现有水平上必须和可能达到的知识深浅程度和能力的质量水平．值得指出的是，课程理论和教学理论都对学习内容的范围进行分析，但二者是从不同的角度来看待学习内容的．课程更多的是从社会需要和课程标准的角度来分析学习内容的，而教学更多的是从学生的学习需要和可能性的角度来看待学习内容的．其实，二者并行不悖，是相辅相成、互相促进的，不可偏废．

对于学习内容的广度，主要是指知识点的数量．就一节数学课而言，并非知识点量越大越好．量大学生不能消化、理解，学后忘前，不深不透，甚至前后干扰，这样，还不如少学、不学．另外，如果这些知识点之间缺乏非人为的实质性联系，学生不是进行有意义的数学学习，而只是机械记忆，这样的知识至多能够应付一时的考试，却无法转变成能力，是惰性知识，不能应用．因此，确定知识点的数量应当适中．

学习内容的深度，即指内容的深浅程度，通常称为难度．衡量知识深浅程度的参照标准有两个，一是学生的知识基础与认知水平，二是数学知识结构的关系．一方面，现代教学设计要求为每一位学生设计适合他们各自水平的学习内容、提倡个别化教学．因此，数学课程标准希望实现“人人学有价值的数学”、“人人都能获得必需的数学”、“不同人在数学上获得不同的发展”．另一方面，从数学知识内部结构关系分析，学习内容的深浅度也有一个相对客观的标准，这个相对客观的标准可以参照徐利治先生提出的数学抽象度概念和抽象度分析法. 所谓抽象度就是“用以刻画一个概念的抽象层次”的，抽象度分析法是用来“描述一系列抽象过程的难易程度”的一种方法. 数学概念之间的抽象关系分为三种：弱抽象、强抽象和广义抽象. ①为此，我们可以依据新学习内容与学生已有知识之间的抽象关系，将新学习内容的深浅度划分为低难度、中等难度和高难度.

可见，在分析学习内容范围过程中，既要按照教学目标和课程内容来选择学习内容、确定范围，也要考虑学生的实际状况来挑选素材，甚至可以自编素材，依据学生的起点水平和学习特征安排教学内容.

例如，要求学生掌握勾股定理，我们可以选择测量各种各样的直角三角形三边的长，让学生在测量、操作、计算中发现规律；也可以利用我国古代数学家获得勾股定理的方法，如赵爽图等，让学生经历再发现的过程；还可以选择毕达哥拉斯发现勾股定理的方法，等等. 在选择这些不同内容的同时，实际也就隐含着内容深度的要求问题. 如第一种设计，在理解和掌握勾股定理的本质上不如后面的设计所能够达到的深度，但它较适合低龄儿童的认知特点；而第三种选择其形式化、抽象程度较高，要求学生进行深层次的思维活动. 所以，在选择学习内容时，教师应当根据学生特点、课程目标等因素全面衡量，做出切合教学实际的抉择.

9.2.4 学习内容分析的基本方法

对分析学习内容来说，掌握分析内容的基本方法是必要的，也是十分重要的. 因为方法的掌握和运用，直接关系和影响学习内容分析的适合性、有效性.

在教学设计实践中，依据不同的理论，可以有不同的学习内容的分析方法. 例如，有的按线性顺序排列，有的按立体结构顺序进行. 下面我们介绍一些常用的基本方法.

(1) 归类分析法

归类分析法主要应用于数学言语信息学习内容的分析，其目的是确定为达到教学目标而需要学习的数学知识项目. 实际上就是要理清数学教材的知识体系. 知识

① 弱抽象：从原型中选取某一特征加以抽象，从而获得比原结构更广的结构，使原结构成为后者的特例；强抽象：通过引入新特征强化原结构来完成的抽象，从而获得比原结构内容更丰富的结构，使后者成为前者的特例；广义抽象：若定义概念B时用到了概念A，或者证明定理B时用到了定理A，我们就说B是A的广义抽象.

徐利治教授认为，分析抽象度和抽象难度至少有三方面的意义：一是可以查明各个数学概念的层次性结构和复杂性程度；二是可以找出概念和定理的原型，掌握理论的来龙去脉并洞察过程的全貌；三是有利于理解抽象思维的能动性法则. 详见：徐利治. 数学方法论选讲[M]. 武汉：华中理工大学出版社. 2000.

体系是指各个知识点及其之间的相互关系，即知识结构. 图 9－2－3 是依据数学课程标准和教材对“三角形”学习内容进行归类分析的一个实例.

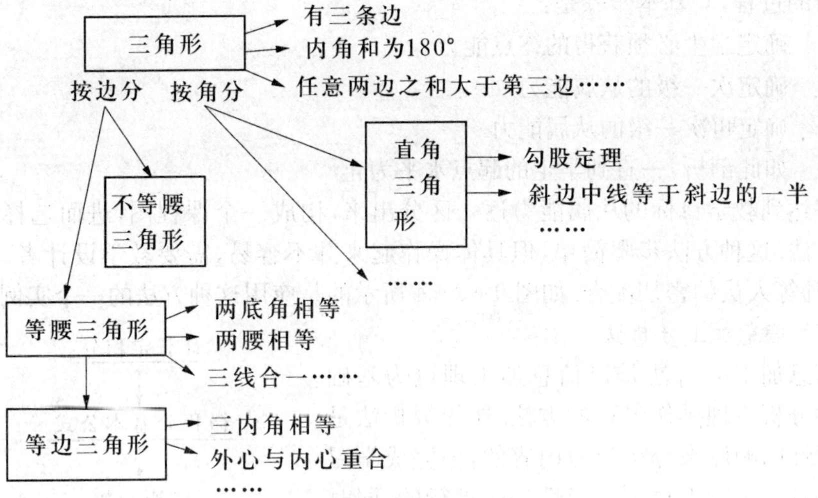

图 9－2－3

在理清内容的知识体系以后，下一步就要确定具体的知识点. 分两步进行：第一步从知识体系中确定哪些内容是需要学生掌握的. 知识点的确定不但要考虑教材，还要考虑学生的基础. 第二步在所确定的知识点中引出相对独立的成分，并确定重点、难点. 如在上例中，直角三角形、等腰三角形等便是三角形内容中的重点，也是难点.

(2) 图解分析法

图解分析法是用直观的形式，揭示学习内容的要素及其相互联系的分析方法. 这种方法主要用于认知学习内容的分析，它有助于思考下列这些问题：所列各项是否包括了内容的所有要点？ 内容要点的安排是否有利于学生学习？

这种方法的具体步骤是：

✧ 列出与教学目标相关的数学事实、概念、原理等

✧ 把所列内容按逻辑顺序排列

✧ 用线条把各要素连接起来

✧ 图解成型后，全面核查内容的完整性、要素之间的逻辑性，并补充或修改

✧ 提供实例，撰写教学建议

在图 9－2－3 中，除了按角分、按边分外，每个方框外所列的内容就是一种图解分析法，只要再对每个知识点间加上连线就可以了. 比如可在“两腰相等”与“三线合一”之间加一条连线，即用于表示二者之间的关系.

(3) 层级分析法

层级分析法主要用于揭示教学目标所需要掌握的从属技能的分析. 这是一种倒推分析的过程,其基本步骤是:

✧ 确定学生必须获得的终点能力

✧ 确定次一级的从属能力

✧ 确定再次一级的从属能力

✧ 如此剖析,一直到学生的起点水平为止

将达到教学目标的从属能力逐一区分出来,构成一个课程图,进而选择恰当的教学方法. 这种方法步骤简单,但具体操作起来并不容易,需要教学设计者、课程专家、教师等人员的密切配合. 如图 9-2-4 所示的是应用这种方法的一个实例.

(4) 信息加工分析法

信息加工分析法是以信息加工理论为基础的一种分析心理操作过程的方法. 层级分析法是按照线性的顺序来分析学习内容的,但完成学习任务的各个步骤不总是按线性程序进行的,同时也较难全面分析教学和学习活动中的各种关系,无法确定存在着的问题. 为解决这一问题,博姆(Bohm)和雅各皮尼(Jacopini)确定了以下三种基本顺序结构:线性顺序结构、交替顺序结构、重复顺序结构. 这样,分析工作可以从几个方面、由几个组成员分别完成,然后再把这些分析组合起来. 三种基本顺序结构如图 9-2-5 所示.

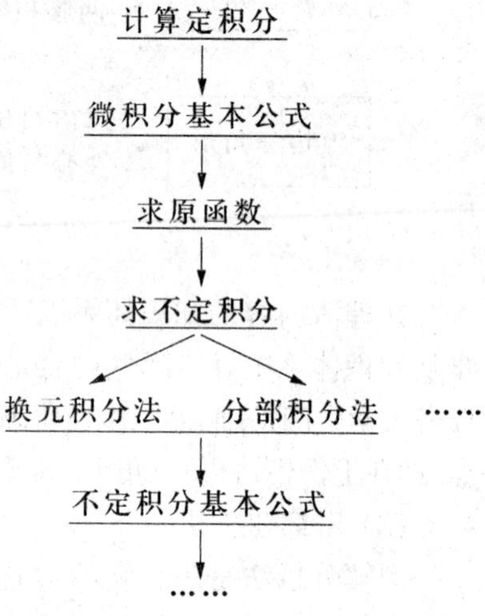

图 9-2-4

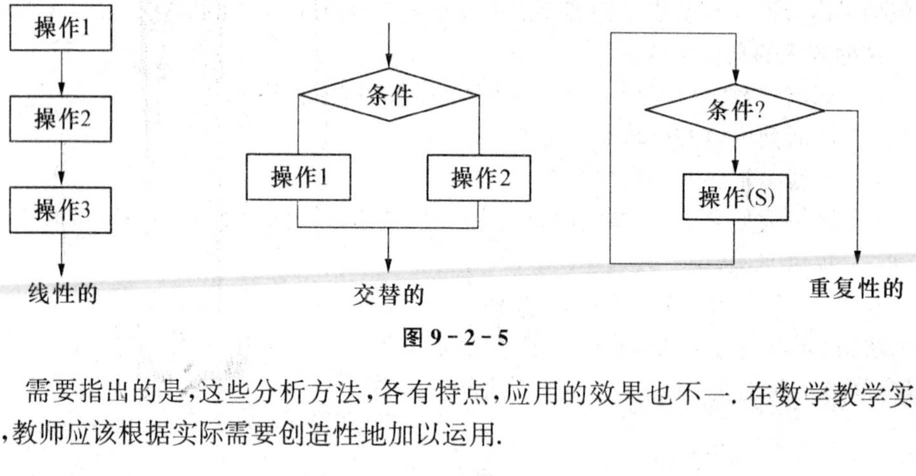

图 9-2-5

需要指出的是,这些分析方法,各有特点,应用的效果也不一. 在数学教学实践中,教师应该根据实际需要创造性地加以运用.

§9.3 教学目标的设计

通过对学生的分析，确定了教学的起点；通过对学习内容的分析，确定了学生应该学习和掌握的知识、技能和态度等. 接下来，就应当设计教学目标了，即确定学生通过学习之后，应当达到什么样的行为状态，并将学生最终所达到的行为状态用具体的、明确的和能够操作的语言陈述出来，作为评价教与学的依据.

9.3.1 教学目标确立的依据

确立课堂教学目标必须从教学目的、学校教学目标、课程目标以及课程单元目标等整个目标系统考虑，使课堂教学目标的确立系统化、科学化、具体化. 除此以外，还必须考虑下面两个因素.

1. 教学内容及其特点

教学内容及其特点，它在课程单元乃至整个学科中的地位和作用，以及与前后知识的联系等是影响课堂教学目标设立的内在的重要因素，它直接决定着课堂教学目标的水平层次. 一般来说，对于与前后知识联系紧密、影响后继内容的学习和技能掌握，或在知识创新过程中具有重要意义的那些知识内容或方法，教学目标应有较高的要求，如灵活运用、综合应用、领悟等；对后继学习影响不大或一些繁、难、偏的内容，要求应相应的低一些，如了解、知道等.

2. 学生实际

课堂教学目标的设立必须考虑教学目的、学校教学目标、课程目标、课程单元目标以及教学内容的特点，这使得课堂教学目标具有一定的客观性，从而使得不同的教师对同一教学内容所制定的课堂教学目标具有共同的参照系，为评判课堂教学目标的"合目的性"提供一个客观的基础和标准. 然而，课堂教学目标的达成是以行为主体的行为表现来衡量的，因此，作为行为主体的学生是设立课堂教学目标重要的、不可或缺的关键因素. 传统的课程理论和教学理论，由于过分强调课程和教学的客观性要求，是一种"无人"的理论，已经受到时代的猛烈抨击. 教学必须为学生发展服务，学生已有的知识经验、生理心理发展水平、认知能力和习惯等是制定课堂教学目标的重要依据. 所以，相同的教学内容针对不同的学生或不同的班级，即使同一个教师也应该制定出不同的、各具特色的课堂教学目标.

9.3.2 教学目标的体系

在教育目的的指导下，各级中小学校构成了一个有机联系的教学目标系统. 这个目标系统包括教学目的、学校教学目标、课程目标、课程单元目标、课堂教学目标五个方面(如图 9-3-1),其中,课堂教学目标处于系统的最低层,也是最具体的,具有较强的实践操作性.

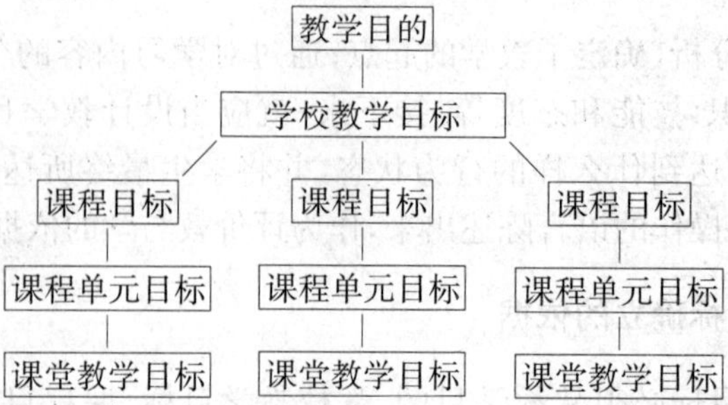

图 9-3-1

对教师日常教学工作而言,设计课堂教学目标是教学工作中最基本、最频繁的工作,也是进行教学设计最基础性的环节. 鉴于此,下面我们主要阐述课堂教学目标的设计.

9.3.3 课堂教学目标

1. 课堂教学目标的分类

美国心理学家布卢姆基于掌握学习理论与目标评价教学的理念对教学目标进行了分类,他提出教学目标包括认知、情感与动作技能三大领域,每个领域又可以由简到繁、由易到难地分为各个不同的目标层次. 比如,布卢姆将认知领域的目标分为知识、领会、运用、分析、综合、评价六个层次.

根据布卢姆教学目标分类理论,国家《基础教育课程改革纲要》把课程目标分为结果性目标与过程性目标两大类,包括知识与技能、过程与方法、情感态度与价值观三个维度. 对于数学课程来说,这三个维度的具体内容如下:

(1) 知识与技能目标

要求获得适应未来社会生活和进一步发展所必需要的数学知识与数学活动经验和必要的数学技能. 知识与技能目标属于结果性目标,具体分为三个层次:

✧ 了解水平——能正确回忆出有关知识,能在不同的情境中辨认有关概念,能举例说明知识的相关属性

✧ 理解水平——能说明知识的由来及主要用途,能对概念及其性质进行形式上的转换,能把数学知识进行简单的运用,能正确说明数学知识之间的区别与联系

✧ 应用水平——能把学习的知识应用于新的情境,解决一些较为复杂的问题,能对已学过的知识进行逻辑整理,形成完整的知识结构;能突破常规思维模式,灵活运用所学的知识解决较综合的知识或复杂的实际问题

(2) 过程与方法目标

要求学生经历数学学习的过程,形成正确的数学意识与观念,发展数学能力.具体内容如下:经历形成数学概念、发现数学原理、探索解决数学问题的途径的过程;培养正确的数与符号观念、空间观念、统计观念、随机观念等;增强应用意识与探索能力,能通过观察、实验、归纳、类比等方法进行数学探究活动,在与他人交流过程中发展数学思维水平.

(3) 情感、态度、价值观目标

要求学生在数学学习过程中了解数学的价值,增进数学学习的兴趣与自信心,具有创新精神与实践能力,形成认真、严谨、独立思考的习惯,具有实是求事、质疑求真的科学态度与精神.

2. 教学目标表述方法

明确教学目标之后,还要将之具体化,这就是教学目标的表述.表述教学目标常用的方法之一是"ABCD模式法".也就是说,课堂教学目标的表述应该包括四个要素,即行为主体(Audience)、行为动词(Behavior)、行为条件(Condition)和表现程度(Degree).

(1) 行为主体(A)

行为主体就是教学对象——学生,行为目标描述的应是学生的行为,而不是教师的行为.比如有的目标表述成"教给学生……"或"教师将说明……",都是不妥的.

(2) 行为动词(B)

行为动词用以描述学生应该达到目标的可观察、可测量的具体行为.各类目标的行为动词见表9-2-2.

表9-2-2

目标领域	水平	行为动词
知识与技能	知道/了解/模仿	了解,体会,知道,识别,感知,认识,初步了解,初步体会,初步学会,初步理解
	理解/独立操作	描述,说明,表达,表述,表示,刻画,解释,推测,想象,理解,归纳,总结,抽象,提取,比较,对比,判定,判断,会求,能,运用,初步应用,初步讨论
	掌握/应用/迁移	掌握,导出,分析,推导,证明,讨论,选择,决策,解决问题
过程与方法	经历/模仿	经历,观察,感知,体验,操作,查阅,借助,模仿,收集,回顾,复习,参与,尝试
	发现/探索	设计,整理,分析,发现,交流,研究,探索,探求,寻求
情感态度价值观	反应/认同	感受,认识,了解,初步体会,体会
	领悟/内化	获得,提高,增强,形成,养成,树立,发挥,发展

(3) 行为条件(C)

行为条件指能影响学生产生学习结果的特定的限制或范围，如“根据公式……”、“看完全文后……”等等. 对条件的表述有四种类型：一是允许或不允许使用手册或辅助手段，如“可以使用计算器”；二是提供信息或提示，如“能根据函数图象，说出……性质”；三是时间限制，如“在 5 min 内能做完……”；四是完成行为的情境，如“在小组讨论时，能……”.

(4) 表现程度(D)

表现程度指学生对目标所达到的最低表现水准，用以衡量学生学习表现或学习结果所达到的程度. 如“能用 3 种方法解答”、“正确率达到 90%”等.

【案例 1】“利用轴对称设计图案”的课堂教学目标

1. 知识与技能目标

(1) 了解现实生活中的轴对称现象，能认识简单的轴对称图形，探索并掌握轴对称的性质，能够按要求作出简单的平面图形经过轴对称后的图形；

(2) 能利用轴对称的性质进行一些具有象征意义图案的设计.

2. 过程与方法目标

(1) 从动手制作、相互交流中经历轴对称图形的产生过程，体会轴对称图形在日常生活中的广泛应用；

(2) 通过创造性的设计，初步掌握利用轴对称性质进行具有象征意义的图案的设计与制作.

3. 情感与态度目标

(1) 通过欣赏现实生活中(包括艺术作品中)的轴对称图形，感受到轴对称图形在现实生活中的应用价值；

(2) 通过图形的对称美来感受数学美；

(3) 通过动手制作的过程，尝到与同伴合作交流的乐趣.

9.3.4 教学目标设立的要求

由于课堂教学目标是教师进行课堂教学活动的指南，是教学目的等上位目标的具体体现和分解落实，因此，对课堂教学目标的设立有一定的要求.

1. 目标的设立应适当

所谓适当就是目标的深度、广度要适中，既要落实课程目标等上位目标要求，又要照顾学生实际. 太宽，不能显示本节课教学的具体要求和特色；太窄，三个目标维度有所偏废，就会以其小失其大；过低，则会达不到学科目标所规定的要求；过高，脱离学生实际,反而完不成教学任务.因此,设计课堂教学目标应全面考虑,统筹兼顾,宽窄相宜,高低恰当.

2. 目标要具有可操作性

由于课堂教学目标直接作用于课堂实际教学活动过程,因此,要求设立的目标一定要具有可操作性,能够对课堂教学内容的组织、教学方法的选用、教学环节的安排、活动主体等都具有具体、明确的规范、导向和约束,做到具体而不空泛,明确而不啰嗦,抽象概括而不模糊,能够直接指导课堂教学活动.如果缺乏操作性,就会使怎么上、上什么、上多少、上得怎么样缺乏依据和标准.

3. 目标的陈述要明确

当课堂教学目标确定以后,就要根据知识与技能、过程与方法、情感态度与价值观等目标领域不同维度和具体要求,运用概括、明确的语言准确地表述出来.目标的陈述,既要有刻画知识技能掌握程度的目标动词,又要有刻画数学教学活动水平的过程性目标动词,既要概括又要具体,既要注意可测行为表现,又要隐喻高级内隐心智、情感的变化,明确而不模糊,便于教学实施、操作.

9.3.5 教学目标确立的方法

一般来说,制定课堂教学目标的方法大致如下.

1. 研习课程标准

目前,基础教育改革的各个学科的课程标准都已出台,它是教师开展学科教学活动的依据和准绳.对课程标准的学习和研究不是开学初一次就能完成的事情,而应该是经常性的,做到常学习,常研究,常对照,才能使课堂教学目标的制定紧紧围绕课程教学总目标.

2. 了解学生

教师要深入了解教学对象的情况,了解他们已有的知识经验、能力、身心发展状况、学习风格、思维习惯等,使课堂教学目标的设立具有针对性、实践性、实效性,努力做到"因材设标".前面已经阐述了,这里不再重复.

3. 确立本节课的教学目标点

在明确课程目标的总体要求和学生实际情况的基础上,教师要反复钻研教材,研究本节课的教学内容,确定本节课一个个的具体教学目标点,搞清各个目标点的内容范畴,如对知识范畴的,要分清是事实(公理)、原理、概念还是方法、程序、公式,以便选用适当的行为动词和确定具体的行为条件等.目标既要全面,又要突出重点,分解难点.

4. 确定目标点的掌握程度

确立教学目标点以后,就要确立每一个目标点的掌握程度.掌握程度也不是要求越高越好，必须符合学生实际. 掌握程度主要取决于课程目标和学生实际两个因素，对学有余力的学生的要求可以达到课程目标的较高要求，对学习有一定困难的学生的要求能够达到课程目标的最低下限即可. 对掌握程度的表述应尽可能是可测量、可评价的，以便自己、学生或他人对本节课的目标达成程度进行评价.

5. 修改

教学活动中存在许多不可测因素，因此，课堂教学目标的编制也就不可能一蹴而就，完美无缺，需要在教学实践过程中，不断地总结、修改和完善.

教学目标设计是教学设计的重要环节，关系课程与教学的有效实施. 当前，我们应当从数学新课程理念的角度正确认识教学目标的功能、内容、制定依据和要求，遵循课堂教学目标设立的程序，制定出真正符合和体现新课程理念的课堂教学目标，以有效地落实、推进数学课程教学改革，提高课堂教学质量.

§9.4 教学过程的设计

在分析了学生特征、教学内容，并确立了教学目标之后，接下来的工作便是设计教学活动过程. 教学过程是一个复杂的系统活动过程，它既是教师的教学活动，也是学生的学习活动，教与学之间相互影响、相互制约. 如何优化教学过程以提高数学教学的效益，这是许多数学教学工作者致力研究的一个课题. 这里仅从确定数学课的课型、确定教学顺序、安排教学活动、选择教学方法、设计与选择教学组织形式、选择教学媒体等几方面来说明如何进行数学教学过程的设计.

9.4.1 确定数学课的课型

数学课的课型一般可分为新授课、练习课、复习课、讲评课、活动课等. 不同的课型有着不同的教学目标，以及不同的教学活动过程.

1. 新授课

新授课的主要任务是引导学生学习数学新知识（新的概念、公式、法则、定理或方法）为主，同时训练相应的技能技巧，培养数学能力. 它是数学教学中最常用的，也是最重要的一种课型. 新授课可以采用各种教学模式. 在传授接受教学模式中，新授课主要包括复习导引、讲授新课、巩固练习、课堂小结和布置作业等教学环节.

复习导引的目的是：① 检查复习旧知识，重点检查与学习新知有关的旧知的掌握情况，为引入新课打下知识基础；② 引入课题，讲清学习新知识的必要性或制造“悬念”，以激发学生的学习兴趣与欲望，为学习新知打下心理基础；③ 吸引学生注意力，将因课间休息分散了的注意力集中到课堂学习上来. 复习导引中提出的问题或复习的内容必须精选，要能够达到复习旧知、引入新课、启动思维的目的，不宜多而杂.

讲解新课是在教师的启发引导下，学生学习新知的过程，是实现教学目的的中心环节. 在这个阶段，通常要完成下列教学任务：引入概念，剖析概念的本质属性，给出概念的名称、定义与符号；发现公式、法则、性质、定理，并给予推导或证明；解决例题中提出的问题，掌握解决问题的方法；记忆有关的数学知识，等等.

巩固练习是通过适当的例题和练习题，帮助学生进一步理解和记忆所学知识的过程. 在这个阶段，要完成的教学任务通常是：根据定义判断概念；复述公式、法则、性质、定理的内容，明确其应用范围；学习或模仿运用新知识解决问题的方法；初步形成相应的技能技巧等. 巩固练习的形式有书面练习、黑板板演、集体讨论等.

课堂小结这个环节帮助学生总结、概括本节课的主要内容，使学生对本节课的学习任务有更深刻的认识. 小结内容包括本节课的教学内容、对学生的具体要求、学习时应注意的问题等.

布置作业包括书面作业、预习性作业、思考题等.

2. 练习课

练习课也称为习题课，练习课的主要任务是通过教师讲解典型例题和学生练习的方式，进一步巩固已学的知识，训练相应的技能技巧，并培养有关的数学能力. 它一般包括复习、练习、小结和布置作业四个步骤.

复习，主要是复习本节将要练习的重要知识，讲明知识之间的初步联系，同时明确本节课的目的，为学生有针对性地练习做好准备.

练习是在复习的基础上，针对本节目的，选择适量的数学问题供学生练习. 练习的方法可以先由教师示范后再让学生模仿练习，或由教师稍加分析，由学生独立完成，或完全由学生独立完成. 在此基础上，选择典型解法让学生板演，以教育全体学生. 在学生练习时，教师要注意了解学生做题的情况，特别注意启发和辅导后进生. 当后进生完成练习时，应让他们板演以增强其自信心. 对学习成绩好的学生，应鼓励他们用多种方法解题.

小结，就是针对学生练习和板演情况进行有针对性的总结，主要是指出学生在练习中的优缺点，分析出现问题的原因，介绍某些技巧性解法，指出解题的一些规律和方法. 在小结中应注意少批评、多表扬、多鼓励，当然也可引导学生自己作出小结.

作业，一般是针对练习中存在的问题或进一步培养能力而布置的练习题.

必须注意，练习课虽应以学生的练习为主，但老师的讲解仍然很重要. 老师在讲解典型例题时，应把重点放在分析例题结构、探索解题途径、总结解题规律上，而不是简单地给出解题步骤和答案. 此外，必须精选练习题，使之紧扣新授课的知识，且具有典型性. 练习题常以题组的形式出现，由浅入深，按照一定的坡度展开.

3. 复习课

复习课的目的，是帮助学生巩固、加深和系统化学过的知识，通过归纳、整理、综合，优化学生的认知结构，进一步提高学生运用所学知识解决问题的能力. 复习课有单元复习、期中期末复习、毕业复习等几种形式. 复习课一般有知识的系统复习(提纲)、典型例题示范与综合练习、小结、布置作业四个环节.

知识整理主要通过回顾复习一阶段所学习的知识、技能、方法，建立各知识之间的逻辑联系，帮助学生建构、完善知识结构. 知识整理的形式可以多样化，教师带领学生回顾总结，或由教师给出提纲，学生总结，也可以先由学生整理，然后教师补充修正.

综合练习是为学生牢固掌握、灵活运用本阶段所学知识而进行的练习，因此，练习题必须具有一定的综合性、灵活性和目的性. 教师应根据具体情况，对解题的思维方法、指导思想作详细分析，以提高学生的解题能力.

复习课的小结应针对必须掌握的内容以及须注意的问题进行概括，并指出纠正的方法和努力的方向，为下一阶段的学习做好准备.

需要注意的是，系统复习不是课本知识的简单罗列，而是要揭示知识之间的内在联系. 这种结构间的联系既有纵向的也有横向的，既有逻辑的也有实质性的联系，目的是优化学生的数学认知结构，并针对学生学习过程中存在的问题，对一些重要概念、公式、方法作出进一步的阐述，使概念从操作过程层次上升到对象结构层次，使方法上升为思想.

4. 讲评课

讲评课的任务是对学生某一阶段的作业情况进行小结或对某一次考试的结果进行分析，目的在于纠正作业或试卷中反映出来的缺点和错误，介绍优秀作业或优秀试卷，帮助学生总结经验、调整学习方法，以促进今后的学习. 讲评课一般包括以下几个环节：

介绍班级总体情况. 包括个人考查成绩、班级总体水平等.

分析考题. 有侧重点地讲解某些典型题，包括思路分析、正确解答、独特简捷的解法以及出现的错误等等.

小结. 总结取得好成绩或产生错误的原因，指出今后努力的方向或改正的方法. 必要时，可针对性地布置适量的作业，以巩固讲评课的内容和要求.

9.4.2 教学顺序的确定

教学顺序是指学习活动内容各部分之间的排列次序，是对“先教什么”、“后教什么”作出合理、科学的安排. 这里主要阐述课时教学目标所要求的学习内容的安排顺序.

对于数学教学来说，主要是知识、技能的学习，其教学顺序的确定主要有三种教学理论作指导：一是加涅的从简单到复杂的教学顺序安排，二是布鲁纳的发现法，三是奥苏伯尔的“先行组织者”理论.这些理论虽然我们不能原封不动地搬到数学课堂上来，但对我们确定教学顺序是颇具指导意义的.

加涅把智力技能按照从简单到复杂的顺序分为辨别、概念、规则、问题解决.他认为智力技能的教学顺序是从最简单的技能开始，进而过渡到学习复杂的技能.如学习“三角形内角之和等于180°”这条定理，应先学习“三角形”、“内角”、“180°”等简单知识，然后再学习这条定理，并给出证明、应用.

布鲁纳的发现学习的教学顺序是：创设问题情境，使学生在情境中产生矛盾，提出要解决的问题；学生利用所提供的材料，对问题提出解答的假设；从理论和实践上检验假设，不同观点进行争论；教师对争论作出总结，得出结论.以勾股定理的教学为例，按照布鲁纳的发现学习策略，教师不直接把定理内容告诉学生，而是向他们提供问题情境，让他们测量各种各样直角三角形的边长，计算边长的平方，提供有助于发现的线索，引导学生对问题进行探究，并由学生自己收集证据，让学生从中有所发现，最后引导论证.这种发现学习的教学顺序，实际上就是从具体到抽象的教学顺序，它有利于激发学生的智慧潜能，有利于培养学生的内在动机和学会发现的技巧，有利于知识的记忆和保持.

按照奥苏伯尔的“先行组织者”的思想，教学顺序的起点是先呈现一般的、有较大包容性的、最清晰和最稳定的引导性材料，这种引导性材料就是组织者.这些充当组织者的材料一般在呈现教学内容本身之前介绍，目的在于帮助确立意义学习的心向，故又被称为先行组织者.先行组织者在三方面有助于促进学习和保持信息：首先，如果设计恰当，可以使学生注意到自己认知结构中已有的那些可起固定作用的知识，并把新知识建立其上；其次，它们通过把有关方面的知识包括进来，并说明统括各种知识的基本原理，从而为新知识提供一种“脚手架”；第三，这种稳定的和清晰的组织，使学生不必采用机械学习的方式.

9.4.3 教学活动的安排

在我国已有的数学教学理论研究中，教学活动一般包括复习导引、讲解新课、巩固新知、课堂小结、布置作业.这是我国教学论研究的成果，是我国数学“双基”教学实践长期积累起来的经验，也是我国数学“双基”教学的特征模式，有其优势和特长.当然，事物总是辨证的，其不足也已为我国数学教育理论工作者和实践研究者所注意.

我国传统数学教学的最大不足就是“以教师中心”，忽视学生学习的主体地位，与西方的“以学生中心”截然相反.两种活动安排各有优缺点，也许我们应当寻找“中间地带”才是良策.下面我们主要介绍加涅在这方面的思想,供我们设计数学教学活动时参考.

加涅认为,教学是一种外部事件,教学的目的是要影响学生学习的内部过程.加涅根据其学习与记忆的信息加工模式,揭示了学习内部的八个过程(或阶段),并设计安排了相应的促进学生学习的外部教学活动,这对我们数学教学活动的安排具有重要的指导和借鉴意义.这些外部教学活动与学习内部的八个阶段的联系如图9-4-1所示.

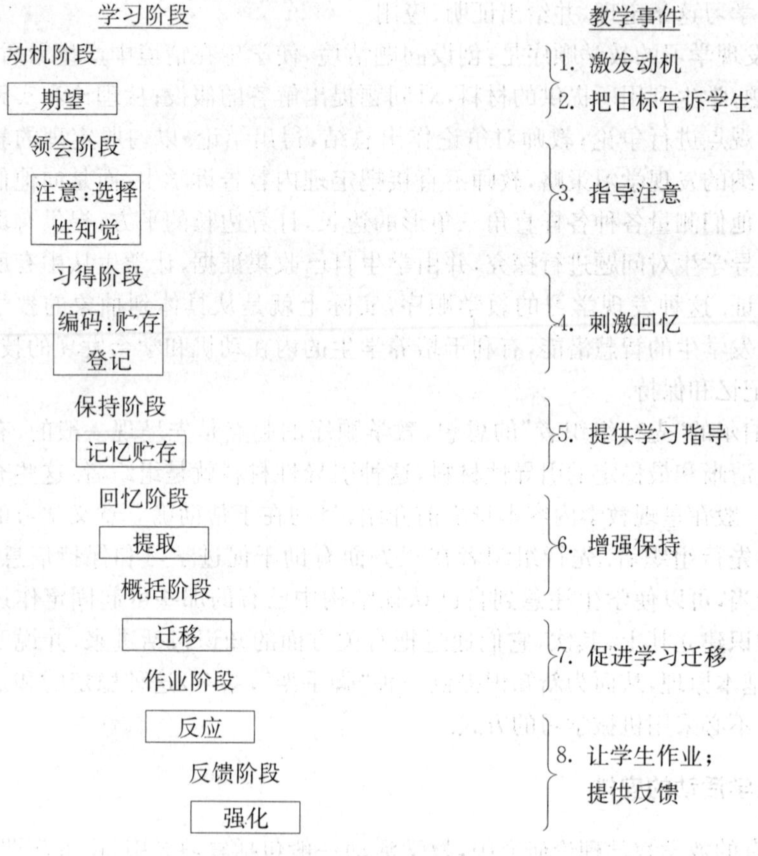

图9-4-1　学习阶段与教学事件的关系

下面对具体的外部教学活动说明如下.

激发动机.教学开始时所讲的内容应该能吸引学生,使他们感到有趣,以唤起学生学习的动机.引起学生的兴趣有多种多样的方式,教师应善于寻找一些途径使教学与学生的兴趣相关.

把目标告诉学生.告诉学生目标,有利于学生对学习结果形成比较具体的期望.

当教师告诉学生他们在学习结束时将能够达到什么水平的同时，也就形成了学生的心理定势.

指导注意. 指导学生注意有关活动内容，有助于学生把注意力放在教材的核心内容上. 教师可以利用各种方式来引导学生的注意，对年幼学生有时还需采用“行为矫正”的方法.

刺激回忆. 教师在教新的内容之前，应要求学生先回忆已经习得的有关内容. 如果是刚学过的内容，只需简单提示学生就能回想出来；如果是很久以前学过的内容，则需要做出一定的安排才能使学生重新恢复这些内容.

提供学习指导. 这时，学生已到了习得阶段，包括对学习内容加以编码，进入记忆贮存. 这时需要教师指导学生如何编码，如何使学习有意义. 教师的指导详细还是简单，要根据学生的领会程度而定，对学习较好的学生，一般只需提出些建议，而不用详细说明.

增强保持. 在教学中，为增强学生保持和提取已习得的内容，常常采用间隔复习的形式. 在开始时，间隔短些，以后间隔逐渐增大. 最理想的间隔复习最好是在不同的情境中进行，这样不仅有助于保持信息，而且便于学生形成各种内部的提取线索.

促进学习迁移. 这里的迁移，一方面是指纵向迁移，即促进学生把已学过的知识迁移到新的学习内容上来，教师通过提问或简单提示，可以帮助学生利用已有的知识. 另一方面是指横向迁移，即把学习内容运用于其他情境，这要求教师为学生提供需要使用已有知识的新任务，常采用的方式是“问题解决法”.

让学生作业，提供反馈. 一般说来，作业是学习事件的最后一个行动. 不论作业简单还是复杂，为学生提供做作业的机会是很重要的. 学生需要显示自己能做什么，还存在哪些问题. 作业需要与信息反馈紧密配合起来，以便能起强化作用.

9.4.4 教学方法的选择

如第7章所述，教学模式的一种理解，是指教学过程中体现师生双方活动方式及其相互关系的一种相对稳定的结构与框架. 由于比较稳定，所以教学模式具有较大的适用范围. 一个教学模式往往能够用于多种学科、不同课题的教学.

我们常说的教学方法与教学模式既有联系又有区别，它们都是教学过程中为完成教学目标，师生双方共同进行、相互制约、相互影响的活动方式与手段. 但教学方法往往用于“一个具体课题或者一堂课的一个特定的教学过程”[①]，且多年的实践表明，教学方法的设计与使用效果受到教学内容、学生水平以及教师本人经验、修养、

① [美]贝尔. 中学数学的教与学[M]. 北京：教育科学出版社，1986：256

气质等主、客观因素的影响与制约. 因此,并不存在那种所有教师都可以直接套用的教学方法,这就是人们常说的“教无定法”.

虽然教无定法,但是教师可以在掌握基本教学方法的基础上,根据具体情况合理地挑选、灵活地组合这些方法,形成一套既具有自己独特风格又能达到最佳教学效果的教学模式.

本书第 7 章已介绍了各类数学教学模式. 这里仅介绍在数学课堂上常用的教学方法及选择教学方法的依据.

1. 常用的数学教学方法

(1) 讲解法

讲解法就是教师通过简明、生动的口头语言向学生系统的讲述、分析教材内容和重点,学生则集中注意力倾听的一种教学方法. 心理学家奥苏伯尔说:“语言讲解和组织恰当的解题经验,是用来教中学数学的最有效的一般方法. ”事实上,讲解法是数学教学中应用最广泛的方法.

在讲解法中,要求教师对学习内容作系统、精辟的讲解,在讲解中突出课题的主题和重点,启发学生思维,演示解题技巧,向学生提出需要思考的问题,等等. 学生则集中注意力倾听教师的讲解,适当做笔记,认真地跟随教师的讲解进行思考或演练教师指定的问题,可举手向教师请教尚未听懂的问题. 数学概念、命题、技能等课题教学时大多采用讲解法的.

讲解法的主要优点是:有利于教师系统地讲述教学内容;有利于保持教师的主导地位,控制课堂教学的进程,使教学过程流畅、连贯;有利于提高课堂教学效率,在时间的使用上比较经济.

讲解法对教师来说是一种传授的方法,对学生来说是一种接受性的学习方法,使用不当,也有其自身不足,主要表现在:学生常处于被动状态,不利于学生主体地位的发挥;教师把问题嚼得过细,常将问题解决和盘托出,一讲到底,学生不需高级智力活动,不利于学生能力,特别是创造能力的发展;不能做到及时反馈;教师讲解主要针对中间水平学生,不利于因材施教,等等.

运用讲解法时的注意点:

① 讲解的内容要主题明确,重点突出,层次分明;要创设情境,导入课题;要抓住关键,明确解决问题的途径,然后层层深入,证据确凿,说理充分地解决问题,最后要简单扼要地作出概括性的总结.

② 讲解过程中要善于用设问启发学生思维,同时伴以语句间的短时停顿,给学生提供思考的时间,然后自问自答,这样既使讲解连贯,又使学生明了问题的发展过程及结论.

③ 教师在讲解过程中应随时观察学生的表情,适时地组织教学,吸引学生的注

意力，并根据学生的接受情况，恰当地调整自己的讲解，使班上绝大多数学生能顺利地接受学习.

④ 教师的板书要和讲解同步进行，重点、要点必须书写在醒目的位置. 整堂课的板书要求简明扼要，条理清楚，既要有利于学生理解新知，又要有利于学生作课堂笔记.

总之，讲解法应当是建立在“有意义的接受学习”上的一种教学方法.

(2) 谈话法

教师首先将教学内容设计成系列问题，然后在课堂上据此问题与学生展开对话. 这种通过谈话的方式引导学生积极思考，自己去探索问题、解决问题，获得知识，并用自己的语言表述出来的教学方法称为谈话法.

在运用谈话法时，必须注意以下几点：

① 教师必须对教材理解透彻，对其中的逻辑关系能够准确地把握，并对学生有充分全面的估计.

② 精心设计谈话材料和提问的问题系列，用于谈话的问题要紧扣中心，有系统、有坡度，一环紧扣一环，逐渐深入. 谈话的问题，语言表达要简单、明确，易于学生理解；在内容上能激发学生的兴趣，促使他们积极思考问题，踊跃回答问题. 一般情况下，问题的提出不应当隐含着对于答案的提示，也不应当过多地提出只需回答“是”或“不是”的问题，因为这类问题的教学价值有限，容易导致随意乱答的不良风气.

③ 教师必须具有较高的谈话技巧. 比如，要善于调动全班学生的积极性，问题必须先向全班提出，然后再指名回答；在问与答之间要有充分的时间“间隙”，便于学生思考；谈话的目标要明确，要给学生提供思考的方向，使其思维不致混乱；当学生不能回答时，教师应运用语言、教具或手势等进行启发，不能简单地代为回答.

④ 教师的谈话对象应是全班所有学生，同时应有计划、有目的地兼顾个别特殊(好或差)的学生，谈话的气氛应是愉快、友好、融洽的.

⑤ 谈话结束后，要做适当的小结，说明谈话的目的和所完成的任务，并安排适当的练习，以巩固谈话的效果.

由于谈话需要有较充裕的时间，一堂课的教学容量不宜太多. 正因如此，师生谈话法更适宜在小学或初中阶段使用.

(3) 发现法

发现法是美国布鲁纳于1950年代所倡导的教学方法，也称问题教学法，类似于今天的探究法. 它常以一个问题为中心，引导学生在求知境界中，依靠已有知识，展开思维实验活动——通过观察、试误、猜想、推断、查阅资料，来解决问题、归纳结论，从而培养学生发现、探究的习惯与态度.

发现法一般按以下步骤进行：

① 设疑和思考. 教师根据教材内容和要求提出一些具有启示性的问题和现象来诱导学生思考，激发学生学习的积极性和自觉性；

② 阅读和观察. 学生根据教师设计的问题阅读课本和参考材料或动手操作、演算、实验等，对概念、原理进行验证性探索；

③ 分析和议论. 学生对阅读或观察到的结论进行分析、比较、综合、验证，并提出假设；

④ 综合和发展. 进行概括、推理，得出结论，并运用所得的知识去解决有关的问题，以达到对概念、原理的深入理解，牢固掌握和灵活运用.

发现法的主要优点是：

① 有利于发挥学生的主观能动性. 学生通过自己积极的思维活动而获得的知识，记忆牢固，易于检索，运用灵活.

② 发现法要求学生自己去探索和发现新知识，在这个过程中，学生必须有高级的心理活动介入. 长期采用发现法以后，就可使学生的心智活动方式得到不断的改善和完善，使智力和能力得到不断发展.

③ 发现法在学生自己探索并概括出原理、法则之后，能进一步坚定学生的学习信心，激起学习的兴趣和学习期望，产生自行学习的内在动机.

④ 发现法要求学生在教师提供的启示性材料的基础上，自己去探索和发现新知识. 长期实践，能让学生学会发现探索的方法，为今后的创造性工作奠定基础.

发现法也有其缺点：

① 发现法要求学生的学习一切通过自己的探索，这样会使教学进程缓慢，不利于学生较快地掌握人类积累的知识.

② 发现法过分强调以学生为中心，在一定程度上有损于教师主导作用的发挥，有碍于学生较好地掌握系统的知识.

③ 发现法常常由于重视发现而忽视训练，这样就不利于技能技巧的形成.

2. 选择教学方法的依据

在实际教学时，教师能否正确选择教学方法，是影响教学质量的关键之一. 实践证明，教师只有按照一定的科学依据，综合考虑教学的各有关因素，选取适当的教学方法，并能合理地加以组合，才可望使教学效果达到最优化；反之，如果毫无选择地使用教学方法或错误选用教学方法，都会给教学活动造成不利的影响. 所以，在进行教学设计时，教师必须学会科学地、恰当地选择教学方法. 正确运用教学方法，对提高教学质量具有重大作用. 选择教学方法的依据有以下几方面.

(1) 课堂教学目标与教学任务

不同的教学目标与教学任务需要不同的教学方法去实现和完成. 如果是传授新知识的教学任务，就得选择语言传递信息的方法、直接感知的方法；如果是形成和完善技能、技巧的任务，就得选择以实际训练为主的方法.

(2) 教材内容的特点

一般说来，不同学科性质的教材，应采取不同的教学方法. 而某一学科具体内容的教学，又要求采取与之相适应的教学方法. 如就学科教材来讲，语文、外语多采用讲读法，物理、化学多采用演示、实验法，数学多采用练习法，等等. 就每门课程的具体内容来讲，它们有各自的特点和要求，在教学过程中，它们又总是和学生掌握该内容所必需的智力活动的性质相联系的. 所以，有的内容可以用讲授法，有的可以用讨论法，有的可以用练习法或实习法. 总之，必须根据教材的性质和具体内容的特点，选择适当的教学方法.

(3) 学生的实际情况

教师的教是为了学生的学，教学方法要适应学生的学习条件和个性特征. 所以，选择教学方法时，教师要考虑学生在智力、能力、学习方法、学习态度、班级的学习纪律及风气诸方面的准备水平. 但这并不意味着只是消极地适应学生的现实水平，而是应当注意从学生实际出发，选择那些能促进和发展学生学习独立性的方法.

(4) 教师自身条件

任何一种教学方法的选用，只有适应教师的自身条件，能为教师所理解和掌握，才能有效发挥作用. 因此，教师的某些特长、某些弱点和运用某种教学方法的实际可能性，都应成为选择的重要依据. 如有的教师形象思维水平高，可以用生动形象的语言把问题的现象和事实描绘得生动具体，然后从所讲事实出发，由浅入深地讲清道理. 依据这一特长，可多选择以语言传递信息为主的方法. 而有的教师不善于用生动的具体的语言描述，但善于运用直观教具，在直观教具的配合下能有效地讲清理论，就可多选择以直接感知为主的方法进行教学. 总之，教师选择教学方法，应根据自己的实际优势，扬长避短，以达到最佳的教学效果.

(5) 教学方法的适用范围和使用条件

每种教学方法都有各自的适用范围和使用条件，同时又有各自的优点和局限性. 某种方法对于某种学科或某一课题是有效的，对另一课题或另一种形式的教学可能是完全无用的. 比如：传授新知识的谈话法，是以学生的知识准备和心理准备为前提条件的，离开了这个条件，用谈话法去传授新知识是困难的. 讲授法虽能保证学生在短时期内获得大量的系统的知识，便于发挥教师的主导作用，但是，它不容易发挥学生的主动性、独立性和实践性. 探索法、研究法对发展学生的智能、培养学生独立学习能力起着积极作用，但是，它又受到时间等条件的限制，必须与谈话、讲解等其他方法配合使用才能收到良好的效果. 因此，选择时必须认真地分析各种方法的应用范围和条件.

(6) 教学时间和效率

教学的最优化,就是要求以最少的时间取得最佳的效果. 所以,在实际教学中,选择某种教学方法还应考虑教学过程效率的高低. 好的教学方法应该是高效低耗的,至少能在规定的时间内完成教学任务,实现具体的教学目的,并能使教师教得轻松、学生学得愉快,不利于学生发展的方法是不足取的.

选择教学方法,除了以上的一些依据外,还应考虑教学环境、教学设备等因素.

9.4.5 教学媒体的选择

媒体是英文"Media"的译名,也称为"媒介",是指用来传递和存储信息的载体或工具. 所谓教学媒体,就是教学过程中传递和存储知识信息的载体或工具. 由于学生是依靠感官来接受知识信息的,媒体使用是否恰当必将影响到教学质量,所以如何使用教学媒体也是教学过程设计的一个十分重要的问题. 教学媒体种类繁多,可归结为如下的三大类:视觉媒体(如图书、黑板板书、图片、照片等)、听觉媒体(如老师的口头语言、音乐、各种音频等)、视听媒体(如视频、带解说的动画与活动影像等). 这三类媒体在数学教学中都比较常见.

为了提高教学效益,在选择与使用教学媒体时,必须注意以下几点:

1. 根据教学媒体的功能

每种教学媒体都有不同的功能与特点,它们在不同的教学环境下会产生迥异的教学效果. 按照教学功能的不同,教学媒体可分为以下几类:

① 提供事实. 这类媒体可以提供现象、形态、结构等事实材料,便于学生观察、识记;

② 创设情境. 根据教学需要,利用媒体提供与教学内容相关的情节、背景材料或模拟的情景画面,给学生创设一种情境,激励、唤起、鼓舞学生的求知欲望;

③ 举例验证. 概念的形成依赖于已知的用来说明或加工成概念的具体事例或具体事物,所以,我们利用教学媒体的展示功能提供具体事例,就能使学生对具体事例有所了解,同时可以精确地形成概念;

④ 提供示范. 教学媒体提供一系列标准的行为示范,学生通过模仿与练习进行数学技能的学习;

⑤ 探究过程. 教学媒体提供某些事物典型的现象或过程,且利用语言、文字来设置疑点和问题,供学生作为分析、思考、探究、发现的对象.

在实际教学中,教师必须根据各种媒体的特性找到适合不同教学环境的媒体,扬长避短,达到与其他教学因素组合的最优化,才能最大程度地发挥教学媒体的潜能.

2. 符合学生的年龄特征

不同年龄阶段的学生具有不同的认知水平,教学媒体的使用应与学生的年龄特征相符合. 在小学阶段,学生的认知特点是以直观形象思维为主,对动态的、节奏快的、颜色鲜艳的信息内容比较感兴趣. 所以,在选择教学媒体时,就得选择直观性强、表现手法简单明了、图像画面对比度大、易于分别事物的主要与次要部分之类的媒体,如幻灯、投影、模型、录音、图片等. 小学生的注意力难以持久地保持,那么,每次播放的内容不宜过多,时间不宜过长,解释力求具体形象,尽量避免抽象的概念.

在高中阶段,学生的思维能力迅速得到发展,除形象思维处于优势之外,他们的抽象思维能力、逻辑思维能力、概括能力也有了一定的发展;他们能够在已有的知识经验基础上进行概念学习、逻辑推理、解决问题,而且注意力持续集中的时间比较长,因此,选择教学媒体时就要考虑表现手法较复杂、展示教学信息连续性强、具有启发功能、推理功能的媒体. 此时,如果过多地使用具有呈现功能的媒体,如动画、视频等来代替学生的深层次的思维活动,则不利于学生数学能力的发展,必将降低数学教学的有效性.

3. 综合选择媒体

使用一种媒体往往很难达到最佳教学效果,多种媒体的相互支持与配合使用才有可能增加教学内容的丰富性. 比如,立体几何初步中对于柱、锥、台、球等空间几何体的认识,可以在给出直观模型的基础上,配合使用图片、画在黑板上的直观图,让学生经历观察、概括、归纳定义的过程. 在解决问题的教学过程中,如果仅利用多媒体技术给出问题与解答结果,就会抹杀数学思维过程. 比较恰当的处理,是在给出问题之后,引导学生探索解决途径,利用黑板的板书展现分析问题、探索过程与思考方法,最后再利用多媒体技术呈现解题结果,这样既增加教学时间效率,又暴露了思维过程,使学生学会数学思考的方法.

4. 遵循认知规律

教学媒体与学生对信息的接受与加工效果密切相关,因此,在选择与使用教学媒体时必须遵循心理学认知规律. 比如,根据感知规律,在使用听觉媒体时,改变音量和音调;在使用黑板板书时,用彩色笔勾画出重点内容;在多媒体中使用动画,等等. 这些措施均可以提高感知效果. 又比如,根据新奇刺激对注意的影响,可以使用多媒体技术引入一节课的课题,以吸引学生的注意力. 但必须注意,过分新奇的刺激容易把学生的注意力转向刺激本身,而干扰了对学习内容的关注,因此,必须把握好呈现刺激的时机与呈现时间的长短.

9.4.6 教学组织形式的选用

教学组织形式就是关于教学活动应该怎样组织,教学时间和空间应该怎样加以控制和利用的问题. 具体地说,就是教师以什么形式把学生组织起来,并通过什么形式与之发生联系,是个别的还是班级的,是固定的还是灵活的,教学活动如何安排,教学时间如何规定和分配，等等.教学组织形式问题如何选用以及解决得正确与否，关系到教学质量的高低.因此，教学组织形式的选用问题在教学设计中具有重要意义.

教学组织形式从古到今有多种形式，主要有班级学习、小组学习、个别学习.下面分别介绍这三种组织形式的特点.

1. 班级教学

所谓班级教学，即把学生按照年龄分别编成固定的班级，教师按照固定的课程表和统一的进度，并主要以课堂讲授的方式分科对整个班级学生进行同样内容的教学.它自产生与发展300多年来，其理论和实践已充分显示其优越性和局限性.

(1) 班级教学的优越性

班级教学的优越性在于：能大规模地面向全体学生进行教学.一位教师能同时教许多学生，而且使全体学生共同前进；能保证学习活动循序渐进，并使学生获得系统的科学知识，扎扎实实，有条不紊；能保证教师发挥主导作用，首先是教师系统讲授，而且在这个基础上直接指导学生学习的全过程；学生彼此之间由于共同目的和共同活动集结在一起，可以互相观摩、启发、切磋、砥砺；能比较全面地实现教学任务，从而有利于学生多方面的发展.它不仅能较全面地保证学生获得系统的知识、技能和技巧，同时也能保证对学生经常的思想政治影响，启发学生思维、想象能力以及学习热情等等.

(2) 班级教学的局限性

班级授课制对于课堂教学还存在一定的局限性.比如，学生的主体地位或独立性受到一定的限制，教学活动多由教师直接安排；学生的探索性、创造性不易发挥，主要或者只能接受现成的知识经验；难以兼顾学生的个别差异，对全班学生提出统一要求、统一学习步调，因材施教的原则难以贯彻，等等.

2. 小组教学

小组教学是把学生分成若干个学习小组，由教师共同规定学习任务，并分派给各个小组，由小组成员共同协作完成的一种学习形式.教学小组是实施小组教学的基本单位，一般以5～7人为宜.小组与小组之间可以根据学习任务结成合作型、竞争性、独立性的学习关系，小组成员之间强调合作、民主的精神.小组教学是在课堂教学的基础上展开的，是对课堂教学的一种补充.活动教学、实验教学就主要采用小组教学形式.在小组教学中，教师不是以讲解、演示为主，教师的主要作用是设计小组学习任务，指导、监督、检查、评价小组学习过程.这时，教师的角色由课堂教学的主讲者转变为导演者.

小组教学形式的优点有：① 小组教学注重小组成员之间的协商、合作，有利于情感领域的学习目标的实现，如形成态度、培养鉴赏力，形成合作精神和良好的人际关系;② 小组教学重视小组成员在小组教学活动中主体作用的发挥,如阐述自己的观点、意见,提出解决问题的思路,有利于提高学生的组织能力、解决问题的能力、表达自己见解的能力,因此,最适于培养学生高级认知水平(综合、分析、评价)和智力技能、认知策略等;③ 小组教学使教师和学生面对面地接触,指导、交流的机会增多,有利于教师对学生学习过程的全面了解,也便于教师与学生的思想沟通;④ 小组是一个集体,学生作为这个集体中的一员,为了小组的共同目标,会积极地、主动地参与到小组学习活动中,有利于培养学生积极参与的态度和意识.因此,小组教学是促使学生社会化的有效途径.

小组教学是教学过程中一种灵活的教学方式,既可以根据能力程度分组,也可以根据任务类型分组,还可以根据学生特点分组,又可以自愿结组.但是小组教学的教学活动必须经过系统的计划,否则会造成不易控制教学进度、合作失衡等现象.

3. 个别教学

个别教学就是教师在某一时间内面向个别学生采用一对一的教学形式.班级教学是以全班学生的共性学习需要为主进行教学,而个别教学是以单个学生的学习需要为主进行教学,它强调学生自主学习、自定进度,进行独立学习,因而,能满足学生的学习需要、兴趣、学习进度和认知方式等.目前,个别教学也是一种主要的教学组织形式,它虽然教学规模小、速度慢、效率低,但它克服了集体教学的缺点,在现代倡导个性化教育的理念下,个别教学形式受到了重视.

个别教学的优点是有利于发挥学生的主动性和积极性,可以充分体现学生的主体地位,但是它不利于学生之间的信息和情感交流.个别教学的成功主要取决于学生的个性特征,心理能力差异和个性意识倾向直接关系到个别教学的成功与否.因此,在进行个别教学时,教师的任务主要是设计、安排适合于学生个性特点的教学活动,制订学习步骤和学习程序,提供学生个别学习过程所需的各种学习资料以及查找学习资料的途径,解决学生学习过程中遇到的各种问题,检查和评价学生学习的结果.

需要说明,这三种教学形式是具体教学过程中基本的组织形式,他们各有优势和不足,在确定教学形式时,要适时、适地、适人、适内容而定.对于任何一种形式,它可能适合于某一特定的任务,但未必适合于其他任务.所以,在当前数学课程改革的实践中,常将班级教学、小组学习、个别学习三者组织形式进行优化组合,以扬长补短.比如,在复习课中,就可以在课前先让学生个别学习,自己整理一个章节的知识体系,然后在课上采取小组学习形式,小组成员之间交流整理结果,最后大班交流,老师总结归纳.又比如,对于研究性课题的学习,一般是老师先布置研究课题,然后分小组进行课题研究,最后各小组派代表向全班汇报研究过程与结果,在全班讨论的基础上,每人写出总结报告.可见,确定教学组织形式要根据学习任务的性质、学生的年龄特征和个性差异、特定的教学环境条件等，实现三种教学组织形式的组合最优化，才能取得最佳教学效果.

习　　题

1. 名词解释

教学设计，学习心向，学习风格，讲解法，谈话法，发现法.

2. 简答题

(1) 教学设计时，应对学生做哪些方面的分析?

(2) 教学设计时，如何对学习内容进行分析?

(3) 数学课堂教学目标有哪些? 如何确定课堂教学目标?

(4) 数学新授课的基本结构是什么?

(5) 比较讲解法与发现法的优缺点.

3. 论述题

请以中学数学某一内容(勾股定理、梯形中位线、函数的单调性、等差数列、椭圆、直线与平面的位置关系等)为课题，写出你的教学设计方案.

主要参考文献

[1] 加涅. 教学设计原理[M]. 上海：华东师范大学出版社，2000.

[2] 盛群力，李志强. 现代教学设计论[M]. 杭州：浙江教育出版社，1998.

[3] 徐英俊. 教学设计[M]. 北京：教育科学出版社，2001.

[4] 施良方. 学生认知与优化教学[M]. 北京：中国科学技术出版社，1991 年

[5] 张奠宙. 数学教育概论[M]. 北京：高等教育出版社，2004 年

[6] 孔企平. 数学新课程与数学学习[M]. 北京：高等教育出版社，2003.

[7] 孙杰远. 现代数学教育学[M]. 桂林：广西师范大学出版社. 2004.

第 10 章

数学知识的分类教学设计

根据现代认知心理学的观点,知识是主体通过与其环境相互作用而获得的信息及其组织,是客观事物的特征与联系在人脑中的能动反映,是客观事物的主观表征.储存于人的大脑的是个体知识,储存于人的大脑之外的是人类的知识.信息加工心理学家安德森从知识获得的心理加工的角度,将个体的知识分为两类,一类称为陈述性知识(declarative knowledge),主要用来回答"是什么"的问题;另一类称为程序性知识(procedual knowledge),主要用来回答"怎么办"、"如何做"等问题.[①]可见,这里的知识概念是广义的,即包括我们日常所说的知识、技能,也包括方法、法则、策略.

数学知识是客观世界的数量关系与空间形式方面的特征在人脑中的能动反映.经过筛选用来进行教育的数学知识素材,一般包括以下几方面:

(1) 表达数学事实的陈述性知识,包括数学概念、数学命题(公式、性质、定理)等;

(2) 表示操作或运演的程序性知识,包括运算法则、步骤、数学方法、认知策略以及各种数学技能等;

(3) 两类知识中蕴含的数学思想以及揭示知识内在联系的逻辑方法;

(4) 形成基本技能、形成数学能力的数学题.

本章重点剖析数学概念、数学命题、数学问题等三类知识的教学设计

§10.1 数学概念及其教学

人们通过感觉和知觉认识周围个别事物的各种属性,在此基础上,通过分析、比较,抽象概括出反映一类事物的本质属性而形成概念,然后用词加以命名,达到对客观事物的概括的、间接的认识.所以说,概念是反映事物本质属性的一种思维形式,

① 章建跃.数学教育心理学[M].北京:北京师范大学出版社,2006:97.

而数学概念则反映了事物在数量关系、结构关系、空间形式方面的本质属性.

10.1.1 数学概念的逻辑知识

任何一个概念都涉及四方面的内容：概念的属性、例证、名称、定义. 为了更清楚地把握概念，下面分别讨论与此有关的数学概念的逻辑知识.

1. 概念的内涵与外延

在逻辑学上，把概念所反映的事物本质属性的总和，叫做这个概念的内涵. 概念的内涵是从质的方面来刻画概念的. 例如，"平行四边形"这个概念的内涵，包括对边平行且相等、两组对角分别相等、对角线相互平分等本质属性. 凡是适合某概念的对象的全体叫做这个概念的外延. 外延是从量的方面来反映概念的. 例如，2，3，5，7，11，…都属于"质数"这个概念的外延. 如果某对象属于该概念的外延集合，那么，这个对象就叫做该概念的肯定例证(positive instances)；不属于该概念的外延集合，则叫做该概念的否定例证(negative instances). 可见，概念的内涵、外延与概念的属性、例证密切相关.

概念的内涵与外延是相互联系、相互制约的. 如果概念的外延确定了，那么外延集合中所有元素的共同属性便是这个概念的内涵；反之，如果已知概念的内涵，那么概念的外延也随之确定. 设 X 是某概念，$\varphi(x)$表示个体变元 x 所具有的本质属性，$M(X)$表示概念 X 的外延集合，那么内涵与外延的统一关系，可用数学符号表示为

$$M(X)=\{x \mid \varphi(x)\}.$$

在一般情况下，如果内涵性质增加，那么相应的外延集合缩小，反之亦然. 这种内涵与外延的关系，常被称为"反比规律". ①例如，令 $\varphi(x)$ 表示"x 是平行四边形"的语句，$\theta(x)$表示"x 的对角线相等"的语句，那么 $\{x \mid \varphi(x) \text{ 且 } \theta(x)\} \subseteq \{x \mid \varphi(x)\}$. 这表明"矩形"这个概念的外延集合被"平行四边形"这个概念的外延集合所包含. 当然，"矩形"的内涵要比"平行四边形"的丰富.

2. 概念间的逻辑关系

概念一般是有层次结构的. 为了了解概念的层次结构，我们运用它们的外延集合来比较两个概念 X_1、X_2之间的关系. 为方便起见，设这两个概念的外延集合分别为 $M(X_1)$、$M(X_2)$，且 $M(X_1)\neq\varnothing$，$M(X_2)\neq\varnothing$，则两个概念 X_1、X_2之间的关系有下列几种：

① $M(X_1)\subset M(X_2)$. 如果一个概念的外延集合为另一个概念的外延集合的真子集，那么这两个概念间的关系叫做属种关系. 其中，X_2叫做 X_1的属概念(或称为上

① 郑君文，等. 数学逻辑学概论[M]. 合肥：安徽教育出版社，1995：127.

位概念)，X_1叫做X_2的种概念(或称为下位概念). 例如，矩形是平行四边形的种概念，平行四边形是矩形的属概念.

一个概念的所有属概念中，如果它们的外延集合一个包含一个，那么，外延最小的叫做它的最邻近的属概念. 例如，由于M(正方形)$\subset M$(菱形)$\subset M$(平行四边形)，所以，"菱形"是"正方形"的最邻近的属概念.

必须注意，最邻近的属概念不一定是惟一的. 由于M(正方形)$\subset M$(矩形)$\subset M$(平行四边形)，所以，矩形也是正方形的最邻近的属概念.

② $M(X_1) \cap M(X_2) \neq \varnothing$ 且不相互包含. 此时称这两个概念具有交叉关系. 例如，"质数"与"偶数"、"正实数"与"整数"之间的关系是交叉关系.

③ $M(X_1) \cap M(X_2) = \varnothing$. 如果两个概念的外延完全不同，那么这两个概念的关系称为不相容的关系. 不相容关系有两种，如果两个概念的外延集合的并集是某一属概念的外延集合的真子集时，这两个概念间的关系(相对于这一属概念来说)称为反对关系，这两个概念叫做反对概念；如果两概念的外延集合的并集等于某一属概念的外延集合时，这两个概念间的关系(相对于这一属概念)称为矛盾关系，这两个概念叫做矛盾概念. 例如，"正实数"与"负实数"相对于"实数"是两个反对概念，"有理数"与"无理数"相对于"实数"是两个矛盾概念.

3. 概念的名称(符号)和定义

概念是看不见摸不着的思维产物，要表达、传递概念，必须借助于有声有形的语言. 概念的定义和名称(符号)，就是概念与语言紧密相连的主要体现，是表述概念的物质外壳. 在数学中，我们常见到这样的表述："满足……的……叫做×××，记为×××"，其中叫做"×××"即为概念的名称，记为"×××"就是相应的数学符号.

概念的名称(符号)是表示概念的语词，概念的名称一旦确定，便成为概念的代名词，可使思维过程简缩，有时也可唤起概念. 当我们掌握了平行四边形概念之后，一旦听到、看到它的名称或符号后，便会立即回忆起它的所有属性.

随着概念的形成，人们常常把名称(符号)与概念本身紧密地联系在一起，有时误认为名称(符号)就是概念本身. 事实上，概念是思维产物，而用语词表达的名称(符号)，是看得见、听得到的物理对象. 概念是名称的思想内容，名称(符号)是概念的表述形式. 名称之所以能够表示某概念，是因为人们头脑中已有了相应的概念. 例如，"函数"这个名称对初三学生来说是有意义的，但对幼儿园小朋友而言，他们不知"函数"所指何物.

在数学中，可以用不同的名称、符号标记同一个概念. 比如"5"、"五"、"five"都表示同一个数. 另一方面，表示概念的名称、符号应具有无歧义性，即表示的对象惟一. 例如，算术根的符号仅适用于a为非负实数的情况. 因此，复数开平方运算就不能再用这个符号，把i的两个平方根记为"$\pm\sqrt{i}$"是不恰当的.

定义是揭示概念内涵(或外延)的逻辑方法.通过给概念下定义,可以把我们对事物的认识概括、总结、记载、传递下来.在科学理论体系中,定义是构成理论体系的重要组成部分.

在数学中,常见的定义形式有下列几种:

① 属加种差定义.这种方法是先确定被定义概念的最邻近的属概念,然后寻找这个属概念中诸种概念彼此间的本质差别(即"种差").例如,"平行四边形"最邻近的属概念是"四边形",平行四边形区别于其他四边形的本质属性是"对边平行",于是得到平行四边形的定义:对边平行且相等的四边形叫做平行四边形."属加种差"的定义可用公式表示为:

$$被定义概念 = 最邻近的属概念 + 种差.$$

② 关系定义.这种定义是以被定义概念与其他事物的关系作为种差的定义.例如,"整除"的定义是"如果存在整数 c,使得 $b = ac$,那么称 a 能整除 b",这就是关系定义.类似地,"质数"的定义也是一种关系定义.

③ 外延定义.这是一种运用种概念给属概念下定义的方式,即指出属概念中所有的种概念.例如,"有理数与无理数统称为实数","椭圆、双曲线和抛物线统称为圆锥曲线",等.

④ 发生定义.这种定义是通过被定义概念形成过程来揭示概念内涵的.例如,在立体几何中,各种旋转体的定义就采用了发生定义的方法,圆锥曲线的第一定义也是发生定义.

⑤ 递归定义.如果被定义概念与自然数性质有关或者是构造性的,常采用递归定义的方式.例如,实数 a 的 n 次幂(n 是自然数)的递归定义如下:

$$\begin{cases} a^1 = a, \\ a^{n+1} = a^n \cdot a. \ (n \in \mathbf{N}) \end{cases}$$

⑥ 约定式定义.为了数学的某种需要,可以通过约定的方式下定义.这种定义方法,通常是利用意义已明确的表达式,去规定新引入的表达式的意义.例如,在自然数指数幂基础上,约定 $a^0 = 1$, $a^{-n} = \dfrac{1}{a^n}$ $(n \in \mathbf{N})$, $a^{\frac{m}{n}} = \sqrt[n]{a^m}$ 给出零指数幂、负指数幂、分数指数幂的定义.这样的约定式定义,保证了原来的自然数指数幂的运算法则:

$$a^m \cdot a^n = a^{m+n}, (a^m)^n = a^{mn}, (ab)^m = a^m \cdot a^n,$$

对于有理指数幂依然成立,所以这种约定式定义是合理的.

⑦ 形式定义.在代数中,有一类概念是通过其形式结构下定义的,故称为形式定

义. 比如"形如 $\sqrt{2}$、$\sqrt{x+y}$、$\sqrt{a+\frac{1}{b}}$ 等的式子叫做二次根式"、"形如 $ax^2+bx+c=0\ (a\neq 0)$ 的方程叫做一元二次方程"等都是形式定义. 可以看出,与式有关的概念常用形式定义.

⑧ 公理化定义. 在近代数学中,常给出若干性质(称之为公理),只要满足这些性质,这一概念便定义了,这就是公理化定义. 例如,自然数的皮亚诺公理系统给出了自然数的定义,"群"、"线性空间"概念的定义也是公理化定义. 公理化定义是对概念本质属性的更严谨更抽象的规定.

在给概念下定义时,一般应注意以下几点:

① 定义必须相称. 比如,如果把无理数定义为"有理数的不尽方根数",就犯了定义过窄的错误;而把无理数定义为"无限小数",则犯了定义过宽的错误.

② 定义不能循环. 也就是说,如果用甲概念来定义乙概念,那么在同一个理论体系中就不能再用乙概念来定义甲概念. 例如,用"两直线垂直相交所成的角叫做直角"来定义"直角",再用"如果两直线所成的角为直角,那么这两条直线相互垂直"来定义"垂直",这就犯了循环定义的错误.

为了避免循环定义的错误,在一个理论体系中,必须用已定义过的概念来定义新概念,如此追溯上去,总有一些概念不能用其他概念来定义. 这些不加定义的概念叫做原始概念,比如,"集合"、"点"、"线"、"面"、"介于"等. 原始概念没有严格定义,常用描述、举例的方法说明它的本质属性,所以有时也称为描述性概念.

③ 定义的方式可以不惟一. 这里有两层含义,其一,定义的方式不惟一. 例如,"质数"这个概念,可定义为"除了 1 与自身没有其他因数的自然数",也可定义为"由 $p|ab$ 能推出 $p|a$ 或 $p|b$ 的大于 1 的自然数 p". 当然,同一个概念的不同定义应是相互等价的. 其二,定义的语言表达形式不惟一. 常见的形式有"×××就是×××"、"×××叫做×××"、"所谓×××指的是×××"、"当且仅当有×××时,才有×××"等. 由此可见,任何定义都是充分必要的. 例如,方程的解的定义"使方程 $f(x)=0$ 成立的未知数的值",既包括"如果 α 是方程 $f(x)=0$ 的解,那么 $f(\alpha)=0$",又包括"如果 $f(\alpha)=0$,那么 a 是方程 $f(x)=0$ 的解".

④ 定义是对被定义概念内涵或外延的一种规定,所以对概念的定义只能解释,不能证明.

10.1.2 数学概念学习的认知分析

数学概念学习包括概念的获得、概念的应用、建立概念体系三个阶段.

1. 概念的获得

所谓概念的获得,就是理解、掌握一类事物的共同的、本质的属性. 也就是说,能够用符号、词汇表示一类事物(而不是个别的、特殊的事物).心理学研究成果表明，概念获得的形式有两种基本形式——概念的形成与概念的同化.

(1)概念的形成

概念形成是儿童在日常生活中获得概念的典型方式.例如，学前儿童理解“三角形”这个概念，最初是听妈妈指着不同形状的物体说“这是三角形”，然后逐渐积累了区别不同事物形状的经验.随着时间的推移，他的认知结构中逐渐形成“三角形”、“四边形”的概念，一旦看到某个物体，就能说出其形状特征，并能将之与“四边形”等其他形状的物体区别开来，这就是概念形成的过程.可见，所谓概念的形成，就是从大量的实例出发，通过个体的感知、辨别、比较、归类，以归纳的方式概括出一类事物的共同属性，从而获得某概念的方式.以概念的形成的方式获得概念，其主要特征是能区分该概念的肯定例证或否定例证.比如，儿童一旦形成“猫”、“狗”等小动物的概念，就能够从外部特征区分出哪个小动物是“猫”，哪个小动物是“狗”，尽管他不能用语言描述“猫”、“狗”的本质属性.

在概念形成的过程中，有以下一些关键要素：

✧ 观察一定数量的、形式变异的事实材料

✧ 分化每一个事实材料的属性

✧ 概括出这些事实材料的共性

✧ 辨析变式材料，确认关键属性

(2)概念的同化

根据美国的心理学家奥苏伯尔的意义学习理论，所谓同化，就是新知识与学习者原有认知结构中的某些观念建立有机的、非人为的实质性的联系，通过新旧知识的作用，新知识被纳入原有的认知结构之中，原有的认知结构得到充实.因此，在教学条件下，学生获得数学概念的另一个基本方式，就是在学生原有知识经验基础上，以定义的方式直接揭示概念的关键特征，由学生通过与已有认知结构中相关概念建立联系来理解、掌握新概念，这就是概念的同化.比如，“等差数列”概念的学习，必须在掌握了“数列”、“项”、“两数之差”、“常数”等概念的基础上给出等差数列的定义“后项与前项之差为常数”，学生才能将等差数列与其他数列区别开来.通过概念的同化获得的概念更加准确，并能形成概念体系.

在概念同化过程中，有以下一些关键要素：

✧ 学习新概念的已有知识经验

✧ 运用定义给出概念的本质属性、名称、符号

✧ 运用定义辨认概念的肯定例证与否定例证

✧ 把新概念纳入到相应的概念体系中，与已知概念建立有机的联系，形成一个概念体系

在概念教学过程中，可以针对学生的年龄特征与数学概念的特点，综合运用上述两种概念获得的形式．一般地，先通过观察、分析适量的、具体的、形式变异的事实材料，让学生自行概括出这类事物的共同的本质属性，尝试着给概念下定义，在这基础上再给出科学定义，通过定义进一步明确概念的内涵与外延．

2．概念的应用

数学概念是数学抽象的产物，并且具有“对象”与“过程”的双重属性．①所谓过程，就是具备了可操作性的程序；所谓对象，则指数学中的特定的结构关系．比如，函数既是一种特殊的对应过程，也是一种特定的关系结构；极限既是一种变化趋势，又是一个结果，等等．在学习时，有时需要把概念当作有操作步骤的过程，有时又需要将它看做一个整体性的静态对象．

因此，在获得概念之后，还要通过数学的应用，使学生更深刻地理解概念的这些属性．概念应用的数学活动，一般可分为以下两种类型：

（1）辨别与判断

比如，学习了无理数之后，能够辨别某一个具体的数是无理数还是有理数；掌握了“奇偶性”的概念，能运用其定义“对于定义域中某一区间中任意 x，都有 $f(-x)=f(x)$ 或 $f(-x)=-f(x)$”来证明某一函数是否具有奇偶性．这一过程体现了概念的过程性特征，概念应用的结果是形成某一技能（比如，会辨别函数的奇偶性），同时加深了对概念的理解．

（2）概念的泛化

概念的泛化就是将概念应用于各种具体的问题情境之中．比如，学习了“独立事件与非独立事件”概念之后，在相关概率问题中，必须首先判别该问题属于独立事件，还是非独立事件，然后才可以运用相应的概率计算公式．

3．建立概念体系

数学概念是数学教学内容的知识单元，概念之间的联系则形成了教学内容体系的框架结构．在数学课程中，概念之间的各种关系是教材编写者计划安排好的，而对教材的分析者（教师或学生）来说，概念体系隐没在知识内容之中，分析者要通过自己的整理使之明朗化．

概括起来，中学数学教材中概念间的联系有以下几种情形：

（1）具有属种关系的概念群

具有属种关系的概念，可用一种逻辑链将它们连结起来，因此形成的概念体系一般成线状结构．比如：

① 徐斌艳．数学教育展望[M]．上海：华东师范大学出版社，2001．38．

四边形→平行四边形→矩形→正方形

算术数→有理数→实数→复数

集合→关系→函数→多项式函数→一元二次函数

……

线状概念结构在教材中的展现，有的是从一般到特殊，有的是从特殊到一般. 其逻辑链可长可短，链上的概念可疏可密. 因此，有的逻辑链出现于某一章（如从四边形到正方形），有的则跨越整个学段，甚至于更长（如从算术数到复数、从集合到一元二次函数）.

（2）具有并列关系的概念群

有些概念之间并不具有种属关系，但它们具有某种潜在的联系，并从属于某个概括程度更高的概念，我们称这类概念具有并列关系. 比如，抛物线、椭圆、双曲线；柱体、锥体、台体；等差数列、等比数列；奇函数、偶函数；二次三项式、二次函数、一元二次方程、一元二次不等式；指数函数与对数函数；微分与积分，等等.

明确了概念间的各种联系，我们就可以用"网络图"将教材中隐性的概念体系结构显性化. 概念体系的网络图可以直观地展现概念间的相互联系，从而为建立良好的知识结构打下基础.

10.1.3 数学概念的教学

1. 概念的引入

引入概念是概念教学的第一步. 根据概念获得的不同形式，概念的引入一般有以下几种途径.

（1）列举生活实例，提供现实原型

中学数学中的许多概念来源于现实世界，对于这类概念，要从学生所熟悉的日常生活或生产实际中常见的事例引入. 比如，通过说明现实生活中存在着大量的具有相反意义的量，引入正、负数概念；在提供日常生活中具有各种对应关系的实例基础上引入"函数"的概念；几何变换与许多实际问题有较为密切的联系，可通过列举蝴蝶、人脸、花朵、窗户的排列、镜面反射和某些陶器的设计，提供对称图形的现实原型. 这种联系现实世界引入概念的方式，有助于学生将客观现实材料和数学知识的现实融于一体，实现"概念性的数学化".

（2）在已知概念的基础上引入

从新概念的形成背景看，有的数学概念具有清晰的现实原型或直观模型，有的则产生于已知的相对初级的抽象概念. 对于后者，常根据新旧概念的关系，采用恰当的引入方式. 当新概念是已知旧概念的种概念时，常给出一组反映已知概念的事例（其中部分事例具有新概念的本质属性），让学生观察、对比、辨析，发现这部分事例所具有的与其他事例不同的共性(即种差),从而引入新概念. 比如,在数列的基础上引入等差数列,就可以采用这种方式. 另一种引入方式是在概括程度较高的已知概念基础上,添加新的属性,通过逻辑推演,直接引入新概念. 平面几何中的概念多数属于这种情况,比如在平行四边形的基础上增加“有一个内角是直角”的属性,便得到“矩形”的概念. 如果在相对具体的概念基础上形成较高层次的概念,那么引入概念的常见形式是提供一些具体的、特殊的、直观的观察材料,让学生分析其共性,抽象概括出新的概念. 例如,通过观察 $y=x^3$ 、$y=x$ 、$y=2^x(x\in\mathbf{R})$ 等函数图象的特征,引入单调递增函数的概念;观察、分析已知连续曲线在定义域内一点 $M(x_0, y_0)$ 的切线斜率、距离函数 $s=f(t)$ 在 $t=t_0$ 时的即时速度以及非均匀杆的线密度,从中抽象概括出包摄性更高的导数的概念. 当新旧概念之间具有某种相似性时,新概念的引入常运用类比或对比的方法. 例如,分式的有关概念通过分数的相应概念引入,立体几何中有关概念通过类比平面几何中有关概念引入,等比数列的概念的引入可通过与等差数列的对比来进行.

从这里可以看出,在已知概念基础上引入新概念的方式,取决于新、旧概念之间具有的逻辑联系.

(3) 运用数学问题引入

通过数学问题引入概念,可以充分说明学习新概念的必要性,有助于产生认识需求,明确认识任务. 这里的数学问题,一般来自于生活实践,或者是数学本身发展的需要. 例如,求单位正方形对角线长的问题在有理数范围内无解,从而引入实数概念;“已知当 $m>n$ 时,$a^m\div a^n=a^{m-n}$,那么,当 $m=n$ 时,$a^m\div a^n$ 等于什么呢?”为了解决这个问题,给出“零指数幂”概念;通过解决平面上到一定点与一定直线等距的点的轨迹的问题,引出抛物线的概念,等等.

2. 明确内涵,廓清外延

引入阶段提供的生活实例或观察材料是形成概念的毛坯,接下来便是去粗存精、由表及里的思维加工阶段,其主要任务是通过抽象化、形式化来掌握概念的内涵,廓清概念的外延,这一步是概念学习思维活动过程中最关键的一步. 明确概念的内涵、廓清概念的外延,就是能够从理性层面上掌握一类事物的本质属性,并能够辨别哪一个对象属于该概念,哪个对象不属于该概念. 数学教学常常通过下列环节达到对概念内涵的把握与外延的界定.

(1) 给出、剖析概念的定义

大量的实验和教学经验表明,概念的关键特征越明显,学习越容易;而无关特征越多、越明显,概念学习就越难. [1]用词语和符号表述前一阶段的认识结果,即给出概

① 邵瑞珍,等. 教育心理学[M]. 上海教育出版社,1983:80.

念的定义，就是扩大概念关键特征的有效途径.

学生理解概念的定义的逻辑意义时常经历两个过程：一是知觉表达定义的语句的语法结构，二是把词义与知识结构中已知概念建立联系，把个别、孤立的词义综合起来以获得整体定义的意义. 在中学阶段，有一些概念的定义简单明了，这两个过程常常融合在一起. 例如，“两边相等的三角形是等腰三角形”这样的定义，语法结构简单，“两边相等”、“三角形”的概念在学生原有知识结构中明确、清晰，因此学生知觉它的句法和语词后，便立刻理解了它的数学意义. 但是，对于“周期函数”之类的抽象度较高的数学概念，在第二阶段必须要逐词逐句地剖析其数学意义，特别是对一些关键词的解释. 比如，对于周期函数来说，可结合图象说明定义“存在一个正数，对于定义域中任一个数，都有 $f(x+T)=f(x)$ ”中的“存在”、“任一个”、“ $f(x+T)=f(x)$ ”的含义各是什么.

(2) 运用变式材料

所谓变式材料，是指概念的肯定例证在无关特征方面的变化. 一般情况下，变式材料由一些具体的、特殊的直观材料组成. 在教学中，通过对变式材料的辨析，可以更鲜明地揭示概念的内涵与外延，促使学生认识深化. 比如，由“单位正方形的对角线不是有理数”引入实数概念，学生容易产生无理数就是不尽方根数的模糊认识，这时，可在教材的例题和习题中给出多种形式的肯定例证. 如π、0.1010010001…等无理数，可在形式变异中突出无理数的“无限不循环”的本质属性. 同样，在三角函数 $y=\sin x$ 、$y=\cos x$ 的基础上引入周期函数的概念，也容易使学生得出周期函数就是三角函数的错误结论. 在给出周期函数定义后，可列举适当的周期函数的变式材料，如 $f(x)=[x]$，$x\in\mathbf{R}$；$g(x)=(x-2k)^2$，$x\in(2k-1,\ 2k+1]$，$k\in\mathbf{Z}$；$h(x)=c$（c 为一常数）. 用锐角三角形给出三角形的高的定义后，还必须给出其他形状的三角形（直角三角形与钝角三角形），让学生也能作出这些三角形的高来.

(3) 辨析否定例证

如果概念的肯定例证提供了最有利于概括的关键特征，那么，概念的否定例证则提供了最有利于辨别的信息. 由于每一个概念都有明确的、清晰的外延，掌握一个概念意味着能够分辨一个对象是否属于该概念的外延集合. 而否定例证的运用可排除概念学习中无关特征的干扰，进一步弄清概念的外延. [①]因此，继概括出共性（抽象）、识别变式材料（类化）之后，必须认识事物属性间的差异性（辨析）. 据此，提供一定数量的否定例证让学生辨别，或者让学生自己举出否定例证，是很有必要的. 这种通过否定例证进一步廓清概念的外延的工作，反过来又能进一步加强对内涵的把握.

① 陈琦，刘儒德. 当代教育心理学[M]. 北京师范大学出版社，2001：143.

有人把这种否定例证称为“非概念变式”.[①]比如,图 10－1－1 表明:与弦垂直的直线不一定是圆的切线,对角线相互垂直的四边形不一定是菱形.

图 10－1－1

3. 概念的应用

在初步掌握概念的内涵与外延的基础上,运用概念的定义辨别肯定例证或否定例证,或者在具体情境中运用概念解决问题.

【课例 1】函数的单调性

教学目标分析:

(1) 能从函数图象直观地判断某些函数的单调性;

(2) 探索用数学语言表述函数单调性的过程,理解函数单调性的概念;

(3) 初步学会运用概念证明函数单调性的方法.

学习任务分析:

(1) 教学重点:理解函数单调性的概念,掌握判别函数单调性的方法;

(2) 教学难点:函数单调性的理解;

(3) 起点能力:能理解函数的数学本质,能通过图象的观察捕捉数学信息,能运用作差法证明不等式.

教学过程:

1. 课题的引入

(1) 观察股票走势图(略)或某一天的气温走势图(见图 10－1－2),说出气温在哪个时间段内升高,在哪个时间段内下降,从而体会图形能反映的变量与变量之间的变化趋势在实际生活中的作用.

---

① 顾泠沅,黄荣金,费兰伦斯·马顿.变式教学:促进有效的数学学习的中国方式[M]//范良火,黄毅英,蔡金法,等.华人如何学数学.南京:江苏教育出版社,2005:253.

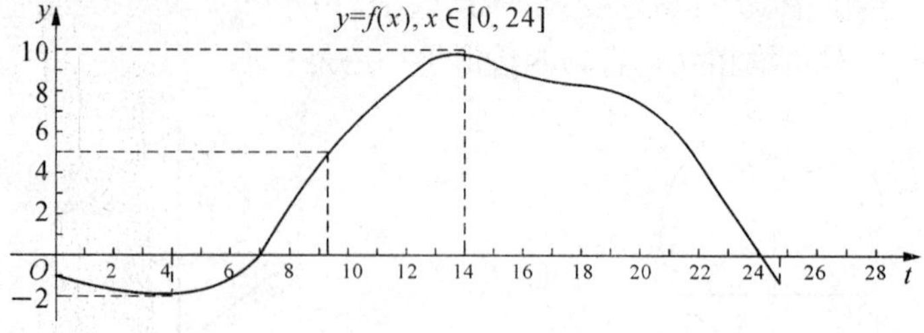

图 10-1-2

(2) 揭示课题:"随着时间的变化,气温逐渐升高或下降",表明时间 t 与气温 y 之间的函数关系的一种性质. 今天我们就来研究函数的这种重要性质:函数的单调性.

2. 观察实例,归纳共性

问题 1　观察下列函数 $y=x^2$、$y=x^3$ 的图象(如图 10-1-3),指出函数从左向右是怎样变化的.

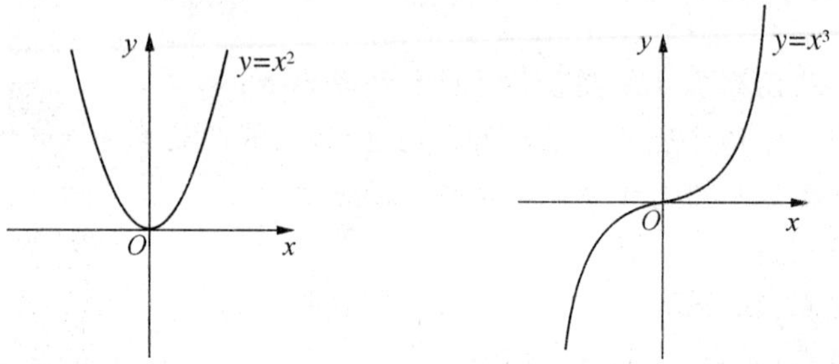

图 10-1-3

可以看出,当自变量变大时,上述函数在定义域内的某些区间上图象呈现上升趋势,在某些区间上呈现下降趋势.

问题 2　"图象呈上升或下降的趋势"说明函数的自变量 x 的值增大时函数值是如何变化的? 如何用数学语言来准确地表述这种函数值的变化趋势?

(学生讨论、交流)

3. 归纳、剖析定义

(1) 归纳定义. 在学生讨论、交流的基础上,结合图象说明如何用数学语言表述"图象呈上升或下降的趋势",从而抽象出单调性的定义:一般地,设函数 $y=f(x)$ 的定义域为 A,区间 $I\subseteq A$,如果对于区间 I 内的任意两个值 x_1、x_2,当 $x_1<x_2$ 时,都有 $f(x_1)<f(x_2)$,那么就说 $y=f(x)$ 在区间 I 上是增函数,I 称为 $y=f(x)$ 的单调增区间.

(2) 剖析定义.理解单调增函数的概念要注意以下几点:

✧ 自变量 x_1、x_2 必须在同一个区间内

✧ 自变量 x_1、x_2 是同一个区间内的任意两点

✧ x_1、x_2 的大小关系与 $f(x_1)$、$f(x_2)$的大小关系要一致(增函数)或相反(减函数)

(3) 请同学们类比单调增函数的定义,结合图象尝试给出单调减函数的定义,并说明理解单调减函数的注意点.

(讨论、交流略)

4. 辨析例证

观察函数的图象(如图 10-1-4),思考下列问题:

(1) 指出函数的单调区间;

(2) 该函数在其定义域上是单调函数吗?

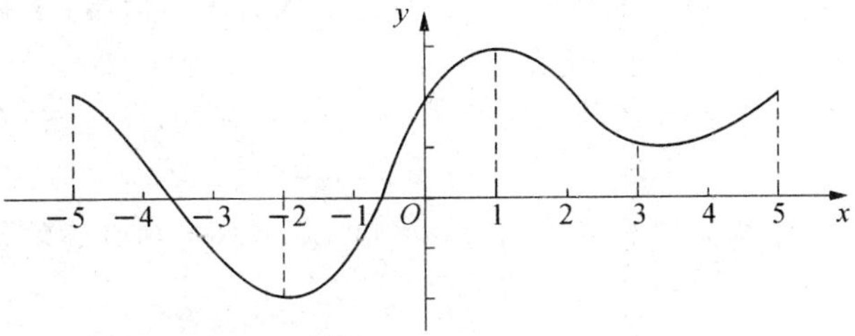

图 10-1-4

5. 概念的应用

例 1 画出下列函数的图象,并写出单调区间(学生自己作图后,再用电脑给出):

(1) $y=-x^2+2$;　　(2) $y=\dfrac{1}{x}\ (x\neq 0)$.

思考.第(2)题中的函数对于其定义域而言是单调函数吗?

例 2 求证:函数 $f(x)=-\dfrac{1}{x}-1$ 在区间$(-\infty,\ 0)$上是单调增函数.

与学生一起总结、归纳出判别函数单调性的解题步骤:(1) 取某区间内任意两个自变量;(2) 作两个函数值的差;(3) 判断.

6. 学生练习(略)

7. 回顾小结、布置作业(略)

【评注】 函数是整个高中数学的核心内容之一,又是高一学生学习的一个拦路虎.本教学设计先从生活中的实例让学生感受到抽象的函数性质与我们的生活密切相关,然后提出问题:如何用数学语言刻画生活或图形中的“升、降”现象,从而揭示

课题.这样的设计符合学生的起点能力与认知规律,容易激发学生的学习热情.在概念定义的掌握阶段,通过定义的剖析、正(反)例的运用、习题的练习帮助学生理解单调性的内涵,让学生经历"探索发现-意义建构-数学运用"的整个学习过程.

【课例2】直线的斜率

教学目标分析:

(1) 探索确定直线的因素;

(2) 感受直线的方向与斜率的关系;

(3) 理解直线的斜率概念,掌握计算直线斜率的公式;

(4) 初步体验用代数方法解决几何问题的方法与思想.

学习任务分析:

(1) 教学重点:掌握确定直线的因素,理解直线斜率的概念,掌握计算直线斜率的方法;

(2) 教学难点:将确定直线的几何要素(一点与一方向,或两点)转换为相应的代数表达式;

(3) 起点能力:掌握直角坐标系的有关知识,具有从形到数的转换能力.

教学过程:

1. 引入课题

(1) 我们在初中学习了直角坐标系,请同学们回顾一下:直角坐标系是如何建立的?运用直角坐标系有什么好处?

(2) 在初中我们也学习了很多有趣的曲线,比如,二次函数的图象就是一条很漂亮的曲线.从数学的角度研究这些曲线常常是在直角坐标系中进行的,在直角坐标系中研究曲线就可以用代数的方法研究曲线的几何性质.那么,如何用代数的方法研究曲线的几何性质呢?今天我们就从最简单的曲线——直线开始.

2. 探索、发现、建构

问题1　在现实生活中,有很多事物都可以抽象为一条直线,比如,润扬大桥的桥面就给我们以直线的形象.现在我们思考一个数学问题:如何确定一条直线?换句话说,确定一条直线的几何要素是什么?请观察润扬大桥的拉索(展示图片),如果把拉索看成是一根根直线,那么,这些直线有什么特点?由此告诉我们,确定一直线的几何要素是什么?(学生讨论、交流,得出结论:这些直线的方向不同,确定一直线的几何要素是一点及一方向)

问题2　在图片中,大桥的拉索方向各不相同,我们在日常生活中常把这种现象称为倾斜程度不同.那么,如何刻画直线的倾斜程度呢?思考幼儿园的滑滑梯,我们

图 10-1-5

如何刻画滑滑梯的倾斜度?(学生讨论、交流,体会倾斜度和高度与宽度之比有关)

问题3　回归到数学,我们如何判断一条直线的倾斜度?在黑板上任意给出两组直线 AB、CD,以及 EF、GH(图 10-1-6),我们能比较各组直线之间的倾斜度吗?(学生讨论,感受到参照系的作用,从而引入直角坐标系)

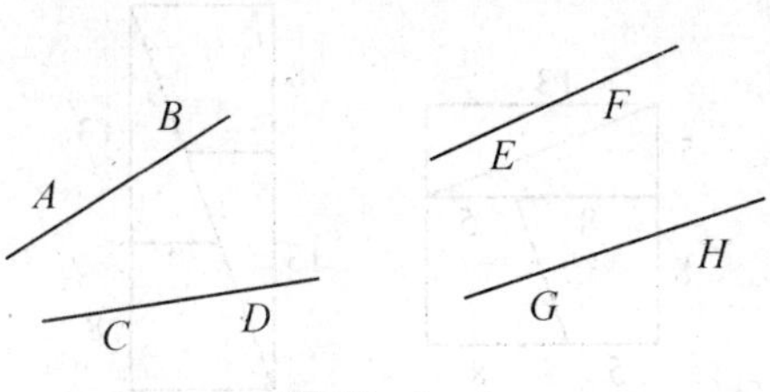

图 10-1-6

问题4　我们如何在直角坐标系中用数学语言刻画直线 AB 的斜倾度呢?(引导学生经历探索过程:点 A、$B\leftrightarrow$ 坐标 $A(x_1, y_1)$、$B(x_2, y_2)$,高度 $\leftrightarrow y_1-y_2$,宽度 $\leftrightarrow x_1-x_2$,倾斜度 $\leftrightarrow \dfrac{y_2-y_1}{x_2-x_1}$)

归纳总结:在直角坐标系中,若有直线上的两点 $A(x_1, y_1)$、$B(x_2, y_2)$,则比值 $\dfrac{y_2-y_1}{x_2-x_1}$ 叫做直线 AB 的斜率.此时分子称为纵坐标的增量,分母称为横坐标的增量.

为了深刻理解直线的斜率,请同学们继续思考下列问题:

问题5　(1) 直线斜率公式中,两点的纵坐标之差与横坐标之差的顺序,能否同时颠倒;(2) 如果在同一条直线上取另外两点 C、D,用这两点的坐标求出的斜率是否与原来的相同?(3) 当 $x_1=x_2$ 时,能否用此公式求直线的斜率?此时,直线处于什么位置?(学生讨论、交流,以加深对斜率的理解)

3. 数学应用

例1　直线 l_1、l_2、l_3 都经过点 $P(3, 2)$,又 l_1、l_2、l_3 分别经过点 $Q_1(-2, -1)$、$Q_2(4, -2)$、$Q_3(-3, 2)$,试计算直线 l_1、l_2、l_3 的斜率.

学生练习之后,思考下列问题:

问题6　直线斜率为正、为负或为0时,直线的倾斜情况如何?

例2　画经过点(3, 2)且斜率为 $\dfrac{3}{4}$、$-\dfrac{4}{3}$ 的直线 l_1、l_2.

分析　要画出直线,必须找到两点,已知一点坐标(3, 2),设法利用斜率找到直线上另一点.根据纵坐标增量为3,横坐标增量为4,可以将点(3, 2)向右平移4个单位,再向上平移3个单位,得到点(7, 5),这样可作出直线 l_1 了.同学们自己练习作出直线 l_2.学生练习之后,引入倾斜角的概念.(略)

4. 深入探究

例 3 一块边长为13 m的正方形的地毯,按照图中的尺寸拼接成长为21 m、宽为8 m的地毯,正方形地毯面积为168 m^2,拼接后矩形地毯的面积为168 m^2,还有1 m^2 到哪里去了?(学生探究,体会斜率的作用,具体过程略)

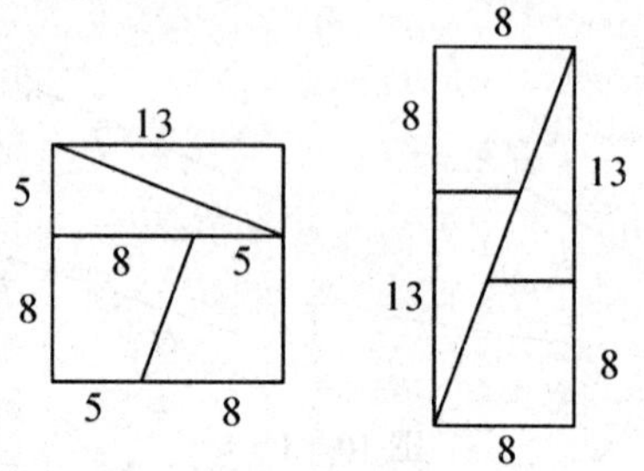

图 10-1-7

5. 归纳小结、布置作业(略)

【评注】 该教学设计充分体现了让学生经历探究、发现、建构的数学学习活动过程的现代数学教学理念.比如,从大桥的拉索、幼儿园的滑滑梯引入数学问题:"确定一条直线的几何要素是什么?"以及从大桥拉索的方向不同,引入直线的倾斜程度不同,并提出问题:"如何用数学语言刻画直线的倾斜程度?"然后由学生自行探索出斜率的公式等.学生通过这些"数学化"式的探究活动,不仅掌握了斜率的概念,而且提高了探究水平.最后,例3的设计既有趣味性又有挑战性,为学有余力的学生提供了进一步探究的空间.

§10.2 数学命题及其教学

概念是反映一类事物本质属性的思维形式,掌握了数学概念之后,必须学习数学命题.数学课程中表示概念具有某性质或者概念之间具有某种关系的判断叫做数学命题.数学命题记录和反映了人类对客观世界"数量关系和空间形式"方面的规律性认识,它们构成了数学课程内容的重要组成部分.

10.2.1 数学命题的有关知识

1. 判断与命题

在思维过程中,抽象出来的概念并非零散地、杂乱无章地储存在人的头脑之中,而是以一定方式彼此联系着，判断(judge)就是概念相互联系的一种思维形式. 一般地，我们把反映事物是否具有某种属性或事物之间是否具有某种关系的思维形式叫做判断. 比如，“中国的首都是北京”、“如果刮西北风，天就会下雨”、“2既是偶数又是质数”等. 由于判断是对客观世界的一种认识，所以判断有真假之分.

判断作为一种思维形式，与表达它的语句密切相关，用来表达判断的语句叫做命题(statement). 在数学中，用语言、符号表达的并且能够判别真假的语句叫做数学命题. 比如，“所有的质数不是合数”、“2是大于负数的数”、“有些三角形是直角三角形”等都是数学命题. 数学命题或真或假，没有第三种可能.

在原始命题基础上经过逻辑推理，可以得到许许多多真命题. 数学课程选择其中反映数学基本事实且具有一定认识功能、逻辑功能、实用功能的真命题，构成中学教材的核心内容，并给这些命题加上“公式”、“定理”、“原理”或“法则”(中学教材中有些法则并不是命题，而是操作程序或运算步骤，如移项法则)的名称. 比如，乘法公式“$(a+b)(a-b)=a^2-b^2$”. 定理“三角形内角和等于180°”，对数运算法则“$\log_a MN=\log_a M+\log_a N$，$\log_a \frac{M}{N}=\log_a M-\log_a N$”，以及排列组合中的加法、乘法原理，等等. 下面重点讨论数学公式与数学定理.

2. 数学公式

数学公式是一类用纯数学符号表达概念之间数量关系且在一定范围内恒成立的数学命题.

与其他数学命题相比，数学公式具有下列特性.

(1) 数学公式的网络化

数学课程中的数学公式常常以群组的面貌出现. 针对某个概念或某种操作，先推导出一个公式，然后逐步深化、拓广，最后得到一组公式，形成一个公式群. 每组中的公式之间的关系可概括为下列三类：

① 派生关系. 即新公式是先推导出的公式的特例，或者是在原先获得的公式基础上进行推理运算得到的. 例如，在公式“$(1+x)=\sum_{i=0}^{n}C_n^i x^i$”中，令$x=1$便得到公式“$2=C_n^0+C_n^1+\cdots+C_n^n$”.

把公式$C(\alpha+\beta)$：$\cos(\alpha+\beta)=\cos\alpha\cos\beta-\sin\alpha\sin\beta$中的$\beta$换成$-\beta$，就得到$C(\alpha-\beta)$公式：$\cos(\alpha-\beta)=\cos\alpha\cos\beta+\sin\alpha\sin\beta$；由公式$C(\alpha+\beta)$、$C(\alpha-\beta)$经过计算，得到积化和差公式

$$\cos\alpha\cos\beta=\frac{1}{2}[\cos(\alpha+\beta)+\cos(\alpha-\beta)],$$

$$\sin\alpha\sin\beta=\frac{1}{2}[\cos(\alpha-\beta)-\cos(\alpha+\beta)].$$

可见，具有派生关系的公式之间具有清晰的逻辑网络.

② 相关并列关系. 伴随着某个概念或某个运算的逐步深化，从不同角度给出的公式群一般具有相关并列关系. 例如，幂的三个运算法则（$a^m \cdot a^n = a^{m+n}$，$(ab)^m = a^m \cdot b^m$，$(a^n)^m = a^{mn}$）、同角三角函数之间的关系（$\sin^2\alpha + \cos^2\alpha = 1$，$\frac{\sin\alpha}{\cos\alpha} = \tan\alpha$，$\tan\alpha \cdot \cot\alpha = 1$）、三角函数的几组诱导公式，以及立体几何中多面体、旋转体的侧面积公式和体积公式等都是具有相关并列关系的公式群. 可以看出，具有这种关系的公式之间并没有直接的逻辑联系，却存在某种程度的相似性，学生学习或记忆这类公式时往往容易产生混淆.

③ 总括关系. 即若干个公式可以统一为一个公式，这个公式或者是原有公式的一般性推广，或者是在高观点下考察公式之间联系得到的结果. 例如，公式

$$(a \pm b)^2 = a^2 \pm 2ab + b^2，(a+b)(a-b) = a^2 - b^2$$

可以归结为公式

$$(x-a)(x-b) = x^2 - (a+b)x + ab;$$

用运动变化的观点考察平面或空间一些基本图形或几何体的度量，可以将有关公式统一为一个公式. 比如，三角形、平行四边形、梯形的面积公式可以概括为

$$S = \frac{1}{2}(a+b)h \quad (a,\ b\text{ 为上、下底边长})$$

锥体、柱体、台体的体积公式可以概括为

$$V = \frac{1}{3}(S_1 + \sqrt{S_1 \cdot S_2} + S_2) \cdot h \quad (S_1、S_2\text{是上、下底面积})$$

公式的这种总括关系，鲜明地反映了数学的统一化精神.

透彻分析公式之间的关系，使之形成清晰的公式网络，可以展现公式的逻辑相关性以及在课程中的相对位置，从而获得对公式体系的总体性认识.

(2) 数学公式的形式化

由于数学公式是用纯数学符号表示的并且含有关系符号的一类数学命题，因此数学公式具有典型的形式化特征. 具体表现为以下三方面：

① 公式中的元素符号起着“位置占有者”的作用. 用允许范围内的任一数学对象都可以替代相应的元素符号，这使得公式在数学课程中充满活力. 比如，乘法对加法的分配律用符号表示为公式“$m(a+b) = ma + mb$”，若把公式中的 m 换成 $+1$ 或 -1，便得到“去括号法则”；若把公式中的 m、a、b 视为单项式，便得到单项式乘以多项式的运算法则. 公式的这种形式化特征为灵活运用公式于各种问题情境提供了方便.

② 数学公式的正逆向推演，适用于不同的技能操作. 例如，在多项式运算中得到的乘法公式，其正向推演，用于简化多项式乘法运算；反向使用，则成为多项式因式

分解的一类方法；公式“$\sqrt{ab}=\sqrt{a}\cdot\sqrt{b}$，$\sqrt{\frac{a}{b}}=\frac{\sqrt{a}}{\sqrt{b}}$”从左到右的使用，是二次根式的乘法运算法则，而从右到左的使用，则是二次根式化简的依据．一般情况下，学生在推导公式时产生的思维定势，会对正向运用公式起积极作用，但有时也会对逆向运用公式产生消极影响．运用公式“$\cos(\alpha+\beta)=\cos\alpha\cos\beta-\sin\alpha\sin\beta$”可以计算 $\cos 75°$，也可以化简 $\cos\alpha-\sqrt{3}\sin\alpha$，但后者的难度明显大于前者．正因为如此，当一个（或一组）公式给出之后，教材总是按照先正向、后逆向的顺序展现运用公式的训练材料的．

③ 同一个公式通过恒等变形或变换，可得到多种表现形式．例如，公式“$(a+b)^2=a^2+2ab+b^2$”可变形为“$ab=\frac{(a+b)^2-(a^2+b^2)}{2}$”．这个公式清楚地揭示了“两数之积”与“两数和”、“两数平方和”的关系．同样，公式“$\tan(\alpha+\beta)=\frac{\tan\alpha+\tan\beta}{1-\tan\alpha\tan\beta}$”可变形为“$\tan\alpha+\tan\beta=\tan(\alpha+\beta)-\tan(\alpha+\beta)\tan\alpha\tan\beta$”，再令 $\gamma=\pi-\alpha-\beta$，便得到具有对称性的公式“$\tan\alpha+\tan\beta+\tan\gamma=\tan\alpha\tan\beta\tan\gamma$”．这个公式反映了三个量之和等于三个量之积的特殊数量关系．

数学公式表现形式的多样性为灵活运用公式提供了便利条件．

3．数学定理

在研究各种不同的数学对象（如图形、函数、数等）时，往往要对它们之间的关系作出一些判断，经过证明而肯定其正确性的判断，常称之为定理．从本质上来看，定理与公式都是经过证明而肯定其正确性的命题．但从形式上来看，定理与公式有着细微的差别．在中学教材中，定理一般具有“若 P 则 Q”假言命题的形式．而且，“定理”这个名称在图形研究中出现的频率较高．在代数教材中，有些定理的结论就是一个公式（比如，正弦定理、余弦定理、二项式定理），有些定理则以“性质”（如指数函数的性质）、“原理”（如加法原理、容斥原理）的名称出现．

在数学课程中，随着一个重要概念或关系的引入，总有一组以不同形式从不同角度深入揭示该概念的定理群，定理群的展现有下列形式．

（1）性质定理与判定定理

每一个概念都具有许多属性，其中将它与其他概念区分开来的属性叫做本质属性．一般情况下，数学概念的本质属性并不惟一．比如，等腰三角形有下列本质属性：两腰相等，两底角相等，底边上的高平分此边，顶角的平分线是对边的高，等等．我们可以从中选择一个或一组本质属性，作为判断某对象是否属于该概念外延集合的充分必要条件，这就是概念的定义．

如果将概念的一组本质属性作为概念的定义，那么其余一些本质属性往往以定理的形式出现．用来说明一个概念存在的充分条件的定理，称为这个概念的判定定理，用来说明概念存在的必要条件的定理，称为这个概念的性质定理. 在数学教材中，“判定定理”与“性质定理”总是结伴而行的. 比如，在空间图形中研究点、线、面的位置关系时，对于每一对关系，总有相应的判定定理与性质定理：直线与平面平行的判定定理与性质定理，平面与平面垂直的判定定理与性质定理等. 定义与定理（性质定理、判定定理）一起阐明了概念的本质属性.

(2) 原命题与偏逆命题

在数学定理“若 P 则 Q”的形式中，P 称为命题的前件，Q 称为命题的后件. 如果将命题的前件与后件分别“换位”、“换质”，就分别得到命题的其他三种形式：逆命题、否命题、逆否命题. 我们知道，原命题与逆否命题等价，然而，如果原命题是真命题，按这种方式得到的逆命题、否命题不一定就是真命题. 请看下例.

例 1 原命题：对任意的两个偶数，其和与积也是偶数. 写出该命题的其他三种命题形式，并判定真假.

解 原命题：若 a 是偶数，并且 b 是偶数，则 $a+b$ 是偶数；（真命题）

逆命题：若 $a+b$ 是偶数，则 a 是偶数并且 b 是偶数；（假命题）

否命题：若 a 不是偶数或者 b 不是偶数，则 $a+b$ 不是偶数；（假命题）

逆否命题：若 $a+b$ 是偶数，则 a 是偶数并且 b 是偶数.（真命题）

事实上，在数学课程中，具有假言命题形式“若 P 则 Q”的命题的前件与后件 P、Q 不一定是简单命题，它们可能是若干个简单命题的合取（如上例中的前件：a 是偶数并且 b 是偶数是合取命题）. 不妨设 $P=p_1\wedge p_2$，$Q=q_1\wedge q_2$，在构造逆命题时，只需将前件与后件中部分命题“换位”，得到的命题的真实性则大大增加，我们称这类命题为偏逆命题. 在上例中，原命题“若 a、b 是偶数，则 $a+b$ 是偶数”具有形式“$p_1 \wedge p_2 \rightarrow q$”，将前件 p_1（a 是偶数）、p_2（b 是偶数）分别与后件 q 换位，得到如下偏逆命题：

偏逆命题 1　若 a 是偶数，并且 $a+b$ 是偶数，则 b 是偶数；（真命题）

偏逆命题 2　若 b 是偶数，并且 $a+b$ 是偶数，则 a 是偶数.（真命题）

在教材中，将一个定理的条件与结论进行全部或部分换位，可以得到若干真命题（称为逆定理或偏逆定理）. 定理与它的逆定理、偏逆定理形成一个定理群，共同揭示概念的属性及相互间的关系.

例 2 写出定理“在圆内，弦的垂直平分线过圆心且平分该弦所对的弧”的逆命题及偏逆命题.

偏逆定理 1　在 $\odot O$ 中，若直线 AB 垂直于弦 CD，且平分此弦，则 AB 过圆心；

偏逆定理 2　在 $\odot O$ 中，若直径 AB 平分弦 CD，则 $AB \perp CD$；

偏逆命题 3　在 $\odot O$ 中，若直径 AB 垂直于弦 CD，则直径平分弦 CD.

掌握这种命题与逆命题、偏逆命题的关系，有助于我们从逻辑结构上把握教材，并在定理的教学过程中可以对某定理进行延伸与拓广.

10.2.2 命题学习的认知分析

如前所述，命题是对概念是否具有某种属性或概念之间是否具有某种关系的判定，因此，命题学习必须在概念学习的基础上进行. 可见，命题学习是一种比概念学习更高级的学习活动. 一般地，命题学习的认知过程主要经历命题的获得、命题的证明、命题的应用三个阶段. ①

1. 命题的获得

所谓命题的获得，就是学习者在已有知识经验的基础上感知命题的形式结构，表征命题的数学内容. 根据研究，命题获得的基本形式有呈现式与发生式两种.

(1) 呈现式

所谓呈现式，就是由教师直接将有待学习的命题呈现给学生，使学生了解、表征命题的方式. 呈现式的获得方式一般经历下列学习心理活动：

✧ 分析命题的条件与结论

✧ 理解条件与结论中涉及到的数学概念，从而明确命题所表明的数学事实与规律

✧ 联想与该命题有关的已有知识，尝试着将新知识与已有观念建立联系

✧ 形成证明命题的心向

(2) 发生式

所谓发生式，是学生通过体验命题产生与发展的过程来获得命题的方式. 在这样的学习过程中，老师充分发挥"教育支架"的作用，为学生创设适宜的问题情境，学生主动探索、思考、发现数学命题，这是发生式获得命题的两个不可缺少的要素. 比如，为使学生认识"三角形外角性质定理"，老师设计数学实验，让学生通过三角形两个内角的拼接，从而发现"三角形任一个外角等于两个不相邻的内角之和"的数学命题.

2. 命题的证明

命题"若 P 则 Q"的证明，就是在学习者已有知识经验的基础下，从命题条件 P 出发，运用逻辑规律与正确的思维形式，进行一系列的推理，最终得到命题结论 Q 的过程. 其过程可表示如下：

$$P \to P_1 \to P_2 \to P_3 \to P_4 \to \cdots \to Q$$

其中，P 是条件，Q 是结论，P_1、P_2、P_3、⋯ 是推理过程中得到的一系列转换命题，每一个是前一个推理的结果，又是下一个推理的前提. 学生面临证明命题的学习任务

① 喻平. 数学教育心理学[M]. 南宁：广西教育出版社，2004：215.

时的认知活动包括三方面：其一，根据命题中条件与结论中涉及到的概念、原理，激活已有的知识，并对之进行筛选与组织，作为证明的依据；其二，根据逻辑规则进行正确的推理；其三，根据已有的证明经验，选择恰当的证题方法，探索证明途径.

例 3 证明：三角形内角和等于180°.

证明 在$\triangle ABC$中，过C点作AB的平行线CE（图10－2－1）. 由平行线性质知，$\angle ECD=\angle ABC$，$\angle BAC=\angle ACE$. ∵ $\angle ACB+\angle ACE+\angle ECD=180°$，∴ $\angle ABC+\angle BAC+\angle ACB=180°$.

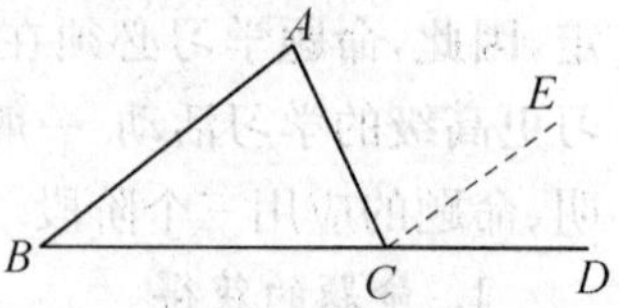

图 10－2－1

剖析 证明该命题需要激活的已有知识：内角 —— 外角；180°—— 平角为180°的角. 然后要选择恰当的证明方法 —— 如何将三角形的三个内角“搬”到平角上来，从而联想到平行线的性质 —— 内错角、同位角相等. 因此，过C点作平行线的方法便水到渠成. 证明思路明确之后，剩下来的工作就是运用正确的推理规则将证明思路清晰地表达出来.

3. 命题的应用

证明命题的数学活动，使学习者在心理上确认了命题的真实性，而进一步的理解与巩固，还需要在具体情境中应用该命题解决各种各样的问题. 通过应用明确命题适用范围、注意事项，以及与已有知识、经验的联系，从而形成完整的知识结构体系.

10.2.3 数学命题的教学

以公式与定理为例说明如何进行数学命题的教学设计.

1. 数学公式的教学

根据数学公式的特征以及相关的教学步骤，数学公式的教学一般包括以下几个阶段.

(1) 公式的引入

通过引入阶段的设计，使学生感受到学习某公式的必要性，从而激发起学生的求知欲，同时也可以激活学生相关的已有知识经验，从而找准学习新知的切入点.

(2) 公式的发现与推导

数学公式提示了概念之间的某种数量关系，在引入课题之后，可以让学生自我探索、相互讨论，从而发现某个数学公式，为推导、理解、掌握公式打下基础. 在高年级，有时还需要在发现的基础上进行数学公式的推导. 比如，诱导公式的得出，可以引导学生通过观察角的终边所具有的对称性，以及利用三角函数的定义，推导出三角函数的诱导公式. 在低年级，公式的发现与推导两种活动可以一气呵成.

(3) 公式的掌握

公式推导出来之后，还必须帮助学生掌握公式. 学生是否掌握公式，可以从三方面来衡量：一是准确理解数学公式的含义，二是牢固记忆公式，三是正确、灵活运用公式. 因此，为了帮助学生比较牢固地掌握公式，可以通过以下几个环节来实现.

其一，分析公式的形式结构特征，以便帮助学生记忆公式. 如前所述，数学公式具有符号化的特征，是一种符号语言，具有固定的外在形式结构. 比如，对数运算法则

$$\log_a MN=\log_a M+\log_a N$$

的形式结构的分析，包括公式由哪些符号组成、公式左端是什么、右端又是什么，等等. 公式的形式结构分析可以帮助学生熟悉公式的组成，以便有效地记忆公式.

其二，分析公式所蕴含的数学意义与作用. 任一个数学公式都有特定的数学含义，公式的数学含义说明了它具有的作用. 因此，不仅要求学生记忆其外在的形式结构，还必须理解其内在的数学含义，以便深入掌握数学公式. 比如，学习了平方差公式可以快速地进行形如 $(a+b)(a-b)$ 多项式的乘法运算；三角函数诱导公式 $\sin(-\alpha)=-\sin\alpha$ 说明了关于 x 轴对称的两个角的正弦函数相等，据此可将第四象限的角转化为第一象限角的三角函数，等等.

其三，进行适当的训练. 要使学生真正掌握数学公式，还必须在不同的水平上进行适当的训练. 首先是基础题的训练，学生在教师例题的示范下进行练习，以熟悉公式；然后进行变式练习，这是在学生已经初步掌握知识与技能的基础上组织的练习，此时习题的形式多有变化，要求学生能够将公式运用于新的情境之中；最后是综合训练，比如，在学习了多个乘法公式之后可以布置综合题，要求学生能够综合运用多个公式进行运算.

【课例 3】三角函数诱导公式(二)、(三)、(四)

教学目标分析：

(1) 通过具体三角式的计算，发现终边关于 x 轴对称的两个角的同一三角函数值的关系；

(2) 会自我探索终边关于 y 轴、原点对称的两个角的同一三角函数值的关系；

(3) 会恰当地运用三角诱导公式进行三角式的化简；

(4) 在发现、推导三角诱导公式的过程中，体验做数学的乐趣.

学习任务分析：

(1) 学生的起点能力：掌握三角函数的定义、对称的概念；具有从特例抽象出一般规律的能力；

(2) 教学重点：三角诱导公式的发现与推导；

(3) 教学关键：利用对称与三角函数的定义来发现、推导三角诱导公式.

教学过程设计：

1. 课题的引入

老师提问：由三角函数定义我们可以得到公式(一)，请同学们回忆一下这组公式是什么？

学生回答：$\sin(\alpha+2k\pi)=\sin\alpha$，$\cos(\alpha+2k\pi)=\cos\alpha$，$\tan(\alpha+2k\pi)=\tan\alpha(k\in\mathbf{Z})$.

老师追问：这组公式告诉我们什么数学事实？有什么作用？

学生回答：终边相同的所有角的同一三角函数值相等.

老师：这组公式告诉我们，终边相同的所有角的三角函数值的关系.这样，我们就可以把任意角的三角函数化简为 $0°$ 到 $360°$ 之间的三角函数.那么，我们能不能再找到一些公式将三角函数进一步化简呢？比如，把 $0°$ 到 $360°$ 之间的三角函数化简为锐角三角函数呢？这就是我们今天要研究的内容：三角函数的诱导公式(二)、(三)、(四)(在黑板上揭示课题).

2. 公式的发现、推导

老师：公式(一)涉及的角具有终边相同的性质，除此之外，还有一些角的终边具有一些特殊的关系，比如，关于坐标轴对称，关于原点对称等.我们来研究这些角的三角函数具有什么关系(说明研究目标).

问题 1　请计算下列三角函数值，并思考有关问题：

(1) 计算 $\cos 60°$、$\cos(-60°)$；$\sin 60°$、$\sin(-60°)$；$\tan 60°$、$\tan(-60°)$.

(2) 在上列计算中，$60°$与$-60°$的终边关于什么对称？这两个角的同一三角函数值具有什么关系？

(3) 上述结论对于一般情况是否仍然成立？也就是说，当两个角 α、$-\alpha$ 的终边关于 x 轴对称时，其同一三角函数值具有什么关系？

在学生思考、讨论的基础上，引导学生推导出公式(二)：

$$\sin(-\alpha)=-\sin\pi,\cos(-\alpha)=\cos\alpha,\ \tan(-\alpha)=-\tan\alpha.$$

问题 2　我们利用角的终边的对称性推导出公式(二)，也就是角的终边关于 x 轴对称时其同一三角函数值的关系，请同学们分小组仿照公式(二)的探索思路研究下列问题：

(1) 当两个角 α、β 关于 y 轴对称时，α、β 的同一三角函数值具有什么关系？特别地，$\pi-\alpha$ 与 α 这两个角的终边关于什么对称？这两个角的三角函数值又具有什么关系呢？

(2) 当两个角 α、β 关于原点对称时，α、β 的同一三角函数值具有什么关系？特别地，$\pi+\alpha$ 与 α 这两个角的终边关于什么对称？这两个角的三角函数值又具有什么关系呢？

在学生充分思考、讨论的基础上，老师引导学生得出公式(三)：

$$\sin(\pi-\alpha)=\sin\alpha,\ \cos(\pi-\alpha)=-\cos\alpha,\ \tan(\pi-\alpha)=-\tan\alpha;$$

公式(四)：

$$\sin(\pi+\alpha)=-\sin\alpha,\ \cos(\pi+\alpha)=-\cos\alpha,\ \tan(\pi+\alpha)=\tan\alpha.$$

问题 3　上述公式(二)、(三)、(四)以及上一节课的公式(一)统称为三角诱导公式. 三角诱导公式是化简三角式的有力工具. 那么，我们如何记忆这么多公式呢？请同学们观察这些公式，寻找记忆公式的方法.

(学生思考、讨论、交流，得到结论：函数名不变，符号看象限)

3. 公式的运用

(1) 运用公式(二)、(三)、(四)进行三角式化简的练习.(略)

(2) 在学生练习之后，让学生思考下列问题：

问题 4　在一个三角式化简的过程中，你是如何将任意角的三角函数化为锐角三角函数的？其具体步骤是什么？你能总结出关于三角式化简的一般算法吗？试着画出算法流程图.

4. 小结、布置作业(略)

【评注】　三角函数诱导公式是三角式化简的重要依据，而众多三角函数诱导公式的记忆也是学生学习难点所在. 本教学设计以"角对称"作为贯穿于三角诱导公式始终的一条线索，先师生共同研究关于 x 轴对称的两个角的三角函数的关系，在此基础上，让学生自主探讨其余情况(关于 y 轴对称、关于原点对称)下的三角函数的关系. 为了便于学生记忆公式，引导学生分析公式的形式结构，发现所有诱导公式的共性也是相当必要的. 最后在学生运用公式进行化简的基础上，引导学生进行理论的建构：归纳运用诱导公式化简的算法，画出算法流程图. 方案的设计认知层次清晰，有一定的梯度，体现了让学生经历数学学习过程的现代教学理念.

2. 数学定理的教学

根据数学定理的特点，数学定理的教学一般可按如下步骤进行.

(1) 课题的引入

定理教学的课题引入，要达到两个目的.

其一，通过课题的引入设计，使学生了解学习该定理的必要性. 比如，在实际生活中，用直线与平面垂直的定义"直线与平面内每一条直线都垂直"来判定一直线与一平面是否垂直比较困难，从而提出问题："能否有更好的方法来进行判别？"由此引入课题.

其二，提供素材，创设问题情境，引导学生进行观察、类比、归纳、联想等一系列探索活动，以发现规律，猜想定理的具体内容. 比如，“梯形中位线定理”的教学可引导学生思考下列问题，从而引入课题：

问题 1　在三角形中，连结三角形两边的中点的连线叫做三角形的中位线，那么，请同学们回忆一下，三角形的中位线具有哪些性质？

问题 2　对于梯形来说，有没有类似于三角形中位线的线段？如何作出这样的线段？

在学生们通过类比作出梯形中位线之后，接着提出问题：

问题 3　你能猜想梯形的中位线具有哪些性质吗？

引导学生通过实验、作图，作出梯形中位线性质的猜想，从而揭示课题.

(2) 定理的证明

在引入课题之后，教学的重点转向证实猜想的命题的真实性. 根据前面命题学习的认知分析，定理的证明阶段应该包括三方面的学习任务：首先是通过对定理结构的感知、剖析，激活与定理内容有关的学生原有认知结构中的相关观念，包括已知概念、原理，以及证题经验；其次要探索证明定理的有效途径，选择恰当的证明方法；最后根据逻辑规则完整地、正确无误地书写出证明过程. 具体来说，要做好以下工作：

① 分清命题的条件与结论. 如前所述，定理一般具有“若 P 则 Q”的假言命题形式，但呈现的命题常常是用语言表述的，因此，在学生阅读定理内容的基础上，要求学生能剖析定理的结构，明确什么是定理的条件，什么是定理的结论，然后用语言和数学符号将其表述出来. 例如，“对顶角相等”，应完整地叙述为：“如果两个角是对顶角，那么这两个角相等.”并结合图形进一步写成：“若 $\angle\alpha$、$\angle\beta$ 是对顶角，则 $\angle\alpha=\angle\beta$. ”梯形的中位线定理“梯形的中位线平行于两底并且等于两底和的一半”，可结合图形将之改写为：“在梯形 $ABCD$ 中，如果 EF 是梯形的中位线，那么 $EF\parallel CD$，且 $EF=\frac{1}{2}(AB+CD)$. ”在分析待证定理的结构同时，回忆、提取相关的知识经验.

② 探求命题的证明途径. 所谓定理的证明，就是通过推理，在定理的条件与结论之间建立一条逻辑通道. 一般情况下，可用分析法探求定理的证明途径，即“执果索因”，先寻求使结论 Q 成立的充分条件或充要条件 Q_1、Q_2、…，这样依次递推上去，看能否到达待证定理的条件，然后用综合法表达出证明过程.

③ 总结、归纳证明规律. 一个重要命题的证明途径的探索和证明方法，有时具有一定的普遍意义，因此，在完成证明之后，应该及时地总结、归纳证题规律，使学生对一个命题的证明的感性认识上升到理性，这样有助于提高学生的逻辑推理能力.

(3) 定理的应用

一般而言，数学中的定理是包摄程度较高的命题，应用它们可以解决众多的数学问题. 同时，定理的应用又是训练学生的逻辑推理能力、发展学生思维能力的必由之路，因而，定理的应用是定理教学中必不可少的重要环节. 具体地说，在定理应用中，要注意安排好各类习题，既有基本训练题，又有巩固知识的题型，还要有综合型的题目. 另外还应适当地补充一些逆用、变用定理的例题、习题，以培养学生活用、逆用定理的能力.

(4) 建立数学定理结构体系

在经过一个阶段学习之后，有必要将所学过的定理进行系统化处理，便于整体地、统一地把握数学知识，形成完善、合理的知识结构. 比如，高中立体几何“点、线、面位置关系”学完之后，出现了一系列判定定理与性质定理，教师应及时地引导学生将这些定理按教材呈现顺序进行纵向系统化，或者按照这些定理的内在逻辑联系与用途进行横向系统化. 比如，根据“点、线、面位置关系”中“线面垂直的判定与性质定理”、“面面垂直的判定与性质定理”、“线面平行的判定与性质定理”、“面面平行的判定与性质定理”等之间的联系建立网络图，就是一种横向系统化.

【课例 4】用向量方法证明空间线面关系的定理

教学目标分析：

(1) 能用向量语言表述线线、线面、面面的平行和垂直的位置关系；

(2) 能用向量方法证明空间三垂线定理、直线与平面垂直的判定定理；

(3) 在探索证明途径的过程中掌握数学思考的方法.

学习任务分析：

(1) 学习起点能力分析：掌握必修内容中的空间线、面位置关系；理解直线方向向量、平面法向量的数学意义；掌握数形结合的思维方法，具有初步进行数学定理证明的能力.

(2) 学习重点：用直线的方向向量与平面的法向量表示空间线线、线面、面面的位置关系.

(3) 教学难点：用向量方法证明三垂线定理、直线与平面的判定定理.

教学过程设计：

1. 问题情境

请同学们思考下列问题：

(1) 在数学 2《立体几何初步》中，空间线面的位置关系主要有哪几种？

(2) 既然直线的方向向量和平面的法向量分别刻画了直线与平面的“方向”，那么能用它们来表述线线、线面、面面的平行和垂直关系吗?

(3) 我们如何用向量的语言来表述空间两条直线、直线与平面、平面与平面的位置关系?

2. 数学建构

针对上述问题,师生共同活动,归纳如下结论:

(1) 空间线面的位置关系主要有:线线平行、线线垂直、线面平行、线面垂直、面面平行、面面垂直.

(2) 两条平行直线的方向向量是共线向量. 因此,研究空间直线与直线、直线与平面的平行与垂直关系,即研究它们在“方向”上的差异程度时,就可以用直线的方向向量来刻画直线的“方向”.

(3) 两个平行平面的法向量是共线向量,也就是说,两个平行平面的“方向”是相同的. 因此,研究空间平面与直线、平面与平面的平行与垂直关系,即研究它们在“方向”上的差异程度时,就可以用平面的法向量来刻画平面的“方向”.

3. 定理证明

下面我们用直线的方向向量与平面的法向量来证明有关定理.

问题1　平面的垂线与平面内所有直线垂直,平面的斜线与平面内怎样的直线垂直呢?

(学生讨论、交流后,作出猜想:平面的斜线可能垂直于平面内与斜线的射影垂直的直线)

老师追问:我们如何用向量的方法证明这个命题呢?

同学们可以从以下几方面进行思考:

(1) 写出这个命题的已知与待证结论.

(已知:直线 a 与平面 α 斜交,a' 是直线 a 在平面内 α 的射影,平面 α 内的直线 b 垂直于 a',求证:直线 $a\perp b$)

(2) 如何将命题中条件与结论转化为向量的语言? 证明的关键是什么?

(已知条件:设直线 a、b、a' 的方向向量分别为 $\boldsymbol{a}$、$\boldsymbol{b}$、$\boldsymbol{a}'$,平面的法向量为 $\boldsymbol{n}$,则有 $\boldsymbol{n}\perp\boldsymbol{b}$, $\boldsymbol{n}\perp\boldsymbol{a}'$。待证结论是 $\boldsymbol{a}\perp\boldsymbol{b}$,即 $\boldsymbol{a}\cdot\boldsymbol{b}=0$,证明的关键是将向量 $\boldsymbol{a}$ 写成向量 $\boldsymbol{n}$、$\boldsymbol{a}'$ 的线性组合)

结论:由于命题中涉及到三条直线的相互垂直关系,故称为三垂线定理.

问题2　在必修内容2中,我们得到了直线与平面垂直的判定定理,但没有给出证明.

那么请同学们回顾一下,这个判定定理的内容是什么?

(直线与平面垂直的判定定理:如果一条直线和平面内的两条相交直线垂直,那么这条直线垂直于这个平面)

问题 3　我们如何用向量方法来证明这个定理？同学们可以从以下几方面思考：

(1) 写出判定定理的条件与待证结论；

(2) 如何利用直线的方向向量、平面的法向量来证明？

(同学们自己思考之后，分小组讨论)

4. 数学应用

(略)

5. 回顾反思

(1) 请同学们回顾一下，用向量方法证明空间位置关系有关定理的关键是什么？从中体会向量方法在解决几何图形有关问题中的作用.

(2) 三垂线定理的逆命题是否成立？也就是说，当与平面斜交的直线与平面内的一直线垂直时，该直线与其射影垂直吗？请同学们课后用向量方法来证明这个命题.

(3) 用综合法尝试证明三垂线定理、直线与平面垂直的判定理，然后比较向量法与综合法证题的优劣.

6. 课后作业

【评注】 立体几何历来是学生学习的一个难点. 高中新课程采用分层次、递进设计的方式，在必修内容中只要求学生得到位置关系的判定定理与性质定理，而将难度较大的三垂线定理、直线与平面垂直的判定定理的证明作为理工类的选修内容，采用向量的方法给予证明. 虽然用向量的方法证明不需要巧妙的构思、繁琐的计算，但用向量的语言表述与证明空间位置关系的有关结论却是学生的一个障碍. 该设计采用分散难点的方法有效地解决了这个问题，先让学生熟悉用向量语言表述位置关系，然后再来证明两个定理，最终让学生体会到用向量法解决空间几何问题的思想方法.

§10.3　数学问题及其教学

解决问题与数学及数学学习有着紧密的联系. 美国数学家哈尔莫斯这样宣称："问题是数学的心脏."[①]波利亚也曾强调指出："中学数学的首要任务就是加强解题训练.""掌握数学意味着什么呢？这就是说善于解题，不仅善于解一些标准的题，而且善于解一些要求独立思考、思路合理、见解独到和有发明创造的题."可见，在数学教学中，解题是基本的和主要的活动形式. 无论是形成概念、掌握命题，还是训练技

① L. C. 拉松. 通过问题学解题[M]. 陶懋颀，等，译. 合肥：安徽教育出版社. 1986：3.

能，都必须通过解题活动来实现. 而且在数学课堂里所学到的一般解决问题的技能，用于解决问题的思维方式，以及在解题过程中逐渐形成的探索意识，一丝不苟、锲而不舍的科学精神，能够迁移到其他解决问题的场合，使人终身受益.

10.3.1 数学问题的分类

数学问题可根据不同标准进行分类.

1. 纯数学题与应用题

根据问题背景的不同可分为纯数学题与应用题.

例 1 已知 $A(0, 1)$、$B(2, 5)$，试在 x 轴上找一点 P，使 AP 与 BP 所成角最大.

这是一道纯数学题. 给它赋予不同的实际背景，便得到下列数学应用问题：

变式题 1：发电厂主控制室的工作人员主要根据仪表的数据变化加以操作控制，若仪表高 m m，底距地面 n m，工作人员坐在椅子上眼睛距地面的高度一般为1.2m（$n>1.2$）. 问：工作人员坐在什么位置看得最清楚？

变式题 2：某足球场长 90 m，宽 47 m，球门宽 7 m，某运动员沿着边线奔跑，问跑到何处把球踢向球门的命中率最高.

可以看出，解应用问题的第一步，必须舍弃应用问题实际背景中的无关因素，从中抽象出问题中的纯数学关系，即数学模型，从而将应用问题转化为纯数学问题来解决. 这个过程就是数学建模的过程.

2. 证明题、计算题与探索题

按照待求结论的不同形式可分为证明题、计算题和判断探索题. 证明题与计算题的解题目标明确，而探索题的解题方向一般不确定，要求解题者根据题目提供的信息加以判断. 近几年来，这类题较为盛行，下面试举几例.

例 2 已知直线 $ax-y=1$ 与曲线 $x^2-2y^2=1$ 相交于 P、Q 两点. 问：是否存在实数 a，使得以 PQ 为直径的圆经过原点？若存在，试求出 a 的值；若不存在，请说明理由.（解题过程略）

例 3 讨论将长方形剖分成正方形的问题.

问题 1：一个边长是有理数的长方形能否剖分为若干个全等的正方形？

分析 先考虑特殊情况，设长方形的边长分别为 $3\frac{1}{3}$、$1\frac{3}{4}$，因为

$$3\frac{1}{3}=\frac{10}{3}=\frac{40}{12},\ 1\frac{3}{4}=\frac{7}{4}=\frac{21}{12},$$

所以长方形可剖分成 40×21 个边长为$\frac{1}{12}$的小正方形. 上述解法可用于边长分别为

$\frac{q}{p}$、$\frac{s}{r}$(p、q、r、s 是正整数)的长方形,所以问题 1 的答案是肯定的. 接下来自然会进一步讨论长方形边长为无理数的情况.

问题 2:边长为无理数的长方形能否剖分成若干个全等的正方形?

分析 若长方形的边长分别为 $2\sqrt{3}$、$\sqrt{3}$,则这个长方形可分为两个边长为$\sqrt{3}$的正方形. 可以看出,如果长方形的边长是无理数,边长之比是有理数,那么问题 2 的答案是肯定的. 再考虑边长之比为无理数的情况. 不妨设长方形的边长分别为 $\sqrt{3}$、1,如果该长方形可以剖分成沿纵向 m 个,沿横向 n 个全等的小正方形,则有

$$\sqrt{3}=ma,\ 1=na\quad (a\text{ 为正方形边长}),\sqrt{3}=\frac{m}{n},$$

由于$\sqrt{3}$是无理数,所以产生矛盾.

将上述结论推广到一般情况,便得出问题 2 的答案. 设长方形的长和宽分别为 w、l,则长方形能剖分成若干个全等的正方形的充分必要条件是$\frac{w}{l}$为有理数.

当然,有关图形剖分的问题还可以继续讨论下去. 比如:

问题 3:一个正方形能否分成 $n(n\geqslant 2)$ 个正方形.

(答案:当 $n=2$、3、5 时不可以;当 $n=4$ 时显然可以剖分;当 $n>5$ 时,可用数学归纳法证明一个正方形可以分成 n 个小正方形.)

评析 例 3 将正方形覆盖长方形问题与有理数、实数概念紧密相连,但又没有纯数学问题冰冷的面孔,具有较强的趣味性. 而且这个问题系列还可延续下去,为学生提供自由遐想的无限空间. 比如,什么尺寸的长方形可分成若干个不等的正方形,一个等边三角形能否分成若干个不相等的等边三角形,用不同的立方体能否填满一个长方形的盒子,等等. ①

3. 封闭题与开放题

按照条件是否完备、解答或答案是否惟一,可分为封闭题和开放题. 凡具有完备的条件和惟一答案的问题,叫做封闭题. 比如,“分解因式 x^2-5x-6”;而条件不完备或答案不惟一的问题,叫做开放题. 比如:“要把 x^2-5x+a 分解成两个整系数的一次因式的乘积,a 可取哪些整数?”近几年来,开放题频频出现各类教材与考试当中.

例 4 钟面上有 1, 2, 3,…,12 共 12 个数,请在数前面添加正负号,使钟面上所有数的代数和为 0. 试尽可能写出多种解答. ②

---

① S. K. 斯坦因. 数学世界[M]. 孙午林,译. 北京:中国社会出版社,1995:54.

② 戴再平. 数学习题理论[M]. 上海教育出版社,1996:240.

评析 例4是浙江省义务教育初级中学数学课本第一册中一道习题，该题具有如下特点：① 答案不惟一；② 紧密联系基础知识；③ 具有不同水平的解题策略，可使全体学生都能参与，并能写出一种或多种解答；④ 在尝试中可以探讨、发现解题规律．比如，添加负号的数的个数必须不大于8，不少于4；正数之和等于$\frac{1}{2}(1+2+\cdots+12)$；解答成对出现等等；⑤ 在原题基础上可以拓广延伸．比如，钟面上只有1，2，3，…，9个数，能否在某些数前面添加正负号，使其和为0？在1，2，…，n这n个数前面添加正负号，使其和为0，n必须满足什么条件？等等．

4．创新能力题与论述题

为了培养学生的创新能力，近几年来出现了一些需要运用类比、推广的思维方法，或提出新颖、独特的解题方法，或用语言叙述理由的数学问题．

例5 在等差数列$\{a_n\}$中，若$a_0=0$，则有等式

$$a_1+a_2+\cdots+a_n=a_1+a_2+\cdots+a_{19-n}(n\in\mathbf{N})$$

成立．类比上述性质，相应地，在等比数列$\{b_n\}$中，若$b_0=1$，则有等式____成立．

例6 在说明人们的财力时，平均数和中位数有较大的差别．在说明人的身高、体重或其他人体特征有关的数据时，平均数与中位数的差别如何？为什么？

10.3.2 解决问题的过程

问题解决是在概念、命题、技能学习的基础上，应用知识解决问题的一种高级学习形式，因此，问题解决者必须经历一定的思考、探究过程．这个过程是如何进行的，许多认知心理学家与数学教育家对此给予了各种描述．

现代认知心理学家从信息加工的角度将问题解决过程分为5个步骤：① 发现问题；② 表征问题；③ 形成解决问题的策略；④ 执行解决问题的策略；⑤ 回顾与总结．①波利亚在名著《怎样解题》中把数学问题解决过程分为如下四个阶段：① 理解问题；② 设计求解计划；③ 实现求解计划；④ 检验和回顾．

由此可见，心理学家与数学教育家对解决问题的研究有相通之处．下面仅对波利亚的解题模式给予分析与解释．

① 理解问题．如前所述，所谓理解，就是解决问题者头脑中的原有观念（已知的概念、原理、思维方式等）与问题中的有关情境建立实质性的联系．在解决问题初始阶段，为了达到理解的目的，首先必须搞清楚问题的求解目标是什么，使求解目标在脑海中留下深刻的印象；其次弄清已知条件又是什么，从而明确任务，并设法将之转化为已经解决过的或容易解决的问题的类型，以便初步确定解题方向．

---

① 皮连生等．现代认知学习心理学．警官教育出版社，1998：206—211．

② 设计解题计划.所谓的解题计划,就是解题者根据自己对问题的理解,设法在已知条件与未知解答中直接架起桥梁;倘若不能,就得采用迂回的策略设计辅助问题,通过辅助问题的解决在已知与未知之间建立联系,形成一条通道.这一过程当然要运用已掌握的数学概念、原理、规则以及以往的解题经验.但是,如何调用、筛选头脑中储存的已有知识经验使解题活动顺利地从一个步骤过渡到下一个步骤,需要解题者掌握一定的数学思考的方法,具有一定的解题策略.

③ 执行解题计划.如果说设计解题计划好比建筑蓝图,那么执行解题计划就是建筑施工.与探求方案相比,执行解题计划不是难事,只需将经过探索、设计而成的解题方案进行逻辑整理,运用已掌握的数学运算、推理、作图等技能熟练地将解题过程清晰地表达出来.在整理过程中,遇到的一些细节问题可作适当的技术处理.

④ 回顾与反思.即在解完题之后,对解题过程、结果、方法进行理性地思考,从中提升解题经验、归纳解题规律,最终获得策略性的知识.

10.3.3 解决问题的教学

我国历来十分重视数学解题教学,解题研究的深度可以和任何国家相媲美.近十余年来,我国选手在国际数学奥林匹克竞赛中获得了优异的成绩;历次国际数学测试,我国学生的数学成绩都明显优于其他国家.但是我们也应该看到,为了准备高考与数学竞赛,长期的复习和多次的模拟考试、教学中将习题分成类型给学生套用、做陈题强化训练、做偏题怪题以应付考试等不良倾向比较普遍,这样训练出来的学生充其量是对各种类型的题作出快速反应的"解题机器".为了改变这种状况,首先必须明确问题解决的教学目标.

1. 明确问题解决的教学目标

2001年颁布的全日制义务教育数学课程标准把"问题解决"作为课程总体目标之一,要求通过问题解决达到下列要求:

✧ 初步学会从数学的角度提出问题、理解问题,并能综合运用所学的知识和技能解决问题,发展应用意识

✧ 形成解决问题的一些基本策略,体验解决问题策略的多样性,发展实践能力与创新精神

✧ 学会与人合作,并能与他人交流思维的过程和结果

✧ 初步形成评价与反思的意识

2003年颁布的高中数学课程标准,在上述要求的基础上,进一步强调要"提高空间想象、抽象概括、推理论证、运算求解、数据处理等基本能力","发展独立获取知识的能力","发展数学应用意识与创新意识,力求对现实世界中蕴含的一些数学模式进行思考与作出判断的能力".

2. 数学问题系统的更新

为了实现上述课程目标，必须更新数学问题系统，在教学过程中增加一些具有较大智力价值与应用价值的好的数学问题. 近年来，我国数学教育界有关人士对数学问题进行了广泛而深入的研究，认为具有较大智力价值的数学问题应具有以下一些特点：

✧ 问题的提出与解决有助于学生建立日益增长的知识宝库，掌握更多的解题策略，以及具有较大的迁移价值的解题方法

✧ 可以从不同角度将问题进行多种形式的推广与演变，以形成问题系列，从而使解题活动不断深入下去

✧ 问题具有学生所熟悉的现实生活背景，或者具有趣味性，以吸引学生积极投入解题活动之中

✧ 问题具有多种解法，或多种不同水平的解题策略，使得不同智力水平的学生在解题活动中均有所收益，从而增强自信心

✧ 问题具有较强的探索性，不仅解题策略需要学生去探索，就是问题本身的结论也是多种多样的，问题的已知条件也并不显然与完备，因此需要学生亲自参与发现、设定、探求、检验与讨论等解题活动

具体地说，问题的选择与配置可从以下几方面进行：

(1) 紧扣教学内容，配置具有启迪性的问题

所谓启迪性，就是通过问题解决过程的探索和结果的获得，能够帮助学生更深刻地理解数学知识，掌握更多的思想方法，并能发现问题的本质与规律. 这样的问题必须紧扣教材内容来选择、编制. 比如，在学过绝对值、平面几何基础概念之后，可以引导学生讨论下列问题.

例 7 工作流水线上顺次排列 5 个工作台 A、B、C、D、E，一只工具箱应该放在何处，才能使工作台上的操作机器人取工具所走的路程之和最短？

分析 可以运用平面几何的知识得出结论：工具箱放在中间的工作台 C 处满足要求. 也可以将之转化为代数问题求解：设 5 个工作台在数轴上对应坐标分别为 a、b、c、d、e，工具箱坐标为 x，则工作台到工具箱距离之和

$$T=|x-a|+|x-b|+|x-c|+|x-d|+|x-e| \ (a<b<c<d<e).$$

通过分类讨论，去掉绝对值符号，也可求得结论.

接下来考虑两个引申问题：

引申问题 1：如果工作台由 5 个改为 6 个，那么工具箱应该如何放置方使得 6 个机器人取工具所走的路程之和最短？

引申问题 2：当流水线上有 n 个工作台时，怎样放置工具箱最适宜？

当然，引申问题 2 的解决要对 n 是奇数还是偶数进行讨论.

类似的问题还可以用于高中.

例 8　圆形马路边有 5 所小学 A、B、C、D、E，分别有计算机 15，3，7，11，14 台，要求每个学校向相邻的学校赠送计算机，使各学校拥有的计算机台数相同，问：如何送法，才使得赠送的台数之和最小？

分析　这是一个最值问题，常用的方法是建立函数关系. 如果设学校 A 向相邻的两学校 B、E 分别赠送 a、b 台，那么 5 所学校就有 10 个自变量，给解决问题带来麻烦.

不妨开阔思路，设 A、B、C、D、E 这 5 所学校分别向右边的相邻学校赠送 x、y、z、u、w 台，而 x、y、z、u、w 可正可负，当这些变量取正值时，意味着向右边学校赠送电脑；当这些变量取负值时，意味着接受左边的学校所赠送的电脑. 所赠送的电脑台数之和

$$T=|x|+|y|+|z|+|u|+|w|,$$

并且满足

$$15-x+w=3+x-y=7+y-z=11+z-u=14+u-w=10,$$

于是，$T=|x|+|x-7|+|x-10|+|x-9|+|x-5|$.

问题转化为类似于例 7 的最值问题：当 x 取何值时，T 取值最小？

评析　将例 7 与例 8 比较可发现，尽管两题的实际背景相异，难度也不同(例 7 运用于初中，例 8 运用于初中或高中)，但运用的数学模型却是相同的. 这样学生通过解题不仅掌握了与问题有关的知识、方法，而且亲身体验了归纳以及建立和运用数学模型的过程，从中感受到数学的无穷魅力.

(2) 针对学生的情意状态配置具有趣味性与探索性的问题

一般情况下，学生对常规的习题演练总带有完成老师交代任务的性质，具有某种程度的强制性与被动性. 于是，学生丰富的情绪感受被纳入冰冷的逻辑运演与形式概念之中. 这种不顾及学生情感体验的解题活动，当然不利于解题能力的培养. 为改变这种状况，老师可在适当的时刻配置具有趣味性及探索性的问题，创设具有强烈感染性的情境，促使学生产生诸如兴趣、困惑、欲望等积极的情绪感受，从而全身心地投入到解题活动之中.

例 9　正 n 边形的内角 α 与边数 n 的函数关系式是 $\alpha=180°-\dfrac{360°}{n}$，其中 n 为正整数. 现考虑 n 为正有理数 $\dfrac{p}{q}$ 的情况 $\left(\dfrac{p}{q}>2,\ p\geqslant 2,\ p、q\in\mathbf{N}\right)$. 比如 $n=\dfrac{5}{2}$，此时由上述公式计算得 $\alpha=36°$，其相应图形就是五角星(图 10－3－1). [1]对于这类正

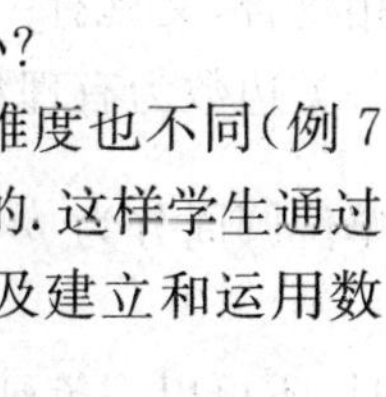

图 10－3－1

① 孙联荣. 正多边形的推广——正 $\dfrac{p}{q}$ 正边形[J]. 数学教学，1995(2).

边形，思考下列问题：

1°如何利用单位圆作出正$\frac{5}{2}$边形？正$\frac{6}{2}$边形、正$\frac{7}{2}$边形呢？

2°总结出作正$\frac{p}{q}$边形的一般规律.在什么情况下正$\frac{p}{q}$边形可以一笔画成（即笔尖不离开纸面）？什么情况下，正$\frac{p}{q}$边形不可以一笔画成？

3°计算单位圆内接正$\frac{p}{q}$边形的面积，如正$\frac{5}{2}$边形，正$\frac{7}{2}$边形的面积.

4°计算单位圆内接正$\frac{p}{q}$边形的边所围成的凸多边形的面积.如图10－3－1中单位圆内接正$\frac{5}{2}$边形的凸正五边形的面积.

评析 这种问题紧密联系学生已掌握的书本知识，难度与一般学生的认知水平相吻合，又具有一定的趣味性和探索性.学生发现，除了熟悉的正n边形外，居然还有一类边数为有理数的正多边形，于是兴趣盎然地动手画、动脑想，从而得出结论：将单位圆周分为p等份，每隔$q-1$个分点顺次相连，便得到正$\frac{p}{q}$边形.当$\frac{p}{q}$是个整数时，不可以一笔画成，如正$\frac{6}{2}$边形（图10－3－2）；当$\frac{p}{q}$是既约分数时，可以一笔画成，如正$\frac{7}{2}$边形（图10－3－3）.问题3°、4°可转化为常规问题考虑.

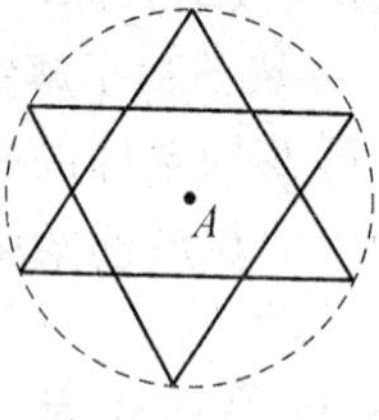

图10－3－2

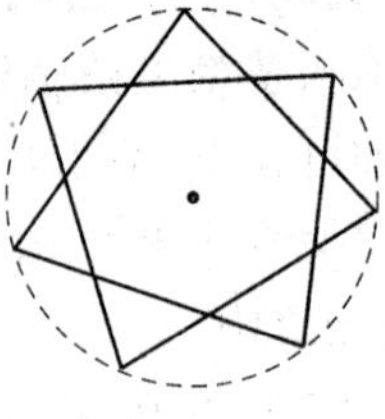

图10－3－3

(3) 配置具有应用情境的问题，增强应用意识

自从1992年全国高考出现数学应用题以来，我国数学教育领域掀起了研究数学应用题与数学建模的热潮.重视数学应用题的训练，以期培养学生数学建模能力业已成为共识.落实到课堂教学中，首先需要编制具有应用情境的数学题.在日常教学工作中，通过问题解决，增强学生的应用意识，一般可以从以下两方面进行：

其一，挖掘教材中的应用因素，编制建模问题.我国中学教材中许多内容都具有实际背景，如指数函数与细胞分裂，等差、等比数列与银行存款、借贷，生产效益、直线方程与线性规划等. 我们可以在平时的教学过程中，挖掘教学内容中的应用因素，编制相应的应用问题.

例 10 房改时，某职工从银行贷款 2 万元用于购房，若银行贷款年利率为 10%，且保持不变，贷款平均分 15 年还清，每年年终付款，问每年应还多少钱.

分析 设每年还 x 元，贷款数额 $y=2$ 万元，第 n 年后欠款为 a_n 元，则

$$a_1=y(1+0.1)-x=1.1y-x,$$

$$a_2=a_1(1+0.1)-x=1.1^2y-1.1x-x,$$

$$a_3=a_2(1+0.1)-x=1.1^3y-1.1^2x-1.1x-x=1.1^3y-\frac{1.1^3-1}{0.1}x.$$

…

$$\because a_{15}=1.1^{15}y-\frac{1.1^{15}-1}{0.1}x,$$

$$\therefore x=y\frac{1.1^{15}\times 0.1}{1.1^{15}-1}=20\,000\times\frac{1.1^{15}\times 0.1}{1.1^{15}-1}\approx 2\,629.48(\text{元}).$$

评析 该例应用了等比数列等数学知识. 到目前为止，杂志书刊甚至高考中出现的应用题多数属于此类.

其二，开展研究性学习，解决来自于实际生活中的问题. 新颁布的数学课程标准提倡开展研究性学习. 研究性学习的开展使学生的数学学习由课内延伸到课外，用数学的眼光关注周围的现实世界，发现值得研究、探讨的问题，并采用各种可能的方法（比如查阅资料、收集信息、讨论交流、设计方案、展示成果等）来解决问题. 这些学习活动可使学生体验“微型研究”的过程，掌握解决实际问题的方法，增强应用意识.

例 11 A、B 两个内河码头相距 60 km，轮船在静水中航行速度为每 20 km/h，由于航道等条件的限制，轮船必须利用白天（以 12 h 计算）在 A、B 之间往返航行一次并完成上、下客货的操作. 试绘制可用于操作的时间 T 和河水的流速 v 之间的关系图，并讨论航班是否取消的条件.

研究过程：先建立函数关系. 由题意，可用于操作的时间 T(h) 与河水的速度 v(km/h) 之间满足关系：

$$\frac{60}{20+v}+\frac{60}{20-v}+T=12,$$

即 $T=12-\dfrac{2\,400}{400-v^2}(0\leqslant v\leqslant 20)$.

此式表明 T 是关于 v 的减函数. 列表如下:

表 10-3-1

v	0	2	4	6	8	10	12	13	14	14.14
T	6	5.9	5.7	5.4	4.9	4	2.6	1.6	0.2	0

讨论:

1° 当 $v \geqslant 14.14$ 时,轮船往返航行一次已需要 12 h 或 12 h 以上,当然必须停航;

2° 当 v 虽不到 14 km/h,但接近于 14 km/h,T 很小,也就是说几乎已没有时间来进行操作,此时航班也只好取消;

3° 如果 A、B 两个码头各需 1 h 进行操作,即 $T=2$ h,那么必须在水速 $v=12$ km/h 左右,或 $v<12$ km/h 时才能开航;

4° 如果 A、B 两个码头各需 2 h 进行操作,即 $T=4$ h,那么必须在水速 $v \leqslant 10$ km/h时才能开航;

5° 轮船在静水中往返航行一次至少需 6 h,所以如果 $T \geqslant 6$ h,这就必须进行技术革新或技术改造,或提高轮船的航行速度,或增强轮船的夜航能力,或提高货物的装卸速度,只有这样才能开航.

函数图象略.

在编制这类应用题时,一般应遵循下列原则:符合学生认知水平;紧扣教学内容;反映时代特征;符合客观现实.

3. 帮助学生掌握解决问题的策略

在选择、配置好数学问题之后,要提高和发展学生的解决问题能力,必须帮助学生掌握各种解题策略. 所谓解题策略,就是寻找或探求解题途径的方法. 数学方法有不同层次,而解题策略是较高层次的方法,是对寻求解题途径的规律性的认知,是解题者思维模式、数学方法和解题经验的综合体现.

解决问题策略的研究一直是心理学家们感兴趣的课题. 美国著名的科学家、认知心理学家司马贺[即赫伯特 A. 西蒙(Herbert A. Simon)]从研究人工智能的角度,归纳出四条解题策略:目标递归策略,知觉策略,模式策略,机械记忆策略①.

关于数学解题策略的研究,国外专家中比较权威的提法当属波利亚. 他在"怎样解题表"中,详尽且通俗地给出了基本的解题策略. 美国数学家拉松在《通过问题学解题》一书中也列举了寻找一种模式,画一个图形,提出一个等价的问题,改变问题,选择有效记号,利用对称性,区分种种情况,反推等解题策略. 近十几年来,我国的数学教育工作者对解题策略进行了广泛而深入的研究,取得了丰硕的成果,他们从不同的角度提出了多种解题策略. 例如,戴再平先生在《数学习题理论》一书中阐述了

① [美]司马贺. 人类的认知——思维的信息加工理论[M]. 荆其诚,张厚粲,译. 北京:科学出版,1986:62.

常用的 8 条解题策略:枚举法、模式识别,问题转化,中途点法,以退求进,推进到一般,从整体看问题,正难则反;任樟辉先生在《数学思维论》一书中,从辩证思维的角度提出以简驭繁、进退互用、数形迁移、化生为熟、正难则反、倒顺相连、动静转换、分合相辅、引参求变、以美启真等 10 个策略. 他们的研究不仅丰富了初等数学解题方法的宝库,同时也对学生解题能力的提高有着指导作用.

对于学生来说,掌握解题策略可以减少解题的盲目性,较快地确定解题方向,从而提高成功解决问题的概率. 因此,在解题教学中,教给学生有用的解题策略,将有助于提高与发展他们的解决问题的能力. 然而,根据建构主义理论,教师所传授的知识,只有通过学生在已有知识经验基础上的主动建构,才能真正掌握;对于高层次的解题策略的学习,更是如此. 仅仅把各种策略的名称告诉学生,让他们死记硬背,或者依赖于老师的示范机械模仿,都不能让学生真正掌握解题策略,并将之运用于类似的问题情境之中. 因此,教师必须在解题教学过程中创造最好的条件与机会,让学生亲自体验问题的发现、探索、讨论、求解过程,通过数学活动的参与,领悟数学思想方法,掌握解题策略.

实践表明,在解题过程中,学生遇到的困难首先来自于理解题意和寻找解题途径. 当学生面临问题时,往往凭借自己的经验,采用习惯的思维模式和熟悉的方法去探索解题途径;当他们解题遇到障碍时,便采用盲目尝试的办法,刚想到一个念头就动手解题,不管想到的这个念头是否合理,有时甚至会钻进"循环论证"的圈子里而不能自拔. 另一方面,学生最不习惯的是解完题之后的反思与总结工作,一求得答案便万事大吉,接着做其他的题. 因此,教师应在解题的各个阶段(特别是理解题意阶段、探求途径阶段和反思总结阶段),设计一系列体现各种解题策略的提示或问题,用来启发学生思考,指出思考的方向与方法,使学生在提示的指引下或对问题的思考过程中,不知不觉地学会探索解题途径的方法,养成反思与总结的习惯,形成并掌握解题策略.

(1) 在理解题意阶段,帮助学生掌握捕捉解题信息的策略

在解决问题过程中,有用信息的发现、回忆与收集对成功地解题起着决定性作用. 在理解题意阶段,教师可以引导学生从下列各方面去思考:

✧ 问题中的条件是什么? 待求结论是什么?

✧ 问题表述中关键词有哪些? 说明什么数学事实? 问题中的重要元素及主要关系有哪些?

✧ 尽可能用简洁的符号标出问题中的已知元素与未知元素,并根据问题中的数量关系,作出直观图形、表格或能说明问题的草图

✧ 根据题目中的概念、关系及关键词,在记忆系统中找出已经掌握的相关内容

✧ 仔细研究问题的求解目标,分析要达到此目标必须具备的条件,等等

学生在上述提示的指引下，经过认真思考，就可以把握住问题中的已知元素与未知元素以及它们之间应该满足的关系，为解决问题打下良好的基础.

例 12 已知 l_1 和 l_2 相交于点 M, $l_1 \perp l_2$，点 $N \in l_1$，以 A、B 为端点的曲线 C 上任一点到 l_2 的距离与到点 N 的距离相等. 若 $\triangle AMN$ 为锐角三角形，$|AM| = \sqrt{17}$，$|AN| = 3$，且 $|BN| = 6$，建立适当的坐标系，求曲线 C 的方程.

分析 根据题意，可以得出以下信息：

1°因为 $l_1 \perp l_2$，所以很容易想到以 l_1、l_2 为 x、y 轴建立坐标系；

2°由"曲线上任一点到 l_2 的距离与到点 N 的距离相等"，联想到已掌握的抛物线定义知道曲线 C 是抛物线的一部分. 因此，问题的求解目标就是求抛物线 C 的方程以及 A、B 的横坐标 x_1、x_2.

3°由于抛物线是以 y 轴为准线、N 为焦点的，于是容易想到设抛物线 C 的方程为 $y^2 = 2p(x-h)$ ($p>0$).

4°题目中具体数字条件"$|AM| = \sqrt{17}$、$|AN| = 3$、$|BN| = 6$"以及"$\triangle AMN$ 为锐角三角形"惟一确定了抛物线的位置、形状、大小，因此，可利用这些条件求出待定参数 p、h(或 MN 之长)，以及 A、B 的横坐标 x_1、x_2.

进行了题意分析之后，解题途径基本明确，接下来的工作便是正确而合理的计算. 过程略.

(2) 在探求途径阶段，帮助学生掌握变换问题的策略

解题如同建筑，一堆材料的存在并不意味着大厦的建成，零乱的解题信息的收集并不等于解题成功，还必须将这些信息组织起来，与已有的知识经验建立联系.

在制定解题方案阶段，教师应给出下列提示，帮助学生掌握将复杂的、生疏的问题转化为简单的、熟悉的问题的思考方法和策略：

✧ 尽可能寻找问题中所熟悉的内容，辨别问题的类型，设法将问题同容易的或熟悉的某一类题联系起来，试试看能否用已有的方法去解决

✧ 试着改变原问题的表述形式，或者将之转换为一个与之等价的形式简单的或容易解决的问题

✧ 研究问题的特殊、极端、一般情况，看能否从中获得有用的信息

✧ 将求解目标分解成一系列子目标，看这些子目标有没有熟悉的求解方案

✧ 将题的条件与回忆到的有关信息尽可能作不同的组合，看能否有新的发现

✧ 改变题目的一部分条件，看这样的改变对结论有什么影响；根据改变题的部分条件所产生的结果，对求解结论或方案作出预测

✧ 如果从正面思考有困难就转向反面思考，当直接解法不能奏效时就用间接方法，当命题难以证明时就设法举反例加以否定

例 13 当 a 为什么值时，由不等式 $1< x \leqslant 2$ 可以得到 $x^2-2ax+h<0$？

分析 问题的叙述比较晦涩难懂，设法将问题重新表述为：已知一元二次不等式 $x^2-2ax+h<0$ 当 $x\in(1,2]$ 时恒成立，求 a 的取值范围. 这样解题思路便明朗了.

设 $f(x)=x^2-2ax+h$ 的两根为 x_1、x_2（$x_1<x_2$），则由条件知 $(1,2]\subseteq(x_1,x_2)$. 于是 $f(1)\leqslant 0$、$f(2)<0$，即 $1-a\leqslant 0$，且 $4-3a<0$. 由此求得 $a>\dfrac{4}{3}$.

(3) 在解题的结束阶段，帮助学生养成反思与评价的习惯

解完题之后回过头来对解题结果与过程进行回顾、分析、总结、评价，是一种对自己解题活动过程的再认识，属于元认知范畴. 经常进行这样的训练，可使学生在解题活动中获得具有较大迁移价值的新的知识与经验，这必将有助于解题策略的形成与掌握，也有利于解题能力的提高与发展.

在求得答案之后，教师可以提出以下几点让学生思考、实践：

✧ 对解题过程及结果进行检查，检查解题过程中的每一步是否合理、正确；估算结果并进行检验

✧ 对实现解题的方法进行分析，看看有没有其他解法、有没有更好的方法，以及为什么这些方法行之有效

✧ 对问题本身进行分析，看看是否有特殊情况，问题能否推广，等等

✧ 总结出解题规律

例 14 已知 $\alpha,\beta\in(0,\pi)$，且满足 $\cos\alpha+\cos\beta-\cos(\alpha+\beta)=\dfrac{3}{2}$，求 α，β.

分析 运用三角公式将等式变形为

$$2\cos\frac{\alpha+\beta}{2}\cos\frac{\alpha-\beta}{2}-2\cos^2\frac{\alpha+\beta}{2}-\frac{1}{2}=0. \qquad (※)$$

由一个等式无法求出两个变量 α、β 的值，因此用常规的方法行不通，注意到等式（※）中含 $\cos\dfrac{\alpha+\beta}{2}$ 项的次数，故可把（※）式看成是关于 $\cos\dfrac{\alpha+\beta}{2}$ 的一元二次方程，用判别式法或配方法求解：

$\because \Delta=4\cos^2\dfrac{\alpha-\beta}{2}-4\geqslant 0$，$\therefore \cos\dfrac{\alpha-\beta}{2}=0$，$\alpha=\beta$.

将 $\alpha=\beta$ 代入（※）式，求得 $\cos\alpha=\dfrac{1}{2}$. $\therefore \alpha=\beta=60^\circ$.

反思与总结：

1° 其他解法.

从函数角度考虑，

$$\cos\alpha+\cos\beta-\cos(\alpha+\beta)=2\cos\frac{\alpha+\beta}{2}\cos\frac{\alpha-\beta}{2}-2\cos^2\frac{\alpha+\beta}{2}+1$$

$$\leqslant 2\cos\frac{\alpha+\beta}{2}-2\cos^2\frac{\alpha+\beta}{2}+1=-2\left(\cos\frac{\alpha+\beta}{2}-\frac{1}{2}\right)^2+\frac{3}{2}\leqslant\frac{3}{2}.$$

等号成立当且仅当 $\cos\frac{\alpha+\beta}{2}=\frac{1}{2}$，$\cos\frac{\alpha-\beta}{2}=1$，从而求得 $\alpha=\beta=\frac{\pi}{3}$.

从形的角度看，原等式可化为

$$(1-\cos\beta)\cos\alpha+\sin\beta\sin\alpha+(\cos\beta-\frac{3}{2})=0.$$

此式说明点 $(\cos\alpha, \sin\alpha)$ 在直线 $(1-\cos\beta)x+y\sin\beta+\cos\beta-\frac{3}{2}=0$ 上，又点 $(\cos\alpha, \sin\alpha)$ 在单位圆上，故有

$$\frac{\left|\cos\beta-\frac{3}{2}\right|}{\sqrt{(1-\cos\beta)^2+\sin^2\beta}}\leqslant 1.$$

解得 $\left(\cos\beta-\frac{1}{2}\right)^2\leqslant 0$. 即有 $\cos\beta=\frac{1}{2}$，$\beta=\frac{\pi}{3}$.

代入原等式，求得 $\alpha=\frac{\pi}{3}$.

2° 解题规律.

由解方程组可知，当未知数的个数与方程的个数分别相等时，才能求出未知数的值，而本题 α、β 只满足一个等式，要求出 α、β 的值，必须寻找另一个独立条件，因此用常规三角变形、解方程的方法无效，于是另辟蹊径，采用判别式法或配方法等求解. 这种思想可以指导一类问题的解决.

比如：

① 解方程组：$\begin{cases}x+y=2,\\ xy-z^2=1;\end{cases}$

② 解方程：$x\sqrt{y-1}+y\sqrt{x-1}=xy$.

在①中，方程组中有3个变量，只有2个方程，不能用常规方法求解. 根据题目特点，令 x、y 是方程 $t^2-2t+(1+z^2)=0$ 的两个根，然后运用判别式就可以求出 z 的值. 对于方程②，未知数的个数也大于方程的个数，必须设法把等式分解成两个等式，所以将之变形为 $\frac{\sqrt{y-1}}{y}+\frac{\sqrt{x-1}}{x}=1$. 然后利用基本不等式，得到 $\frac{\sqrt{y-1}}{y}=\frac{1}{2}$，$\frac{\sqrt{x-1}}{x}=\frac{1}{2}$，求得 $x=y=2$.

3° 命题的延伸与推广.

如果在原等式中,令 $\gamma=\pi-(\alpha+\beta)$,则等式变为 $\cos\alpha+\cos\beta+\cos\gamma=\frac{3}{2}$,于是原问题改变为:"在 $\triangle ABC$ 中,已知 $\cos A+\cos B+\cos C=\frac{3}{2}$,求证:$\triangle ABC$ 为正三角形."这正是命题"在 $\triangle ABC$ 中,$\cos A+\cos B+\cos C\leqslant\frac{3}{2}$"的特殊情况.

4. 注意情感因素的作用

除了解题者的认知因素外,影响解题效果的还有解题者个人的情感因素,如自信心、好奇心、求知欲,学习态度、审美情趣、数学观念等.朱小蔓教授是这样评价情感因素在认知学习中的重要作用的:"情感,以其与个性生命活生生的联系,以其比逻辑-理智先在的地位,以其作为人的动力系统的优势,打开了通往价值理性的通路.也就是说,知识和认知学习,如果不伴随积极的情感活动,它对人的生命价值,对社会的功效都是不能实现的."①

正因为如此,教师在日常教学过程中,不仅要关心学生掌握了哪些知识、技能,会解决哪些问题,还要关心学生在解决问题过程中的种种情绪感受.由于丰富的情绪感受是抽象的、形式化的数学材料无法表明的,因此,老师应发挥主导作用,创设一个既有利于知识学习又有利于学生情感发展的教学环境,使学生能以积极主动的状态参与学习活动,能自然放松地、真实流畅地表达情感,从而逐步养成自我负责、积极进取和开拓创新的个性.显然,这种个性无疑会对问题解决的成功起着积极的作用,最终导致解决问题能力的提高与发展.

创造良好的教学环境是充分发挥学生情感因素的一个方面.此外,在教学过程中,还必须注意增强学生的自信心.

自信心是数学学习中很重要的情绪感受.要增强学生的自信心,老师首先必须对自己的学生抱有信心.要相信绝大多数学生都具有一定的思考能力,要给予他们较多的自主权,放手让他们亲自参与解决问题的过程.有的老师在给出问题之后,总害怕学生解不出来,于是迫不及待地讲解自己的思路或答案,殊不知这样做不仅打断了学生的思路,剥夺了学生独立思考的权利,而且容易使学生产生依赖心理,久而久之学生便会对自己的能力产生怀疑,最终导致自信心的丧失.

不断地让学生在解题活动中体验到成功的喜悦是提高自信心的又一有效方法.教学实践表明,如果学生学习生活中充满了回答不正确、解题错误、考试不及格等令人沮丧的失败体验,不仅会对自己的能力彻底丧失信心,而且会产生厌恶、逃避数学学习的现象,甚至会产生自暴自弃、无所谓的阴暗心理.因此,老师在解题教学中,所

① 朱小蔓.情境教育与人的情感性素质.课程·教材·教法,1999(1).

配置的问题一定要符合多数学生的认知水平，要尽可能地给不同水平的学生创造成功的机会和条件. 对于学习有困难的学生，可以提一些“起点低、坡度小”的问题，让他们也有表现自己能力的机会，并通过自己的努力尝到成功的喜悦，从而获得一种情感上的满足，这种成功的体验会有利于自信心的建立.

【案例5】二次函数最值应用

教学目标设计：

(1) 通过应用，进一步理解二次函数的性质；

(2) 通过运用二次函数最值问题的解决，培养应用意识，以及分析问题、解决问题的能力；

(3) 在问题解决过程中体验合作、讨论、交流的探究过程.

学习任务分析：

(1) 学生的起点能力：掌握二次函数的性质，具有初步的从实际背景中提练数学模型的能力；

(2) 学习重点：从实际问题中建立函数模型.

教学过程设计：

1. 复习知识

(1) 二次函数 $y=ax^2+bx+c$ 的对称轴与顶点坐标是什么？

(2) 如何通过图象来判别二次函数 $y=ax^2+bx+c$ 的最大值与最小值？

2. 提出、探究、解决问题

在实际生活中，我们经常遇到一些寻找最佳方案、盈利最大、用料最省等涉及到最大值、最小值的问题. 今天我们就用所学过的二次函数的性质来解决有关的问题.

问题1　某商场将进价40元一个的某种商品按50元一个售出时能卖出500个. 已知这种商品每个涨1元，其销售量就减少10个. 为了赚得更大利润，售价定为多少？最大利润为多少？

分析题意：在理解题意时，必须明确：① 利润的含义；② 商品涨价与销售量的关系；③ 利润计算公式：利润＝每件商品的利润×销售件数.

数学建模：设每个售价为 $50+x(x\in\mathbf{N}^*)$，总利润为 y 元，则

$$y=(50+x-40)(500-10x)\qquad(0\leqslant x\leqslant 50)$$

整理，得 $y=10(-(x-20)^2+900)$.

故当 $x=20$ 时，取得最大利润，最大利润为900元.

解后思考：是否定价越高，利润越大？

巩固练习1　某小型自来水厂的蓄水池中有400吨水，水厂每小时可向蓄水池

中注水60吨，同时蓄水池又向居民小区供水，t 小时内供水总量为 $120\sqrt{6t}$ 吨($0\leqslant t\leqslant 24$). 问：多少小时后蓄水池的水量最少？

（学生练习，老师指导，得出答案后，老师进一步提出课后思考题：若蓄水池水量少于80吨时，就会出现供水紧张现象，问：每天有几小时出现这种现象？）

问题2　如图10-3-4，有一边长为5 cm的正方形 $ABCD$ 和等腰 $\triangle PQR$，$PQ=PR=5$ cm，$QR=8$ cm，点 B、C、Q、R 在同一直线上. 当 C、Q 两点重合时，$\triangle PQR$ 以1 cm/s的速度沿直线按从 C 到 B 的方向开始匀速运动，t 秒后正方形 $ABCD$ 与 $\triangle PQR$ 重合部分的面积为 S. 当 $0\leqslant t\leqslant 13$ 时，求 S 与 t 的函数关系式，并求出 S 的最大值.

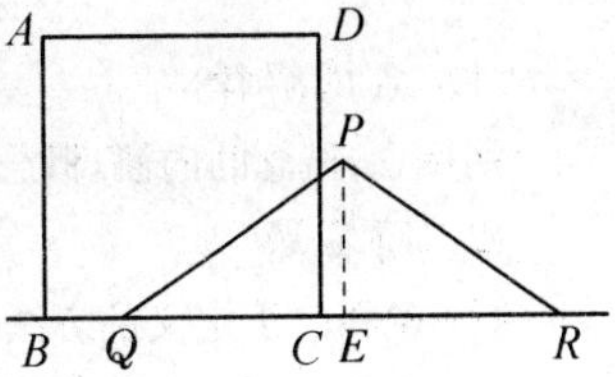

图10-3-4

探究过程：

(1) 分析题意，画出图形.

(2) 为了从数量上确定两个图形相对位置关系，作 $PE\perp QR$ 于 E，则 $EQ=ER=4$ cm. $PE=3$ cm.

(3) 分小组讨论：当 $\triangle PQR$ 运动时，与正方形重合部分的图形形状有哪几种类型？如何分类讨论？

(4) 在小组讨论的基础上，将重合部分的图形归结为以下五类：① $0\leqslant CQ\leqslant 4$，此时 Q 点在 BC 上，P 点在正方形外；② $4\leqslant CQ\leqslant 5$，此时，Q 点在 BC 上，点 P 在正方形内；③ $5\leqslant CQ\leqslant 8$，此时，点 Q、R 在 BC 的延长线上，点 P 在正方形内；④ $8\leqslant CQ\leqslant 9$，此时，点 R 在 BC 上，点 P 在正方形内；⑤ $9\leqslant CQ\leqslant 13$，此时，点 R 在 BC 上，点 P 在正方形外. 分别建立函数关系，求出每种情况下的重合图形的面积.

(5) 比较五种情况下的重合图形的面积，求出 S 的最大值.

总结与反思：

(6) 上述解题过程中，如何进行分类是关键，由于这是图形问题，可先确定重合图形的各种可能形状，然后寻找决定图形形状的一个变量（比如，线段 CQ 的长），以此作为分类的标准.

巩固练习2　在矩形荒地 $ABCD$ 中，已知 $AB=a$，$BC=b$，今在四边上分别选取 E、F、G、H 四点，且 $AE=AH=CF=CG$，建一花园 $EFGH$，如何设计使花园面积最大.

3. 小结、布置作业（略）

评析　本节课重点是运用二次函数的有关知识解决实际生活中的各类最值问题，通过应用提高学生的数学建模的能力与应用意识. 为此，执教者设计、精选了两个问题与学生共同分析、探究，并分别安排了两个巩固练习题让学生自行解决，这样的问题解决的教学为学生的自我探究活动提供了较大的空间.两个例题的教学过程基本上遵循波利亚的问题解决的模式,有助于学生分析问题、解决问题能力的提高.

习　题

1. 名词解释

属概念,概念的内涵,概念的外延,概念的定义,概念的形成,概念的获得,逆命题与偏逆命题.

2. 简答题

(1) 给概念下定义的方法有哪些?

(2) 数学公式具有哪些特性?

(3) 问题解决的教学目标是什么?

3. 论述题

(1) 如何进行概念的教学?

(2) 如何进行公式、定理的教学?

(3) 如何进行问题的教学?

主要参考文献

[1] 徐斌艳.数学教育展望[M].上海:华东师范大学出版社,2001.

[2] 喻平.数学教育心理学[M].南宁:广西教育出版社,2004.

[3] 季素月.数学教学概论[M].南京:东南大学出版社,2000.

[4] 范良火,黄颜英,蔡金法,等.华人如何学习数学[M].南京:江苏教育出版社,2005.

第四篇　数学教学基本技能

第 11 章

备课与说课

如果说教学设计是从理论层面上论述数学教学的准备工作的话，那么，备课与说课就是以不同的形式从实践层面上讨论如何进行课堂教学的准备. 作为一名数学教师，既要掌握备课的基本技能，也要掌握说课的基本功. 因此，本章重点介绍备课与说课的基本要求、特点、内容以及有关案例.

§11.1 备　课

教师在每节课前所作的一系列准备工作叫做备课. 备课是课堂教学工作的基础，教师必须在课前认真钻研教学大纲，分析研究教材，了解学生的实际水平，在教育学、心理学和数学教育等理论的指导下，做好备课的工作. 在教学实践中，备课一般分学期备课、单元备课、课时备课三个方面. 本节分别介绍这三种备课类型的有关内容.

11.1.1 学期备课

1. 学期备课的内容

学期备课是对整个学期教学工作的规划和安排，为此，要做好四方面的工作：

其一，通读、钻研课程标准或教学大纲，把握课程标准的理念、学期的总体目标，了解学期教学进度、教学内容、教学要求、课时安排等有关规定.

其二，在领会课程标准或教学大纲精神的基础上分析研究教材，了解学期教学内容的体系、编排的特点、宏观上的知识结构体系.

其三，调查了解任教班级学生的全面情况，包括他们的学习态度、学习方法、知识水平、能力状况等. 必要时，可组织集体或个别辅导，以扫除学生学习新知识的障碍.

其四，查阅有关教学参考资料、教学研究杂志与理论书籍，是学期备课时不可忽视的又一项工作，这不仅可以加深对教材的理解，充实教学内容，吸取别人的经验，还可以及时了解教学的新思想、新观点、新动态，为自己改进教学、提高教学质量提供理论上的依据.

2. 制定学期教学工作计划

教师完成上述各项工作后，应制定出切实可行的学期教学工作计划. 教学工作计划一般包含下列内容：

- ✧ 本学期的教学目标与教学要求
- ✧ 教学内容体系结构以及学习这些内容应该具有的知识基础
- ✧ 任教班级学生的情况分析
- ✧ 提高教学质量的主要措施
- ✧ 课堂教学进度
- ✧ 课外活动与研究性学习计划

11.1.2 单元备课

进行一章内容的教学准备工作称为单元备课. 单元备课的重点是从两个角度具体分析本章教学内容.

1. 教学内容的逻辑结构分析

知识的逻辑结构分析是指对教材的各知识点之间的联系、这些联系的性质与特点，以及每个知识点在该章节中的作用、意义和重要性等进行分析，然后确定各知识点教学要求. 比如，在高中新课程中，必修 1 函数这一章知识结构可分析如下：

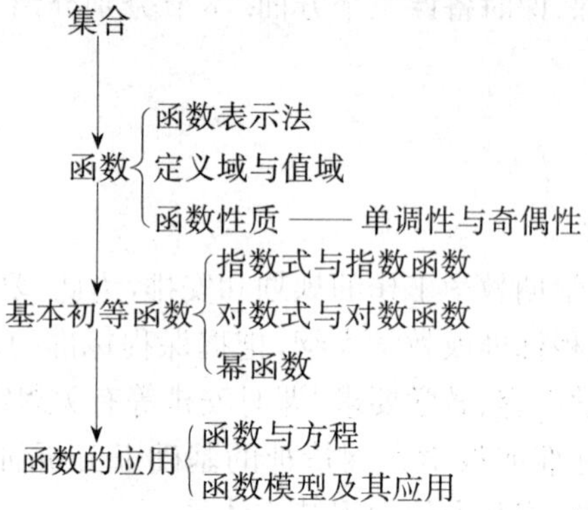

在此基础上明确函数的教学要求：紧密联系现实生活学习函数概念；紧扣函数图象研究函数性质，体会与感受数形结合的思想；通过指数函数、对数函数、幂函数的学习，掌握研究函数的一般方法；通过函数在现实生活中的应用，认识到函数是刻画现实世界变量之间制约关系的数学模型，等等.

2. 教学内容智力价值的分析

智力价值分析是在表层知识结构分析的基础上，深入到知识的本质，着重挖掘表层知识中所蕴含的精神、思想、方法、原理、规则、模式. 比如，通过分析四边形和多边形内角和定理及推论的证明方法，可以发现，处理任意多边形的问题，常设法应用三角形的知识去解决. 这一处理手段反映了一种由简单到复杂、由已知推出未知的研究方法，可以用于任意的多边形的研究过程之中. 又比如，通过对二次根式的学习内容分析，发现隐含于知识内容的智力功能：通过二次根式性质 $(\sqrt{a})^2=a$、$\sqrt{a^2}=|a|$、$\sqrt{ab}=\sqrt{a}\sqrt{b}$、$\frac{\sqrt{a}}{\sqrt{b}}=\sqrt{\frac{a}{b}}$ 的发现与推导，可以帮助学生形成从特例中总结出一般规律的思维方法，培养抽象能力；通过在二次根式的运算与化简中对公式 $\sqrt{ab}=\sqrt{a}\sqrt{b}$、$\frac{\sqrt{a}}{\sqrt{b}}=\sqrt{\frac{a}{b}}$ 的正、逆向使用，培养学生的正、逆向思维的转换，建立双向联结的思维能力. 当然，教学内容的智力价值的分析还可从数学哲学、数学美学、方法论角度去分析，归纳出所涉及的数学认识观、数学美、数学思想方法等.

11.1.3 课时备课

课时备课是在学期备课和单元备课的基础上，对一节课所进行的教学准备工作. 一般地，课时备课要做好下列几项工作.

1. 制定教学目标

每一节课的教学都要实现一定的教学目标，而这个教学目标必须是课程标准中所规定的数学教学总目标的一个子目标. 每节数学课的教学目标的确定是备课的首要任务. 教学目标的制定必须合理、科学、准确，因此，必须根据教学总目标、教学内容的特点和学生的实际情况来制定.

根据数学课程标准的基本理念，课堂教学目标分为两类，一类为结果性目标，主要用于知识与技能领域；一类为过程性目标，主要用于过程与方法、情感态度价值观领域. 第 9 章给出了结果性目标与过程性目标的各个层次的目标水平特征及相应的行为动词，以及教学目标表述的“ABCD 模式法”. 掌握这些有关知识之后，便要针对具体教学内容与学生的学业水平制定本节课的教学目标.

制定一节课的教学目标的基本步骤是：

¤ 确定一节课的教学重点，并找出能代表教学内容的关键词，包括概念、公式、法则、性质、定理等

¤ 把学习这些内容的过程进行分解，确定每个子过程学习的内容及学生的活动方式

¤ 考虑这些学习活动过程对学生情感、态度的影响

¤ 运用恰当的行为动词来表述这节课的学习目标

例 1 “有理数的加法法则”的课堂教学目标的制定.

分析 有理数加法法则的重点内容是有理数加法法则的得出与运用,其关键是如何设计让学生通过亲身体验获得加法法则的过程.这个过程可分为两个步骤:其一,老师举“向东走、向西走”的走路实例,使学生感受到现实生活中存在有理数加法的运算,在此基础上,让学生再举类似的实例;其二,从老师与学生所举的实例中抽象、概括出有理数加法法则.最后,让学生初步掌握有理数加法法则的运用.因此,本节课的教学目标可制定如下:

(1) 通过小组或全班讨论,研究走路问题的各种可能情况及数学表达式;

(2) 学生自己寻找生活中与走路问题类似的实例,并加以解决;

(3) 归纳、猜想、概括出有理数加法运算法则,经历数学发现的过程,体验数学发现的乐趣;

(4) 能运用加法法则进行有理数加法的计算.

类似地,可制定出高一“幂函数”的课堂教学目标:

(1) 通过与指数函数、对数函数的比较,了解幂函数的概念;

(2) 通过绘制指数为正整数、正分数、负有理数的幂函数的图象,归纳幂函数的性质;

(3) 认识到幂函数在现实生活中的运用,以形成数学应用意识;

(4) 能运用幂函数性质解决简单的数学问题.

2. 分析、组织教学内容

教学内容来源于教材,又不同于教材,教师必须根据既定的教学目标,对教材内容进行分析、处理、组织,使之成为可具体实施的教学内容.具体工作如下:

(1) 教学内容的组织

数学教材内容具有一定的结构体系,每个概念、公式、法则、性质、定理在该体系中都具有一定的地位与作用.在课堂教学中,如何组织这些新内容以便学生更有效地学习,是备课时必须解决的一个问题.

通常组织教学内容的方法有两种:

① 按照教材原有结构组织.即遵照教材原来章节的划分和逻辑体系组织教材.比如,在初中乘法公式的教学中,按照教材的安排,利用一节课的时间专门讲授乘法公式 $(a+b)(a-b)=a^2-b^2$:先推导出公式,然后分析公式的特点,最后运用该公式解答有关问题.在后继课中,再学习乘法公式 $(a\pm b)^2=a^2\pm 2ab+b^2$.这种教材的组织形式不必打乱原教材的结构体系,教师使用方便,是比较普遍的处理教材的方法.

② 按照知识组块组织. 在一章内容中,那些自成系统、研究方法雷同的教材所构成的一个小单元,称为知识组块. 乌克兰的一位数学教师沙达洛夫采用了知识组块的方法来组织教学内容,创造了"15 分钟讲授 15 节课的教学内容"的教学法. 他认为,在一节课伊始必须让学生明确他们所面临的问题和解决的方案,明确他们将同教师一起做什么和打算怎样去做. 比如,把三角形的全等关系(包括三角形的全等公理,以及等腰三角形、直角三角形的全等的判定等内容)构成一个系统,在一堂课甚至于在 15 分钟内讲授. ①按照知识组块组织教学内容,符合学生认识发展规律,有利于逐步深化这一知识组块的教学;学生通过"整体—部分—整体"的学习,容易掌握知识的全貌以及基础知识的内部联系,有助于提高学习效率. 由于打乱了教材中一节内容一堂课的顺序,所以这种处理方法对教师理解、钻研、驾驭教材的能力提出了较高的要求.

我国也有类似的做法. 例如,南通李庾南老师的"自学讨论引导教学法"和"GX 实验",均采用了这种按照知识组块组织教学内容的方法.

(2) 确定教学的重点与难点

确定教学重点与教学难点是一节课教学内容分析的主要内容. 所谓教学重点,就是本节课所要着重解决的问题. 确定教学重点时,应着重考虑以下几个因素:一是实现本节课教学目的的关键内容;二是知识在整个教材体系中所处的地位与作用;三是知识中所蕴含的思想方法及其智力价值. 可见,基本概念的形成、原理、公式的推导与运用、各种技能技巧的培养、解决问题的思想方法等,都可确定为教学重点.

例如,在"一元二次方程求根公式"这一节中,掌握配方的技能是重点;在"两角和的余弦"这一节中,探索公式 $\cos(\alpha+\beta)=\cos\alpha\cos\beta-\sin\alpha\sin\beta$ 的证明途径以及公式应用是重点;在"复数加法的几何意义"这一节中,复数加法的平行四边形法则的推导及运用是重点;在"圆周角定理"这一节中,为何要分类证明以及如何进行证明的思考方法应该是教学重点.

教学难点主要产生于教材内容的深、广度与学生的认识水平有较大差距之处. 一般说来,抽象程度较高、结构比较复杂、知识综合性较强,以及需要运用新的观点或思维方式来学习的知识内容,往往是学生的学习障碍,这些均可确定为教学难点. 比如,列方程解应用题、函数概念、函数的周期性、复数的性质,极坐标方程、排列组合应用题、不等式证明、解析几何综合题等,一般情况下都是难点内容. 可见,教学难点是相对于学生的认知水平与知识基础而言的.

要充分、准确地估计学生学习中的难点,平时必须深入了解学生实际,不断积累经验. 有经验的教师往往是通过课堂提问、课后辅导、批改作业、分析试卷等方法,发

---

① 郑炼. 沙达洛夫数学教学法[A]//数学教育国际透视论文集[C]. 杭州:浙江教育出版社,1995:225

现学生疑难所在. 疑难一经发现，不仅可以及时地、有针对性地帮助学生解决疑难，也可作为以后讲授相应内容时确定教学难点的借鉴. 当然，不同班级的学生情况不完全相同，备课时还需根据当时的具体情况，确定解决的办法.

在教学中，我们还应注意到教学难点在发展学生能力方面的积极作用. 没有适度的困难，就不会产生积极的思维. 因此，在处理难点的教学过程中，不仅要分散难点，扫清学习障碍，还须考虑如何帮助学生在攻克难点的过程中提高思维水平.

(3) 例题、习题和作业题的选择

在教学过程中，为加深理解、巩固记忆所学知识，掌握一定的技能，形成一定的能力，必须借助于一定例题、练习题和作业题，所以说，题目的选择是备课时必须考虑的一个重要因素.

例题是由教师把解题思路和过程展现给学生的数学题. 例题的使用可使学生进一步理解知识，学习知识应用的基本方法，学会解题的思考方法和掌握规范的书写格式. 例题的选择一定要为教学目的服务，要有利于突出重点、分散难点，并具有一定的难度. 学生很容易得出答案的习题不宜作为例题，因为它不利于学生积极思考. 例题还应具有一定的典型性，这样有利于学生的模仿和知识的迁移.

练习题是在教师分析讲解例题之后，由学生课内思考和独立完成的数学问题. 练习题的训练是对所学知识的进一步巩固，是对基本应用方法的模仿或训练，它有利于基本技能的形成. 因此，练习题的难度一般要比例题的难度低，往往是学生经过认真思考就可以独立完成的数学题.

作业题是课堂教学之后，留给学生在课外独立完成的数学问题. 它有利于知识的巩固和技能的形成. 作业题难度应略高于练习题，并根据需要可有一定的综合性.

在选择与配制例题、习题与作业题时，必须先把教科书、教学辅导书中有关数学题进行研究、演算. 数学题的研究与演算应达到下列效果：其一，深刻体会课本习题的数量、类型和难度，从而进一步确定训练的重点、深度和方式；其二，熟悉每一道题目的解法，不仅要掌握一题多解的方法，还可以知道方法的优劣比较；其三，知道学生将会遇到哪些困难，在什么地方容易发生问题，以便及时采取措施加以预防与解决；其四，知道每道题的难易程度，以便在技能训练时科学合理地把握数学题的数量与难度.

教师在对习题经过一番演练、研究之后，应根据目的性、阶梯性、典型性、多样性、针对性的原则统筹安排例题、习题和作业题的顺序和数量，做到由浅入深、难度适中、数量相宜.

3. 引入课题的设计

一堂课教学效果的好坏很大程度上与课题的引入有关系. 在现代教学理念下，课题的引入常称为"创设问题情境". 精心设计的课题的引入，可以使学生明确本节课的学习任务，吸引学生的注意力，激发起学生学习的兴趣，也可以为学生学习新知做好知识和心理准备. 因此，如何引入一节课的课题，是教师备课时应认真考虑的一个问题.

在教学实践中，课题引入一般有下列几种形式：

(1) 复习提问式

通过复习旧知引入课题. 例如“反正弦函数”的课题可以通过如下问题来引入：

1° 举例说明什么样的函数有反函数；

2° 是不是每个函数都有反函数？$y=x^2$，$x\in\mathbf{R}$ 有反函数吗？$y=x^2$ $(x>0)$有反函数吗？为什么？

3° 正弦函数 $y=\sin x$，$x\in\left[-\frac{\pi}{2},\frac{\pi}{2}\right]$有反函数吗？为什么？

由问题 3°自然过渡到研究正弦函数 $y=\sin x$ 在一个单调区间$\left[-\frac{\pi}{2},\frac{\pi}{2}\right]$上的性质. 通过讨论，可知 $y=\sin x$，$x\in\left[-\frac{\pi}{2},\frac{\pi}{2}\right]$ 有反函数，从而引出反正弦函数的课题.

(2) 练习式

安排一组习题让学生练习，通过对习题或解答结果的讨论、引申、推广引入课题. 例如“配方法”一课的引入，可先让学生用开平方法解下列两组方程：

1° $x^2=5$，$(x-5)^2=2$；$x^2-5=0$，$(x-5)^2-2=0$.

2° $x^2-10x+23=0$，$2x^2-10x+5=0$.

学生利用已掌握的开平方法轻松地解完第一组方程后，解方程 $x^2-10x+23=0$ 有了困难. 此时，老师启发：方程 $(x-5)^2=2$ 去括号即为方程 $x^2-10x+23=0$，因此，我们可以把方程 $x^2-10x+23=0$ 变形为 $(x-5)^2=2$ 再用开平方法求解. 而把 $x^2-10x+23=0$ 变形为 $(x-5)^2=2$ 的过程就叫做配方，于是，引出课题.

(3) 设疑式

提出问题让学生思考，使之百思不得其解后产生迫切了解结果的强烈欲望，在此基础上引入课题. 例如“三垂线定理”教学的课题可以这样引入：

师：我们知道，当一直线垂直于平面 α 时，该直线与平面内所有直线都垂直. 现在一直线 l 与平面 α 斜交，那么，直线 l 是否与平面 α 内的每一条直线都垂直呢？

（学生用桌面作为平面，笔杆作为直线进行实验，容易得出否定结论.）

师：那么，在平面 α 内的直线中，有没有直线与直线 l 垂直？如果有，这些与 l 垂直的直线具有什么性质呢？学生运用已有知识不能立刻得到这个问题的解答. 此时，老师揭示课题，今天我们来研究能回答这个问题的“三垂线定理”.

(4) 类比对比式

通过新、旧知之间的某种相似性或联系引入课题. 比如,利用分数的有关知识,引入分式的相应概念、性质、法则;将平面几何中有关概念性质推广到空间,是立体几何教学中常见的引入课题的方法;在掌握等差数列有关知识的基础上可以很方便地引入等比数列相应内容,等等.

(5) 发现式

通过引导学生探究、发现数学知识和规律引入课题. 例如,"等腰三角形性质"教学的课题可以这样引入:

师:请同学们拿出一张长方形的白纸,把纸对折,得一折线 MN. 在折线上任取一点 C,沿 CB 向右再折一次,将纸完全展开,得到$\triangle ABC$(见图 11-1-1).

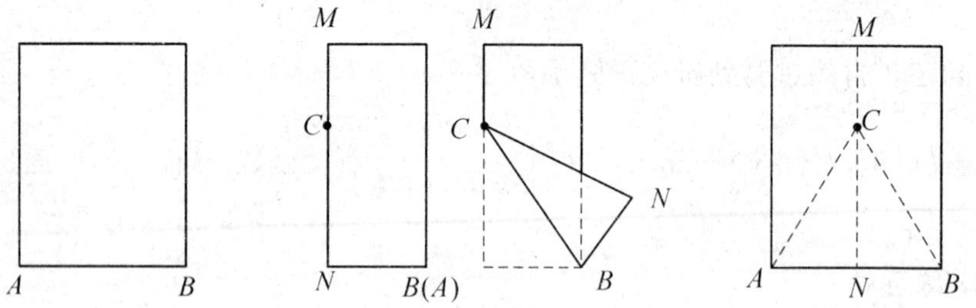

图 11-1-1

根据$\triangle ABC$ 的制作过程,请考虑下列问题:

1°$\triangle ABC$ 中有几对相等线段?

2°$\triangle ABC$ 中有几对相等的角?

生:在$\triangle ABC$ 中,有 $AC = BC$, $AN = BN$; $\angle CAN = \angle CBN$, $\angle ACN = \angle BCN$, $\angle CNA = \angle CNB = 90$.

师:由"$AC = BC$"决定$\triangle ABC$ 是等腰三角形,其余结论是等腰三角形中某些基本相等关系. 这些相等关系便是我们今天要研究的等腰三角形的性质.

当然,还有其他引入课题的形式,如从生活、生产中的实例引入或直截了当地提出本节课的学习任务,等.

4. 精心设计数学活动情节

课堂教学过程是学生在教师引导下的学习过程,因此,课堂教学过程的设计就是为学生学习数学知识、进行数学思维提供一个有效的学习空间、一个有意义的活动情节,使学生在其中学会知识、会学知识,并且学得积极、主动.

写在教科书上的数学,是一些严谨的、规范的、简明的数学结论,因此,人们习惯地认为数学教学就是教学生掌握、记忆、运用数学结论. 在这种教学观指导下,学生往往被看成接受结论知识的容器,处于被动的学习地位. 于是出现了数学教学中许多不良倾向，如满堂灌、注入式、强化训练等. 现代数学教学观认为，数学教学就是数学(思维)活动过程的教学，也就是强调数学知识在人们头脑中产生和发展的活动过程的教学. 它的指导思想是遵循学生的认识规律和数学知识发展规律，以学生为主体，以启迪学生的思维活动为中心，结合有关知识的产生、发展和应用过程，精心设计数学活动，让学生通过探究、获取数学结论的深层次思维活动，以理解数学结论，掌握思维方法，并在这一活动过程中提高素质.

从认知角度分析，数学学习活动一般经历以下几个步骤：

其一，具体材料的数学化. 即从实际生活原型或低一级抽象的数学材料中，提取数学模型. 这往往反映于概念的形成过程以及性质、定理、公式等数学原理的发现过程之中.

其二，数学材料的逻辑组织化. 即运用归纳、类比、一般化、特殊化等思维方法寻找逻辑组织化的方向和线索，再用演绎方法将数学化的材料纳入一定的知识体系之中，使之系统化. 这往往包括公式、性质、定理证明过程的探索与整理，以及建立知识之间的内部联系.

其三，数学结论的应用化. 即将逻辑化的知识应用于具有各种实际背景的问题之中.

将上述三步骤具体落实到课堂教学活动情节的设计，要特别重视下列的思维活动过程或环节：从特殊的、具体的、直观的材料中概括出数学概念的本质属性的过程；运用各种思维方法，探究和发现公式、性质、定理等数学原理的过程；运用逻辑方法，推导和证明公式、性质、定理等数学原理的过程；数学方法的思考过程以及数学规律的归纳过程.

下面给出设计数学活动情节的几点建议.

(1) 从现实出发设计数学活动情节

把教科书上呆板的、索然无趣的内容加工为具有实际意义或者具有情节性的材料，从而设计出引人入胜的数学活动，是设计教学活动的常用方法.

案例1 “有理数加法法则”教学活动片断

师：前面我们学习了有理数的基础知识，从今天起我们学习有理数运算，先研究两个有理数的加法. 请同学们思考一个大家熟悉的问题：足球比赛中赢球与输球数是具有相反意义的量，若规定赢3球记为+3，输2球记为−2，那么学校足球队在一场比赛中的胜负可能有以下几种情况：

① 上半场赢了3球，下半场赢了2球，最终赢了5球；

② 上半场赢了2球，下半场输了1球，最终赢了1球；

③ 上半场输了3球，下半场赢了1个球，最终输了2个球.

④ 上半场输了2个球，下半场又输了1个球，最终输了3个球.

请同学们用有理数的加法表示上述各种情况下比赛的结果.

（学生在生活经验的支撑下，可以写出相应的有理数加法运算结果）

师：请同学们自己举出实际生活中有关有理数相加的问题.

（学生在老师的启发下，提出诸如向东或向西两次运动的问题，或是温度上升或下降的问题，并写出相应的算式）

师：通过上述问题，请同学们想一想，两个有理数相加，其和有没有一定规律？

（学生针对这个问题展开讨论，在学生思考的基础上，老师再给予引导）

师：这可以从以下三个方面去考虑：① 两个有理数相加，这两个加数的符号有哪几种情形？② 和的符号与两个加数的符号有哪几种关系？③ 和的绝对值与两个加数的绝对值又有什么关系？

（学生讨论、归纳过程略）

(2) 根据认识发展规律设计数学活动情节

人们的认识遵循着从特殊到一般再到特殊的发展规律，这个规律同样适合于数学知识的形成与发现过程. 因此，我们可以在知识本身的逻辑发展体系基础上，设计出符合人的认识规律的教学活动，使之既有利于突出知识的结构体系，又可揭示某一知识块中的通性通法.

案例2 “圆周角定理”教学活动片断

① 复习旧知：$\angle AOB$ 为 $\odot O$ 的圆心角，$\angle AOB$ 的度数与 $\overset{\frown}{AB}$ 的度数有什么关系？（图11-1-2(1)）

② 一般化思考：如果 $\angle AOB$ 的顶点不是圆心，而是圆内任一点 P，那么 $\angle APB$ 的度数与 $\overset{\frown}{AB}$ 的度数有什么关系？（学生产生困惑）

③ 特殊化思考：上述问题一时不易解决，不妨先考虑圆心 O 在 $\angle APB$ 的一边 PB 上的特殊情况(图(2)).

④ 再次特殊化：学生经过思考，得出 $\angle APB$ 的度数小于 $\overset{\frown}{AB}$ 的度数的结论，但随着 P 点的位置改变，$\angle APB$ 的大小也随着改变，于是考虑 P 点在圆周上的极端情况，PA 为圆的直径(图(3))，此时，容易得出 $\angle APB$ 的度数等于 $\overset{\frown}{AB}$ 的度数的一半的结论.

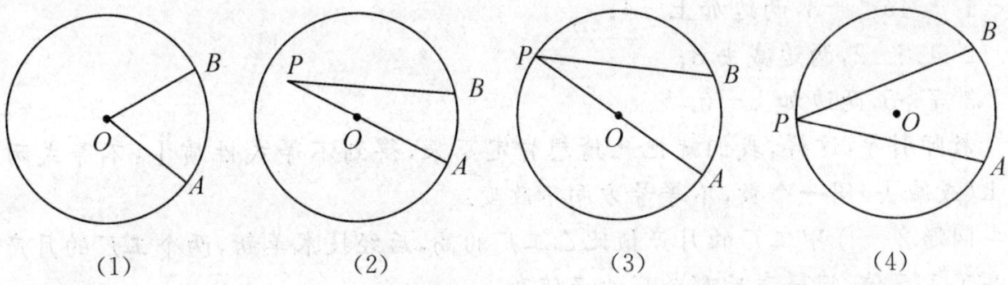

图 11-1-2

⑤ 再次一般化：当 P 点在圆周上，而圆心不在角的一边上(图(4))，上述结论($\angle APB$ 的度数等于$\overset{\frown}{AB}$的度数的一半)还成立吗？能转化为图(3)的情况吗？

到这里，我们发现了一类与圆心角不同的角，它的顶点在圆周上，两边与圆相交，于是引出圆周角的概念，同时给出圆周角定理及其逻辑证明.

上述教学活动返璞归真地揭示了人们认识事物、探讨问题的思维过程，同时也说明几类与圆有关的角的相互关系，突出了知识的结构体系以及基本的思考方法.当然，这堂课如果借助计算机动态演示，可取得更好的教学效果.

(3) 以问题引路设计数学活动情节

以问题引路，把教学活动设计成一种试探、猜想、验证、肯定或否定的思维实验过程，可为学生提供探究的机会和场所，从而增强思维能力，掌握数学基本思想与方法.

案例 3 “不等式的性质”教学活动片断

问题 1 ① 在一场足球赛中，上半场甲队胜乙队，下半场两队各进了对方 3 个球，问：全场结果谁胜.

学生活动：判断是甲队胜.

教师引导：这就是说，如果设上半场甲、乙两队进球数分别为 a、b，且 $a>b$，可以判断 $a+3>b+3$.

② 在一场篮球赛中，全场结束时宣布乙队胜甲队，后来复查，得知双方各因犯规而扣除 4 分，问：实际上哪个队胜.

学生活动：判断乙队胜.

教师引导：这就是说，若设甲、乙队在全场结束时宣布得分数为 a、b，且 $a<b$，可以判断 $a-4<b-4$.

于是我们得到一个猜想：在不等式的两边都加上(或减去)同一个数，不等号的方向不改变. 这个猜想正确吗？

学生活动：利用下列数据验证这一猜想：

1° $-15<-3$，两边加上-4；

2° $4>-2$，两边减去8；

3° $7>5$，两边加上-6.

教师引导：这样，我们就把此猜想肯定下来，得到不等式性质Ⅰ：不等式两边都加上（或减去）同一个数，不等号方向不改变.

问题2　① 甲工厂的月产值比乙工厂的高，后经技术革新，两个工厂的月产值都提高了1.5倍，问提高后哪个厂的产值高.

学生活动：判断是甲工厂的月产值高.

教师引导：这就是说，设甲、乙工厂原有月产值分别为a、b元，已知$a>b$，可以判断$2.5a>2.5b$.

② 甲存款a多于乙存款b，年利率是1.3%，问：一年后谁得的利息多.

学生活动：判断甲的利息多.

教师引导：这就是说，已知$a>b$，可以判断$a\cdot 1.3\%>b\cdot 1.3\%$. 于是我们仿照猜想1得出猜想2：不等式两边都乘以（或除以）同一个不等于0的数，不等号方向不改变. 这个猜想正确吗？

学生活动：利用下列数据检验这一猜想：

1° 在不等式$-5>-10$两边都乘以$\frac{1}{4}$，得到的不等式依然成立吗？

2° 在不等式$\frac{2}{7}<\frac{3}{8}$两边同除以5，得到的不等式依然成立吗？

3° 在不等式$-3<-2$两边都乘以-5，得到的不等式依然成立吗？

4° 在不等式$-7<4$两边除以-4，得到的不等式依然成立吗？

验证后发现，当不等式两边乘（或除以）同一个正数时，猜想2是正确的；当不等式的两边乘以（或除以）同一个负数时，猜想2不成立. 这时，只有不等号改变方向，不等式才成立.

教师引导：这样我们就得到了不等式性质Ⅱ：不等式两边乘以（或除以）同一个正数，不等号方向不变；不等式两边乘以（或除以）同一个负数，不等号方向改变.

在这一课中，学生通过猜想—验证—再猜想—否定—寻找否定原因的一系列活动，经历了把原型提练为数学材料，再进行归纳猜想，而后做出经验性判断的过程. 显然，上述课例注重了培养学生思维的批判性. 由此，我们还体会到这样一个道理，即数学的基本方法与精神是寓于数学活动之中的.

4. 准备教具，选择媒体

为了增强学生的感性认识，提高教学效果，可以根据教学内容配置必要的实物、模型、图形、图片等直观教具及教学媒体. 直观教具的选择与使用应符合如下要求：

① 目的性. 所选择的教具应紧密配合教学内容,为实现本节课的教学目的服务. 例如,用直观模型帮助学生形成正棱锥的概念时,应通过引导学生观察模型,得出正棱锥区别于一般棱锥的两个本质属性.

② 启发性. 通过直观教具的演示,注意启发学生的思维. 比如,用折纸的方法讨论等腰三角形的性质,不仅让学生直观地发现等腰三角形的性质,而且为如何添置辅助线进行性质定理的证明打下伏笔.

③ 科学性. 直观教具的科学性是指与科学知识本身的一致性,如果教具的演示并非有助于理解数学知识,甚至与教学内容相抵触,则容易使学生产生模糊认识,这种教具的使用就是不科学的,有害的.

如果运用多媒体进行教学,还需准备课件的设计、展示课件的方案. 具体内容请参阅第 12 章.

§11.2 教案的编写

备课是上好一节课所做的准备工作,在备课的基础上撰写的教案则是课堂教学的书面计划与方案,它应包括课堂教学的主要过程、主要内容以及主要措施.

11.2.1 教案的内容

日常教学中,教师的教案有很大的差异,具有明显的个性化倾向. 有些教师喜欢写出详细的教案,而有些教师则喜欢写出几条作为备忘,这主要取决于教师自己的经验、习惯做法、学习活动的性质和对教案的管理要求.

一般情况下,教案要反映出在备课过程中对教学的具体安排与思考,因此,在着手编写教案之前,应充分考虑好下列问题:

✧ 本节课的教学目标是什么

✧ 教学重点、难点是什么

✧ 怎样引入本节课的课题

✧ 如何围绕教学重点设计教学过程

✧ 如何解决教学难点问题

✧ 何时提问? 提问的对象、内容是什么

✧ 教学各环节所需时间分别为多少? 各环节之间如何承上启下,过渡自然

✧ 配置哪些例题、练习题和作业题? 讲解例题和进行练习的目的是什么? 如何讲解例题? 怎样安排学生进行练习

✧ 板书的内容和目的是什么? 如何使板书科学、合理、美观

✧ 如何激发学生的学习兴趣,使学生积极主动地学习

✧ 学生学习可能出现哪些问题? 应如何解决

考虑好上述问题之后，可着手编写教案.教案有详略之分，但一般都包括说明、教学过程、注记三部分.

1. 说明部分

教案的说明部分主要包括以下内容：

✧ 授课班级、授课时间

✧ 课题——即本节课的名称，必要时说明是什么内容的第几课时

✧ 教学目标——说明通过本节课的教学，学生必须达到的过程性目标与结果性目标

✧ 课型——说明本节课是新授课，还是练习课、复习课、进评课等

✧ 教材分析——分析本节课的教学重点、教学难点等

✧ 教学方法及教学媒体——说明教学中使用的主要的教学方法（如讲解法、谈话法、探索法等），以及教学用具（如实物、模型、多媒体等）

以上内容中，有些可以省略，但课题、教学目标、教材分析、课型必不可缺少.教案中说明部分的语言表述，要求简明扼要，一目了然.

2. 教学过程

教学过程是教案的主要内容，包括教学内容及其呈现顺序、师生双方的教学活动等.不同的课型有不同的教学过程，比如，新授课的教学过程一般包括复习导引、讲解新课、学生探究、巩固练习等环节.对于教学经验还不太丰富的年轻教师，在教学过程设计中还应配有相应的板书设计.

3. 注记

注记包括两方面：一是对教学过程中可能出现的具体问题的补充说明，比如，设计出的教学过程不一定适合学生的实际情况，如何修正；学生回答问题或练习时，可能会出现什么情况，如何解决；倘若时间多余，可以补充哪些内容的教学内容，等等.二是课后教师对教学设计、教学活动的安排以及教学效果的总结与反思，包括教案实施情况、教学中的优缺点、课堂教学的效果、学生存在的学习困难、解题中的特殊解法或普遍错误以及教师的体会与感受等.值得注意的是，教学总结与反思对青年教师尤为重要，它是教师积累经验的基本素材，也是教学研究的基础工作，所以应引起足够的重视.

11.2.2 教案的格式

教案是个人化、情景化的产物，它随不同的教师、不同的学科、不同的目标以及不同的情景而有所不同，因此教案的格式并不是固定不变的.一般情况下，教案的格式可以分为两大类.一类是文本式，即把教案的内容依次写出；一种是表格式，即用表格的形式来反映教案的主要内容.下面给出一个案例，说明表格式教案的撰写.至于文本式教案可参阅第10章有关课例.

案例1 表格式教案

<table>
<tr><td>课　题</td><td colspan="5">相似三角形的判定</td></tr>
<tr><td>班级人数</td><td>略</td><td>执教老师</td><td>略</td><td>课型</td><td>新授课</td></tr>
<tr><td>教学目标</td><td colspan="5">(1) 掌握相似三角形的判定定理,并能初步运用这些知识解决有关问题;
(2) 通过“观察—探索—猜测—证明”的学习过程,体验数学发现的一般规律,同时提高几何的图形语言、符号语言、文字语言表达能力;
(3) 经历相似三角形的判定定理的探索过程,体验类比、化归等数学思想;
(4) 通过合作交流、自主评价,形成积极主动的学习方式,并逐步形成正确的数学学习态度.</td></tr>
<tr><td>教材分析</td><td colspan="5">(1) 教学重点:探索三角形相似判定条件,掌握三角形相似判定定理及其应用;
(2) 教学难点:相似三角形判定定理的探索.</td></tr>
</table>

教　学　过　程

教学环节	教师活动	学生活动	板书(媒体应用)
复习提问	提问:我们所学过的相似三角形的知识有哪些?	回答:(1) 相似三角形定义; (2) 全等三角形与相似三角形的关系; (3) 全等三角形的判定	在$\triangle ABC$与$\triangle A_1B_1C_1$中: 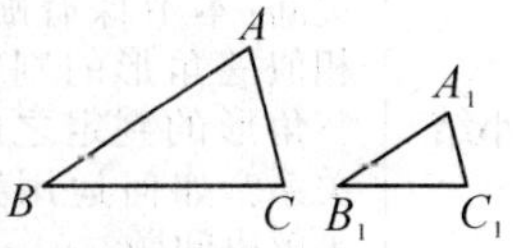 $\frac{AB}{A_1B_1}=\frac{BC}{B_1C_1}=\frac{AC}{A_1C_1}$ $\angle A=\angle A_1$,$\angle B=\angle B_1$,$\angle C=\angle C_1$ 全等三角形的判定: ASA, AAS, SAS, SSS, HL
创设情境	利用已有知识能否解决下列问题:如图,在边长为1个单位的方格纸上的$\triangle ABC$与$\triangle BDE$,它们是否相似?能证明吗?	当运用已有知识(预备定理和定义)来证明发生困难时,学生产生寻求更为有效的、简便的判定方法的需求	给出课题:相似三角形的判定
	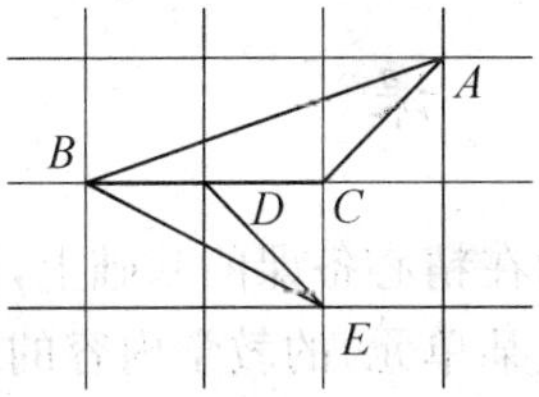		

（续　表）

探求新知 猜测结论	探究问题：类比全等三角形的判定条件，利用相似三角形定义，选择尽可能少的条件判定两个三角形相似	小组讨论，大胆猜想	全等　　相似 ASA；　两角对应相等； SAS；　两边对应成比例且夹角相等； SSS。　三边对应成比例.
证明猜想	以上猜测是否正确？请逐一证明	小组讨论后，班级交流. 第一个命题由学生口述，教师板演，强调证明思路；第二、三个命题由学生完成	板书第一个判定定理证明的全过程
简单应用	运用相似三角形的判定定理解决上课开始提出的“情境问题”：在方格纸上作出与△ABC相似的三角形	独立思考，完成后班级交流	比较学生的不同解法
回顾、小结	提问：本节课有哪些收获？相似三角形的判定与全等三角形的判定之间有什么关系？如何运用判定定理来解决问题？	学生总结，回答老师提出的问题，并说出自己本堂课的收获与体验	
布置作业	必做题：略. 选做题：将课堂中的例题引申：(1) $\angle ABE$ 角度为多少？(2) 连结 AE，△ABE 是什么三角形？(3) 将△BED 沿 BD 翻折，再沿 BC 平移一个单位后，得到右图. 在右图中，$\angle 1+\angle 2+\angle 3$ 为多少度？（多媒体展示运动过程） 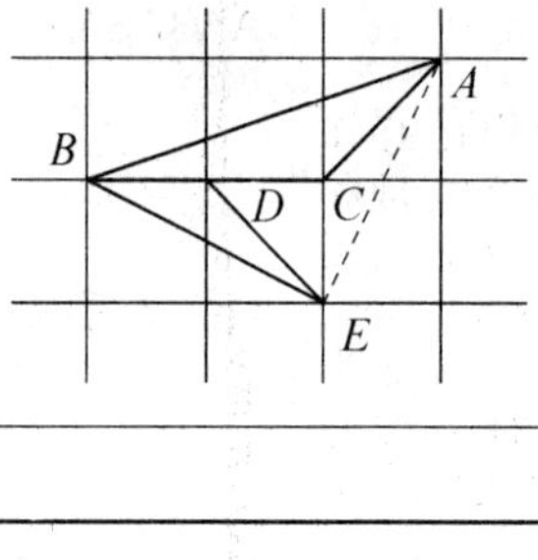 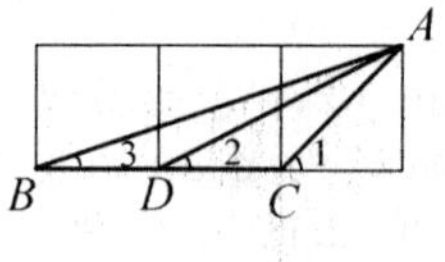		
教学反思	略		

§11.3　说　　课

“说课”是一种新兴的教研形式，它是指教师在精心备课的基础上，面对评委、同行或教研人员系统地口头表述自己对某节课（或某单元）的教学内容的理解、教学设想、教学方法及其理论依据，然后由听者评议，说者答辩，达到相互交流、相互切磋，从而使教学设计不断趋于完善的一种形式.

说课，它集备中说、说中评、评中研、研中学为一体，对于提高教师的教学水平具有重要的意义. 效果良好的说课能把理论与实践有机地结合起来，所以，说课是优化课堂教学设计、提高教师教学能力的一种有效途径.

11.3.1 说课的特点

与备课相比，说课具有以下一些特点.

1. 说课的研究性

说课应反映执教者对教学的理解、教学的设计和意图、教学技能，备课与上课仅反映做什么(what)、如何做(how)，至于为什么这么做的思路则隐藏于具体的教学过程，由听课者去感悟与体会. 而说课不仅说明这节课的教学内容、教学方法，而且要说出要这样做的理由及其理论依据(why)，也就是"教学意图". 通过"说"将教学的思想、观点显性化. 这一点是说课最具本质的特点. 具体地说，说课必须反映说课者的理念、教学思想，必须体现说课者对教学内容分析、理解、把握的程度；必须反映有特色、可操作的教学程序设计；必须体现说课的教学基本技能，包括教学语言的运用、教学媒体(板书、挂图、多媒体)的选择与使用等.

2. 说课的可操作性

由于说课不是在课堂上面对学生进行，而是远离教学现场，面对评委、教师或其他听众，所以与上课相比，说课这种评价、训练教师教学技能的形式可以不受地点、时间的制约而经常地进行.

3. 说课的实效性

一般情况下，教师上课面授的效果会在一定程度上受到教学环境、学生水平的影响，如果运用上公开课的方式对教师的教学水平进行评价，那么教学环境、学生的水平则是一些影响教学质量的无关因素. 而说课不会受这样的无关因素的影响，特别在对多位教师的教学技能进行考核时，可以比较公正地、合理地、多方位地给予评价.

正因为说课具有以上特点，所以近几年来，说课这种形式已广泛用于教学研究、教学比赛、职场招聘之中.

11.3.2 说课稿的主要内容

正如要上课必须先备课、写好教案一样，要说课必须事先准备好说课稿.

说课稿的内容一般包括以下几方面.

(1) 教学内容分析

说课者应参照教学大纲(或课程标准)、教科书，对本节课的教学内容进行分析，包括教材的结构体系、本课内容的地位与作用、本课内容的重点与难点、渗透于教材中的思想方法等.

(2) 教学目标分析

在教学内容分析的基础上，根据所教学生的认知特点，说明如何恰当地确定教学目标的分析与思考，包括知识与技能目标、智能发展目标、情意教育目标等.

(3) 教法与学法分析

说明如何选择教学方法，以最大限度地调动学生的学习积极性与主动性，如何设计教学过程的分析与思考，包括教学手段的运用、教学媒体的运用、学习活动的设计，教学组织形式的安排等.

(4) 教学程序(或过程)分析

这一部分是说课稿的核心内容，主要说明教学过程的设计与设计意图. 也就是具体说明教学过程与方法，在每个环节，如何进行双边活动，如何创设教学情境，如何激发学生学习的主动性与探索性. 具体包括以下几方面:

- 课题的引入设计
- 教学概念的形成过程、数学原理的发现过程的设计
- 典型例题的设计
- 教学媒体的运用
- 教学的组织形式的设计

说课稿既要有教学程序来说明如何进行教学的步骤，还要有教学设计的意图来说明为什么这样设计的指导思想. 这两部分内容在进行说课时，可以有两种方式:一种是先叙述整个教学过程，然后用简短的语言说明这节课的设计意图;另一种是夹叙夹议，在每个教学环节中，先讲如何教学，后说明这一环节的设计意图. 对于初次说课者或教学经验欠缺的年轻教师来说，前一种叙述形式较为适宜.

11.3.3 怎样使说课更精彩

1. 认真钻研课程标准与教科书

说课的课题确定后，说课是否深刻、生动、吸引人，关键是说课稿的撰写. 说课稿中对教材的分析、对教学目标的分析、对教法与学法的分析，以及教学程序的设计与意图分析，都必须以认真钻研数学课程标准及教科书为基础，这样才能体现现代数学教学理念.

2. 说课要突出重点

说课不同于上课，一般说课的时间不超过 20 min，因此，要在 20 min 内给听众留下深刻的印象，必须做到重点突出，“说主不说次”、“说大不说小”、“说精不说粗”，所以要精选说课内容、突出重点内容以及有特色的内容.

3. 注意语言艺术与视觉材料的恰当运用

说课的一个显著特征是"说"，说课者语言的运用在很大程度上影响了说课的效果.因此，在说课时，必须注意语言的音量、语调、语速，以及表述的感染力，以增强说课的效果.此外，精美的板书、视觉材料的恰当使用也是很必要的.通俗、精练、流畅的语言表述，配以精心制作的多媒体，会使说课更加生动、精彩，给听课者留下深刻的印象.

案例1 "一次函数的图象与性质"说课稿

一、教材分析

1. 教材的地位和作用

一次函数的图象和性质是学生学习了函数的概念、函数的表示方法、用描点法画一些简单的函数图象，以及一次函数与正比例函数概念的基础上所学的一节内容.它的作用体现如下：首先，学生对函数概念的认识，需要通过对具体函数的学习来巩固和提高，而一次函数的学习提供了这样的条件；其次，一次函数的研究方法为研究其他函数提供了完整的模式，为今后的学习打下了基础；第三，一次函数与一元一次方程、一元一次不等式的相互联系得以充分展开，以便培养学生联系与化归的数学思想方法.

2. 本节课教材的处理

前一节课中，学生学习了一次函数和正比例函数的意义，知道了二者之间的相互关系，并且在"函数的图象"一节中，已经画过了函数 $y=x$ 的图象.本节课以讨论一般的一次函数的图象和性质为主，把正比例函数的图象和性质作为一般的一次函数的特殊形式由学生类比得出.这样做，既可以让学生对一次函数的图象和性质有一个系统而完整的认识，进一步帮助学生理解正比例函数与一次函数之间的关系，又可以突出本节课的重点，提高教学效率.

3. 重点、难点分析

学生刚刚接触具体函数，对函数与图象之间的联系认识不够深刻，加之由图象研究它的相应性的思想还没有掌握.因此，本堂课教学重点是一次函数的图象和性质，难点是从具体函数中归纳出一次函数的图象形状及其具有的性质.

二、目标分析

美国著名心理学家布卢姆认为，"科学地确立学习目标是教学的首要环节".根据上述分析及学生认知特点，本节课教学目标为以下三个方面.

1. 知识目标

(1) 能简捷地画出一次函数和正比例函数的图象；

(2) 掌握一次函数的图象和性质.

2. 能力目标

通过对一次函数图象和性质的探索,进一步培养观察、分析、归纳的能力,进一步体会“数”与“形”相结合的思想.

3. 情感目标

让学生在探索结论的过程中获得成功的喜悦,增强自信心和克服困难的意志力,并从交往中获益,培养自主意识和协作学习的精神.

三、教法、学法分析

初中学生的心理还不够成熟,情绪波动大,也容易被调动;同时他们的模仿能力强,思维还依赖于直观形象,抽象概括能力还比较欠缺.而数学课程标准强调让学生充分参与数学活动,在活动中体验数学知识的发生发展过程.基于以上分析,本节课采用如下的教学方法:

(1) 运用“问题解决”的教学模式,层层深入地设置一系列问题,将学生引向知识的彼岸;

(2) 指导学生在独立思考的基础上,以分组活动、小组讨论等学习方式,积极参与对数学问题的讨论,让学生充分展开思维活动,发表自己的观点,在交流中获益,最终达到共同提高的目的;

(3) 运用多媒体适度辅助教学,增强问题直观性,激发学生的学习兴趣,在演示、观察、讨论、猜想等师生活动中启发学生动手、动口、动脑,在观察探索中锻炼学生的思维能力,使其始终处于主动探索问题的积极状态.

四、教学过程分析

1. 创设问题、明确目标

[教学设计]问题 :一次函数除了解析式表示法外,它的图象是什么?又具有什么性质?

[设计意图]通过创设问题情境,引出课题,出示教学目标,激发学生探求的欲望.

2. 探索交流、总结规律

[教学设计] (1) 请大家用描点法画出函数 $y=2x+1$ 的图象,看谁画得既快又准确.

(2) 在画出图象后,请观察思考:所画图象是什么几何图形?在画这个函数图象时,取了多少个点?能不能取更少的点?最少取几个点,就可完成这个图象?

(3) 在得到统一答案后,让大家思考:是不是所有的一次函数图象都是直线呢?

(4) 每个学生自编一个一次函数,画出函数图象.

(5) 教师用几何画板随机给出一组一次函数的图象,让学生观察.

[设计意图]通过让学生作函数图象、自编题画图象,多媒体给出图象,让学生从

更多的感性认识中悟出一般性的结论，同时也为下面研究一次函数的性质做铺垫.

[教学设计]提出问题：$y=\frac{1}{2}x-2$ 与 $y=-\frac{1}{2}x-2$ 都是一次函数，它们的图象有何不同呢？

[设计意图]提出这个问题为学生提供较大的探索空间.学生可能会出现多种不同的答案.但学生在自主探索中可以提高对数学学习的兴趣，提高学习的主动性.至于如何引导到研究 $y=kx+b$ 中 k 值与函数的增减性关系上来，我将视具体情况做如下引导：

① 对基础好的班级，可以将 $y=\frac{1}{2}x-2$、$y=-\frac{1}{2}x-2$ 的图象复合到同一个坐标系中，通过动画显示，让学生看出当 $k>0$ 时，y 随 x 的增大而增大；当 $k<0$ 时 y 随 x 增大而减小的结论；

② 对于基础较差的班级还可以添加填写表格，让学生从表格数据的大小变化中看出 y 随 x 变化的趋势.

[设计意图]突出了本节课的重点内容，同时也有层次地分化了难点，从数和形的不同角度去分析问题和解决问题，让学生充分体会数与形之间紧密的关系，也渗透数形结合的思想.

[教学设计]提出问题：① 函数 $y=2x$ 是一次函数吗？② 一次函数和正比例函数有什么关系？你能猜猜正比例函数的图象和性质分别是什么吗？

[设计意图]让学生明确正比例函数作为特殊的一次函数，它的图象也是一条直线，它在图象上的特殊之处是这条直线一定经过原点，其性质和一次函数相同.

3. 练习巩固，反馈纠偏

(1) 基础性练习：

① 在平面直角坐标系中画出 $y=\frac{1}{3}x+1$、$y=-\frac{1}{3}x+1$ 的图象；

② 函数 $y=4x$ 的图象经过点(0, ______)与点(1, ______)，且 y 随着 x 的增大而______(填“增大”或“减少”)；

③ 函数 $y=1-5x$ 的图象经过点(0, ______)与点(______, 0)，y 随 x 的增大而______(填“增大”或“减少”).

(2) 提高性练习：

下列函数中，函数值 y 随 x 的增大将怎样变化？

① $y=(1-\sqrt{3})x+\sqrt{2}-1$；

② $y=(a^2+1)x-a$.

(3) 开放性练习：请你写出一个 y 随 x 增大而增大的一次函数的解析式，再写一

个 y 随 x 增大而减小的正比例函数的解析式.

［设计意图］这里设计了三个层次的练习.基础性练习是为了让学生巩固双基,形成技能;提高性练习是为了提高知识运用的综合性;开放性练习,是为学生创造更为广阔的思维空间,培养学生的创新能力.另外,设计这三组练习,也是可以针对不同层次的学生提出不同的要求,让他们在最近发展区内都能体验到“跳摘果子”的成功感.

4. 归纳小结,发展深化

在这一阶段,为了让学生对本堂课所学的内容有一个完整而深刻的印象,可以指导学生按知识和方法两条线去总结本节课学习内容.

将作业分为课堂作业和课外作业.课堂作业少而精,同时布置适量的课外作业和思考题,将课堂教学延伸至课外,引导那些学有余力的同学继续去探索新知识.课外作业略.课后思考题:已知一次函数 $y=kx+b(k\neq 0,b\neq 0)$①,能否由常数 k、b 的符号判断直线 $y=kx+b$ 在坐标系内大致位置?② 能否由直线 $y=kx+b$ 在坐标系内的位置判断 k、b 的符号?

案例2 “离散型随机变量的期望”说课稿[①]

一、教材分析

1. 教材的地位和作用

“离散型随机变量的期望”位于《普通高级中学教科书》第三册第一章第2节,它是在学生已学了随机变量之后学习的新知识,是概率论与数理统计的基础概念之一,是反映随机变量取值分布的特征数.此外,它在市场预测、经济统计、风险与决策等领域有着广泛的应用,学习期望为今后学习数学及相关学科将会产生重大作用.

2. 教学重点与难点

要了解某班学生在一次数学测试中的总体水平,很重要的是看平均分;要了解射手的射击水平,关键的是看他在一次射击试验中平均命中环数,而期望正是反映随机变量在随机试验中取值的平均值.期望在实际生活中有广泛的应用,因此它的概念教学是本节课的重点.由于学生初次应用期望的概念解决实际问题比较困难,因此,期望的应用是本节课的教学难点.

二、教学目标

根据以上分析及学生的实际情况,确立本节课的教学目标如下:

1. 知识与技能目标

(1) 通过实例,形成并理解离散型随机变量期望的概念;

---

① 改编自2006年全国青年教师数学教学大奖赛中福建师大附中李沪君老师的说课稿.

(2) 会计算简单的离散型随机变量的期望,并解决简单的实际问题.

2. 过程与方法目标

(1) 经历形成数学期望概念的过程,体会从特殊到一般的思想;

(2) 通过实际应用,培养学生把实际问题抽象成数学问题的能力和学以致用的数学应用意识.

3. 情感与态度目标

通过经历数学发现的过程,激发学生学习数学的情感,培养其积极探索的精神.

三、教法选择与学法指导

“发现学习”是美国著名心理学家布鲁纳所倡导的一种学习方法,它能最大限度地发挥学生学习的主观能动性,激发学习的兴趣,调动学习的积极性. 高中新课程强调发展学生的应用意识,注重学生对新知识的探求和发现过程,因此本节课寻找学生熟悉的、感兴趣的问题进行情境创设、概念建构,让学生体会数学的应用价值,并学会用数学的视野去关注身边的数学.

四、教学过程分析

1. 创设情境,引入新课

情境1——“赌徒分赌金”:A、B 两个实力相当的赌徒分别掷骰子,各押赌注32个金币,规定谁先掷出3次“6点”就算赢. 赌博进行了一段时间,A 赌徒已掷出了2次“6点”,B 赌徒也掷出了1次“6点”,此时发生意外,赌博中断. 两人应该怎样分这64个金币?

在学生的悬念中揭示课题:本节课学习解决这类实际问题的知识——数学期望.

[设计意图]从学生感兴趣的博弈问题出发,设置悬念,吸引学生注意力,激发其兴趣和求知欲望,从而引入新课.

2. 解决问题,建构概念

情境2——糖果的价格:某商场要将每千克价格分别为18元、24元、36元的3种糖果按3∶2∶1的比例混合销售,其中混合糖果中每一颗糖果的质量都相等. 问:如何对混合糖果定价才合理?

通过师生探究发现:当定价为混合糖果的平均价格时才合理,进而求混合糖果的平均价格,从而得出如下结论:根据混合糖果中3种糖果的比例可知在1 kg的混合糖果中,3种糖果的质量分别是$\frac{3}{6}$ kg, $\frac{2}{6}$ kg和$\frac{1}{6}$ kg,则混合糖果的合理价格应该是$18\times\frac{3}{6}+24\times\frac{2}{6}+36\times\frac{1}{6}=23$(元/kg).

探究1:如何从概率的角度来理解上述混合糖果的价格的计算式?

探究活动:教师引导学生分析:因为3种糖果按3∶2∶1的比例混合销售,且混合糖果中每粒糖果的质量都相等，所以，每粒糖果被取到的概率分别为$\frac{3}{6}$、$\frac{2}{6}$和$\frac{1}{6}$，在混合糖果中任取一粒糖果，它的单价分别为18元、24元或36元，若用ξ表示被取到的这粒糖果的价格，则每千克混合糖果的合理价格表示为

$$E\xi=18\times P(\xi=18)+24\times P(\xi=24)+36\times P(\xi=36),$$

这就是混合糖果的平均价格. 可以看出，混合糖果的平价价格与三种糖果在混合糖果中出现的概率及三种糖果的价格有关. 我们把$E\xi$称之为数学期望.

探究2：能否用数学语言表述数学期望概念的定义？

探究活动：从上述特例，师生共同概括出数学期望的一般定义：若离散型随机变量ξ的概率分布为

ξ	x_1	x_2	x_3	…	x_n	…
P	p_1	p_2	p_3	…	p_n	…

则称$E\xi=x_1\cdot p_1+x_2\cdot p_2+\cdots+x_n\cdot p_n+\cdots$为$\xi$的数学期望或均值，用语言表述为：离散型随机变量的数学期望即为随机变量取值与相应概率分别相乘后相加的和. 它反映了随机变量取值的平均水平.

[设计意图] 以学生所熟悉的生活中的问题——平均价格为探究起点，将数学期望与学生所熟悉的平均值联系起来，接着舍去这个具体问题的意义，抽象出一般的离散型随机变量的期望的概念，并用文字语言描述抽象的数学公式，以加深公式的记忆. 这里渗透了从特殊到一般的数学思想方法.

探究3：离散型随机变量ξ的期望与ξ可能取值的算术平均数相同吗？

探究活动：通过师生共同分析得出结论，期望的计算是从概率分布出发，因而它是概率意义下的平均值. 随机变量ξ取每个值时概率不同导致了期望不同于初中所学的算术平均数.

[设计意图] 期望源于平均值，但又不同于平均值，通过比较，进一步加深对数学期望的理解.

3. 实际应用，实现迁移

例1 有一批数量很大的产品，其次品率是15%. 对这批产品进行抽查，每次抽出1件，如果抽出次品，则抽查终止，否则继续抽查，直到抽到次品，但抽查次数最多不超过10次. 求抽查次数ξ的期望.

师生活动：教师强调，解决这个实际问题的难点是求ξ的分布列. 一般地，在产品抽查中已说明产品数量很大时，各次抽查结果可以认为是相互独立的，并且ξ取1～10的整数，前$k-1$次取到正品，而第k次取到次品的概率是$P(\xi=k)=0.85^{k-1}\times 0.15(k=1, 2, 3, \cdots, 9)$，$P(\xi=10)=0.85^9\times 1$. 然后学生运用数学期望的定义来

解题.

解完例1后师生共同归纳求离散型随机变量期望的步骤:

(1) 确定离散型随机变量ξ的取值;

(2) 写出分布列,并检查分布列的正确与否;

(3) 求出期望.

[设计意图]通过例题的解答,以巩固对数学期望的理解,并通过总结、归纳解题步骤,将解题经验上升为理性水平.

例2 目前由于各种原因,许多人选择租车代步,租车行业生意十分兴隆,但由于租车者以新手居多,车辆受损事故频频发生.据统计,一年中一辆车受损的概率为0.03.现保险公司拟开设一年期租车保险,一辆车一年的保费为1 000元,若在一年内该车受损,则保险公司需赔偿3 000元.问:一年内,一辆车保险公司平均收益多少?

在解完题后,给出下式变式练习:

变式(1) 一辆车一年的保险费为1 000元,若在一年内该车受损,则保险公司需赔偿n元,一年中一辆车受损的概率为0.03,则赔偿金n至少定为多少元,保险公司才不亏本?

变式(2) 若一辆车一年的保险费为m元,且在一年内该车受损,则保险公司需赔偿n元,一年中一辆车受损的概率为p,则m、n、p应满足什么关系,保险公司方可盈利?

例3 回归引例,解决赌金问题,前后呼应.

[设计意图]通过变式题的训练,进一步理解概念,并形成相应的技能.回过头来,去解决开始提出的引例,一方面紧扣应用概念解决实际问题,另一方面可使学生感受到数学的美妙,居然能解决延续了整整一个半世纪的分取赌金的问题.

4. 回顾反思,认识升华

在结束前,让学生总结本节课的主要内容:一个概念、两个注意、三个步骤,并让学生知道理解概念是关键,掌握公式是前提,实际应用是深化.为了让学生养成良好的学习数学的方法和习惯,最后引导学生对解题思路和方法进行总结.

本节课作业布置分为基础题、能力题、课后探究题.能力题是一道有关期望在风险与决策中的应用的问题,体现作业设计的实践性;探究题涉及到学习期望的线性公式、二项分布公式及方差的概念.

[设计意图]体现作业设计的层次性、探究性,以体现分层次教学的思想,让不同的学生得到不同的发展.

习　题

1. 名词解释

教学重点，教学难点，知识组块.

2. 简答题

(1) 学期备课要做哪些准备工作？

(2) 单元备课教学内容分析如何进行？

(3) 数学课的课题引入有哪几种方式？试举例说明.

(4) 说课稿包括哪几方面内容？

3. 论述题

(1) 如何设计一节课的数学活动情节？

(1) 选择一节课的内容，撰写一篇教案.

(2) 选择一节课的内容，撰写一篇说课稿.

主要参考文献

[1] 季素月. 数学教学概论[M]. 南京：东南大学出版社，2000.

[2] 施良方，等. 教学理论：课堂教学的原理、策略与研究[M]. 上海：华东师范大学出版社，2001.

[3] 张景斌，等. 中学数学教学教程[M]. 北京：科学出版社，2003.

第 12 章

数学教学的语言

语言是人们交流思想感情的工具.在教学中,它是教学思想的直接体现,是教师使用最广泛、最基本的信息载体.数学课堂教学过程就是数学知识的传递过程,在整个课堂教学过程中,数学知识的传递、学生接受知识情况的反馈、师生间的情感交流等,都必须依靠课堂教学语言.教师的语言表达方式和质量直接影响着学生对知识的接受,同时,教师语言的情感也引发着学生的情感,所以我们说教师的语言艺术是课堂教学艺术的核心.

所谓数学课堂教学语言,是指数学教师在数学课堂这个特定环境中,针对特定的学习对象,阐明问题、传授知识、组织学生学习、不断激发学生学习热情,以达到预定教学目标所运用的语言.它既不是纯粹的数学语言,也不是普通的日常语言或自然语言,而是经过加工了的数学书面语言和经过提练了的口头语言,以及适当的板书语言和体态语言融汇而成的一种特定的专业语言.其中,数学语言是基础,口头语言是关键,板书语言和体态语言则是不可或缺的两个重要组成部分.

§12.1 数学语言

2001年教育部颁布的《全日制义务教育数学课程标准(实验稿)》要求"在与他人交流的过程中,能运用数学语言合乎逻辑地进行讨论与质疑";2003年颁布的《普通高中数学课程标准(实验)》也明确指出:"能否恰当地运用数学语言及自然语言进行表达与交流也是评价的重要内容."事实上,对学生数学语言掌握所提的要求,更是对数学教师数学素养所提出的基本要求.对数学教师而言,没有一个较强的数学语言运用能力,就不可能有较强的数学分析问题与解决问题的能力,更谈不上有娴熟的数学教学语言了.因此,加强数学教学语言的训练,必然离不开对数学语言的理解和把握.

12.1.1 数学语言的特点

数学的产生与发展的过程，也是数学语言产生与丰富的过程. 数学语言，主要包括符号语言与图形语言两大类，是储存、传承和加工数学知识信息、体现数学思想、反映数学本质的工具，具有精练、准确、清晰、可“变元”、直观语言(图形与符号)与抽象语言(词义)互释互译以及词、词义、符号三位一体等特征. 这些特征是其他学科语言所无法比拟的.

具体地说，数学语言具有如下特点：

1. 简洁性

自然语言本身就是一种概括的结果，而数学语言则是对自然语言的进一步概括. 数学语言的这种简洁性表现在数学的思维过程中，用一个或一组符号(数字、字母、运算符号和关系符号等)就能表示自然语言中用若干个单词组成句子表示的东西，一个等式就能概括出许多事实，一个精练简洁的短语就能概括出一条应用广泛的规律，这样大大缩短了语言表示的“长度”，增加了思维的速度，也便于推理过程的表述.

例如，“相等”这个关系概念的符号是“＝”，汉语记作“等于”，俄语记作“PABHO”，英语记作“equal”；数 a 与 b 相等，汉语记作“a 等于 b”，俄语记作“a PABHO b”，英语记作“a equal b”. 显然，三个民族的日常书面语言记述，都没有符号“＝”和“$a = b$”来得简洁明确. 又如，“角的平分线上的点到角的两边的距离相等”，它简洁地表达了角、角的边、角平分线上的任一点到角的两边间的距离等数学对象之间的关系；公式 $\frac{a}{b}=\frac{am}{bm}(m\neq 0)$ 清晰而简洁地表述了分式的基本性质：分式的分子与分母同乘以一个不为 0 的数或式，分式的值不变. 本质上说，数学语言不仅是最简单和最容易理解的语言，也是最简洁的语言. 被表述的数学思想越精深，数学语言的简洁性就越突出.

2. 精确性

日常用语以及社会科学中的词汇和语法，往往有多种解释. 然而，数学语言中的每个数学概念、符号、术语都有其精确的含义，不允许使用含糊不清或易产生歧义的词汇，数学中的结论不存在似是而非的断言. 比如，“a、b、c 都不为 0”与“a、b、c 不都为 0”表达的意思相差甚远，前者只有 1 种情况，而后者却包括 7 种情况之多.

数学思维具有严密的逻辑性，而这种严密的逻辑性只有建立在数学语言的精确性上才能实现. 语言不精确，词不达意，一词多义，就难以做到思维严密. 在微积分的发展史上，牛顿曾用“0”代表无穷小量，但这无穷小量是什么，是“固定量 0”还是“趋于 0 的量”，牛顿也说不清楚. 他时而这样说，时而又那样说，这就导致了数学史上的第二次危机. 这从一个侧面证明了数学语言的精确性对数学科学的重要意义.

3. 抽象性

数学语言在许多学科中得以广泛的应用，来自于它的抽象性. 事实上，在数学推理中的每一步骤都是用抽象符号进行的，所得到的结论也是用数学公式来表达的. 数学的抽象具有形式化的特点. 数学中的一些术语和概念是具体的，而许多术语如“运算”、“图形”和“变换”等却离开了具体的参照物，且层次越高的数学术语越抽象.

数学语言的抽象性是由数学知识的抽象性决定的. 例如，“过两点有且只有一条直线”、“$a+b=b+a$”、“$A\cup B=C$”等表述，抽象的数学符号使数学显得简洁而优美. 但也因为数学语言的抽象性，导致了学习数学语言可能要比学习任何一种语言都困难. 对于不懂得数学符号的人来说，数学符号就像“天书”一样令人感到头疼，数学学习很难顺利进行.

12.1.2 数学符号语言

数学符号语言是数学语言的主要成分. 在数学交流或是数学推理过程中，一般都尽可能用最少的语言符号去表达最复杂的形式关系.

1. 数学符号语言的意义

数学符号语言是表达、记录数学语言的文字. 每一数学分支都是靠自身数学符号而生存，数学符号贯穿于数学全部的支柱之中.

任何一个由数学符号构成的数学表达式都具有语义和语法两个方面的内容. 所谓语义内容，是指符号表达式与它所表示的对象之间的关系，揭示了符号表达式的内在数学含义. 所谓语法内容，是指符号表达式的形式结构. 比如，对数运算法则“$\log_a MN=\log_a M+\log_a N$”的语义内容是“两个数的乘积的对数是这两个数的对数的和”，而其语法结构就是该法则的符号组成. 在学习过程中，学生既要记忆数学表达式的语法结构，也要理解其内在的数学含义. 数学符号语言就其语法内容来说是形式的、抽象的，就其语义内容来说是具体的、丰富的. 这种具体和抽象的统一使得数学符号语言有较强的适用性.

2. 数学符号的分类

数学符号大体可分为以下几种类型:

① 数量符号. 如 1,2,3,$\frac{5}{7}$，$\sqrt{7}$，3+4i，e(自然对数的底)，π(圆周率)，∞(无穷大)，还有用古典花体字表示的基数$\aleph$，等等.

② 对象符号. 数也是一种对象，但数学对象更宽. 比如，△表示三角形，▱表示平行四边形，A、B、C、…用以表示集合，**N** 用以表示自然数集，**R** 用以表示实数集，X、S 等用以表示空间，G 用以表示群，E_2 表示二次代数系统构成的微分方程组，CH 表

示连续假设，ZFC 表示一个集合公理系统，等等.

③ 运算符号. 比如，+、−、×、÷、$\sqrt{\ }$ 是代数运算符号，log、sin、cos 等是超越运算符号；lim、d、$\int$ 是微积分中的运算符号，∩、∪是集合论中的运算符号；其他还有 $\sum$（求和）、$\prod$（连乘）、!（阶乘）等运算符号. 映射是比运算更普遍的概念，f、φ、F、Φ 等符号常用来表示映射.

有些运算符号同时可作性质符号，如+、−，可用来表示数是正的、负的，还有| |，用来表示的是数的绝对值，其实| |也可视为运算符号，在矩阵、行列式中有重要应用.

④ 关系符号. 关系符号表示两个对象之间所具有的某种关系. 比如，等号=，近似等号≈，全等号≌，不等号≠、<、>、⩽、⩾等；又如，//是平行关系符号，⊥表示垂直关系符号，∈、∉表示元素与集合之间的关系，⊂表示集与集之间的关系，⇒表示蕴涵关系，⊰表示序号关系符号，等等.

⑤ 结合符号. 结合符号是一种辅助符号，常起着制约运算顺序的作用. 比如，括号(　)，[　]，{　}等. ∵(因为)，∴(所以)，也是结合符号，是对逻辑推理的一种连结，当然它可用关系符号⇒代替.

明确数学符号语言的分类，可以更清晰地理解数学符号语言的特征及其作用.

12.1.3　数学图形语言

数学最原始、最基本的研究对象，除了数以外，还有"图形". 图形作为一种信息传递的形式与语言信息形式有着相同的功能. 因此，数学语言也包括丰富多彩的直观图形语言，它已成为数学语言极为重要的组成部分.

数学图形包括示意图、表格、模型、韦恩图、直观图、结构图等等，数学图形语言是事物空间形式方面的抽象表征，在数学中具有特殊意义.

1. *数学图形语言的特点*

数学图形语言与符号语言相比，具有下述特点：

① 数学图形语言形象、直观，容易形成清晰的视觉表象，可以表达较多的具体思维. 当我们学习某一个抽象概念时，如果把它最本质的属性用恰当的图形表示出来，就会产生意想不到的效果. 所以，在教学过程中，抽象的数学内容常借助于图形辅以直观解释，这在新课程中有着鲜明的体现. 比如，在初中学习乘法公式 $(a+b)(a-b)=a^2-b^2$ 时，用矩形面积说明该公式的几何意义，会有助于学生理解与记忆；在学习集合运算时，配以韦恩图的说明，学生就会较准确、较迅速地掌握集合运算的概念，学习效果要比仅给出代数符号的定义更好；学习抽象的函数性质，如单调性时，函数图象中的直观的曲线变化趋势要比抽象的定义（对于定义域中任

意 x_1、x_2，总有 $f(x_1)>f(x_2)$）更有助于理解.

② 图形符号能直观地显示出某一概念的属性或几个概念间的相互关系. 例如，二次函数 $y=x^2$ 的图象直观形象地反映了该类函数的单调性、奇偶性、周期性等性质. 如果用语言叙述或代数符号表达，只能逐一加以叙述，而不能同时给出二次函数的诸多性质，以反映其完整结构.

2. 数学图形语言的要求

数学图形语言一般应符合以下要求：

① 一般性. 由于数学本身的抽象性，因此研究的数与形具有普遍意义，在附以图形表达时，图形本身也必须具有一般性. 例如，对“两线垂直”，除非特殊情况，一般不宜画成水平线与铅垂线的位置；对“三角形”而言，就不应画成等腰三角形或等边三角形；对“等腰三角形”而言，也不应画成等边三角形，等等.

② 正确性. 数学图形应充分体现所反映数学事实的正确性，因此，画图必须正确无误.

③ 直观性. 图形必须直观，特别是为增强立体图形的直观性，往往要运用斜二测投影或等轴投影法的画法，必要时还需加上虚线及阴影以示区别.

④ 简洁性. 所谓简洁性，就是图形中尽可能不出现多余的线条、多余的部分，以免引起不必要的误解与思维混乱. 如果是一图多用，最好分别绘制；如果条件相同而解题方法不同，也应分开绘制，以防产生重叠或图形不清.

§12.2 口 头 语 言

口头语言是教师在数学课堂教学中最重要、最基本的一种信息输出形式，学生能否接受和领会所学习的内容，在很大程度上取决于教师的口头语言表达能力. 因此，数学课堂教学应该讲究语言的艺术，而这种语言艺术很大程度是体现在口头语言上.

12.2.1 口头语言的基本特征

口头语言主要运用日常用语和教学用语来传递知识信息. 为了组织教学，教师常向学生发出一些指令与要求，以确保教学活动顺利进行，这样一些语言就是教学中的日常用语. 比如，“把作业本拿出来”，“回答得完全正确，很好”，等等. 教学用语主要用来引导学生参与数学活动，启发学生思考. 比如，“上节课我们讲过开平方法，现在先考虑这样一个问题”，“我们来分析一下，这个问题的已知是什么，待求结论又是什么”，等等. 日常用语与教学用语结合起来，即为课堂教学的口头语言. 一般说来，课堂教学中的口头语言起到组织教学、安排教学活动、启发学生思考、激发兴趣、进行情感交流的作用，具有以下几个基本特征.

1. 教育性

教师的职业决定了他的一言一行都在对学生施加着影响和作用，因此，教师必须有意识地注意语言的教育作用. 我国古代教育家孔子指出："其身正，不令而行；其身不正，虽令不从."所以，要培养学生的优良品质，教师自己首先要以身作则，为人师表，言行一致，表里如一.

2. 学科性

数学课堂教学语言所传递的是数学学科的教学信息，必须运用数学语言来进行. 因为数学语言是一定教学范围内的共同语，运用它们进行教学，一说就懂，有利于交流. 否则，不但语言不严密，甚至可能出现错误. 数学在自己的发展过程中积累了大量的知识素材，在此基础上总结出自己的理论、范畴系列并形成特点鲜明的数学语言. 教师在课堂上传授数学专业知识，必须使用数学语言，一般不能用生活用语来代替.

3. 科学性

科学的语言是使教学内容科学准确的重要保证. 在教学中应注意用语准确，语句合乎逻辑. 用词不准确或者词语搭配不恰当，语言就会失去准确性. 例如，有的教师说："只要同学们稍微深思一下，就会明白它的含义."这句话就是状语和中心词搭配得不当，因为"稍微"和"深思"是矛盾的，如果把"深思"改成"想"就准确了. 逻辑性要求是指教师的语言要符合客观规律，符合思维规律，并起到培养学生逻辑思维的作用. 数学是一门高度严谨的学科，所有的理论都必须经过严格的逻辑论证得到，因而数学思维具有逻辑性的鲜明特征，这就要求教师必须把数学的内在逻辑性通过语言表达出来.

4. 简明性

教学语言的简明性是由教育、教学的特殊任务所决定的. 教师的语言不简明，势必给学生吸收教学信息带来极大的困难. 教学语言的简明性也是由其特定的环境和表达方式所决定的. 一节课时间有限，在有限的时间内要把较多的知识传递给学生，语言的表达必须要简明扼要. 另外，教学语言是诉诸学生的听觉，转瞬即逝，冗长的语言会使学生抓不住重点，影响学习的情绪和效率.

5. 启发性

教学语言的启发性，是指教师的语言对学生能起到调动自觉性和积极性的作用. 教师的语言是否具有启发性，在某种意义上来说，就是看他(她)的语言是否拨动了学生的心弦，是否对学生产生了激励作用，达到了培养人才的目的. 启发性有三重意义，即启发学生对学习目的意义的认识，激发他们的学习兴趣、热情和求知欲；启发学生联想、想象、分析、对比、归纳、演绎；启发学生的情感和审美情趣. 启发学生思维的方法很多，如理论联系实际、生动的语言描述、正确地运用直观教学手段等. 创设情境“制造认知冲突”不失为一种较好的方法.

6. 可接受性

教学语言是传递教学信息的工具,要使之能达到预期的效果,所用的语言必须能为学生所接受.教学语言应当声调的高低要适度,节奏快慢要合理;教师既不要用平淡的语言无表情地去讲授重大而有趣的问题,也不要用激昂慷慨的言词去讲授那些本来平淡无奇的事实.教师的语言还要跟学生当时的思维联系起来,跟学生的接受水平相一致,学会从学生的表情上“洞察一切”,及时发现学生有难于理解的问题,随时选配学生易懂的词句,或更改叙述的结构进行再一次说明,直到学生理解为止.

12.2.2 口头语言的分类

课堂教学中的口头语言大致可分为导语、提问语、阐释语、应变语和结语等五类.

1. 导语

导语常常用于一切课的起始和一个问题的开头.一节课开场白的重要性是不言而喻的.有人说上课在五秒钟之内,就要吸引学生的注意力,这是很有道理的.导语的基本任务是激发学生学习的欲望和兴致,使他们对将要学的内容产生好奇感,引导他们进入预定的教学轨道,揭示本节课的教学内容等.使用导语要巧设引人入胜的开头,防止千课一“招”,平淡无奇.导语的常见模式有开门见山式、承上启下式、疑问式等.

2. 提问语

提问语是教师以发问的形式开发学生的智力,唤起学生进行思维活动而使用的语言.提问是一种教学手段,它在教学中有很重要的作用.有经验的教师在教学过程中常常以精心设计的提问启迪学生的思维,激发他们的求知欲,促使他们参与学习,帮助他们理解和应用知识.优化了的课堂提问是深入的阶梯,是触发的引信,是觉悟的契机.提问效果的好坏,往往成为一堂课成败的关键.

3. 阐述语

阐释语是教师向学生传授知识和技能时进行叙述并解释的语言.它是使用频率最高、运用最广泛的教学语言,常常在一节数学课中多次地使用它.要将一个全新的知识和学生不明白的问题传授给教学对象,讲好阐释的话是重要的.既要把概念、公式、定理等知识性的东西解释清楚,又要把其中蕴含的数学思想方法以及相关问题解决的策略等传授好.阐释语要求规范、明了、准确、流畅,还要求针对学生特点,讲得通俗、生动、活泼,带有趣味性、启发性,使学生觉得学习是一种快乐,而不是一种负担.

4. 应变语

应变是一种教育机智的表现,应变语即是根据学生接受能力灵活调整的语言.

在课堂教学中，师生双方活动处于错综复杂的状态，往往会出现一些意想不到的情况，这就要求教师敏锐地发现问题，适应千变万化的形势，灵活地、及时地用应变语来驾驭课堂教学. 应变语要求教师有敏捷的思路，善于顺着学生考虑问题的轨迹，找出症结所在. 要尊重学生，因势利导，用画龙点睛的话语使学生幡然醒悟. 与此同时，教师还应有宽容精神，言语要和蔼，切不可因困窘而一味指责学生.

5. 结语

结语包括总结语和小结语. 它既可以用在一堂课中，也可以用于一个问题的教学上. 结语的作用在于让学生当堂消化、理解、巩固和强化新学的知识，并帮助他们理清思路，更好地从感性认识上升到理性认识. 结语要求语言简洁、明了、清晰，起到提纲挈领的作用，切忌虎头蛇尾，草率收场. 最好能创设耐人寻味的结语，给人以悠远绵长的感觉. 要防止只作简单重复，避免语言乏味而无新意. 结语常用的有总括式、讲评式、布置任务式等.

12.2.3 数学课堂教学口语的基本要求

1. 语言准确，注重规范

准确和规范是对课堂教学口语的最基本要求. 这就是说，在课堂教学中，教师对任何问题的讲解和叙述要准确，不应使学生发生疑问和误解. 为此，教师要做到如下两条：一是对概念的实质和术语的含义自己必须有个透彻的了解. 比如，“整除”与“除尽”、“数位”与“位数”、“切线”与“切线长”等如果混为一谈，就违背了同一律；有的教师讲“圆锥的体积等于圆柱体积的三分之一”，就忽略了“同底等高”的条件；有的教师指导学生画图时说“这两条平行线画得不够平行”、“这个直角没画成 90°”等，就违背了矛盾律；而“所有的偶数都是合数”、“最小的整数是 0”之类的语言错误就在于以偏概全，缺少准确性. 二是必须用科学的术语来授课，不能用生造的土话和方言来表达概念、法则、性质等. 比如，不能把“垂线”讲成“垂直向下的线”，不能把“最简分数”说成“最简单的分数”等.

2. 语言生动，确保通俗

中学生的学习心理尚处于“开放期”，他们纯真、活跃，表现出强烈的求知欲和好奇心，因此，数学教学语言仅仅满足准确、规范的要求是不够的，这只能使学生能够听得清、听得明白，而要使学生愿意听、喜欢听，就必须用生动的教学语言，使抽象的概念具体化，使深奥的知识明朗化，用自己深厚的文化底蕴教给学生丰富的数学素养，通过驱动学生的数学想象，来达到培养学生数学能力的目的. 这就要求教师在教学中要善于运用贴近学生生活的事例、简明扼要的口诀、脍炙人口的名言以及充满时代气息的语言，把教学内容讲得生动、通俗.

一方面，要用形象化语言去解释抽象的数学概念. 一般地说，对人的感官富有刺激性的语言，最能引起学生的兴趣. 如在讲解“阶乘”的概念时绘声绘色地说“100！这个结果大的惊人哟，所以我们使用‘！’来表示‘数的阶乘’这个概念”，从意义到算法，都会使学生记忆深刻，甚至终生不忘.

另一方面，要精心锤炼描述性的语言，把学生带入美的意境. 数学教学中偶尔出现几句诗情画意的语言，效果更是不同凡响. 据说陈景润的老师曾经用诗一般的语言向学生介绍了哥德巴赫猜想：自然科学的皇后是数学，数学的皇冠是数论，而哥德巴赫猜想则是皇冠上的明珠. 他还意味深长地说：“昨天晚上，我做了一个梦，梦见你们中的一位同学了不得，他证明了哥德巴赫猜想.”这句话产生了神奇的力量，激励陈景润开始摘取皇冠明珠的万里长征，他矢志不渝，百折不回，终于创造了数学的辉煌.

3. 语言精练，提高效率

所谓语言精练，就是要求教师在课堂教学中“少说废话”，教学语言要干净利落，重要语句不冗长，抓住重点，简捷概括，有的放矢；要根据不同学生的年龄特点，使用他们容易接受和理解的话语；要准确无误，不绕圈子，用最少的语句表达更丰富的内容.

有的教师课堂教学“口头禅”太多，分散了学生的注意力，破坏了教学语言的连贯和流畅，甚至发生有学生上课专门统计教师说“口头禅”次数的情况；有的许多语言不断重复，拖泥带水，浪费了课堂有限的时间，影响了学生表现自己的积极性. 有的教师唯恐学生“消化不良”，讲课语言繁琐啰嗦，面面俱到，其实并不利于学生掌握知识的重点和理解知识间的联系，更不利于发展学生智力，培养学生能力.

语言精练必须服从于教学规律，采用最优化教学方法，放心大胆地让学生思考、讨论、猜想、总结，教师的语言只起到画龙点睛的作用. 当然，语言精练并不是单纯地削减语言的数量，而是要提高语言的质量，这就要突出重点，抓住关键，分化难点. 如在讲解垂径分弦定理及其逆定理时，教师只需讲清扇形与等腰三角形之间的联系，即任何一个扇形都对应着一个等腰三角形，这个等腰三角形的顶点是圆心，顶角是扇形的圆心角，底边是扇形的圆心角所对的弦，两腰是扇形的半径，至于垂径定理及其逆定理，就可以让学生根据等腰三角形三线合一的性质自己去导出.

4. 语言亲切，富有情感

教学语言是师生双方传递信息和交流思想感情的载体. 亲切、感人的教学语言最能使学生保持积极舒畅的学习心境，最能唤起学生的热情，从而产生不可低估的力量. 正如古人所讲的“感人心者，莫先乎情”. 教师在教学中，无论是讲授知识，还是对待学生，语言都应亲切，富有情感. 特别是对待差生，更应做到这一点，以此维护他们的自尊心，激励他们的上进心. 在具体教学中，应细心寻找每一个学生的“闪光点”，从而给予“表扬和鼓励”，使他们感到自己的进步，增强学好数学的信心. 即使错了，也要用委婉的话语指出其不足. 当然，表扬、激励、鼓舞都必须有的放矢，不失分寸.相反,教师如果对学生的错误过多地批评、指责,甚至讽刺、挖苦,那就会使学生失掉学习数学的信心,由厌恶数学老师到厌恶数学学科,这不能不说是教学的失败.

波利亚非常注意教学语言的情感性,有时他一眼就看出学生的计算是错误的,但却还是喜欢以温和的态度、亲切的语调、慈祥的目光帮学生一行一行地查看.学生回答问题时,用"你答得很好"、"你并不比别人差"、"你也许课前忘了复习,若课前看了,我相信你是能够回答的"等,这样做到了多鼓励,少指责,多进行正面指导,少板起面孔训人,让学生在学习上有信心、有奔头、有积极性,使他们能"亲其师而信其道".

5. 语言艺术,有感染力

强调课堂教学语言要有艺术性,主要指根据特定的教学对象和教学内容,要选择恰当的语言节奏和表达方式,使语言富有启发性,具有感染力.具有这种特性的语言,一般使用在课程的起、承、转、合处,或者使用在激疑、析疑、鼓励学生质疑和释疑处.就技巧手段而言,多使用设问、反问、比喻、比拟、排比等修辞手法,致力于点拨、引导、引发.

语言的节奏不是人们臆造出来的,而是语言本身包含的情感色彩在时间秩序上的体现.因此,语言节奏表现的情感色彩增强了它的感染力.说话的音调节奏一般有两种,一是弱强交替出现的节奏,一是声音的强度逐渐增大或减小所呈现的节奏.随着语言表达的意思不同,人们意识的侧重点不同,同一句话的强弱可以有不同的选择,其目的是为了引起听者的充分注意.

说话的速度呈现出某种韵味感的变化,也是一种语言节奏.对一句话来说,有的字或词说得慢,另一些则快一点;对一段话来说,有的句子说得慢,另一些则快.在实际教学中,教师可根据逻辑关系、内容的重要性和学生注意力集中的程度,选择不同的速度、间隔,在时间上形成一种长短、快慢错落有致的分布,给人以不同节奏的不同感受.一味地快,学生紧张而茫然;一味地慢,学生松弛而分神.依语言所要表述的意思讲究速度变化,使学生有张有弛,张弛得当,以增强听讲效果.

12.2.4 课堂提问的语言

不论是数学概念、原理的教学,还是数学习题的教学,从本质上讲,都是不断发现问题、提出问题和解决问题的过程.其中,最主要的活动形式是课堂提问.课堂提问如果运用恰当,可以实现多种学习目的,如复习巩固旧知、发现理解新知、启发诱导学生思维、诊断学生学习困难等.因此,课堂提问是教学的极其重要的一环,深入地研究课堂提问具有十分重要的意义.

1. 提问的类型

课堂提问的类型有很多划分方法.华东师大李士锜教授等把课堂提问分为管理

性提问、机械性提问、记忆性提问、解释性提问、推理性提问以及批判性提问等六类①. 这里,我们分别以提问的意图差异和目的不同对课堂提问加以分类.

(1) 按照教师提问的意图可分为实问和虚问两种类型

“实问”要求学生对所提的问题思考后作出回答;“虚问”是老师提问后并不要求学生立刻给予回答,其目的是引起学生的思考,或者通过设问说明正在进行的学习活动的研究目标,以给学生指明思维的方向. 比如:在给学生展示生活中反映变化趋势的实例和几个具体函数,让学生直观认识“当自变量增大时,函数值随之增大(变小)”现象之后,老师设问:“我们如何用数学语言来刻画这种现象呢?”停顿片刻后指明“这就是我们今天要研究的内容”,从而使学生明确学习目标. 又比如,在学习复数之前,可以提出这样的问题:“今天我们在实数的基础上学习一种新数,那么,这种新数是如何定义的呢? 它的运算又是怎样进行的?”等,都是“虚问”.

(2) 按照提问的不同目的可分为检查性提问和启发性提问

检查性提问与每节课的认知目标紧密联系在一起,通过提问了解学生达成目标的程度. 如果把认知目标分为了解、理解、应用、综合、评价的话,那么相应的提问就有如下几种类型:

① 记忆性提问. 这类提问唤起学生对学科知识的记忆,一般不需要思考时间. 诸如此类的提问有:椭圆的标准方程是什么? 用五点法作三角函数图象的一般步骤是什么? 等等.

② 解释性提问. 这类提问需要了解学生对知识理解的程度,故要求学生对问题作出阐述或说明. 比如:椭圆的标准方程是如何推导出来的? 椭圆方程中的 a 为什么大于 c? 数学归纳法中的两个步骤在证明过程中各有什么作用? 当判别式小于 0 时,为什么一元二次方程无实数根? 等等.

③ 推理性提问. 这类提问需要学生通过逻辑推理作出回答. 比如:$\frac{|a|}{a}$等于什么? 请判断$\sin 216°$与$\cos(-16°)$的大小,等等.

④ 综合性提问. 这类提问要求学生对某类知识有个概括性的认识. 比如,判定三角形全等有哪些方法? 一元二次方程有哪些解法,它们之间有什么联系? 曲线方程有哪几种形式? 等等.

⑤ 批判性提问. 这类提问要求学生变换角度思考问题,或者进行评价与反思,能够作深层次思考. 比如:求二面角的平面角有哪些方法,哪一种方法较优?

启发性提问主要用于启发学生的思考,给出“做什么”或“如何做”的暗示. 因此,所提的问题必须符合学生的思维发展规律,必须为学生顺利开展思维活动提供适当

① 李士锜,杨玉东. 教学发展进程中的进化与继承[J],数学教育学报. 2003,12(3):7.

的生长点.常用的启发性提问方法有“五何提问法”与逐渐缩小范围的提问法两类.

① “五何提问法”常用于学习新知识过程中的思维的启发.具体地说,包括以下五类问题:

✧ 由何(where)——问题从何而来,说明情境的导入与任务的布置

✧ 是何(what)——通过知识的回忆与再现来回答的问题

✧ 为何(why)——需要加以解释或推理的问题

✧ 如何(how)——需要将知识应用于具体情境的问题

✧ 若何(if…then)——诸如“如果情境发生变化,其结果如何?”的问题

老师提出问题让学生思考、讨论、交流,不一定要求学生回答,但要有让学生思考的时间与空间.

② 逐渐缩小范围的提问法常用于解题过程中学生思维的启发,一般又可以分为以下四个层次:

✧ 一般性启发提问——使学生思考解题的大致方向,认识问题的类型,与头脑中已有经验相匹配(即模式识别)

✧ 功能性启发提问——使学生思考某一类问题的解决方法与策略

✧ 特殊性启发提问——使学生思考某个具体解题步骤的具体方法

✧ 反思性提问——回顾解题过程,提升解题策略

例 1 已知圆满足:(1) 截 y 轴所得的弦长为 2;(2) 被 x 轴分成两段圆弧,其弧长之比为 3∶1;(3) 圆心到直线:$x-2y=0$ 的距离为$\frac{1}{5}$.求该圆的方程.

老师在启发学生思考时的提问可设计如下:

1° 一般情况下求曲线方程的方法是什么?如何设圆的方程?(这是一般性启发)

2° 如何将条件(1)转化为代数条件?条件(2)告诉我们,该圆与 x 轴有怎样的位置关系?(这是功能性启发)

3° 由条件(1)、(2)、(3),如何通过圆方程 $(x-a)^2+(y-b)^2=r^2$,求出 a、b、r 满足的三个关系式?(这是特殊性启发)

2. 有效提问的方法

课堂提问要达到好的教学效果,必须满足以下要求.

(1) 提问要有目的性

所提的问题要达到什么目的,必须从问题中明确地反映出来.因此,提问的用语必须明确、具体、表达清楚,不可含糊其辞,使学生不知所措.尽量不要提一些没有任何教学意义的问题.比如,“周期函数是什么?”这个问题提得就很不明确,学生不知道应回答 $y=\sin x$,还是回答周期函数的定义.

又如，“已知$\begin{cases}2(x-1)=y+1,\\x+1=y-1,\end{cases}$同学们看这个方程组难不难？”这类提问除了得到肯定或否定回答外，不能达到什么认知目的，也不具有启发性，可以说没有什么意义.

(2) 提问要有适应性

所提的问题应当与回答问题的学生的数学水平相适应，从而增强学生对问题的理解，减少对自身能力的忧虑①. 如果某个学生对老师提出的问题多数都不能回答，他就会把提问看成是对自己的一种威胁，逐渐产生厌倦心理；反之，如果所提的问题没有一定的难度，学生不作思考就会答出，那就失去了挑战性，降低了数学学习的魅力.

一般情况下，在程度不齐的班级里，要用自然的、通俗易懂的语言表述问题，调整问题的难度，以符合学生不同的水平. 对基础较差的学生，可以先问一些关于基础知识和基本技能方面的问题，针对发展情况逐渐提高难度；而对基础较好的学生，可问一些需要运用高水平智力活动才能解决的问题.

(3) 提问要面向全体学生

在进行课堂提问时，即使回答问题的是个别学生，也要力求使课堂上每个学生都思考问题，使得提问真正成为一种有效的教学手段. 课堂提问的对象要比较广泛，不能只是少数学生，要防止被少数成绩较好且性格外向的学生控制课堂，而忽视成绩较差且性格内向学生的倾向. 提问后务必先给学生留有一个思考的时间. 对未回答或未能给出正确答案的学生也要作出恰当的反应与评价，可以启发他们寻求正确答案，或者分析错误的原因，或者请其他学生给予帮助，等等.

(4) 提问要富于情感

提问要倾注老师的企盼、热情、诚恳等情感，使学生不知不觉受到感染，从而认真思考，踊跃回答问题，这样就会活跃课堂气氛.

(5) 采用阶梯式提问的策略

为了提高提问的效率，教师可以采用阶梯式提问的策略，即以一个问题为中心，紧随学生的回答继续发问，鼓励学生澄清最初的回答，阐明理由，提高回答问题的完整性，使其在更高水平上进行思维活动. 例如，在提出“直线方程有哪几种形式?”这一问题后，可继续发问：“确定一直线需要什么条件?”、“由此可把直线方程的形式分为哪几类?”、“每种直线方程形式在运用时有什么限制条件？为什么?”等等. 显然，回答这些问题需要较高的认知水平.

① 金传宝. 教师如何提高发问技巧[J]. 外国教育研究. 1998(2).

(6) 鼓励学生发问

鼓励学生发问,可以引起学生积极地参与,对养成学生思考、探究的学习习惯很有帮助.

总而言之,课堂提问是复习、启发、检查的有效手段. 但需在课前备课时精心设计,在课上作出恰当的反应,这样才能使每个学生从中受益.

§12.3 板书语言与体态语言

口头语言固然是数学课堂教学中最重要、最基本的一种信息输出形式,然而,板书语言和体态语言在课堂教学中的作用不可忽视,它们同样是一个成功的教师取得上佳教学效果的保证.

12.3.1 板书语言

板书是指在课堂上教师为强化教学效果而写在黑板上(或幻灯片、投影仪等仪器)的文字、符号、图表等,借以向学生传递教学信息的一种教学行为方式. 具体地说,在引入新概念时,要板书定义;在揭示规律、研究性质时,要板书定理、推论;在分析解题思路时,要板书主要的思考线索;在证题或解题时,要板书其过程;在复习、巩固时,要板书知识的结构及其内在联系以及主要的结论和注意点. 一堂数学课,教师就是依靠边口授、边手写来表达思想、启发学生,从而达到传授知识、培养能力的教学目标的.

1. 板书语言的功能

心理学的实验证明:让人识别一种东西,用语言描述需要 2.8 s,而用线条、图象、符号,只要 1.5 s;看一遍比听一遍的信息接受量多 1.66 倍. 在记忆方面,视觉比听觉重要,一份材料,光凭视觉 3 天后能记住 40%,而单凭听觉 3 天后只能记住 15%;而视听结合,3 天后则能记住 75%. 可见视听结合起来,比单一的听觉或视觉更为重要. 在平时教学中人们都认为文科的板书很重要,而对数学课的板书普遍重视不够. 事实上,数学教学中能否合理有效地运用板书语言,同样直接影响课堂教学的效果.

具体地说,板书语言在数学课堂教学中主要有以下几个功能:

① 能使教学内容及重点、难点一目了然,有利于学生鲜明深刻地理解、掌握所讲授的内容;

② 能留下一堂课教学内容的缩影,启发学生思维、回味、巩固所学知识,为课后复习提供方便;

③ 发挥了无声语言的作用,能帮助学生提高数学表达能力. 有些学生常常对某些数学知识(如某个概念的严格定义、某个几何图形的性质)不会准确地用口头语言

或书面语言来表达，而正确的板书恰好能帮助学生提高这方面的能力；

④ 给出解题过程的示范书写格式. 从每年中考、高考和其他形式考试的大量试卷中可以看出，学生答题不规范、字迹潦草、语病严重等问题，不能说与平日教学的板书无关. 老师板书时态度严谨，书写工整，作图、计算准确、规范，论证严密，这无疑能潜移默化地促使学生养成良好的习惯；

⑤ 板书给出准确、直观的图形，有助于提高学生形象思维能力、空间想象能力，掌握数形结合的思想方法.

2. 板书设计的基本原则

(1) 整体性原则

板书是教学的辅助手段，应该清晰、明确、有条理. 这就要求对一节课的板书设计要有整体安排与统筹规划. 课题、例题、结语宜写在中央位置，以帮助学生抓住教学重点，提高识记效果；提示引导，板演示题等，可写在板书的两侧或下边缘. 一堂课结束，主要内容展现于黑板，学生尽收眼底.

(2) 规范性原则

书写应规范，笔顺和字形结构要正确，不写错别字和不规范的字. 字体大小要适中，行款整齐，字迹清楚工整. 例题、列式、计算、答语等的书写格式也要符合规范要求. 这样的板书，不仅能给学生美的享受，还能激发学生的临摹兴趣，从而养成良好的书写习惯.

(3) 直观性原则

根据教材的内容和特点，采取提纲式、列表式、图文式、线条式、分析式、对比式、递进式、归纳式、算式排列式等多种直观形象的板书形式，可以激发学生的学习兴趣，提高学习效率.

(4) 实用性原则

板书的作用在于组织有意注意，进行思维导向，强化知识重点，抓住知识关键，启迪解题思路，总结思维成果. 所以，板书应伴随教学进程分层次有次序的逐步展示，做到板书与口头语有机的结合，与教学进程同步. 这样，就能把抽象静止的教材内容，变为有动感的视觉形象，达到板书的预期效果. 同时，板书的内容要有计划地精心选择，不能把所有的内容都写在黑板上，这样就不能突出教学重点.

3. 板书形式的分类

根据教学内容的不同，板书的形式有以下几种.

(1) 纲要式板书

纲要式板书是对一节课的内容经过分析和综合，用精短的词语形成能反映知识结构、重点和关键的提纲. 它的特点是条理清楚，便于学生对课本内容和结构的理解、记忆. 例如，在学完无理数之后，可将数之间的关系板书如下：

- 实数
  - 有理数
    - 整数
      - 正整数
      - 负整数
    - 零
    - 分数
      - 正分数
      - 负整数
  - 无理数(无限不循环小数)
    - 正无理数
    - 负无理数

(2) 表格式板书

表格式板书具有化繁为简、比较异同、分析综合和增强记忆的效果. 一个比较复杂的事物或事件,以表格反映出来. 能强化学生的思路和正确理解,帮助学生做到心中有数、准而不乱. 列表形式的板书便于学生比较异同、发现规律,同时也能增强学生的记忆效果. 如在教学"圆和圆的位置关系"时,可以设计这样的板书:

两圆的位置关系	图　形	公共点的个数	公共点的名称	圆心距(d)、两圆半径(R, r)的关系
外　离		0	——	$d>R+r$
外　切		1	切点	$d=R+r$
相　交	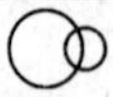	2	交点	$R-r<d<R+r(R\geqslant r)$
内　切	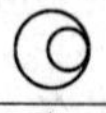	1	切点	$d=R-r\ (R>r)$
内　含		0	——	$d<R-r(R>r)$

(3) 图示式板书

图示式的板书用文字、数字、线条、框图等来表达,适用于将分散的相关知识系统化,将某一内容进行分析归纳和推理,将某一抽象的内容通过画图变得直观一些. 图示式板书具有难中求易、各个击破的特点. 例如,为了弄清四边形、平行四边形、矩形、菱形、正方形的区别与联系,我们可以通过如下图示加以分析说明:

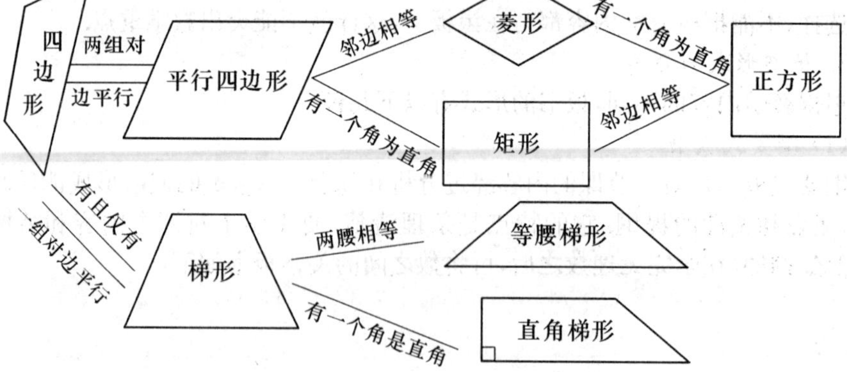

(4) 运算式板书

运算式板书是将运算过程有条不紊地列出来，其特点是文字较少、逻辑性强，能表现推导的一般过程，便于学生了解解题思路步骤. 比如，在解下面的二元一次方程组时，板书：

$$\begin{cases}9x+12y-15=0\\7x-7y-28=0\end{cases}\Rightarrow\begin{cases}3x+4y=5\\x-y=4\end{cases}$$

$$\Rightarrow\begin{cases}3x+4y=5\\y=x-4\end{cases}$$

$$\Rightarrow 3x+4(x-4)=5$$

$$\Rightarrow\begin{cases}x=3\\y=-1\end{cases}$$

(5) 综合网络式

综合网络式板书是将零散孤立的知识串起来，组成以某一内容为主体的知识网络. 这样的板书能帮助学生加深理解某一知识，便于记忆及迁移，从全局来把握某一章节的重点要点. 例如，初中三角函数的知识网络可以板书如下：

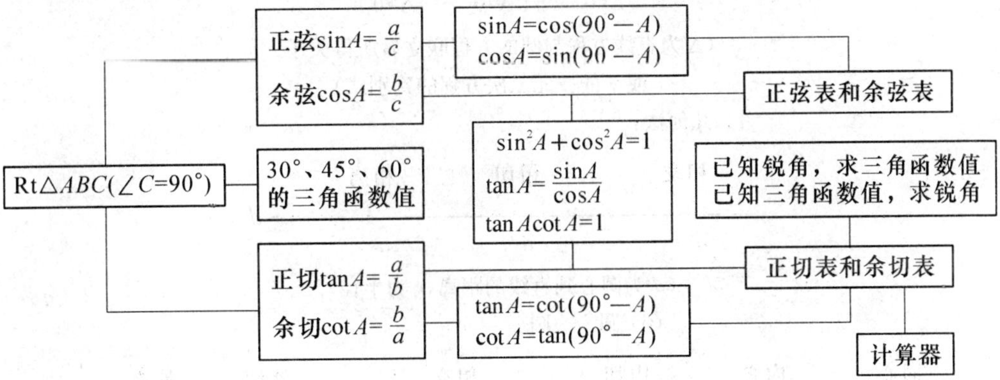

4. 板书的基本要求

(1) 板书要清晰简明，具有层次性

为了使学生对所学知识便于理解和系统记忆，板书应具有“形象、概括、条理”的特点，主次分明、详略得当、简明扼要、有条有理. 具体地说，定义、定理、例题的书写均各归其位，并预留学生练习的空间，整个板面分布有序，层次分明. 例如，讲解初一“几何平行线的性质”一节时，可以首先在黑板的偏左部分板书平行线的性质公理及两个定理，并在下边画图加以说明，例题则可在黑板中间偏右部分书写，中间部分内容可以贯穿本节课始末，随时给学生以记忆的强化和提示，黑板的两边就可以留给学生练习使用，练习的内容可以根据课堂进度及时更换，这样整个黑板重点内容突出,布局错落有致,视觉效果明显.

(2) 板书要重点突出,具有目的性

一般情况下,讲课的重点就是板书的重点,能够让学生一目了然地看清一节课的重点是什么,这是板书的目的,但必须做到言简意赅,重点突出.如果语言繁琐,板书过多,则会影响教师讲课和学生听课.例如,在复习“点、直线与圆的位置关系”一课时,可做如下设计:

(1) 点——圆

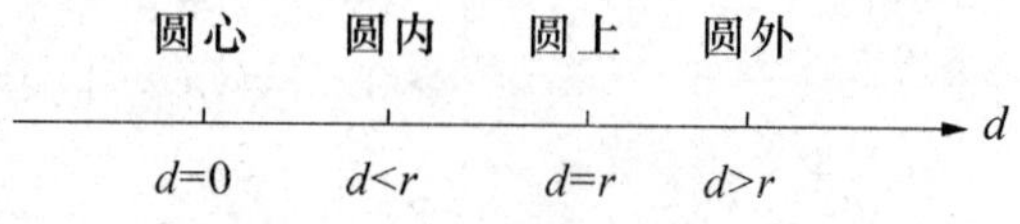

(d 为点与圆心距离,r 为半径)

(2) 线——圆

Ⅰ. 代数法:

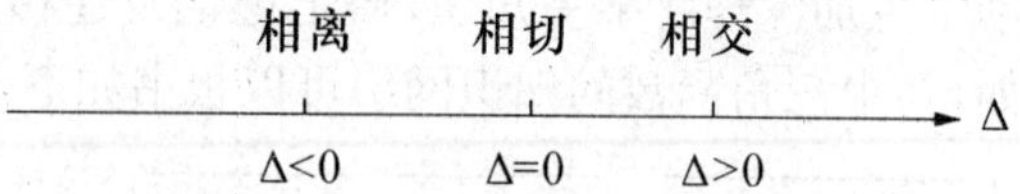

(Δ 为直线方程与圆的方程联立后所得关于 x 或 y 的一元二次方程的判别式)

Ⅱ. 几何法:

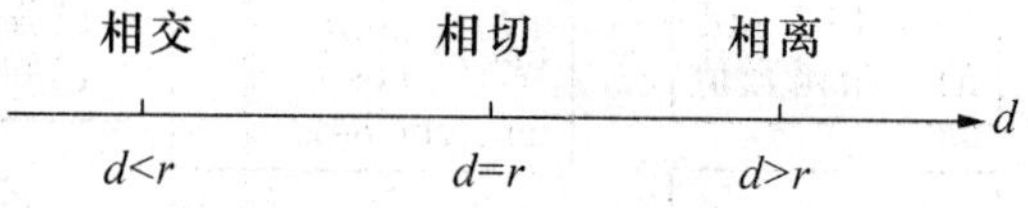

(d 为圆心到直线的距离,r 为半径)

(3) 圆——圆

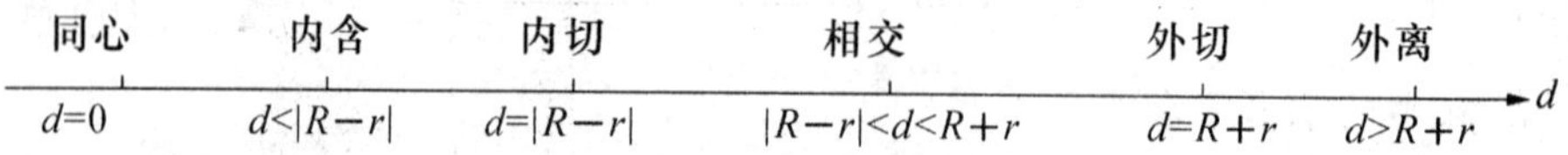

(d 为圆心距,R、r 为半径)

这样,用 4 条数轴就将位置关系及判定方法生动鲜明地表示了出来.一看板书,学生就能通观全课,抓住要领,印象清晰深刻.

(3) 板书要布局合理,具有计划性

要充分体现一节课的内容和教学目的,板书必须有周密的计划,合理的布局,比如哪些写在左边、哪些写在右边、哪儿写大标题、哪儿写小标题等都要心中有数.需相互比较的内容要对比着写,紧密联系的内容要写在一起.我们来看“椭圆的几何性质”的板书(主要部分):

椭圆的几何性质(大标题)

一、知识复习：

1. 定义：

$|MF_1|+|MF_2|=2a$

第二定义：(A) $\dfrac{\vert MF\vert}{d}=e(0<e<1)$

2. 标准方程：

(1) $\dfrac{x^2}{a^2}+\dfrac{y^2}{b^2}=1$ $(a>b>0)$

(2) $\dfrac{x^2}{b^2}+\dfrac{y^2}{a^2}=1$ $(a>b>0)$

3. 图象(略)

二、几何性质：

(小标题)

(Ⅰ)	(Ⅱ)
1. 范　围：…	1.
2. 对称性：…	2.
3. 顶　点：…	3. (B)
4. 离心率：…	4.
5. 准　线：…	5.

在设计上述板书时，可以将“几何性质”写于大标题之下，黑板中间位置，以便突出本节内容；左边复习椭圆定义后留出板面 A，以便讲完性质 5 后板书第二定义，加强学生对知识的联系；板书“几何性质”时，右边留出板面 B，便于学生对照比较，自己写出焦点在 y 轴上的椭圆的几何性质，进而发现相同点和不同点.

(4) 板书要确切、精当，具有启发性

板书语言要做到确切、精当，给人以凝练之感. 例如，学习“充要条件”时，可板书如下：

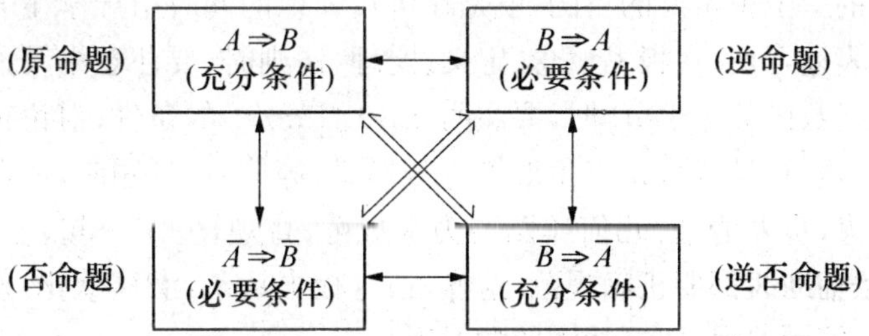

以上板书有利于启发学生联想，找出命题的四种形式和命题的四种条件的内在联系，总结出判定“条件”的方法，较为顺利地掌握学习内容.

(5) 板书形式要灵活、多样，具有趣味性

以教学内容为依据，采取灵活、多样的板书形式，好似一支美妙的乐曲，又像一幅美丽的图画，引起学生的共鸣，给学生以美的享受，由此，激发学生浓厚的学习情趣，加深学生的理解和记忆. 例如，“空间中的平行关系”可设计如下板书：

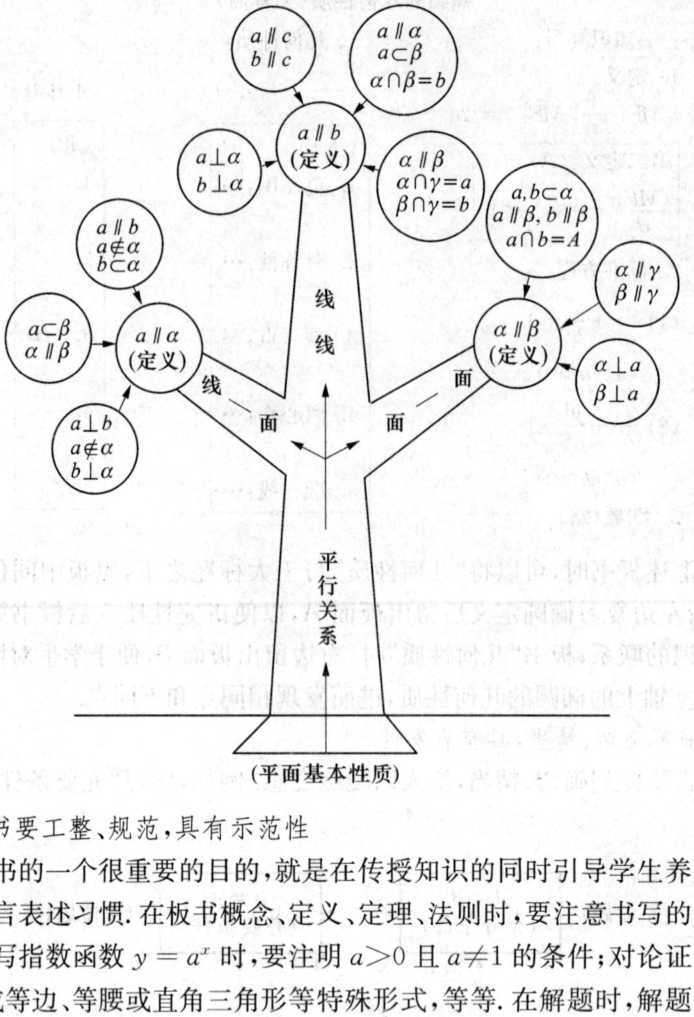

(6) 板书要工整、规范，具有示范性

教师板书的一个很重要的目的，就是在传授知识的同时引导学生养成良好的书写、绘图、语言表述习惯. 在板书概念、定义、定理、法则时，要注意书写的完整性与严密性. 比如，写指数函数 $y=a^x$ 时，要注明 $a>0$ 且 $a\neq 1$ 的条件；对论证的一般三角形，不能画成等边、等腰或直角三角形等特殊形式，等等. 在解题时，解题的书写格式要力求逻辑严谨，步骤清晰. 几何作图要力求规范、直观，一字一句、一个标点、一个数学符号、一条辅助线都要正确规范. 这样，通过板书示范，潜移默化，使学生养成良好的学习习惯、答题习惯，树立严谨的学习观.

总而言之，好的板书凝结着教师的独具匠心，体现了教师的基本功和素质水平，是数学课堂教学中不可或缺的重要组成部分.

12.3.2 体态语言

除口语和板书之外，数学教学中还必须辅以只可意会而不能言传的非口语因素，如点头、手势、走动、眼神、表情、语调、停顿、沉思、感叹等，以及由声音情绪带出的幽默、期望、热爱等. 所有这些因素，统称为体态语言. 这些体态语言可对学生的认识活动起到定向、调节、促进、强化、鼓励等积极作用.

1. 体态语言的类型

教师的课堂体态语言不仅要随着不同的教学内容、情境氛围而各呈仪态，而且也必然会受到人的年龄、性别、所属民族、所属地区以及个性特征等因素的影响. 但是，教师课堂常规体态语所应具有的规范却是每个教师在课堂教学中所必须遵守的.

(1) 身体姿态

身体姿态是一种处于静止和无声状态的非语言交流，可分为坐姿和站姿两种. 自古以来中国人就讲究"站有站相，坐有坐相"、"站如松，坐如钟"，可见坐姿和站姿在一定程度上能够反映一个人的精神状态和文化修养. 人们常常通过观察他人的姿态来衡量其文明程度，甚至会据此在交谈之前对对方形成肯定或否定的印象. 在授课过程中，教师的姿态可以表明教师的精神状态和风貌，因此，教师的站姿和坐姿应当自然、放松，两腿平衡分立，应避免身体重心在两腿间频繁交替，不应瘫坐或仰坐在椅子上，亦不宜趴在讲台上.

(2) 面部表情

人的面部表情与人的情感活动密不可分. 人的基本情感，如喜、怒、哀、欲、爱、恶、惧都可以通过面部表情反映出来. 心理学家 Albert Mehrabian 认为：信息的总效果 7%来自文字，38%来自音调，55%来自面部表情. 由此可见，面部表情在人际交流中占有相当重要的地位. 教师的表情应和蔼、亲切、充满工作热情，授课应富有感情，这也易于产生情感共鸣，激发学生参与课堂的意识和热爱学习的兴趣. 教师不应是呆若木鸡、冷若冰霜的人，否则师生沟通起来就很困难，哪里还谈得上什么教学效果.

(3) 眼神

人们常说，"眼睛是心灵的窗口". 眼睛在人际交往中的重要性可见一斑. 在课堂上，眼神是体现师生思想交流的关键点. 教师讲课时，不能昂首望天，目中无人；也不能东张西望，若有所失；更不能死盯着教案讲义，照本宣科. 实践证明，教师的目光和学生的目光接触的时间越多，获得学生信赖、激发其兴致的可能性就越大. 教师讲课时，应以敏锐而亲切的目光有意识地关注每一个学生，使他们感受到老师在时刻关注着自己，没有被冷落.

(4) 手势

Brosnahan 认为："手势实际上是体态语的核心. "因为手势最多，也最细腻生动，运用起来也更自如. 通常情况下，人们通过手的接触或手的动作可以解读出对方的心理活动或心理状态，同时还可将自己的意图传达给对方. 教师的手势有三个作用，一是帮助澄清和描述事实，二是强调事实，三是可以吸引学生的注意力. 手势的效果在于是否用得恰当、适时、准确. 所以教师讲课应伴以适当的、准确无误的手势，以加强表达效果，激发学生的听课情绪．但次数不应过于频繁，幅度也不能过大．切忌不停地挥舞或胡乱地摆动，也不要将手插入衣兜或按住讲桌不动．手舞足蹈会令人感到轻浮不稳重，过于死板又会使学生感到压抑，总之应以适度为宜．另外，还应注意各种消极的手势，如用食指指人，用黑板擦不停地敲击桌子，玩弄粉笔或衣扣等．

(5) 衣着服饰

人们讲究衣着和饰品，既是出自追求美的本能，更是为了达到交际的目的．服装和饰品除了能满足一定的心理需求，还能表明人的身份、地位和职业，改善人的社会环境和人际关系．"以貌取人"固然不对，但服装饰品确实可以改变一个人的面貌，从而改变他(她)在别人心目中的形象．教师的服装应以整洁、大方为原则，切不可穿奇装异服，过分打扮，当然也不能肮脏邋遢，不修边幅．

2. 体态语言对课堂教学的影响

(1) 体态语言能促进师生双方的情感交流，使教学信息得以顺利传授

教育心理学研究表明，学生智力潜能的开发与发挥，受其学习过程中情绪状态的影响．学生在课堂上情绪的变化受教师体态行为的制约．教师的表情、眼神、身姿、手势无不影响着学生的心境和态度，进而对学生的情绪产生极大的暗示性和感染力．教师积极的体态语会促进学生的智力活动，使学生产生一种轻松愉快、自然明朗的情感．积极的情绪和愉悦的心境有利于教学信息的传授、加工和储藏，并能激发学生的学习动机．教师一个信任的目光，一个赞赏的微笑都会给学生带来巨大的精神力量．教师和谐有度的教态必然会赢得学生的信任和尊敬，使其保持学习兴趣，发挥思维潜力，因而形成活跃的课堂气氛．

(2) 体态语言能吸引学生注意力，有利于组织、优化教学

教学过程是学生有意注意与无意注意交替运用、共同发挥作用的认识过程．单靠有意注意支撑学习会使学生疲倦，难以持久．教师必须根据学生的特点充分发挥无意注意的作用．如讲课过程中教师的那种富于变化的表情、抑扬顿挫的语调、变换的节奏，配以指引性手势或加强性手势，并自觉地变换身体姿态、视线和与学生的空间距离，则可以悄悄地把学生的注意力吸引过来，从而起到组织优化教学的作用．因此，在教学过程中，教师体态语对于集中学生注意力，往往比语言提示更为有效．

(3) 体态语言可以传达更为丰富真切的知识信息，可以加大教学信息密度，增加学生对有用信息的接受程度

从教育心理学上讲，多种形式的信息同时作用于学生的大脑，可以刺激大脑两半球同时活动，使抽象思维与形象思维得到和谐的统一．这样产生的多种神经联系使理解更为深刻，记忆更为牢固．由于体态语的抽象程度比较低，往往较为形象，所以能更生动地表现人的内心活动．体态语在教学中与有声语言相比，更直接地刺激学生的视觉器官．教学实践证明，要扩大学生对教师发出的有用信息接受量，就必须

增加对学生的感官刺激，以保持学生大脑皮质的兴奋，增强其信息接受系统的摄取功能，从而有效地提高课堂教学效果.

3. 体态语言运用的基本原则

体态语言是教师在课堂教学中经常使用的一种手段. 运用得当，会使有声语言增色生辉，但运用不当，也会削弱或破坏有声语言的表达效果. 因此，教师课堂体态语的运用应该讲究技巧，注意方法. 概括地说，运用体态语言应该适度、自然、协调.

(1) 适度

体态语言为语言交际活动不可或缺，但并非任何一种体态语都可以引进课堂. 要根据表达内容的需要，恰如其分地运用体态语. 体态语是有声语言的辅助手段，它不是人类交流的惟一工具. 体态语的这种性质决定了它是受制于有声语言的. 因此，体态语的运用，要有一个整体观念，做到适度. 这个"度"，就是服从有声语言的表达需要，为表达内容服务. 对于教师课堂体态语，不可不用，也不可滥用. 不用，会使语言表达呆板；滥用，就会喧宾夺主，削弱有声语言的表达效果. 一般来讲，体态语大多出现在表达意义或情感过程中最主要、最关键的部分，而不能要求每一句话、每一个词语都要附之以体态语.

(2) 自然

教师课堂体态语是教师内心情感的自然流露，这就要求体态语的运用不能故作姿态. 无论是从审美的角度还是从表达的角度，体态语的运用都要自然得体. 既要符合美的原则，给人以美的享受，又要是内心情感的真实流露. 一方面，不要虚张声势，因为夸张的体态语言只能使有声语言表达失真，丑化自己的形象；另一方面也不要做作. 做作的体态总是给人以虚假的形象，会招致学生反感，应当加以避免.

(3) 协调

教师课堂体态语必须服从教学内容表达的需要，并与教学内容融为一体，切忌生搬硬套，矫揉造作. 一方面各种体态语之间的动作要互相配合，另一方面体态语言要与有声语言表达的内容和谐统一. 体态语是为表达内容服务的，它应该与表达内容有机地结合起来. 教师在课堂上运用体态语必须注意这一问题，否则就难以发挥其应有的功效.

体态语言在课堂教学活动中占有不可忽视的重要地位，应引起每位教师的高度重视. 一个教师要想有较高的体态语言艺术，首先必须具有较高的思想境界、高尚的道德品质、渊博的学问知识和优良的文化教养. 离开这些，只会是忸捏作态，整个教学效果只能适得其反.

习　　题

1. 名词解释

符号语言,图形语言,口头语言,板书语言,体态语言.

2. 简答题

(1) 符号语言与图形语言的特征各是什么?

(2) 数学课堂教学的口头语言的基本要求是什么?

(3) 从提问的目的来看,课堂提问有哪几种类型?

(4) 有效的课堂提问要注意些什么? 试举例说明.

(5) 使用板书语言需要注意些什么?

(6) 体态语言在课堂教学中有哪些作用? 在使用体态语言时应注意些什么?

3. 论述题

选择一堂数学课堂教学的实况录像,通过观看,请具体分析其教学语言的特点及其对课堂教学效果的影响.

主要参考文献

[1] 季素月. 数学教学概论[M]. 南京:东南大学出版社,2000.

[2] 章士藻,等. 数学方法论简明教程[M]. 南京大学出版社,2006.

[3] 喻平. 走进高中新课改——数学教师必读[M]. 南京师范大学出版社,2005.

[4] 数学课程标准研制组. 全日制义务教育数学课程标准(实验稿)解读[M]. 北京师范大学出版社,2003.

[5] 陈玉琨,代蕊华. 课程与课堂教学[M]. 上海:华东师范大学出版社,2003.

[6] 刘忠敏. 浅谈数学中的板书艺术[J]. 数学通报,1999(3):17—19.

第 13 章

计算机辅助数学教学

计算机科学的不断发展正在给数学教育的价值、目标、内容以及学与教的方式带来深刻的变化."计算机辅助教学"(Computer Assisted Instruction,简称 CAI)已经普遍被接受,而且越来越受到人们的重视.本章首先阐述计算机辅助数学教学的特点与功能,接着探讨 CAI 支持下的数学教学模式,然后就数学 CAI 课件的设计与制作作些分析,最后对几何画板软件在数学 CAI 中的开发利用进行案例研究.

§13.1 计算机辅助数学教学的功能特性

计算机辅助数学教学由通用计算机系统和具有实现数学教学功能的软件所组成.由于计算机在程序的控制下可以通过输出设备向人们呈现各种信息,通过输入设备接受使用者输入的各种信息,并能对其进行判断和处理,根据判断结果进行转移和提供有针对性的提示信息.因此,把具有数学教学功能的软件配置到计算机之后,计算机就能像教师那样,与学生构成"人-机"对话教学系统,完成一定的数学教学任务.这样的教学系统融图、文、声于一体,很大程度上改善了认知环境,而计算机与数学更有着天然的内在联系,这就使得计算机辅助教学给中学数学教学增添了新的活力,形成了一些独特的功能特性.

13.1.1 拓展数学活动的内容和方法

从思维角度来说,计算机技术是人类头脑的延伸,它可以依照人们预想的程序去做很多的事情,除了进行基本的数学计算、作图、统计、推理及证明,还可以模拟数学实验、探究数学问题、开发数学想象、促进数学理解,有效地拓展数学活动的内容和方法.

数学的实践活动中,从数学问题的提出到数学模型的建立,从数形关系的寻找到规律方法的探索,从算法的规划到参数的估计,都可以通过计算机这一现代智力工具加以实现. 可以说,以计算机为主体的现代信息技术既是数学知识发展的工具,又是数学知识的一种表现形式.

计算机模拟数学实验,为探索数学的规律性提供了有力的方法和途径. 由于计算机技术强大的数据处理功能,使得一些繁杂、艰深的数学问题的解决成为可能. 例如,"四色定理"的计算机证明,寻找"梅森质数"的计算机"筛法"等. 人们还可以借助计算机模拟与信息化模型的建立,从最初对数学现象认识的混乱状态到观察出有规则的结构,进一步形成解决一类问题的新方法. 例如,我国著名数学家吴文俊教授借助计算机建立的"机械化证明几何定理"的方法,开创了"机器证明"研究之先河.

就中学数学学习层面的数学活动而言,计算机模拟数学实验同样发挥着重要的探索发现功能. 学生利用计算机进行的图象处理、轨迹追踪、回归分析、算法设计等实验活动,充分展现了数学学习的动态过程,丰富了数学探索的内容和方法,也在一定程度上增强了学生观察、实验和研究的能力. 例如,图象的平移变换是初中函数学习的一个难点,可以利用计算机展示图象动态的平移变换过程. 如图 13-1-1,用几何画板软件画出顶点坐标是 $(t,\ b)$ 的抛物线 $y=\frac{1}{2}(x-t)^2+b$,只要拖动点 T 或点 B,反复观察图象移动与 t 的数量关系,就不难发现,当函数式中的 $t>0$ 时,图象右移;当 $t<0$ 时,图象左移. 这形象地显现了图象的移动与系数间的关系,从而借此归纳出平移的规律.

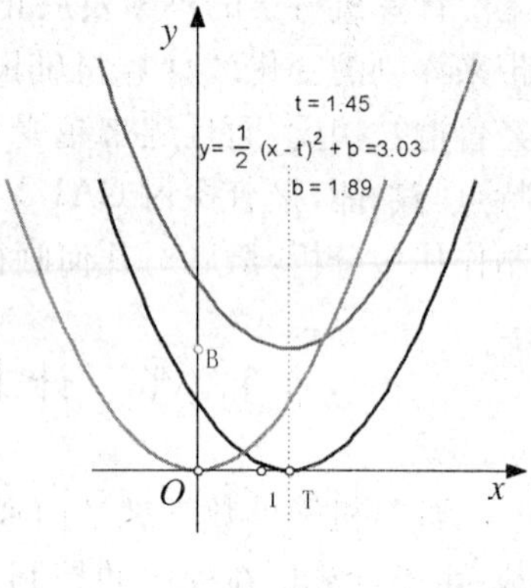

图 13-1-1

因此,从一定意义上来说,数学已经成为一门新的实验学科,它的活动天地已经不再局限于演绎推理的形式体系之中.

从根本上看,数学来源于现实,扎根于现实,而且应用于现实. 因而学生应当在密切联系实际中掌握数学,形成用数学的意识和能力,这也是数学新课程标准的基本理念之一. 但实际生活中涉及的数学问题,往往数据繁琐、计算量庞大,使学生望而生畏. 但是,有了计算机,这些问题就都迎刃而解了. 中学数学可以毫无顾忌地增加近似计算、概率统计、回归分析等与现实生活密切相关的内容. 例如,股市的指数分析、银行利率计算、商品价格波动等问题,只需将数据输入计算机,立即会得到能够反映客观情况的均值、方差和图象等信息.

总之,计算机技术的介入,给数学活动带来的决不只是某一方面的变化,而是从内容到形式的方方面面的整体改观.

13.1.2 改善数学学习的环境

从学生数学学习的角度来看，计算机技术所具有的卓越性能，给数学学习过程增添了新型的强有力的认知手段，使数学学习的环境条件更为优越，有利于学生成为真正的主体，使学生能从静态和动态、局部和整体、图形和数值、具体和抽象、理论和应用等各个侧面去研究和探索数学中的各种问题，使数学学习过程真正成为一个积极能动的活动过程.

例如，在学习“三角形的中位线”时，可以借助计算机技术创设情境，改善认知环境. 如图 13－1－2，作$\triangle ABC$，取 AB 的中点 D，AC 的中点 E，连结 D、E，并度量出 DE、BC，以及$\angle ADE$、$\angle AED$、$\angle ABC$、$\angle ACB$ 等，甚至把 AB、AC 也测量出来(干扰观察)，这些数据都动态地展现在屏幕上.

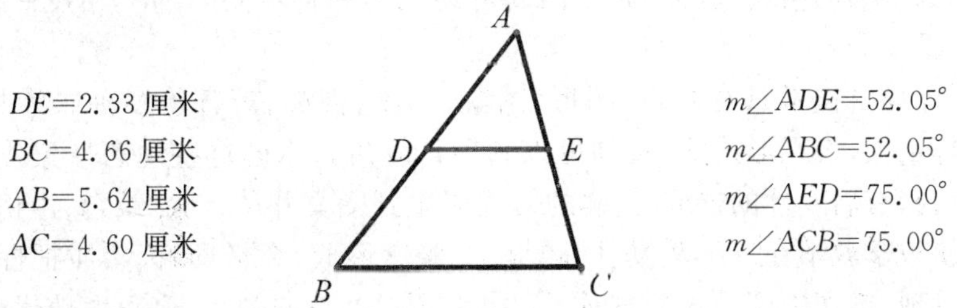

图 13－1－2

然后让学生观察，并问发现了什么？学生的任何发现，只要拖动点 A(或 B、或 C)，就可立即能够验证其是否正确. 这就为激发学生的学习兴趣，培养他们的观察力、想象力、归纳概括等能力创设了极好的情境，增强了学生主动参与的积极性.

计算机技术所提供的外部环境刺激往往不是单一的，而是多重感官的综合刺激，这对于实现“意义建构”、知识的获取和保持，都是非常有利的. 荷兰著名数学教育家弗莱登塔尔指出：“学一个活动的最好办法是做. ”①学生利用计算机所提供的环境进行探索、尝试、猜想、归纳、类比等实践活动，获取的知识会更有效、更具有广泛的迁移力.

此外，计算机网络教育的形成和快速发展，使得学生的数学学习方式趋于多样化. 网络使数学学习突破了时空的限制，在学习时间、空间和进度上给了学生充分的选择自由，这样的学习条件能够最大限度地发挥学生的自主性，实现个性化发展. 受网络学习环境之赐，一方面是个人的知识和智慧可以被多数人所共享；另一方面则

---

① [荷]弗莱登塔尔. 作为教育任务的数学[M]. 上海教育出版社，1998：100.

是让全社会的知识和智慧都能为每个人所用.①也就是说,通过网络不仅可以传递数学教育信息,而且不同学校的师生还可以在网上就某个数学问题进行探讨、交流和对话,实现资源共享.可见,网上学习能够实现个别化学习、协作学习、终身学习和远距离学习等,将会在数学学习中发挥越来越重要的作用.

概言之,计算机技术为学生提供了对话、模拟、游戏的平台,提供了打开知识大门的钥匙,进行数学探索的实验室,施展数学才能的新天地,使他们能充分地发挥自己丰富的想象力和自由创造的思维,在美妙无穷的数学空间中翱翔.

13.1.3 优化数学教学的方式

计算机技术的介入,有可能从根本上改变传统数学教学中那种"黑板加粉笔"、"样例加练习"等以教师讲授为主的教学方式.这种传统教学方式很难提供真实或模拟真实的数学活动情境,因而,教学活动容易成为一种单向的、静态的、平淡的说教活动.

由于计算机技术具有文本、图形、图象、动画、视频、声音等多种媒体集成的优势,信息容量大,表现形式活,教师可以利用计算机技术的这些动态形象优势,创设生动活泼、富有启发性的情境.这样的情境能做到图文并茂、动静结合、声情融会、视听并用,使数学教学在兴趣激发、问题提出、概念形成、意义理解、实质把握、语言表达、方法发现、推理论证等各个方面达到出人预料的良好效果,多角度地优化数学教学的方式.例如,教师可以利用现代教育技术的计算功能和数形转换功能,在事先编制的程序中输入参数,如变量、数值、面积、体积、角度、方向等,来组织学生直接进行讨论,引导学生提问和交流,观察图形或数值的变化,分析原因,寻找规律,促进学生养成自己动手、动脑的习惯.同时可以减少重复繁杂的计算过程,起到化繁为简、事半功倍的效果.

总的来看,CAI 支持下的数学教学方式具有以下几个方面的优势:

(1) 揭示知识的形成过程,培养学生的探索发现能力

一些数学概念、规律或公式的得来过程,教师用语言或传统示意图等手段往往不易讲清楚,甚至无法讲清楚.借助计算机和相应的数学软件,可以帮助教师揭示知识的形成过程,加深学生对知识的理解和掌握,培养学生的观察发现能力.

例如,在学习"抛物线的定义及其标准方程"内容时,为了使学生深刻理解椭圆、抛物线和双曲线三者之间的联系与区别,可以利用几何画板、Excel 等软件,让学生探索随着离心率 $e\ (e>0)$ 由小到大的变化,图形由椭圆变为抛物线,再变为双曲线的动态过程.特别是在由 $e=1$ 变到 $e>1$ 时,抛物线转变为双曲线的过程中,使学生

① 王光明,等.现代数学教育选讲[M].重庆:西南师范大学出版社,1999:149.

清楚地观察到画面的左边缓缓"走"来了双曲线另一支的奇妙情境，十分形象动人. 进一步地，让学生借助图形的演变过程分析"平面内与一个定点 F 和一条定直线 l 距离相等的点的轨迹"是哪种曲线. 这样，整个知识的形成过程清晰地展现在学生面前，能够深化学生对知识的理解.

(2) 教师可以在更高的层次上发挥教学创造性，更好地实现教学主导作用

计算机辅助数学教学的关键是要创设合适的多媒体活动情境，这对教师提出了更高的要求，同时也提供了创造发挥的机遇和挑战. 首先，教师不仅要深谙多媒体的技术功能和操作程式，而且要熟练掌握一些常用的数学软件，具有自主设计和创造性使用数学教学软件的能力；其次，教师制作教学课件时，要充分考虑怎样将教学经验、最佳的教学策略和计算机技术有机结合起来，是发挥教学智慧的创造过程；再次，由于计算机辅助数学教学要求师生的参与性、互动性更强，需要数学教师的职能由"教"向"导"转变，利用多媒体所承载的知识、信息创设贴近实际的教学情境，将会更加强化和突出数学教师的主导作用.

(3) 调动学生的非智力因素，潜移默化地培养学生的情绪智力

数学教师利用多媒体创设情境，能在一定程度上改变传统数学教学中那种平淡机械、单调枯燥的状况，为学生营造一个新的、虚拟似真的、生动有趣的教学情境. 在这种教学情境下，屏幕上生动有趣的画面，增加了教学的直观性，使抽象的概念具体化、复杂的问题简单化，为学生营造了眼、耳、脑、口、手多管齐下的良好氛围，提高了学生学习的主动性和积极性，潜移默化地培养了学生的情绪智力，为学生良好心理品质的形成注入了催化剂，从而使得学生能有效地利用自己原有认知结构中的相关知识去顺应和同化当前学习到的新知识.

§13.2 计算机辅助数学教学的基本模式

CAI 的基本模式主要体现在利用计算机进行教学活动的交互方式上. 在 CAI 的不断发展过程中已经形成了多种相对固定的教学模式，诸如操作与练习、个别指导、探究发现、游戏、咨询与问题求解等模式. 随着多媒体网络技术的快速发展，CAI 又出现了一些新型的教学模式，例如，模拟实验教学模式、技术支持的合作学习模式、智能化多媒体网络环境下的远程教学模式等. 这些 CAI 教学模式反映在数学教学过程中，可以归结为以下几种主要的形式.

13.2.1 基于 CAI 的情境认知数学教学模式

所谓基于 CAI 的情境认知数学教学模式，即是指利用多媒体计算机技术创设包含图形、图象、声音、动画等信息的数学认知情境，使学生通过观察、操作、辨别、解释

等活动学习数学概念、命题、原理等基本知识. 这样的认知情境旨在激发学生学习的兴趣和主动性，促成学生顺利地完成“意义建构”，实现对知识的深层次理解.

从形式上来看，基于 CAI 的情境认知数学教学模式主要是教师根据数学教学内容的特点，制作具有一定动态性的课件，设计合适的数学活动情境. 因此，通常以教师演示课件为主，以学生操作、猜想、协商讨论等活动为辅展开教学. 适于采用此模式的数学教学内容主要是以认知活动为主的陈述性知识的获得. 计算机可以发挥其图文并茂、声像结合、动画逼真的优势，使这些知识生动有趣、层次鲜明、重点突出；可以更全面、更方便地揭示新旧知识之间联系的线索，提供“自我协商”和“交际协商”的“人机对话”环境，有效地刺激学生的视觉、听觉、感官处于积极状态，引起学生的有意注意和主动思考，从而优化学生的认知过程，提高学习的效率. 这样的教学模式显然不同于通过教师滔滔不绝的“讲解”来学习数学，而是引导学生通过教师的计算机演示或自己的操作来“做数学”，形成对结论的感觉、产生自己的猜想，从而留下更为深刻的印象.

基于 CAI 的情境认知数学教学模式反映在数学课堂上，最直接的方式就是借助计算机使抽象转化为形象、微观成为宏观，实现“数”与“形”的相互转化，以此辨析、理解数学概念、命题等基本知识.

数学概念、命题的教学是数学教学的主体内容，怎样分离概念、命题的非本质属性而把握其本质属性，是对之进行深入理解的关键. 教学中利用计算机来认识、辨析数学的概念、原理，能有效地增进理解，提高数学的效率.

例如，直线的倾斜角与直线斜率的关系 $k = \tan\alpha$，如果只是让学生识记这种静态的关系式，就可能理解不深刻. 但如果利用计算机作图的直观动态性，在同一个坐标系中画出倾斜角为 α 的直线和函数 $k = \tan\alpha$ 的图象(如图 13-2-1)，不仅可以动态地显示 α 值变化时，k 值是如何变化的，而且还能观察到函数的图象的变化情况. 这样的认知情境能够有效地增强教学效果，使学生对直线的斜率、倾斜角的内在联系留下深刻的印象.

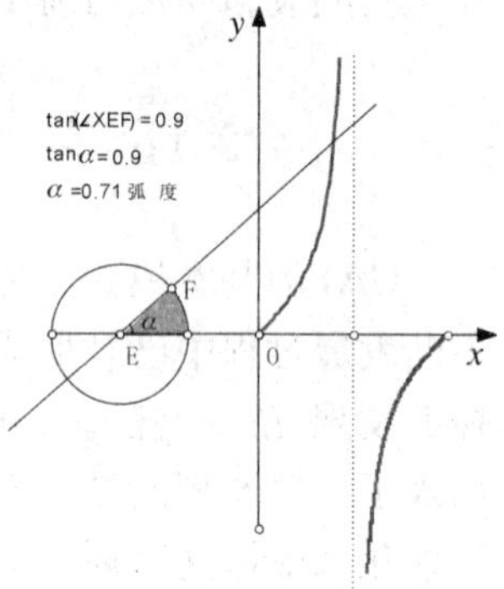

图 13-2-1

再如，极限概念是数学教学的一个难点，在传统的一支笔、一块黑板、一张嘴的教学模式下，很难把 a_n 随 n 的不断变化而趋向某个常数或不趋向于某个常数的动态过程显露出来，更难以创设一个学生参与的认知环境. 运用计算机技术，不仅可以把数列的通项随 n 变化的过程动态地显示出来，而且可以动态地随意展示任何一个区间上的情形，学生不再怀疑在区间$(A-\varepsilon, A+\varepsilon)$上有着数列的无限项. 必要时，可以让学生亲自参与，反复操作、实践、辨析，体验何谓“无限逼近”. 这样学生就能看到随 n

的不断增大，a_n 是如何接近常数 A 的，从而真正弄清 ε、N 究竟是怎么回事，在此基础上理解极限概念的本质特征.

由于基于 CAI 的情境认知数学教学模式操作起来较为简单、方便，且对教学媒体硬件的要求并不算高，条件一般的学校也能够达到. 因此，这种教学模式符合我国数学教学的实际情况，是当前计算机辅助数学教学中最常用的教学模式，也是数学教师最为青睐的教学模式. 不过，这种教学模式的不足之处也是明显的，主要表现在：

其一，技术含量不高. 由于这种教学模式基本上仍是采用“提出问题——引出概念——推导结论——应用举例”的组织形式展开教学，计算机媒体的作用主要是投影、演示，学生接触的有时相当于一种电子读本，技术含量相对较低，不能很好地发挥计算机的技术优势.

其二，人机对话的功能发挥欠佳. 计算机辅助数学教学的优势应通过“人机对话”发挥出来，而这种教学模式由于各种主客观条件的限制，还不能让学生独立地参与进来与机器进行面对面地深入对话，人机对话作用限于最后结论而缺乏知识的发生过程和思维过程，形式比较单调，内容相对简单.

其三，学生主动参与的数学活动较少. 虽然这种教学模式利用计算机技术创设了一定的学习情境，但这种情境是以大班教学为基础的，计算机主要供教师演示、呈现教学材料、设置数学问题，还不能够为学生提供更多的自主参与数学活动的机会.

13.2.2　基于 CAI 的练习指导数学教学模式

基于 CAI 的练习指导数学教学模式，是指借助计算机提供的便利条件促使学生反复练习，教师适时的给予指导，从而达到巩固知识和掌握技能的目的. 在这种教学模式中，计算机课件向学生提出一系列问题，要求学生作出回答，教师根据情况给予相应的指导，并由计算机分析解答情况，给予学生及时的强化和反馈. 练习的题目一般较多，且包含一定量的变式题，以确保学生基础知识和基本技能的掌握. 有时候，练习所需的题目也可由计算机程序按一定的算法自动生成.

这种教学模式也主要有两种操作形式：一种是在配有多媒体条件的通常的教室里，主要由教师集中呈现练习题，并对学生进行针对性的指导；另一种是在网络教室里，学生人手一台机器，教师通过教师机指导和控制学生的练习. 前者比较常见，因为它对硬件的要求不太高，操作起来也较为方便，但利用计算机技术的层次相对较低，教师的指导只能是部分的，学生解答情况的分析和展示也只能暴露少数学生的学习情况，代表性不强. 后者对硬件的条件要求较高，但练习和指导的效率都很高，是将来计算机辅助数学教学的一种发展趋势. 因为，在网络教室中，教师可以根据需要调阅任何一个学生的学习情况，及时发现他们的进度、难处，随时进行矫正、调整. 好的方法、典型的问题、典型的错误可以展示在大屏幕上或板演到黑板上，或者指示其他同学调阅学习伙伴的学习情况；同学之间还可以利用网络进行讨论，互通有无，资源共享. 总之，网络教室内的练习指导教学模式，人机对话的功能发挥较好，个别化指导水平较高，使能力差点的学生可以得到更多的关心，能力强些的学生得到更好的发展，能够较大幅度地提高数学教学的效率.

13.2.3 基于CAI的问题探究数学教学模式

基于CAI的问题探究数学教学模式，是指利用计算机软件将要学习的数学内容构造成一定的问题或问题情境，由学生独立或合作探究，在思考、解决问题的过程中获取知识和发展能力. 这种教学模式不仅适用于一般数学概念、命题、原理的学习，而且适用于数学法则、思想方法、建模应用等方面的学习. 由于该教学模式对学生各方面能力的要求较高，但不管哪些知识的学习，都需留给学生较宽松的探究活动余地和“数学发现”的机会. 所以，该模式所涉及的师生活动的组织结构可以通过图13－2－2[①]大致反映出来.

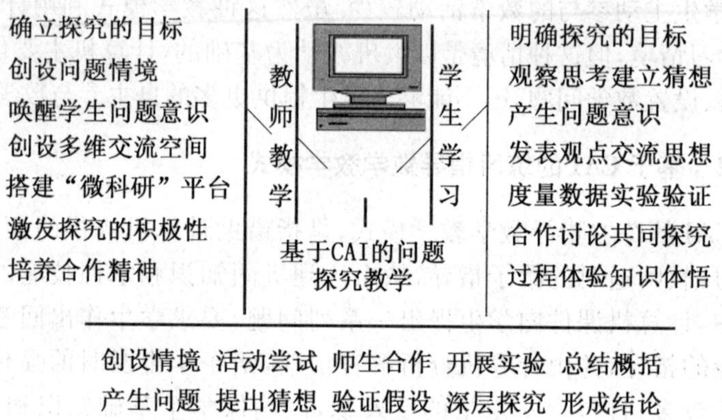

图 13－2－2

就目前计算机辅助数学教学的环境条件而言，这种教学模式的应用大致有两类：其一，计算机提供问题（必要时可提供求解这类问题的程序），由学生探究问题的解决办法，并从解决问题的探究过程中归纳、概括出一般原理，从而获得所要学习的知识；其二，计算机呈现问题情境，由学生根据问题情境所涉及的背景材料自己确定问题、提出假设和建立解决问题的程序，然后将有关的数据资料、操作程序输入计算机执行，通过学生的自主探究，验证假设，得出结论.

① 吴华，等. 利用计算机开展基于问题的数学探究性学习[J]. 中国电化教育，2005，5：72－74.

在数学学习的过程中，经常会遇到一些不容易解决的问题，尤其是需要抽象、概括建立数学模型的问题，或需要复杂运算的问题，或涉及到图形动态变换的问题等. 计算机技术的应用可以使这些问题更生动、更具有吸引力，也拓宽了问题探究的路径. 例如，中科院院士张景中教授组织开发的新一代智能软件《数学实验室》中的系列软件《数学之门》就能通过智能作图（包括平面几何、立体几何）、自动推理、回归分析等智能操作解决数学问题，而《几何专家》则不仅能帮助用户解决疑难问题，还可以教给用户解决问题的方法.

13.2.4　基于 CAI 的数学实验教学模式

所谓基于 CAI 的数学实验教学模式，就是利用计算机系统作为实验工具，以数学规则、理论为实验原理，以数学素材作为实验对象，以简单的对话方式或复杂的程序操作作为实验形式，以数值计算、符号演算、图形变换等作为实验内容，以实例分析、模拟仿真、归纳总结等为主要实验方法，以辅助学数学、辅助用数学或辅助做数学为实验目的，以实验报告为最终形式的上机实际操作活动. 学生在做数学实验的过程中，通过个人独立探索、小组合作研究或者组织全班学生讨论，主动参与发现、探究、解决问题等活动，从中获得数学研究的过程体验和情感体验，产生成就感，进而开发创新潜能.

基于 CAI 的数学实验教学模式的基本思路是：学生在教师的指导下，从数学实际活动情境出发，设计研究步骤，在计算机上进行探索性实验，提出猜想、发现规律、进行证明或验证. 根据这一思路，具体教学时一般涉及以下五个基本环节[①]：

创设活动情境→活动与实验→讨论与交流→归纳与猜想→验证与数学化

例如，对于一道常见的习题“一条长度为 2 的线段 AB，端点在坐标轴上运动，从坐标原点向线段 AB 引垂线，垂足为 M，求垂足 M 的轨迹”，可以利用几何画板或 MATHCAD 软件设计一个数学实验活动. 首先让学生观察屏幕演示线段的运动情景，接着一步一步地启发学生推导出动点 M 轨迹的极坐标方程 $\rho=\sin 2\theta$，并在屏幕上显示出它所代表的四叶玫瑰线. 然后引导学生猜想 $\rho=\sin 2\theta$ 表示什么曲线. 学生借助计算机进一步地做实验，键入不同的 n 值，各种美丽的花瓣便出现在屏幕上. 这样的实验结果会给学生带来获得成就的兴奋感. 此时，进一步地引导学生将视野放宽些继续实验，验证自己的猜想. 当发现 $n=0.1, 0.5, 1.5, \cdots$ 时，屏幕上出现的并非花瓣图案，这就产生了认知冲突，又会激起学生进一步探究的好奇心. 这样的实验教学效果如果没有计算机技术的支撑是无法达到的.

大数学家欧拉曾经说过：“数学这门科学，需要观察，也需要实验.”但在长期的

---

① 曹一鸣. 数学实验教学模式探究[J]. 课程 · 教材 · 教法，2003，1：46－48.

数学课堂教学中，由于各方面条件的限制，偏重于强调数学演绎推理的一面，忽视其作为实验科学的一面，导致学生看不到数学被发现、创造的过程，而过分注重问题的结论以及解题的方法技巧. 基于 CAI 的数学实验教学模式则让学生感到一切都是当着他们的面发生的，而不是以教条的形式灌输的，为学生提供了更多的动手机会，使学生由"听数学"转为"做数学"，从被动的接受式的学习变为主动的探索式的学习.

13.2.5 基于 CAI 的数学通讯辅导教学模式

所谓基于 CAI 的数学通讯辅导教学模式，是指在多媒体网络环境下教师将与数学教学内容有关的材料以电子文本的形式传输给学生，再现课堂教学中的信息资料和数学活动情景，使学生得到进一步的数学辅导，从而将数学教学由课内走向课外、由学校延伸至家庭.

事实上，由于各种主客观条件的限制，单单课堂里的数学教学尚有较大的局限性，无论是知识的掌握还是能力的发展，学生都需要得到进一步的辅导. 凡是有课堂听讲经历的都会有这样一种感受：如果在课堂上及时思考老师提出的问题或参与讨论、合作活动，可能就没有充分的时间"记好课堂笔记". 记笔记妨碍参与数学活动，参与数学活动又可能无法在课后完整地再现课堂教学的内容，取得反复学习的效果. 利用计算机技术可以很方便地解决这个问题：上课时学生可以不必花大部分精力赶记笔记，而是用在独立思考与合作交流等数学活动中. 课后，学生只需将教学内容的电子资料拷贝下来，根据自己的需要再现课堂教学的任一部分内容，反复琢磨，达到复习巩固的目的. 或者，在网络状态下，学生在自己家里登陆老师的网站，向老师寻求资料、提出问题、求得解答. 这样，课后的辅导变得随时随地. 学生还可以针对自己的情况选择不同层次的学习内容，教师则可以针对学生的实际水平，实现个别化辅导为主的分层教学. 而且，还可以发挥计算机的即时反馈功能，对学生的作业随时予以指导和评价，有效地克服了传统数学教学中"回避式作业批改"的反馈滞后性、缺乏指导性等缺陷. 此外，计算机还有很强的评价功能. 经过一段时间的学习，或者几道题、一个单元、一个章节，计算机就可作出评价（评分），使学生了解学习的效果. 典型的、反复出现的错误，计算机还可以针对性地加以强化，使簿弱环节得到反复学习.

就当前数学教学的环境条件而言，实施基于 CAI 的数学通讯辅导教学模式主要还是教师制作课件和电子辅导资料供学生拷贝使用，或向学生介绍相关的数学学习网站登陆自学. 随着网络技术的高速发展，教师应当建立一个适合自己所教学生的个人数学教学辅导网站，将数学辅导材料传输于网上，随时供学生调阅、探讨. 当然，这种网络辅导方式不仅对教师的精力和能力是一种考验，而且也需要有学生家庭经济状况的支持. 一些有条件的学校的教师，已经做了一些探索和尝试，在自己建立的个人网站上设立丰富多彩的活动板块，有效地调动了学生参与的积极性. 例如，有的教师在自己的个人网站上设立"知识经脉"，帮助学生梳理所学的数学知识，形成知识结构网络；设立"课堂重温"，每次课后都上传本节课的内容，便于学生(尤其是学困生)及时弥补当天未掌握的知识，同时一个阶段后也便于学生回顾所学知识；设立"课外辅导"，提供同步练习、自我测试、点击高考、竞赛辅导等供学生酌情选择；设立"教学反馈"，公布每次作业和考试情况，收集一些典型错误，即使在期末复习时亦可查看；设立"成果展示"，表彰进步的学生，展示他们的小创作、小论文等；还有学习论坛，酷站链接等. 通过网站，不仅激发了学生的学习兴趣，拓宽了他们获取数学知识的渠道，而且提高了他们搜索、获取并交流信息的能力. ①

§13.3　数学 CAI 课件的设计与制作

在课堂教学中，要充分发挥计算机的辅助功能，必须依靠合适、优质的课件(Courseware)，即为完成一定的教学任务而设计的多媒体软件.

13.3.1　数学 CAI 课件概述

数学 CAI 课件，即是针对具体数学教学内容的特点和教学目标，结合所使用的多媒体系统的特性，采用计算机语言、写作系统或数学软件所产生的教学软件包. 它是具有明确教学目的的，反映教材内容、教材结构和相应的教学策略的程序系统. 一份完整的数学 CAI 课件应是数学教学内容与数学教学处理策略两大类信息的有机结合. 具体包括以下几个方面的内容：

✧ 向学习者提示的各种数学教学信息

✧ 用于对数学教学过程进行诊断、评价、调节的各种信息和信息处理机制

✧ 用于提高学生主动参与数学探究活动的积极性，强化学习刺激的学习评价信息

✧ 用于更新数学学习数据、实现数学学习过程控制的教学策略

根据现有数学 CAI 课件的特点和适用范围，可以大致将其分为三大类：一类是用于课堂教学中的辅助演示型课件，另一类是适于数学问题探究、数学实验教学的活动方案型课件，再一类是适于个别学习或网络通讯指导学习的系列引导型课件②.

辅助演示型课件主要适用于基于 CAI 的情境认知数学教学模式，旨在为了突出教学重点、克服教学难点而设计开发的. 一般是教师在课堂上讲授新知识的同时，用

① 王旭娟. 信息技术与数学学科教学整合的尝试与思考[J]. 数学教育学报，2004，13(2)：97－99.

② 李刚. 计算机辅助教学与数学多媒体课件的制作[J]. 数学教育学报，1999，8(1)：38－40.

多媒体计算机系统演示与新知识相关的背景材料或关键信息或动态图形、图象，把抽象的内容形象化、隐性的内容显性化，以增强学生数学学习过程中的感知和理解力.

例如，对三角函数 $y = A\sin(\omega x + \varphi)$ 的特性的认识，可通过演示振幅 A、频率 ω、初相 φ 的变化，引起函数图象的变化情况，提高教学的效果(如图 13-3-1).

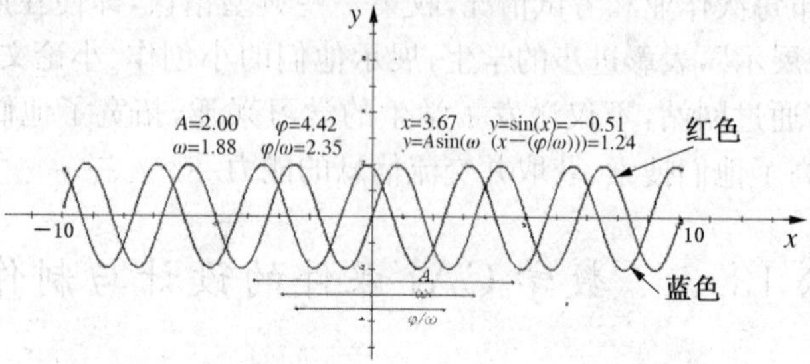

图 13-3-1

许多知识的教学都可以制作类似的动画课件，形象、生动地演示出来. 例如，平面解析几何中圆锥曲线的形状与参数的关系，立体几何中几何体的生成，概率统计中数据的统计、分布情况，等. 这些动态演示既有助于解决教学中的疑难问题，又增强了数学 CAI 教学的感染力.

活动方案型课件主要适用于基于 CAI 的问题探究数学教学模式和数学实验教学模式，旨在为了引导学生进行问题探究或者展开数学实验，借助一些数学软件而设计开发的一系列数学活动方案. 具体使用时，一般也有两种形式：一是在通常的数学课堂教学环境下(即教室里仅有一套多媒体计算机教学系统)，教师利用计算机提供活动方案型课件及相关说明或提示，学生思考、探究或提出实验思路，并将典型结论展示出来以便进一步研讨或继续下一项活动；二是在专门的微机室里，学生人手一台电脑或小组共用一台电脑，根据教学实验课件拟定的任务进行针对性的探究实验活动.

例如，利用几何画板软件设计以下的活动方案型课件.

探究任务一：点 P 为⊙O 上的动点，定点 A 在圆周上，PA 中点 M 的轨迹是什么图形？拖动点 A 使之分别位于⊙O 内部、外部，轨迹又如何？(结论如图 13-3-2(1)、(2)、(3)所示)

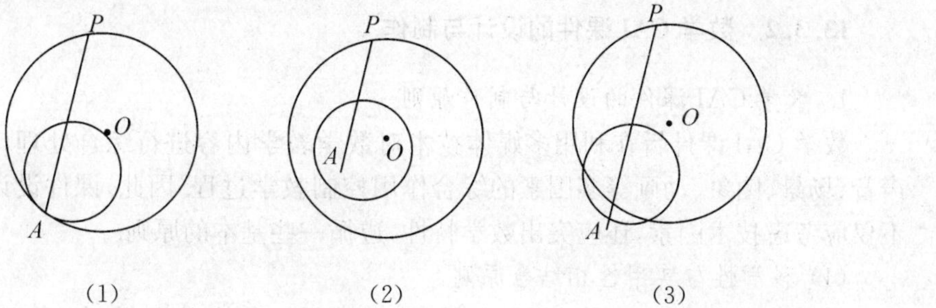

图 13－3－2

猜想：点 M 的轨迹与⊙O有何关系？

探究任务二：如果有两动点 A、P 分别在：① 两个圆，② 两条线段，③ 一条线段和一圆，④ 一椭圆和一圆，⑤ 一椭圆和一抛物线上运动，那么它们连线的中点轨迹分别是什么？

探究任务三：若一个三角形的三个顶点分别在一椭圆、双曲线、抛物线上运动，则该三角形的重心轨迹是什么？

这样一组层层深入的数学活动任务，如果没有数学软件的探索功能支撑是很难实现的. 活动方案型课件为学生的探究实验活动指明了方向，也为数学课堂教学增添了色彩.

系列引导型课件是将某学段的数学学习内容按章、节组织成系统、详细的学习指导方案，内容较之前两种课件都要丰富、完整，并设置了诊断、评价、反馈和引导等学习板块. 整个课件相当于一本电子学习辅导教材，以操作与练习、对话、游戏、辅导测试、系列讲座等多种形式存在，适于学生进行个别化学习或网络通讯指导学习. 就目前投入使用的数学教学系统引导型课件来看，大部分是一些大型公司作为教育商品开发的学习软件包，以只读式光盘(CD－ROM)形式存储或传输于某些教育网站，一般开发难度大、周期长、成本费用高，但由于与学校教学的疏离，往往使用率并不高；少部分是各个学校自己针对本校数学教学的特点开发研制的课件，不过这要求一定的技术能力，大多数学校还不能胜任这方面的工作.

总的来看，目前使用的数学多媒体课件还存在一些明显的缺陷，如数量少、习题集或练习册化、互动性差、趣味性低、形式单调等. 固然，数学学科自身的特点，特别是抽象性和符号形式化等特点，给数学教学课件的制作带来了一定困难，但根本的原因还在于使用与开发链条的不合拍所致，需要大力加强相关环节的研究.

13.3.2　数学CAI课件的设计与制作

1. 数学CAI课件的设计与制作原则

数学CAI课件旨在利用多媒体技术对数学教学内容进行综合处理，借助文本、声音、场景、图象、动画等多因素的综合作用控制教学过程. 因此，课件设计与制作中不仅应考虑技术因素，还应突出数学特性，遵循一些基本的原则.

(1) 科学性与实用性相结合原则

科学性是数学CAI课件设计的基础，就是要使课件规范、准确、合理，主要体现在：内容正确，逻辑清晰，符合数学课程标准的要求；问题表述准确，引用资料规范；情景布置合理，动态演示逼真，不矫揉造作、哗众取宠；素材选取、名词术语、操作示范等符合有关规定.

课件设计的实用性就是要充分考虑到教师、学生和数学教材的实际情况，使课件具有较强的可操作性、可利用性和实效性，主要体现在：性能具有通识性，大众化，不要求过于专门的技术支撑；使用时方便、快捷、灵活、可靠，便于教师和学生操作、控制；容错、纠错能力强，允许评判和修正；兼容性好，便于信息的演示、传输和处理.

数学CAI课件的设计应遵循科学性和实用性相结合的原则，既要使课件技术优良、内容准确、思想性强，又要使课件朴素、实用，遵循数学教学活动的基本规律和基本原则. 一款优秀的数学CAI课件应该做到界面清晰、动静相宜、文字醒目、音量适当，整个课件的进程快慢适度，内容难度适中，符合学生的认知规律等.

(2) 具体与抽象相结合原则

数学的学习重点在于概念、定理、法则、公式等知识的理解和应用，而这些知识往往又具有高度的概括性和抽象性，这也正是学生感到数学难学的原因之一. 适当淡化数学抽象性，将抽象与具体相结合是解决困难的有效办法. 设计数学CAI课件时，应根据需要将数学中抽象的内容利用计算机技术通过引例、模型、直观演示等具体的方式转化为学生易于理解的形式，以获得最佳的教学效果. 例如，利用几何画板软件能完成各种初等函数及其复合函数计算，并能将这些抽象的函数式绘制成具体的、形象的图形，学生借助形象的图形变化以及变化前后的关系探求函数的性质，有助于加深理解的程度. 以二次函数为例，如果单凭想象或画出静态的图象来认识“二次函数系数的变化与图象几何变换之间的密切关系”，学生留下的印象就不会深刻. 而如果将二次函数系数的变化与图象几何变换之间的密切关系通过课件直观、动态地演示出来(如图13-3-3)，学生切实地感受到图象随系数的大小变化而左右平移、上下平移、开口上下变换的动态情景，既能提高学习的兴趣，又能轻松愉快地获得深层次地理解. 因此，具体的图形能帮助学生轻松地理解抽象函数式中每个参数的含义.

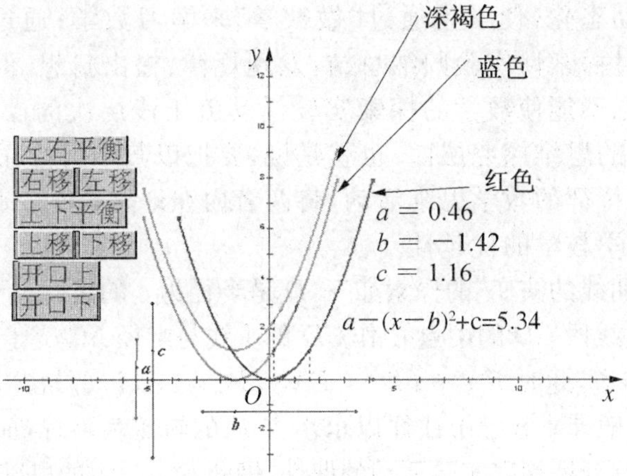

二次函数系数与图象几何变换的关系

图 13-3-3

(3) 数学性与艺术性相结合原则

数学 CAI 课件的设计应有一定的艺术性追求. 优质的课件应是内容与美的形式的统一,展示的图象应尽量做到结构对称、色彩柔和、搭配合理,能给师生带来艺术效果和美的感受. 但是,数学 CAI 课件不能一味追求课件的艺术性,更要注重数学性,应使数学性和艺术性和谐统一. 数学教学的图形动画不同于卡通片,其重点并不在于对界面、光效、色效、声效等的渲染,而是要尊重数学内容的严谨性和准确性,即数学性. 就图形的变换而言,无论是旋转还是平移,无论是中心投影还是平行投影,画面上的每一点都是计算机准确地计算出来的. 例如,空间不同位置的两个全等三角形,由于所在的平面不同,图形自然有所不同;空间的两条垂线,反映在平面上,当然也不一定垂直. 这些图形,在平时的学习中,只能象征性地画一下,谈不上准确. 而在数学 CAI 课件中,所有图形的位置变换都是准确测算的结果,看起来反而会有些"走样". 为了使学生看到"不走样"的图形效果而进行艺术加工,必须以不失去数学的严谨性、准确性为前提. 此外,无论是数学的概念、定理、法则的表述,还是解题过程的展示,都要力求简洁、精练,符合数学语言和符号的使用习惯,做到数学学科特性和艺术性的融合统一.

(4) 归纳实验与演绎思维相结合原则

波利亚曾精辟地指出:"数学有两个侧面,一方面它是欧几里得式的严谨科学,从这个方面看,数学像是一门系统的演绎科学;但另一方面,创造过程中的数学,看起来却像一门试验性的归纳科学. "[①]因此,数学 CAI 课件设计时,应遵循数学的归纳实验与演绎思维相结合的原则. 计算机辅助数学教学最明显的优势正在于为学生创设真实或模拟真实的数学实验活动情境,将抽象的、静态的数

---

① G. 波利亚. 数学与猜想[M]. 李志尧,等,译. 北京:科学出版社,1984.

学知识形象化、动态化，使学生通过“做数学”来学习数学；通过观察、实验来获得感性认识；通过探索性实验归纳总结，发现规律、提出猜想. 但是，设计 CAI 课件时，又必须注意不能使数学的探索实验活动流于浅层次的操作、游戏层面，而要上升到深层次的思维探究层面. 也就是说，要把以归纳为特征的数学实验活动引导到以演绎为特征的数学思维活动，将两者内在地融合在一起，才能真正体现出计算机辅助数学教学的优越性.

例如，“圆锥曲线的演变”的探索如下：D 是半径为 r 的定圆 A 内的一定点，C 是圆上的一动点，过线段 CD 的中点 E 作 CD 的垂线与半径 AC 交于点 F，求点 F 的轨迹. 从绘图过程知道，此时 $FA + FD = FA + FC = r$，F 的轨迹显然是椭圆（如图 13 - 3 - 4(1)）. 一般课堂教学中往往以求出点 F 的轨迹为目标，而利用几何画板软件可以设计出继续开展探究实验活动的课件，借此发展学生的思维能力.

演变一：当 E 到 C 的距离小于 E 到 D 的距离时，$FA + FD > r$（如图 13 - 3 - 4 (2)），出现了“奇妙的现象”，点 F 的轨迹是“鸭蛋形”；

演变二：当 E 到 C 的距离大于 E 到 D 的距离时，$FA + FD < r$（如图 13 - 3 - 4 (3)），点 F 的轨迹是“导弹形”；

演变三：把线段 CD 换成直线，使点 E 在 CD 的延长线上（如图 13 - 3 - 4(4)），F 的轨迹成为了“肾脏形”. 同样还可以探讨点 E 在 DC 的延长线上时的图形（这样的演变活动不借助计算机技术是很难或无法实现的）. [①]

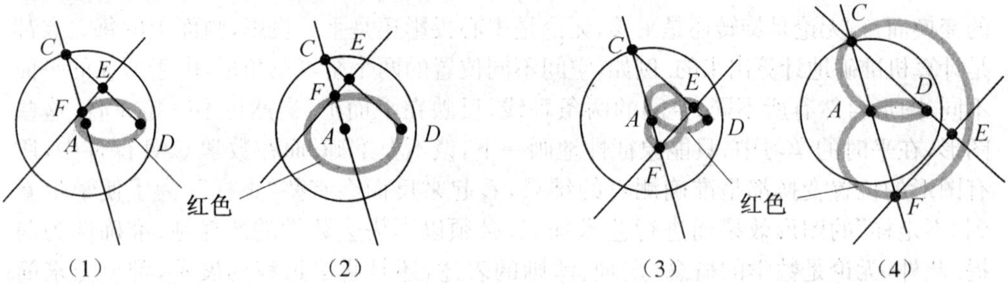

图 13 - 3 - 4

通过使用这样归纳实验与演绎思维相结合的数学 CAI 课件开展数学实验活动，使学生对此问题有了灵活而深入地理解，在活动中拓展了思维，交流了经验，体会了做数学的无限乐趣.

(5) 数值与图形相结合原则

数形结合是研究数学问题的重要思想方法. 而很多 CAI 课件制作平台不仅具备

① 陶维林. 4.03 版几何画板实用范例教程[M]. 北京：清华大学出版社，2003.

强大的数值测量与计算功能，而且都有很好的绘图功能. 一方面，给出数和式子就能构造出与其相符的图形；另一方面，给出图形就能计算出与图形相关的量值. 数学CAI课件的设计与制作应充分发挥计算机数值与图形结合的强大功能，通过展示测得的数值和图形的内在联系及其相互转化，用数值和图形两种方式的结合来解释和说明问题，这也正体现了数形结合的思想方法.

例如，利用几何画板平台解决三角形内接矩形面积最大问题. 如图13－3－5所示，建立平面直角坐标系、画三角形及其内接四边形，测得 OA 长、四边形 $ABCD$ 面积，调整自由点 A，测出一系列 OA 的长和与其对应的面积值，制作数据表格. 通过数值对比，观察面积变化情况，确定最值点. 同时，可绘制出面积函数图象，借助于形直观地确定最值点位置.

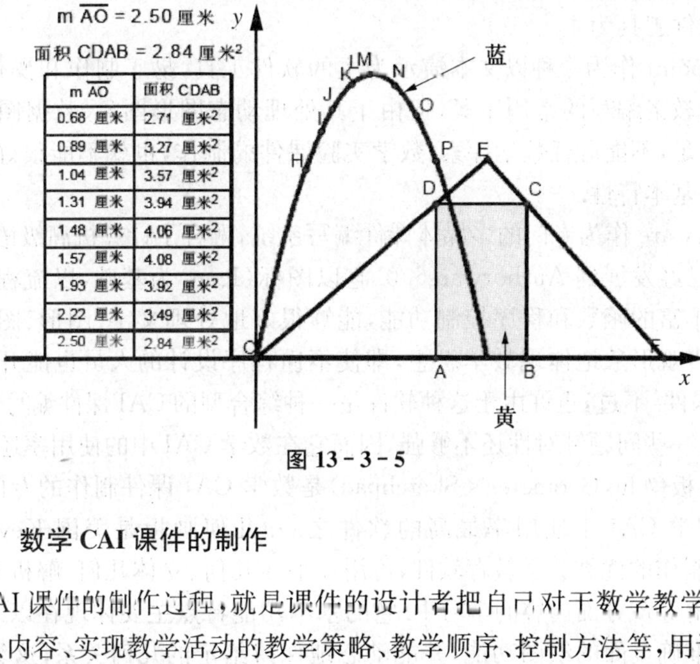

图 13－3－5

13.3.3 数学CAI课件的制作

数学CAI课件的制作过程，就是课件的设计者把自己对于数学教学的想法，包括教学目的、内容、实现教学活动的教学策略、教学顺序、控制方法等，用计算机程序描述，并输入计算机，经过调试成为可以运行的程序. 有效的课件制作方法是将教学设计和软件工程结合起来，以教学设计的方法对课件的教学内容、教学过程及其控制进行设计，这是课件制作的核心. 在课件开发的组织和技术方法上，则应遵循软件工程的方法.

1. 数学CAI课件制作的软件工具介绍

就目前来看，多媒体课件制作的软件工具多种多样. 既可以使用具有很强多媒体编辑功能的高级语言，如Visual C_{++}、Visual Basic、Pascal等，也可以使用专门的多媒体课件创作软件，如 Authorware、方正奥思等. 前者要求创作的主要执行者必须是计算机专业人员，并同时需要有创意人员进行创作指导（或提供很详细的创作意图说明）. 也就是说，这种方法制作 CAI 课件时要求参加制作人员的数量较多，但这种方法的好处是创意人员的随意性大，创意人员的一些巧妙构思在这种方法下变成现实是较为容易的事. 后者则不需要创作者有较深的计算机专业知识（尤其是编程方面的知识），使用起来简单方便，创作速度快捷，适于制作不太复杂的 CAI 课件. 但这类软件的缺点是创作者的随意性不大，只能在它所规定的范围内进行创意，从而使创作者的一些新颖设计难以实现.

从当前中学数学计算机辅助教学的实际情况来看，所使用的课件还多是以教师个人或学校范围内的教师群体研究开发为主. 因而，软件技术的使用主要是一些大众化、易操作、针对性强的常用软件. 具体来说，主要以 Powerpoint、Authorware、几何画板等软件工具为主.

Powerpoint 作为一种以文本演示为主的软件工具，易于制作和操作使用，已成为数学教师教案编写的常用工具，但由于其处理动态图形图象、数据图表分析等方面的功能不足，不能胜任数学探索、数学实验课件的制作，也就不能很好地突出数学学习的一些基本特性.

Authorware 作为专门的多媒体课件编写系统，融合了计算机高级语言和编辑系统的特点，已经发展到 Authorware6. 0. 它以图标（Icon）为基础，以流程图为结构环境，再加上丰富的函数和程序控制功能，能够很好地处理文字、图形、图象、声音、动画等效果，直观形象地体现教学思想，即使不懂程序设计的人员也能开发出漂亮的数学 CAI 课件. 不过，也许由于这种软件是一种综合型的 CAI 课件编写系统，处理数学教学中的一些问题针对性还不够强，因而它在数学 CAI 中的使用率还不高.

几何画板（The Geometer's Sketchpad）是数学 CAI 课件制作的专门工具，也是当前中学数学 CAI 中使用率最高的软件之一. 几何画板是美国 Key Curriculum Press 公司制作的优秀数学教育软件，可用在平面几何、立体几何、解析几何、函数变换、方程求解等多方面内容的学习中. 它的基本功能特点主要体现在以下几个方面：第一，具有准确全面的绘图功能，并能动态地保持给定的几何关系，这为“在变化的图形中，发现恒定不变的几何规律”提供了可能；第二，提供了旋转、平移、缩放、反射等几何变换功能；第三，具有度量和计算功能；第四，提供了坐标系功能（包括直角坐标系和极坐标系），与其他功能相配合可以绘制多种函数图象；第五，可以制作动画和移动，能够研究与动态变换相关的问题. 此外，几何画板符合 Windows 应用程序的一致风格：可以为文字选择字型、字号、字体等，可以为图形添加颜色，可以使用 Windows 的剪贴板功能等. 总之，利用几何画板软件可以制作出功能齐备、兼容性好、操作使用方便的数学 CAI 课件.

2. 数学 CAI 课件制作的步骤

数学 CAI 课件的设计与制作一般要经由以下步骤：选择课件主题，对课件主题进行教学设计，课件系统设计，编写课件稿本，课件的诊断与测试等.

(1) 选择课件主题

课件的选题非常重要，并不是所有的数学教学内容都适合或有必要作为多媒体技术表现的材料. 一般来说，选题时应注意以下几个方面：

① 性价比. 制作课件时应考虑效益，即投入与产出的比. 对于那些只需使用常规教学方法就能很好实现的教学目标，或者使用多媒体技术也并不能体现出多少优越性的教学素材，则没有必要投入大量的精力、物力制作流于形式的 CAI 课件.

② 内容与形式的统一. 课件的最大特点是它的教学性，即对数学课堂教学起到化难为易、化繁为简、化抽象为具体、变苦学为乐学等作用，避免出现牵强附会、画蛇添足、华而不实的应付性课件. 课题的内容选取时应做到：选取那些常规方法无法演示或难以演示的主题；选取那些不借助多媒体技术手段难以解决的问题；选取那些能够借助多媒体技术创设良好的数学实验环境、交互环境、资源环境的内容.

③ 技术特点突出. 选择的课件主题应能较好地体现多媒体计算机的技术特点，突出图文声像、动静结合的效果，避免把课件变成单纯的“黑板搬家”或“教材翻版”式的电子读物，使数学教学陷入由“人灌”演变成“机灌”的窠臼.

(2) 对课件主题进行教学设计

在数学 CAI 课件的制作过程中，教学设计也是一个重要的环节，主要包括教学目标的确定、教学任务的分析、学生特征的分析、多媒体信息的选择、教学内容知识结构的建立以及形成性练习的设计. 由于这些内容在第 9 章中已有论述，此处不再赘述.

(3) 课件系统设计

课件系统设计是制作数学 CAI 课件的主体工作，直接决定了课件的质量. 具体包括以下几个环节[①]：

① 课件结构设计. 数学 CAI 课件的结构是数学教学各部分内容的相互关系及其呈现的基本方式. 设计课件的结构首先要把课件的内容列举出来，合理地设计课件的栏目和板块，然后根据内容绘制一个课件结构图(一般以树形结构绘制，如图 13-3-6)，以便清楚地描述出页面内容之间的关系.

① 张一春. 现代教育技术实用教程[M]. 南京师范大学出版社，2005，62.

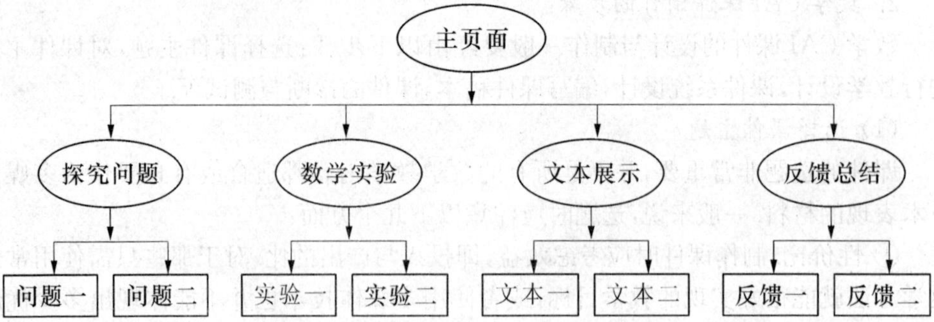

图 13-3-6

② 导航策略设计. 导航策略是为了避免学生在数学信息网络中迷失方向,系统提供引导措施以提高数学教学效率的一种策略. 导航策略涉及以下几个方面:检索导航——方便用户找到所需的信息;帮助导航——当学习者遇到困难时,借助帮助菜单克服困难;线索导航——系统把学习者的学习路径(访问的链接点)记录下来,方便学习者自由往返;导航图导航——以框图的方式表示出超文本网络的结构图,图中显示出信息之间的链接点.

③ 交互设计. 交互性是数学 CAI 课件的突出特点,也是课件制作需要重点关注的问题. 一般可设计成以下几种类型的交互方式:问答型——即通过人机对话的方式进行交互(如常见的对话框),计算机根据用户的操作做出问题提示,用户根据提示确定下一步的操作;菜单型——菜单可以把计算机的控制分成若干类型,供用户根据需要选择;图标型——图标可以用简洁、明快的图形符号模拟一些抽象的数学内容,使交互变得形象直观;表格型——即以清晰、明细的表格反映数值信息的变化.

④ 界面设计. 课件的操作界面反映了课件制作的技术水平,直接影响课件的使用效果. 界面设计时应该在屏幕信息的布局与呈现、颜色与光线的运用等方面加以注意:

1° 屏幕信息的布局应符合学习对象的视觉习惯. 一般来说,各元素的位置应该是:标题位于屏幕上中部;屏幕标志符号、时间分列于左右上角对称位置;屏幕主题占屏幕大部分区域,通常以中部为中心展开;功能键区、按钮区等放在屏幕底部;菜单条放在屏幕顶部.

2° 屏幕上显示的信息应当突出数学教学内容的重点、难点及关键,信息量过大会分散学生的注意力;信息的呈现可适当活泼,比如,采用不同字体和不同风格修饰文字.

3° 颜色与光线的运用,应注意颜色数量的种类要恰当,光线要适中,避免色彩过多过杂,光线太过耀眼或暗淡;注意色彩及光线的敏感性和可分辨性,对不同层次和特点的数学内容应有所对比和区分.

一般来说，画面中的活动对象及视角的中央区域或前景应鲜艳、明快一些，非活动对象及屏幕的周围区域或背景则应暗淡一些；注意颜色与光线的含义和使用对象的不同文化背景及认知水平，如果使用对象为小学生，课件屏幕可鲜艳、活泼一些，而使用对象为中学生特别是高中生，课件屏幕则应以高雅恬淡、简洁稳重为主.

(4) 编写课件稿本

课件稿本是数学教学内容的文字描述，也是数学 CAI 课件制作的蓝本. 稿本可分为文字稿本和制作稿本. 文字稿本是按数学教学的思路和要求，对数学教学内容进行描述的一种形式. 制作稿本是文字稿本编写制作时的稿本，相当于编写计算机程序时的脚本.

下表是编写课件稿本时可以参考使用的课件设计“文件夹”.

<table>
<tr><td>课件名称</td><td colspan="3">单元名称</td><td colspan="2">编号</td></tr>
<tr><td rowspan="5">屏幕设计草图</td><td colspan="5">媒体表现方式选择</td></tr>
<tr><td>呈现内容</td><td>呈现时间</td><td>媒体类型</td><td>文件名</td><td>技巧</td></tr>
<tr><td></td><td></td><td></td><td></td><td></td></tr>
<tr><td></td><td></td><td></td><td></td><td></td></tr>
<tr><td></td><td></td><td></td><td></td><td></td></tr>
<tr><td>链接说明</td><td colspan="5">超链接的层次、内容等</td></tr>
<tr><td>交互说明</td><td colspan="5">交互类型，名称，屏幕中的位置等</td></tr>
<tr><td>屏幕呈现说明</td><td colspan="5">颜色，窗口大小，进入效果，擦除效果等</td></tr>
<tr><td>使用软件说明</td><td colspan="5">使用的主要数学软件的特点，如几何画板，mathlab 等</td></tr>
<tr><td>备注</td><td colspan="5"></td></tr>
</table>

(5) 课件的诊断测试

制作完成的数学课件要在使用前和使用后进行全面的诊断测试，以便进行相应的调整、修正，进一步提高课件的制作质量. 诊断测试是根据课件设计的技术要求和设计目标来进行的，具体包括功能诊断测试和效果诊断测试. 功能诊断测试包括课件的各项技术功能，如对教学信息的呈现功能、对教学过程的控制功能等. 效果诊断测试是指课件的总体教学效果和教学目标完成的情况.

以下是对数学 CAI 课件的诊断测试评价标准.

① 内容：课件中显示的文字、符号、公式、图表以及概念、规律的表述是否正确，呈现的数学知识及思想方法是否准确，对学生来说难度是否适当，问题的设置是否考虑了学生的“最近发展区”，是否具有教育价值等.

② 教学质量：数学教学过程的展开逻辑上是否合理，信息的组织搭配是否有效，

多媒体运用是否适当，课件能否有效地激发学生的兴趣和创造力，问题情境的创设是否具有启发性和引导性，对学生的回答是否能有效地加以反馈等.

③ 技术质量：操作界面设置的菜单、按钮和图标是否便于师生操作，各部分内容之间的转移控制设置是否有效，画面是否符合学生的视觉心理，课件能否充分发挥计算机效能，补充材料是否便于理解等.

课件的开发是一个反复循环的过程，只有对课件的各个方面不断总结、不断改进，才能制作出真正优质的课件.

此外，数学 CAI 课件的制作形式可以不拘一格，应根据数学教学的具体内容特点灵活确定并选择. 例如，从课件容量的大小范围来说，小的课件可能只是一个知识点或一种数学方法的介绍与解释，只需要播放或展示几分钟；而大的课件可能涉及一个单元甚至整本教材，需要较长时间的连续性学习.

上述的几个环节只是大致说明了数学 CAI 课件制作的纲要框架. 实际上，一个数学 CAI 课件的制作是动态生成的过程，在这一过程中，还会涉及许多不确定的因素，需要根据当场的现实情境具体问题具体分析. 例如，对于同样的教学内容，若使用不同的课件制作软件，就会产生不同的界面效果. 图 13－3－7 列出了制作课件时可能会涉及到的多方面的因素①.

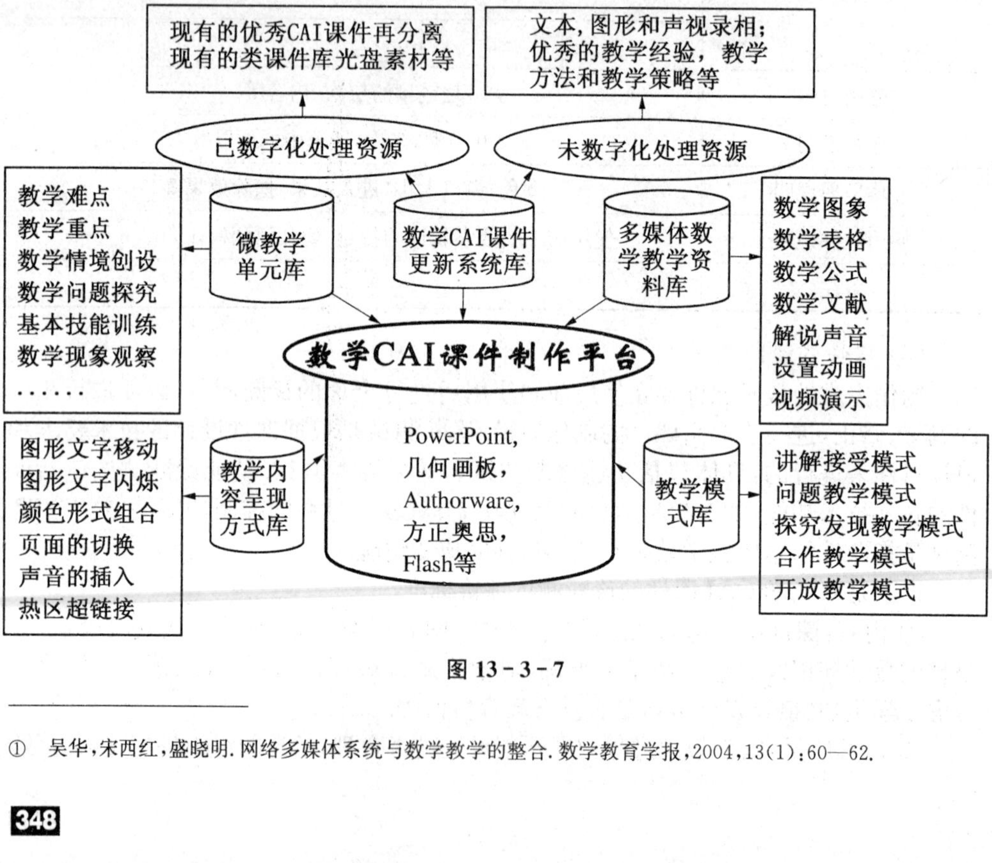

图 13－3－7

① 吴华，宋西红，盛晓明. 网络多媒体系统与数学教学的整合. 数学教育学报，2004，13(1)：60—62.

§13.4 几何画板软件在数学CAI中的开发利用

鉴于几何画板软件在中学数学计算机辅助教学中的普及性,本节简单介绍几何画板软件的工作界面和开发利用.

13.4.1 几何画板的工作界面

以当前使用的几何画板 4.06 中文版为例.执行"开始/程序/GSP4.06"命令,启动 GSP4.06 之后,出现如图 13-4-1 所示的工作界面,主要包括画板工具箱、菜单栏和画板工作室.

图 13-4-1

1. 几何画板工具箱

选择与释放.选取对象(可选择两个以上对象),选中后旋转,选中后缩放.(注意鼠标随时回到选择状态)

画点工具.点的位置显示在左下角.(线上的点,圆上的点,给定坐标的点,用计算数据画点等等)

画圆工具.可以画出任意大小的圆.

画线工具.可画出线段、射线、直线,用画图工具画线(注意画线条件).

A 文本工具.修改和编辑标签文字,标签开关,移动标签等.

2. 几何画板菜单栏选介

几何画板的菜单栏功能齐全,可以绘图、计算、制表、设置动画等.在具备一定的条件后,才能按照某种指令完成相应的操作.例如,作垂线、平行线,其先决条件是

"已知一条直线和一个点".

① 菜单栏的构成. 菜单栏由文件、编辑、显示、作图、变换、度量、图表、窗口、帮助等构成.

② 用户参数设置. 显示➔参数选择➔(自动显示标签,字型,度量单位,度量值,字体,等)其他➔高级参数对话框➔轨迹上的样点数(取大则图象平滑,最大为999).

③ 作线. 利用作图菜单作线不同于画板工具箱作线,必须具备作线的条件,画板才能执行. 例如,作直线、射线、线段的先决条件是"已知两个点",作平行线的先决条件是"已知一条直线和一个点",作垂线的先决条件是"已知一条直线和一个点".

④ 作对象间的交点. 选中两个对象,画板才能自动生成交点. 例如,不相交线段的交点需要选中两条线段;几个圆的交点需要选中各个圆;线与圆的交点则要选中线和圆.

图 13-4-2 是几何画板主要工作平台的基本结构.

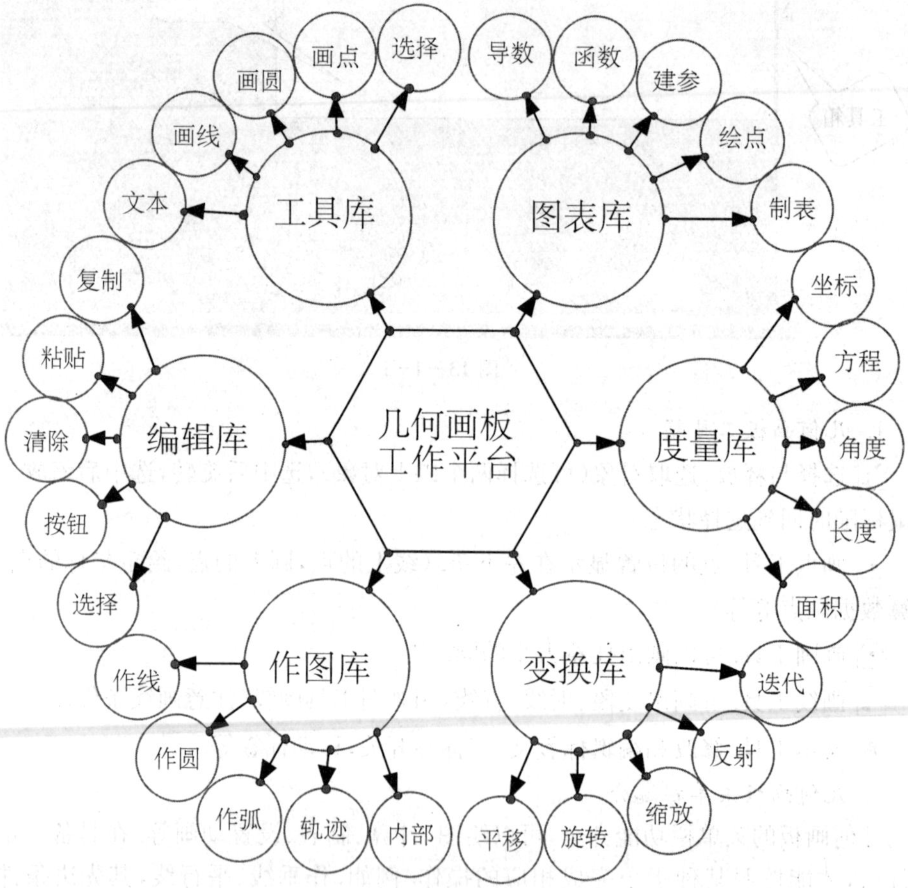

图 13-4-2

⑤ 几何变换. 包括平移变换、旋转变换、反射变换、缩放变换. 其中,平移变换的先决条件是“平移的方向和长度”,旋转变换的先决条件是“旋转对象、旋转中心、旋转角大小和方向(标记角)”,反射变换的先决条件是确定反射轴和反射对象;缩放变换的先决条件则是确定缩放比例、缩放中心和缩放对象.

几何画板菜单栏功能十分全面,数值计算、绘制函数图象、轨迹追踪、动画设置、迭代、制表等都能方便地操作完成. 读者只要参阅关于几何画板软件专门的资料介绍,并进行一些探索性尝试,不难掌握几何画板软件的使用要领.

需要注意的是,几何画板的作图建立在几何的原理和思想之上,不是简单的机械操作,没有对数学(几何)原理的理解,掌握几何画板将是困难的. 理解了作图的几何原理,才能理解有关的操作和操作的方法、合理地运用和进行操作以及尽快掌握它的功能.

13.4.2 几何画板制作数学 CAI 课件的案例分析

1. 数学概念教学课件的制作例析

利用几何画板制作的动态演示课件,能够使数学概念由静态变为动态、抽象变为具体,便于学生辨析、把握概念的本质属性. 例如,二面角是立体几何中较难理解的概念之一,原因是学生对二面角的感性认识欠缺,特别是对二面角的平面角的刻画方法感到难以理解. 解决这一难点的关键是让学生在具备一定感性认识的基础上把握概念的本质属性. 为此,可以利用几何画板分两个环节制作二面角概念学习的教学课件.

一是展示二面角的形成. 如图 13-4-3,作⊙AB,在⊙AB 上取点 C、D,作圆上的弧 BC,这样 D 点是可在 BC 弧上运动的点,连接 AB、AC、AD,隐藏圆(保留弧),用[编辑]菜单中[操作类按钮]作[移动]$D \rightarrow C$,$D \rightarrow B$;作射线 AE,作线段 AE,在 AE 上任取点 F,这样点 F 是 AE 上的动点,[标记向量 $A \rightarrow F$],作[移动]$F \rightarrow E$,$F \rightarrow A$(也可以作[动画]). 按[标记向量 $A \rightarrow F$]平移 AB,AD,它们构成二面角. 这样即可通过几个移动按钮展示二面角的动态形成过程.

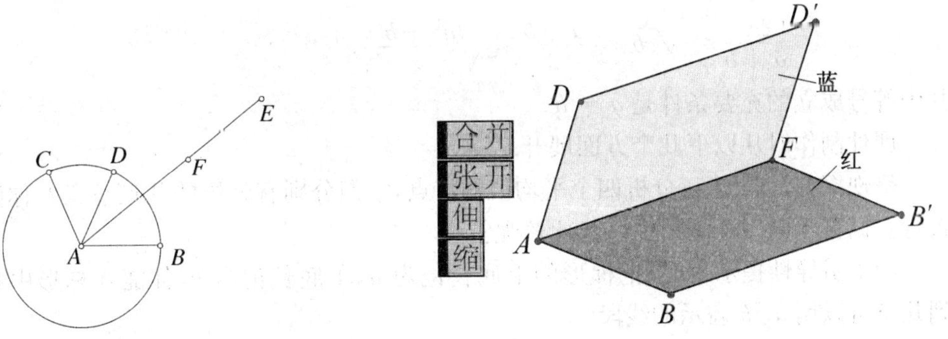

图 13-4-3 二面角的形成

二是刻画二面角的大小(即二面角平面角的引入).提出问题:当二面角确定之后,如何用一个确定的角的大小来刻画这个二面角的大小呢?如图 13-4-4,OP、OQ 分别是二面角两个半平面上的线段,通过 OP、OQ 分别在半平面 $AFD'D$、$ABB'F$ 内缓缓转动,启发学生发现,必须使 OP、OQ 与 AF 成定角.从而进一步提问:这个定角是多大时,才能合理地、科学地用$\angle POQ$ 的大小来描述二面角的两个半平面的张合程度呢?此时演示动画,并设置当 OP、OQ 都与 AF 垂直时停顿闪烁,这样使学生在动态对比的过程中体验到当这个定角为 90°时,比较合理、科学.

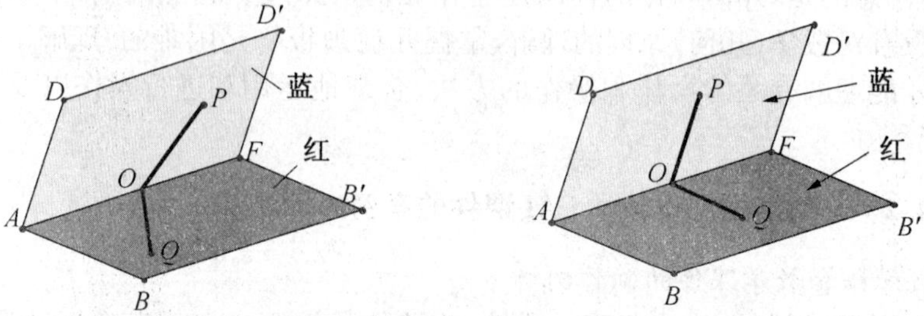

图 13-4-4

这样,二面角的平面角这一概念的属性(过棱 AF 上一点 O;OP、OQ 分别在半平面 $AFD'D$、$ABB'F$ 内;$OP \perp AF$,$OQ \perp AF$)得到了充分的显示,概念的形成水到渠成.

2. 突出"数形结合"思想的课件制作

几何画板软件能准确、清晰、直观地展示数与形的关系,有效地突出"数形结合"特点.利用这一特点可以对一些看似纯粹"数式"问题的研究,借助其几何背景做出相应的几何解释.均值不等式的教学课件制作就是这种探索的一个极好范例.

已知两个正数 a、b,它们的算术平均值为$\frac{a+b}{2}$,几何平均值为 $\sqrt{ab}$,调和平均值为 $\frac{2ab}{a+b}$,平方平均值为$\sqrt{\frac{a^2+b^2}{2}}$.它们具有关系

$$\frac{2ab}{a+b} \leqslant \sqrt{ab} \leqslant \frac{a+b}{2} \leqslant \sqrt{\frac{a^2+b^2}{2}} ,$$

其中等号成立的充要条件是 $a=b$.

课件制作时从以下几个方面展开.

呈现探究性问题 1:分析四个平均值的特点,它们分别有怎样的几何意义?你能否将它们置于同一个图形中一起比较呢?

给出引导性提示:如果把梯形的上底长记为 a,下底长记为 b,你能在梯形中找到几条可以用 a、b 表示的线段?

为了方便学生探索,利用几何画板的度量、计算功能设计如图 13-4-5 所示的

情境.

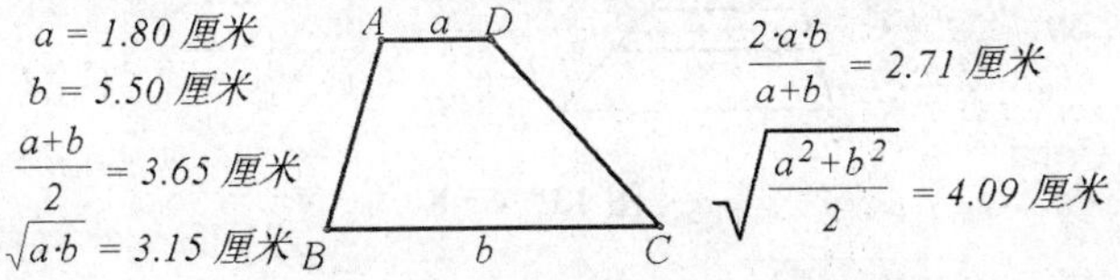

图 13-4-5

观察随着 a、b 长度的变化几个平均值的相应变化情况，学生不难知道算术平均值 $\frac{a+b}{2}$ 对应梯形的中位线，一般也能推测出过对角线交点且与上、下底平行的线段对应几何平均值 $\sqrt{ab}$ 或者调和平均值 $\frac{2ab}{a+b}$.

验证猜想：如图 13-4-6，作出梯形的中位线 EF 及过对角线交点 O 且与上、下底平行的线段 GH，度量出它们的长度，并与平均值比对.

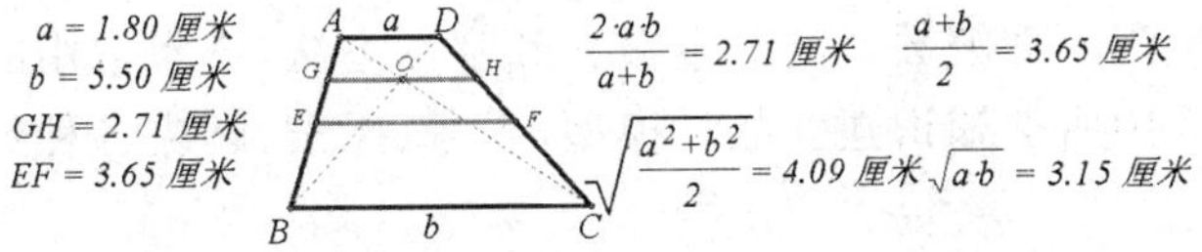

图 13-4-6

容易发现，线段 GH 对应调和平均值 $\frac{2ab}{a+b}$，中位线 EF 对应算术平均值 $\frac{a+b}{2}$. 变动 a、b 的长度，让学生确信这种相等关系. 接下来的问题就是用数学的推理证实这种关系，启发学生思考、讨论或布置课后作业.

问题引导：几何平均值 $\sqrt{ab}$ 或平方平均值 $\sqrt{\frac{a^2+b^2}{2}}$ 又会对应哪条线段呢？

在学生不能猜想出结论时，给出提示性问题：如何找出把梯形分成两个相似梯形的线段？如图 13-4-7，线段 MN 把梯形 $ABCD$ 分成两个相似的梯形 $AMND$ 和 $MBCN$，变动梯形使学生观察其中的不变关系，并思考如何给出证明.

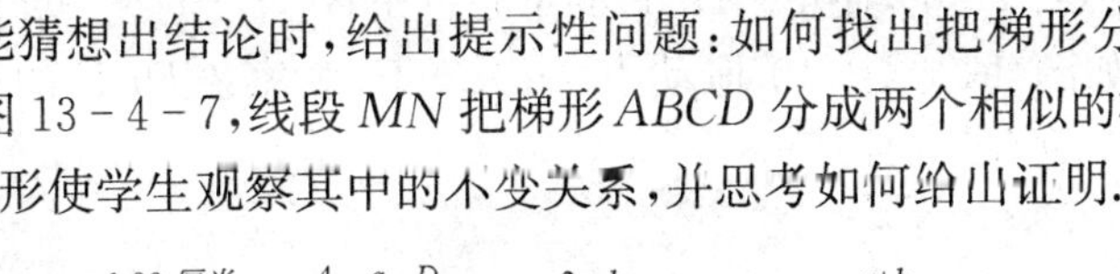

图 13-4-7

接下来则可以把主动权交给学生，让学生通过实验、交流、比较等活动探索出最后一个平方平均值 $\sqrt{\frac{a^2+b^2}{2}}$ 大致的位置和所代表的几何意义如图 13-4-8.

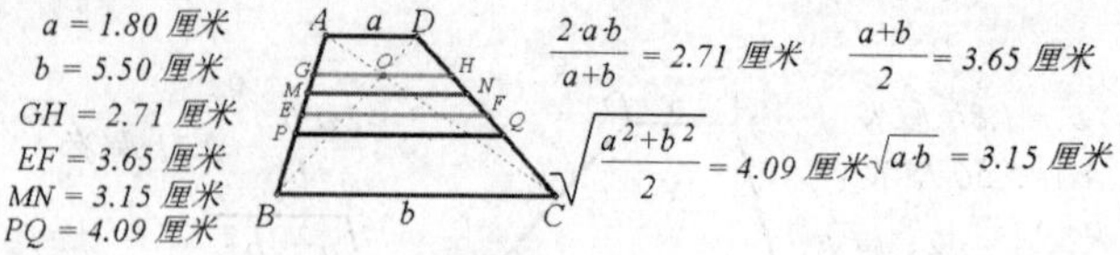

图 13－4－8

实际上，平方平均值$\sqrt{\frac{a^2+b^2}{2}}$所对应的线段 PQ 把梯形 $ABCD$ 分成两个面积相等的梯形 $APQD$ 和 $PBCQ$，变动梯形使学生观察其中的不变关系，并思考如何给出证明.

这样，四个平均值的大小顺序关系一目了然，在整个探究过程中，几何画板的实验、度量、探索功能起到了重要的作用. 这种数形结合的处理方法，有效地加强了学生对均值不等式的认识和理解.

3. 数学实验课件的制作例析

以几何画板为平台的数学实验是将数学知识、数学建模与几何画板的二次开发融为一体，使学生深入理解数学的基本概念和基本方法，熟悉常用的中学数学教学软件，培养学生运用所学知识建立数学模型，思考、探索、解决各种数学问题的教学和学习模式.

利用几何画板软件制作数学实验课件，关键要把握好它的动态探索功能，突出学生数学学习活动的过程性. 下面以“三角形重心问题研究”的数学实验课件制作为例略作说明.

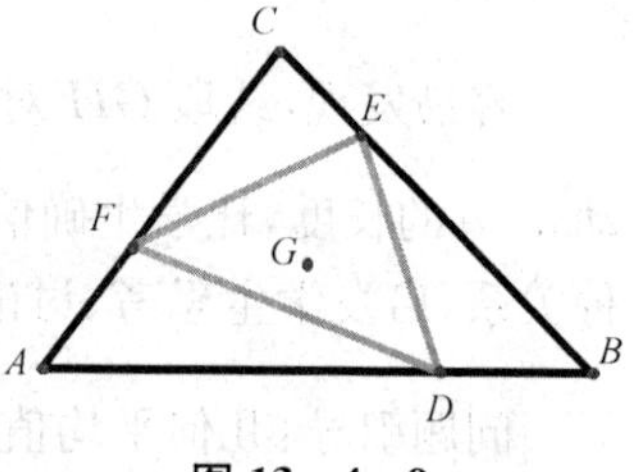

图 13－4－9

实验主题：如图 13－4－9，如果 G 为$\triangle ABC$ 的重心，D、E、F 分别为边 AB、BC、CA 上的动点，那么是否存在这样的点 D、E、F，使得$\triangle DEF$ 的重心也是 G？

实验指导：如图 13－4－10 拖动点 D、E、F，观察$\triangle DEF$ 的重心 G' 何时与$\triangle ABC$ 的重心 G 重合.

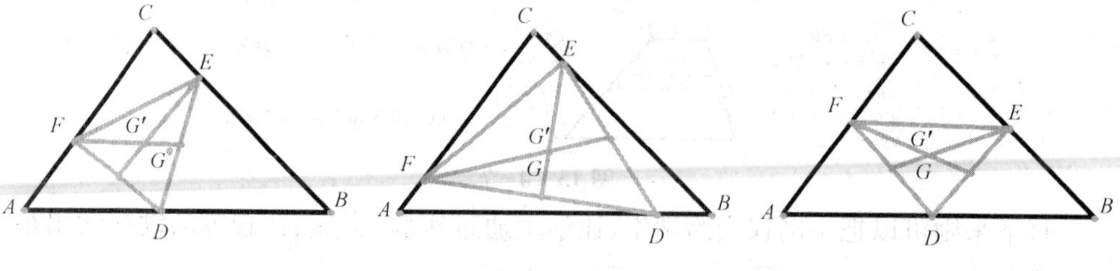

图 13－4－10

结论预估：多数学生可能会发现当点 D、E、F 分别为三边 AB、BC、CA 的中点时符合要求(寻找特殊情况是容易考虑到的);少数学生可能发现点 D、E、F 移动到除中点以外的其他位置时,重心也可能重合;如果有学生发现要使重心重合必须使点 D、E、F 按一定的规律移动,则是实验需要引导到的较高层次目标.

深入实验:选择几种重心重合的情况,利用几何画板的度量计算功能分别算出 AD、DB、BE、EC、CF、FA 的长度,看有什么发现. 需要注意的是,此处教学时要灵活对待,不应明确要求学生度量线段的长度,而要让学生自己去摸索. 比如,学生可能会想到度量一些角度,同样会找到一些规律.

结论归纳:实验表明,如图 13-4-11,当点 D、E、F 分边 AB、BC、CA 所得的六条线段 AD、DB、BE、EC、CF、FA 对应成比例,即 $\dfrac{AD}{DB}=\dfrac{BE}{EC}=\dfrac{CF}{FA}$ 时,$\triangle DEF$ 的重心 G' 与 $\triangle ABC$ 的重心 G 始终重合,因而这样的 $\triangle DEF$ 有无数个.

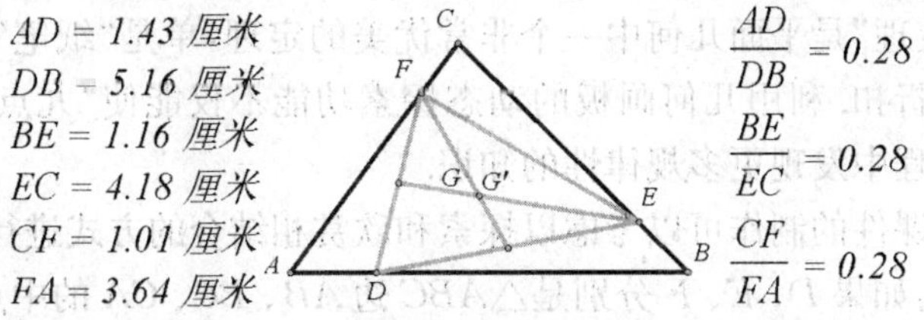

图 13-4-11

实验引申:从实验的过程和结论中,你能准确地画出这样的 $\triangle DEF$ 吗?(注意:拖动 D、E、F 使重心 G' 与重心 G 重合,只是视觉上的大概吻合,并不准确)

事实上,因为 $\dfrac{AD}{DB}=\dfrac{BE}{EC}=\dfrac{CF}{FA}$,由平行线分线段成比例定理,只要过 AB 上的任意点 D 作 BC 的平行线,交 AC 于 M,再过 M 作 AB 的平行线,与 BC 的交点即为 E 点;同理,过点 D 作 AC 的平行线,交 BC 于 N,再过 N 作 AB 的平行线,与 AC 的交点即为 F 点. 这样,任意拖动点 D,$\triangle DEF$ 随之变化,但其重心 G' 始终与 $\triangle ABC$ 的重心 G 重合(如图 13-4-12).

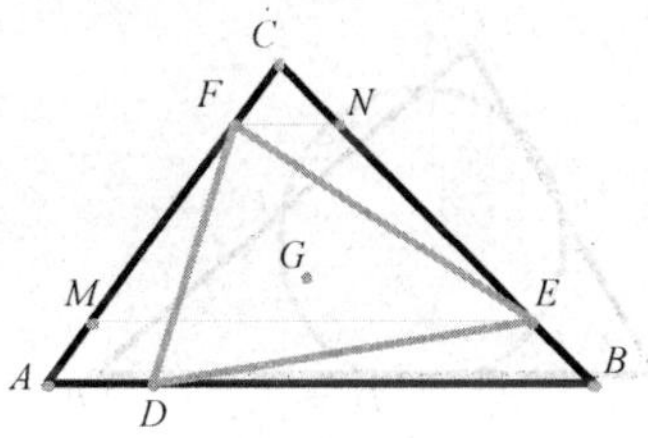

图 13-4-12

相关变式实验研究:

(1) 如果 O 为 $\triangle ABC$ 的外心,而 D、E、F 分别为三边 AB、BC、CA 的中点,那么 O 为 $\triangle DEF$ 的垂心.

(2) 如果 O 为 $\triangle ABC$ 的内心,而 D、E、F 分别为 $\triangle ABC$ 的内切圆与边 AB、BC、CA 的切点,那么 O 为 $\triangle DEF$ 的外心.

(3) 如果 H 为 $\triangle ABC$ 的垂心,而 D、E、F 分别为 $\triangle ABC$ 的边 AB、BC、CA 上

的高的垂足，那么 H 为 $\triangle DEF$ 的内心.

4. 数学欣赏课件的制作例析

著名数学家庞加莱说过："数学的探索有着深刻的美学原则……恰如绘画和音乐能够陶冶人们的性情一样，数学内容的展示能够给人带来种种喜悦，提高人的修养."①的确，数学是一门充溢着美的学科，欣赏数学的美是数学研究和学习的一个重要方面.

利用几何画板制作数学课件可以更充分地挖掘数学本身所具有的美，更生动的体现数学的美，使学生在鉴赏数学、品味数学的过程中掌握数学、应用数学，并得到美的熏陶、美的启迪. 例如，九点圆定理、蝴蝶定理、勾股定理、圆锥曲线、函数图象等内容都可以制作出精美的欣赏性课件.

1. 欣赏"九点圆定理"

"九点圆定理"是平面几何中一个非常优美的定理，单是"纸笔"画出静态的图形会使美感大打折扣. 利用几何画板的动态探索功能不仅能使"九点圆"形象逼真，还能在欣赏的过程中发现更多规律性的知识.

"九点圆"课件的制作可以考虑以探索和欣赏相结合的方式进行.

操作任务：如果 D、E、F 分别是 $\triangle ABC$ 边 AB、BC、CA 的中点，试画出 $\triangle DEF$ 的外接圆.

探索任务 1：如果 M、N、P 分别是 $\triangle ABC$ 边 AB、BC、CA 上高的垂足，试探索 M、N、P 与 $\triangle DEF$ 的外接圆的关系.

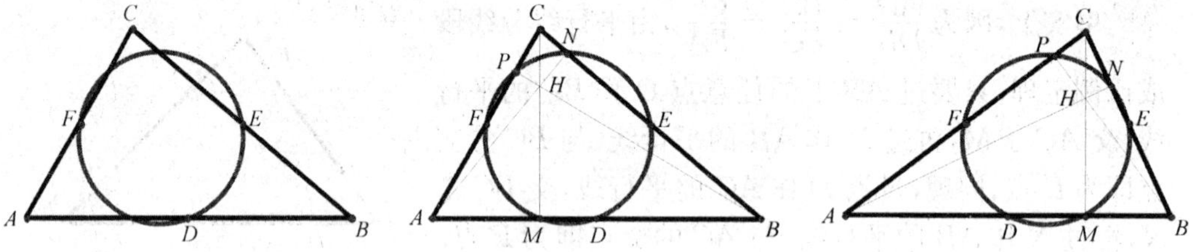

图 13-4-13

探索任务 2：拖动某个动点，使 $\triangle DEF$ 的外接圆发生变化，观察还有哪几个关键点也在圆上.

多次变换三角形的形状，会发现 $\triangle DEF$ 的外接圆一定还经过 $\triangle ABC$ 的三个顶点 A、B、C 与垂心 H 连线的中点 R、S、T. 图 13-4-14 中的九个点 D、E、F、M、N、P、R、S、T 共圆.

① [美]R. E. 莫里兹. 数学家言行录[M]. 朱剑英，译. 南京：江苏教育出版，1990.

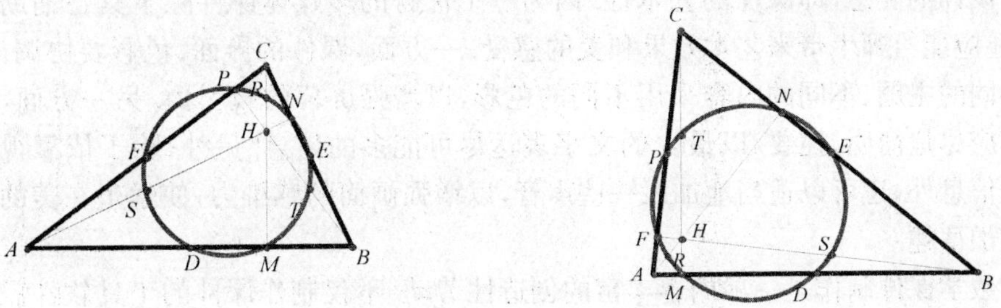

图 13-4-14

"九点圆"的重要意义在于它蕴含着数学的自然美,这样九个看似毫无关联的点居然在一个圆上. 而且,进一步地还可以动态地探索出九点圆的半径与$\triangle ABC$的半径的关系、九点圆的圆心的位置以及九点圆的圆心与$\triangle ABC$的重心、垂心、外心的关系等知识.

2. *欣赏"勾股树"*

"勾股定理"在平面几何中有着重要的地位,在让学生掌握好有关知识的同时,可以利用几何画板的迭代功能做出生动逼真的勾股树,增强"勾股定理"的感染力.

"勾股树"课件的制作:

作正方形 $ABB''B'$ ➔以 $B'B''$ 为直径作圆➔作上半圆➔隐藏圆➔在半圆上取一点 D ➔作 D 在半圆上的动画➔量 $B'D$ 的距离(连接线段 $B'D$, DB'')➔在[变换]菜单[新建参数]中取 $k=5$ ➔作正方形 $ABB''B'$ 内部➔选中 $ABB''B'$ 内部、$B'D$ 的距离➔颜色参数➔选中 A,B,k([深度迭代])➔ $A\to B'$, $B\to D$ ➔[结构]→[添加新映射] $A\to D$, $B\to B''$ ➔得"勾股树".

点击动画按钮[运动点],勾股树的"枝叶"就随之自由地运动起来,体现一种动态神奇之美,如图 13-4-15.

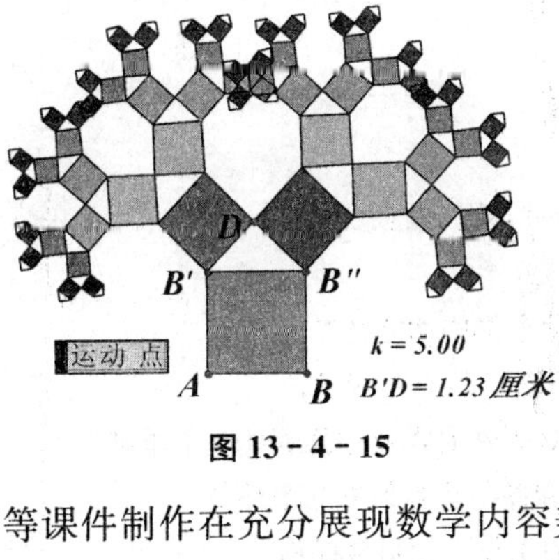

图 13-4-15

"九点圆"、"勾股树"等课件制作在充分展现数学内容美的同时,还要注意课件本身设计的美感，即课件的艺术性. 因为一个优秀的多媒体课件除了具备辅助功能外，还应能给师生带来艺术效果和美的感受. 一方面，课件的界面、色彩要协调，要根据不同的主题、不同的内容采用不同的色彩，以增强屏幕的吸引力. 另一方面，文字内容应尽量简明、扼要，以最少的文字表达尽可能多的信息. 另外，除了依靠视觉来传递信息外，还可以适当地加入一些声音，以增强画面的感染力，使学生在美的熏陶中增加情趣.

数学课件制作是一项内容丰富的创造性劳动. 不仅制作课件的工具软件需要不断开发和完善，而且数学教学内容的课件化也需要不断挖掘和优化. 特别是，计算机技术的飞速发展始终促动着教学技术的及时跟进. 自然地，数学课件制作也要与时俱进，不断创新.

这里列出一些常见的课件网站，以方便读者观摩与学习.

新世纪网络课程：http://col.njtu.edu.cn/zskj/

中国课件网下载：http://www.chinakj.com

课件资源网：http://www.edueasy.net/default.jsp

课件下载：http://www.123.com.cn/kj.asp

课件下载基地—首页：http://218.22.222.234/soft

兰东课件资源网：http://www.landong.com

华夏课件园：http://www.hxkjy.com

课件中园：http://www.caichina.com

课件园：http://www.softedu.net

共翔课件资源网：http://www.flywe.com

中国教网：http://www.bzzd.net

物理数学学科信息门户：http://phymath.csdl.ca.cn/

习　题

1. 名词解释

计算机辅助教学，CAI 课件，几何画板.

2. 简答题

(1) 计算机辅助数学教学有哪些功能特性?

(2) 试述计算机辅助数学教学的基本模式.

(3) 设计与制作数学 CAI 课件时需要遵循哪些基本原则?

(4) 制作一份数学 CAI 课件主要包括那几个环节?

(5) 简述几何画板软件的工作平台组合结构.

3. 操作活动题

选择你所擅长的课件制作软件(如几何画板、Authorware等),就中学数学某一内容(如椭圆、双曲线、抛物线、指(对)数函数、正(余)弦函数等)制作一款数学CAI课件.

主要参考文献

[1] 瞿葆奎,吕达.教育技术学[M].北京:人民教育出版社,2001.
[2] 师书恩.信息技术教学应用[M].北京:高等教育出版社,2004.
[3] 李克东,谢幼如.多媒体组合教学设计[M].北京:科学出版社,1994.
[4] 涂荣豹.数学教学认识论[M].南京:南京师范大学出版社,2003.
[5] 张一春.现代教育技术实用教程[M].南京:南京师范大学出版社,2005.
[6] 张奠宙.数学教育研究导引[M].南京:江苏教育出版社,1998.
[7] G.波利亚.数学与猜想[M].李志尧,等,译.北京:科学出版社,1984.
[8] 陶维林.4.03版几何画板实用范例教程[M].北京:清华大学出版社,2003.
[9] 弗莱登塔尔.作为教育任务的数学[M].上海教育出版社,1998.
[10] 王光明等.现代数学教育选讲[M].重庆:西南师范大学出版社,1999.

附　　录

第 14 章

数学能力及其培养

§14.1 能力及数学能力概述

14.1.1 能力概念的界定

尽管我们在日常教学工作中经常说到“能力”,但究竟什么是能力,至今没有统一的定义.冯忠良先生认为能力是“人类有机体为适应复杂的环境变化,而对活动过程及方式具有的一种特有的自我调节控制作用”.“作为个体心理特性的能力的实质,乃是类化了的个体经验”.[①]孟昭兰教授采用了这样的定义:“能力是人完成某种活动所必备的个性心理特征,它在心理活动中表现出来,是影响活动效果的基本因素,是符合活动要求的个性心理特征的综合.”[②]

根据上述观点,我们理解能力概念时应注意以下三点:

第一,能力是一个人的个性心理特征,是个体在认识世界和改造世界的过程中,所表现出来的心理活动的恒定的特点.例如,敏锐的观察能力是学生出色完成学习活动所必备的个性心理特征,这里的观察能力是在生活、活动中经过感觉、知觉、模式识别[③]等心理活动,在捕捉信息方面积累的个体经验.

第二,能力与活动关系密切.具体体现为以下几方面:其一,活动是能力产生和发展的源泉.人一生下来并不存在心理,也就不存在什么心理特性,只有通过后天的实践活动,才会产生相应的心理活动,从而逐渐形成特性,即能力.其二,能力的形成

① 冯忠良.结构-定向教学理论与实践[M].北京师范大学出版社,1992:101、102.

② 孟昭兰.普通心理学[M].北京大学出版社,1997:441.

③ 一般地,把输入刺激(模式)的信息与长时记忆中的有关信息进行匹配,并辨认出该刺激属于什么范畴的心理活动过程称为模式识别.

对活动的进程及方式直接起调节、控制作用.这一点把能力与个体的性格区别开来.性格也是个体的一种心理特性,但性格的作用在于制约个体活动的倾向,对活动的进程及方式并无直接的调节、支配作用.其三,能力只有在活动过程中才能体现出来,离开了活动就不能对能力进行考察与测定.一个人如果在实践中取得了成功,达到了预期的效果,这就证实了这个人具有了进行某种活动的能力.因此,活动效果是衡量能力高低的惟一标准.

第三,能力是一种稳固的心理特性.这就是说,能力对活动进程及方式所发挥的调节、控制作用还具有一贯的、经常性的、稳定的特性.一个人一旦形成某种能力,他便能在相应的活动中表现出来,并能持久地发挥作用.概括能力强的学生,无论是掌握概念、发现原理,还是总结解题经验,都能优于其他学生,就是这个道理.

综上所述,我们可以这样界定能力的意义:能力是一种保证人们成功地完成某种任务或进行某种活动的稳固的心理品质的综合.

14.1.2 能力与智力

在日常生活中,智力也是出现频率较高的一个词,那么能力与智力是什么关系呢?概括而言,关于能力与智力的关系有三种观点:能力包含智力,智力包含能力,能力和智力是交叉关系.

1. 能力是智力的属概念

能力包含智力是前苏联心理学家们的观点,他们把能力分为一般能力和特殊能力,智力就是一般能力.一般能力(智力)是指在各种基本活动中表现出来的认识能力,或是一般智慧能力,如观察力、记忆力、概括能力等.特殊能力是指在某些专业活动中表现出来的能力,如数学能力、数学教学能力、音乐能力、绘画能力等.人们在进行某一活动时,既需一般能力,又需特殊能力.

2. 能力是智力的种概念

西方心理学家一般认为智力是由多种能力组成,智力是能力的属概念.

美国心理学家加德纳(H. Gardner)于1983年提出"多维智力说".他认为智力的前提应包括解决难题的技巧、创造有效的产品和找出难题的潜力.智力至少应包括7种能力,即:语文智力,指学习和使用文字的能力;数理智力,指数学运算和逻辑思维推理能力;空间智力,指凭知觉辨识距离判定方向的能力;音乐智力,指对音律节奏之欣赏及表达的能力;体能智力,指支配肢体以完成精密作业的能力;社交能力,指与人交往且和睦相处的能力;自知能力,指认识自己并选择自己生活方向的能力.①加德纳认为,语文能力和数理能力虽然都很重要,但在不久的将来,随着计算机的普

① 张春兴.教育心理学[M].杭州:浙江教育出版社,1998:346.

及，作为程序设计的数理能力和作为个体计划的自知能力（自我意识能力）会变得更重要.

1985 年美国心理学家斯腾伯格提出的智力三元理论（情境亚理论、经验亚理论、成分亚理论）[①]，试图以主体的内部世界、现实的外部世界以及联系内、外世界的主体的经验世界这三个维度来分析智力. 他认为智力应包括三个方面：一是，人们有目的地适应、选择与人的生活有关的现实世界环境的心理能力；二是，根据个体对任务的熟悉程度，人们应对新任务和新环境的能力及信息加工过程自动化的能力；三是，进行内部智力操作的能力，这里的内部智力操作包括获得新知识（知识获得成分）、完成任务时的各种策略（操作成分）、操作过程中的监控与调节（元认知成分）. 相隔十年之后，他又提出了“成功智力”的概念. 他将一个人的成功智力分为三个方面：分析性的智力、创造性的智力、实践性的智力. 具有成功智力的人不仅具有这三方面的能力，并且应该知道何时、何地、用何种方式使用这些能力. [②]

加德纳的多维智力理论与斯腾伯格的成功智力理论，成为全面评价人的智力过程的依据，并由此成为进入 21 世纪之后我国基础教育课程改革中强调学生个性发展、强调素质教育的理论依据. [③]

3. 能力与智力是交叉关系

与上述观点不同，我国心理学家林崇德教授认为智力与能力不是包含关系，而是交叉关系. 首先，智力与能力同属于个性的范畴，它们都是成功地解决某种问题（或完成任务）所表现的良好适应性的个性心理特征. 但智力和能力有一定区别. 一般地说，智力偏于认识，它着重解决知与不知的问题，是保证有效地认识客观事物的稳固的心理特征的综合；能力偏于活动，它着重解决会与不会的问题，是保证顺利地进行实际活动的稳固的心理特征的综合. 再次，认识和活动总是统一的，认识离不开一定的活动基础，活动又必须有认识参与. 所以智力与能力是一种互相制约、互为前提的交叉关系. 这种交叉关系，既体现了前苏联心理学家所说的从属关系，又体现了西方心理学所讲的包含关系. 林崇德教授认为，能力中有智力，智力中有能力. 不管智力还是能力，其核心成分是思维，最基本特征是概括.

能力与智力之间的关系至今还没有定论，这有待于心理学家的努力. 这里并不打算严格区分能力与智力，有时将它们统称为“智能”. 但是，我们可以从心理学家们提出的各种理论中进一步理解能力概念，为探索培养数学能力的有效途径打下基础.

---

① R. J. 斯腾伯格. 超越 IQ——人类智力的三元理论[M]. 俞晓琳，吴国宏，译. 上海：华东师范大学出版社，2000：41.

② R. J. 斯腾伯格. 成功智力[M]. 吴国宏，钱文，译. 上海：华东师范大学出版社，1999：12.

③ 钟启泉. 为了中华民族的复兴，为了每位学生的发展[M]. 上海：华东师大出版社，2001：28.

14.1.3 影响能力形成与发展的因素

研究影响能力形成与发展的因素,可以回答个体的智力与能力在多大程度上可以得到改变,改变的可能性有多大等问题.这些问题的讨论有助于树立关于中学生数学能力培养的正确观念.一般说来,影响能力形成与发展的因素不外乎遗传、环境与教育.它们对能力发展的作用究竟如何,心理学家们对此进行了长期而深入细致的研究,主要结论如下.

1. 遗传是能力产生、发展的生物前提

良好的遗传因素和生理发育,是能力发展的物质基础和自然前提.不具有这个前提,能力的培养与发展便成为无本之木、无源之水.遗传对能力发展的作用体现为以下两个方面.

其一,遗传因素是影响智力或能力发展的必要条件,但不是充分条件.最近的研究表明,人与人之间的血缘关系愈近,智能的相关程度愈高.同卵孪生子的遗传相同,他们之间智力相关最高,这显示遗传是决定智能高低的重要因素,但绝不是决定因素.具有良好遗传素质的人并不能确保其智能得到充分的发展.

其二,遗传因素决定了智能发展的可能达到的最大范围.阴国恩等把遗传因素决定的智能发展可能达到的范围形象地比喻为"智力水杯"[①].有的儿童生来"智力水杯"大一些,有的儿童生来"智力水杯"小一些."智力水杯"大,则有装入较多"水"的可能;"智力水杯"小,则只能装较少的"水"."智力水杯"的大小,反映了它的装"水"潜力的大小,即相当于智力潜力,它制约着儿童智力开发的最大限度.但实际上装了多少"水",还取决于后天的生活经验与环境教育,即后天的环境教育及活动经验决定了智力或能力发展的实际水平.

2. 环境与教育是智力或能力发展的决定因素

智力或能力的产生与发展,是由人们所处的社会的文化、物质环境以及良好的教育所决定的,其中教育起着主导作用.如前所述,遗传因素为智力或能力的发展提供了生物前提和物质基础,确定了发展的最大上限,而丰富的文化、物质环境和良好的教育等环境刺激,则把这种可能性变为现实.大量实验表明,在遗传因素相同的情况下,环境刺激越丰富,个体的智能越能得到充分的发展,测得的智商(IQ)就越高.

环境刺激对智力或能力发展所起的决定作用,主要体现于决定了智能发展的速度、水平、类型、智力品质等方面,决定了智能开发的具体程度.了解这一点,对中学生能力的培养具有重要的指导意义.一般情况下,绝大多数中小学生都具有正常的遗传素质,也就是说,绝大多数学生都具有发展的潜能,但能否得到充分的发展,则

① 阴国恩,李洪玉,李幼穗.非智力因素及其培养[M].杭州:浙江人民出版社,1993:30.

取决于学校、家长、社会能否为他们提供丰富的、良好的刺激环境. 在所有的环境刺激中,学校教育是一个特殊的环境刺激,它是有目的、有计划、有系统地影响中学生能力发展的社会实践.

尽管环境与教育是能力发展的决定因素,但一个人能否利用这些外部因素来充分开发自己的潜能,还必须取决于他的主观努力程度和意识能动水平等非智力因素,许许多多在逆境中努力奋发最后取得成功者证实了这一点. 这说明,尽管智力、能力属于认识活动的范畴,但能力的发展与培养不能忽视非智力因素的作用.

§14.2 数学能力结构

数学能力是一种特殊的能力,它是与数学活动相适应,保证数学活动顺利完成所必须具备的人的心理特征. 按照数学活动的结果能否产生对社会有意义的成就为标准,数学活动分为数学学习和数学学术研究两种类型. 由于活动的类型不同,相应数学能力也呈现出不同的水平. 一种是数学学习能力,它是理解数学知识内容、顺利和迅速地掌握必须的技能技巧的能力;另一种是数学研究能力,它是创造具有社会价值的新成果的创造性的能力. 由于我们重点讨论数学学习过程,所以我们所指的数学能力,是在数学学习活动中形成和发展并且在此活动中表现出来的数学学习能力.

培养学生的数学能力是中学数学教学的主要目的之一. 然而,在教学中应当培养学生的哪些数学能力,如何进行能力培养,制定什么样的培养目标,这些问题的回答与解决都与数学能力结构的确定有关. 下面介绍国内外关于数学能力结构的几种具有代表性的观点.

14.2.1 国外学者的观点

瑞典心理学家魏德林(I. Werdrlin)在《数学能力》一书指出:"数学能力是理解数学的(以及类似的)问题、符号、方法和证明的本质的能力,是学会它们并在记忆中保持和再现它们的能力,是把它们同其他问题、符号、方法和证明结合起来的能力,也是在解数学的(或类似的)课题时应用它们的能力."可见,魏德林特别强调对数学内容的理解、记忆、综合与应用的能力.

前苏联有许多心理学家及数学教育家对数学能力进行了长期的研究. 其中在世界范围产生较大影响的是克鲁捷茨基的对中小学数学能力的研究工作. 他从 1955 年开始,对各类学生的数学能力进行了历时 12 年之久的深入研究. 在群体与个案的调查实验的基础上,克鲁切茨基总结了数学能力强的学生在信息收集、贮存、保持方面的特点，从而提出如下的数学能力结构[①]：

① 获得数学信息方面. 包括对于数学材料形式化感知的能力，掌握问题形式结构的能力.

② 加工数学信息方面. 包括：

✧ 在数量关系和空间关系，以及在数字和字母符号方面的逻辑思维能力，对数学符号进行思维的能力

✧ 迅速而广泛地概括数学对象、关系和运算的能力

✧ 缩短数学推理过程和相应的运算系统的能力，以简短的结构进行思维的能力

✧ 在数学活动中心理过程的灵活性

✧ 力求解答的清晰、简明、经济和合理

✧ 迅速而自如地重建心理过程的方向，从正向思维序列转向逆向思维序列的能力（数学推理中心理过程的可逆性）

③ 保持数学信息方面，指的是数学记忆能力，包括关于数学关系、类型特征、论据和证据的图式，解题方法及探讨原则的概括性记忆.

④ 数学气质. 克鲁捷茨基认为，数学气质是一种复杂的个体心理结构，它不能归结为知觉、思维等认知活动，而是作为一种特殊的数学天赋的综合表现而形成的. 它包括认知、情绪、意志等诸方面，如表现为对数学活动的倾向、兴趣和需要，努力使外界现象数学化，用"数学眼光"来注意和观察外部世界等.

可以看出，克鲁切茨基是从数学学习活动的特点来分析数学能力的结构的，因此，具有较强的数学特征.

值得说明的是，西方一些国家的课程标准一般不讨论数学能力的结构，而是采取务实的态度，针对数学学科的文化价值与应用价值，对学生应具有的数学素养提出一些具体的要求. 如美国的课程标准中，提出数学教学的目标包括：为估价数学而学习；对于自己的数学能力有信心；成为数学问题的解决者；为数学交流而学习；为数学推理而学习. [②]其中没有数学能力一词，只是在具体阐述时出现了有关数学能力的各种提法，如数学推理能力、交流能力、解决问题能力、对数学的欣赏能力等.

14.2.2 国内学者的观点

我国心理学家林崇德教授在其主持的课题"中小学数学能力发展与培养"的研究中，从思维品质入手，提出了一种以概括能力为基础的能力结构，即"数学能力是

---

① 克鲁捷茨基. 中小学生数学能力心理学[M]. 李伯黍等，译. 上海教育出版社，1983：431、432.

② 全美数学教师理事会. 美国学校数学课程与评价标准[M]. 北京：人民教育出版社，1994：5.

以概括为基础的，将运算能力、空间想象能力、逻辑思维能力与思维的深刻性、灵活性、独创性、批判性、敏捷性所组成的动态结构”. 三种传统的数学能力与五种思维品质构成立体交叉关系，包括 15 个交叉点及上百种表现形式①.

在这种能力结构中，五种思维品质是三种数学能力的质的指标. 要培养数学能力，必须从提高学生的思维品质入手.

毛鸿翔、季素月在《数学教学与学习心理学》一书中，根据数学学科和数学活动的特点，认为数学能力结构的主要成分应包括下列四个方面②：

✧ 对数学对象、数与空间关系的抽象概括能力

✧ 运用数学符号进行运算与推理的能力

✧ 记忆特定的数学符号、抽象的数学原理和方法、形式化的数学关系结构的能力

✧ 思维的转换能力

喻平教授综合国内外关于能力与数学能力的研究成果，提出了数学能力结构应从整体上分为三个层面的观点③. 这三个层面分别是：

① 数学元能力——个体对整个数学认知活动进行积极主动的计划、监控、调节和反思的能力

② 共通任务能力——指的是从事各类数学活动都需要具有的能力因素，包括数学阅读能力、数学概括能力、数学变换能力、逻辑思维能力、空间思维能力；

③ 特定任务能力——指的是在特定的数学活动中表现出来的能力，包括：

✧ 数学发现能力，其基本成分有归纳思维能力、类比思维能力、直觉思维能力、发散思维能力、批判性思维能力

✧ 数学解题能力，其基本成分有合理表征问题的能力、模式识别能力、连续推理能力

✧ 数学应用能力，其基本成分有数据收集与分析能力、数学建模能力

✧ 数学交流能力

上述各种观点从不同角度探讨了数学能力的构成. 尽管这些观点不完全相同，但了解这些观点，可以使我们明确应当培养哪些数学能力，并为我们制定能力培养目标，寻找有效的培养途径提供帮助.

由于数学学习活动区别于其他学科的最显著的特征是数学运算、空间想象与数学思维，所以在下列各节中分别讨论这三大基本能力及其培养途径.

---

① 孙敦甲. 学生数学能力结构[J]. 心理发展与教育，1987(4).

② 毛鸿翔，季素月. 数学教学与学习心理学[M]. 沈阳：辽宁教育出版社，1988：159—161.

③ 喻平. 数学教育心理学[M]. 南宁：广西教育出版社，2004：294.

§14.3 数学运算能力及其培养

数学运算一直是数学学科的重要课题. 在小学阶段，整数、分数、小数的四则运算是小学生学习数学的主要内容. 中学数学不仅扩大了数的运算范围——从算术数逐步扩大到有理数、实数、复数的运算，而且运算的对象也在发展、拓广，从数的运算发展到式的运算，运算的级次也在逐步提高——从四则运算逐步发展为指数、对数、三角运算. 随后，在数和式的运算基础上，运算对象又发展到函数、集合、命题. 由此可见，运算贯穿于中学数学的始终.

14.3.1 对运算概念的理解

我们可以从两个角度对运算概念作出解释.

如果舍弃掉各种运算的具体对象与特定内容而概括出它们的共性，那么，所谓运算，无非是给定若干元素，按照某种法则存在惟一元素与之对应. 也就是说，运算实际上是一个映射，于是，得到运算的纯数学定义：设 A、B、C 是非空集合，那么从笛卡儿积 $A\times B$ 到集合 C 的一个映射，叫做集合 A、B 的一个(二元)运算.

集合 A、B、C 也可以是同一个集合，即对于 A 中任两个元素 a、b，总存在惟一元素 $c\in A$，使得 $(a, b)\rightarrow c$，此时称该运算是集 A 内的二元运算.

推广到更一般的情况，从笛卡儿积 A^n 到 A 的一个映射，叫做非空集 A 内的 n 元运算. 当 $n=1$ 时，A 内的一元运算与从 A 到 A 的映射是统一的. 例如，$\sqrt{5}$ 既可以看成是对 5 开算术平方根运算的结果，也可以看成函数 $f(x)=\sqrt{x}$ 当 $x=5$ 时的函数值.

例如，在整数集 $\mathbf{Z}$ 内，$a\rightarrow -a$, $a\rightarrow |a|$, $a\rightarrow a^n$ (n 为自然数)都是整数集内的一元运算；在自然数集 $\mathbf{N}$ 内，加法运算 $(a, b)\rightarrow d=a+b$ 和指数运算 $(a, b)\rightarrow d=a^b$ 都是 $\mathbf{N}$ 内的二元运算；设 $P(U)$ 是全集 U 的幂集，如果 $A\subseteq U$、$B\subseteq U$，那么 $(A, B)\rightarrow A\cap B$, $(A, B)\rightarrow A\cup B$ 是 $P(U)$ 内的两个二元运算，而求集合的补集 $\complement_U A$ 则是 $P(U)$ 内的一元运算.

这种对运算的理解揭示了运算的数学本性，使得运算概念可以朝着一般化、抽象化的方向发展，最终成为各类代数结构研究的主要内容.

然而，中学数学中运算的涵义有所拓广，它不仅仅指具有明显对应特性的运算，如数与代数式的四则运算、各类超越式的求值运算等，还包括以下两方面内容：

一是各类式的变形. 如分式的通分、约分，多项式的因式分解，二次三项式的配方，函数的复合，等；

二是各种数值计算.如几何图形的面积、几何体的体积计算,数据处理中的平均数、标准差的计算,排列组合数的计算,等.

因此,我们可以从数学活动的角度,把运算解释为:根据一定的规则,对数或式进行一系列操作以获得确切结论的运演过程.

具体分析这种活动过程,数学运算具有以下特点①:

(1) 运算有明确的目标与方向

比如,两个多项式相乘,其结果是一个具有最简形式的多项式,而将一个多项式进行因式分解,则应将之变形为积的形式;对表达式 $y=ax^2+bx+c(a\neq 0)$ 的变形,必须根据具体问题的需要作出选择,有时将之变形为 $y=a(x-m)^2+n$,有时将之变形为 $y=a(x-x_1)(x-x_2)$ 的形式(x_1、x_2 是函数 $y=ax^2+2bx+c$ 的两个零点);分式的加法是将 n 个分式合并成一个最简分式,但在某些情况下需要将一个分式分解成若干个分式之和.所有这些说明运算必须具有目标意识.

(2) 运算有依据

在中学数学中,几乎每一种运算,总有相应的运算律、运算性质(或法则)作为其运算的依据.各种运算律,如交换律、结合律、乘法对加法的分配律贯穿于数、式运算的始终,每一类特殊的运算也有相应的概念、性质、公式、法则作为运算依据.比如,分式的基本性质 $\frac{bm}{am}=\frac{b}{a}(m\neq 0)$ 是分式通分、约分的依据,幂的运算法则 $a^m\cdot a^n=a^{m+n}$、$(a^m)^n=a^{mn}$、$(ab)^m=a^mb^m(m,n\in\mathbf{N})$ 使得多项式的运算得以顺利进行,二次根式的乘、除运算或化简变形依赖于公式 $\sqrt{a}\cdot\sqrt{b}=\sqrt{ab}$, $\frac{\sqrt{a}}{\sqrt{b}}=\sqrt{\frac{a}{b}}$ 的正逆向使用.在高中,解一元二次不等式的依据就是二次函数的性质.运算有了依据,保证了运算过程的正确性、合理性,同时也说明了运算的演绎性.

(3) 运算有算法

所谓算法,就是精确定义的一组规则,它指明怎样从给定的输入信息,经过有限的步骤,产生所要的输出信息.②也就是说,只要知道了某一问题的类别以及解决这类问题的算法,并能正确地按照规则操作,就一定能求得问题的解答.中学数学中各类运算步骤和方法(如解二元一次方程组的步骤、作一个线段的三等分点、求正弦函数周期的方法等)、某些运算法则(如有理数运算法则、多项式乘以多项式的运算法则等)、某些数学公式(如三角形面积公式、求平均数公式、二项式定理中通项公式等)都具有算法的性质.运算有算法,说明了运算的程序性.

---

① 季素月.中学生数学能力培养研究[M].长春:东北师范大学出版社,1999:108—110.

② 谷超豪.数学辞典[M].上海辞书出版社,1992:637.

14.3.2 运算能力的具体要求

能力作为活动的稳定调节机制，是在获得知识、技能的基础上，通过广泛迁移，不断概括化、系统化而实现的. 所以，运算能力的形成与发展，不仅依赖于数学概念、公式、法则的熟练掌握，依赖于运算技能的获得与类化，同时还依赖于对运算过程与结果的思维监控的清晰程度. 因此，运算能力的具体要求，应从这几个方面去考虑.

1. 掌握算法方面的要求

✧ 能透彻理解数学概念，并能运用有关概念进行运算

✧ 能熟记数学公式、运算法则的语法结构，理解、掌握公式、法则的语义内容，并能运用公式、法则进行运算

✧ 能掌握各种计算方法，包括心算、笔算、估算，以及查表和使用计算器计算的方法

✧ 能分析解决问题中的算理，能将用自然语言描述的算法转换为框图或程序语言

2. 运算技能方面的要求

✧ 在进行各种运算时，过程要合理，方法要简捷，结果要正确

✧ 能根据问题的需要灵活自如地变换运算的方法

✧ 能简化运算过程，缩短运算环节，较快地进入"跳步"运算阶段

3. 思维监控方面的要求

✧ 能为解题提供正确的运算方向和目标

✧ 能明了、理解运算过程中每一步骤的合理性

✧ 能及时纠正运算过程中出现的错误，并能运用有效的方法对运算结果进行检查和判断

✧ 具有灵活变换、择优选择运算方法的意识与能力

14.3.3 培养运算能力的有效途径

根据数学运算的特点以及能力形成与发展的基本理论，在教学中可以从以下几方面着手培养学生的运算能力.

1. 帮助学生准确理解和掌握基础知识

如前所述，数学概念、公式、法则、性质中，有的是运算的依据，说明了"为什么可以这么做"的理由；有的是运算的方法与步骤，给出了"如何做"的程序，即算法. 在数学学习中，运算不正确的原因常常是概念模糊，公式、法则遗忘、混淆及运用呆板的结果.

例 1 设方程 $2x^2+3ax+a^2-a=0$ 至少有一个模为 1 的根，求实数 a 的值.

错解　设 $\alpha=\cos\theta+\mathrm{i}\sin\theta$ 是方程的根，则 α 的共轭复数 $\bar{\alpha}=\cos\theta-\mathrm{i}\sin\theta$ 也是方程的根.

$\because \alpha+\bar{\alpha}=2\cos\theta=-\dfrac{3a}{2}$，$\alpha\bar{\alpha}=\dfrac{a^2-a}{2}=1$，

$\therefore a=-1$（$a=2$ 舍去）.

错因分析　实数是复数的特殊情况，模的概念是实数绝对值概念的推广，对这些事实认识不清影响了对解题方向的确定和判断，从而产生错解.

例 2　求 $\begin{cases}x=\dfrac{1}{2}t,\\ y=3+t\end{cases}$ 与圆 $x^2+y^2=5$ 相交的弦长.

错解　将 $x=\dfrac{1}{2}t$，$y=3+t$ 代入 $x^2+y^2=5$，得 $5t^2+24t+16=0$.

设交点对应的参数分别为 t_1、t_2，则弦长

$d=|t_1-t_2|=\sqrt{(t_1+t_2)^2-4t_1t_2}=\dfrac{16}{3}$.

错因分析　没有正确理解直线参数方程 $\begin{cases}x=x_0+t\cos\alpha,\\ y=y_0+t\sin\alpha\end{cases}$ 中参数 t 的几何意义，机械地套用了弦长公式.

由此可见，培养运算能力的首要前提，是让学生准确掌握数学概念，在理解的基础上记忆、运用公式、法则，并在运用过程中加深理解.

2. 进行科学系统地训练，促使运算技能的形成

要使学生形成与发展数学运算能力，除了理解、掌握有关概念、公式、法则以外，还需进行科学系统的技能训练. 技能训练是通过课内外的数学练习来进行的. 要使训练科学、合理、有效，在组织学生练习时，一般应注意以下几个方面.

(1) 训练必须有序

学生对每个技能的掌握一般要经历从不会到会、从会到熟练的过程，因此，数学运算技能的训练也必须有计划、有步骤地进行. 按照我国心理学家冯忠良教授的观点，一般心智技能的形成分为三个阶段，即活动模式定向阶段、活动模式操作阶段、活动模式内化阶段. 相应地，在数学教学中，运算技能的训练也应经过三个阶段：第一，模仿练习阶段. 这是在新知识学习之后，在老师例题示范下进行的练习. 所选习题难度不高，变化不大，要求学生按照习得的步骤和法则进行运算，以保证运算结果的正确性. 此时学生通过模仿练习，在感性水平上获得完备的动作映象和动觉体验. 第二，变式练习阶段. 这是在学生已初步掌握知识和技能的基础上组织的练习，习题难度适当提高，习题形式多有变化，不仅要求学生能正确运算，而且要求学生在求得正确答案之后，对运算的过程、依据、方法进行总结与概括，促使操作方式上升到理

性水平.第三,综合练习阶段,此时可选择具有一定难度的综合题,训练学生确定运算方向、灵活运用法则的能力.

经过上述三个阶段的训练,可使学生的运算过程出现简缩、跳跃、实现自动化的现象,这说明与某个运算有关的操作方式在理性水平上具有了概括性,为技能的类化、能力的形成打下了基础①.

(2) 训练时间、训练量必须适中

心理学研究表明,任何一种技能训练在初始阶段,训练效果与训练量或时间一般成正比,经过一段时间的训练后往往会出现停顿现象,甚至有所下降,这就是所谓的"高原现象".高原现象的存在说明,同一水平的技能训练量必须适中.当学生已掌握了该技能后仍然反复进行类似的练习,学生就会产生厌烦情绪.因此,教师应根据自己学生的总体水平以及运算的难度,准确把握每一练习阶段的训练量,在完成一个阶段的练习后及时进入下一个阶段的训练.否则,既影响训练效果,又增加学生的负担.

(3) 让学生及时了解练习的效果,及时纠正练习中的错误

在技能训练中,让学生及时知道练习的效果,是提高练习效果的有效方法.心理学研究表明,如果对正在进行技能训练的学生提供如下反馈信息,那么练习效果就会显著提高②:知道每次练习得分;练习过程中不断予以鼓励、督促;分析练习中出现的错误.这是因为,学生一方面根据反馈信息获知问题之所在,从而调整学习活动,使练习更加有效;另一方面,也为争取更好成绩或避免再犯错误而增强了学习动机.

高度重视学生运算过程中的纠错工作主要体现于两方面.首先,教师要针对学生中普遍出现的错误进行原因诊断;其次,要采取有效的方法帮助学生纠正错误.根据建构主义的学习观,学生的学习是在已有知识经验基础上主动建构的过程.因此,对于并非因粗心大意而产生的运算错误的纠正,不能仅仅依靠正面的示范或反复练习,而必须让学生经历一个"自我否定"的过程.③也就是说,在实际教学过程中,教师应想方设法让学生自己意识到运算错误及错误原因,然后主动去纠正错误.

3. 重视"算法"内容的学习

"算法"是解题步骤、方法的精确描述.算法一方面具有具体化、程序化、机械化的特点,同时又有高度的抽象性、概括性和精确性.算法内容的学习,要求学生不仅会按照算法规则进行某个具体问题的运算以获得正确结果,而且要会分析算理,在

---

① 季素月.数学技能教与学的若干思考[J].数学教育学报,2003(2).

② 冯忠良.结构-定向教学的理论与实践(上)[M].北京师范大学出版社,1992:147.

③ 郑毓信.数学教育哲学[M].成都:四川教育出版社,1995:331.

此基础上构造、设计、选择一个合理的、具有普遍意义的算法.因此,将解决一个具体问题的方法转换为分析算理、设计算法的过程,是一个条理化、精确化与逻辑化的过程,这样的学习有助于运算能力的提高与发展.

例 3 已知$[-1, 5]$上的函数 $y=f(x)$,满足 $f(-1)\cdot f(5)<0$. 问:如何求出方程 $f(x)=0$ 在区间$[-1, 5]$上的精确到 0.001 的近似解?

算理分析:对于$[-1, 5]$上的函数 $y=f(x)$,若 $f(-1)\cdot f(5)<0$,则存在 $\xi\in[-1, 5]$,使 $f(\xi)=0$. 下面的任务就是不断地缩小方程的解所在的区间.

先取$[-1, 5]$的中点 2,若 $f(2)\cdot f(5)<0$,那么在$[2, 5]$内有方程 $y=f(x)$ 的解;

再取$[2, 5]$的中点 3.5,若 $f(3.5)\cdot f(5)<0$,那么在$[3.5, 5]$内有方程 $y=f(x)$ 的解;

……

如果取到某个区间的中点 x_0,恰使 $f(x_0)=0$,那么 x_0 就是所求的一个解;如果区间中点的函数值总不等于 0,那么不断重复上述操作,得到一系列闭区间,方程的一个解就在这些区间中. 由于区间长度越来越小,端点逐步逼近方程的解,于是得到方程的一个近似解.

自然语言表述的算法:

第一步,确定有解区间$[a, b]$;

第二步,取$[a, b]$的中点;

第三步,计算函数在中点处的函数值;

第四步,判断中点处函数值是否为 0;

第五步,判断中点处的函数值与一个端点处函数值的乘积是否小于 0;

第六步,判断新的有解区间的长度是否小于 $\varepsilon=0.001$;

框图语言如图 14-3-1 所示.

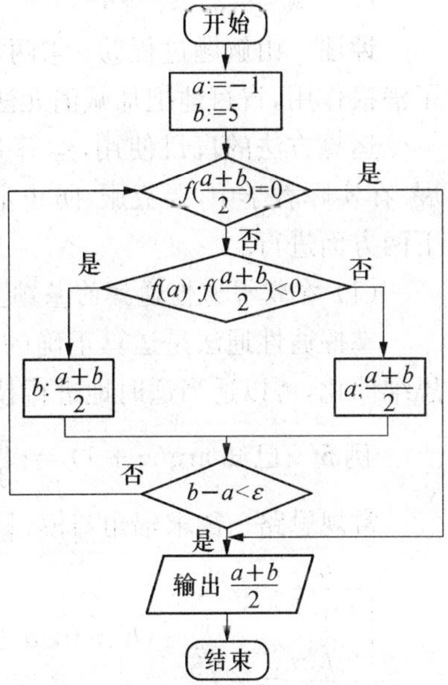

图 14-3-1

4. 重视运算过程中思维灵活性的训练

由于数学运算是具有明确方向、合乎一定规则的智力操作,因此,经过一定数量的练习之后,这种操作经验便形成某种固定的反应模式,对后续学习中关于操作活动方向的选择发挥倾向性作用,常常是按照习惯的思路和既定的步骤去思考、去解决问题,这就是学习中的"定势"现象.

在数学学习中,"定势"既有积极的一面,也有消极的一面. 当形成的习惯思路与新问题的解决途径相一致时，就能迅速地作出反应，求得正确答案，运算过程出现“简缩”、“跳步”现象. 这是定势的积极作用，也是学生熟练掌握知识与技能的标志. 定势的消极作用，往往表现为一种具有负迁移的功能固定性，使人机械地、盲目地套用某种经验，最终导致思维僵化、呆板.

例 4 已知 $f(x)=ax^2+b$，若 $-3\leqslant f(1)\leqslant 0$，$3\leqslant f(2)\leqslant 6$，求 $f(3)$ 的范围.

错解 由条件，得

$-3\leqslant a+b\leqslant 0$， ①

$3\leqslant 4a+b\leqslant 6$. ②

②－①，得 $3\leqslant 3a\leqslant 9$，即 $1\leqslant a\leqslant 3$. ③

①×4－②，得 $-18\leqslant 3b\leqslant -3$，即 $-6\leqslant b\leqslant -1$. ④

$\therefore 3\leqslant 9a+b\leqslant 26$.

即 $3\leqslant f(3)\leqslant 26$.

评注 由解题过程③、④两步可以看出，解二元一次方程组的“定势”在这里起了消极作用，盲目地把加减消元法用于二元一次不等式，结果导致错误.

运算方法的盲目使用，运算过程呆板、机械，显然不利于运算能力的形成与发展. 在实际教学中，要克服、防止定势的消极作用，培养学生运算的灵活性，可以从以下两方面进行.

(1) 在掌握通性通法的基础上进行适当的技巧性训练

掌握通性通法是运算正确的保证，也是定势发挥积极作用的基础. 但为了避免思维僵化，可以适当适时地进行技巧性训练.

例 5 已知 $\arg(z+1)=\dfrac{\pi}{3}$，$\arg(z-1)=-\dfrac{5}{6}\pi$，求 z 的辐角与模.

常规思路 欲求辐角与模，只要求出 z 即可，故设 $z=a+b\mathrm{i}$，则由已知条件，有

$$\begin{cases}\dfrac{b}{a+1}=\sqrt{3},\\[2ex]\dfrac{b}{a-1}=-\dfrac{\sqrt{3}}{3}.\end{cases}\quad (b>0,\ a+1>0,\ a-1<0)$$

求得 $a=-\dfrac{1}{2}$，$b=\dfrac{\sqrt{3}}{2}$.

$\therefore |z|=1$，$\arg z=\dfrac{2}{3}\pi$.

几何解法 考虑到辐角的几何意义，由已知条件，在复平面内作 $\triangle ZAB$，其中 $A(-1,0)$，$B(1,0)$，$\angle ZAB=\dfrac{\pi}{3}$，$\angle ABZ=\dfrac{\pi}{6}$，$\therefore \angle AZB=\dfrac{\pi}{2}$. 连结 OZ，易得

$\angle BOZ = \frac{2\pi}{3}$, $OZ = 1$.

$\therefore \arg z = \frac{2\pi}{3}$, $|z| = 1$.

例 5 的常规思路体现了解决同类问题的基本思想方法：复数问题的化“复”为“实”，故称之为“通法”. 而巧法的运用则另辟捷径，利用了复数的几何意义. 由于构思巧妙，“巧法”常比“通法”简洁，容易给人以一种美的享受. 所以，在掌握通性通法的基础上介绍一些巧法，进行适当的技巧性训练，不仅会使学生产生一种积极的情绪体验，激发起对数学学习的浓厚兴趣，而且会使学生认识到，已掌握的通法并不是惟一的解题方法，还可以根据题目的特点，改变考虑问题的角度，去寻求更简洁巧妙的方法. 这样训练的结果必将克服定势现象的消极作用，有助于思维灵活性的培养.

值得注意的是，就其适用范围来说，“巧法”远逊于“通法”. 一般情况下，“巧法”仅适用于某一特定的问题，而通法则可以迁移到其他场合，能较为普遍地发挥作用. 因此，我们主张以“通法”为主，以“巧法”为辅，在学生已掌握具有迁移作用的通法基础上，适当适时地介绍一些巧法，以激发兴趣，开拓思路，培养思维的灵活性.

(2) 重视运算过程中的正向思维与逆向思维的转换

逆向思维是发散思维的一种形式，它是从已形成的习惯思路的反方向去思考、分析问题，表现为逆用定义、定理、公式，或者从反面去考虑问题.

中学阶段许多运算或变形都是互逆的，而且这些互逆的运算和变形常常是同一个公式正向或逆向运用的结果. 比如，不查表计算 $\sin 75^\circ$ 是正向运用公式

$$\sin(\alpha+\beta) = \sin\alpha\cos\beta + \cos\alpha\sin\beta.$$

如要求 $y = \sin\alpha + \cos\alpha$ 的周期，则需逆用上述公式将之变形为 $y = A\sin(\omega x+\varphi)$ 的形式. 有时为了解决问题的需要，除了进行数、式的重合，还要进行式的分解. 比如：

$$\frac{1}{n(n+1)} = \frac{1}{n} - \frac{1}{n+1}$$

$$1 = \sin^2\theta + \cos^2\theta$$

$$\tan\alpha + \tan\beta = \tan(\alpha+\beta) - \tan(\alpha+\beta)\tan\alpha\tan\beta$$

$$x^3 = \frac{x^2}{4}\cdot 4x = \left(\frac{x}{2}\right)^2\left[(x+1)^2-(x-1)^2\right] = \left[\frac{x(x+1)}{2}\right]^2 - \left[\frac{x(x-1)}{2}\right]^2$$

这些内容为运算过程中正、逆向思维的迅速转换的训练提供了极好的素材. 教师可以在学生已经初步掌握某种运算技能之后，进行类似的正逆向思维转换的训练，以培养学生从一种心理运算转换为另一种心理运算的能力.

§14.4 空间想象能力及其培养

数学不仅研究客观世界的数量关系，还研究客观世界的空间形式. 数学探讨空间与艺术绘画、地理勘探、建筑设计不同，数学所追求的是空间的数学表征(representation). 在几何学中，我们用"点"表示位置，点的不同组合构成空间具有各种形态的几何形体，而这些几何形体及其性质正是客观世界中物体的大小、形状、结构，以及相互位置关系的抽象表征. 因此，研究空间形式，必须研究图形的性质，必须具有空间想象能力.

14.4.1 表象和想象

1. 表象

空间想象与表象有关. 认知心理学认为，表象与知觉有许多共同之处，它们都是具体事物的直观的反映，是客观世界真实事物的类似物. 但两者也有区别，知觉是对直接作用于感觉器官的对象或现象进行加工的过程，知觉依赖于当前的信息输入. 当知觉对象不直接作用于感官时，人们仍可以对视觉信息(如物体的形状、大小)和空间信息(如物体间的相互位置关系)进行加工，这就是心理表象. 也就是说，表象不依赖于当前的直接刺激，没有相应的信息输入，它依赖于已贮存于记忆中的信息和相应的加工过程，是在没有外部刺激的情况下产生的关于真实事物的抽象的类似物的心理表征①，是由感知保留下来的形象的痕迹的再现. 因此，表象使得人们有可能在物体不直接作用于感官时，头脑中浮现物体的某些属性，并对它进行加工. 比如，当我们比较"在 4∶25 和 9∶10 这两个时刻，钟面上时针与分针的夹角"的大小时，如果眼前有钟，就可以通过知觉来获取信息进行比较；如果眼前没有钟，我们脑海中就会浮现出关于钟面的表象，并利用这些表象来比较两个时刻钟面上指针的夹角.

作为不直接作用于感官的真实事物的现象的类似物，表象与感知相比，具有不太清晰、不太稳定的特点. 比如，当我们回忆一个朋友的面容时，总不如直接看(即感知)时那样的鲜明、清晰；当我们提及"平行四边形"时，头脑里会出现平行四边形的大致轮廓，但其中平行四边形的边长、内角等具体特征却十分模糊. 正因为表象具有不太清晰、稳定的特性，因此，当人们需要从表象中获取更多的信息时，常根据表象画出相应的图形，以便于进一步加工. 例如，在上述比较钟面上指针夹角的问题中，当两个夹角差异不大时(如 12∶15 和 1∶50 时的指针)，仅依靠表象不易进行比较，这时多数人都会凭借已形成的表象及实际生活经验勾画出两个时刻的钟面草图，然

---

① 王甦，汪安圣. 认知心理学[M]. 北京大学出版社，2000:210.

后作出两个时刻指针夹角大小的正确判断. 图形是人们根据感知或头脑中的表象画出的,是展现在二维平面上的一种视觉符号语言,是对客观事物的形状、大小、位置关系的抽象. 与表象相比,图形所反映的客观事物比较直观、清晰、稳定,并且还具有某些语言的特性,如可传递、储存等. 数学空间形式的研究,就是通过研究几何图形的性质来进行的.

2. 想象

想象是在客观事物的影响下,在语言的调节下,对头脑中已有的表象经过结合、改造与创新而产生新表象的心理过程. 所以,想象又称为想象表象. 例如,"平行四边形"是头脑中已有的表象,在语言"将此平行四边形沿一条对角线折起"的调节下,脑子里便出现了一个沿着一条棱(原平行四边形的对角形)可以变动的特殊四面体的想象表象.

由于想象的结果可能会产生全新的思想与念头,因此,人们常把丰富的想象力视为创造才能之源.

14.4.2 空间想象能力结构

综合已有研究成果,结合数学学习(特别是几何学习)的特点,考虑到空间想象能力的层次性,我们把空间想象能力分为四个基本成分.

1. 空间观念

义务教育初中数学课程标准对义务教育阶段学生应该具有的空间观念规定如下①:

✧ 能够由实物的形状想象出几何图形,由几何图形想象出实物的形状,进行几何体与其三视图、展开图之间的转换,能根据条件做出立体模型或画出图形

✧ 能从较复杂的图形中分解出基本的图形,并能分析其中的基本元素及其关系

✧ 能描述实物或几何图形的运动和变化,能采用适当的方式描述物体之间的位置关系

✧ 能运用图形形象地描述问题,利用直观来进行思考

2. 建构几何表象的能力

这种能力主要指在语言或图形的刺激下,在头脑中形成表象,或者在头脑中重新建构几何表象. 这种建立表象的过程必须以空间观念为基础,必须在语言指导下进行,图形刺激仅起到辅助作用. 比如,老师告诉学生,图 14-4-1 是两条异面直线,学生

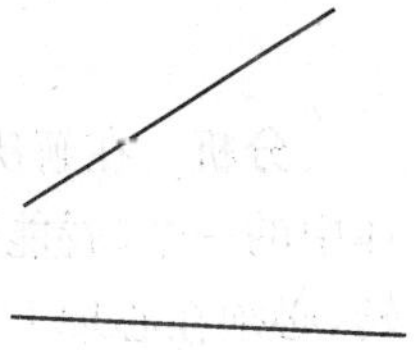

图 14-4-1

① 中华人民共和国教育部. 全日制义务教育数学课程标准(实验稿)[M]. 北京师范大学出版社,2001:4.

就会在头脑中形成异面直线的表象，如果没有老师语言的提示，图 14－4－1 就可能被看成是平面内两条线段.

下面是一个需要建立几何表象的例子.

例 1 用同样大小的正方体木块构造一个造型，图 14－4－2、图 14－4－3 分别是其正视图与侧视图. 问：构造这样的造型，最多需要多少木块？最少需要几块？

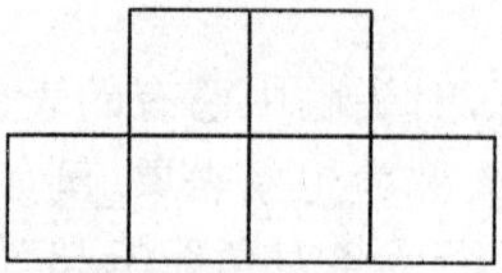

图 14－4－2

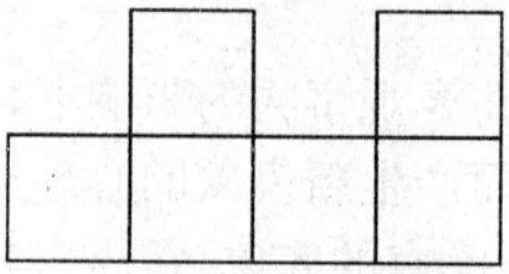

图 14－4－3

分析 根据造型的前视图、侧视图，在头脑中想象造型的三维形状：造型共有两层，底层至少需 5 块小木块，至多需 16 块；上层至少 2 块，至多 4 块. 因此，造型最少需 7 块，最多需 20 块.

3. 对几何表象或几何图形的变换、加工能力

在空间观念与建立表象的基础上，对表象与图形的变换加工，即要求对大脑中的表象或视觉中的图形进行平移、旋转、翻折、分解与组合等操作活动，以建立新表象. 下列问题的解决是该能力的具体体现.

例 2 图 14－4－4 中的正方体的每个面都有互不相同的英文字母，在方框内的每一对几何体，或者不相同，或者完全相同. 请指出两个相异正方体所在的框.

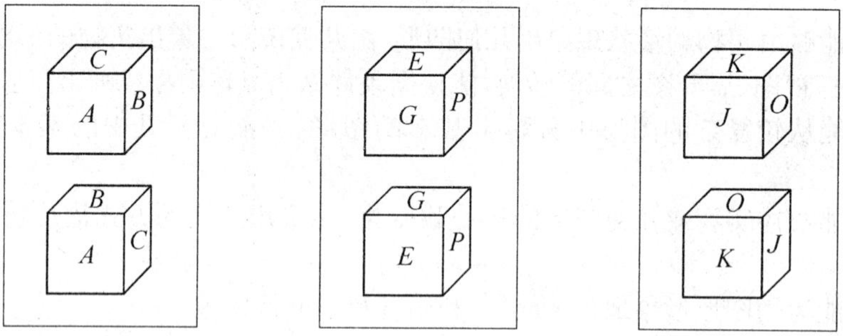

图 14－4－4

分析 在解决这个问题时，学生必须在头脑中旋转每对正方体中的一个，看能否与另一个重合. 尽管看到图形，但图形无法旋转，必须在心理上进行，所以又称为“心理旋转”.“心理旋转”的问题常用来测试对表象的变换、加工能力.

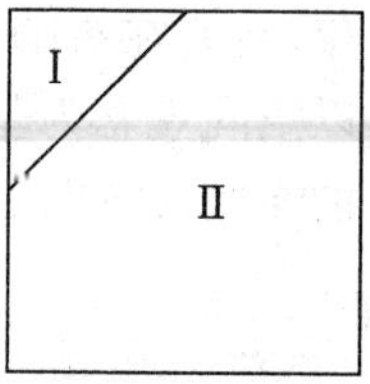

图 14－4－5

例 3 有 3 个边长为 12 的正方形硬纸片，将每个正方形纸片过相邻两边中点剪成两块(图 14－4－5 中的Ⅰ、Ⅱ)，然后将 6 块

硬纸片大小相间地接在边长为 $6\sqrt{2}$ 的正六边形上折成一个封闭的几何体. 问:这个几何体的体积是多少?

分析 这是美国数学邀请赛的一道试题,如果不允许动手做模型,学生就必须在头脑中想象出所折成的几何体的形状,并把它与比较熟悉的基本几何体(正方体)比较,得

$$V=\frac{1}{2}\times 12^{3}=864.$$

4. *数学问题形象化、直观化的能力*

前苏联著名数学家柯尔莫哥洛夫曾经说过:“只要有可能,数学家总是尽力把他们正在研究的问题从几何上视觉化……几何想象,或如同人们所说的几何直觉,对于几乎所有数学分科的研究工作,甚至对于最抽象的工作,有着重大的意义.”由此可见,将数学问题从几何上形象化、视觉化,也是空间想象能力的一个基本成分.

在数学学习中,几何形象化、视觉化的能力不仅有助于促进数学知识的理解、记忆和提取,而且有助于提出和解决数学问题. 例如,下面卡尔·邓克尔设计的一条智力题,就是通过直观想象的方式得以解决的.

一天早晨,一位和尚开始爬一座高山,他忽快忽慢地攀登着,不时地停下来休息或吃饭. 日落西山,他到达了山顶上的寺庙. 几天后,他沿着同一条路踏上归途,仍然日出时分出发,仍然忽快忽慢地行走. 当然,他下山的平均速度要比上山的要快. 证明:途中存在一点,和尚在往返途中都是于白天的同一时刻经过这一点. ①

如果用代数方法或逻辑推理方法解决这个问题,恐怕很难有进展. 最简单直观的方法是想象:设想有两个和尚在日出时分出发,一个在山脚重现上山的过程,一个在山顶重现下山的过程,那么,不管他们走的速度如何,必然会在某一时刻在某一点相遇.

由此可以看出,用直观形象的方法解决抽象复杂问题的独创性,因此,人们常把几何形象化、直观化视为培养创造能力的基础,其在教学中的重要性不言而喻. 当然,这是最高层次的想象能力,必须以空间观念以及形成表象、变换表象与图形等能力为基础才能得以形成和发展.

通过上述分析可以看出,空间想象能力的结构是有层次的. 其中空间观念是基础,形成表象、变换表象与图形是核心,而几何形象化、直观化能力是前三种成分的系统化、概括化的结果,是空间想象能力在其他领域中的迁移.

---

① [美]詹姆斯. L. 亚当斯. 突破思维的障碍[M]. 陈新,等,译. 北京:中国社会科学出版社. 1990:4.

14.4.3 空间想象能力的培养途径

从数学的角度看，研究空间形式，就是研究客观事物的视觉抽象类似物——图形的形状、结构、度量、分类，以及基本元素之间的位置关系，而实物与图形之间的中介是表象，因此，空间想象能力的培养与几何教学有关.

纵观九年制义务教育与普通高中数学课程标准，中学数学研究图形的方法主要有以下四种：

✧ 直观实验的方法——通过制作模型、搭积木、画图、识图，对图形进行描述、分类、整理等学习活动，认识、理解我们所处的现实世界的几何空间，以形成空间观念

✧ 坐标的方法——在坐标系中研究图形的数量关系与位置关系

✧ 变换的方法——运用变换理解、研究图形

✧ 演绎的方法——运用逻辑推理的方法研究图形的性质

空间想象能力是在综合运用上述方法研究图形的性质与位置关系的过程中逐步形成的. 具体来说，在图形的教学中应注意以下几点.

1. 加强几何教学与实际的联系，以培养空间观念

空间想象能力的基础是空间观念，而空间观念是基于对我们现实世界的直接感知与认识，因此，应加强几何教学同实际的联系，帮助学生将具体的现实空间同抽象的几何概念统一起来，培养和发展空间观念.

几何教学加强与实际的联系的具体措施有：

✧ 运用生活实例或实际问题引入几何概念、探讨几何图形的性质

✧ 给予学生动手操作、实践活动的机会，以发展空间观念

✧ 重视几何知识在实际生活中的应用

我国的几何教学在这些方面积累了较丰富的经验. 例如，在讲解对称及对称图形概念时，可以让学生自己列举出生活中具有对称性质的事物或现象，或者让学生设计图案，通过这些实践活动帮助学生加深理解对称的含义. 在学习多边形内角性质时，可以从房屋装修的角度提出问题：为什么用全等的三角形能不重叠地铺满平面？哪些多边形能铺满平面？哪些不行？为什么？学生在对这些实际问题的思考过程中，可以发现多边形内角的性质与规律.

2. 处理好实物(或模型)与几何图形的关系

在几何学习(特别是立体几何学习)中，学生所获取的空间信息主要来自于实物(模型)、几何图形、语言描述以及它们之间的相互转换. 因此，要培养学生的空间想象能力，必须处理好实物(模型)、图形、语言之间的关系.

(1) 恰当运用实物模型进行直观教学

某一几何图形学习的初始阶段，教师如能恰当地运用实物、模型，可使抽象的事

物获得生动的形象，使平面上的图形有立体感. 比如，老师对金字塔的语言描述唤起学生头脑中相应的表象，再通过观察棱锥的直观模型，学生便获得对棱锥几何体的整体形象认识，在这基础上画出的直观图就成为棱锥概念的形象表示.

在思考问题时，直观模型的作用也不可忽视. 比如，老师提问："在空间，如果两直线同时垂直于第三条直线，那么这两条直线的位置关系怎样?"此时，在二维平面上无法表示出这三条直线的位置关系，必须在头脑中形成两直线同时垂直于第三条直线的表象. 如果形成的表象不清晰，那么可借助于三枝铅笔来展现三条直线在空间的位置关系，以获取正确解答.

必须指出，使用直观模型本身并不是目的，过分依赖于模型的使用可能会引起不良后果. 在教学过程中，这种模型的直观性应逐步地让位于"图形"的直观性，否则会阻碍空间想象能力的进一步发展.

(2) 进行画图训练，实现由"模型"到"图形"的过渡

要使学生摆脱对直观模型的依赖，必须进行画图训练. 当然，画图训练应有层次性. 首先训练学会画平面图形、空间几何体的直观图，画好后引导学生将直观图与实际模型作对比，再根据直观图想象其实际形状，这样做对提高空间想象能力以逐步丢掉"模型"是有显著作用的. 然后，让学生根据用语言表述的图形性质或关系画出相应的图形. 例如，讲解直线与平面的位置关系时，老师说明其关系有在面内、相交、平行三种，再让学生用适当的图形将这些位置关系表示出来. 在训练画图的过程中，不仅要求会画，而且要求画出很强的立体感.

3. 增强对图形的加工、变换能力

按照英国心理学家理查德・斯根普的观点，几何图形是一种视觉符号，与表象的形成密切相关. 因此，图形以及图形的加工、变换能力在培养与发展空间想象能力的过程中起了关键作用. 图形的变换一般有三种类型：

(1) 图形的运动与变式

当学生已逐步摆脱掉直观模型的束缚，转而对图形进行认知时，应适当增加图形运动变化的训练，力求在图形变式与运动过程中认识图形的本质特征，克服一些由图形带来的思维障碍.

一般情况下，一个图形只是某几何概念外延集合中的一个特定对象，而学生在形成概念时，总把引入概念时所用的图形与该概念建立牢固的联结，形成某种图形经验. 这种图形经验有时会把图形中非本质属性也作为概念内涵的一部分而产生消极影响. 比如，利用图 14－4－6来引入"三角形高"的概念时，图形中"$\triangle ABC$

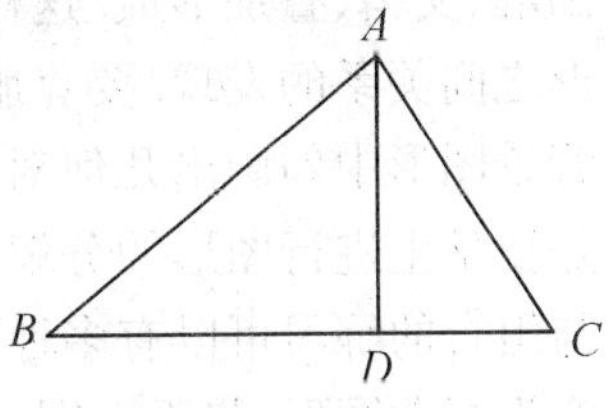

图 14－4－6

是锐角三角形"、"高在形内"、"BC边是水平位置、AD是铅直位置"等都是与"三角形高"这个概念无关的背景因素，而学生对图形的感知具有整体性，在该图基础上形成的视觉表象，与"三角形高"的概念联系起来，无形中扩大了概念的内涵.

在立体几何学习中，也有类似问题. 在学习棱柱、棱锥、棱台时，学生由常规放置的直观图(底面在水平位置上)形成的表象与相应的概念建立了联系，一旦有了变化，对图形的认知便产生障碍.

例4 已知$ABC-A_1B_1C_1$是正棱柱，D是AC中点(如图14-4-7).

(1) 证明：$AB_1 /\!/$平面DBC_1；

(2) 设$AB_1 \perp BC_1$，求以BC_1为棱，DBC_1与CBC_1为面的二面角α的度数.

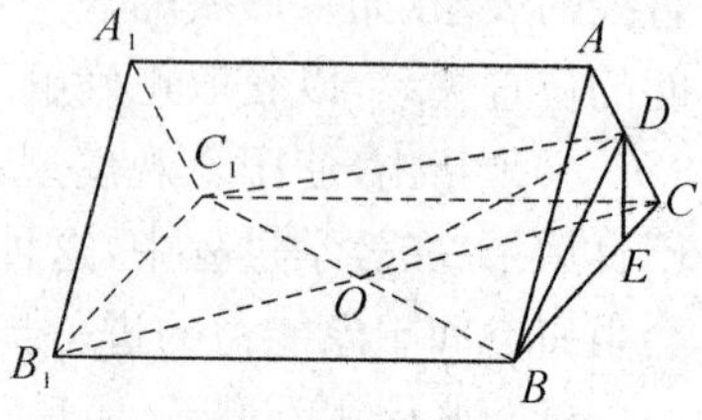

图 14-4-7

分析 这是1994年的一道全国高考题. 在求二面角$D-BC_1-C$时，必须利用正棱柱的有关性质：底面$ABC \perp$侧面BB_1C_1C，故从D作BC的垂线DE，则$DE \perp$平面BB_1C_1C，$\angle DOE$为所求二面角的平面角；各侧面都是全等的矩形，所以对角线皆相等，$DO=\frac{1}{2}AB_1=\frac{1}{2}BC_1$($O$为$BC_1$之中点)，$\triangle BC_1D$为等腰直角三角形. 而$DE=\frac{1}{2}BD=\frac{\sqrt{2}}{2}DO$，故$\angle DOE=45°$.

评注 由于题中的"正棱柱"与学生头脑中正棱柱的表象有了错位，所以许多考生无法运用正棱柱的性质，从而导致该题的得分率不高. 变式图形的训练能够克服这种对图形理解的消极作用.

在解决几何(特别是立体几何)问题时，要求学生根据题目要求作出不同视角的直观图，并从中选择一种最有利于解题的图形，这也是一种变式图形的训练. 这样做不仅有助于快捷地获取解题信息，而且可以培养空间变换与想象能力.

(2) 图形的分解与组合

在几何问题中给出的几何图形，常由表达基本概念、定理的基本图形经过组合、剖解、交错、叠加形成. 这样的图形容易干扰对几何对象的感知，也影响了对基本图形之间关系的发现. 要克服诸如此类的障碍，教学中常见的方法是运用彩色粉笔从背景图形中勾画出几何对象. 如果从培养空间想象能力角度考虑，比较积极的方法是让学生进行图形的分解与组合的练习. 在平面几何或立体几何教学中，图形分解与组合的练习可以有多种形式. 比如，经过平移、旋转、对称变换等运动，简单图形演变为复杂图形，将平面图形折叠成空间几何体，或将空间几何体的表面展开，或将空间几何形进行割补，或在复杂图形中寻找基本元素的关系等等.

(3) 平面图形与空间图形的对比、类比与转换

一维、二维图形与实物形状以及人的视觉形象基本一致，因此平面图形能真实地反映基本元素间的位置关系和数量关系，学生只需通过观察图形就可以获取有关的信息.然而在三维空间中，基本元素间的关系要复杂得多，况且，三维空间形体的位置关系与数量关系是用二维平面上的直观图来表示的，由于实物、人的视觉形象与图形不完全一致，给准确地捕捉直观图所提供的信息带来困难.

为了帮助学生克服这种学习障碍，在立体几何教学中，教师应重视平面几何概念与空间概念、平面图形与空间图形的对比与类比，使学生通过二维到三维的拓广、三维到二维的投影等练习，掌握空间基本图形的性质与演变，从而能进行建立在心理表象上的理性思考，有效地提高空间想象能力.

4. 进行抽象问题形象化的训练，培养几何直觉能力

将抽象问题形象化的几何直觉能力是空间想象能力结构中的最高层次.因此，要培养空间想象能力，进行抽象问题形象化的几何直觉能力的训练也是一个不可忽视的方面.

抽象的数学概念的形成与理解，离不开形象化例证的支撑.例如，对于函数的单调性这个抽象概念的学习，仅凭定义"对于定义域中任意 x_1、x_2，如果 $x_1 \geqslant x_2$ 时，$f(x_1) \geqslant f(x_2)$"的字面分析，学生很难理解单调性的本质属性.只有将一些特殊函数如 $y = 3x + 2$、$y = 2^x$、$y = \left(\frac{1}{2}\right)^x$ 的图象与定义结合起来，使学生不仅能从定义的语义上去理解、记忆概念，而且在出现"单调性"概念时，头脑中立刻浮现出这些函数的图象所表示的单调性的形象，从而真正把握单调性的概念.同样，用直观、形象的图形、图示来表示数学公式的证明及相互关系，也有助于对数学公式的理解与记忆.

结合我国中学数学内容的特点，培养与训练将数学问题形象化的几何直觉能力可从以下几方面进行：

(1) 利用函数图象

函数解析式给出变量之间的制约关系，而函数图象则直观地显示了该函数的性质.当遇到函数问题或可转化为函数的有关问题时，利用函数图象将问题形象化，是训练几何直觉能力的一种常用途径.

例 5 讨论方程 $|x^2 - 4| = a + 3$ 的解的个数.

分析 由方程等号两边的解析式，联想到函数 $y = |x^2 - 4|$ 与 $y = a + 3$ 的图象，于是将问题转化为讨论曲线 $y = |x^2 - 4|$ 与平行线系 $y = a + 3$ 的交点情况，观察图形便可获得结论.具体过程略.

例 6 若 a、b 是互素的正整数，证明：

$$\left[\frac{a}{b}\right]+\left[\frac{2a}{b}\right]+\cdots+\left[\frac{(b-1)a}{b}\right]=\frac{(a-1)(b-1)}{2}.$$

其中，$\left[\frac{ia}{b}\right](i=1,2,\cdots,b-1)$ 表示不大于$\frac{ia}{b}$ 的整数.

分析 这是个纯代数题，直接证明比较麻烦. 考虑函数 $y=\frac{a}{b}x$，那么，$\frac{a}{b}$，$\frac{2a}{b}$，…，$\frac{(b-1)a}{b}$ 分别是函数 $y=\frac{a}{b}x$ 当 $x=1,2,\cdots,b-1$ 时的值. 点 $P_i\left(i,\frac{ia}{n}\right)$ 在直线 $y=\frac{a}{b}x$ 上. 设过 P_i 且垂直于 x 轴的直线与 x 轴交于 Q_i，则 $\left[\frac{ia}{b}\right]$ 表示线段 P_iQ_i 上的整点个数（不包括点 Q_i）. 设 C 点坐标为 (b,a)，B、A 分别为 C 点在 x 轴、y 轴上的投影，则 $\sum_{i=1}^{b-1}\left[\frac{ia}{b}\right]$ 就等于 $\triangle OBC$ 内部的整点的个数.

由于 a、b 互素，所以线段 OC 内没有整点，于是 $\triangle OBC$ 内部整点的个数是矩形 $OBCA$ 内部整点个数的一半，即

$$\sum_{i=1}^{b-1}\left[\frac{ia}{b}\right]=\frac{(a-1)(b-1)}{2}.$$

(2) 利用代数表达式的几何意义

坐标系的建立，实现了几何空间结构的数量化、代数化，同时几何的概念、术语也进入代数，使抽象的代数概念有了形象而直观的模型，某些纯符号的代数表达式具有了容易理解和把握的几何意义. 在解决问题时，联想到有关代数式所表示的几何意义及相应的直观图形，从而利用图形的性质来反映问题中的数量关系. 这种代数式几何意义的再现，不仅有助于解题，而且也给出了问题形象化、直观化的目标与方向，从而有益于抽象问题形象化的几何直觉能力的培养.

例 7 已知 $x+2y+3z=a$，$x^2+y^2+z^2=a^2$，求证：

$$\frac{3-\sqrt{65}}{14}a\leqslant x\leqslant\frac{3+\sqrt{65}}{14}a.$$

分析 把方程 $x+2y+3z=a$，$x^2+y^2+z^2=a^2$ 分别看成是平面上的直线束 $x+2y=a-3z$、同心圆 $x^2+y^2=a^2-z^2$，直线与圆有交点的充分必要条件是直线到圆心的距离不大于圆半径，即 $\frac{|a-3z|}{\sqrt{5}}\leqslant\sqrt{a^2-z^2}$.

解得 $\frac{3-\sqrt{65}}{14}a\leqslant x\leqslant\frac{3+\sqrt{65}}{14}a$.

例 7 利用了形如 $ax+by=c$ 的一次方程及 x^2+y^2 的几何意义.

其他一些代数表达式的几何意义列举如下：

✧ $\sqrt{(x-x_0)^2+(y-y_0)^2}$——点 (x, y) 与点 (x_0, y_0) 的距离的平方根

✧ $x^2+y^2\pm 2xy$——以 x、y 为两边，两边夹角为 60°(或 120°)的三角形的第三边边长的平方

✧ $\dfrac{b-y}{a-x}$ (a, b 是常数)——过点 (x, y)、(a, b) 的直线的斜率

✧ $ax+by$ (a, b 是常数)——与直线方程 $ax+by=u$ 在 y 轴上的截距有关的一个量

其他如 a^2、a^3，以及三角、复数表达式，也有鲜明的几何意义.

(3) 构造图形揭示数学问题的本质关系

如果说利用函数的图象或代数式的几何意义将问题形象化与数学知识掌握的熟练程度有密切联系的话，那么，构造一个图形或图解描绘出问题的本质关系，则是几何直觉能力的直接体现. 哥尼斯堡七桥问题就是一个绝好的例证. 在别人解决该问题屡遭失败之后，欧拉以其独具的灵性，舍弃了问题中岛屿、河流、河岸的大小、形状等非本质属性，画了个图形刻画了与解决问题有关的关键因素，即岛屿、河流、河岸之间的位置关系，把七桥问题转化为如今人们熟悉的几何图形的"一笔画"问题.

下面的例子进一步说明了构造图形的作用与巧妙.

例 8 某轮船公司每天中午有一只轮船从哈佛开往纽约，并且在每天的同一时间也有一只轮船从纽约开往哈佛. 轮船在途中所花的时间，来去都是七昼夜. 问：今天中午从哈佛开出的轮船，在整个航程中，将会遇到几只同一公司的轮船从对面开来?①

分析 在 xOy 平面上，Ox 轴表示时间，Oy 轴表示地点，以原点 O 代表哈佛，Oy 上任取一点代表纽约(图 14-4-8)，那么，轮船的时间-位置曲线就是图中的两组平行线，粗黑线表示从哈佛开往纽约的一只轮船的时间-位置曲线，因为它与另一组平行线相交 15 次，所以，这只轮船将遇到 15 只轮船，其中两只是开出哈佛与到达纽约

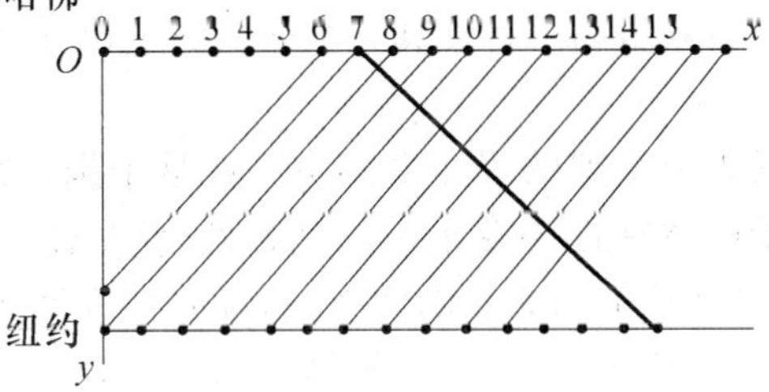

图 14-4-8

① 季素月. 中学数学概念原理及方法[M]. 桂林：广西师范大学出版社，1990：289.

遇到的,其余 13 只是在海上相遇的.

综上所述,我们可以看出,抽象问题形象化的几何直觉能力是数学学习的真谛,是空间观念、意识与想象力在处理数学问题时的迁移与运用.因此,几何直觉能力的训练与培养应贯穿于各个数学学科的学习过程之中.比如,数轴、函数的图象、集合的文氏图、三角函数的几何意义等,都可以通过数量分析的方法加深对几何图形的理解.这样,通过数与形、直观与抽象、感知与推理相互结合,既可以有效地培养和提高空间想象能力,也有助于数学问题的解决.

§14.5 数学思维能力的培养

在数学诸能力中,数学思维能力是核心.逻辑推理、数学运算、空间想象、分析问题与解决问题等能力的培养,都离不开数学思维能力.多年来,我国的数学教育工作者十分重视对培养数学思维能力的理论研究,并从课堂教学、解题等方面进行了实践探索,提出了许多真知灼见.本章在介绍数学思维的特性的基础上,重点讨论各种数学思维能力的培养途径.

14.5.1 思维概述

数学思维从属于一般思维.要分析数学思维的特性,必须先讨论一般思维.那么什么是思维呢?哲学、认识论、逻辑学、语言学、神经生理学、心理学等学科从不同的角度对思维进行了深入的研究,我们这里引用从心理学角度对思维给出的一种描述:"思维是与语言紧密关联的,寻找和发现从本质来说是新东西的过程,也是在对现实的分析综合中间接、概括地反映现实的过程.思维在实践活动的基础上从感性认识中产生,又远远超过感性认识的界限."①换句话说,思维是具有意识的人脑对客观事物的本质属性和相互联系的概括的、间接的反映.它通过主体与客体的相互作用,用不同的方式对外界输入的信息进行加工,从而产生新的思想产品(包括概念、判断、推理),获得关于客观事物的特性和关系的认识.思维具有如下特性:

1. 概括性

所谓概括性,是指思维反映的不是个别事物或某个别特征,而是一类事物的共同的属性与特征.思维的概括性还在于它的迁移性,就是使主体不仅能从部分事物相互联系的事实中推知普遍的与必然的联系,而且能将这种联系推广到同类现象中去,即应用已有的认识去解决有关问题.概括的水平能够反映思维活动的速度、广度、深度和灵活迁移的程度以及创造程度,因此提高主体的概括水平是发展思维能

---

① [苏]B. A. 奥加涅相.中小学数学教学法[M].刘远图,等,译.北京:测绘出版社,1984.113.

力的重要标志.

2. 间接性

大脑通过思维,不但可以反映直接作用于感官的事物,而且可以反映并未或不能直接感知到的事物的本质和规律,这就是思维的间接性.思维具有间接性,说明了思维与感觉、知觉的区别,它是通过复杂的中介或事物间的相互联系去认识、反映客观事物的.思维的这种间接性无限地增强了人类认识客观世界的功能.比如,尽管我们无法通过感知来把握光的速度有多快,但我们可以通过思维,把光速与音速相比,再把音速与全速奔驰的小汽车相比,从而能够间接地把握光波的无与伦比的快速.

思维之所以具有间接性,关键在于已有知识经验的作用,从而能在现实事物认识的基础上进行想象、设想、推理.思维的间接性随着主体知识经验的丰富而发展起来,因此,个体的已有知识经验对思维能力的形成与发展有较大的影响.

3. 问题性

思维的问题性又称为思维的目的性.思维是寻找和发现从本质上说是属于新东西的过程,因此思维总是与问题紧密联系在一起的.思维活动主要在解决问题的过程之中进行;作为思维形式的概念、判断、推理,既是解决问题的材料,又是解决问题的结果;通过解决问题,既可以掌握思维的方法,又能提高思维品质.可以说,没有问题,就没有思维,至少没有积极的、专注的、深层次的思维.

4. 语言、符号对思维的作用

思维之所以具有概括性、间接性,是因为思维主要通过第二信号系统来反映现实的.而第二信号系统对现实的反映,乃是以"语言"作为条件刺激物.语言及表述语言的各种符号是对现实的抽象,是概括化的信号,并且使概括和间接的反映成为可能.人们对以前概括了的本质属性的认识,通过词和语言保存下来,并在已有知识基础上,以此为媒介进行传播推理,解决新问题,从而达到新的认识.

正是由于语言与思维具有密切的关系,所以准确地掌握、使用与思维相适应的语言或符号,对提高思维水平具有重大意义.

14.5.2 数学思维的特性

根据思维的含义以及数学学习的特点,所谓数学思维,就是人脑与数学对象(空间形式、数量关系、结构关系)交互作用并按照一般思维规律认识数学内容的内在理性活动.通过数学思维形成的数学概念、关系、原理,是在人的认识系统作用下,对客观事物的数学结构或模型所进行的概括的、间接的反映.

作为数学认识活动中的思维,数学思维既具有一般思维的特性,也具有自身的特点,因此,我们结合一般思维的特性和数学的特点这两个方面,分析数学思维的主要特性——概括性、问题性、辩证性.

1. 数学思维的概括性

数学思维的概括性在数学学习中有着鲜明的体现. 首先,作为思维细胞的数学概念,是事物的数量关系与空间形式在人脑中的反映. 形成与掌握概念,就是对一类事物加以分析、综合、比较,从中抽象出共同的、本质的属性和特征,然后把它们概括起来. 其次,数学公式、法则、性质、定理是对数学概念之间关系的概括与抽象,因此,它们都具有普遍意义和广泛的应用. 比如,乘法对加法的分配律应用于不同场合,就可以分别得到添、去括号法则、单项式乘以多项式法则、合并同类项、合并同类二次根式、提取公因式法. 除此以外,数学思维模式的形成、数学思想方法的获得也是数学思维概括性的结果. 而思维模式与方法的运用则是概括性迁移的结果. 例如,通过证明定理"圆周角的度数等于其所对弧的度数的一半",可以概括出完全归纳法的解题模式:① 将问题的条件分为几种情形;② 选择一种较简单的情况作为证题的突破口;③ 将其余各种情况转化为第一种情形来解决. 而在今后的学习中可将这种模式应用于类似的问题.

例 1 单位正方形的边界上有两点 P、Q,连结 P、Q 的曲线将正方形分成面积相等的两部分. 求证:连结 P、Q 的曲线的长不小于 1.

分析 将 P、Q 在正方体边上的情况分为三种:① P、Q 在对边上;② P、Q 在同一边上;③ P、Q 在邻边上. 先证明最简单的第①种情形:若 P、Q 在对边上,则结论成立;然后将②、③两种情况通过对称变换转换为第①种情形来证明(图 14-5-1). 上述证明思路与圆周角定理的证明有异曲同工之妙.

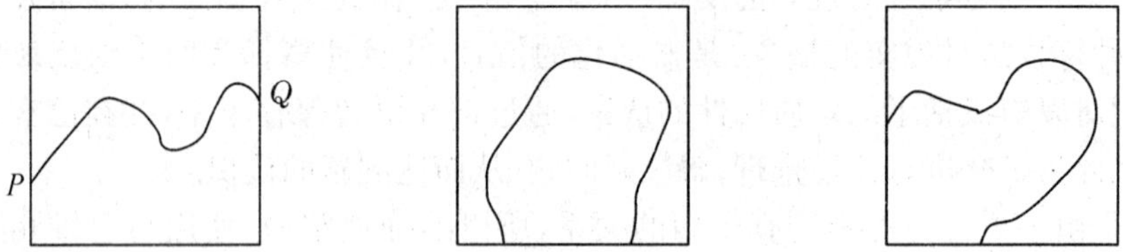

图 14-5-1

2. 数学思维的问题性

数学思维的问题性在宏观上表现为问题是数学科学起源与发展的动力. 纵观数学史可以发现,数学科学正是从现实世界以及自身理论体系中不断地提出问题、解决问题,从而得以前进、得以发展的. 这种由于重要的数学问题的推动而导致新的数学学科、理论、观点、方法产生的例证,在数学史上俯首皆是. 比如,第五公设是否可以证明的问题的讨论最终导致非欧几何的诞生,贝努利的最速降线问题成为现代数学分支变分法的起源,而 1900 年希尔伯特在巴黎数学家大会上提出的 23 个问题，为 20 世纪的数学发展揭开了光辉的一页. 在微观上，数学思维的问题性表现为问题对思维起着启动、定向和促进作用. 首先，问题是思维的动力，并为思维提供了方向. 有了问题，才能产生迫切解决问题的欲望，才能唤起与问题有关的知识、经验，才能开展积极的思维活动. 其次，数学思维是一个不断地提出问题、分析问题、变换问题，最终解决问题的过程，是一个运用各种思维方法进行探索的心智活动过程. 其结果不仅达到对原问题的深刻理解，而且掌握了思维方法，磨炼了思维品质.

数学思维的问题性说明，在数学教学中数学问题的提出、变换、推广、应用对数学思维的训练起着重要的作用.

3. 数学思维的辩证性

数学思维的辩证性基于数学内容和方法含有丰富的辩证因素.

数学内容本身具有普遍联系的特点. 比如，笛卡儿坐标系的建立，为数与形的联系提供了工具，把代数与几何有机地统一起来. 某个领域内未能解决的问题，通过相互联系，可以借助于另一个领域中已经解决的问题而得到解决. 其次，数学中处处充满矛盾. 无论是概念还是运算方面，都存在着许多对立统一的关系. 比如，正与负、加法与减法、微分与积分、有理数与无理数、有限与无限、连续与离散，乃至存在与构造、逻辑与直观、具体与抽象、已知与未知等. 对这些普遍联系性、对立统一性的充分认识，使得数学思维具有鲜明的辩证特性. 比如，运用运动变化的观点分析问题，寻找知识的相互联系，发现不同现象之间的相似性、统一性，等等. 陈省身教授 1980 年在北京大学的一次讲学中，关于三角形内角和等于 180°的谈论生动地说明了这一点. 陈教授先妙语惊人地说："三角形内角和等于 180°，这是不对的. "接着对此作了精辟的解释："三角形内角和为 180°不对，不是说这个事实不对，而是说看问题的方法不对，应当说：'三角形外角和等于 360°'，把眼光盯着内角，只能看到：三角形内角和 180°，四边形内角和为 360°，…，n 边形内角和为 $(n-2)\times180°$. 而眼光盯着外角，便得到一个十分简单的结论：任意 n 边形外角和为 360°，用一个与 n 无关的常数代替了一个与 n 有关的公式. 稍加修改'外角和为 360°'的结论还可以适用于凹多边形，甚至于平面封闭曲线. "①

14.5.3 培养数学思维能力的基本要求

根据上述条件，为了有效地激发学生积极思维，培养和发展学生的数学思维能力，数学课堂教学应满足下列基本要求.

① 张景中. 数学家的眼光[M]. 北京：中国少年儿童出版社. 1993：2. 4.

1. 创设问题情境,激发思维动机,提高思维的志向水平

合适的问题情境是外部问题和内部知识经验的适当程度的认知冲突,从而引起学生最强烈的思考动机和最佳的思维定向.这样的情境,是启发学生思维的“引爆器”,可以提高思维的志向水平.

在创设能引起学生认知冲突、激发思维动机的问题情境时,一般要注意以下几点:

① 问题情境的创设必须使学生产生情感上的共鸣.思维的启发,离开不了情感的支撑.只有产生情感上的共鸣,学生才愿意把问题内化,驱使自己去思考、去探索.比如,老师可以从学生感兴趣的、好奇的、熟悉的、产生审美感的问题和现象开始,通过比较、分析、综合,产生困惑,然后试着去解决它.

② 问题的难易程度要适当.格式塔心理学派认为,学习的实质就是补充完形.课堂教学应该针对学生知识上的欠缺进行,并尽量填补这些欠缺.知识的欠缺体现了学习主体与问题的相互关系,学生知识欠缺太多,问题难以得到解决,思维动机就会减弱;反之,如果学生感觉到问题太容易,也不能产生积极的思维动机.因此,只有当学生对问题的领悟有一种似曾相识之感,但又不能立即给出答案时,才能产生心理上的愤、悱状态,才能进入最佳的思维境界之中.

③ 必须给学生充分思考问题的机会和时间.“创设问题情境”的做法已倡导多年,但在实际教学中收效甚微,其原因之一是老师提出问题后给予学生独立思考的机会与时间太少.须知老师对讲课的内容是经过精心准备的,而这些内容对学生而言,则是未知的、不熟悉的,因此,在数学教学中,学生的思维往往滞后于老师的思维活动.当老师提出问题后,学生必须有一个理解、领悟、思考的过程,如果老师迫不及待地给出答案或要求学生回答,就不能充分利用问题来激发学生的思维.

2. 重视数学活动过程的教学,提高思维的探究水平

现代数学教学理论认为,数学教学就是数学思维活动的教学.因此,在数学教学中展现思维活动,让学生亲自参与思维活动,不仅体现了这种教学思想,而且有利于提高学生思维的探究水平.一般来说,数学学习活动主要包括:① 数学概念的形成过程;② 公式、定理、性质的探索、发现、推导过程;③ 解题方法的思考与解题规律的总结过程.

例2 已知椭圆 $ax^2+by^2=1(a>0,\ b>0,\ a+b>ab)$ 与直线 $x+y=1$ 交于两点 P、Q,求 $OP\perp OQ$ 的充要条件.

分析 $x+y=1$ 是定直线,而椭圆的形状因 a、b 的不同取值而变化.因此,P、Q 的坐标与 a、b 的取值有关,$OP\perp OQ$ 的充要条件即是 a、b 之间应满足的关系.

解题途径1 由上述分析,可得到解该题的一种方法:

由 $\begin{cases}ax^2+by^2=1,\\x+y=1\end{cases}$ 求出 P、Q 的坐标 (x_1, y_1)、(x_2, y_2)，又 $OP\perp OQ$，$K_{OP}\cdot K_{OQ}=-1$，$\therefore x_1x_2+y_1y_2=0$，由此可得出 a、b 应满足的条件.

评价 上述解法是解析几何的常规方法，即列方程组求交点坐标，将几何条件 $OP\perp OQ$ 转化为代数条件 $x_1x_2+y_1y_2=0$. 但求交点 P、Q 的坐标计算量较大，于是，进一步提出问题让学生思考：能否不求 P、Q 的坐标而达到求解的目的？

解题途径 2 考虑到 $OP\perp OQ$ 的充分必要条件是 $\dfrac{y_1y_2}{x_1x_2}=-1$，而 $\dfrac{y_1}{x_1}$，$\dfrac{y_2}{x_2}$ 是一个二次齐次方程的解，故可以构造一个二次齐次方程.

因为点 P、Q 是直线与椭圆的交点，所以其坐标 (x_1, y_1)、(x_2, y_2) 适合两个方程 $ax^2+by^2=1(a>0, b>0, a+b>ab)$ 与 $x+y=1$，因此也适合齐次方程 $ax^2+by^2=(x+y)^2$，即

$(a-1)x^2-2xy+(b-1)y^2=0$.

将之变形为 $(b-1)\dfrac{y^2}{x^2}-2\dfrac{y}{x}+(a-1)=0$，则 $\dfrac{y_1}{x_1}$，$\dfrac{y_2}{x_2}$ 为该方程的两个根.

$\therefore \dfrac{y_1}{x_1}\cdot\dfrac{y_2}{x_2}=-1\Leftrightarrow\dfrac{a-1}{b-1}=-1\Leftrightarrow a+b=2$.

评价 第二种解题途径避免了求两交点坐标的繁琐计算，利用了"点 (x_0, y_0) 在曲线 $F(x, y)=0$ 上 $\Leftrightarrow F(x_0, y_0)=0$"的性质，通过两个曲线方程的变形达到求解目的. 该技巧在解析几何中有一定的适用范围.

我们要变革课堂教学结构，突出知识发生过程的揭示和探讨，这样既可以反映新旧知识的逻辑联系，有助于形成学科知识的结构，又充满了学习主体观察、尝试、猜想等活跃的探究活动，有助于提高思维的探究水平.

3. 渗透数学思想，提高思维的策略水平

张奠宙先生认为，不要让数学思想淹没在题海之中. 数学课程标准也强调数学思想的渗透. 数学思想是进行数学思维的一种结果形式，它具有同思维过程完全不同的较为确定的、可以言传的形态. 但由于它的内涵的深刻性和外延的丰富性，不是短期就能让学生掌握的，需要在长期的思维活动中逐步领会，形成意向和观念. 此意向和观念反过来又潜意识地影响思维的策略水平. 具体说来，数学思想是指从某些具体的数学认识过程中提升出来的一些观点，带有普遍意义和相对稳定的特征，故在后继的学习与工作中对主体的数学思维的策略水平有较大影响.

例 3 如图 14-5-2，已知 5 个相同的正方形组成一个 L 形的纸片，如何将之剪两刀，使其拼成一个正方形.

分析 此题的难度在于这两刀在何处下手切，考虑到图形切割前后的面积是不

变量,故可以建立方程以发现图 14-5-2 中的切割线.

设每个正方形边长为 a,切割后拼成的正方形边长之长为 x,则有 $x^2=5a^2$, $x=\sqrt{5}a$. 此时不难发现图 14-5-2 中线段 AB 恰好等于$\sqrt{5}a$,如何剪两刀?答案一目了然.

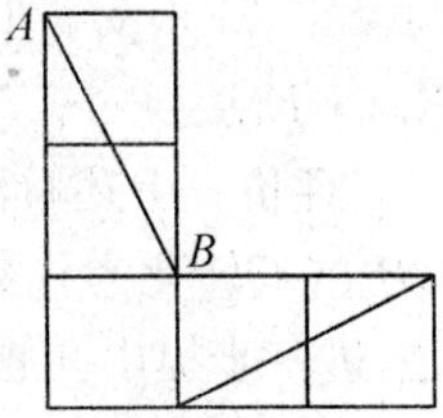

图 14-5-2

这种寻找变化过程中的某个不变量,然后用两种不同的方式表示这个量,以建立等式的极简单、极朴素的方程思想,在后继学习中有着广泛的应用.几何中面积法、体积法解题,其实质是用两种不同的方式表示同一个图形的面积或同一个几何体的体积,解数学竞赛题常用的"算两次"的方法也体现了这种思想.

在教学实践中渗透数学思想,是一项长期的、细致的工作.我们不可能凭借一两次课或几个例题的讲解就能使学生完全接受和掌握,也不能依靠生硬的说教,而应当结合学生的年龄特征,结合教学内容自然而然、潜移默化地进行.因此,教师在日常教学中,必须做一个有心人,善于利用反映数学思想的基本材料,有意识地设计与一定的数学思想相联系的学习活动,以便达到"润物细无声"的效果.

14.5.4 培养各种数学思维能力的有效途径

数学思维能力有多种表现形式,这里重点讨论逻辑推理能力、直觉思维能力、发散思维能力的培养.

1. 逻辑推理能力的培养

数学具有严谨逻辑性的特点,逻辑推理能力应该是学生必须具有的基本数学能力之一.数学中的逻辑推理能力是指正确地运用思维规律和形式对数学对象的属性或数学问题进行分析综合、推理证明的能力.

(1) 重视基本概念和基本原理的教学

数学知识并不是定义、法则、定理的堆砌.每章、每节的内容既自成系统又相互联系,形成结构严谨的整体.在这整体中,基本概念、基本原理和基本方法是其核心内容.基本概念、基本原理一旦为学生所掌握,就成为进一步认识新对象、解决新问题的逻辑思维工具.如果没有系统的科学概念和原理的掌握作为前提,要进行分析、判断、推理等思维活动是困难的.

(2) 结合具体数学内容讲授一些必要的逻辑知识

在数学教学中,结合具体数学内容讲授一些必要的逻辑知识,使学生能运用它们来进行推理和证明.数学学科研究的主要内容之一就是研究数学中的概念以及概念与概念之间的关系.如果学生掌握了概念的意义、概念的内涵和外延、概念的定义和划分,那么他们在根据某概念的定义进行推理时,就不会只考虑定义中所列的"种差”，而且会考虑被定义概念还具有属概念的一切属性. 这样，在推理证明中思路就会畅通得多；当他们运用穷举法证明问题时，就不会遗漏或重复某种情况. 另外对帮助学生明确概念适用的范围，了解它与别的概念的联系方式都有好处.

(3) 有计划、有步骤地进行逻辑推理的训练

数学推理既具有推理的一般性，又具有其特殊性. 其特殊性主要表现为两方面. 其一，数学推理的对象是数学表达式、图形中的元素符号、逻辑符号等抽象事物，而不是日常生活经验；其二，数学推理过程是一连串的，前一个推理的结论可能是下一个推理的前提，并且推理的依据必须从众多的公理、定理、条件、已证结论之中提取出来. 数学推理的这些特性会给学生在推理论证的学习中带来困难. 有关的心理实验表明，初一学生已经初步掌握了普通逻辑的基本规律和某些推理形式，但必须依赖于生活经验的支撑. 例如，他们从“爸爸比妈妈高，妈妈比我高”的前提很容易推出“我比爸爸矮”的结论，但有些刚学习平面几何的学生从“$\angle A>\angle B$，$\angle B>\angle C$”的前提推得“$\angle C<\angle A$”的结论却感到困难. 由此可以看到，如果不经过有计划、有步骤的训练和培养，学生是不可能对这种新的严密的推理方法予以掌握的.

2. 直觉思维能力的训练与培养

对于直觉思维，美国心理学家布鲁纳是这样解释的：“在教学中，直觉是从两种不同的意义上来使用的. 一方面，说某人是直觉思维，意即花了许多时间做一道题，突然间做出来了，但是还需为答案提出形式证明. 另一方面，说某人具有直觉能力，意即当别人向他提问时，他能够迅速作出猜测，判断该事物是不是这样，或说出在几种解题方法中哪一个更有效. ”研究结果表明，逻辑思维是数学思维的核心，直觉思维是导致数学发现的关键，两者构成数学认识活动的双翼，缺一不可. 因此，我们在训练与培养逻辑思维的同时，还应重视直觉思维的训练与培养. 具体做法如下：

(1) 鼓励学生猜想，以形成朦胧的直觉

猜想是对事物发展进程作出预测性判断的思维过程. 猜想要以知识和经验作为支柱，但培养敢于猜想、善于探索的思维习惯则是形成直觉的基本素质. 波利亚十分推崇学习过程中的猜想，他认为：“一旦学生有了某种猜想，他就把自己与该题连在一起. 他的自尊心、好奇心能否得到满足在一定程度上取决于该题的最终结果，他会急切地想知道他的猜想正确与否. 于是他便主动关心这个问题，关心课堂上的进展，他就不会打瞌睡或做小动作了……让学生猜想，不仅激发了他们努力解题，而且还教会了他们一种应用的思维方式. ”可见，鼓励学生猜想，不仅可以激发思维欲望，还可使学生掌握一种重要的思维方式.

学生在学习过程中经常出现一些直觉思维，有时表现为一种应急反应，有时表现为突然提出怪问题，产生一些不合乎逻辑的想法. 此时教师应当有意识地促使他们向纵深方向考虑，帮助他们理清思路的来龙去脉，而不是一味地排斥，甚至于打击

扼杀. 为了鼓励学生猜想,老师自身的示范也很重要. 教师在讲课时,不一定给学生摆出一副绝顶聪明的面孔,可以先抓住一些信息,猜测事物的本质,作出猜想,然后再作修正、证明. 在教学过程中,有时设置一些顺理成章的"陷阱"是有益的,它不仅起着"引爆器"的作用,引导学生积极思维,而且使学生发现、猜想,有时错误的猜想甚至也能导致正确的、有价值的发现.

(2) 重视基本图形、基本模式的教学,帮助学生形成知识组块

数学中有许多含有较多信息量的基本图形、模式、方法,在解决问题时反复运用这些知识与方法,使得它们之间的联结得以加强,形成一个个知识组块. 这些知识组块经过反复运用,从显意识不同程度地转入潜意识贮存在记忆系统中,遇到有关问题时,迅速联想起知识组块,便能直觉敏锐地进行识别、分析,形成对问题的整体综合判断,从而得到解题方法和思路. 例如,在中学数学中,二次函数、一元二次方程,一元二次不等式是重要的基础知识,其中判别式 $\Delta=b^2-4ac$ 决定了方程、不等式解的情况,也决定了二次函数的性态. 于是,三个"二次"与基本模式"B^2-AC"就成为一个知识组块,看到形如 B^2-AC 的式子,便联想到构造二次方程或二次函数解题.

例 5 已知 $f(x)=\lg\dfrac{1^x+2^x+3^x+\cdots+(n-1)^x+n^x\alpha}{n}$, $\alpha\in(0,1]$,求证: $2f(x)<f(2x)$.

分析 去掉对数符号,只需要证明

$$[1^x+2^x+3^x+\cdots+(n-1)^x+n^x\alpha]^2<n[1^{2x}+2^{2x}+3^{2x}+\cdots+(n-1)^{2x}+n^{2x}\alpha]$$

成立. 待证式具有 B^2-AC 的形式,不妨构造一个二次函数,使待证不等式成为该二次函数的判别式,将问题转化为证明二次函数恒大于 0 即可.

令 $f(T)=nT^2-2[1^x+2^x+3^x+\cdots+(n-1)^x+n^x\alpha]T+[1^{2x}+2^{2x}+3^{2x}+\cdots+(n-1)^{2x}+n^{2x}\alpha]$

$=(T-1^x)^2+(T-2^x)^2+\cdots+[T-(n-1)^x]^2+(T-n^x\alpha)^2+(n^{2x}\alpha-n^{2x}\alpha^2)$,

由于 $\alpha\in(0,1]$,所以 $f(T)$ 恒大于 0,待证不等式成立.

又比如,在立体几何中,线线、线面、面面之间的距离亦可形成一个知识组块,它们之间可以相互转化,其求法无非是直接作距离求其长,或用其他方法间接求解.

在中学数学中,这样的知识组块还有很多,老师均可引导学生自己总结归纳. 事实证明,学生是否善于联想,能否准确、迅速地把握解题的方向与方法,很大程度上取决于他所掌握的知识组块的数量及其运用的熟练程度. 因此,发现、归纳、运用知识组块是训练直觉思维的知识基础.

(3) 促使直觉思维与逻辑思维转换,以加强对知识的理解

心理学认为,所谓理解就是知识的意义与学习个体的内在知识结构建立了有机

的、实质性的联系. 直觉与逻辑的每一次转换，都标志着理解的深化. 理解与记忆不同，许多学生能记住公式、定理及定理的证明，但并不能说明他们理解，因为他们没有高层次的思维，即直觉与逻辑的互补与转换. 比如，初二学生可以写出一元二次方程求根公式，但不一定理解，不知道推导实质是将方程转化为 $x^2 = A$ 的形式，而配方是其重要手段. 又比如，学生有时想到一个念头(直觉)，但不知这个念头的来龙去脉，不理解其实质，只有当他通过反复思考，冷静分析(逻辑思维)，并找到念头产生的合理性后，才真正达到理解. 在学习过程中，帮助学生掌握归纳、类比、联想等兼有直觉和逻辑两种特性的思维方法，是促使两者相互转化的有效途径. 归纳、类比、联想在数学教学中是探索问题的锐利武器，体现了数学思维的生动活泼、创造发现的一面，由此产生的新的念头、好的策略，以及逐渐形成的数学观念，对形成学生的直觉思维，并与逻辑思维相互转换必将受益无穷.

3. 发散思维能力的训练与培养

聚合思维和发散思维是 1950 年代由美国心理学家吉尔福特在研究智力结构模型时提出来的. 聚合思维是指思维者把所提供的各种信息聚合起来得到一个正确答案，或者从形式上不同的现象和问题中，发现共同因素的思维过程. 而发散思维则是从同一对象中产生多种分化因素，或者揭示同一本质所表现出来的现象、形式之间的差异的思维过程. 由于发散性思维要求思维流畅、灵活、独特、开阔，对已知信息进行多方向、多角度的联想，从而能够发现新知识、提出新问题，因此，有的心理学家将发散性思维与创造性思维联系起来，希望通过发散式思维的激发来培养创造能力.

在数学教学中，一方面，要重视聚合思维的训练，提高训练的质量，提高概括的层次，从方法论的角度加深对解题规律、方法的认识，不断地探求和揭示数学问题的共性和解决问题的通法. 另一方面，也要突出发散思维的训练，通过对具体问题的分析和联想，培养学生思维的灵活性与独创性. 具体做法如下：

(1) 给学生提供独立思考问题、自己提问题的条件与机会

发散思维是从给定的信息出发，尽可能获得多种结果. 由于发散思维的目标、方向不确定，这对学生的认知水平提出较高要求.

学生数学学习认知水平一般分为三个层次：记忆模仿型、说明性理解型与探究性理解型. 记忆模仿型的学生接受新知识，很大程度上依赖于教师的讲解，对老师讲解过的范例进行模仿，然后进行"过滤式的分析"，达到解题的目的. 说明性理解型的学生的学习具有"接受-理解-应用"的程式，他们能够在老师的讲解指导下理解数学知识，能在分析的水平上进行数学概括，但缺乏主动探究的精神，易于接受肯定事物，不习惯去否定、去想象. 探究性理解型的学生与说明性理解型的学生的区别在于掌握知识、获得理解的途径以及主体的积极状态的差异. 这种水平的学生用探究、实验的方法获得新知识，在学习中，既有高级智力活动的卷入，又有好奇、怀疑、否定、

发现等良好的思维习惯.显然,前两类认知水平的学生难以进行发散思维.为了培养与训练学生的发散思维,有必要提高学生的认知水平,使他们尽量向探究性理解型发展.其中关键的一点是在课堂教学中,敢于、善于给学生提供一定的独立思考、发现问题的条件与机会.

在课堂教学中,给学生提供自己独立思考问题、发现问题的机会的方法很多,其中组织课堂讨论(集体或小组的)是使用较普遍的一种有效方法.江苏省南通市启秀中学特级教师李庾南自1980年代初就在初中推行"自学议论引导教学法",她培养出来的学生敢于提问题、敢于批判,思维敏捷,不受老师讲解的束缚,以至于李老师曾经发出这样的感慨:"经过自学、讨论之后,我的学生的思维基本上和我同步,有时甚至于还会超前."这样的教学就为发散思维的培养创设了良好的内、外部环境.

(2) 适当进行"一题多变"、"一题多解"、"一法多用"的教学活动

一题多变是通过题目的引申、变化、发散,提供问题的背景,揭示问题间的逻辑关系;一题多解,是多角度地考虑同一个问题,找出各方法之间的关系和优劣;一法多用,其目的是求得应用范围的变化.

例7 直线过 $y^2=2px$ 的焦点 F,与抛物线交于 A、B 两点,设 $AF=m$,$BF=n$,求证:$\frac{1}{m}+\frac{1}{n}=\frac{2}{p}$.

一题多解:

思路1 运用直线参数方程和韦达定理.

设直线 AB 的参数方程为 $\begin{cases}x=\frac{p}{2}+t\cos\alpha\\ y=t\sin\alpha\end{cases}$,将之代入 $y^2=2px$,得 $t^2\sin^2\alpha-2pt\cos\alpha-p^2=0$.设方程两根为 t_1,t_2,则

$$m=|t_1|,\ n=|t_2|,\text{且 } t_1+t_2=\frac{2p\cos\alpha}{\sin^2\alpha},\ t_1t_2=\frac{-p^2}{\sin^2\alpha}.$$

于是 $\frac{1}{m}+\frac{1}{n}=\frac{|t_1|+|t_2|}{|t_1||t_2|}$.

$$\because\left(\frac{|t_1|+|t_2|}{|t_1||t_2|}\right)^2=\frac{|t_1+t_2|^2-2t_1t_2+2|t_1t_2|}{(t_1t_2)}=\frac{4}{p^2},$$

$$\therefore\frac{1}{m}+\frac{1}{n}=\frac{2}{p}.$$

思路2 回归抛物线定义,利用平面几何性质.

过 A、B 两点分别作准线 $x=-\frac{p}{2}$ 的垂线,垂足为 A_1、B_1.设准线与 x 轴交点为 F_1,则 $AA_1=AF=m$,$BB_1=BF=n$,又 $FF_1=p$,所以在直角梯形 AA_1B_1B 中,有

$\frac{m-p}{p-n}=\frac{m}{n}$.

解得 $\frac{1}{m}+\frac{1}{n}=\frac{2}{p}$.

思路 3 问题涉及到焦点弦，故运用极坐标也很方便.

抛物线 $y^2=2px$ 在以焦点为极点的极坐标系中的方程为 $\rho=\frac{p}{1-\cos\theta}$. 设 $A(m,\theta)$, $B(n,\theta+\pi)$, 则

$$\frac{1}{m}+\frac{1}{n}=\frac{1-\cos\theta}{p}+\frac{1+\cos\theta}{p}=\frac{2}{p}.$$

一题多变：

1° 条件不变，将"求证：$\frac{1}{m}+\frac{1}{n}=\frac{2}{p}$"改为"$\frac{1}{m}+\frac{1}{n}$ 是否为定值"；

2° 其他条件不变，将"抛物线"改为椭圆，求证：$\frac{1}{m}+\frac{1}{n}$ 为定值；

3° 其他条件不变，将"抛物线"改为双曲线，问：$\frac{1}{m}+\frac{1}{n}$ 是否仍然是定值？为什么？

值得注意的是，一题多解、一题多变并不是方法与问题的简单堆砌，而是从不同的角度去分析、思考同一个问题所得到的结果. 只有让学生确实意识并掌握到从不同角度去思考的方法，形成富于联想的思维习惯，一题多解、一题多变的教学活动才能对发散思维的培养发挥积极作用.

(3) 运用开放型问题进行发散思维的训练

如第 10 章所述，所谓开放型问题，是条件不充分、结论不确定，或解题策略多种多样的新题型. 因此，解决开放型问题是训练发散思维的最佳活动形式之一. 传统教学中出现的大多数问题是封闭式问题，可以将这些问题改编，以增加发散的成分和探究的因素.

习　题

1. 名词解释

数学运算，表象、想象，算法，直觉思维、发散思维.

2. 简答题

(1) 数学运算的特性有哪些？

(2) 空间想象能力结构是什么？

(3) 如何培养学生的直觉思维能力？

(4) 如何培养学生的发散思维能力?

3. 论述题

(1) 数学思维具有哪些特性?培养数学思维能力的基本要求是什么?

(2) 空间想象能力的基本内容是什么?举例说明空间想象能力的培养途径.

(3) 以初中或高中某章的一道数学题为例,试作一题多解、一题多变的练习.

主要参考文献

[1] 季素月. 中学生数学能力培养研究[M]. 长春:东北师范大学出版社,1999.

[2] 章建跃. 数学教育心理学[M]. 北京师范大学出版社. 2006.

[3] 喻平. 数学教育心理学[M]. 南宁:广西教育出版社.

第 15 章

中学数学思想方法

“师者，所以传道授业解惑也.”“道”为“业”之精髓. 学习与理解知识，其关键就在于得其中之“道”. 得其“道”，则事半功倍.

数学是一门高度抽象而又计算精巧的学科，学习数学必需讲究思想方法.《全日制义务教育数学课程标准(实验稿)》要求我们帮助学生“真正理解和掌握基本的数学知识与技能、数学思想和方法，获得广泛的数学活动经验”.《普通高中数学课程标准(实验稿)》的前言中提出了“使学生掌握数学的基本知识、基本技能、基本思想，使学生表达清晰、思考有条理……”课程标准明确将数学思想方法的理解与掌握作为数学学科教学的基本要求，学习与研究数学的思想方法也就成为数学教师进行数学教学实践及研究所关注的一个重要课题.

§15.1 数学思想方法概述

15.1.1 数学的思想方法

所谓“数学思想”，是人们对数学知识的本质认识，是从某些具体的数学内容和对数学的认识过程中提练上升的数学观点，它在认识活动中被反复运用，带有普遍的指导意义，是建立数学和用数学解决问题的指导思想. 中学数学中的数学思想十分丰富，主要有字母代数的思想、集合和对应的思想、方程和函数的思想、化归的思想、数形结合的思想、分类整合的思想、极限的思想、算法化思想等.

所谓“数学方法”，指的是“把事物的状态、关系和过程用数学语言表达出来，进行推导、演算和分析，以形成对问题的解释、判断和预言”. ①数学方法是在数学思想指导下，为数学思维活动提供具体的实施手段，是数学地提出问题、解决问题过程中

---

① 钱珮玲，邵光华. 数学思想方法与中学数学[M]. 北京师范大学出版社，1999.

所采用的各种具体方式、手段、途径等. 中学数学中的数学方法一般有数学思维的方法，比如观察与实验、类比与联想、分析与综合、归纳与演绎、一般与特殊等，这类方法教会学生如何去思考. 还有具有较强操作程序的数学方法，比如数学归纳法、配方法、待定系数法、消元法、解析法、换元法、比较法等，这类方法各自有不同的适用范围. 另外，还有一些技巧性较强的方法，比如因式分解中的拆项法、立体几何中的割补法、构造法、参数法等.

数学思想方法贯穿于中学数学的始终，帮助学生理解与深入体会蕴含于数学知识之中的思想方法，使之逐渐形成一种意识、一种观念，并用于指导自己的数学学习，是中学数学教学的重要任务之一.

15.1.2 学习与掌握数学思想方法的意义

就中学数学教学而言，我们不仅需要在教学过程中帮助学生夯实有形的“数学基础知识与基本技能”，更应注意蕴含于数学知识发生、发展过程中的数学思想方法. 只有注重思想方法的渗透，才能使学生真正深入透彻地理解与掌握数学知识.

数学思想方法的学习能促进学生在数学学习过程中，对合理方法的天才的、不自觉的运用向有意识的、自觉的运用转化. 在数学的发生、发展和应用的过程之中，数学家们逐渐形成、积累了丰富的思想方法，这些宝贵的数学思想方法，能有效地指导我们更好地学习与研究数学.

通过数学思想方法的学习与探究，能有效地指导我们的数学学习. 从更为基本的意义上说，数学学习不仅是指具体的数学知识的学习，而且也是指数学思想方法的领悟. 因为数学思想方法的学习对今后即使不从事具体数学工作的人来说，也有着十分广泛的指导意义；而对于未来的数学工作者而言，重要的在于如何去作出新的创造，而数学的思想方法无疑起着至关重要的作用.

数学思想方法的学习与研究，有助于我们提高数学的文化素养. 因为，数学素养不仅是指知识的累积，更重要的是在实际工作中能数学地思考问题、提出问题、处理问题. 提高数学文化素养，其要点就在于体会、领悟蕴含于数学知识之中的思想方法.

15.1.3 如何学习与掌握数学思想方法

学习与研究数学思想方法的关键在于在数学学习过程中“学数学、做数学、用数学”，在教学中重视数学知识的形成背景、发生发展过程，从中体会、领悟其中之“道”.

其一，数学化的过程就是一个运用数学思想方法的过程. 因此，应当在运用数学思想方法去处理具体问题过程中学习领悟数学思想方法，即应当重视具体的数学实践过程.

其二，应当重视具体的数学解题的实践，把数学解题的研究与数学思想方法的学习结合起来，在问题解决过程中运用、体会具体的数学方法，领悟其中的思想方法.

其三，应当明确我们学习和研究的目标、范围. 因为，数学思想方法的研究范围是广泛的，我们必须有重点地结合今后具体的中学数学教学活动在某一范围内作一些探讨.

其四，应当结合中学数学教学来学习与研究数学思想方法. 一方面，我们应当在解题及其他数学学习过程中，注意数学思想方法的运用，把原来是潜意识运用逐步变为显性的有意识运用；另一方面，通过对中学数学教材的学习与探究，应当在数学思想方法的学习过程中，去充分挖掘中学数学教材中的数学思想方法，围绕中学数学教材中的重要思想方法去开展数学思想方法的学习与研究，如用字母代表数的思想方法，集合的思想方法，函数、映射、对应的思想方法，数形结合的思想方法等.

§15.2　中学数学中的数学思想方法

中学数学知识中蕴含着极其丰富的思想方法，其概念的形成、知识的运用、问题的解决，都离不开思想方法的指导与运用. 中学阶段学习数学，除了掌握必需的“双基”，很重要的一点还在于在掌握知识的过程中，了解知识的生成背景、知识的发生过程，深入体会其中的思想方法. 从“有形”(具体的数学知识)中“观”其“无形”(数学的思想方法)之妙.

在中学，就解决问题而言，化归方法是解决问题的基本思想方法；而类比、归纳、联想等合情推理的方法是数学发现、创造的重要方法；字母代表数、函数与方程、数形结合、算法化等是中学数学学习中的主要思想方法；公理化思想方法则有助于培养学生严谨有序等良好的思维习惯. 下面选择部分中学数学中常用的思想方法结合例子加以阐述.

15.2.1　化归的思想方法

所谓化归，就是把待解决的问题通过某种转化过程，归结到一类已经能解决或者比较容易解决的问题中去，借此来获得原问题的解决的一种思想方法. 通俗地讲，化归之“化”，即是将面临的问题“转化”为比较熟悉、比较容易的问题，而化归之“归”，即是将面临的问题通过转化“归入”到我们已经解决的某类问题. 因此，运用化归方法，关键在于一是学会“转化”之法，二是在头脑中应当贮藏一定量的基本问题的模式、类型.

一般地，化归的要素有化归的对象、化归的目标和化归的途径. 化归的方法一般有特殊化、一般化、分解与组合、关系映射反演原则和归纳、类比、联想等. 化归的本质就是转化——转化矛盾，变更问题. 在中学数学解决问题中，化归一般表现为以下几个方面:化生为熟,化繁为简,化“正”为“反”,化抽象为具体,数与形的互化,各学科知识间的互化,等.

1. 化归模式

利用化归思想解决问题的一般模式可用图 15-2-1 表示:

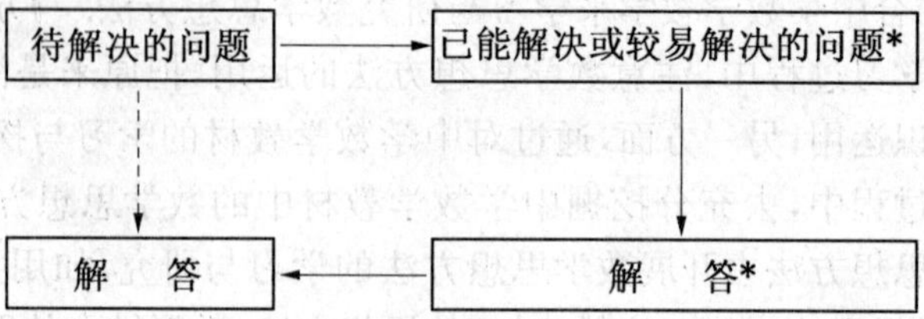

图 15-2-1

2. 化归原则

为了更好地把握住化归方向以有效地实现化归,在化归过程中应遵循以下基本原则.

(1) 熟悉化原则

面对相对来说是比较“陌生”的问题,我们应当在“陌生”中努力寻找“熟悉”的因素,以便将问题向着我们比较熟悉的方向转化;应当努力去寻找与问题比较接近而又是相对熟悉的问题,并把原问题转化为比较“熟悉”的问题,以便利用已有的知识和经验,使问题得到解决.

例 1 证明:(柯西不等式)设 $a_1, a_2, \cdots, a_n$; $b_1, b_2, \cdots, b_n$ 是两组实数,那么

$$(a_1b_1+a_2b_2+\cdots+a_nb_n)^2 \leqslant (a_1^2+a_2^2+\cdots+a_n^2)(b_1^2+b_2^2+\cdots+b_n^2),$$

等号当且仅当 $\frac{a_1}{b_1}=\frac{a_2}{b_2}=\cdots=\frac{a_n}{b_n}$ 时成立.

简析 仔细观察所证不等式的特征,从中我们就会发现,左边为一平方,右边为两项之积,若将右边移项至左边,则形式可简化为 B^2-AC 的形式,这与我们熟悉的 $\Delta=b^2-4ac$ 形式相近,由此容易联想到二次方程根的判别式或二次函数图象与 x 轴的交点情形. 这样,构造二次函数

$$f(x)=(a_1^2+a_2^2+\cdots+a_n^2)x^2-2(a_1b_1+a_2b_2+\cdots+a_nb_n)x+b_1^2+b_2^2+\cdots+b_n^2,$$

由此二次函数非负,即可使命题获证.

例 2 已知 a 为正整数,求证:a^5-a 能被 5 整除.

简析 任意连续五个整数之积能被 5 整除,这是我们所熟悉的,再由 a^5-a 为五次式,就会想到将问题化为

$$a^5-a=(a-2)(a-1)a(a+1)(a+2)+5a(a-1)(a+1),$$

由此命题可获证明.

例 3 已知 $x_1, x_2, \cdots, x_n$ 为实数，$a > 0$. 如果

$$\begin{cases} x_1 + x_2 + \cdots + x_n = a & ① \\ x_1^2 + x_2^2 + \cdots + x_n^2 = \dfrac{a^2}{n-1} & ② \end{cases}$$

证明：$0 \leqslant x_i \leqslant \dfrac{2a}{n}(i = 1, 2, \cdots, n)$.

简析 运用反证法我们可以比较容易地获得 $x_i \geqslant 0$. 如何证明后者呢？此时，化归思想则指引我们思考能否将所证式子 $x_i \leqslant \dfrac{2a}{n}(i = 1, 2, \cdots, n)$ 转化为我们已经解决的问题. 从而，我们就有可能将所证式变为证 $\dfrac{2a}{n} - x_i \geqslant 0$，令 $y_i = \dfrac{2a}{n} - x_i$，即只要证 $y_i \geqslant 0$. 这样，我们只要验证 y_i 是否满足条件①、②即可.

(2) 简单化原则

当所遇问题比较复杂或是高维的问题时，我们一般可思考尽可能将问题转化为比较简单的、低维的、易于确定解题方向和程序的问题，从而使原问题得到解决.

例 4 求证：复数 z_1、z_2、z_3 在复平面上所对应的点 Z_1、Z_2、Z_3 构成正三角形的充要条件是

$$z_1^2 + z_2^2 + z_3^2 = z_1 z_2 + z_2 z_3 + z_3 z_1.$$

分析 直接去证有困难，我们从简单情形入手，如令 $z_1 = 0$，即点 Z_1 是原点，则上述问题中的充要条件转化为 $z_2^2 + z_3^2 = z_2 z_3$. 接着的问题是如何将一般情形转化为这一特殊情形，而这只要通过平移坐标轴使原点至点 Z_1 即可，也就是作变换 $z_2' = z_2 - z_1$，$z_3' = z_3 - z_1$.

(3) 直观化原则

为了便于理解问题，我们常常需要把比较抽象的问题转化为比较直观、具体的问题，以便形象地把握所涉及的各个对象之间的关系，使问题易于求解. 比如，在列方程解应用题中，我们常常通过画线段或画图表等方法，将问题直观化，这样就容易理解问题中的有关量与量之间的关系. 再比如，有些“数”的问题，可以通过“形”使之直观化，使问题易于获得解决. 初中课程中课题学习“面积与代数恒等式”，通过构造边长为 $a + b$ 的正方形，可以获得公式 $(a + b)^2 = a^2 + 2ab + b^2$ 的直观解释，这样，使形式化的公式具有了直观意义，有利于学生对公式的理解与掌握，同时有助于他们数形结合思想的形成与发展.

例 5 当 x 为何值时，函数 $y = \sqrt{x^2 + 9} + \sqrt{x^2 - 10x + 29}$ 有最小值？最小值是多少？

简析 如果我们把上式右边的式子与两点间距离公式联系起来，赋予数量关系

以几何意义，即 $y=\sqrt{(x-0)^2+(0-3)^2}+\sqrt{(x-5)^2+(0-2)^2}$，则问题可看作在 x 轴上求一点 $P(x,\ 0)$，使它到点 $A(0,\ 3)$、$B(5,\ 2)$ 的距离之和最小，那么，原问题的解决就显得十分直观、简单.

(4) 和谐化原则

和谐化原则是指化归应朝着使待解问题在表现形式上趋于和谐，在量、形关系方面趋于统一的方向进行，使问题的条件与结论表现得更匀称和恰当. 数学是美的，事物的数量关系与空间形式常常表现为一种整齐、对称、和谐. 不失时机地对学生进行这方面的熏陶，使学生逐步认识到，自然界的主流是和谐的，世界纷繁的万事万物中蕴含着一般的规律.

例 6 (2005 年高考全国卷 A 第 7 题)当 $0<x<\frac{\pi}{2}$ 时，函数 $f(x)=\frac{1+\cos 2x+8\sin^2 x}{\sin 2x}$ 的最小值为 ( )

A. 2　　B. $2\sqrt{3}$　　C. 4　　D. $4\sqrt{3}$

简析 如果有意识或无意识地遵循和谐化原则，就会将原式化为

$$f(x)=\frac{2\cos^2 x+8\sin^2 x}{2\sin x\cos x},$$

使得分子分母均为正余弦的二次式，这样，解这道题就大大节省时间了.

例 7 在△ABC 中，$A=2C$，求证：$\frac{b}{3}<a-c<\frac{b}{2}$.

分析 条件是角与角之间的关系，结论是边与边之间的关系，从和谐统一性原则出发，可想到将结论与条件统一起来，由正弦定理可把所要求证的结论转化为

$$\frac{\sin B}{3}<\sin A-\sin C<\frac{\sin B}{2}.$$

再结合已知条件可将问题转化为证明 $\sin 3C<3\sin 2C-3\sin C$，及 $\sin 2C-2\sin C<\sin 3C$. 于是，问题就相对容易获解.

3. 中学数学中常用的化归方法

(1) 特殊化法

对于一时难以入手的一般问题，我们常常通过将问题特殊化使问题获得简化. 其中问题的简单情形与极端情形，是特殊化考察的两种基本类型.

例 8 (2005 年高考全国卷 A 第 21 题)已知椭圆的中心为坐标原点 O，焦点在 x 轴上，斜率为 1，且过椭圆右焦点 F 的直线交椭圆于 A、B 两点，$\overrightarrow{OA}+\overrightarrow{OB}$ 与 $\boldsymbol{a}=(3,\ -1)$ 共线.

(1) 求椭圆的离心率；

(2) 设 M 为椭圆上任意一点，且 $\overrightarrow{OM}=\lambda\overrightarrow{OA}+\mu\overrightarrow{OB}(\lambda,\mu\in\mathbf{R})$，证明：$\lambda^2+\mu^2$ 为定值.

简析 (1) 略；

对于(2)，运用特殊化法，由于 M 为椭圆上任意一点，则当 M 与 A 重合时，显然有 $\lambda=1,\mu=0$，此时可得 $\lambda^2+\mu^2=1$. 这样，原问题证 $\lambda^2+\mu^2$ 为定值就有了方向(具体证明略).

例 9 如图 15-2-1，O 为平行四边形 $ABCD$ 内一点，$OE\perp AB$，$OF\perp AD$，$OG\perp AC$，E、F、G 分别为垂足，求证：$AE\cdot AB+AF\cdot AD=AG\cdot AC$.

简析 这是一个比较困难的几何证明题. 然而，如果运用特殊化的思想方法去思考：若点 O 就在对角线 AC 上，会怎样呢？此时 O、G 重合.

显然，这一特殊情形的解决相对原问题而言要容易得多. 从而，就能比较顺利地解决原问题.

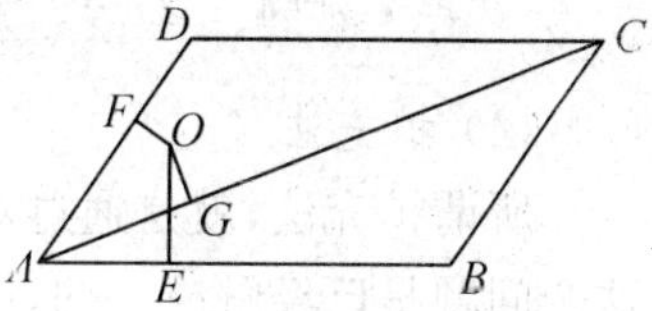

图 15-2-1

(2) 一般化法

当一个特殊的问题一时难以入手时，我们可以将此问题放到一般情形中去，有可能反而使问题明朗化. 此时运用一般问题的相关性质，问题可能获得解决.

例 10 已知 a、b 为正实数，并且 $e<a<b$，证明：$a^b>b^a$.

简析 要证 $a^b>b^a$，只要证 $b\ln a>a\ln b$，即证 $\frac{\ln a}{a}>\frac{\ln b}{b}$. 由此，将 $\frac{\ln a}{a}$，$\frac{\ln b}{b}$ 看作函数 $y=\frac{\ln x}{x}$ 的两个函数值，这样只要证函数 $y=\frac{\ln x}{x}$ 在区间$(e,+\infty)$上单调递减即可.

(3) 分解法

所谓分解法，就是把一个复杂的问题分成若干个有逻辑联系的、较简单或较熟悉的问题，从而使问题得以解决. 当然，仅有“化整为零”的分解，化归过程未必能完全实现，往往还要通过“积零为整”，将这些小问题的解重新组合起来，才能得到原问题的解.

中学数学中的分解法表现为图形分割、条件分割、外延分割、过程分割等方面.

例 11 已知正四棱锥的侧棱长为 1，试证：当相邻侧面的二面角为 $\frac{2\pi}{3}$ 时，该正四棱锥的体积最大.

简析 如图 15-2-3，先作出该正四棱锥相邻侧面所成二面角的平面角$\angle BED$，记为α. 若设三棱锥 $P-BCD$ 的体积为V(显然它与正四棱锥体积同时达到最大)，则本例之关键在于建立V与α的函数关系式.

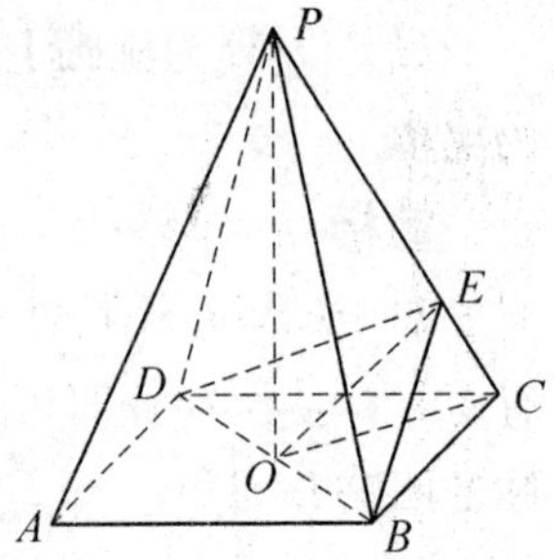

图 15-2-3

由于$VC\perp$平面BDE，所以

$$V=\frac{1}{3}\cdot S_{\triangle BDE}\cdot VC=\frac{1}{3}S_{\triangle BED}.$$

若设底面边长为x，则可求得 $S_{\triangle BED}=\frac{\sqrt{2}}{4}x^2\sqrt{2-x^2}$ $=\frac{1}{4}\sqrt{x^2\cdot x^2(4-2x^2)}$. 当 $x=\frac{2\sqrt{3}}{3}$ 时，$S_{\triangle BED}$ 最大. 此时，$\alpha=\frac{2\pi}{3}$.

(4) 扩充法

所谓扩充法，就是通过对原问题进行"加倍"或"扩充"，化归为一个新问题. 如果这个问题是已经解决了的，或者是较为容易解决的，那么原问题也就获解.

15.2.2 类比与归纳

一般地说，严格的数学理论是建立在论证推理之上的，而数学结论及相应的证明又是靠合情推理才得以发现的. 因此，在论证推理与合情推理之间，事实上就存在着相辅相成的关系. 在中学数学教学中，重要的一点就是如何引导学生运用科学的方法，在观察、实验、比较、分析与综合等的基础上，通过类比、归纳，展开丰富的联想，通过合情推理，大胆提出猜想，从而促使学生在数学学习中获得再发现、再创造，以培养他们的创造能力.

1. 类比

类比，就是根据两种事物在某些特征上的相似，做出它们在其他特征也可能相似的结论的一种推理. 类比推理是一种或然性的推理，其结论是否正确还有待证明. 也就是说，合情推理得出的结论是有风险的、有争议的和暂时的，但也正是这种或然性，能引导人们发现新思路，获取新知识，有可能获得创造发明.

(1) 类比的意义

波利亚在其巨著《数学与猜想》、《怎样解题》中，曾指明了类比方法的各种用途.

其一，类比是提出新问题和得到新发现的一个重要源泉. 比如，通过构造边长为$(a+b)$的正方形，使公式 $(a+b)^2=a^2+2ab+b^2$ 获得了直观解释，由此类比，则容易引发学生去探寻公式 $(a-b)^2=a^2-2ab+b^2$ 的直观解释.

又如，通过找出三角形在空间的类比，我们可以获得一些新的发现. 就两者都是由数目最少的简单分界元素所围成的这样一点来说，四面体可以看成三角形在空间的类比：在平面上，2 条直线不能围成一个有限的图形，然而，3 条直线却可以围成一个三角形；在空间，3 个平面不能围成一个有限的图形，然而，4 个平面却可以围成一个四面体. 因此，我们即可由平面几何的有关知识去猜测立体几何的有关结论. 例如，由三角形的 3 条内角平分线相交于一点，而且这就是三角形内切圆的圆心的事实，我们就可以引出以下的猜测：四面体的 6 个二面角的平分面也相交于一点. 而且这可能就是四面体的内切球的球心.

我们还可得到怎样的类似结论呢？

如果从“生成”的角度去进行分析，棱锥可以看成三角形在空间的类比：三角形可以看成将线段（所在直线）外一点与线段两端点用线段相连所生成的图形，棱锥则可看成将多边形（所在平面）外的一点与多边形的顶点用线段相连所生成. 由圆的面积等于以圆周长为底边、半径为高的三角形的面积这一事实出发，我们便可联想到：球的体积很可能就等于以球面（面积）为底、球半径为高的“棱锥”的体积.

又如，若点 P 为正三角形 ABC 外接圆 $\overset{\frown}{BC}$ 上任一点，则 $PA = PB + PC$. 通过类比，我们容易得出如下命题：

1° 若点 P 为正方形 $ABCD$ 外接圆 $\overset{\frown}{AD}$ 上任一点，则 $PA + PC = PB + PD$；

2° 若点 P 为正五边形 $ABCDE$ 外接圆 $\overset{\frown}{AE}$ 上任一点，则 $PA + PC + PE = PB + PD$；

更一般地，

3° 若点 P 为正 $2n+1$ 边形 $A_1A_2\cdots A_{2n+1}$ 外接圆 $\overset{\frown}{A_1A_2}$ 上任一点，则

$$PA_1 + PA_3 + \cdots + PA_{2n+1} = PA_2 + PA_4 + \cdots + PA_{2n};$$

4° 若点 P 为正 $2n$ 边形 $A_1A_2\cdots A_{2n}$ 外接圆 $\overset{\frown}{A_1A_{2n}}$ 上任一点，则

$$PA_1 + PA_3 + \cdots + PA_{2n-1} = PA_2 + PA_4 + \cdots + PA_{2n}.$$

其二，类比在求解问题中有着广泛的应用. “选出一个类似的、较易的问题，去解决它，改造它的解法，以便它可以用作一个模式. 然后，利用刚刚建立的模式，以达到原来问题的解决.”

例 12 已知 a, b, c 为正实数，求证：$a^a b^b c^c \geqslant (abc)^{\frac{a+b+c}{3}}$.

简析 直接思考该问题可能存在一定的难度. 观察该问题的结构特征，我们容易提出一个类似的、较易的问题：

已知 a, b 为正实数，求证：$a^a b^b \geqslant (ab)^{\frac{a+b}{2}}$.

对此，即只要证 $a^{\frac{a-b}{2}} b^{\frac{b-a}{2}} \geqslant 1$. 即证 $\left(\frac{a}{b}\right)^{\frac{a-b}{2}} \geqslant 1$. 而这显然成立.

由此，证原问题就有了思路：由 $\left(\frac{a}{b}\right)^{\frac{a-b}{3}} \geqslant 1, \left(\frac{b}{c}\right)^{\frac{b-c}{3}} \geqslant 1, \left(\frac{c}{a}\right)^{\frac{c-a}{3}} \geqslant 1$ 三式相乘，

化简即得所求证的不等式.

其三,类比不仅可以被用于发现,而且也可用来验证猜测的正确性. 因为,如果有一个与之相类似的猜测得到了证明,原来的猜测也就变得更加可靠.

例 13 欧拉曾利用有限与无限的类比,得到了以下的大胆猜想:

$$1+\frac{1}{4}+\frac{1}{9}+\cdots+\frac{1}{n^2}+\cdots=\frac{\pi^2}{6}.$$

具体地说,欧拉在此是把$\frac{\sin x}{x}$看成是一个“无穷次”的方程,它的根为 π, $-\pi$, 2π, -2π, 3π, -3π, …

然后,通过类比,就可得出如下的等式:

$$\frac{\sin x}{x}=\left(1-\frac{x^2}{\pi^2}\right)\left(1-\frac{x^2}{4\pi^2}\right)\cdots\left(1-\frac{x^2}{n^2\pi^2}\right)\cdots$$

我们又知道

$$\frac{\sin x}{x}=1-\frac{x^2}{3!}+\frac{x^4}{5!}-\frac{x^6}{7!}+\cdots$$

通过比较 x^2 项的系数,就可以得出

$$\frac{1}{3!}=\frac{1}{\pi^2}+\frac{1}{4\pi^2}+\frac{1}{9\pi^2}+\cdots$$

即 $$1+\frac{1}{4}+\frac{1}{9}+\cdots+\frac{1}{n^2}+\cdots=\frac{\pi^2}{6}.$$

由于这一结论建立在有限与无限的类比之上,因此只是个大胆的猜测. 为了检验这一猜想的可靠性,欧拉又用同样的方法求得了莱布尼兹级数的和. 考察方程 $1-\sin x=0$, 把它看成一个“无穷次方程”,它的根为 $\frac{\pi}{2}$, $-\frac{3\pi}{2}$, $\frac{5\pi}{2}$, $-\frac{7\pi}{2}$,… 由于这些根都应被看成是重根(曲线 $y=\sin x$ 在这些横坐标处并非与直线 $y=1$ 相交,而是相切),因此,依上述的类比就有

$$1-\sin x=\left(1-\frac{2x}{\pi}\right)^2\left(1+\frac{2x}{3\pi}\right)^2\left(1-\frac{2x}{5\pi}\right)^2\left(1+\frac{2x}{7\pi}\right)^2\cdots \quad ①$$

我们又知道

$$1-\sin x=1-x+\frac{x^3}{3!}-\frac{x^5}{5!}+\cdots \quad ②$$

比较①、②两式的 x 项的系数,就有

$$-1=-\frac{4}{\pi}+\frac{4}{3\pi}-\frac{4}{5\pi}+\frac{4}{7\pi}-\cdots$$

即 $\frac{\pi}{4}=1-\frac{1}{3}+\frac{1}{5}-\frac{1}{7}+\cdots$

由于这是一个先前已经知道的结果，从而，就如欧拉指出的："这对于我们那个被认为还有某些不够可靠之处的方法，现在可充分予以肯定了，因此，我们对于用同样方法导出的其他一切结果也不应该怀疑."

(2) 类比在中学数学教学中的应用

其一，个别到一般的推广. 例如，从全等三角形到相似三角形，从分数性质到分式性质，从整数指数幂到分数指数幂乃至无理指数幂，从平行线等分线段定理到平行线分线段成比例定理，等等，这些类比，前者一般是后者的特例，都可以看做是从个别到一般的推广.

其二，某种特性的推广使用. 例如，把实数运算中的一些运算性质推广到向量的运算中(如从实数运算的分配律"$a(b+c)=ab+ac$"到向量中的数乘等等)、数列的极限运算中，从三角形中位线定理到梯形中位线定理，等等.

其三，低维到高维的类比. 其一是从数轴到平面直角坐标系的类比. 比如，在数轴上，若点 A 坐标为 3，则它到原点的距离为 3. 在平面直角坐标系中，若点 A 的坐标为(3, 2)，则它到 y 轴的距离为 3，到 x 轴的距离为 2；在数轴上，若点 3 左边的所有的点可以用不等式 $x\leqslant 3$ 的解集来表示，而在平面直角坐标系中，直线 $x+y=3$ 下方的区域则可以用集合 $\{(x, y) \mid x+y<3\}$ 或 $\{(x, y) \mid y<3-x\}$ 来表示，等；其二是平面到空间的类比. 前面我们已有所阐述，这里我们再举一例.

例 14 O 是 $\triangle ABC$ 内任意一点，连结 AO、BO、CO，并延长交对边于 D、E、F，证明：

$$\frac{OD}{AD}+\frac{OE}{BE}+\frac{OF}{CF}=1.$$

分析 这道平面几何习题，一般采用面积法来证明. 我们运用类比的方法，把问题推广到空间情形，得到如下猜想：

设 O 是四面体 $ABCD$ 内任意一点，连结 AO、BO、CO、DO，并延长交对面于点 E、F、G、H，则 $\frac{OD}{AD}+\frac{OE}{BE}+\frac{OF}{CF}+\frac{OH}{DH}=1$.

这猜想是否正确？平面几何的结论是用用面积法得到证明的，由此猜测，本例可用类似的方法——体积法加以证明.

其四，方法上的类比. 由形式上的类似，我们常常会想到方法上的类似. 如把解方程的方法类比到解不等式上去，等.

波利亚在《怎样解题》中指出："类比是一个伟大的引路人."在提出猜想的过程中，"每当理智缺乏可靠论证的思路时，类比这个方法往往能指引我们前进."在数学教学中，如果能恰当地运用类比的方法，无疑将有助于学生创造性思维的培养，也有助于他们将相关知识、方法联系起来，这样，也就把知识学活了.

2. 归纳

归纳是从个别事实中概括出一般原理的科学方法，即是由特殊到一般的推理方法. 归纳法一般分完全归纳法与不完全归纳法.

完全归纳法有时也称枚举法或穷举法，即根据情况逐一讨论，然后综合得出一般性的结论. 在数学中，当我们面临几种不同的情况无法统一处理时，常常采用枚举法；有时即使可以统一处理，为了降低问题的难度，也常常采用枚举法把问题分成几种情况去讨论. 因为每一种情况都增加了一个前提条件，为问题的解决提供了便利.

例 15 证明：圆周角的度数等于它所对弧的度数的一半.

分析 我们一般分三种情况来讨论这一问题：

1°圆心在圆周角的一边上，如图 15－2－4(1)；

2°圆心在圆周角的内部，如图 15－2－4(2)；

3°圆心在圆周角的外部，如图 15－2－4(3).

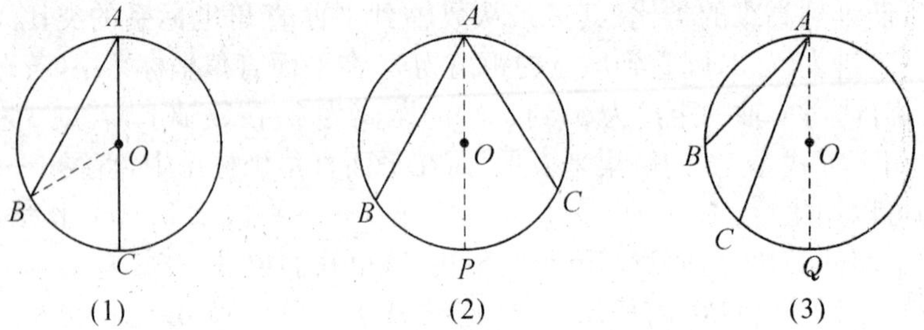

图 15－2－4

圆周角的顶点和圆心的位置除了以上三种情况外，已没有第四种情况. 先证明第一种情况，然后将后两种情况转化为第一种情形来证，最终证得原结论成立.

又如，证明三角形的三条高交于一点，需分为锐角三角形、直角三角形和钝角三角形这三种情况加以论证，将这三种情况的共性归纳出来，就得到一般的定理.

下面我们再来看看在数学问题的求解中，如何运用完全归纳法.

例 16 证明：正方形必可划分为 n($n\in\mathbf{N}$，且 $n>5$)个小正方形.

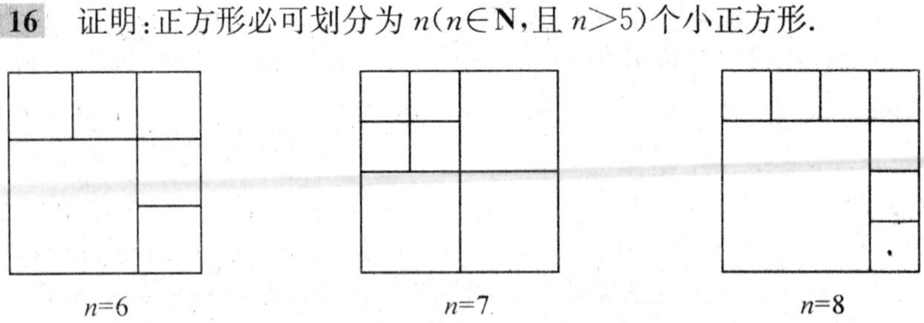

图 15－2－5

分析 当 $n=6$、7、8 时，可按图 15-2-5 所示方法划分，这表明当 $n=6$、7、8 时命题成立.

继续考察当 $n=9$ 时的情形，我们发现只要在 $n=6$ 的基础上再增加 3 个小正方形即可，为此，只要把某一个小正方形再划分为 4 个小正方形(这是很容易做到的). 那么，$n=10$, 11, …的情形，就只要分别在 $n=7$、8 的基础上，把某一个小正方形划分为 4 个小正方形. 由此，我们可以把问题分为 $n=3k$, $3k+1$ 或 $3k+2$ 这三种情况来讨论并加以证明.

不完全归纳法是从个别事实中看到真理的端倪，受到启发，从而提出假设和猜想. 数学家拉普拉斯说过："甚至在数学里，发现真理的工具也是归纳和类比."与完全归纳法不同的是，不完全归纳是一种或然性推理，由不完全归纳得到的结论不一定正确，但与类比一样，是发现新命题的有效途径，因此，在中学数学教学中，运用不完全归纳能有效地培养学生创造性思维.

至于如何运用不完全归纳法，波利亚指出，归纳过程的典型步骤为：首先，我们注意到了某些相似性；然后，是一个推广的步骤，即把所说的相似性推广为一个明确表述的一般命题；最后，我们又应对所得出的一般命题进行检验，即应进一步考察其他的特例. 如果在所有考察过的例子里，这一猜测都是正确的，我们对它的信心就增强了；而如果出现了不正确的情况，我们就应对原来的猜测进行改进.

例 17 设有数列 $a_1=\sin\theta$, $a_2=\sin 2\theta$, 且 $a_k=2\cos\theta\cdot a_{k-1}-a_{k-2}$，求通项 a_n.

简析 直接从题设 $a_1=\sin\theta$, $a_2=\sin 2\theta$, 及 $a_k=2\cos\theta\cdot a_{k-1}-a_{k-2}$，运用逻辑推理去演绎，较难求出通项 a_n. 通过试验，$a_3=\sin 3\theta$, $a_4=\sin 4\theta$, 结合 a_1、a_2 的特征进行归纳，我们很自然地会提出猜想 $a_n=\sin n\theta$. 然后运用数学归纳法即可得到证明. 所谓"先猜后证"，其"猜"的依据之一即来自于不完全归纳.

例 18 求$\underbrace{11\cdots1}_{2n个}-\underbrace{22\cdots2}_{n个}$的算术平方根($n\in\mathbf{N}$).

简析 类似于例 17，先试：

当 $n=1$ 时，$11-2=9$，其算术平方根为 3；

当 $n=2$ 时，$1\,111-22=1\,089=33^2$，其算术平方根为 33；

当 $n=3$ 时，$111\,111-222=110\,889=333^2$，其算术平方根为 333；

…

由此归纳得出猜想：

$\underbrace{11\cdots1}_{2n个}-\underbrace{22\cdots2}_{n个}$的算术平方根是$\underbrace{33\cdots3}_{n个}$.

接下去的工作便是证明此结论(请读者完成).

就归纳在数学中的实际应用而言，波利亚提出了以下的思想：

其一,类比是归纳的基础,请看下例.

例 19 空间 n 个平面最多可把空间分成几个部分?

简析 直接思考该问题可能有一定难度,一个平面可把空间分为 2 个区域,2 个平面最多可将空间分为 4 个区域,3 个平面最多可将空间为 8 个区域,4 个呢? 5 个呢? 直观上难以想象.通过类比,我们可提出类似问题:平面上 n 条直线最多可把平面分成几个部分? 这里的类比是:空间-平面,平面-直线,空间区域-平面区域.

分析平面上的情形,我们就会发现,要使 n 条直线将平面分割的区域最多,则第 n 条直线应与前 $n-1$ 条直线都相交,且交点各不重合,这时,第 n 条直线就被前 $n-1$ 条直线分割成 n 段,每一段将所在的原区域一分为二,故增加了 n 个区域.这样,平面上 n 条直线最多可将平面分成的区域数为

$$1+1+2+\cdots+n=\frac{n(n+1)}{2}+1.$$

由此类比,在空间,要使 n 个平面将空间分割的区域数最多,则第 n 个平面应与前 $n-1$ 平面都相交,且各交线互不重合,这时,在第 n 个平面上有 $n-1$ 条交线,这 $n-1$ 条交线最多可将第 n 个平面分割成 $\frac{n(n-1)}{2}+1$ 个平面区域,每一个平面区域将所在的原空间区域一分为二,故增加了 $\frac{n(n-1)}{2}+1$ 的空间区域.这样,空间 n 个平面最多可将空间分割的区域数为

$$1+1+2+4+7+\cdots+\left[\frac{n(n-1)}{2}+1\right]=\frac{n^3+5n}{6}+1.$$

这里,我们正是运用了归纳的方法得出了 n 个平面将空间分割成最多的区域数,而归纳出此结论的依据则来自于类比.

其二,特殊化与一般化构成了整个归纳过程的基础.具体地说,归纳本身是一个一般化的过程,然而,这种一般化又是以若干特例的考察(与类比)为基础的.此外,我们又应通过进一步考察其他特例去对经一般化所得出的猜想进行检验与改进.这事实上就是一个一般化与特殊化的过程.

例 20 试计算连续自然数的立方和.

分析 由实际计算可以得到

$$
\begin{aligned}
&1^3 &&=1,\\
&1^3+2^3 &&=9,\\
&1^3+2^3+3^3 &&=36,\\
&1^3+2^3+3^3+4^3 &&=100,\\
&1^3+2^3+3^3+4^3+5^3 &&=225,
\end{aligned}
$$

…

从上述结果进行观察、比较，容易发现这样的共同点：它们都是某个自然数的平方. 由此，我们将此推广到一般，得到如下的初步猜想：“前 n 个自然数的立方和是一个自然数的平方.”

对这些平方数(1, 3, 6, 10, 15)作出进一步的分析，发现：

$1 = 1$,

$3 = 1 + 2$,

$6 = 1 + 2 + 3$,

$10 = 1 + 2 + 3 + 4$,

$15 = 1 + 2 + 3 + 4 + 5$,

由此，我们获得了一个更为明确的猜测：“前 n 个自然数的立方和等于这 n 个自然数的和的平方.”

从更为一般的角度说，波利亚指出，特例的考察(特殊化)的意义还在于：考察了一般命题的具体特例以后，我们就可彻底地了解这个命题，懂得它的全部含义；在用新的特例验证了一般结论之后，就得到了归纳的证据，这也就增强了我们对原来猜测的信心；相对于位于归纳阶段之后的论证阶段来说，特例的考察有助于证明思想的发现.

其三，如果一系列问题是密切相关的，把这些问题联系起来加以考察有时要比单独去解决其中一个孤立的问题容易些.

比如，在例 19 中，将“n 个平面最多可以把空间分成几个部分”与下述两个问题联系起来考虑，更容易发现其中的规律：

1°平面上 n 条直线最多可以把平面分成几个部分？

2°直线上 n 个点把直线分成几个部分？

就 $n = 0, 1, 2, 3, 4, \cdots$ 的特例而言，列出下表：

表 1

分割元素的个数	分成几个部分		
	点分割直线	直线分割平面	平面分割空间
0	1	1	1
1	2	2	2
2	3	4	4
3	4	7	8
4	5	11	15
…	…	…	…

观察表中数据，发现上述三列数具有递归的性质. 倘若我们引进差分数列的话，那么，点分直线的部分数构成一阶等差数列，直线分平面的部分数构成二阶等差数列，平面分空间的部分数则构成三阶等差数列. 于是，我们从表中所列的特例可以得出如下猜想：

n 个点分割直线为 $(n+1)$ 个部分，

n 条直线最多可把平面分割成 $1+1+2+\cdots+n=\dfrac{n(n+1)}{2}+1$ 个部分，

n 个平面最多可把空间分割成

$$1+1+2+4+7+\cdots+\left[\frac{n(n-1)}{2}+1\right]=\frac{n^3+5n}{6}+1\text{ 个部分.}$$

归纳可以帮助我们探寻规律，有助于提高我们的创造能力. 在概念、命题、解题学习中，运用归纳法将有助于我们形成概念、发现规律，获得解题思路. 对于数学学习，我们还应当运用归纳法来进行小结、复习，将相关的知识、方法加以归纳、整理，使获得的知识系统化、结构化.

比如，等差数列、等比数列可统一定义为 $a_{n+1}=Aa_n+B$ (A、B 为系数). 当 $A=1$ 时，即为等差数列；当 $B=0$，$A\neq 0$ 时，即为等比数列. 而对于具有上述一般形式的数列，我们一般可以通过代换把它转化为等比数列. 又如，由二次三项式、一元二次方程、一元二次不等式、二次函数形式上的类似，我们通过归纳可以获得许多共性的东西等. 将初中代数中有关解方程与解方程组的知识以及解题的基本思想方法进行归纳，得到下列网络图.

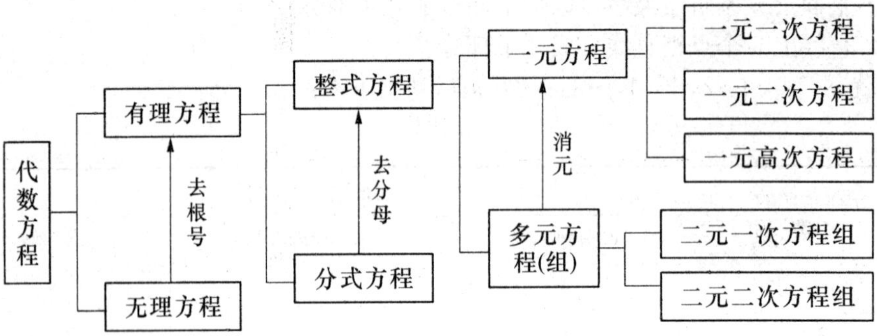

15.2.3 方程的思想方法

1. 方程思想的形成与发展

方程思想的形成大体来自于两条思路. 其一是算术式的方程. 比如古埃及草片文书中出现的相当于现在的一元一次方程的问题，其解答方法纯粹是算术的. 中国

《九章算术》中运用解方程的思想处理了大量的日常问题，不过所阐述的 202 个“术”也是纯粹算术式的，没有代数语言. 其二是几何式的方程. 古希腊人的方程思想是几何式的. 欧几里得在《原本》中，对古典时期解二次方程的几何代数法作了详尽的介绍，即用面积、圆和勾股定理以及比例的知识求出未知量，这显然是一些基本作图方法的连续运用. 在希腊人那里，方程完全以几何的面目出现.

进入 16 世纪，人们通过对三次方程、四次方程的研究，获得了三次方程、四次方程的求根公式. 此后，韦达于 1615 年在著作《方程的认识和订正》中，第一次全面地、系统地引用数学符号，叙述了当时所研究的从一次到四次方程的知识，给出了求解方程的一般理论和通法，解决了方程的根与系数的关系问题. 韦达还认为代数是发现数学真理的特设步骤，解方程的理论可以帮助人们去获得数学真理进而解释世界. 笛卡儿继承了韦达的未竟事业，第一个意识到代数的巨大潜力，指出了方程的非凡作用. 在他看来，欧几里得几何中的许多证明的思考方法过于抽象和奇特，常常使智者也感到踌躇. 希腊人创立的几何重技巧、费脑力，使几何失去“科学的形象”. 笛卡儿认为，以解方程为主的代数学是对抽象的未知量进行推理的有力方法，有了它，思维便实现了一种“机械化”，即采用一定的模式和步骤去解答各种问题，这种思维机械化使思考过程变得简单.

从方程思想的发展来看，方程论的主要问题有两个，一是方程的解的存在问题，二是求方程的解的问题. 随着方程论的发展，一方面是变量增多，产生了线性方程组解的存在和求解问题；另一方面是未知数的次数增高，产生了高次方程问题，两者相结合，又产生了多元高次方程组的有关问题，这些问题的探讨和解决，极大地促进了数学的发展和科学的发展. 比如，对二次方程的求解，导致虚数的发现；将方程思想应用于几何，导致了解析几何的创立；对五次以上方程的求解，导致群论的诞生. 方程思想的发展还促进了定理证明的机械化.

2. *方程思想的内涵*

在解方程理论的初期形成阶段，人们首先关心的是实际问题的解决，其次才是方法上的完善. 然而随着研究的深入，当实际问题一旦被建立起数学模型以后，人们对模型本身和方法的研究兴趣却大大超过了对其实际意义的考虑. 也就是说，方程思想本质上体现了一种模式构造的思想.

方程思想的核心是运用数学的符号化语言，将问题中已知量和未知量(或参变量)之间的数量关系，抽象为方程(或方程组)、不等式等数学模型，然后通过对方程(方程组)、不等式的变换求出未知量的值，使问题获解. 列方程解应用问题的关键就在于用两种不同的表示形式来表示同一个量或相等的量. 方程思想体现了已知和未知的对立统一. 方程与算术之最大不同点就在于：在方程中，未知数可以跟已知数一样参与运算，而在算术中则是不允许的.

3. 方程思想的形成

如何促使学生形成方程的思想呢？这恐怕是我们最关心的事. 一般地，学生形成方程思想可从以下几步去引导：

其一，让他们学会代数设想. 具体地说，让学生逐步学会在思考问题时，假设问题已经解出，并用某个字母表示之，然后去寻求未知量应满足哪些条件，亦即寻求未知量与已知量之间的关系.

其二，引导他们学会代数"翻译". 牛顿这样说过："要想解一个有关数目的问题或有关量的抽象关系的问题，只要把问题日常语言翻译成代数的语言就成了."所谓代数语言，其基本"词汇"就是代数式，把自然语言翻译成代数语言，就是构造代数式列出方程或不等式.

其三，掌握解方程的思想. 解方程的过程，实质上就是通过对已知量和未知量的重新组合，把未知量转化为已知量的过程.

4. 方程思想的应用

方程思想除了用于解决有关方程问题外，也运用于其他一些问题的求解，如将函数问题转化为方程问题、构造方程求解问题、运用方程思想求参数的取值范围，以及解析几何中的曲线系方程、参数方程、几何作图中的交轨法等等.

例 21 试用向量法推导两角差的余弦公式：

$$\cos(\alpha-\beta)=\cos\alpha\cos\beta+\sin\alpha\sin\beta.$$

证明 构造向量 $\overrightarrow{OA}=(\cos\alpha,\ \sin\alpha)$，$\overrightarrow{OB}=(\cos\beta,\ \sin\beta)$，则有

$$|\overrightarrow{AB}|^2=(\cos\alpha-\cos\beta)^2+(\sin\alpha-\sin\beta)^2=2-2(\cos\alpha\cos\beta+\sin\alpha\sin\beta).$$

又有 $|\overrightarrow{AB}|^2=\overrightarrow{AB}\cdot\overrightarrow{AB}=(\overrightarrow{OB}-\overrightarrow{OA})^2$

$=\overrightarrow{OB}^2+\overrightarrow{OA}^2-2|\overrightarrow{OA}|\cdot|\overrightarrow{OB}|\cos(\alpha-\beta)=2-2\cos(\alpha-\beta)$.

比较两式即得

$$\cos(\alpha-\beta)=\cos\alpha\cos\beta+\sin\alpha\sin\beta.$$

"用两种不同的表示形式来表示同一个量"正是方程思想的核心所在.

例 22 已知 a、b、$c\in\mathbf{R}$，且 $a+b+c=0$，$abc=1$. 求证：a、b、c 中必有一个不小于$\frac{3}{2}$.

证明 由已知条件可知，a、b、c 中总有一个大于 0，不妨设 $c>0$，则据题意可构造方程 $x^2+cx+\frac{1}{c}=0$. 它的两个根分别为 a 与 b，则由 $\Delta\geqslant 0$，问题即可得证.

根据题设特征，将所要处理的问题中的某些量看作某个方程的根来处理，是方程思想的具体体现.

例 23 若 $(z-x)^2-4(x-y)(y-z)=0$，求证：x, y, z 成等差数列.

分析 由于所给条件与一元二次方程根的判别式在形式上相一致，故可考虑构造方程

$$(x-y)t^2-(z-x)t+(y-z)=0.$$

若 $x=y$，则由已知条件得 $x=z$，从而 $x=y=z$，结论成立.

若 $x\neq y$，则由 $\Delta=0$ 及方程各项系数之和为 0，可得方程有两个相等的实数根 1，所以，$1=\dfrac{y-z}{x-y}$，即 $x-y=y-z$，所以，x、y、z 成等差数列.

由已知条件联想相关的方程，从而构造方程来处理问题，则是方程思想的又一体现.

例 24 (2004 年全国卷(Ⅰ)第 21 题)设双曲线 C：$\dfrac{x^2}{a^2}-y^2=1\ (a>0)$ 与直线 l：$x+y=1$ 相交于不同的点 A、B.

(1) 求双曲线 C 的离心率 e 的取值范围；

(2) 设直线 l 与 y 轴的交点为 P，且 $\overrightarrow{PA}=\dfrac{5}{12}\overrightarrow{PB}$，求 a 的值.

请读者认真解答该题. 你会发现，在整个解题过程中体现了方程论的两个主要问题，即求解方程及解的存在. 同时，你可能也多次运用了列方程的基本思想，即用不同的表示方式来表示同一个量.

15.2.4 函数的思想方法

1. 函数思想的形成和发展

17 世纪以前，人们对数学的需要还停留在常量数学的范围内. 从 17 世纪开始，随着欧洲封建社会的解体和资本主义工场手工业向机器大生产过渡，自然科学开始大踏步地前进. 天文、航海和科学技术的发展，向数学提出了一系列必须从运动变化和发展的观点来研究事物的新问题. 如要知道远航船只在大海里的位置，就要确定经纬度，就需要精确地掌握天体运行规律，等等. 这些问题都涉及到变量，传统的常量数学已经不能适应天文、航海、军事、经济等方面的需要. 这样的社会背景，促使了函数思想的逐步形成和发展.

1692 年，莱布尼兹首先使用了“function”一词，我国清代数学家李善兰后来把“function”翻译成“函数”. 莱布尼兹最初用“function”一词表示幂 x、x^2、x^3 等，这可以看成是函数的代数起源. 另外，他又用“function”一词表示一个随着曲线上的点变

化而变动的量，如曲线上一点的坐标，以及切线、法线的长度等，这可以看成是函数的几何起源.

在17世纪，数学家、物理学家们的函数思想还处于萌芽时期，他们一般用几何方法来研究函数，把函数看做曲线. 从18世纪开始，数学家们的函数思想逐步脱离几何的束缚，他们常常将函数看做解析表达式，从分析的角度来研究函数.

1718年，约翰·伯努利给出的函数定义："所谓变量的函数，就是指由这些变量所组成的解析式."这实际上就是现在中学生学习的函数的表示法之一——解析法. 当时的数学家只把一个变量 x 与常数构成的任意表达式叫做 x 的函数.

1748年，欧拉给出的函数定义："变量的函数是一个解析表达式，它是由这个变量及一些数或常数用任何可规定的方式组成."与此同时，他还提出过函数的"图象定义"：xOy 平面上随手画出来的曲线所表达的 x 与 y 间的关系就是函数.

1775年，欧拉又给出了"依赖性"的函数定义："如果某一个量依赖于另一个量，使当后一个量变化时，前一个量也随着变化，那么称第一个量是第二个量的函数."这个定义有了质的飞跃，它不仅不再纠缠于用什么形式来表达函数，而且强烈地体现了"运动"、"变化"的观点，"对应"的思想也开始萌生，这是科学的函数定义的雏形.

1834年，俄国数学家罗巴切夫斯基提出的函数定义为："x 的函数是这样一个数，它被每一个 x 值所给出，且与 x 一起变化，函数值可以用公式表达出来，也可以用某种条件给出，各种条件指出怎样把所有的数加以验算. 函数关系可以存在，而关系本身可以不知道."这实际上是"列表定义"，即从一个 x 值可以给出一个相应的函数值 y，这种定义虽然没有明确提出"对应"一词，但把函数的"对应"思想表现出来了.

1837年，德国数学家狄利克雷给出了至今还常用的函数的定义："如果对于给定区间上的每一个 x 的值，有惟一的一个 y 的值与之对应，那么称 y 为 x 的函数. 在此，用什么方法建立对应是完全不重要的."这一定义提示了函数思想的本质——对应.

随着生产和科技的发展，人们又发现，函数定义只允许数与数之间建立对应关系是远远不够的. 同时，人们进一步认识到，"函数"应指对应关系本身，而不是指参与对应的某个变量. 于是，现代的函数定义产生了："设 M 和 N 是两个集合，f 是一个对应法则，若对 M 中的每一个元素 x，由法则 f 总有 N 中的元素 y 与之对应，则称 f 为定义在集合 M 上的一个函数."这个建立在集合基础上的定义，将数值函数推广到一般集合上的函数，使函数思想的应用更加广泛和深刻.

从函数思想的形成与发展过程中可以看到，函数概念的建立并非一朝一夕，对函数概念的认识需要一个过程，一个不断扩展、抽象的过程. 因此，在函数概念的学习过程中，应循序渐进、逐步深化，应当允许学生在初学阶段对其认识存在偏差.

2. 函数思想的内涵

从函数概念的形成与发展过程中，我们看到，随着科学与技术的发展，人们更多地关注于现实生活中量与量之间的运动变化关系，注意到在某些变化过程中，一个量依赖于另一量的变化而变化. 因此，函数思想的特征体现在以下几个方面.

① 量与量之间的关系是运动变化中的关系，一个量的变化依赖于另一个量的变化.

例 25 （2005 年高考（江苏卷）第 19 题） 如图，圆 O_1 和圆 O_2 的半径都等于 1，$O_1O_2 = 4$. 过动点 P 分别作圆 O_1、圆 O_2 的切线 PM、PN（M、N 为切点），使得 $PM = \sqrt{2}PN$. 试建立平面直角坐标系，并求动点 P 的轨迹方程.

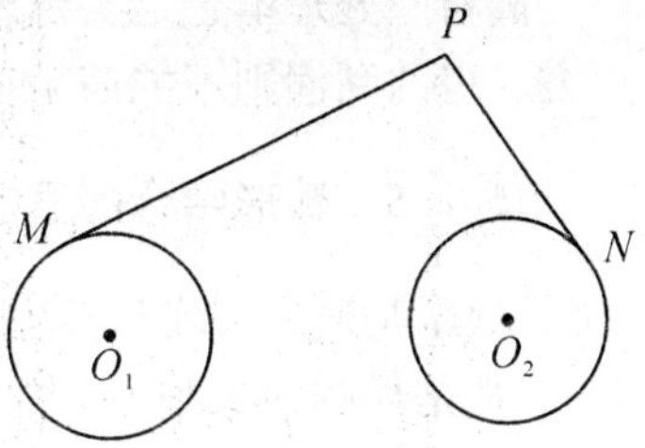

图 15-2-6

分析 解决本题的关键之一在于能否清晰地认识到，动点 P 之运动是相对于圆 O_1 和圆 O_2 的，而决定圆 O_1 和圆 O_2 位置的是其圆心. 因此，要求动点 P 的轨迹，就是要建立动点 P 与定点 O_1 和 O_2 之间的关系.

② 对应是函数思想的本质特征. 对应是函数思想的本质，正是由于"对应"，才在我们所研究的量之间建立起有机的联系，才使得彼此并不直接相关的事物或现象统一起来. 如日常生活中我们常常会遇到这种情况，甲问乙买了多少肉，乙回答说："10元."在此，乙虽然没有直接回答所买肉的数量，但当甲、乙两人都清楚肉价时，乙回答所买肉的价钱与回答肉的质量数是一样的.

③ 自变量的变化处于主导地位. 中学数学中涉及的函数通常研究的是两个变量之间的变化关系，而函数值的变化取决于自变量的取值，即是说，在运动变化过程中，自变量的变化起着主导地位.

3. 函数思想在中学数学中的应用

函数是中学数学中最重要的概念. 数、式、方程、不等式、数列与极限、三角等，都以函数为中心，因此，可以这么说，函数思想在中学数学中随处可见，是联结中学数学内容的一条主线. 利用函数观点可以从较高的层次处理式、方程、不等式、数列、曲线等问题，而养成运用函数的观点处理问题的习惯，不仅有利于深化中学数学中相关知识之间的联系，而且有利于培养学生的辩证思想.

函数思想的运用，着重于运动变化的观念与对应映射的思想.

例 26 （2004 年春季高考，北京理，19 题）工厂生产某种零件，每个零件的成本为 40 元，出厂单价定为 60 元. 该厂为鼓励销售商订购，决定当一次订购量超过 100 个时，每多订购 1 个，订购的全部零件的出厂单价就降低 0.02 元，但实际出厂单价不能低于 51 元.

(1) 当一次订购量为多少时,零件的实际出厂单价恰降为 51 元?

(2) 设一次订购量为 x 个,零件的实际出厂单价为 P 元,写出函数 $P=f(x)$ 的表达式;

(3) 当销售商一次订购 500 个零件时,该厂获得的利润是多少元?如果订购 1 000个,利润又是多少?(工厂售出一个零件的利润=实际出厂单价-成本)

简析 处理本题之关键就在于认识到出厂单价 P 随着订购数量的变化而变化,厂方获得的利润则不能简单地作加减法,因为销售单价随着订购数量的变化在变化.

15.2.5 数形结合的思想方法

"数学是研究现实世界空间形式和数量关系的科学."数与形是对立统一的两个方面,数是形的抽象概括,形是数的直观体现.华罗庚教授曾说过:"数缺形时少直观,形缺数时难入微."数形结合是数学领域里的一种基本思想方法,是中学数学教学的基本要求之一.

然而,真正让学生有意识地将数与形结合起来思考问题,需要我们努力地将数形结合的思想方法渗透到日常的数学教学中去、渗透到解决问题的过程中去.在教学中,要重视"数(式等)"的几何解释,"形"的代数表示;在数学解题中,要有意识地将形的问题转化为代数问题来处理,以"数"论"形";要将"数"的问题用"形"来直观描述,以"形"究"数".

1. 重视"形"的代数表示

汤炳兴在"回归'双基',重视数学思想方法"①一文中,抽样调查了 2005 年高考数学江苏试卷第 19 题的解答.这是一道解析几何中的求轨迹题,有 34.2%的学生未建或乱建坐标系,还有相当一部分学生虽建立了坐标系,但不能有效地用代数式来表示相关关系.虽然为解答题的第一题,但该题的平均得分还不到 5.5 分.其深层次的原因,主要的就是不能较好地运用数量关系或代数形式来描述"形"的问题.

因此,使学生掌握数形结合思想的一个重要方面,是重视"形"的代数表示,养成运用数量关系、代数形式等研究图形性质的习惯.

例 27 平面上给定 n 个点,证明:可以作 $n+1$ 个同心圆,使得这 $n+1$ 个圆所成的 n 个圆环中,每个圆环中含有一个已知点.

分析 "每个圆环中含一个已知点",用数量来描述即"这 n 个点到同一点(圆心)的距离各不相等".于是,即要求一点,使该点到这 n 个已知点的距离各不相等.再运用对比联想,到这 n 个点中某两点的距离相等的点在哪里呢?是这两点连线段的垂

① 汤炳兴.回归"双基",重视数学思想方法[J],数学通报,2006(6).

直平分线. 于是,只要取的点不在这 n 个点的任两点连线段的垂直平分线上,那么该点到这 n 个点的距离必各不相等,从而问题得证.

2. 重视"数或式"的几何解释

逐渐掌握数形结合思想的另一个重要方面,是在日常的数学学习过程中重视"数或式"的几何解释. 教材中给出了大量的素材,如用数轴上的点表示有理数、绝对值的几何意义、函数的图象、方程的几何解释(如方程 $ax^2+bx+c=0$ 的根表示抛物线 $y=ax^2+bx+c$ 与 x 轴的交点的横坐标,$x^2+y^2=1$ 表示单位圆,$x=2$ 表示一条平行于 y 轴的直线等),等. 教学中有意识地引导学生重视用"形"来表示数、式、方程等,无疑有利于学生数形结合思想的形成与发展.

例 28 已知定义在$[-2, 2]$上的偶函数 $g(x)$,当 $x\geqslant 0$ 时,$g(x)$单调递减. 若 $g(1-m)<g(m)$ 成立,求 m 的取值范围.

分析 首先画出函数 $g(x)$的示意图,再根据示意图,发现点 m 比点$(1-m)$更靠近 y 轴,用"式"表示,即 $|m|<|1-m|\leqslant 2$, 由此求得 m 的取值范围.

解决本题,充分体现了数形结合的思想:用示意图表示函数的性质,用绝对值表示点与原点的距离.

勾股定理的证明体现了数与形的有机结合,通过对定理中的关系式 $a^2+b^2=c^2$ 左、右两边式子做出几何解释,可获得有关证明方法.

例 29 100 个正数 $a_1\geqslant a_2\geqslant\cdots\geqslant a_{100}$, 满足 $a_1+a_2+\cdots+a_{100}=300$ 及 $a_1^2+a_2^2+\cdots+a_{100}^2\geqslant 10\,000$, 求证: $a_1+a_2+a_3>100$.

分析 这是一道前苏联数学竞赛题,原来的证明很复杂. 张景中教授由正数及其平方展开数与形的联想,对式中的 a_i^2 作出"形"(边长为 a_i 的正方形的面积)的解释,借助图形,获得了一个简捷、优雅美的解法.

在日常的数学学习过程中,自觉地运用数形结合的方法处理问题,无疑有助于数形结合思想的深化. 比如解析法、三角法、向量法解几何问题,以及图解法、图象法解代数问题等.

例 30 用解析法证明:若四边形一组对边的平方和等于另一组对边的平方和,则四边形的两条对角线互相垂直.

分析 该题要求学生通过建立适当的坐标系来证明. 建立坐标系、用坐标(方程、函数解析式等)表示点(直线、圆等)的过程,是一个数形结合思想形成与发展的过程. 请读者完成该题,仔细分析一下其中蕴含的数形结合的思想.

例 31 求 $y=\sqrt{x^2-2x+5}+\sqrt{x^2-4x+13}$ 的最小值.

解 由于

$$y=\sqrt{x^2-2x+5}+\sqrt{x^2-4x+13}=\sqrt{(x-1)^2+(0-2)^2}+\sqrt{(x-2)^2+(0+3)^2}$$

由此联想到平面上两点之间的距离公式，于是可设 $A(x, 0)$、$M(1, 2)$、$N(2, -3)$，则问题转化为在 x 轴上求一点 A，使它到两点 M、N 的距离之和最小.

15.2.6 算法化思想

《普通高中数学课程标准(实验)》指出："算法是一个全新的课题，已经成为计算科学的重要基础，它在科学技术和社会发展中起着越来越重要的作用. 算法的思想和初步知识，也正成为普通公民的常识. 在必修课程中将学习算法的基本思想和初步知识，算法思想将贯穿高中数学课程的相关部分."把算法作为基础内容列入必修课，这是计算机和数学发展的结果. 因为，一种新的重要算法的形成往往就标志着数学的重要进步；而又正是通过将部分问题的求解归结为对于现成算法的"机械应用"，人们才有可能进一步从事新的创造性工作. 正如弗赖登塔尔所指出："任何熔岩终将凝固，任何思辨的新生事物都在其自身中包含着算法的萌芽，这是数学的特点……算法化意味着巩固，意味着由一个平台向更高点的跳跃."

1. 算法

一般地，算法是指在解决问题时按照某种机械程序步骤一定可以得到结果的处理过程. 算法作为解决问题的方法有个重要的特点——有限性. 如果某种解决问题的方法只是在理论上成立，需要进行无限步，那么这种方法就不能称为解决这个问题的一个算法，也就是说算法必须在有限步内结束.

2. 算法的构成要素

算法含有两大要素：

一是操作. 比如做菜的操作包括蒸、炸、炒、煎、煮、焖等，驾驶汽车的操作包括开电门、换挡、左转、右转、开灯、关灯等.

计算机算法由计算机实现，组成它的操作主要包括：算术运算(+、-、×、÷)，逻辑运算(与、或、非等)，关系运算(<、>、=、≤、≥、≠等)，函数运算，等.

二是控制结构. 控制结构的作用是控制算法各操作的执行顺序. 一个算法通常由三种基本结构组成，即顺序结构、选择结构和循环结构.

3. 算法表示的原则

进行算法表示时，要注意以下几个问题.

✧ 通用性——一个算法是针对某类问题设计的，所以对于解决某类问题中的任何一个问题应该是有效的

✧ 确定性——算法中的每个步骤都是确定的，要么是这样，要么是那样，不能含糊不清，模棱两可

✧ 有限性——一个算法在执行时，必须经过有限步后停下来，结束算法执行，给出结果，而不能无限地执行下去，更不能出现死循环. 当然，算法的步骤可以到几

千步或上万步

✧ 标准化——算法在表示时，一定要符合特定的标准或格式，做到标准统一，格式统一

✧ 结构化——算法表示必须要结构清晰，层次分明. 对于较复杂的问题，要采用分割的方法，把复杂的问题分割成几大模块，然后再把几大模块连接起来

按照算法规则进行逻辑推理而获得正确结果仅仅是计算的很小的一个方面，更重要的是，在运算中构造、设计、选择一个合理的算法，理解相应的算理. 算法是解题方法的精确描述. 算法一方面具有具体化、程序化、机械化的特点，同时又有高度抽象性、概括性和精确性的特点. 因此，将解决具体问题的方法整理成算法的过程是一个思维整理过程，是一个条理化、精确化和逻辑化的过程，这将有助于培养学生逻辑思维能力.

§15.3　数学教学与数学思想方法

新课程标准下的数学教材，既保持了数学的基础知识与基本技能的系统学习与训练，同时又充分体现了数学知识的背景、知识的发生与发展过程，重视蕴含于数学知识发生、发展过程中的思想方法. 如何处理好“有形”的数学“双基”教学与学生“无形”的数学思想方法的形成与发展，是目前中学数学教学值得研究的课题.

15.3.1　概念教学与数学思想方法

数学发展的历史告诉我们，每一个重要数学概念的形成和发展，其中都有着丰富的经历. 在形式化的数学概念这一“冰冷的美丽”里面，蕴含着人类探索的“火热的思考”，在它的形成与发展过程中蕴涵着丰富的思想方法.

心理学的研究表明，学生数学概念的获得往往是一个概念的心理表征的构建过程. 而“构建”来自于主体对相关事件的丰富体验，体验某一概念是如何形成的，又是如何发展的，从中领会概念所蕴涵的深刻的思想内涵. 因此，应当在概念教学中引导学生“学数学、做数学、用数学”，通过创设情境，引导学生发现问题、提出问题，在感性认识的基础上，通过观察、比较、分析、综合、抽象、概括等活动，对常识性材料进行精微化，从而形成概念，体会概念形成过程中所蕴含的思想方法.

其一，把概念的生成过程问题化，通过“问”使学生体悟其中的思想方法. 例如，在进行“圆”概念的教学中，一位教师在与学生的交互活动中，从“车轮是什么形状的?”这一问题出发，引导学生思考“为什么车轮都做成圆形”、“若做成方形或三角形等会怎样”、“在平直的道路上，为什么椭圆形轮子的车开起来会一高一低，而圆形轮子的车就不会一高一低呢”等问题，从而抽象出圆的概念. 在此过程中，深化了数学

抽象的方法.

其二,引导学生学习数学化,在数学化过程中体悟其中的思想方法. 例如,普通常识中的"极限"往往包含着"无限趋近"的涵义. 那么,何谓"无限趋近"呢? 一位教师在教学中,通过"一尺之棰,日取其半,万世不竭"的例子,引出无穷数列 $\frac{1}{2}$, $\frac{1}{4}$, $\frac{1}{8}$, …, $\frac{1}{2^n}$, …,从"愈来愈近"得出数列 $\left\{\frac{1}{2^n}\right\}$ 的变化趋势,再把数列 $\left\{\frac{1}{2^n}\right\}$ 的特征在数轴上表示出来,直观上,随着 n 的无限增大,表示数列项的对应点将和表示数 0 的点无限接近. 再从量化的角度来认识"无限趋近",让学生列表计算,如果表示数列的项的值与数 0 的差预先要小于 $\frac{1}{100}$,那么 n 的取值只要大于 6……学生通过一些具体例子的操作、思考,把"无限趋近"加工成"$\varepsilon - N$"的定义,逐渐认识极限的意义,而这一过程正是无限抽象方法的具体体现.

向量、复数、坐标等概念的建立则充分体现了"数形结合"的思想方法.

15.3.2 数学解题与数学思想方法

解题对不同层次学生的影响不尽相同. 有的学生解题不少,效果并不明显;有的学生解了适量的题,却深化了对知识的理解,提高了解决问题的能力. 通过解题,有没有获得对相应的数学思想方法的深化是其重要的原因. 目前,数学高考以基础知识为素材,以思想方法为核心,以能力素质为目的,明确要求学生通过数学基础知识的学习,深化其中蕴含的数学思想方法. 以 2005 年高考数学江苏卷为例:解答题的第 19 题突出了解析思想,即通过建立坐标系,用代数形式来表示几何量之间的关系;解答题的第 22 题中,$f(x)=x^2\,|\,x-a\,|$ 含有绝对值、参数 a,一般需要分类讨论、估计的思想方法;而最后一题则是待定系数法、递归法、分析法等的运用.

数学解题的意义在于通过解题深化相关知识的思想方法,从而达到灵活运用相关知识解决问题的目的. 因此,"解题回顾"是数学解题学习的一个重要环节. 通过回顾,才能深化其中蕴含的思想方法. 涂荣豹教授在"数学解题的有意义学习"一文中指出:"解题策略经验的积累主要在解题活动的最后一个阶段——'解题回顾'的过程中获得. 对于'学习解题'而言,学生完成了解题过程,并不意味一次'解题学习'活动的结束,对解题的真正学习是'解题回顾'. 这如同知识获得的保持阶段一样,它是解题学习的'保持阶段'. 在这一阶段,新旧两方面,包括相关知识、问题意义、解题方法、思考策略等意义的同化还在继续,新旧两方面非人为和实质性的联系还在继续强化,这一过程使知识更加巩固,方法更加熟练,思想和策略更加深化和综合贯通. 从而达到获得新的解题策略、思想、方法的心理意义,整个解题认知结构得到进一步重构和完善.”

习 题

1. 何谓数学思想与数学方法？学习与研究数学思想方法有何意义？
2. 化归的要素有哪些？运用化归思想方法解题，一般应遵循哪些一般原则？
3. 方程论的两个主要问题是什么？列方程的关键是什么？
4. 结合函数概念的形成与发展的历史，谈谈你对中学函数概念教学的认识.
5. 何谓算法？构成算法的要素是什么？
6. 数学合情推理对培养学生的数学发现与创造有何积极意义？
7. 试用数形结合的思想方法解答下题：

设 x，y，z 均为正实数，且

$$\begin{cases} x^2+xy+y^2=19, \\ y^2+yz+z^2=37, \\ z^2+zx+x^2=28. \end{cases}$$

求 $x+y+z$ 的值.

主要参考文献

[1] 中华人民共和国教育部，全日制义务教育数学课程标准(实验稿)[M]. 北京师范大学出版社，2001.

[2] 中华人民共和国教育部，普通高中数学课程标准(实验)[M]. 北京人民教育出版社，2003，4.

[3] 钱珮玲，邵光华. 数学思想方法与中学数学[M]. 北京师范大学出版社，1999.

第 16 章

数学学习的基本理论

关注学生在学校里的学习，特别是数学学习，已经成为当代学习理论的一个趋势. 掌握数学学习基本理论的根本目的是要为教师提供对数学学习的基本理解力，从而为形成自己的数学教育观奠定较为科学的基础. 为此，本章主要介绍对数学学习的基本认识和对数学学习心理的基本分析.

§16.1 数学学习的基本认识

学习理论是关于学习的理论，既是心理学理论的应用，又是科学地编写教材和从事教学的理论基础. 鉴于此，我们首先介绍对学习以及数学学习的基本认识.

16.1.1 学习与学习科学

"学习"一词既是人们日常生活中的概念，也是心理学中的核心概念，前者是一种经验性理解，而后者则是一种科学的界定. 在教育心理学中，有很多类似于"学习"这样与生活中通用的名词，但它们所代表的概念的意义不尽相同，这往往是产生误会的原因.

1. 关于学习的三种基本理论

人类关于学习的基本认识历经由行为主义、认知主义到人本主义的认识过程.

(1) 行为主义学派

作为一个心理学派，行为主义认为对心理的科学研究必须限定在可观察的行为和能加以控制的刺激上. 在批判经验主义传统(冯特的内省法)的基础上，行为主义者把学习的概念定义为在刺激与反应之间建立联结的过程，并认为推动学习的动力来源于内部动力(如饥饿)和外部力量(如奖赏和惩罚)，所有学习都被简化为一种源自鸽子和老鼠的心理实验模式. 行为主义的基本原则就是效果律. 几乎所有的刺激-反应论者都强调强化在学习中的价值，认为在教育方面，教师的职责就是要创设一种环境，尽可能在最大程度上强化学生的合适行为. 对教育而言，这种学习理论产生两种结果——强化了训练与忽视了理解，即强化促进人们重复那些得到强化的行为，但忽略了行为主体对问题的理解，也忽略了主体内在固有的逻辑能力. 从行为主义各个学派产生时间的先后顺序看，行为主义学派的发展大致经历了早期的刺激-反应学习理论（桑代克试误学习理论、巴甫洛夫条件作用学习理论、华生行为主义学习理论）、格斯里邻近学习理论、赫尔驱力还原学习理论、斯金纳操作学习理论等.

(2) 认知主义学派

作为信息加工理论的认知主义心理学派诞生于1950年代末. 随着对行为主义反思的增强，认知心理学家摆脱了行为主义价值观的束缚，而返回早期问题定位的研究传统，大量研究方法得到发展（其中包括对严格的质性研究以及案例研究的关注）. 在这种环境中，回溯到杜威、皮亚杰、维果茨基的认知的线索又重新凸显出来. 他们认为，学习是个体作用于环境，而不是环境引起人的行为. 环境只是提供潜在刺激，提供一种暗示，至于这些刺激或暗示是否受到注意或被加工，这取决于学习者内部的心理结构，即学习者知觉和概括自然社会和人类社会的方式. 当新的经验改变了学习者现有的心理结构时，学习就发生了. 在认知学派的发展中，从教育的视角来看，建构主义是重要的发展方向之一. 在教育中，建构主义的学习理论在1980年代末兴起. 建构主义理论不仅将注意力集中在认知问题上，而且提供了关注导致理解的解释过程的新观点. 根据建构主义的观点，知识是发展的，是内在建构的，是以社会和文化方式为中介的. 学习者在认知、解释、理解世界的过程中建构自己的知识，学习者在人际互动中通过社会性的协商进行知识的社会建构. 根据这样一种知识的哲学观，教育关注的焦点也从教师的教学转移到学习和学生知识的形成.

几乎所有认知心理学家都赞同这样两个基本原理：第一，不平衡的原则，即认为如果现有的结构在试图加工所选择的刺激不成功时，就失去了结构的平衡. 个体在力图重新得到平衡时，认知结构的变化就发生了；第二，新的认知结构始终是受原有的认知结构影响的，因而学习是原有经验的迁移. 认知主义对学习的这种理解要比行为主义的认识更具有进步性. 但是该学派没有把人作为一个整体（认知和情感的统一体）来看待，只是把人的大脑看做是一台计算机，侧重研究认知或信息加工的过程，所以在认知学习理论的发展中，吸收行为主义思想的合理内涵创立情境认知理论是在所难免. 1990年代后，研究情境认知和情境学习以及情境化人工智能的热潮已在认知科学领域出现. 追本溯源，认知主义学派的理论主要经历了早期认知学习理论（格式塔-场论）、皮亚杰建构主义学习理论、布鲁纳认知结构学习理论、奥苏伯尔认知同化学习理论、信息加工学习理论，后来又产生了折中主义学习理论，如早期折中主义学习理论（托尔曼信号学习理论）、加涅累积学习理论、布卢姆掌握学习理论、班杜拉社会学习理论，在往后又发展出情境认知理论.

(3)人本主义学派

在人本主义者看来,每一个人都具有发展自己潜力的能力和动力.因此,他们特别关注人的自我实现.人本主义的基本假设是:任何情况下,一个人的行动取决于他是怎样从他自己的角度来知觉世界的.因此,他们非常重视一个人看待自己、看待他人的方式.在人本主义者看来,学习是指自我概念的变化,学习即成为;成为一个完善的人,是惟一真正的学习.该派主要代表理论有罗杰斯人本主义学习理论和习性学习理论等.

对学习理论的演化过程的简要追溯表明,有关学习的研究经历了从猜测到科学、从简单到复杂、从低级到高级、从静态到动态的发展过程.

2."学习"是一个科学研究的领域:学习科学

各种流派的学习理论表明,学习是一个典型的困难的问题,从而是一个科学研究的问题.新的学习科学克服了传统学习理论的局限性和不足之处,并将各自的合理性的东西吸收到新的学习科学中.新的学习科学认为,人的学习已经成为一个跨学科研究的对象,要将对学习的基础研究、应用研究与开发研究结合起来,允许学习理论流派纷呈、视角多元.新的学习科学既为我们洞察数学学习的本质提供了更有力的理念及方法论框架,也为处理数学课程与教学问题提供了可行的理论指导和技术支撑.新的学习科学对学习的研究,主要解释如下三个问题:

第一,提供关于学习领域的知识,以及分析、探讨和从事研究的途径和方法,形成对学习问题科学研究的基础理论.比如,关于知识观的理论,因为知识观极大地影响和制约了人们对学习与教学的隐喻,所以新的学习科学提出如下全新的知识观:从知识的建构性、知识的社会性、知识的情境性、知识的复杂性、知识的默会性等多视角分析知识.

第二,研究学习的目的是,要为人类提供对学习的基本理解力,从而为人类的教育观奠定科学的基础.新的学习科学研究认为,教育与教学要强调理解性学习(关注大观点和核心思想,不仅仅局限于事实的记忆),关注认知的过程(认为学习是有目标指引、积极搜寻信息和问题空间的过程,学习者是带着丰富的已有知识进入正规教育的,而这些已有知识极大地影响着他们记忆、推理、解决问题、获取新知识的能力),并基于已有知识去建构和理解新知识(认为好的学习不是来自教师找到了一种好的教学方法,而是来自给学习者更好的机会去建构.教师只有把学习者带到学习任务中的已有知识和观念作为新教学的起点,并给以学生多一点学习和建构的机会,才能促进学生的学习),强调学习者对学习进行自我调控的重要性;强调反思性教学(反思教什么、如何教、如何评价学习),强调学生主动的学习,关注学习的社会环境和文化环境.

第三,对有关学习的大量研究结果进行概括,使其系统化和条理化,形成理论体系，以便于人们掌握. 如学习科学研究得到如下的结果：只有了解学生的学习方式方法，才能真正了解学习；理解专家的专业知识非常重要，因为这使我们能洞察思维和问题的本质. 专家的基本特征是：专家能识别新手注意不到的信息特征和有意义的信息模式；专家获得大量的内容知识，这些知识的组织方式反映专家对学科的理解深度；专家的知识不能简化为一些孤立的事实或命题，而应反映应用的情境；专家能够毫不费力地从自己的知识中灵活地提取主要内容，能应用灵活的方法应付新情境和新挑战. 对学习环境的设计意味着人们需要重新考虑教什么、怎样教以及怎样评价学习的问题. 有效的教学始于学习者带入教学环境的已有知识，既包括文化实践和信仰，也包括学科内容知识. 学生目前知道的和相信的知识影响他们对新信息的解释. 评价问题也代表了看待学习环境设计的主要视角. 学习评价多元化(终结性评价与形成性评价相结合)①. 这些理论结果如何系统化、条理化是新的学习科学值得深入研究的问题.

16.1.2　数学学习是抽象活动的学习

上述关于学习和学习科学的基本认识可以有条件地运用到数学学习的研究上，数学学习与一般学习相比因学习的对象具有很大的特殊性，所以表现出不同的特点.

1. 什么是数学学习

数学学习，是学生通过获得数学知识经验而引起的持久行为、能力和倾向变化的过程. 数学学习具有一般学习的所有特点，尤其是：

¤　以系统掌握数学知识的内容、方法、思想为主，是人类发现或发明基础上的再发现

¤　在教师指导下进行，按照一定的教材和规定的时间内进行，为后继学习和社会实践奠定基础

2. 数学学习的特点

数学学习除具有一般学习的特点外，由于数学科学具有与其他科学明显不同的突出特点，因而学生在获得数学经验时也表现出明显的特殊性.

(1) 数学学习需要不断提高运用抽象概括思维方法的水平

这是因为数学是高度抽象概括的理论，它比其他学科的知识更抽象、更概括. 其他科学研究的是周围世界的物体、现象、过程的直接模型，是通过把这些物体、现象、过程理想化(抽象化和概括化)而获得的. 数学与它们的不同就在于，数学研究的不是现实世界的模型本身，而是这些模型的一般模式，或者叫做模型的模型，而且数学

---

① [美]约翰·D. 布莱思福特，安·L. 布朗，罗德尼·R. 科金等. 人是如何学习的[M]. 程可拉，等，译. 上海：华东师范大学出版社，2005：1—5.

中使用了形式化、符号化的语言，因此数学学习更需要积极思考、深入理解，需要不断提高运用抽象概括思维方法的水平.

(2) 数学学习需要和有利于发展逻辑推理能力

数学具有逻辑的严谨性，其逻辑结构由原始概念、数学基础和数学思想构成. 数学教材是数学科学在教育上的投影，通常也是按演绎体系展开，略去了它发现的曲折经历，学习它需要较强的逻辑推理能力. 同时，在学习数学时，学生因通过再创造发现数学的逻辑结构，思考知识的发生、发展过程，又有利于发展学生的逻辑推理能力. 鉴于数学的逻辑性强的特点，学生的已有知识在数学学习中具有更加重要的作用，更加需要学生主动学习.

(3) 数学学习必须突出数学活动的特点

关于数学的活动方面，一般包括数学化、建构理论、理论应用三个阶段. 其中数学化包括提出问题，并提出解决问题的假设和思想；建构理论包括建立研究对象的模型和拟定所需工具；理论应用主要指拟定和应用所获得的规律性的知识解决实践问题和理论问题. 通过数学活动的学习，学生学会了分析、学会了发现、学会了概括、学会了迁移，最终学会了思考和学习. 所以，数学学习必须突出数学活动特点，把学会学习与学会思考联系在一起.

3. 数学抽象活动的基本过程

数学具有高度的抽象性、逻辑的严谨性、执着的探索性及广泛的应用性. 数学的严谨性、探索性及广泛应用性在很大程度上都是由数学抽象性所决定的，因此，数学活动过程主要是抽象的思想活动. 学习数学的过程就是学习抽象的过程. 学生学习现成数学知识的抽象活动过程，与人类发明数学知识的抽象活动过程在很大程度上存在着内在联系. 为了研究学生的学习数学的抽象活动，不妨从人类数学活动的抽象过程来了解人对数学抽象性的认识发展规律.

(1) 表象的“辨别”与“分化”阶段

数学的抽象活动是从最初所有接触的表象开始的. 最初只能抓住一些特殊的表象，通过众多表象的刺激辨别，分化并发现一些反复出现的预示着某种数学规律的数学现象，在不同的表象中洞察到统一的思想，这样就从特殊中发现出一般规律，于是这一部分表象就成为有用的抽象材料. 例如，数字表象来源于贸易和计时活动，几何图形的表象来源于土地测量、编织和陶器制作等. 又如，变分法理论起源于“最速降线问题”，群论的一个来源是代数方程根的置换结构，库莫尔的“理想数”来源于费尔玛大定理的证明等. 这表明在数学某一概念发展的历史过程中，首先是生产活动的具体形态被纯粹的数学关系所代替，而成为数学的表象，这些数学表象将是数学概念成熟发展的有用的抽象材料.

(2) 对象的"类化"与"抽象"阶段

在这些有用的表象材料获得以后,数学抽象活动的主要工作是对各种抽象材料的具体数学属性进行分析,逐步去掉非本质属性,只保留能够表明数学关系的本质属性. 由于具有相同数学关系的各种数学问题在结构上是相同的,因而就有可能从中抽象出共同的本质属性或特征. 例如,在微积分产生之前,有四种主要类型的问题需要解决,即求运动中的物体在某一时刻的速度和加速度、求曲线的切线、求函数的极值和求曲线的长. 这几个问题在数学结构的实质上是一致的,从而导致了微积分运算的产生. 实际上这四种抽象材料虽然有某种相同的结构,但并非一目了然,从"某种一致性"到真正把"相同的结构"提练出来,其所经历的活动是"类化"和"抽象"的过程,这个过程使得不同材料的数学本质被真正抽取出来.

(3) 概念的"概括"与"确认"阶段

对于已经了解其结构的数学事实,要根据它的本质属性同别的数学理论建立联系. 新的数学概念总是要在原有的数学体系上生长出来,逻辑推理是把这两者连接起来的纽带. 有些数学概念在使用已经很久以后,还难以给出比较确切的定义,这是因为它与其他概念的关系尚不明确,而这种关系必须要在数学体系发展到一定阶段时,才能完全确定下来. 例如,微分、积分就是在使用很久以后,直到实数理论建立起来,与其他数学概念的关系才得以明确,特别是无穷小概念确定以后,整个数学分析理论体系才建立起来. 这个过程可以认为是数学概念的"概括"和"确认"阶段,共同本质属性概括为统一的数学对象,并在长期的实践检验和理论探讨中不断得到确认.

(4) 认识的"深化"与"发展"阶段

某个被确定下来的数学概念,有一个不断纯化的长期过程. 其中,一是要在概念的内涵方面不断深化,二是在概念的外延方面也要不断扩大.

比如,"函数"概念,最早是莱布尼兹提出来的,但"函数"的定义却经过了多次演变:达朗贝尔把函数看作"解析式",欧拉认为函数应该在几何上"能够用曲线来表示",柯西则把欧拉时代混在一起的函数连续性、可微性、泰勒级数展开性从函数一般概念中分辨出来,直到黎曼才得到函数现代使用的定义,即作为一种规律由自变量确定因变量的值. 这体现了函数的内涵方面的不断深化过程.

又如,"乘法运算"最早只限于普通的数字乘法,后来逐步扩大到多项式、矩阵、向量等的乘法,但这些总还是与数字乘法很相近;到定义"置换"的乘法时,数字乘法的味道就不多了,但乘法的结合律仍然保持;而到了集合论里,乘法成了有两个集合到另外一个集合的映射,这样的乘法概念虽然几乎没有了数字乘法的踪影,但却把各种具体的乘法运算都包括进去了. 这体现了乘法概念的外延方面的不断扩大.

经过内涵和外延两方面的不断完善,一个数学概念的抽象过程才基本完成.

对数学活动的抽象过程的简略分析,可以为一般人学习数学和认识数学抽象概括出某些规律：

✧ 要有一定的直观背景，要从一些直观表象或一些现实问题开始

✧ 在于利用由特殊到一般的概括方法，从具有不同特征的多种表象中找出共同的本质属性

✧ 必须要以原有的一定知识体系作为其生长的基础

✧ 一般不是一次完成的，往往有一个循序渐进、逐步深化的过程

这些从数学活动的抽象过程中抽取的认识数学的规律，无疑为学习数学提供了借鉴和指南.

16.1.3 数学学习是有意义的学习

1. 数学学习是有意义的学习

学生学习的数学知识是用数学的语言文字符号表示的. 数学的语言文字和符号，不仅代表客观的事物和现象，而且反映了前人抽象和概括出来的概念和原理.

学生学习数学时，一方面要掌握一整套的数学语言符号体系，另一方面要掌握数学语言符号所代表的事实、概念和原理，其中后者更为重要，它们是需要学生真正认识的内容.

如果学生不理解数学符号代表的意义和方法，仅仅记住符号的形式本身，例如，只记住 $\sin\alpha$ 表示正弦函数，并不理解它的真正含义，那这种学习只能是机械学习. 反之，如果数学的语言符号一旦出现，就能在学生的头脑中唤起它们所代表的内容、性质或方法，那么，这些数学的语言符号，对这个学生来说，就是获得了意义.

例如，对 $\sin\alpha$，如果一旦看到这个形式化的数学符号，就能想到它表示了一个比值，即在以 α 为其一个锐角的直角三角形中，α 的对角边与直角三角形斜边之比就是 $\sin\alpha$；或者在直角坐标系中，如果角 α 终边上一点坐标为 (a,b)，那么 $\sin\alpha$ 就表示 $\frac{b}{\sqrt{a^2+b^2}}$，这时可以说学生获得了正弦函数 $\sin\alpha$ 的意义.

这种通过数学的语言符号使学生在头脑中获得相应认知内容的学习，就是数学的有意义学习.

当然数学学习并不一味地排斥机械学习，有时为了记忆，要借助口诀、图表等方法或手段. 这种用于帮助记忆的机械学习只能是辅助性的，不能用来代替有意义学习.

2. 数学有意义学习的实质

数学有意义学习的实质是：数学的语言或符号所代表的新知识与学习者认知结构中已有的适当知识建立非人为的实质性的联系. ①

① 邵瑞珍. 教育心理学[M]. 上海教育出版社，1985：31.

1. 认知结构中已有的“适当知识”

所谓适当知识，是指学生认知结构中已有的与新知识存在某种联系的那些知识. 它们可以是数学知识，也可以是其他方面的知识、经验或者某种观念.

在初中一年级，当学生把有理数作为新知识学习时，正有理数的有关知识、距离的概念、关于气温计、收入支出等生活常识，及“相反意义”、“对应关系”等有关观念，都是与学习有理数有一定关系的“适当知识”.

到高中一年级学习立体几何时，平面几何的有关知识和柱、锥、台、球在现实中有关事物的形象，直线与平面在空间可以无限延展的观念等，都是与学习立体几何相关的“适当知识”.

在学习“函数单调性”时，新知识与图象的变化趋势与下面的因素有联系：函数曲线的上升、下降；变量变化的方向（沿 x 轴方向）；变量的变化范围，如变量在某一数集内；函数的概念，如对应法则、定义域、值域；已有的数学符号语言，如“$x\nearrow$，$f(x)\nearrow$”，“$x\nearrow$，$f(x)\searrow$”、“当 $x_1<x_2$ 时，$f(x_1)<f(x_2)$”等；已有的逻辑经验，如“任取 $x_1, x_2\in(a, b)$，不妨设 $x_1<x_2$”；已有的比较大小的方法，如过去几何证明主要是把握依据的定义、公理和定理，而代数证明更多的是把握对象的定义和性质，等等.

可见，学生头脑里的认知结构中已有的某些知识，如果与新知识不存在什么联系，那么这些知识对新知识来说，尽管是“已有的知识”，但却不是“适当的知识”. 因此，所谓的“适当”是与新知识“有关”的.

与新知识有关的“适当知识”，可称为新知识有意义学习的生长点或固着点. 知识生长点对新知识的学习起着支持或固定作用，对探究问题的成功与否也起着重要作用.

2. 什么是建立“非人为和实质性的联系”

学生所学的新知识，与认知结构已有的适当知识，本身就存在某种固有的联系，这种联系就是“非人为和实质性的”，它们只是目前存在于不同的载体中. 学生如果能把两者原有的“非人为和实质性的联系”认识出来、建立起来，也就建立起了“非人为和实质性的”联系.

例如，高一学生在学习“指数方程”这个新知识时，指数方程的有关概念与解法，与以下因素有联系：指数、对数的概念、性质；代数方程的解法；“$2^x=16$，求 x”这样的问题；函数、指数函数、对数函数及其图象；同底数幂相等的充分必要条件；两个对数相等的充分必要条件，等等.

如果学生在学习时，能把新旧知识之间在数学体系中的内在联系建立起来了，就是在新旧知识之间建立起了“非人为和实质性的”联系. 反之，如果学生把新知识与自己认知结构中不适当、不相关的知识强行联系起来，那不是“非人为和实质性的”联系，而是“人为和非实质的”联系.

例如，经常发生像这样的错误：

$$\lg(x+y)=\lg x+\lg y,$$
$$\sin(x+y)=\sin x+\sin y,$$
$$f(x+y)=f(x)+f(y).$$

这些差错就是把相关性质与“多项式乘法对加法的分配律”的知识强行联系起来了.这样建立的“人为的”联系，所产生的学习就不是有意义学习，而是机械学习.

“非人为和实质性”联系的另一种含义，就是数学的同一认知内容用不同数学语言和符号表达的不同形式之间的联系.例如，$f(x)=x^2$ 与 $g(v)=v^2$ 是同一函数的不同表示；$z=a+bi$ 与 $z=(a,b)$，以及 $z=r(\cos\theta+i\sin\theta)$，是复数这个数学对象的不同表示.它们分别是某个数学的同一认知内容的不同数学表达形式.

所谓建立“非人为和实质性”联系，就是对某一数学表达形式，学生的认知结构中已经有了一种数学语言符号的表达形式，现在的新知识则是同一认知内容的另一数学语言符号的表达形式，那么学生如果能够把这些不同语言符号的表达形式联系起来，把它们所代表的同一认知内容认识出来，就是建立起了“非人为和实质性”的联系.比如，解析几何里直线方程有截距式、点斜式、截斜式、两点式和一般形式等不同形式；二次曲线有直角坐标标准方程、非标准方程、参数方程、极坐标方程等，它们都表述了同一认知内容，如果学生能认识出“它们其实是同一认识内容的不同表达形式”这样的联系，并建立这样的联系，那么这种联系就是非人为和实质性联系.

这说明，尽管数学语言符号的外表形式不同，但学生能够透过表面形式认识出两者实质相同，就是建立了“实质性”联系，其所产生的学习是“有意义的学习”.

3. 数学有意义学习条件

数学有意义学习的条件分为客观条件与主观条件.

(1) 客观条件

如果数学的学习材料本身，满足“非人为”和“实质性”的标准，那么这样的数学学习材料称之为具有“逻辑意义”.数学的学习材料具有逻辑意义是数学有意义学习的客观条件.目前数学学习材料满足“具有逻辑意义”这一客观条件是不言而喻的.但有时有的教师特别是新教师会讲一些远离学生的所谓的高深材料，就不具有逻辑意义，而不符合客观条件的标准.

(2) 主观条件

① 学生必须具备数学有意义学习的心向.要实现数学的有意义学习，首先要有在新旧知识间建立非人为和实质性联系的倾向和愿望.数学新旧知识的这种非人为和实质性联系，不是新知识在认知结构里登记一下就能自动建立的，必须要由学习者通过主动积极的思想活动努力去建构这种联系.有意义学习者通过主动积极的思

想活动努力去建构这种联系，有意义学习才能发生，这是其他任何因素也不能代替的.

② 数学学习的新知识对学习者必须具有"潜在意义". 所谓新知识对学习者具有"潜在意义"，应是要求新知识在学习者的认知结构中有适当的知识可与之建立非人为和实质性的联系，实际上就是新知识在学习者的认知结构中有生长点或固着点.

③ 学习者对新知识必须具备有意义学习的"思维潜能". 由于数学对象是抽象的形式化的思想材料，这一特点决定了数学知识的学习主要通过大量的思想实验，依靠思辨的方式进行，这就必须掌握和运用一定的思维方法来使新旧知识相互作用，才能建立起非人为和实质性的联系. 因此，如果学习者没有掌握一定的思维方法，并且对这些思维方法的运用达到一定的水平，那么要建立非人为和实质性联系是十分困难的，甚至是不可能的.

有实验表明，有些学生数学学习成绩差的根本原因，就是没有掌握一定的思维方法，或者思维方法的运用没有达到与新知识学习相称的水平. 这种与新知识相称的思维方法，称为有意义学习"思维潜能"或生长素.

在中学对函数概念的讨论，初中和高中使用了两种不同的函数定义，其原因就是与学生的"思维潜能"有关. 初中学生学习函数概念，是用变量定义，学生既有与之有关的旧知识，又有与之相称的思维方法，这时函数概念的有意义学习容易实现. 如果改为直接学习函数的映射定义，学生一般也有与之相关的旧知识，但一般不具备学习的思维潜能，即未掌握与之相称的思维方法. 于是初中学生要实现对函数映射定义的有意义学习，是很不容易的.

就具体理解函数定义而言，初中与高中的本质差别在于：初中三角函数反映了三角形中一个角(锐角)与三角形某两边比值的对应关系，是一个数与另一个数的对应；高中三角函数反映了一个角(任意角)与一个数对的对应关系，虽然也要由比值过渡，但毕竟是一个数与两个数的对应. 显然，就后者的学习而言，在思维水平上要比前者高得多，也就是学生的学习需要比前者具有更强的"思维潜能".

④ 数学有意义学习的结果. 数学有意义学习的结果，就是学习者在心理上获得了数学语言符号代表的新知识的实际意义，同时原来的认知结构也得到了改造和重建. 所谓在心理上获得新知识的实际意义，应是在新旧知识之间建立起非人为和实质性的联系，这时在学习者的认知结构里形成了新的认知内容，于是旧的认知结构同时得到改造，建立为新的认知结构. 这时，就可以说新知识对学习者具有心理意义了(新知识被学生内化了).

16.1.4 数学学习的基本方法和类型

1. 数学学习的方法

从学习心理学的角度，数学学习的基本方法主要有“模仿学习”、“操作学习”、“创造性学习”. 它们是不同水平层次的学习方法，之间存在着密切联系. 在数学学习过程中，它们往往被同时使用.

(1) 数学模仿学习

模仿学习就是按照一定的模式去进行学习，它直接依赖于教师的示范. 在数学学习的过程中，数学符号的读写、学具的使用、运算步骤的掌握、解题过程的表达、数学方法的运用、学习习惯的养成等都含有模仿的部分.

模仿是数学学习最原始的方法之一. 模仿可以是有意的，也可以是无意的. 模仿有两个层次——简单模仿和复杂模仿. 简单模仿是一种机械性模仿，往往不是有意义学习. 拿学生按老师上课例题中的方法去解决同类问题来说，如果不知道方法的来龙去脉、原理和实质而机械地套用，那么就属于简单模仿. 复杂模仿一般需要很强的逻辑思维能力，并常伴有“尝试—错误”的过程，因为学生很少能一次就学会用某个模式去解决数学问题. 这事实上也体现了人类的两种最原始的学习方法——模仿和摸索. 例如，在学习了用十字相乘法因式分解后，接着练习“分解因式 $2x^2-11x+12$”这种类型的习题时，就属于比较复杂的模仿，往往要经过若干次尝试后才能成功.

复杂模仿发生在看出方法与问题两方面实质性的联系以后，根据这些联系对方法加以灵活运用，虽然有模仿的成分，但含有对实质的理解，是在理解实质基础上的模仿.

(2) 数学操作学习

数学操作学习指可以对数学学习的意义和效果产生强化作用的学习行为，一般是在知识的保持阶段所采用的学习方法. 操作学习的主要形式就是练习.

一般来说，学生在获取知识的过程中所形成的数学概念、原理和方法，在起始阶段往往认识不够全面、不够深刻，这就需要在知识保持阶段通过练习来强化和加深. 按照数学有意义学习的理论，在知识学习的保持阶段，新知识意义的同化过程、意义的建构过程还在继续，而且正是在这个阶段，学生可以从中感悟和获得超越传授信息以外的新信息、新意义. 因此，经常性的练习不仅能起到巩固知识、保持记忆、减少遗忘的作用，而且对提高技能、培养能力、掌握思维方法也是必不可少的.

但是数学操作学习也有机械学习和有意义学习之分. 如果仅仅是反复操练，而没有意义和继续同化，没有意义的继续建构，没有信息的超越，那么这种操作学习就不是有意义的，而是机械学习.

(3) 数学创造性学习

数学创造性学习是学习探索新知识、解决新问题的方法,也是利用已有的知识、技能、方法去发现和解决新问题的过程.

对学生来说,学习不仅意味着接受知识,而且还要“创造”知识,即超越给定信息,生成新的知识.当然这种创造属于再创造的性质,所谓“创造性学习”也多是属于“再创造学习”.

一个人不管拥有多少现存的知识,也不管掌握了多少技能,都不能保证他具有创造能力.如果学生只是习惯于掌握现成的知识和技能,那么学生的创造性才能就得不到发展.因此,学生在学习数学时要学会独立思考,进行创造性学习活动.

创造性学习有两个特点:一是知识和技能向新的问题情境迁移,二是在熟悉的问题情境中发现新问题.数学学习中的创造性,不仅在于能够利用已掌握的数学知识和技能去寻找解决新问题的方法,更重要的在于能够提出和发现新问题.

如果说模仿学习和操作学习是解决“知与不知”、“会与不会”的问题的话,那么,创造性学习则是解决“怎样想”、“为什么这样想”的问题.

2. 数学学习的类型

按照学习的性质和形式,数学学习有两个最基本类型:有意义接受学习和有意义发现学习.

(1) 数学的有意义接受学习

数学的有意义接受学习指的是,学习的主要内容是以定论的形式呈现给学习者,即把问题的条件、结论以及推导过程都叙述清楚,不需要学生独立发现,但要求他们积极主动地与自己认知结构中已有的相关知识建立非人为和实质性联系,即自己建构新知识的意义,使新旧知识融为一体.

(2) 数学的有意义发现学习

数学的有意义发现学习指的是,不把学习的主要内容提供给学生,只是提供问题或背景材料,由学生自己独立地发现主要内容,包括:揭示问题的隐蔽关系,发现结论和推导方法,将所提供的问题或背景信息经过加工、重新组合,然后与认知结构中的适当知识联系起来.

当然,接受学习可以是有意义的,也可以是机械的;发现学习也是如此.

一般来说,大量的知识是通过有意义接受学习而获得,各种问题的解决则是通过发现学习而实现.

发现学习的优点在于,它是特别适合于单门学科的一种科学方法,有助于获得解决问题的技巧,有利于检查用接受学习获得的知识是否有意义,适用于概念形成而不是同化水平的学前儿童或低年级学生,也适合于高年级学生学习新学科或新教材的早期阶段.

发现学习也有其局限性.发现学习就内容而言不都是有意义的,有时可能是机械的,尤其是当解决问题不用涉及原理、原则,只须记住问题的类型和操作符号的指示程序来完成任务时,就纯属机械的发现学习.由于发现法太费时间,因而它并不是传授知识内容的首要方法,只可在非常必要的情况下使用.①

广泛流传的一种观点是,接受学习一定是机械的,发现学习必定是有意义的,这种观点其实并无根据.按照有意义学习的实质,无论是接受还是发现,根本在于是否能在新旧知识之间建立非人为和实质性的联系.讲授和接受学习之所以被认为是机械或无意义,其原因是往往把讲授变成了灌输,而不是揭示和启迪知识间非人为和实质性的联系.有意义的接受学习是整个数学学习的主流方式,而发现法和探究学习则是补充性的和纠正性的策略.实际上,不仅好的讲授可以创造出有意义的接受学习,而且不好的发现学习也可能导致无意义的机械学习.

无论是有意义学习和机械学习还是发现学习和接受学习,根本上都涉及一个"形式"和"实质"的问题.形式上的创新在实质上可以是无效的,而形式上的保守在实质上也可以是有效的.在这一点上给我们以很好的启示:不要以形式代替实质.

§16.2 数学学习的基本心理分析

数学学习过程,从本质上讲是有意义学习的过程,是学习者将数学语言代表的新知识与自己在认知结构中已有的适当知识建立非人为和实质性联系的过程,其中包含认知结构这样的心理机制,而且还包含着许多复杂的心理活动.其中的一类是关于学习积极性的,如动机、兴趣、态度和意志,涉及学习的动力系统;另一类是关于学习的认知过程本身的,如感知、思维、记忆和迁移,涉及学习的加工系统.数学学习正是借助这两个系统的协同来完成的.

这里着重研究数学学习的认知结构和认知过程的基本心理活动.

16.2.1 数学认知结构

1. 对数学认知结构的基本认识

认知在心理学里有广义和狭义两种含义.广义的认知,就是人脑反映客观事物和联系,并揭示其规律的心理活动;狭义的认知,就是人脑反映知识以及知识间的联系,并揭示其规律的心理活动.我们认为,认知可以看做是个体对有关环境、他人以及自己的行为的知识、观点、信念、观念和态度的总和,是一个有结构的认知系统或认知结构.每一种认知结构或系统都是通过学习和认识活动逐步构造起来的,它的

① 杨启亮,困惑与抉择[M].济南:山东教育出版社,1995:232—234.

构成要素就是个人过去的知识和经验. 换言之,认知结构是人们在客观事物的感知和理解的基础上头脑里形成的一种心理结构,是个体认知活动的产物.

数学认知结构是存在于学生头脑里的数学知识结构与认识结构有机结合而成的心理结构.

① 数学知识结构. 数学知识结构是数学与教材的知识体系,是由数学概念、公理、定理和方法形成的知识结构,是一种客观存在. 数学知识结构是形成学生的认知结构的基础,更确切地说是形成学生头脑里知识结构的基础.

② 学生头脑里的数学知识结构. 它是课程教材里的数学知识结构和老师的数学知识结构在学生头脑里的反映. 由于每个学生对数学知识的感知、理解、选择和组织等方面的差异,使得同样的数学知识结构在不同人的头脑里,会形成不同的知识结构. 因此,学生头脑里的数学知识结构受个体认知特点的制约,具有浓厚的认知主体性和强烈的个人色彩.

③ 学生的认识结构. 学生的认识结构是伴随着头脑里数学知识结构的形成而同时发展起来的思维动作结构. 思维动作是运用思维方法的思想活动方式. 事实上,"认知",顾名思义,不"认"不"知",有"认"才有"知",认识是对客观事物或思想材料的加工过程. 知识的增长无不要通过认识,认识的提高又必须依赖于知识,知识是认识的载体,知识又必须通过认识而获得. 所以学生头脑里的认识结构必须伴随着头脑里的知识形成而发展,不可能脱离知识而成. 一方面,头脑里知识结构的形成而发展,不可能脱离知识而形成. 另一方面,头脑里知识结构的形成,以及知识结构品质的优劣,又依赖于认识结构里各种思维动作的水平和各种思维动作协调活动的水平,如果没有达到相应的认识水平,就不能建立良好的知识结构,乃至认知结构.

学生的数学认识结构中,既有一般思维动作,又有数学的特殊思维动作. 一般思维动作主要是分析与综合、比较与类比、抽象与具体化、概括与专门化、分类与系统化等. 数学的特殊思维动作主要是数学操作性思维动作、方法技巧性思维动作、思想观念性思维动作和策略定向性思维动作. 进一步分析,可以认为,数学操作性思维动作包括消元、降次、降元、配方、待定系数、反证、完全归纳等,思想观念性思维动作包括方程思想、数形结合思想、映射与函数思想、极限思想、随机思想等,策略定向思维动作包括等价转化、化归、类比、归纳、猜想等.

2. 数学认知结构的特点

其一,学生的数学认知结构在结构上具有个性特征. 因为数学认知结构是存在于学生头脑里的数学知识结构与认识结构有机结合而成的心理结构,因主体的知识、认识及二者结合的差异,而表现个性特征. 比如,有的学生的认知结构是树状的,有的学生的认知结构是网状的. 显然网状的比树状的认知结构具有更大的灵活性.

其二,学生的数学认知结构,按照数学知识的包摄水平、概括程度以及抽象度的高低形成阶梯层次.数学认知结构中,数学知识的建构具有层次性,主要是体现在抽象层次方面,其层次的划分由抽象度决定.

其三,学生的数学认知结构是数学新知识的加工厂,既提供加工的原料,又提供加工的方法.前者为新知识的学习提供生长点或固着点,后者为新知识的研究提供工具或方法.也就是说,学生头脑中的已有知识至少包括如下两类:其一,作为新知识的生长点的已有知识,如学生头脑中的"一般三角形三边长度之间的关系($a-b<c<a+b$)"这一知识就是作为新知识"勾股定理"的生长点的已有知识;其二,作为获取新知识工具的已有知识,如"利用面积法探求数式关系"这一知识就是作为获取新知识"勾股定理"工具的已有知识.①

其四,数学认知结构随着认识的不断深入而更加分化和综合贯通.

3. *数学认知结构特征变量*②

认知结构的可利用性.这是指认知结构中有多少适当的起固定作用的观念可以利用.比如,函数的零点就是求方程近似解的知识固着点,"往一碗盐水中撒把盐,盐水会变咸"的常识,就是浓度不等式的知识生长点.

认知结构的可辨性.这是指认知结构中的观念与新知识之间的可辨程度.如果认知结构中的观念具有较高抽象概括的水平,就很容易分辨出新旧知识之间的联系.比如,平行四边形与矩形、菱形,矩形、菱形与正方形,就很容易分辨它们的关系.

认知结构的稳定性和清晰性变量.这是起固定作用的适当知识牢固稳定、清晰程度越高,新旧知识所建立的联系稳定而清晰.反之,起固定作用的知识比较肤浅、模糊不清,就难以有效地固定新知识.比如,对于标准形式 $y^2=2px$ 给出抛物线的图象与性质,如果认识比较肤浅或模糊,就难以有效地固定一般形式 $y=ax^2+bx+c$ 给出的抛物线的图象和性质.

16.2.2 数学有意义学习的基本形式

数学有意义学习按照不同的关系可以划分为不同的形式.

数学的具体内容有不同的形式,有数学的名词符号、数学的概念、数学的命题.与这些不同形式的内容相对应的学习就有数学的代表学习、数学的概念学习、数学的命题学习.

同时,数学的不同内容之间存在着一定的关系,即名词符号之间、数学的概念之间、数学的命题之间,以及符号、概念、命题之间都存在各种关系.与这些关系相联系就有不同的学习,它们是类属学习、总括学习、并列学习,或者是同化与顺应学习,对

① 黄晓学.论知识生长点与数学说课[J].中学数学教学参考·初中,2006,(11):1—3.

② 邵瑞珍.教育心理学[M].上海教育出版社,1985:144—145.

这些数学学习的基本形式，当然要有所了解和认识.

1. 与"数学内容的形式"相联系的认知学习形式

这里主要研究数学的代表学习和数学的概念学习. 数学的代表学习和数学的概念学习在这里是作为学习形式的专用名词，虽然它们由学习内容的形式而得名，但它们有自己特定的涵义，而并非"数学代表的学习"或"数学概念的学习".

(1) 数学的代表学习

数学的代表学习是将数学的名词、符号所代表的具体对象，在认知结构里建立起等值关系. 这种具体对象称为数学名词、符号的指代物. 例如，学习"三角形"这一数学名词，学生只要与自己认知结构中的"三角尺"、"房顶"、"红领巾"等的指代物联系起来，就是进行"三角形"这一名词的代表学习. 这时，在"数学的代表学习"这个层次上，学生对"三角形"这个数学名词已经获得了意义.

数学的代表学习的特点是，对数学名词符号所获得的"代表意义"只代表了特殊的和单个的事物.

需要指出的是，数学的代表学习大部分是认知水平上的学习，而不像其他学科的代表学习基本上是感知水平上的，这是数学学习与其他学科学习的一个很大区别. 原因在于大部分数学名词符号的指代物本身就是抽象的，不是凭感知可把握的；而像物理、化学、生物等名词符号的指代物大多是以物质形式出现，凭感知就可把握.

例如，函数及其符号 $y=f(x)$，它的指代物是正比例函数 $y=ax$、反比例函数 $y=\dfrac{k}{x}$、一次函数 $y=ax+b$、二次函数 $y=x^2$ 等这些具体的函数，不过这些所谓的"具体"其本身就是抽象的材料.

其他学科的名词符号的指代物则是看得见摸得着、感觉得到的实物，只需感知即可获得意义，而数学代表学习要通过认知才能获得意义. 所以数学的代表学习比一般学科的代表学习来说是较高级的学习，这也是数学比其他学科难学的原因之一.

对数学的名词符号一般从代表学习开始，但仅仅只达到代表学习的水平是不行的. 因为指代物毕竟不是相应数学名词符号的本质属性，只停留在代表学习水平，容易导致"非本质性泛化"的错误.

例如，"三角形的高"，一般总是用如图 16-2-1 所示的图形作为指代物. 这容易造成错误的认识，以为与水平线垂直的才是高，而换一种位置，就不知道是三角形的高.

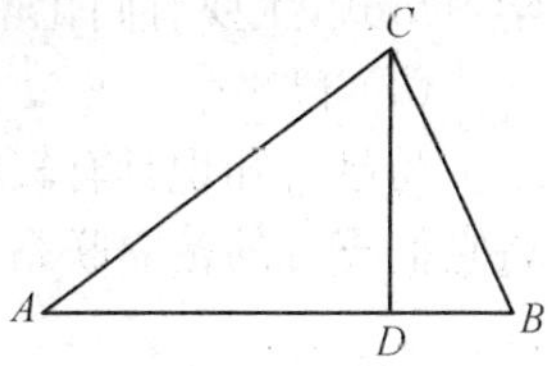

图 16-2-1

又如，把 $y=x^2$ 与 $u=v^2$ 看成函数不同的指代物，就把它们看成了不同的函数；把函数总括成具有统一表达式的形式，就容易造成函数一定是有统一表达式的误解，而认为其他表达式的函数不是函数.

那么，是不是就不要数学的代表学习这个学习形式呢？答案是否定的.数学是抽象性很强的学科，早期进行代表学习，可以增强数学名词符号的直观性，获得有关它们的直观背景和丰富经验，有关的指代词可以成为掌握相关数学对象抽象意义的必要阶梯，为数学名词符号的抽象意义提供了直观模型.

(2) 数学的概念学习

数学名词符号不仅代表了数学概念的对象(指代物)，同时也代表了数学概念的抽象意义和抽象关系.这就是说，数学的名词符号不仅仅代表了单个的数学对象，更代表了一类数学对象，这类数学对象的全体形成了一个数学概念，相应的名词符号就是这个数学概念的表示形式.

数学的概念学习是要获得数学名词的概念意义，即掌握它们所代表的一类事物的共同的本质属性.其特点是，数学名词符号所获得的"概念意义"代表了一类事物的共同本质属性.在概念学习水平上，数学的名词符号代表了一类事物；在代表学习水平上，数学的名词符号只代表单个或特殊的事物.

例如，对函数 $y=f(x)$ 的认识和理解，在概念学习水平上的意义，是指一个数集到另一个数集的按一定法则规定的随处定义、单值定义的映射，函数的这种概念意义代表了函数的全体，而不仅仅是单个的、具体的那些函数.可见，同样的数学名词符号，存在着两种不同水平的有意义学习：代表学习水平上的有意义学习和概念学习水平上的有意义学习.

但是在数学学习中仅仅达到代表学习水平上的有意义的学习是不够的，必须达到概念学习水平上的有意义学习，才是获得了数学对象的真正意义，也才是真正的数学有意义学习.

数学的概念学习是比代表学习更高级的学习，它包含了数学的代表学习，是在代表学习的基础上进行的.

2. 与"数学内容之间关系"相联系的认知学习形式

数学内容之间关系一般有类属关系、总括关系、并列关系三种.这三种关系主要由数学内容的包摄水平和概括水平的高低来决定.包摄水平和概括水平高的处于总括地位，低的处于类属地位，水平相当的处于并列地位.在学习新知识的过程中，新旧知识间关系未必总是单一的.新知识可能同时与多个旧知识相联系，这时有的是类属关系，有的是总括关系，有的是并列关系.建立在内容之间的关系基础上的数学学习形式，主要有同化学习和顺应学习.

(1) 同化学习①

与已有知识具有较多联系的新知识，可以把新知识放在大量的已有知识之中，将它们充分的建立联系，使新知识的意义与旧知识的意义融合在一起，建立起有机

① ②[瑞士]皮亚杰.发生认识论原理[M].王宪钿，等，译.北京：商务印书馆，1981：8，25—32.

的联系,即非人为实质性的联系.

同化的概念是指把给定的东西整合到一个早先就存在的结构之中. 所谓同化学习,就是当新的数学内容输入以后,作为主体并不是消极地接受它们,而是利用已有的数学认知结构对新知识内容进行改造,使新内容纳入到原有的数学认知结构中,这一过程就称为同化.

例如,学习用配方法解一元二次方程时,学生利用原有认知结构中的适当知识——完全平方公式、方程同解原理和直接开平方法解一元二次方程,对配方法的有关知识和方法进行加工改造,领会了配方法,也就是建立起非人为和实质性联系,于是就被纳入到原有的数学认知结构中来. 由于增加一种一元二次方程的解法并与原有的相关知识建立联系,因而就扩大并改造了原有的认知结构.

在同化的过程中,主要是辨识新旧知识的联系,并由原有的旧知识作为固着点,把新知识归属于原认知结构,同时使原认知结构得到分化和扩充.

一般来说,从学习新知识到练习中对新知识的保持是再认性同化,在其他知识中又遇见那个新知识时而对新知识的学习是再生性同化,在各种新问题中不断地遇到那个新知识后对新知识的学习是概括性同化.

(2) 顺应学习①

如果学生在原有的数学认知结构中没有密切联系的适当知识,这时如果要把新知识纳入到认知结构中,像同化学习那样通过与相关旧知识建立联系来获得新知识的意义就比较困难. 这时必须要对原有数学认知结构进行改组,使之与新知识内容相适应,从而把它纳入进去,这个过程叫作顺应. 如果说同化学习主要是新知识适应已有知识的过程,那么顺应学习主要是已有知识适应新知识的过程.

例如,初一学生学习代数,应是顺应学习的过程. 初一学生此前只学过算术,就不能单靠同化方式在原有的算术认知结构的基础上学习代数,而是首先要改造算术认知结构. 字母参加运算以后,字母既代表一个具体的数,又代表一个任意数、一个抽象的数,显然抽象程度大大提高,要使代数纳入到算术认知结构之中是不可能的. 这就必须通过字母代表数的各种内容的反复学习,逐渐顺应代数学习.

这就使得教学中需要根据新旧知识间的关系来认识学习的过程,决定适当的学习新知识的方式.

16.2.3 儿童的认识发展阶段

瑞士著名心理学家皮亚杰认为,儿童(学生)的认识结构上的差异与年龄有关,并按年龄划分出感觉运动阶段、前运演阶段、具体运演阶段和形式运演阶段等不同的认识发展阶段. ②

---

① [瑞士]皮亚杰. 发生认识论原理[M]. 王宪钿,等,泽. 北京:商务印书馆,1981. 24—32.

② [瑞士]皮亚杰. 发生认识论原理[M]. 王宪钿,等,泽. 北京:商务印书馆,1981. 25—57.

皮亚杰的认识发展阶段理论，主要是根据对儿童学习数学的实验而提出来的，因而尤其对认识儿童在数学学习中的思维发展的特点具有十分积极的意义.

这里主要结合数学学习的特点，对儿童认识结构的四个不同阶段中数学思维发展作出分析.

1. 感觉运动阶段

感觉运动阶段(0～2岁)是指全部言语或者全部表象性概念以前的感知活动时期.

在儿童与生俱来的原初结构里没有主体和客体之分，儿童从最初的一系列以自己身体为参照系的活动中，随着活动必须的顺序、重叠、远近、分解、联合的协调，经过一个漫长的过程，逐渐分化出朦胧的自我和非我的图式(schema，指动态的可变结构的雏形或胚胎，含有具体活动的成分，作为整体可以不断变化和发展)，可分化出模糊的主体和客体的图式.这些实物性活动中的顺序、分解、联合等关系成为将来发展逻辑结构的最初形式，而顺序、重叠、远近等关系则成为将来发展空间结构的最初形式.

在这一阶段，儿童虽然逐渐分化出朦胧而模糊的图式，但是由于还没有产生表象、语言和思维，因而其图式只是外部的运动和对运动的直觉.

2. 前运演阶段

感觉运动阶段的图式还不是概念化的，因而没有形成语言，即还没有在意识中形成把握它们的符号系统，因而它们不能在思维中被运用，这种图式的作用仅仅限于动作上的和实物上的应用.

随着语言、象征性的游戏、意象等的出现，在越来越多地显现出直接的主客体关系的活动中，开始增添了一种内化了的并且概念化的成分，例如表象成分.这时儿童认识开始了从动作向概念化思维的转化，发展进入“前运演阶段”(2～7岁).“运演”(operation)指内化了的动作，即内部动作，特别是指思维活动或思维动作的操作.

在“前运演”发展阶段产生了相对于感知运动阶段而言是新的本质特点.

(1) 实物化概念

在“前运演”阶段，儿童开始概念化，但是只能用实物(指代物)来把握概念.例如，对“3”这个数的认识总与指代物相联系，而不能脱离指代物，总是要以“3个苹果”、“3只鸟”之类的实物作为中介物，不能认识到“3”是所有由3个元素构成的集合的共同本质特征.

这表明这个阶段的儿童只能进行代表学习水平上的学习，不能进行概念学习水平上的学习，儿童此时的概念停留在不能离开活动的具体概念上，还没有出现抽象概念.

(2) 表象依赖性

这个阶段的概念化特点是以表象的形式把活动内化，即思维中符号功能出现，儿童开始以符号描述外部世界，语言能力逐步发展. 这标志“前运演”阶段的儿童的活动开始在思维的水平上进行. 由于概念是实物化的，这就决定了思维初始阶段的一个重要特征——表象依赖.

表象依赖是指只能依据具体的东西来表示静态的活动或事物. 换句话说，各种发生在特定时间的产物活动，在思维上可以用一些具体的表象表征出来，从而把过去、现在和将来的活动或事件，以及空间距离远近不同的活动或事件，在头脑里以一种近乎同时性的笼统表象显现出来. 在这个意义上，“前运演”阶段的概念化活动可以认为是表象性思维.

例如对“ $3+2=?$ ”的问题，必须要同诸如“树上有 3 只鸟，又飞来 2 只鸟”之类事件联系在一起. 这时儿童头脑里并非用抽象的数来表征加法，而是用头脑作为“问题”和“事件”之间的中介物的表象来表征加法.

(3) 注意广度单一

在这个阶段的儿童，一般不能区分想象与现实、一般和特殊；对于活动的有意识觉察只是部分的，不能看到事物的两个方面或多个方面. 例如，主体能粗略地描绘出自己所完成的活动，但细节却被忽略了. 又如在空间想象力上，不能相信地球是个“球”.

在同一时刻，他们同时注意到的事物或对象的个数一般不超过两个.

(4) 原始状态的推理

在思维活动的初始阶段，开始出现了一种原始的推理，即依循次序关系的推理，或者依照位置关系的推理，也就是以按序出现的事件来表征活动，但是真正的逻辑上的因果关系认识还没有建立. 这表明了思维向着逻辑结构和空间结构发展的方向推进. 随着表象思维的向前进展，原始的推理发展为初步的推理，开始建立对应关系，对形状进行分类；开始提出“为什么”的问题，进行由萌芽状态的因果性解释向因果关系的系统发展.

(5) 运演的“前水平”

运演是思维活动的过程或思维动作的操作，“前运演”思维处于逻辑结构和空间结构的萌芽状态，可视为“前水平”的.

“前运演”阶段的这种“前水平”，主要表现为不能进行可逆性运演和传递性运演这样的思维活动，同时因为缺乏可逆性和传递性在思维上不能引起守恒的“运演”.

“前运演”思维的不可逆性，即是指思维只能朝着单一的方向，这就是思维不可逆的原因.

传递性运演带有思维的间接性和跳跃性，不是一种直接的逻辑关系. 像“ $A>B$ 且 $B>C \Rightarrow A>C$ ”这类推理“传递性”，“前运演”阶段的儿童还不能认识和理解.

这种运演的“前水平”也使得在“前运演”阶段，演绎推理和归纳推理也都不能进行.

从感觉运动性行为过渡到概念化活动，是一个缓慢而费力的长期过程.

3. 具体运演阶段

由前运演向具体运演的发展，是由表象性思维的概念化活动过渡到概念性思维的过程，是由外部的行为活动逐步转化为内部的心理运演，即是在心理上进行内部的组合、对应、分类等内部的思维活动，而不是仅仅依赖于通过外部的行为活动.

具体运演有以下主要特点：

(1) 运演的可逆

进入具体运演阶段(7～12 岁)后，儿童开始能够用两种以上的关系而不是以一种关系排除另一种关系的方式来处理序列化活动，或者能够以尝试错误的灵活方式而不是只能朝着单一的方向进行系列化. 比如能够同时运用"$<$"和"$>$"两种关系进行序列化，而不是仅能用其中一种关系进行序列化.

这标志着思维上的一个重要发展，就是既能够进行正运演也可以进行逆运演，于是就能够进行逆运算和理解可逆关系.

(2) 运演系统的守恒

具体运演的基本特点是人的思维形成了可闭合系统或结构，从而具备了形成正转换和逆转换的运演组合. 正运演和逆运演的同时运用，使得运演逐步具有"完整性"系统，这种完整性也导致了运演系统来进行思维. 系统的闭合性意味着系统内部关系出现了守恒的特征，即思维也可以沿着相反的方向进行和转换，以及运演关系的保持.

(3) 运演的传递

守恒的运演结构的一个重要特点是运演的传递性，即具体运演阶段可以进行传递性运演. 例如，如果 $A=B$ 且 $B=C$，那么就能因为从 $A\to B\to C$ 有某种特性保持着守恒或不变，而知道 $A=C$.

这种守恒而致的传递性同时产生了一系列的新的运演，诸如能够进行不完全归纳，能进行不甚严密的初步演绎推理，开始能够处理假设.

(4) 注意的扩大

具体运演阶段的一个重要发展是注意广度的增加，即能够同时把握事物的不同侧面或者活动多个方面，在同一时刻获取的信息量增加.

(5) 运演的直观支撑

思维的概念化从实物性表象概念过渡到内部心理表象概念，即不是仅能用实物为例说明概念，而是能用属性的例子说明概念，即概念化可以脱离实物，开始能够在概念学习的水平上理解概念，但是这种概念在很大的程度上离不开具体事物的直观支撑，本质上还不能脱离直观图形的把握. 处于这个发展阶段的学生能在不脱离具体直观的前提下进行思维活动.

具体运演的直观支撑与前运演的实物性活动有所不同，具体运演赋予了直观或活动以运演的结构，即可以用逆和传递的方式组合起来，而前运演的实物性活动则不具有可逆性和传递性.

4. 形式运演阶段

由具体运演向形式运演转化，主要体现在如下几个方面.

(1) 由具体思维向抽象思维发展

在这个发展阶段的学生，由具体思维向抽象思维发展，由以实际经验为支撑的概念向直接掌握抽象概念本质属性来获取概念的方向转化，能够给抽象概念下定义.

如果说在具体运演阶段主要是能够学习一级概念的话，那么在形式运演阶段则可以学习二级乃至二级以上的数学概念.

例如，学习实数的概念、对数的概念、函数的概念、向量的概念、极限的概念等.

(2) 由学习概念向学习命题发展

在形式运演阶段，学生能够进行命题的学习. 这种命题学习的重要意义在于，命题所提出的不是具体的客体而是形式化的假设，这表明能够把形式的联系与内容的真实区分开来，也就是有能力处理假设而不是单纯地处理客观存在.

学习命题实际是命题间进行运演，是对运演的运演，也就是二级运演. 这些运演包括应用蕴涵的运演、应用命题逻辑的运演、对加工制造出来的关系的运演，以及协调两个参照系统的运演.

这是智力发展的实质性飞跃，但是真正实现这样的飞跃决非易事. 调查表明，即使在成年人中，也有相当多的人并没有达到形式运演的水平.

(3) 逻辑思维向形式推理发展

正是对运演进行运演的能力，使得认识超载了现实. 于是在形式发展阶段的学生，能运用抽象逻辑思维，进行形式化推理，不但能进行几何证明，而且也能进行代数的形式化推理. 几何证明由于几何图形的帮助，实际提供了“抽象意义”的直观支撑，不仅对符号的运演，还有对图形的运演，因而并非彻底形式化的. 代数证明则是思维完全在抽象的符号之间周旋，仅仅对抽象的符号进行运演，彻底超载了现实和具体.

高中学生能够利用形式定义证明函数的奇偶性问题和单调性问题，正是逻辑思维向形式推理发展的表现之所在：利用“$f(-x)=f(x)$和$f(-x)=-f(x)$”证明函数的奇偶性；能够证明“对任意的x_1、$x_2\in(a, b)$且$x_1>x_2$，若$f(x_1)>f(x_2)$，则$f(x)$是(a, b)上的单调增函数”，“对任意的x_1、$x_2\in(a, b)$且$x_1>x_2$，若$f(x_1)<f(x_2)$，则$f(x)$是(a, b)上的单调减函数”.

(4) 思维量和思维度向复杂发展

在抽象的水平上，思维量和思维度向复杂发展. 具体表现为由单变量思维向复合变量思维的方向发展，由单维度的思维向多维度思维转化.

(5) 朝着自我反省的思维活动发展

在人的各个阶段的认识发展中，各种图式总是不断地发展为新的图式. 这实际是原有图式的平衡被新的活动对象所打破时，主体就要使原有的图式向着新的平衡状态发展，达到新的平衡.

这种由原有图式的改造而形成新的图式的过程，被皮亚杰称之为“反省抽象”，其本质是一种自我反省的思维活动，只不过在不同的阶段上有不同的水平. 随着运演水平的不断提高，这种“反省抽象”经过感觉运动水平、前运演水平、具体运演水平的发展过程，到形式运演阶段就在内部心理上逐步形成反省抽象的运演，即对自我思维活动反省，或者说是一种元认知活动.

皮亚杰的儿童认识发展理论为在不同阶段的儿童应该教什么和怎样教，提供了可靠的心理学依据，成为西方乃至全世界在教育上把握儿童认知发展的路标. 据此而促进儿童认识发展的一个阶段过渡到下一个阶段的信念，成为教学的基本准则和行动目标.

儿童认识发展的阶段表明，认识发展存在人人相同的阶段，但这一理论同时认为不同的人进入各个阶段的时间并非完全相同. 遗传、生活、家庭、社会等方面的差异，都会影响一个阶段的出现，或加速，或推迟，甚至阻碍. 发展的速度不同，达到某一个阶段的年龄也会不同. 有研究表明，美国人口中仅仅有 40%～60% 的人达到最后的形式运演阶段. 因此，儿童认识发展阶段理论决不能片面理解，更不能机械运用.

最后，到了高中阶段，学生的思维发展水平逐步达到辩证思维的发展水平.

16.2.4　数学学习中的记忆

数学学习包括知识获得、知识保持、知识再现三个阶段. 在数学学习的知识保持阶段，要通过记忆把获得意义的新知识牢固地保留在头脑中，以便能及时提取出来加以运用.

1. 数学学习中意义保持和遗忘的趋势和原则①

(1) 知识保持的自动简缩趋势

记忆和遗忘都是人类先天性的心理机制，人们对感知或认知的材料的记忆和遗忘往往是自动化进行的. 面对无数纷繁的信息，人的认识具有自动简缩的趋势，因为人的记忆库虽然经过训练可以不断扩大，但在一定阶段上其空间总是有限的. 而掌握有限的基本概念和原理，比记住大的且最具体的事实更经济省力，也便于应用，所以人总是要遗忘掉一部分已经获得的感知材料或认知材料.

(2) 知识保持的还原原则

心理学研究表明：有意义学习的材料不容易被忘记，原理性材料不容易被遗忘.

① 第一还原原则. 记忆还原的方向是由不稳定向稳定的方向还原. 新学的数学知识相对认知结构中原有的旧知识来说，新知识总是不够稳固的，而原有的旧知识则是比较稳固的，因此，新知识容易被遗忘而还原为旧知识. 比如：由算术到代数的

---

① 邵瑞珍. 教育心理学[M]. 上海教育出版社，1985. 50—54.

学习,"数总是具体的确定的"观念难以被打破;由正有理数到有理数的学习,字母 a、x 总是当作正数;由平面几何到立体几何的学习,总是把平行的外延扩大,而遗忘了异面直线的情形,等.

② 第二还原原则. 对稳定性相当的两个对象,记忆还原的方向是由下位观念向上位观念还原,也就是由概括和包括水平低的向概括和包括水平高的方向还原. 概括性强的对象,比较具有一般性、规律性,概括性低的观念则比较具体和特殊,而具体和个别的东西一般是比较容易遗忘的. 比如,上课时讲的定理和例子,往往例子很容易就忘了,而那些概念定理等概括水平高的东西遗忘得就比较慢些.

2. 影响记忆的一般因素

影响记忆的一般因素主要有:记忆有无明确目的,记忆材料的数量多少,记忆材料的性质(抽象与直观),记忆方式(整体与局部),是否理解被记材料. 为了提高记忆效率,一定要提出明确的记忆目的.

这里仅以记忆目的为例加以说明. 通常,记忆目的越明确、越具体,记忆的效率越高,所起的作用越大. 方法是:

① 在记忆的顺序上提出要求. 抓住顺序上的特点,有利于记忆. 例如,实验表明,要学生记住一组几何图形,若事先提出按顺序记忆,可以记住 70%;若事先只笼统地提出尽可能多的去记,结果只能记住 28%.

② 在记忆对象的某种联系上提出要求. 例如,记忆 918273645546372 81,如果强行记忆则十分困难,但如果有目的地寻求这个庞大数的数字之间的联系,就容易记住——按顺序把 9 的倍数连起来就行了.

③ 在记忆的精确度上提出要求. 例如,对高中学生而言,对随机变量的二项分布公式 $P(X=k)=\mathrm{C}_n^k p^k(1-p)^{n-k}$,即便理解了它的意义也难以记住,这时教师的做法往往是联系投硬币和二项式定理对公式中出现的符号提出精确要求,于是学生记忆的效果要好得多.

④ 在记忆的长期性上提出要求. 例如,对三角公式的记忆,指出非基本的公式过几天就要测试,对基本的公式不仅过几天要测验,而且过一段时间还要测验,于是过几天测验时,学生对基本的公式记忆的效果比非基本的公式要好. 因为要长时间记住,学生就会设法作出启示的记忆法,付出一定的努力. 所以提出长期记忆的要求,可以提高记忆的效果.

16.2.5 数学学习中的迁移

迁移是学习的一个重要方面,几乎所有的学习理论都要论及迁移问题. 所谓迁移就是一种学习对另一种学习的影响. 先前学习对后继学习的影响称为顺向迁移,后继学习对先前学习的影响称为逆向迁移. 一种学习对另一种学习,起促进作用就叫正迁移,起干扰或抑制作用叫负迁移. 此外,迁移又可分为纵向迁移与横向迁移.

纵向迁移,就是把习得的内容作为更高一级内容的学习基础,前后学习不在同一层次,表现为:或是从易到难、由简单到复杂、由低级到高级的阶梯渐进式迁移(如由数字运算到字母运算),或是由高向低、由一般到特殊的分化式迁移(如由平行四边形到矩形、菱形,再到正方形).横向迁移,就是把习得的内容应用于类似的新情境中去,前后学习处于同一层次,表现为举一反三、触类旁通(如由三角形一边的高线具有的性质迁移到另外两边的高线上去).因此,让学生在各种不同情境中运用某种东西,有助于形成横向迁移能力,从而为纵向迁移打好基础.

1. 迁移的一般理论

研究迁移的最基本的问题就是:一种学习中的什么东西在什么条件下以及为什么影响了另一种学习.对这个问题的不同回答形成了历史上不同的迁移理论.

(1) 传统的迁移理论

传统的迁移理论主要有以下几种:

① 形式训练说.最早的迁移理论是形式训练说,它源于古希腊罗马时期,形成于17世纪,盛行于18～19世纪,但在20世纪初以后,不断遭到来自心理学实验结果的驳斥.该学说认为组成"心"的各个官能通过训练可以提高其能力(如数学有利于训练推理能力),并能将这种官能的提高自动迁移到其他情境中.传授知识远不如训练官能重要,知识只是训练官能的材料.

② 相同要素说.这是桑代克于20世纪初针对形式训练说的局限性提出的一种学习迁移说,认为只有在原先的学习情境与新的学习情境有相同要素时,原先的学习才有可能迁移到新的学习中去,而且迁移的程度取决于这两种情境系统要素的多寡.

③ 概括说.概括说也叫泛化理论,这是贾德针对相同要素说的不足提出的学习迁移说.贾德通过实验指出,迁移的重要条件是学生能够自己概括出一般原理.所谓泛化理论,就是指学生能够把自己在一种情境中得到的经验"泛化",并把它们运用到另一种情境中去.因此,为了使学生能够迁移,应该重点放在让学生思考可能被泛化到各种情境中去的那些特征上.

④ 关系转换说.关系转换说又叫转化理论,这是格式塔学派提出的学习迁移说,认为学习迁移是一个转化或关系转换的问题.在他们看来,一种情境中手段-目的的整体关系是迁移的基础.也就是说,产生迁移的原因,并不是两种情境之间存在着作为零碎成分的迁移要素,而是由于两者之间存在着相同的关系、型式或完形.格式塔学派强调学习者必须发现两种情境之间共同的关系或完形,通过理解而不是机械记忆来学习,迁移才能产生.

⑤ 学习定势说.学习定势说是目前最为流行的迁移理论之一,它的奠基人是哈罗.学习定势说认为,学生通过学习获得的学习方法、态度或策略是可以迁移的.学习定势理论可以认为是关系转换说的一种替代,该理论认为新问题的解决不是通过

顿悟来实现的，而是通过学会学习的能力迁移实现的.

上述每个理论都各自克服了之前迁移理论的不足，又都各自提出了各个理论所强调的某个方面.

(2) 现代迁移理论

现代学习理论研究者从知识分类的角度，提出了三种有价值的迁移理论.

① 认知结构迁移理论. 它是与陈述性知识学习相对应的认知结构迁移理论，是由奥苏伯尔首先提出的. 所谓的"为迁移而教"，实际上是塑造良好认知结构问题，注重设计"组织者"，通过"组织者"来增强新旧知识之间的可辨别性，充分利用先前学习的稳定性和清晰性及对后来学习的固着点作用.

② 产生式迁移理论. 它是与程序性知识学习相对应的产生式迁移理论，是由安德森提出的，认为两种技能学习产生迁移的原因，是两种技能之间"产生式"的重叠.

③ 元认知迁移理论. 它是与认知策略学习相对应的元认知迁移理论，认为学习者的自我评价和自我调节(或元认知)是影响迁移的一个重要因素.

这些迁移理论都从不同侧面反映了学习迁移某种实质性特点，都有积极的作用. 教师在校内教学活动时，要合理利用迁移知识，针对不同的学习内容和学生特点，在课堂教学中充分运用上述迁移理论的合理思想，促进学生学习迁移的发生.

2. 促进迁移的策略——类比迁移

迁移的一般理论主要是解决什么内容在什么条件下以及为什么这些内容会产生迁移的问题，促进迁移的策略则主要是解决怎么样更好地促进迁移的发生问题. 换言之，我们不仅要关心迁移的对象和原因，更要关心促进迁移的方法和策略. 为了搞好数学学习，我们应当在数学学习中充分发挥正迁移的作用，防止负迁移的产生. 促进正迁移的方法和策略比较多，比如，注重理解数学概念和掌握定理、公式、法则的实质，注意各门学科之间的横向联系，强调简单与复杂的知识技能、新旧知识技能之间的纵向联系，注意提高概括水平与分析综合能力，注意对学生学习的评论，注意学生是否掌握有效的解决问题的策略，等等. 这些都是有效促进迁移的方法或策略. 考虑到数学与数学学习的特点都离不开发现问题和解决问题，这里特别提出促进迁移的有效策略——类比迁移，即借助类比方法进行学习迁移.

类比迁移是目前研究较广泛的迁移，它是一种用解决熟悉问题的方法去解决某个新问题的问题解决策略. 也就是当人们遇到一个新问题(靶问题)时，往往想起一个过去已经解决的相似的问题(源问题)，并运用源问题的解决方法和程序去解决靶问题. [①]比如，当学生遇到靶问题"任意 7 个实数总有 2 个数 x_i、x_j，满足不等式 $0 \leqslant \frac{x_i - x_j}{1 + x_i x_j} < \frac{1}{\sqrt{3}}$"时，学生往往想起一个已经解决过的相似的熟悉的源问题"7 个苹果

① 曲衍立，张梅珍. 类比迁移研究综述[J]. 心理学动态，2000，8(2)：50—55.

放在 6 个抽屉里必有 2 个苹果在 1 个抽屉里”，并运用抽屉原理来解决问题.

在一些情况下，类比迁移发生在具有相同结构特征的两种不同的概念领域之间，这种类比迁移称为横向类比迁移；在另外一种情况下，类比迁移发生在相同或者非常接近的概念领域的不同层次之间，这种类比迁移称为纵向类比迁移. 比如，学生观察式子$\frac{x_i-x_j}{1+x_ix_j}$的结构特征，发现它与熟悉的三角公式 $\tan(\alpha-\beta)=\frac{\tan\alpha-\tan\beta}{1+\tan\alpha\tan\beta}$具有相同的结构，通过构造映射 $x=\tan\alpha$，$\alpha\in\left(-\frac{\pi}{2},\frac{\pi}{2}\right)$，就可以把靶问题的解决归结到源问题的解决上去，这种类比迁移就是发生在数式与三角公式两个不同领域的概念之间，属于横向类比迁移. 又如，当学生遇到靶问题“任意 $n+1$ 个实数总有 2 个数 x_i、x_j，满足不等式 $0\leqslant\frac{x_i-x_j}{1+x_ix_j}<\tan\frac{\pi}{n}$”，联想到已经解决的熟悉问题“任意 7 个实数总有 2 个数 x_i、x_j，满足不等式 $0\leqslant\frac{x_i-x_j}{1+x_ix_j}<\frac{1}{\sqrt{3}}$”，这种类比迁移就发生在相同概念领域的不同层次之间，属于纵向类比迁移.

在数学学习中，运用类比促进迁移的途径很多，归纳起来，主要有数式与数式、数式与图形、离散与连续、有限与无限、低维与高维等.

习　题

1. 名词解释

学习，数学学习，数学意义学习，同化，顺应，数学认知结构，知识生长点，迁移.

2. 简答题

(1) 简述学习的三种基本理论；

(2) 简述数学学习的特点；

(3) 简述数学有意义学习的实质与条件；

(4) 简述迁移的基本理论.

3. 论述题

类比迁移在数学学习中的作用.

主要参考文献

[1] 涂荣豹. 数学教学认识论[M]. 南京师范大学出版社，2003.